철학은
현실과 무관한 공리공담의
학문인가

철학은 현실과 무관한 공리공담의 학문인가
일상적 삶의 실천철학적 이해 2

지은이 | 선우현
펴낸이 | 강동호
펴낸곳 | 도서출판 울력
1판 1쇄 | 2023년 2월 28일
등록번호 | 제25100-2002-000004호(2002. 12. 03)
주소 | 서울시 구로구 개봉로23가길 111, 8-402
전화 | 02-2614-4054
팩스 | 0502-500-4055
E-mail | ulyuck@naver.com
정가 | 24,000원

ISBN | 979-11-85136-71-4 93100

일상적 삶의 실천철학적 이해 2

철학은
현실과 무관한 공리공담의
학문인가

선우현 지음

울력

차례

머리말

매일매일을 살아가는 우리네 '일상적 삶'의 '(실천)철학적 이해'를 모토로, 2020년 첫째 권으로 출간되었던 『도덕 판단의 보편적 잣대는 존재하는가』는 기대치 않게 저자가 몸담고 있는 철학계 내에서 나름 호의적인 평가를 받았다. 그래서 책의 기획 의도와 문제의식, 잠정적 기대 효과 등을 공개적으로 밝힐 수 있는 기회가 주어지는, 저자에게는 실로 고맙기 그지없는 상황이 연출된 바 있다.

그럼에도 그 과정과 이후, 마음 한편에는 다소간의 아쉬움이 자리하고 있었다. 그것은 첫 번째 책이 진정한 의미에서 (실천)철학적 시각과 관점에서 전적으로 구성되었다기보다는, (실천)철학의 분과학이라 할 윤리학 및 도덕철학의 입장에 국한하여 주로 규범적 차원에서 일상의 현상들을 해석·평가하는 데 머물러 있었다는 점이다. 말할 것도 없이, 다양한 사회적 문제들에 대한 보편적이며 실체적인 윤리적 진단과 평가는 그것이 발생한 근본 원인과 극복 방안을 모색하는 데 필수 전제가 된다는 점에서 대단히 중요한 작업이 아닐 수 없다. 다만 그러함에도, 윤리적·도덕적 차원에 한정되어 논의·규명되고 있다는 점은, 규범적 시각을 포함하는 본격적인 '철학함'의 온전한 수행으로 확장될 필요가 있다는 연유에서 2% 부족한 철학함의 실천적 작용일 수밖에 없어 보였다.

그러던 중 '울력' 출판사의 도움에 힘입어, '일상적 삶의 실천철학적 이해'의 두 번째 권으로 『철학은 현실과 무관한 공리공담의 학문인가』의 출간을 추진하게 됨으로써, 그러한 아쉬움을 일정 정도 메울 수 있는 소중한 기회를 갖게 되었다. 그런 만큼 이번 책에서는 우리가 살아가며 접하게 되는 생활세계 내에서의 다양한 현안들을 (실천)철학적 시각에서 온전히 조망해 보는 것은 말할 것도 없고, 철학(함) 그 자체의 의미나 역할, 기능 등에 관해서도 살펴보는 작업을 또한 수행하였다. 특히 그 과정에서, 철학은 현실과 무관한 공리공담의 학문이 아니라 시종일관 구체적인 현실의 지반 위에서 그때그때 부딪히는 가장 중요하고도 시급한 현안이나 사태의 극복 및 해결을 위한 실천 방안을 강구·제시하는 '실천적 이론 틀' 혹은 '실천적 사유 체계'라는 점을 드러내 보여 주고자 하였다. 이 책의 부제를 '철학적' 이해가 아닌, 굳이 '실천철학적' 이해라고 표기한 것도, '철학은 결국 실천철학에 다름 아니다'라는 사실을 강조하기 위한 의도가 한몫 거들고 있다.

　　이렇듯 이번 책에서는 철학(함)의 본래적 의미와 그 역할에 초점을 맞추어, 교대생을 비롯한 (예비) 교사 및 교육 관련 종사자들을 일차적인 독자층으로 삼아 기초적인 것으로부터 보다 전문적인 학술적 주제나 소재들까지 그 영역을 확장하여 철학적 논구 작업을 진행하였다. 그에 따라 철학(함)의 개념적 정의에 대한 해명에서 출발하여, 근대 철학의 아버지라 일컫는 데카르트(R. Descrete)의 철학적 사유 방식의 의의, 반(反)이성주의를 내건 탈(脫)근대론의 실천철학적 메시지와 그 함의, 자유지상주의와 공동체주의를 위시한 미국 사회의 주요 사회철학 유형들의 기능 및 실태에 관한 비판적 고찰에 이르기까지 다양한 학문적 스펙트럼에 걸쳐 있는 주요 주제들을 철학적으로 접근하여 다루어 보았다.

이처럼 젊은 예비 교사와 현장의 교사들을 염두에 두어 철학(함)에 관한 두 번째 책을 집필하게 된 주된 계기는, '교육'과 관련하여 철학(함)은 핵심적인 '실천적·계몽적·(자기) 비판적' 사유 방식으로 작용한다는 점을 온전히 인식하도록 일깨우고 동시에 그러한 사고 체계를 한층 더 계발하고 현장에 적용시킬 현실적 긴요성에서 비롯되었다. 본문에서도 밝힌 것처럼, 적지 않은 교대생들은 철학 또는 철학 관련 수업과 관련해, "대체 철학 수업이 초등 교사가 되고자 하는 자신에게 어떤 의미가 있는가?" 등의 반문을 통해 철학에 대해 강한 의구심을 드러내곤 하였다. 하지만 한 학기 정도 철학 (관련) 수업을 들은 이후에는 처음의 그러한 반응과는 사뭇 달리, '철학 수업의 필요성 및 중요성'에 대해 나름 긍정적으로 바라보는 경우가 적지 않았다. 그렇게 된 데에는 가령 철학(함)이란 이제껏 살아오면서 각자가 지니게 된, '정당한 것이라고 확신했던 자신의 소신이나 신념 등이 실상은 왜곡되고 거짓된 것일 수 있다'는 치열한 자기 반성적·비판적 의식을, 철학 수업을 통해 자각하고 동시에 실행하게 되었다는 점을 들곤 하였다. 동시에 애초에 가졌던, 철학(함)에 대한 부정적 시각 역시 다분히 철학에 대한 왜곡된 고정관념 등으로 인한 것이었음을 사후적으로 밝히곤 했다. 이런 연유로, 젊은 예비교사들이 철학에 대해 지녔던 선입견이나 편견에서 벗어나게끔 해 주어야 할 필요성, 나아가 가르치는 일을 업으로 삼고 있는 교사로서의 삶의 도정에서도 철학은 '당위적'으로 요구될 뿐 아니라 현실적'으로도 요청되지 않을 수 없다는 사실을 일깨워 줄 필요성을 절감하게 되었다. 최소한 이러한 문제의식이 저자로 하여금 이 책을 집필하게 만든 주요 동인으로 작용하였다. 그런 만큼, 철학에 대한 문외한인 교대생을 비롯한 (예비) 교사들에게 철학(함)을 비롯한 철학적 개념과 지식 등을 비교적 알기 쉽게 풀어 해명하고, 이를 발판으로 삼아 주요 (실천)철학적 문제의식을 자각하도록 이끌어 줌으로써 다양한 삶의 문제 상황들의 본질과 실체를 인식할 수 있는 철학적 통찰력과 사유 틀을 심어 주는 데 주안점을 두어 기획·구성하였다.

사정이 이런 만큼, 이 책은 저자가 몸담고 있는 교대의 학생들을 최우선적으로 염두에 두고 집필된 것이지만 일반 대학생들을 주 수강 대상으로 상정하여 개설된 '철학 (관련) 수업'의 기본 텍스트나 참고 서적으로도 나름 충분히 활용될 수 있을 것이다. 나아가 (실천)철학 강좌와 '전공 심화 수업'에서도 기본적인 전문 학술 입문서로 사용될 수 있도록 구성해 보았다. 물론 철학에 대한 관심과 앎의 욕구를 적지 않게 갖고 있으면서도 쉽게 접근하기 어려웠던 일반 독자들에게도 인문학적 교양서로서 나름 그 역할을 해 줄 것으로 기대해 본다. 아무쪼록 많이 부족한 책이지만, 조금이라도 철학을 알고자 하고, 철학적으로 사유해 보고자 시도하는 모든 분들에게 도움이 되길 소망해 본다.

여전히 어려운 출판 시장의 여건뿐 아니라, 최근 개인적으로도 편치 않은 상황에 처해 있어 온전히 출판 일에 집중하기 어려운 상황임에도 불구하고, '울력'의 강동호 사장님은 거의 떠맡기다시피 한 본서의 출간을 흔쾌히 맡아 주었으며 더 나은 책을 만들고자 온갖 정성과 노력을 쏟아 주셨다. 다시 한 번 강동호 사장님께 감사와 고마움을 표하고자 한다.

언제나 그래 왔듯이, 많이 부족한 책이지만 주변의 많은 분들의 도움으로 인해 출간할 수 있었다. 특히 가족들은 그 존재만으로도 힘이 되어 주었다. 한데 요양 시설에 계시던 아버지가 작년 여름에 돌아가셨다. 많이 외로우셨을 아버지를 생각하면 한없이 송구한 심정이다. 홀로 남으신 어머니께는 좀 더 잘 해드려야 하는데, 그러지 못해 또한 죄송할 따름이다. 그저 건강하시길 소망할 뿐이다. 최근 저자 역시 여러모로 건강에 적신호가 찾아와 병원 출입이 잦았는데, 아내가 수고스러움을 마다하지 않고 늘 챙겨 줘 그저 고마우면서도 미안한 마음이다. 하루 평균 서너 시간 정도밖에 못 자면서도 맡은 분야에서 자신의 책무를 다하기 위해 분투하는 첫째, 그리고 군 제대 후 복학하여 성실하게 학교생활을 해 나가는 둘째는 저자에게 살아갈 수 있는 힘을 제공해 주는 주된 동력원이다. 더불어 셋째와 넷째인 푸들 '밤이'와 '봄이' 그리고 막내인 집냥이 '아양이'도 늘 위안과 기쁨을 안겨 주는 너무나 소중한 나의 가족들이다. 지면을 빌려 가족 구성원 모두에게 "고맙고 사랑한다!"는 마음을 꼭 전하고 싶다.

2023년 2월 말
저자

1
(예비) 교사에게 철학은 어떤 의미로
다가오는가?

(예비) 교사의 삶과 철학(함)의 역할 및 기능

1. 들어가는 말

초등 교사를 양성하는 교육대학교에서 철학 또는 철학 관련 수업을 진행하면서 받게 되는 흔한 인상 가운데 하나는 다음과 같은 것이다. 즉 다수의 교대생은 '도대체 철학 (관련) 수업이 초등 교사가 되고자 하는 나 자신에게 어떤 의미가 있는가?' 혹은 '교대생 또는 교사로서의 삶의 과정에 어떤 도움을 줄 수 있는가?' 등의 의구심을 적잖게 표출하고 있다는 점이다. 일부 학생의 경우, '임용 시험에도 나오지 않는데 굳이 철학 수업에 열심히 참여할 필요가 있는가?'라는 식의 보다 직설적인 화법으로 '철학 수업 무용론(無用論)'을 제기하기도 한다.

하지만 한 학기 정도 철학 (관련) 수업을 들어본 후에 보이는 반응은 처음의 그것과는 사뭇 다르다. 곧 다년간 철학 (관련) 수업을 진행했던 저자의 경험에 비추어, 애초의 부정적인 인식과는 달리 '철학 (관련) 수업의 필요성'에 대해 긍정적으로 돌아서는 경우가 적지 않았다.

물론 이러한 판단은 다분히 '주관적인' 것일 수 있다. 그럼에도 이를 통해 우리는 보다 '적극적으로' 다음과 같은 사실을 추론해 볼 수 있다. 즉 '본격적인 수업이 진행되기 이전에, 철학 (관련) 수업에 대해 예비 교사로서 교대생들이 갖고 있는 그 같은 부정적 시각은 철학에 대한 왜곡된 고정관념이나 근거 없는 편견에 따른 것일 수 있다'는 사실이다. 그러므로 철학에 대한 잘못된 이미지나 선입견, 고정관념 등을 제거해 줄 경우, 철학에 대한 부정적 시각에서 벗어나 보다 긍정적이며 생산적인 관점에서 철학 (관련) 수업에 참여할 수 있을 것이다. 나아가 예비 교사로서 교대에서의 학창 시절뿐 아니라 이후 교사로서 살아가는 삶의 도정(道程)에서도, 철학은 '당위적'으로 요구될 뿐 아니라 '현실적'으로도 요청되지 않을 수 없다는 사실을 일깨워 줄 경우, 철학 (관련) 수업에 대한 교대생들의 이론적 접근 방식과 실천적 자세 또한 보다 현격하게 바뀌게 될 것이라고 확신한다.

　이 글은 일차적으로 이러한 철학적 의도와 문제의식에서 비롯되었다. 따라서 초등 예비 교사로서 교대생이 지니고 있는, 철학에 대한 왜곡된 관념과 이미지, 근거 없는 편견 등을 먼저 비판적으로 검토해 보려고 한다. 그럼으로써 그것들이 왜 잘못된 것인지를 설득력 있게 납득시키고 동시에 철학의 본질적 의미와 실체를 드러내 보여 줌으로써, 기존의 근거 없는 선입견과 고정관념에서 탈피할 수 있는 계기를 마련해 주고자 한다. 그와 함께 철학이 (예비) 교사의 삶의 과정에서 수행하는 본질적 역할과 기능을 해명함으로써 '왜 (예비) 교사의 구체적인 삶의 도정에서 철학이 필연적으로 요청되고 수용될 수밖에 없는가?'를, 합리적 근거를 제시하면서 확인해 보여 주고자 한다.

　이를 위해 이 글은 (예비) 교사를 비롯한 일반인들이 철학에 대해 흔히 갖고 있는 몇 가지 대표적인 '일그러진 이미지'들을 소개하고(2), 그것이 왜 타당성이 결여된 근거 없는 편견에 지나지 않는 것인지를 보여 줄 것이다(3). 이어 다양한 접근 방식을 통해 철학의 본질적 의미를 규정해 보고(4), (예비) 교사의 일상적 삶의 과정과 연관 지어 철학의 핵심적 역할과 본질적 기능에 대해 해명해 볼 것이다(5).

2. '철학'에 관한 왜곡된 이미지 및 고정관념

우리 사회에는 아직도 적지 않은 이들이 철학에 대해 상당히 왜곡된 '이미지'를 갖고 있는 것처럼 보인다. 이에 대한 구체적인 실례는 그야말로 무수히 많다. 이를 여기서 다 소개할 수는 없고, 널리 퍼져 있는 대표적인 사례들 가운데 몇 가지만 간략히 언급해 보려고 한다.

우선, 철학하면 일반 시민들은 무엇보다 관상이나 사주, 점괘를 봐주는 것을 업(業)으로 삼고 있는 점쟁이나 점집이라는 의미에서 '철학관'을 떠올리는 경향이 있다. 이와 관련해, '서양철학'은 그나마 좀 나은 편이지만, '동양철학'이라고 하면 으레 사주팔자나 운세, 운명 등을 봐주는 것을 전문으로 하는 학문 분야라는 생각이 일반인들의 의식 구조에 여전히 잔존해 있는 것처럼 보인다.

다음으로, 철학에 대한 뒤틀린 인상들 가운데 흔히 떠올리거나 언급되는 것 중의 하나는 철학자에 대한 왜곡된 이미지이다. 곧 철학자라는 사람은 덥수룩하게 기른 수염에 검게 물들인 군복 바지를 입거나 전통적 복장인 두루마기를 걸친 채, 알 듯 말 듯 도인 같은 소리나 늘어놓는, 평범한 사람들과는 다른 무언가 특이하고 눈에 띄는 기인(畸人)과 같은 존재로서 많은 이들에게 각인되어 있다.

셋째, 일반인들 사이에 널리 공유되고 있는 철학에 대한 또 다른 오해 중의 하나는, 철학은 우리가 실제 발을 딛고 살아가는 삶의 세계와는 동떨어진, 그야말로 사변적이고 추상적인 말의 향연으로서, 현실 문제의 해결에 전혀 도움이 되지 않는 단지 '이론을 위한 이론'에 지나지 않는다는 생각이다. 한마디로 철학은 먹고 살아가기 힘든 우리의 각박한 구체적 현실과는 동떨어진 '뜬구름 잡는 얘기'나 해대는 공리공담의 학으로 비쳐지고 있는 실정이다. 그렇기에 세간에 널리 퍼져 있는 '철학 한다고 밥이 나오느냐 쌀이 나오느냐?'는 다분히 비아냥거리는 말은 철학에 대해 일반인들이 갖고 있는 이미지의 실태를 생생하게 보여 주는 징표에 다름 아니다.

넷째, 앞의 오해와 밀접히 관련된, 철학에 대한 잘못된 이해 방식의 또 한 예로는, 철학은 '쉬운 얘기도 괜스레 복잡한 용어나 개념을 사용하여 어렵게 개진하고 전달하는, 철학 전공자들 사이에서나 통용되고 이해될 수 있는 지극히 난해하고 현학적인 학문'으로 간주되고 있다는 점이다.

물론 그 같은 일반 대중들의 이해 방식은, 사회 현실과 일정 정도 거리를 둔 채 강의실 내에서 이루어지는 '철학 지식' 중심의 소위 '강단 철학'의 경우에는 부분적으로 맞는 측면이 있다. 하지만 그것은 '진정한' 의미에서의 '철학'이 지닌 본질적 특성에서 한참 벗어난 것이다. 대중들 틈에서 구체적인 현실적 삶의 문제를 주된 논의의 대상으로 삼아 일상적인 언어를 통해 '철학이 행해지지' 못한다면, 그것은 불완전하고 불충분한 형태로 이루어지고 있는 '반편적(半偏的)' 형태의 철학에 지나지 않기 때문이다.

이상에서 대략 살펴본, 철학에 관한 몇 가지 대표적인 부정적 이미지나 고정관념이 사실 그 자체로는 전적으로 왜곡되거나 잘못된 것이라고 단정해 말하기는 어렵다. 왜냐하면 '부분적으로' 그러한 부정적 특징이나 측면들이 실제로 존재하기 때문이다. 하지만 그것은 '현상적' 차원에서 눈에 보이는 극히 일면적이며 인상기적인 것에 지나지 않는 것이다. 곧 '실체적인' 본질의 차원에서는 전혀 해당되지 않는 것들이다.

그럼에도 불구하고 적지 않게 염려스러운 대목은, 그처럼 일반 대중들 사이에 널리 퍼져 있는 철학에 대한 일그러진 관념과 인상들은, 철학에 대해 일반 대중이 갖고 있는 뒤틀리고 왜곡된 선입견이나 편향된 관념을 보다 더 확대·심화시켜 줄 수 있다는 사실이다. 이로 인해, 철학에 대한 왜곡된 상(像)은 철학을 향해 진지한 관심이나 지적 호기심을 갖고 가까이 다가가 보려는 사람들에 대해 접근을 가로막거나 방해할 뿐 아니라, 경우에 따라서는 차단시켜 버리는 주된 요인으로 작용하기도 한다.

이러한 실태를 염두에 둘 경우, 일반인들을 대상으로 '철학'에 대해 '철학적 해명'을 실행해 나가는 과정에서 최우선적으로 수행해야 될 작업은, '철학에 대한 편향되고 뒤틀린 고정관념에서 신속히 벗어나는 것이야말로 진정한 의미의 철학을 행하기 위한 출발점'이라는 사실을 근본적으로 일깨워 주는 일이다.

3. 철학에 대한 편견과 고정관념에서 벗어나기

지금까지 우리는 일반인들 사이에 통용되는 철학에 관한 대표적인 왜곡된 관념 및 이미지들 몇 가지를 살펴보았다. 미리 얘기하면, 그것들은 타당성과 정당성이 결여된 근거 없는 편견 내지 고정관념에 지나지 않는 것들이다. 그런 만큼 가능하다면 그러한 왜곡된 이미지 하나하나에 대해 상세한 반박과 비판적 해명을 개진하는 것이 맞을 듯싶다. 하지만 지면상의 제약으로, 여기서는 '철학은 현실과 무관한 이론을 위한 이론일 뿐이며 그런 한에서 현실 문제의 해결에 전혀 도움이 되지 않는다'는 대표적인 오해에 관해 비판적 해명을 제시하는 데 국한하고자 한다. 그럼에도 그러한 논의를 통해, 여타 왜곡된 관념들에 대해 한 번쯤 반성적 시각에서 살펴볼 필요성이 있다는 점을 자각하도록 하는 데 주력해 볼 것이다.

본격적인 논의에 앞서 미리 강조해 두고 싶은 사항이 하나 있다. 곧 철학은 구체적인 삶의 실태를 일차적인 사유 대상으로 삼아 비판적으로 성찰하고, 드러난 문제점을 해결·해소하기 위한 방안을 모색하는 '이론적 실천 활동' 또는 '실천적 사유 활동'이라는 사실이다. 이런 점에서, 18-19세기의 위대한 관념론 철학자인 헤겔(G. W. F. Hegel)은 철학을 '시대의 아들'이라고 명명하였다.[1] 이러한 사실을 염두에 두면서 철학의 본래적 의미, 특히 '철학과 현실 사이의 긴밀한 내적 연관성'을 데카르트(R. Descartes)의 저 유명한 철학적 명제인 "나는 생각한다, 고로 존재한다(Je pense, donc je suis)"[2]를 통해 확인해 보여 주고자 한다.

1_ G. W. F. Hegel, *Grundlinien der Philosophie des Rechts*(1986), 26쪽.
2_ R. Descartes, *Principes de la Philosophie*(1978), 27쪽; R. 데카르트, 『철학의 원리』

1) '철학은 현실과 무관한 비현실적인 공리공담의 학문'이라는 오해 허물기

이미 언급한 것처럼 '철학은 현실과 아무런 관련이 없는 전적으로 추상적인 사유 행위에 불과하며, 구체적인 현실 문제의 해결에 전혀 도움이 되지 않는다'는 적지 않은 사람들의 생각은 사실상 근거 없는 선입견에 지나지 않는다. 이 점은 근대 철학의 아버지라고 불리는 데카르트의 철학을 통해 확인해 볼 수 있다.

한데 이 지점에서 '왜 하필이면 데카르트인가?'라는 물음이 제기될 수 있다. 왜냐하면 철학사에 등장하는 수많은 철학자들 가운데 데카르트야말로 가장 대표적으로 현실과 상관없는, 따라서 현실의 구체적인 사안들에 대해 그 어떤 답변이나 해결책도 제시해 주지 않는 '순수 사변적 철학 체계'를 제시한 관념론 철학자로서 일반 대중들에게 널리 알려져 있기 때문이다. 또한 데카르트의 철학을 소개하는 대부분의 철학사 (관련) 저서들 또한 그러한 시각에서 데카르트의 사상을 분석·해명하고 있기도 하다.[3] 그러나 데카르트 철학에 대한 이러한 해석은 전혀 '진실'이 아니다. 왜 그런지 지금부터 이 점을 온전히 살펴보도록 하자.

철학을 학문적으로 탐구하거나 공부해 보지 않았다 해도, 많은 사람들은 데카르트의 유명한 '나는 생각한다, 고로 존재한다'라는 명제는 한 번쯤 들어 봤을 것이다. 데카르트 자신은 이 명제야말로 이 세상에서 '가장 확실한 진리'라고 주장했으며, 이를 자신의 사상 체계를 구성하기 위한 '철학적 제1원리'로 삼고자 하였다.

그런데 여기서 특히 주목할 점은, 데카르트가 그러한 명제를 철학의 제1원리로 삼고자 한 철학적 의도나 계기, 문제의식에 관해 제기된 수다한 철

(2002), 12쪽.

3_ 일반적으로 데카르트 철학은 인식론이나 형이상학의 지평에서 개진된 철학적 사유 체계라는 점을 들어, 구체적인 현실 문제에 대한 해결책을 논구하고 있지 않은, 그야말로 '이론을 위한 이론'의 대표적인 철학 유형이라는 관념이 오랜 기간 서양 철학사를 지배해 왔다.

학사적 해석들은 대체로 그 명제를 그가 살았던 당시의 구체적인 현실과는 아무런 관련이 없는 것처럼 해명하고 있다는 사실이다. 요컨대 '도대체 데카르트의 그러한 철학적 시도는 당시 프랑스 사회의 그 어떤 문제를 해결하고자 한 것이었으며, 동시에 그 어떤 유용한 실천적 성과를 당시 프랑스 사회에 제공해 주고자 했는가?'와 같은 물음은 아예 배제되어 있었던 것이다. 보다 노골적으로 말해서, 그와 같은 질문 자체를 진지하게 제기해 본 적조차 없다.[4] 그에 따라 설령 '왜 데카르트는 그러한 명제를 자신의 철학 체계의 출발점으로 삼고자 했는가?'라는 물음이 제기되는 경우에도, 그 답변은 데카르트 철학 체계의 '내부'에서 찾아 제시하고자 했다. 그에 따라 '데카르트 본인이 갖고 있던 지적 호기심과 천재적인 철학적 사유 능력이 일체의 모든 것을 의심하고 회의하게 만들었으며, 마침내 진리에 대한 온전한 인식의 시발점(始發點)이 되는 가장 확실한 철학적 지반을 찾아나서게 유인했다'는 식의 '텍스트 내적'인 설명만이 반복적으로 제시되었을 뿐이다.[5]

그런데 이런 식의 답변은 언뜻 보기에는 그럴듯하게 들린다. 하지만 당시 유럽이 맞닥뜨린 시대적·정치사회적 상황과는 그 어떤 연관성도 결여된 그야말로 '비(非)철학적인' 해석에 지나지 않는다. 마치 데카르트 본인은 당시의 프랑스 사회 현실에 그 어떤 관심도 없었으며, 동시에 그 당시의 사회적 상황으로부터 아무런 영향도 받지 않은 채 오직 연구실에 틀어박혀 철학적 사유 작업에만 매진했던 것처럼 바라보게 한다. 곧 그 같은 해석은, 데카르트의 새로운 근대적 철학 체계가 마치 현실과 무관하게 전적으로 그의 천재적인 철학적 상상력과 역량에 기대어 세상에 등장하게 된 것처럼 읽히게 만드는 그야말로 '왜곡된 신화적' 해석의 전형에 지나지 않는다.[6]

4_ 선우현, 『홉스의 리바이어던: 절대 권력을 희망한다』(2007), 17쪽 참조.
5_ 선우현, 「근대 시민사회의 새로운 사회질서 구현의 정당화 논리로서 'Cogito ergo sum'」(2009), 204-205쪽 참조.
6_ S. Toulmin, *Cosmopolis: The Hidden Agenda of Modernity*(1990), 45쪽; 스티븐 툴민, 『코스모폴리스: 근대의 숨은 이야깃거리들』(1997), 81-82쪽; 선우현, 『홉스의 리바이어던:

이는 건전한 상식의 관점에서 보더라도 말이 되지 않는다. 주지하다시피 데카르트가 20세 성인이 된 시기부터 타계할 때까지 30여 년의 기간은 유럽 대륙 한복판에서 그 유명한 '30년 전쟁'(1618-1648)이 벌어진 기간과 거의 일치한다. 그렇다면 한 번 생각해 보시라. 한 세대에 걸쳐 매일 집 밖에서 총성이 울리고 폭탄이 터지고 수많은 사람들이 죽임을 당하는 데도, 이러한 처참한 비극적 현실을 눈감아 버린 채, 마치 세속을 벗어난 수도승처럼 골방에 틀어박혀 철학적 사유에 몰입하며 지적 호기심이나 충족하는 일에 과연 한가로이 몰두할 수 있었겠는가? '전쟁이라는 극한적 한계 상황을 별일 아닌 듯 무시한 채, 현실과 상관없이 유유자적하며 철학적 사색과 저술에만 골몰하는 철학자 데카르트의 도인 같은 모습,' 이러한 해석이나 묘사는 실제와는 전혀 다른 한마디로 '허구적인 가짜'에 지나지 않는다.[7]

철학이 탄생한 이래 '모든' 철학의 이론적 · 실천적 수행 방식은 그 철학이 자리하고 있던 시대 및 사회의 가장 근본적인 문제에 대한 해결 방안을 모색하는 데로 향해 있었다. 데카르트가 가장 확실한 인식의 대상으로, '철학의 제1원리'로 내세운 '나는 생각한다, 고로 존재한다(Cogito ergo sum)'는 명제 또한 예외가 아니었다. 즉 그것 역시 데카르트 본인이 살았던 17세기 프랑스를 위시한 유럽 대륙의 역사적 · 시대적 · 사회적 조건 하에서 가장 시급히 해결해야 할 당면 현실 문제에 관해 '철학적 관점'에서 제시된 '실천적 해결 방안'이었다.

2) 철학: 그 시대의 가장 중차대한 문제의 해결책을 궁리하는
　　'실천적 사유 활동'

앞서의 비판적 지적이 나름 일리가 있다면, 이제 앞서 제기했던 물음에

절대 권력을 희망한다』(2007), 18-19쪽 참조.
7_ 이 점에 관해서는 S. Toulmin, *Cosmopolis: The Hidden Agenda of Modernity*(1990), 61쪽; 스티븐 툴민, 『코스모폴리스: 근대의 숨은 이야깃거리들』(1997), 105-106쪽 참조.

대한 철학적 답변은 전혀 다르게 주어진다. 곧 이렇게 답할 수 있다.

잘 알려진 것처럼, 데카르트가 살았던 17세기 '신분제 사회질서' 하의 프랑스에서는 모든 현실적 사안의 진위(眞僞)나 도덕적 정당성의 여부가 신의 계시나 의도에 전적으로 의거하여 판별되고 있었다. 소위 '신의 말씀'이 보편적 진리 판단과 윤리적 선악 판단의 궁극적인 척도였던 것이다. 더불어 그러한 신적 권위나 섭리는 당시 — 왕과 귀족, 성직자 등 — 지배 계급의 '계급 편향적인' 부당한 권력 행사를 옹호하는 '정당화 논리'로서 또한 기능하고 있었다. 가령 당시 지배계급의 핵심적 일원이었던 성직자 계급은 신의 말씀에 대한 독점적 해석권을 전유한 채, 신분제 하 지배계급의 세속적 이해관계를 관철하고 기득권을 영속화하는 데 전적으로 사용했던 것이다. 당연히 지배계급의 기득권을 보존시켜 주는 '비인간적인 신분제' 사회질서 또한 신의 뜻에 따른 것으로 정당화되고 있었다.

그러던 중 '종교개혁' 등으로 인해 크리스트교가 구교(가톨릭교)와 신교(프로테스탄트교)로 나뉘면서, 종교적 교의(教義)를 통치 이데올로기로 활용하던 지배 세력은 각자 자신들이 믿는 신앙(신교와 구교)의 신적 권위를 최종적인 타당성 척도로 내세운 가운데 자신들의 권력을 한층 더 강화하고 기득권을 공고히 하고자 하였다. 그에 따라 일상적 삶의 과정에서 발생하는 사소한 문제마저도, 구교 세력과 신교 진영은 그것의 참과 거짓 여부를 자신들이 믿는 '신'의 '말씀'에 따라 판단하기에 이른다. 나아가 여기서 멈추지 않고 두 진영은 자신의 종교적 진리 기준에 입각한 판단만이 옳다고 강변하면서 이를 상대방에게 강요하는 데까지 나아간다. 결국 신교와 구교 간의 이러한 극단적인 신앙적 · 종교적 입장 차이는, 급기야 각자의 신의 말씀만이 정당성과 정통성을 지녔다는 논리를 앞세워, '종교전쟁'이라는 극단적인 물리적 폭력의 방법을 동원하여 종결짓고자 시도하는 최악의 비극적인 사태에 다다르고 말았던 것이다.[8]

8_ 선우현, 「근대 시민사회의 새로운 사회질서 구현의 정당화 논리로서 'Cogito ergo sum'」(2009), 212-213쪽 참조. 이 당시의 시대적 상황을 보다 생생하게 시각적으로 보여

당시의 이 같은 비극적 사태를 목도한 데카르트는 — 신교든 구교든 가릴 것 없이 — 종교적 진리나 교리에서 벗어나, 이성적 판단 능력을 지닌 사람이라면 신분이나 계급과 상관없이 자발적으로 수용할 수밖에 없는 그러한 '참과 거짓의 보편적 판단 기준'을 정립·제시하고자 의도하였다. 그렇게만 될 수 있다면, 구교와 신교 사이의 종교적 대립과 충돌은 자연히 종식되어 해소될 수 있을 것이라는 판단에 따른 것이었다. 그 결과, 데카르트는 그 누구도 결코 부정하거나 의심할 수 없는 '가장 확실한 기반'에서 그러한 기준을 확보하고자 시도하였다. 그리고 마침내 모든 것은 다 의심할 수 있어도 '의심하고 회의하는 사유(작용)' 그 자체는 결코 부정할 수 없는 '명백한' 사실이라는 점을 들어, 의심하는 생각(사유), 요컨대 '이성적 사고와 판단'을 참과 거짓을 따지는 보편적 기준으로 제시했던 것이다. 그에 따라 이제 더 이상 '신의 말씀'이 아니라, '모든 사람'이 본래적으로 지니고 있는 '이성'과 '이성적 판단'이 보편적 진리의 기준으로 그 역할을 수행하게 되었던 것이다.[9]

그러므로 만약 이러한 설명이 나름 타당한 근거를 갖고 있다면, 이제 우리는 데카르트의 '나는 생각한다, 고로 존재한다'라는 명제가 지닌 '현실 연관적인 실천적 함의'를 간취할 수 있다. 그에 따라 그러한 명제는 데카르트 본인이 살아가던 17세기 유럽 대륙의 가장 중차대한 현실 문제에 대한 '철학적 해결책'을 제시한 것이라고 말할 수 있다. 다시 말해, 데카르트의 새로운 철학 체계의 수립을 위한 이론 구성 전략과 그 성과물로서 그같은 '철학의 제1원리'는, 30년 전쟁을 비롯한 종교적·정치적 대립과 투쟁을 종식하고 비극적 위기 상황을 극복하기 위한 데카르트 본인의 '철학적 관점에서 개진된 해결 방안'이라고 해석될 수 있다.

이렇듯 데카르트가 '철학을 해 나갔던' 방식은, 당장 먹고 살 수 있는 빵

주는 자료로는 파트리스 쉐로(Patrice Chereau) 감독의 프랑스 영화 〈여왕 마고〉(1994) 참조.
9_ 선우현, 「근대 시민사회의 새로운 사회질서 구현의 정당화 논리로서 'Cogito ergo sum'」(2009), 213쪽 참조.

을 제공하는 것은 아니지만 그보다 훨씬 더 중요하면서도 긴급한 사안, 곧 종교가 다르다는 단지 그 이유로 수많은 사람들의 귀한 목숨을 앗아가 버리는 '종교전쟁'이라는 극단적인 사태를 종식시키기 위한 실천 방안을 모색·제시하기 위한 치열한 철학적 성찰의 방식이었다고 평가할 수 있을 것이다.[10] 그리고 이로부터 단지 '이론을 위한 이론'에 불과한 것으로 알려진 데카르트의 철학 역시 실상은 그 철학을 배태했던 당시의 시대적·사회적 상황에서 맞닥뜨린 가장 시급하고도 근본적인 현실 문제에 대한 실천적 사유 작용의 잠정적 결과물이었다는 점을 확인해 볼 수 있다.

4. 철학의 '본질적 의미' 제대로 파악하기

앞에서 언급한 것처럼, 철학에 대한 왜곡된 선입견에서 벗어나는 것이 철학의 출발점이라 할 수 있다. 그리고 이를 위해 데카르트 철학을 예로 들어 '현실과 무관한 공리공담의 학으로서 철학'이라는 고정관념을 깨뜨려 보고자 하였다. 그로부터 철학은 '현실과 관련 없이 행해지는 유희적 관념 놀이'가 아니라, '시종일관 현실에 토대를 두고 현실에서 부딪히는 구체적인 현안을 해결하기 위한 방안을 강구하고자 진력하는 실천적 사유 활동'이라는 점을 확인해 볼 수 있었다.

말할 것도 없이 이러한 해명 작업은 철학에 대한 잘못된 이미지를 타파하는 데 머무는 것이 아니라, 그로부터 좀 더 나아가 철학의 진정한 의미와 실체에 관해 제대로 인식하는 데로 다가가기 위해 이루어진 것이다. 그렇다면 과연 참된 의미에서의 철학이란 무엇일까?

본격적인 논의에 앞서 미리 양해를 구할 사항은, 철학에 대한 의미 규정은 '하나의 의미'에 국한하여 단선적으로 이루어지기는 사실상 쉽지 않다

10_ 선우현, 『홉스의 리바이어던: 절대 권력을 희망한다』(2007), 19-20쪽 참조.

는 점이다. 그만큼 철학의 의미는 다의적인 차원에서 논해질 수 있는 성격의 것이라 할 수 있다.[11] 그래서 여기서는 철학의 본래적 의미를 다양한 시각에서 접근하여 대략 6가지 정도로 정리하여 해명해 보고자 한다.[12] 그렇게 함으로써 철학이 수행하는 본래적인 '역할과 기능'을 제대로 바라볼 수 있게끔 도움을 주는 데 주안점을 둘 것이다.

우선, '철학'이란 흔히 우리가 알고 있는 것 같은 명사형인 '철학(Philosophie)'이 아니라 동사형인 '철학함(Philosophieren)'이라는 사실을 유념해 둘 필요가 있다.[13] 이는 철학의 본래적 의미가 '정태적' 차원에서 '교과서적인' 철학(사)적 지식이나 정보들을 습득하거나 학습하는 것을 가리키는 것이 아니라는 점을 말해 준다. 대신 그러한 정보와 지식을 바탕으로, '동태적' 관점에서 이론적으로 사유하고 비판적으로 성찰할 뿐 아니라 인식된 난점들을 해결하려는 실천적 활동을 수행하는 데까지 나아가는, 이론과 실천이 변증법적으로 통일된 '실천적 사유 활동'을 의미한다.[14]

둘째, 사유 활동과 관련해서도, 철학은 아무런 생각 없이 특정 주장이나 입장, 견해를 무반성적·무비판적으로 수용하는 것이 아니다. 우선은 그것들을 일단 '괄호 치고(epoche)' 판단을 유보한 상태에서,[15] 하나하나 직접 따져 보고 진리 내지 정당한 것임이 밝혀진 경우에라야 비로소 괄호를 풀고 수용하는, 그러한 '사유 행위'를 가리킨다.

셋째, 철학이란 겉으로 드러나는 현상'만'을 놓고 참과 거짓, 옳고 그름을 판단하는 사유 활동과는 거리가 멀다. 다시 말해, 철학함의 진정한 의

11_ 이 점에 관해서는 최종욱, 『일상에서의 철학』(2000), 62-66쪽; 한국철학사상연구회, 『삶과 철학』(1994), 264-271쪽 참조. 아울러 초등학생부터 누구나 쉽게 읽어 볼 수 있는 것으로는 배은율, 『아빠, 철학이 뭐예요?』(2005) 참조.
12_ 이와 관련해 이 대목의 바탕이 되는, '보다 친절하게' 철학의 주요 특성을 10가지로 나누어 소개하는 글로는 선우현, 「편견에서 자유로워 질 수 있나?」(2016), 125-13쪽 참조.
13_ 최종욱, 『철학과 일상으로부터의 탈출』(1996), 6-8쪽 참조.
14_ 이런 까닭에 칸트는 "철학을 배우지 말고 철학함을 배우라"고 역설하였다. Kant, *Kritik der reinen Vernunft*(1971), A837=B865.
15_ '에포케,' 즉 '판단중지'라는 용어는 후설(E. Husserl) 현상학에서 차용한 것이다. 이에 관한 대략적인 설명으로는 한전숙·차인석, 『현대의 철학 I』(1997), 64-69쪽 참조.

미는 그처럼 겉으로 비치는 현상이 아닌, 그러한 현상들의 배후에 자리하고 있는 '실체적 본질'을 비판적으로 꿰뚫어 보고자 시도하는 '통찰적 사유 행위'를 가리킨다.

넷째, 철학이란 우리의 의식이나 생각 속에 뿌리내리고 있는 '근거 없는' 선입견이나 편견, 고정관념이나 무반성적인 관습적 사고 등을 통찰하여 이를 제거해 버리는 일종의 '해방적' 사유 행위를 의미한다.[16] 이러한 철학에 대한 의미 규정은 이 글의 핵심 주제와 관련해서도 대단히 중요한 것이라 할 수 있다.

다섯째, 비판적 사유 행위로서 철학이라고 할 때, 사유란 그야말로 치열하게 '비판적으로 고뇌하고 성찰'하는 것을 가리키는데, 이때 비판적 성찰의 최우선적인 대상은 바로 '자기 자신'이다. 이어 자신으로부터 타자, 우리 사회, 인류 사회, 나아가 우주 전체에로 향해진다. 말할 것도 없이 이러한 비판은 '비판을 위한 비판'이 아닌, 문제의 근본 원인을 찾아 그것을 해결하고자 하는 '생산적·건설적 비판'을 가리킨다.

끝으로, 철학의 의미 규정과 관련하여 매우 중요한 또 다른 사항은, 철학이란 주어진 사태나 현상, 문제를 놓고, 단지 생각하고 분석하고 해석하는 데 그치는 이른바 '순수한' 이론적 사유가 '결코' 아니라는 점이다. 철학이란 궁극적으로 그것의 한계와 모순 등을 극복하고 변혁해 나가는 '실천적 사유 행위'여야만 한다. 요컨대, 철학은 주어진 사태를 단순히 해석하거나 해명하는 데 그치지 않으며, 필요하다면 언제든지 그것을 '변혁'하는 실천적 행위여야만 한다.[17]

이상이 철학에 대한 의미 규정 과정에서 드러나는 대표적인 의미들이다. 비록 하나의 의미로 압축하여 개념 규정을 수행하기는 어렵지만, 그럼에

16_ 여기서 언급된 해방이란 '근거 없는 편견 및 고정관념에 사로잡힌 노예적 의식 상태에서 벗어난다'는 의미에서 '비유적으로' 사용된 것이다.

17_ 이와 관련한 최근의 논의에 관해서는 스테판 에셀, 『분노하라』(2011); 스테판 에셀, 『참여하라』(2012) 참조.

도 이상과 같은 해명을 통해, 철학의 진정한 의미의 대략적인 윤곽은 파악할 수 있을 것이라고 생각된다.

5. (예비) 교사의 삶의 도정(道程)에서 철학의 역할과 기능

1) 구체적 일상에서 철학이 수행하는 본질적 기능과 역할

이제껏 살펴본 바와 같이, 대략적으로 철학의 의미가 그처럼 '잠정' 규정될 수 있다면, 구체적인 일상적 삶의 영역에서 철학이 수행하는 '역할과 기능'이 어떠하리라는 것은 충분히 유추해 볼 수 있을 것이다. 그럼에도 굳이 부연해 보자면, 무엇보다도 철학에 주어져 있는 본래적인 기능과 역할은 '지금까지 우리가 아무런 의심 없이 너무나도 당연하며 정당하다고 믿고 수용했던 것들이 실제로는 전혀 정당하지도 또한 타당하지도 않을 수 있다'는 '진실'을 비판적으로 폭로해 보여 주는 것이다.[18]

흔히 우리는 별다른 생각 없이 '우리의 삶은 어제보다는 오늘, 오늘보다는 내일이 더 나아질 것이며, 인간 사회와 역사 또한 현재보다는 미래가 더 나아지는, 그러한 방향으로 전개해 나갈 것'이라는 믿음(?)을 공유하고 있다. 또한 적지 않은 사람들은 아직도 '동성애자와 같은 성적 소수자는 도덕적·규범적으로 비정상적이며 도덕적으로 결함이 있는 사람'이라고 생각하는 경향을 강하게 드러내 보이고 있기도 하다.

하지만 과연 그런가? 인류의 역사가 과거에 비해 더 나은 상태로 발전해 나가고 있다고 확증할 만한 설득력 있는 근거 내지 논거가 제시되고 있는가? 아울러 정말로 동성애자를 비정상적이며 부도덕하다고 판단할 수 있는, 이성적으로 정당하고 수용할 수밖에 없는 타당한 이유나 근거가 우리

18_ 이 점에 관한 보다 친절한 해명으로는 최종욱, 『철학과 일상으로부터의 탈출』(1996), 35-36쪽 참조.

에게 주어져 있는가? 혹여 만약 그렇지 않다면, 우리는 어떻게 해야 할 것인가?

지면 관계상 상세히 논할 수는 없지만, 인류의 역사는 장밋빛 전망 하에 단선적으로 발전해 나가는 것이 아니라, 반대로 퇴보와 종말의 도정(道程)이라는 탈근대론적 주장도 상당 정도의 타당한 이유나 근거를 지니고 있다.[19] 또한 동성애를 비정상적이며 부도덕한 행위로 간주하여 비판하는 논변들이 제기하는 근거나 논거들은 적어도 '이성적이고 합리적인' 방식을 통해 논파될 수 있다.[20]

그러므로 만약 이러한 지적이 나름 일리가 있다면, 철학은 과연 우리에게 무엇을 말해 주고자 하는 것인가? 이미 언급한 바 있듯이, 철학은 우리에게 '특정 문제나 사안에 관한 자신의 입장이나 견해, 관점이나 주장이 실제로는 근거 없는 편견이나 선입견, 타당성이 결여된 무반성적인 고정관념이나 관습적 사고에 기초하고 있을 수 있다'는 점을 끊임없이 환기시켜 주고 있다. 다시 말해, 철학은 '우리의 생각이나 의식 속에 얼마나 많은 왜곡된 선입견과 근거 없는 고정관념들이 그득히 아울러 뿌리 깊게 자리하고 있는가를 꼼꼼하게 들여다보고 자각하게 하는 치열한 자기반성적·자기비판적 사유 작용'으로 기능하고 있는 셈이다. 그러므로 우리는 그러한 철학의 역할과 기능을 통해, 우리 자신의 고유한 가치관이나 인생관, 세계관 등이 근거 없는 편견에 기초해 형성되지 않도록, 아울러 우리의 사유 및 판단 방식이 무반성적 고정관념에 의거하여 작동되지 않도록, 사전적으로 예방하거나 사후적인 비판적 성찰을 통해 그러한 편견이나 고정관념에서 벗어날 통로를 확보할 수 있게 되는 것이다.

19_ 이 점에 관해서는 선우현, 『위기시대의 사회철학』(2002), 279-282쪽 참조.
20_ 이에 대해서는 김진, 『동성애의 배려윤리적 고찰』(2005); 공자그 드 라로크, 『동성애』(2007); 로라 칼린, 『동성애자 억압의 사회사』(1995); 동성애자인권연대 외, 『무지개 성상담소』(2014) 등 참조.

2) (예비) 교사의 일상적 삶의 과정에서 '철학(함)'의 본래적 역할

우리는 구체적인 삶의 영역에서 철학이 수행하는 본질적 역할들 가운데 하나를 이미 살펴본 바 있다. 그것은 다음과 같이 정리해 볼 수 있다. '나의 사고방식과 가치관, 특정 문제에 대한 평가나 입장이 정당하다는 나 자신의 믿음과 확신이 실제로는 근거 없는 편견과 선입견, 고정관념과 관습적 사고방식에 그 토대를 두고 있거나 그에 의거해 이루어지고 있다는 사실을 근본적으로 비판하고 성찰해 보는 것이다.'

그런데 이와 같은 철학의 본래적 역할과 기능은, 그 어떤 사회 구성원보다도 삶의 과정 대부분을 학교 현장에서 학생들과 함께하면서 그들을 가르치고 참된 제자로 길러 내며 살아가는 '(예비) 교사'들에게 절대적으로 긴요한 것이다. 왜 그런가?

교육을 통해 교사는 일차적으로 학생들에게 사회적으로 통용되는 지식과 규범 등을 전수(傳授)한다. 그렇지만 '철학적 관점'에서, 제자들을 기르고 가르친다는 것 — 사실은 가르치면서 교사도 배우는 것이지만 — 의 보다 근원적인 의미는, 학생들의 의식 속에 자리한 뒤틀리고 왜곡된 편견이나 가치관, 무반성적인 고정관념과 선입견을 제거하고, 특정 사태나 현상의 이면에 자리한 실체적 진실을 제대로 인식할 수 있는 자기 성찰력과 비판적 통찰력을 길러 주는 '계몽 작업'이라고 할 수 있다.[21]

한데 이 경우에, 학생들을 가르치는 '(예비) 교사'의 의식 속에 제거되어야 할 것으로서 그러한 편견이나 고정관념이 여전히, 그것도 뿌리 깊게 자리하고 있다면 어떻게 되겠는가? 만약 교사가 그러한 상태에 놓여 있다면, 진정한 의미에서 제대로 된 교사로서의 자격을 갖추었다고 볼 수 없을

21_ 일반적으로 '계몽(Aufklärung)'의 사전적 의미는 다음과 같다. "전통적인 권위나 편견 또는 속된 믿음으로부터의 사상의 해방을 뜻하며, 따라서 비판적이고 자유스러운 사상 태도의 확립과 보급을 의미한다." 임석진 감수, 『철학사전』(1885), 37쪽. 아울러 철학적 개념으로서 계몽에 대한 간결하면서도 평이한 해명으로는 진은영, 『순수이성비판, 이성을 법정에 세우다』(2004), 36-40쪽 참조.

것이다. 이 점 하나만으로도 (예비) 교사의 일상적인 삶의 여정에서 '철학
(함)'은 필수불가결한 것이라 할 것이다. 더욱이 그것이 수행하는 역할과
기능은, 한갓 '직업인'으로서의 교사가 아닌, 진정한 교육적 의미에서 '참
교사'가 되고자 하는 이들에게는 당위적 차원에서 반드시 요청되지 않을
수 없는 것이다.

6. 맺는 말

지금까지 이 글에서 이루어진 논의들을 통해 개진된 몇 가지 핵심 사항
들을 곰곰이 되새겨 본다면, 애초 제기했던 물음, 즉 '도대체 철학 (관련)
수업이 초등 교사가 되고자 하는 교대생들에게 어떤 의미가 있으며, 그들
의 삶의 과정에 어떤 도움을 줄 수 있을 것인가?'라는 의문점에 대해서는
'일정 정도' 답변이 되었을 것이라고 본다. 물론 매우 만족할 만한 답변이
라고는 할 수 없을 것이다. 다만 그럼에도 교대에서 이루어지는 철학 (관
련) 수업의 당위적 필요성과 현실적 유용성 등에 관해 한번쯤은 생각해 보
고 최소한 철학의 역할에 관한 '자기비판적 자각'을 일깨워 준 나름 의미
있는 기회는 되었을 것이라고 감히 자평해 본다.

물론 철학에 대한 이러한 최소한도의 '인식상의 성과'를 거두었다고 해
서 관련한 문제나 의문점 등이 모두 해소되거나 해결된 것은 아니다. 가령
교대 교육과정에서 철학 (관련) 수업의 의미나 필요성에 대해 다수 교대생
들의 공감을 이끌어 냈다고 해도, 수업의 내용이나 진행 방식, 수업을 담
당하는 교수의 태도 및 자세 등이 어떠하냐에 따라, 교대생들의 그러한 공
감이 보다 열정적인 참여와 철학(함)의 실천으로 이어질 수도 혹은 그 반
대의 결과로 귀결되어 나타날 수도 있기 때문이다.

그런 점에서, '(예비) 교사에게 철학(함)은 어떤 의미로 다가오는가?'라는
물음에 대해 거칠게나마 개진된 잠정 답변으로서 '(예비) 교사의 삶의 과정

에서 철학(함)이 수행하는 역할과 기능의 중요성 및 필요성'에 관한 본 논변이 보다 타당하고 설득력 있는 것으로 확증되기 위해서는, 또 다른 과제가 충족되어야만 한다. 곧 교대에서 이루어지는 '철학 (관련) 수업'이 질적 그리고 방법론적 차원에서 교대생들의 (수업) 참여 의식과 기대치 등을 충분히 만족시킬 수 있는 수준으로 이루어져야만 할 것이다. 그런 한에서 이후의 과제는 '예비 교사인 교대생을 대상으로 한 철학 (관련) 수업의 내용 및 방법 등이 어떠해야 할 것인가?'에 관한 비판적 검토 작업이 될 것이다.

2
철학은 뜬구름 잡는 얘기나 해대는 공허한 말장난에 불과한가?

청소년을 위한 철학(함)의 역할과 기능

1. 들어가는 말

최근 고등학생을 대상으로 한 철학 강연회에 강사의 자격으로 참여한 적이 몇 번 있었다. 예비 초등 교사인 교육대학교 학생들을 상대로 오랜 기간 철학 수업을 진행해 온 터라, 초심자들에게 '철학(함)(Philos-ophieren)'[1]에 관해 소개하는 일이 아주 어렵게만 느껴지지는 않았다. 하지만 주 대상이 대학생이 아닌 '고등학생'이라는 사실은 그들의 눈높이와 인지 발달 수준에 맞추어 철학(함)에 대한 강의 방식을 선택해야 한다는 점에서 적지 않은 부담으로 다가왔다. 곧 '어떠한' 방식을 차용하여 강의를 진행하는 것이 철학(함)의 본성과 의미를 제대로 그들에게 전달할 수 있는가의 문제를 둘러싸고 많은 생각과 고민을 하게 되었다. 아무래도 철학이나 관련 수업을 별로 접해 본 적이 없는 만큼, 이러한 강연을 낯설게 느끼거나 부담스럽게 여길 고교생들이 적지 않을 것이라 판단되었기 때문

1_ 진정한 의미에서 철학이란, 명사 '철학'이 아니라 동사 '철학함'이다. 다시 말해, 특정 철학자들의 사상적 핵심과 주요 개념들을 분석·이해하여 획득한 '철학적 지식 체계'를 가리키는 명사형 용어로서의 철학이 아닌, '철학적 문제들에 대해 천착하고 고민해 보는 사유 행위'를 가리키는 동사형 용어로서의 철학함이 제대로 된 철학의 의미라고 할 수 있다. 이에 관해서는 최종욱, 『철학과 일상으로부터의 탈출』(1996), 6-8쪽 참조.

이다.

이 글은 바로 이와 같은 '문제의식'을 바탕으로, 고교생들을 주 대상으로 삼아 진행될 철학 수업 혹은 강의의 형태를 나름 체계적으로 구성해 보기 위한 하나의 '시론적(試論的) 탐구' 기획의 일환이라고 볼 수 있다. 그런 만큼 이 글에서는, 철학(함)에 대해 거의 문외한에 가까운 고등학생들에게 기초적인 인문학적 소양 교육의 일환으로 이루어지는 철학 안내 강의가 나름의 성과를 거두기 위해서는 '어떤 철학적 주제와 내용'이 보다 적절하고 유용하며, '어떤 방법이나 방식'이 적합하고 효과적인가에 대한 '잠정적인' 답변이 개진될 수 있을 것이다. 아울러 주 대상은 비록 고등학생이지만, 철학에 적지 않은 관심을 갖고 있는 일반 대중들의 경우도 염두에 두어, 철학에 대한 기본적 이해를 구하는 데 작으나마 도움이 될 수 있게끔 글을 작성했다는 점도 밝혀 두고자 한다.

이를 위해 먼저 고등학생에게 '철학(함)이란 무엇인가?'를 소개하면서 어떤 사항이나 내용, 대목에 초점을 맞추어 강의를 진행해 나가는 것이 보다 실효성이 있는가를 살펴볼 것이다. 말할 것도 없이 이를 통해 성취하려는 것들 중의 하나는 '철학은 뜬구름 잡는 이야기나 해대는 공허한 말장난에 지나지 않는다'는 철학(함)에 대해 — 고교생을 위시하여 일반인들 사이에 — 널리 퍼져 있는 세간의 왜곡된 이미지를 불식시키려는 의도도 포함되어 있다.

다음으로, 고교생의 눈높이와 관심사에 부합하는 철학적 주제들을 제시하면서, 그것들을 어떻게 알기 쉽게 전달하고 해명할 것인가에 관해 '방법론적' 차원에서 논구된, 선정된 주제들에 대한 나름의 해제들을 개진해 볼 것이다. 그리고 끝으로, 강의(수업)를 진행해 나가는 구체적인 방식들을 살펴보고 그 가운데 최선은 아니지만 현실적으로 가장 나은 차선책으로 채택할 만한 것은 어느 것인지를 검토해 볼 것이다.

2. 고등학생의 눈높이에 부합하는 철학(함)의 정의(定義)와 그 의미

'철학(함)이란 무엇인가?'에 대해 명료하게 답하기는 결코 쉽지 않다. 철학자들 사이에서도 철학(함)에 대한 개념 규정을 둘러싸고 일치된 견해는 사실상 찾기 어렵다. 그만큼 철학이 지닌 의미는 그 외연이 매우 넓으며, 다양하게 정의되고 규정될 수 있기 때문이다. 하지만 그럼에도 인문학에 관한 문외한 내지 초심자인 고등학생들을 대상으로 철학 강의를 진행할 경우, 다소의 오류나 한계에도 불구하고, 일단 잠정적으로 거칠게나마 그 개념적 의미를 확정해 전달해 줄 필요는 있을 성싶다. 그래야만 불충분하지만 철학이 무엇인지에 대해 일정 정도 그 윤곽은 파악할 수 있을 것이라 생각되기 때문이다.

이러한 문제 상황과 어려운 점들을 고려하면서, '고등학생의 눈높이에 맞추어' 개략적으로나마 철학에 대한 잠정적 '정의(定義)' 또는 '의미 규정'을 소개해 보면 대략 다음과 같다.[2]

1) 철학(함)이란 어떤 주장이나 견해, 입장을 별다른 고민 없이 무비판적·무반성적으로 받아들여서는 결코 안 되며, 그 하나하나를 세밀히 따져 보고 그것의 진위 여부가 명확히 가려진 이후에야 비로소 수용하는 '비판적·성찰적 사유 행위'로 정의될 수 있다.

이러한 정의에 따르면, 특정 분야의 최고 권위자의 견해라고 해도 그것이 무조건 참일 것이라고 단정하여 쉽사리 받아들여서는 안 된다. 거기에도 얼마든지 오류나 잘못된 점이 있을 수 있기 때문이다. 다소 극단적일 수 있지만, 이른바 권위자의 입장이라는 것도, 실제로는 거짓이지만 겉으로는 마치 참인 양 기만하고자 하는 저의가 그 안에 숨겨져 있을 수 있다. 그런 만큼, 특정인의 입장이나 주장이 참인가 거짓인가의 여부는 '우리 자신'

2_ 선우현, 「편견에서 자유로워질 수 있나?」(2016), 125-126쪽 참조.

에 의해 최종적으로 판단되어야 '만' 한다. 다시 말해, 그 어떤 주장도 그것의 참됨 혹은 올바름은 '확증' 절차를 거쳐 진리성 내지 정당성을 담보하고 있음이 우리들에 의해 명확히 밝혀진 이후에라야 비로소 그러한 주장이나 입장은 참이거나 규범적으로 정당한 것으로 받아들여질 수 있다.

사정이 이렇다면, 철학(함)은 우리들로 하여금, 사랑하고 존경하는 너무나도 우리와 가까운 관계에 있는 부모님이나 선생님뿐 아니라, 마음을 터놓고 대할 수 있는 선배나 절친(切親)의 생각과 입장마저도 하나하나 따져 보고 참인 것임이 확증된 후에야 비로소 수용할 것을 강력히 권고한다. 이렇듯 철학(함)은 부모님과 선생님마저도 의심하고 불신하는 '유사(類似) 패륜아,' '유사 문제아' 가 될 것을 우리들에게 요구하고 있는 셈이다. 물론 이는 실제로 그러라는 것이 아니라, '방법론적' 차원에서 의심하고 부정하며 거리두기를 하라는 것이다. 가장 사랑하고 존경하는 부모님의 의식 구조 내에도 거짓된 믿음이나 편견, 고정관념 따위가 상당 정도 깊숙이 자리하고 있기 때문이다. 그렇기 때문에 부모님의 견해와 입장에 대해서도 무조건적인 신뢰와 믿음을 보내서는 안 된다는 철학적 '경종' 을 울리고 있는 것이다.

2) 철학(함)은 우리 앞에 주어진 '현상' 을 놓고 사태의 진위를 판단하는 대신, 현상 배후에 놓인 '실체적 본질' 을 통찰하고 사태의 진위나 참/거짓을 판별하게끔 인도하는 '비판적·통찰적 사유 행위' 로 또한 정의될 수 있다. 이처럼 철학은 우리의 눈에 보이는 것이 '다' 가 아니며 그것을 진상인 양 쉽게 믿고 판단해서는 안 된다는 강한 '자각적' 경고의 메시지를 우리에게 보내고 있는 것이다.

이러한 정의와 관련된 대표적인 예로는 명배우 키아누 리브스(K. Reeves)가 주인공으로 나오는 영화 〈매트릭스(Matrix)〉를 들 수 있다. 이 영화는 우리가 발을 딛고 살아가는 이 세상이 사실은 '진짜' 세상이 아니라, 진짜인 것처럼 믿게 만드는 허구적인 '가짜' 세상일 수 있다는 철학적 경각심을 강하게 일깨워 주고 있다. 영화 속에서 사람들이 살아가는 '진짜' 세상은 컴퓨터를 비롯한 기계들이 인간을 지배하는 삶의 공간이다. 거기서 사람들은 시험관에 갇힌 채 기계들에게 동력을 공급해 주는 한갓 도구로 기능하고 있는 '실상(實狀)'을 충격적으로 보여 주고 있다.

시인 김광규의 「안개의 나라」라는 제목의 시도 이러한 철학(함)의 정의에 부합하는 강력한 철학적 메시지를 던져 준다. 시의 일부에 "언제나 안개가 짙은 안개의 나라에는 아무 일도 일어나지 않는다"라는 구절이 있는데, 이 또한 우리 눈에 보이는 것만 놓고 섣불리 그 진실 여부를 판단하지 말 것을 주문하고 있다. 안개로 인해 실체적 진상을 제대로 인식하지 못하고 있음을 자각하고 안개 저 건너편에 자리한 '진짜' 세상의 모습을 통찰할 것을 권고하는 시인의 외침은, 현상 배후에 놓인 실체적 진실을 인식할 것을 요구하는 철학(함)의 주문과 완전히 합치하고 있다.

이런 점에서, 우리는 본질에 대한 인식을 방해하는 요인과 요소들을 배격하고, 현상 이면에 놓인 본질적 실체를 통찰할 것을 주문하는 철학(함)의 정신을 전폭적으로 수용하고 현실에서 이를 적극 실천해 나가야 할 것이다.

3) 철학(함)에 대한 또 다른 중요한 정의로는 '자기비판과 자기 성찰로서의 사유 행위'이다. 대부분의 사람들은 철학(함)의 요체가 '비판'이라는 점에 수긍하고 있다. 비판을 통해 문제점이나 잘못을 찾아내야만 그에 대한 실천적 해결 방안을 제시할 수 있으며, 그러한 방안을 통해 개인적 한계 등을 제대로 고치고 개선해 나감으로써 더 나은 상태의 인간으로 발전해 나갈 수 있기 때문이다.

이런 점에서 철학(함)을 '비판적, 성찰적 사유 행위'라고 할 때, 그 비판의 대상은 우선적으로 타자가 아닌 바로 '자기 자신'이다. 이는 일차적인 반성과 성찰의 대상 또한 자기 자신임을 가리킨다. 자신의 문제점에 대한 치열한 자기비판과 자기반성을 통해서만 더 나은 자신으로 발전해 나갈 수 있으며, 그런 후에야 자신이 아닌 주변의 타인이나 사회 공동체에 대해서도 정당한 비판을 제기할 수 있으며, 반성적 성찰의 폭을 넓혀 갈 수 있다. 이렇듯 '자기비판적·성찰적 사유 행위'로서의 철학(함)은 독립된 인격체로서 자신을 형성해 나갈 중요한 시기에 놓인 청소년기의 고등학생들에게 긴요한 도덕철학적 조언과 실천적 지혜를 제공해 줄 수 있다. 아울러 이 같은 점에서, 자기비판 및 자기 성찰로서의 철학(함)은 고교생들에게 '왜 철학(함)이 필요한가?'에 대한 매우 시의적절한 답변을 제공해 주고 있다고 할 것이다.

4) 철학은 이론의 차원에 국한된 사유 작용에 머물러서는 안 되며 반드시 실천으로 연결되어야'만' 한다는 점에서, '철학함이란 실천적 사유 행위'에 다름 아니라는 정의 또한 존재한다. 다시 말해, 철학은 논란이 된 문제나 사태를 두고 단지 비판적으로 생각하고 해명하는 데 그치는 것이 아니라, 그를 통해 드러난 난점들을 극복해 나갈 '변혁적 실천 활동'이 수반된 '실천적 사유 행위'여야 한다는 것이다. 그런 만큼 철학(함)은 반성이든 비판이든 생각에만 머물러서는 안 되며, 생각을 한 이후 더 나은 상태를 위한 실천적 활동으로 이어져야만 한다.

가령 사람들은 연초(年初)에 정해 놓은 몇몇 결심 사항들을 제대로 지키지 못할 시, 그에 대해 나름 반성하고 자신의 의지 부족 등을 신랄하게 비판하곤 하지만, 정작 결심한 사안들을 준수하기 위한 실천은 늘 뒷전으로 밀어지기 일쑤다. 중요한 것은 결국 '실천'인데, 사람들은 끊임없이 반성하고 다시금 결심하는 '이론적' 수준에서의 생각에만 맴돌고 있는 것이다. 사정이 이런 만큼 실천적 사유 행위로 정의된 철학(함)은 '이론과 실천의 통일,' 즉 생각한 바를 실천에 옮겨 그 실질적 결과로 이어져야만 한다는 깨우침과 동시에 그렇게 될 경우에만 사유 행위 자체도 의미 있다는 사실을 쉼 없이 우리에게 일깨워 준다.

이와 관련하여, 철학사에서는 일찍이 마르크스(K. Marx)가 기존 철학자들의 철학(함) 행태에 대한 날카로운 비판적 지적을 가함으로써 실천의 중요성을 여실히 드러내 보여 준 바 있다. "이제까지 철학자들은 세계를 단지 다양하게 해석해 왔다. 하지만 중요한 것은 세계를 변혁시키는 것이다."[3]

5) 철학(함)의 정의 가운데서도 고교생들에게 결정적으로 보탬이 될 정의로는, 내 자신의 의식이나 관점, 가치관 등에 뿌리 깊게 박혀 있는, '근거 없는' 선입견과 편견, 고정관념과 무반성적·타성적 사고방식을 자각하고 이를 지속적으로 제거해 나가는 '자기 비판적·계몽적 사유 행위'로서 철학(함)을 들 수 있다.

이는 자율적인 '독립된 인격체'로 살아가기 위해서는 하루빨리 주체적인 세계관과 인생관, 가치관을 정립하는 것이 필요한 고등학생들에게 그 어떤 철학(함)의 정의보다 실질적으로 중요하며, 그런 한에서 더 큰 울림이 있는 규정이라고 할 수 있다. 왜냐하면 자율적 개체로서 새로이 태어나기 위해서는 '세상 및 삶에 대한 고유한 관점'을 수립해야 하는바, 이를 방해하고 왜곡된 방식으로 형성하게 만드는 일차적 요인들이 바로 고등학생 본인의 의식에 자리하고 있는 고정관념과 선입견, 근거 없는 편견 등이기 때문이다. 그런 만큼 고교생을 위한 철학(함)은 무엇보다 이 점에 주안점을 두어 이루어지는 것이 여러 면에서 적절하고 유의미하며, 나아가 단기적 차원에서도 '실효적 효과'를 거둘 수 있을 것이라 판단된다.

3. 고등학생 대상의 철학 강의를 위한 구체적인 철학적 주제들

앞서 언급했듯이, 이 글은 고등학생을 대상으로 한 철학(함)에 관한 수업이나 강의가 그들에게 의미 있는 '인문학적 깨우침'을 제공하면서 나름 실효성 있는 성공적인 효과를 거두기 위해서는 '어떤' 내용을 '어떻게' 전

3_ K. Marx, *Thesen über Feuerbach*(1978), 7쪽.

달하는 것이 현시점에서 바람직스러운 것인가를 놓고 보다 생산적인 논의를 전개하고자 기획된 것이다. 그래서 그 전 단계로서 앞 절에서는 고교생의 눈높이에 상응하는 철학(함)을 규정하는 몇 가지 정의와 그 의미를 살펴보았다. 이번 절에서는 그러한 철학(함)의 정의 및 규정들을 염두에 두면서, 실제로 이루어지는 철학(함) 강의에서 고교생들에게 도움이 될 만한 '철학적 주제'들을 선정하여 그들의 의식 수준에 맞추어 해명하고 분석해 본, 이른바 '철학 강의를 위한 콘텐츠'들을 몇 가지 소개해 보고자 한다.

1) 신데렐라는 진정 도덕적으로 선하고 어진 사람인가?[4]

흔히 선생님이나 부모를 비롯한 어른들은 아이들에게 '신데렐라처럼 착하게 살면 복 받는다'고 말하곤 한다. 아이들이 집이나 학교에서 가장 빈번하게 듣는 말 중의 하나 역시 '선생님 말씀 잘 들어라,' '어른 말씀 잘 들어라,' '부모님께 효도하라' 등이다. 하나같이 선생님을 비롯한 어른들에게 복종하고 순응할 것을 강하게 권고하는 것들이다. 그래야만 착한 아이, 모범생, 도덕적으로 선한 사람으로 간주된다. 당연히 그 반대는 못되거나 나쁜 사람, 불량 학생 혹은 문제아로 낙인찍힌다.[5]

하지만 계모와 이복 언니들의 부당하고 이치에 맞지 않는 과도한 지시나 명령에 일언반구 대꾸조차 하지 않고 맹종하는 신데렐라의 태도가 과연 도덕적으로 선한 것이라고 평가할 수 있을까? 오히려 그러한 강압적인 지시가 부당하다는 점을 따지면서 거부하는 것이 도덕적으로 선한 행동 아닌가?

4_ 이 논제에 관한 상세한 도덕철학적 논의는 선우현, 『도덕판단의 보편적 잣대는 존재하는가』(2020), 13-31쪽 참조.
5_ '모범생 대 문제아' 같은 이분법적 대립 장치는 사실상 교사와 학생 간의 '권력 관계'에서 전자가 후자를 체계적으로 장악·통제하려는 수단으로 이용될 가능성이 높다. 이처럼 그러한 대립적 장치가 '갑과 을의 관계'에서 을이 자발적으로 갑에게 복종하게 만드는 기제로 기능한다는 '일상적 파시즘'의 논변에 관해서는 임지현, 「일상적 파시즘의 코드 읽기」(2013), 23-45쪽 참조.

이와 관련하여 한 가지 예를 들어 보자. 지금이 1980년대 '전두환 군사 독재 정권'이 군림하던 시절이라고 해보자. 불법적인 군사 쿠데타를 통해 정권을 장악하고 이에 맞서 저항하던 민주 시민들을 무참히 살육하고 강압적인 철권통치를 강행하는 군부 통치 세력의 부당한 지시와 명령에 우리는 얌전히 순응하고 복종해야만 하는가? 싫든 좋든 국가원수인 만큼, 부당하더라도 따르는 것이 도덕적으로 선한 '애국 시민'의 행동인가?

만약 그렇지 않다면, 규범적 정당성과 정치적 정통성이 결여된 반민주적 독재 정권에 맞서, 그들의 명령을 거부하고 저항하며 투쟁하는 것이 오늘의 '변화된 민주주의 시대'를 살아가는 의식 있는 '민주 시민'의 자세이자 의무 아닌가? 이러한 시민적 태도가 올바른 것이라면, 부당한 지시와 명령에 무조건 복종하는 신데렐라의 태도는 도덕적·윤리적으로 정당화되기 어려운 악한 행위라 할 수 있다. 그러한 무조건적 순응과 복종은 반민주적 통치 행위를 용인하고 연장시켜 줌으로써, 독재 정권의 강압적인 폭정으로 인해 자유와 권리를 상실한 채 '노예'적 삶을 살아가는 동료 시민들의 비참한 삶을 지속시켜 주는, 지극히 잘못된 부도덕한 행위에 다름 아니기 때문이다.

이렇듯 철학(함)은 지극히 당연하고 타당한 것이라고 생각해 왔던 것들이 오늘의 '변화된 시대 상황'에서 새롭게 따져 볼 때, 도덕적으로 정당화되지 않을 수 있다는 사실을 일깨워 준다. 그럼으로써 이제껏 우리가 알고 있던 도덕적 주장이나 명제들 역시 더 이상 정당하지 않으며 도덕적으로 옳지 않을 수 있다는 점을 비판적으로 자각하도록 이끌어 준다.

2) 공부를 잘하고 못하는 것은 학생 본인의 능력과 성실, 노력에 달린 것인가?[6]

우리는 흔히 공부를 잘하고 못하는 것은 응당 학생 본인의 탓이라고 당

6_ 이 주제에 관한 본격적인 철학적 논의로는 선우현, 「상징폭력으로서의 '개천에서 용 난다': 개천에서 용 날 수 없음에 대한 철학적 확인 사살」(2014), 139-190쪽 참조.

연시한다. 다시 말해, 학생 본인이 갖고 있는 지적 능력이나 역량, 성실성과 노력, 인내와 끈기 등이 좋은 성적을 낳게 만드는 결정적인 요소라고 생각하는 경향이 강하다. 그에 따라 과학고나 외고 같은 특목고에 진학하거나 소위 명문대에 합격한 학생들의 경우에, 본인의 뛰어난 능력 — 가령 수학적 재능이나 영어 구사력, 암기력 및 압축 요약 능력 등 — 과 집중력과 노력 덕분으로 그렇게 된 것이라고 쉽게 생각한다. 동시에 그들의 합격을 전반적으로 그들의 '애씀의 보상'이라고 정당화한다.

하지만 과연 그럴까? 이 대목에서 철학(함)은 '그렇지 않을 수 있다'는 점을 보여 주고자 한다. 가령 유학 간 부모 덕에 영어를 모국어로 사용하는 국가에서 어린 시절부터 장기간 체류한 학생의 경우, 영어 구사력이 매우 뛰어나다. 한데 사실 따지고 보면, 그 학생이 지닌 영어로 말하고 쓰는 소위 '영어 능력'은 본인이 별다른 노력 없이 자연스레 습득한 것이다. 생각해 보자. 현재 대한민국의 고등학생들이 자유롭게 한국어를 구사하는 것이 학생들 각자의 각고의 노력과 언어적 재능의 발휘로 인한 결과인가? 그렇지 않다. 마찬가지로 그 학생도 오랜 기간 영어권 사용 국가에 머물면서 의식하든 아니든 말하고 듣고 쓰는 영어 구사력이 마치 '습관'[7]처럼 자연스럽게 체득된 것이다. 이를 부르디외(P. Bourdieu)는 '아비튀스(habitus)'[8]라고 부른다. 이는 명칭에서 드러나듯이 습관화되어 형성된 것으로서, 중요한 사실은 그것을 습득하는 과정에 피땀 어린 노력이나 분투적인 연습 등이 관여된 것은 아니라는 점이다. 단지 원어민들과 영어를 사용하는 일상적 삶 속에서 현지인들 못지않은 영어 구사력을 자연스레 획득한 것이다.

7_ 부르디외에 의하면, 아비튀스의 개념은 아리스토텔레스(Aristotle)의 '습관(habitude)' 개념과 유사하다. 홍성민, 『문화와 아비투스』(2000), 25쪽 참조.
8_ 대략적으로 그 의미를 규정할 경우, 아비튀스란 '특수한 사회적 환경에 의해 획득된 성향 및 사고 체계, 인지 및 행동 체계'를 가리킨다. 이에 관한 보다 자세한 논의는 현택수, 「아비튀스와 상징폭력의 사회비판이론」(2002), 107쪽; 이상호, 「아비튀스와 상징질서의 새로운 사회이론」(2002), 136쪽 참조.

사정이 이렇다면, 입시 위주의 한국적 교육 현실에서 매우 중시되는 이른바 '영어 실력'이라는 것은 해당 학생이 지닌 뛰어난 언어적 재능이나 노력의 결과물이라고 할 수 없다. 단지 유학 간 부모를 둔 덕에 그러한 영어 구사력을 갖추게 된 것뿐이다. 하지만 영어 소통력이 우리 사회에서는 영어 실력으로 둔갑하고, 좋은 대학에 들어갈 수 있는 유리한 자격 조건으로 기능한다. 그리고 마침내 소위 명문대에 합격한 순간, 그 학생은 매우 '공부를 잘하는 학생'으로 인준 받으며 전적으로 본인의 능력 발휘와 애씀의 결실로서 그처럼 합격이라는 보답이 주어진 것으로 당연시된다.

이러한 사례에서 알 수 있듯이, 공부를 잘하고 못하는 것은 전적으로 학생 본인 덕분이라고 귀결 짓기는 대단히 어렵다. 그보다는 오히려 어떤 부모를 만나느냐에 달린 우연성의 산물이라고 볼 수 있다. 가령 장기간의 해외 체류나 유학 경험, 아이의 잠재력을 관찰하고 계발시켜 줄 수 있을 수준의 해당 분야에 대한 전문가적 식견과 지식, 자녀의 학습에 대한 지대한 관심, 학위나 교원 자격증과 같은 '문화 자본(capital culturelle)'[9]을 풍부하게 소유한 부모를 둔 학생의 경우, 이른바 명문대에 진학할 가능성이 매우 높다. 그런 만큼 공부를 잘하고 못하는 것은 해당 학생의 '부모가 소유한 문화 자본이 많은가 적은가'에 달려 있다는 철학적 해석 또한 충분히 가능하다.

그러므로 만약 이러한 '철학적 추정'이 나름 설득력을 갖고 있다면, 공부를 잘하고 못하는 것은 학생 본인의 탓이라는 기존의 생각과 주장은 근거가 미약한 '고정관념'일 수 있다. 적어도 철학(함)은 이렇게 볼 수 있음을 우리에게 일깨워 주고 있다.

9_ 문화 자본 개념에 관해서는 현택수, 「아비튀스와 상징폭력의 사회비판이론」(2002), 110쪽; 고명섭, 「상징자본과 상징폭력」(2004), 214쪽 참조.

3) 미국 사회 내 흑인들은 과연 지적으로 열등하고 천성적으로
게으른 종족인가?

미국 사회를 들여다보면, 우리가 알고 있다고 생각하는 것 이상으로 계층 간의 불평등이 심하며 인종 간의 사회적 불평등도 상당히 벌어져 있다. 뉴욕의 할렘 가를 비롯한 빈민 거주 지역에 살고 있는 종족은 대체로 흑인들이며, 그들의 삶의 질은 그야말로 열악하기 이를 데 없는 경우가 많다. 돈이 없어 치료도 제대로 받지 못해 목숨을 잃는 경우도 적지 않다. 우리는 이런 상황을 마이클 무어(M. Moore)가 감독한 영화 〈식코(Sicko)〉를 통해서도 확인해 볼 수 있다.

그런데 그처럼 흑인들의 삶은 경제적으로 힘들고 고통스러운 사례가 빈번한 반면, 미국 사회의 주류를 이루는 상류층이나 중산층은 대체로 백인들이 차지하고 있는 상황이다. 한데 이러한 현실에 대해, '본래 흑인들이 열등하고 게으른 탓에 불가피하게 초래된 양상'이라는 답변이 빈번하게 개진되고 있다. 물론 이는 백인 중심의 지배 계층에서 제기되고 있지만, 적지 않은 흑인 빈곤 계층도 이에 동조하고 있는 실정이다. 그렇다면 과연 이러한 답변 혹은 주장은 진실일까? 실제로 흑인들은 천부적 재능이 열악하고 부족하며, 본래적으로 게으르고 나태하며, 또한 불성실하고 끈기도 없는가?

이 지점에서 철학(함)은 그러한 백인 지배층 혹은 중산층의 그럴듯한 주장에 대해 그것을 쉽게 수용하지 말고, 부정하고 의심하며 하나하나 따져볼 것을 주문한다. 실상은 백인들이 흑인들을 '희생양'으로 삼아 자신들에게 일방적으로 유리한 사회적·경제적 구조와 제도, 정책 등을 구축하고 운용하는 과정에서, 그 부정적인 결과로 그와 같은 심각한 불평등 사태가 초래된 것일 수 있기 때문이다. 곧 미국 사회 내 흑백 간의 심각한 사회적 불평등 실태가 백인 위주의 정치적·경제적 이해관계를 추구·구현하려는 과정에서 야기된 것임을 은폐함과 동시에 그것을 정당한 것인 양 오인시키기 위해, 인종적 열등성과 후진성을 과장하고, 나아가 본성상 게으르고 나태한 종족이라는 식의 논리를 그럴듯하게 포장하고 있는 것일 수 있다는 점이다.

앞에서 우리는 철학(함)이란 그 누구의 주장도 일단 판단을 유보하고, 세밀하게 따져 보고, 그것이 '참'이라는 판단이 설 경우에라야 비로소 받아들이는 '비판적 사유 행위'라는 것을 살펴본 바 있다. 그런 점에서, 철학(함)의 정신에 의거하여 그러한 백인 계층의 주장에 대해 '괄호 치기(Einklmmerung)' 또는 '판단중지(Epoche)'[10]를 하고 하나하나 따지고 검토하고 그 사실성 여부를 확인해 본다면, 백인 계층이 제시하는 그러한 인종주의적 주장의 허구성 내지 부당성을 간파할 수 있게 될 것이다.

4) 비만형의 체형을 가진 사람은 자기 몸 하나 관리하지 못하는 게으른 사람인가?

요즘 우리 주변에는 나이에 비해 날렵한 몸매를 유지하는 사람들이 적지 않다. 그리고 그런 사람들은 '자기 관리가 철저하고 부지런한 사람'으로서 칭송의 대상이 되고 있다. 반면, 비만형의 체형을 가진 사람들에 대해서는 '자기 몸 하나 제대로 관리하지 못하는 게으른 사람'이라는 다분히 부정적으로 평가하는 분위기가 만연되어 있다. 다소 경박한 어투로, 이른바 '착한 몸매'와 '나쁜 몸매'로 나누어 규범적 가치판단이 횡행하고 있는 것이다.

그런데 이러한 세간의 평가는 언뜻 듣기에 나름 근거를 갖고 있는 것처럼 비친다. 자연스레 나잇살이 붙을 수 있는 연령대임에도 불구하고 마른 몸매를 유지할 수 있으려면 그만큼 철저한 자기 관리와 트레이닝, 부지런함과 성실함이 필수적이기 때문이다. 이에 더해 주변의 맛난 음식에 대한 식탐 등을 뿌리쳐야 하는 본인의 굳은 의지와 각고의 노력도 그러한 긍정

10_ 선우현, 「편견에서 자유로워질 수 있나?」(2016), 126쪽 참조. 아울러 후설 현상학에서의 '괄호 치기'와 '판단중지' 개념의 쓰임과 의미에 관한 상세한 논의는 한전숙, 『현상학의 이해』(1987), 28-29쪽 참조.

적 평가의 중요 요소들이다.

하지만 이 대목에서도 예의 철학(함)은 우리에게 겉만 보고 쉽사리 그럴 것이라고 판단하지 말 것을 권고한다. 즉 사람들이 보기에 매력적인 날씬한 몸매를 가꾸고 유지하는 것이 마치 규범적으로 좋은(선한) 행동이라고 간주하는 사회적 분위기는 실상 본질을 호도하고 왜곡하는 '오인의 산물일 수 있다'는 점을, 철학은 우리에게 말해 준다. 요컨대 그처럼 착한 몸매와 나쁜 몸매 운운하는 실태의 이면에 놓인 본질적 실상을 꿰뚫어 보게 되면, 전혀 판이한 가치판단이 가능할 수 있다는 것이다.

이와 관련하여, 가령 동네의 재래시장에 가 보면 좌판을 깔고 야채나 채소 등을 파는 노점상들을 접하게 되는데, 그들 중에는 중년 혹은 노년의 여성들이 적지 않다. 흔히 보게 되는 우리네 할머니나 아주머니, 어머니와 이모들에 다름 아니다. 한데 결례를 무릅쓰고, 그분들의 몸매를 관심 있게 주시할 경우, 날씬하기보다는 비만형에 가까운 분들이 훨씬 더 많을 것이다. 그만큼 그분들은 자신의 외모나 몸매 등에 전혀 신경 쓰지 못하거나 관심조차 기울일 여유가 없는 것처럼 보인다.

그렇다면 이분들은 자기 몸 하나 제대로 가꾸고 관리하지 못하는, 게으르고 나태하며 의지력 또한 굳건하지 못한 나약한 분들인가? 여기서 다시 철학(함)은 '그렇지 않다'라고 강변한다. 그분들은 하나 같이 어려운 가정 형편 속에서도 가족과 자식을 위해 희생하고 헌신하고 있으며, 그렇기에 그 추운 날에도 새벽부터 오밤중까지 치열하게 물건을 팔기 위해 동분서주하고 있다. 얼마 안 되는 푼돈이라도 억척스레 벌어, 자식들 뒷바라지하는 데 보태고자 그 고생과 고통, 어려움을 마다하지 않고 있는 것이다. 그런 분들을 우리는 게으르고 나태한 불성실한 사람이라고 감히 말할 수 있는가? 결코 그렇게 말할 수 없을 것이다.

이러한 실상을 고려할 때, 소위 '착한 몸매' 운운하는 것은 자식과 가족을 위해 평생을 고생하고 희생해 온 우리네 어머니와 할머니, 아주머니들을 '욕되게 하는' 도덕적으로 지극히 천박하고 야만적인 부도덕한 행태에 다름 아니다. 그런 만큼 철학(함)은 오늘날 우리 사회를 휘감고 있는 소위 '주류적인' 경향이나 세태, 분위기 등을 무조건 수용하거나 추종하지 말고, 대신 그것들 이면에 자리하고 있는 실체와 본질을 통찰해 볼 것을 강권한다. 그럴 경우에라야 우리는 우리 앞에 보이는 현상만을 놓고 섣부르게 예단하는 대신, 그 본질과 실체를 대상으로 삼아 제대로 된 가치 평가를 할 수 있게 될 것이다. 이런 점에서도, 고등학생을 비롯한 청소년들에게 철학(함)은 절대적으로 필요한 것이라고 감히 말할 수 있을 것이다.

5) '공개적인 장소에서 젊은 여성의 흡연' 행위, 과연 도덕적으로 비난받을 만한 행위인가?

우리는 사람들이 오고가며 볼 수 있는 공공장소에서 젊은 여성들이 담배 피우는 행위를 종종 목도하곤 한다. 다만 여기서는 논의를 좀 더 단순 명료화 하기 위해, '타인들의 시선에 노출된 공개적인 장소이기는 하나 간접흡연 등의 피해를 주지 않는 장소,' 가령 공식적으로 허용된 흡연 구역 같은 공공장소나 강의실로부터 멀리 떨어진 캠퍼스 잔디밭과 같은 장소로 그 구역을 한정 짓고자 한다.

그렇다면 이런 조건 하에서, 공개적인 공간에서 행해지는 젊은 여성들의 흡연을 일반 대중들은 과연 어떻게 바라볼까? 최근 들어서 20대를 비롯한 젊은 층은 대체로 그러한 행태는 별다른 주목거리도 되지 않으며 개의치 않는다는 반응을 보이고 있는 듯하다. 하지만 그처럼 공개적으로 드러나는 장소에서 담배 피우는 젊은 여성들에 대한 시각이 예전에 비해 상당 정도 '호의적인' 것으로 바뀌어 가고 있는 것이 사실이지만, 아직도 노년층과 기성세대를 중심으로 그에 대한 '부정적인' 시각이 여전히 사회 전반에 잔존해 있음도 부인하기 어려운 현실이다.[11]

11_ 젊은 여성들의 흡연 행위에 대한 사회적 인식이 그리 호의적이지 않으며 여전히 부정적 이라는 사실을 말해 주는 사례로, '흡연 여성의 절반 이상이 몰래 담배를 피우고 있다'는 통

더욱이 20대와 30대를 중심으로 한 젊은 층에서도, '겉으로는' 규범적 평가의 대상이 될 수 없으며 단지 개인적 취향 및 기호의 문제라고 언급하면서도, '내면적으로는' 여전히 부정적인 시각을 견지하고 있는 경우도 적지 않아 보인다. 다시 말해, 젊은 여성의 흡연 행위에 관한 '공적 토론의 장(場)' ― 가령 철학 수업 시간 ― 에서는 그다지 문제될 것이 없다고 공공연히 발언하면서도 사적인 삶의 차원에서, 아울러 의식 내적 차원에서는 다분히 곱지 않은 시각을 고수하는 경우가 심심치 않게 눈에 띄곤 한다. 좀 더 진솔하게 내면의 심정을 털어놓도록 유도할 경우, 공개적인 장소에서 젊은 여성들의 흡연 행위는 '논리적' 내지 '이성적' 차원에서는 아무런 문제가 없음을 인정하면서도, '(유사) 본성적' 혹은 '정서적' 측면에서는 강한 거부감 내지 혐오감을 지니고 있음을 고백하곤 한다.

이러한 현실을 진지하게 고려할 경우, 이러한 논제의 핵심은 흡연하는 젊은 여성에 대한 '유사 본능화 된' 거부감 내지 혐오감이다. 그리고 이를 부추기는 주된 내면적 요인은 자신도 모르게 의식 내에 고착화된 '담배 피우는 젊은 여성'에 내재된 사회적 이미지, 즉 담배 피우는 젊은 여성은 정숙하지 못하고 행실이 문란하다는 근거 없는 '고정관념'이다. 따라서 딱히 이성적으로 문제가 있다는 이유로 합리적 비판을 제기하는 것이 아니라, 불편하고 거북한 감정이나 유사 본능적 반응에 의거하여 흡연 행위에 대해 도덕적 비난이 가해지기 일쑤이다.

이와 같은 사회적 분위기 속에서, 노년층과 중장년층을 비롯한 기성세대의 반감은 아직도 강하게 자리하고 있는 반면, 청소년 세대와 20-30대를 중심으로 한 젊은 층은 다소간 '이중적인 태도'를 드러내 보이고 있다. 곧 한편으로는 젊은 여성의 흡연 행태에 대해 소위 '쿨 하게' 수긍하고 수

계 자료를 들 수 있다. 가령 정부의 설문 조사에 나타난 여성 흡연율은 6~7% 정도인데 비해, 소변검사 결과 분석을 통해 드러난 수치는 14%에 달했다. 특히 30대 미만 젊은 여성들의 경우 4명 중 1명에게서 '코티닌' 성분이 소변검사를 통해 검출될 정도로 실제 흡연율은 매우 높다는 것이 밝혀졌다. 이에 관해서는 《SBS 8뉴스》(2011월 11월 16일) 참조.

용하는 태도를 일정 정도 보여 주면서도, 다른 한편으로는 담배 피우는 젊은 여성을 '조신하지 못하고 행실이 바르지 못한' 사람으로 간주하여[12] 내재화되어 있던 (유사) 본능적인 거부감과 반감을 드러내는 경우가 비일비재하다. 이런 점에서 적지 않은 젊은이들은 아직도 젊은 여성이 흡연하는 행태에 대해 합리적 이유나 근거 없이 '그냥 꼴 보기 싫다'는 투로 반응하고 있는 셈이다.

그러나 반복하지만 공적인 자리나 토론의 장에서는 그러한 정서적 반응을 노골적으로 잘 드러내지 않는다. 오히려 그러한 거부감을 숨긴 채, 왜곡된 방식으로 포장하여 마치 이성적 측면에서 보더라도 문제가 있는 양 그럴듯한 도덕적 비판을 개진한다. 가령 특정 젊은 여성의 흡연 행위에 대해, 그 여성은 응당 결혼을 하고 임신 및 출산을 하게 될 것이라는 사실을 강하게 전제하면서, 흡연은 그 여성이 낳게 될 태아의 생명이나 건강을 결정적으로 해칠 수 있다는 점을 내세워 흡연 행위에 대한 비판적 논의를 제기한다. 일면식도 없는 젊은 여성이, 게다가 결혼을 할지 안 할지의 여부나 아이를 낳을 계획이 있는지조차 알지 못하면서, 느닷없이 태아의 생명과 건강을 열렬히 염려하는 모양새를 취하면서 흡연 행위에 대해 격하게 규범적 비판을 가한다.

그렇다면 백번 양보해서, 그처럼 태아의 생명과 건강의 치명적 훼손을 논거로 삼아 젊은 여성의 흡연에 대해 비판을 제기하는 논변은 도덕적으로 과연 정당화될 수 있는 것인가? 여기서도 철학(함)은 우리에게 보다 치열한 반성적 사유와 비판적 통찰을 요구한다. 그에 따르면, 그러한 비판적 논변은 '겉으로는' 매우 그럴듯한 근거와 논리를 갖춘 비판의 한 형태처럼 보인다. 하지만 앞서도 잠시 언급했듯이, 그것은 (유사) 본능적으로 느끼는 거부감을 그처럼 합리적 비판 논변의 형태로 '포장하여' 정당한 것인

---

[12]_ 이에 관한 가장 대표적인 것으로는 '담배 피우는 여자는 여성스럽지 못하고 성적으로 문란할 것 같다'는 편견을 들 수 있다. 「담배 피우는 여자가 불량해? 남자들 '피해의식'」, 《오마이뉴스》(2014년 8월 29일자).

양 오인시키는 것에 다름 아니다.

만약 '진정으로' 태아의 건강 등을 염려해 특정 젊은 여성의 흡연이 갖는 '생명 윤리적' 문제점을 지적하는 것이라면, 비판자는 '예비 아빠'의 자격을 지닌 젊은 남성의 흡연에 대해서도 젊은 여성 못지않게 '가치론적으로' 동등한 무게를 갖고 근본적인 비판을 가해야만 한다. 실제 태아의 건강과 생명의 치명적 훼손이나 기형아 출산의 위험성은, 예비 엄마로서 젊은 여성 못지않게 예비 아빠인 젊은 남성의 생식 능력과 그에 따른 정자의 상태도 '직접적으로' 관련되어 있기 때문이다. 젊은 남성이 오랜 기간 흡연을 할 경우, 다이옥신이나 환경호르몬을 비롯해 태아에게 치명적인 유해 화학물질들이 정자에 농축되어 기형아 출산이나 사산 등을 일으킬 가능성이 매우 높다.

그러므로 이 같은 사실을 진지하게 고려할 경우, 적어도 젊은 여성의 흡연 행태와 동등한 수준에서 '공개적인 장소에서 젊은 남성의 흡연 행위'에 대한 도덕적 · 윤리적 비판 또한 제기되어야 '만' 한다. 하지만 실상은 어떠한가? 흡연하는 젊은 여성에게는 가혹하리만큼 격한 도덕적 비판이 가해지는 반면, 흡연하는 젊은 남성은 비판의 대상조차 되지 않는 것이 현실이다. 한마디로, 흡연 행위에 대한 비판이 젊은 여성과 젊은 남성 간에 '차등적'으로 이루어지고 있는 셈이다. 그런 한에서, 젊은 여성의 흡연에 대한 비판은 타당성과 정당성을 지니지 못한다.

이처럼 젊은 여성의 흡연 행위에 대한 비판의 근거로 제기되는 태아의 생명과 건강은 사실상 '형식적' 명분에 불과하며, 젊은 여성의 흡연에 대한 대다수 남성들의 '혐오감과 거부 의식'을 은폐하고 포장하기 위한 겉치레에 불과하다. 요컨대 젊은 여성의 흡연 행위가 '그냥 싫은 것'이다.

물론 이러한 비판적 지적은 상당 정도 과장되거나 부풀려진 것일 수 있다. 다만, 이 경우에도 철학(함)은 우리에게 우리의 의식구조 속에 뿌리 깊게 자리하고 있는 ― (젊은) 여성에 관한 ― 고정관념이나 근거 없는 선입견, 무반성적인 관습적 사고방식 등을 자각하고 제거하는 데 전력을 기울여야 한다는 사실을 일깨워 준다. 그럴 경우에라야 거의 본능 수준에 이른 잘못되고 왜곡된 생각이나 관점, 입장 등에서 벗어날 통로가 확보될 수 있기 때문이다.

6) 성적 소수자인 동성애자는 과연 비정상적이며 부도덕한 인간인가?

다수를 차지하는 이성애자는 지극히 정상적인 사람이며 그에 비해 소수의 위치에 놓인 동성애자들은 비정상적이거나 도덕적으로 결함이 있는 사람이라고 생각하는 경향이 우리 사회에는 여전히 강건하게 자리해 있다. 상식적으로, 동물의 세계와 마찬가지로 인간 사회 역시 대체로 남성은 여성에게, 여성은 남성에게 성적으로 매력을 느끼고 호감을 갖기 마련인지라, 이러한 경향에서 벗어나 동성 간에 사랑을 나누는 동성애자들을 대할 때는 뭔가 '다르고' 정상적이지 않으며 부도덕한 속성마저 지니고 있다고 사람들은 흔히 생각한다.

하지만 과연 동성애자는 정상에서 벗어난 기이하고 이상한 비정상적인 사람일까? 이성애자가 절대 다수를 차지하고 있는 한국 사회를 살아가는 구성원들은 대체로 이에 대해 '그런 것 같다'는 식의 반응을 쉽게 보인다. 이는 오랜 기간 당연하고 자연스러운 섭리로서 간주해 온 '음양의 원리'나 '자연의 법칙'을 위반하고 있다는 점에 따른 것으로, 충분히 납득할 만한 여지가 많다. 일종의 질서 정연한 규칙을 벗어나고 있는 만큼 뭔가 자연스럽지 않고 어색하고 불편하며 그런 한에서 정상적이지 않다는 것이다.[13]

13_ 하지만 자연의 법칙에 위배되기 때문에 비정상이라는 지적은 '천주교 사제'나 '독신자'의 사례 등을 통해 반박될 수 있다. 성직자와 독신자 역시 자연의 법칙 혹은 음양의 원리를 따르지 않은 경우에 해당되기 때문이다. 하지만 우리는 성직자와 독신자에 대해 '비정상적이며 도덕적으로 부도덕한 사람'이라고 비판을 가하지는 않는다. 이러한 사실은 결국 동성애자에 대한 무조건적인 거부와 혐오를 논리적으로 그럴듯하게 포장하기 위해, 자연의 법칙을 끌어들여 그것을 위반했다는 점을 근거로 비정상적이라는 가치판단을 내리고 있다는 것을 간파할 수 있다. 더불어 자연의 법칙을 위반했다는 논거 또한 '비판의 대상이 누구냐?'에 따라 선별적으로 이용되고 있음을 알 수 있다. 이 점에 관해서는 선우현, 「도덕적 관

충분히 그럴 수 있다고 본다.

그러나 철학(함)은 이 지점에서 다시 한 번, 동성애자가 과연 비정상적이며 부도덕한 존재인가에 대한 보다 치열한 숙고와 검토, 고찰을 해볼 것을 강권한다. 그러면서 철학(함)은 우리로 하여금 동성애자가 되고 안 되고는 '선택'의 문제가 아니라, 경험 이전에 '운명적으로' 이미 결정된 것일 수 있다는 점을 숙고해 보기를 요청한다. 가령 교사가 되기를 간절히 바라는 사람이 교대나 사대에 입학했다고 하자. 한데 그가 '성적 지향성'과 '성적 정체성'에 혼란을 느낀 끝에 마침내 자신이 동성애자임을 자각하고 이를 공개적으로 밝혔다고 가정해 보자. 그 경우에 그는 과연 교사가 되고자 했던 자신의 염원을 제대로 성취할 수 있을까? 아마도 커밍아웃하는 순간부터 그는 평생 자신이 가꾸어 온 소중한 그 꿈을 접어야 할지 모른다. 동성애자라는 사실이 밝혀지는 순간부터 아마도 그는 교사는커녕 한국 사회의 구성원으로서 마땅히 누려야 할 개인적 권리와 자유마저 제대로 향유하지 못하게 될 것이며, 한 인간으로서 소박하고 평온한 삶 그 자체마저도 온전히 누리지 못할 가능성이 매우 높다. 한마디로, 작금의 한국 사회에서 동성애자로 살아간다는 것은 사실상 인간다운 삶을 살아가길 포기해야 한다는 것을 의미한다. 글쎄 이러한 해석은 너무 과한 것일까? 실로 유감스럽지만, 동성애자들을 비롯한 성적 소수자들이 인간다운 대접조차 제대로 받기 어려운 것이 오늘의 한국 사회의 실상이다.

그렇다면 이처럼 동성애자의 삶의 행로가 온통 가혹한 가시밭길 천지인 상황에서, 동성애자의 삶과 이성애자의 삶을 자유롭게 '선택할 수 있다'고 한다면, 과연 몇 사람이 동성애자의 삶을 선택할까? 동성애자가 되고 안 되는 것이 본인의 의지와 선택에 달려 있다고 하면, 도대체 이런 현실적 조건 하에서 그 길을 택할 사람이 몇 명이나 될까? 교사로서의 자아실현은 고사하고 최소한 인간으로서의 대우조차 받기 어려운 환경에서, 그 누가

점에서의 '정상/비정상'의 판별 기준」(2016), 8쪽 참조.

동성애자의 삶을 선택하겠는가?

　이러한 물음들을 진지하게 고려할 때, 합리적으로 생각해 볼 수 있는 잠정 결론은, 동성애자의 삶은 스스로의 결단과 의지에 따라 선택된 것이 아니라, 경험 이전에 ― 비유적으로 말해서 ― 운명적으로 주어진 것이라는 해석이 한층 더 설득력 있다고 판단해 볼 수 있다.[14] 나아가 만약 이러한 추론이 나름 근거가 있는 합리적이며 합당한 것이라면, 동성애자가 비정상적이거나 부도덕하다는 비판은 한마디로 타당성과 정당성이 결여된 근거 없는 억측이거나 편견, 고정관념에 지나지 않는 셈이 될 것이다. 물론 이는 '선택 및 의지'에 초점을 맞추어 동성애자의 정상성 및 도덕성 여부를 살펴본 한 가지 경우에 불과하다. 그런 만큼 이런 사실 하나만으로 동성애자가 지극히 정상적이며 도덕적으로 문제없다는 결론을 이끌어 내는 것은 상당한 무리가 따른다.

　다만, 이 글에서 말하고자 하는 핵심 메시지는, 동성애 문제의 경우에도, 철학(함)을 제대로 온전히 실행해 나갈 경우, 이제껏 정당하고 타당하다고 당연시했던 '자신의 생각이나 입장'이 사실은 틀렸으며 잘못된 것일 수 있다는 사실을 간취할 수 있다는 점이다. 그에 따라 기이하고 부자연스러우며 불편하게 생각되었던 것들이 실상은 우리가 지닌 익숙할 대로 익숙해진 고정관념 혹은 무반성적인 선입견으로 인해 마치 그런 것처럼 우리 의식 속에 재현되는 것이라는 '진실'을 철학(함)을 통해 일깨울 수 있다. 이런 한에서, 철학(함)은 동성애자에 관해 갖고 있던 기존의 우리의 인식, 즉 '동성애자는 비정상적이며 도덕적으로 결함이 있는 사람'이라는 가치판단이 사실은 근거 없는 편견과 관습적 사고에서 비롯된 것일 수 있다는 '가능성'을 우리에게 명료하게 확인시켜 주고 있는 것이다.

　나아가 그로부터 '합리적이며 개방적인 철학적 토론과 논쟁'을 통해 동

14_ 이 점에 관해서는 선우현, 「도덕적 관점에서의 '정상/비정상'의 판별 기준」(2016), 8쪽; 에릭 마커스, 『Is it a Choice?: 동성애에 관한 300가지 질문』(2006), 11-12쪽; 공자그 드 라로크, 『동성애』(2007), 25-30쪽 참조.

성애자가 지극히 정상적이며 도덕적으로 아무런 문제가 없는 사람이라는 '잠정 결론'에 다다른다면, 그때부터는 동성애자에 대한 폭력적인 차별과 비인간적인 대우가 횡행하고 있는 우리 사회의 구조적 결함과 모순을 혁파하는 '실천적 운동'에 동참할 것을 철학(함)은 또한 강력히 요구한다. 앞서 본 것처럼, 철학(함)의 본질은 '진리를 알면 반드시 그것을 현실에서 행해야만 한다'는 '이론과 실천의 통일'에서 찾을 수 있기 때문이다.

7) 이 외에도 고등학생들의 눈높이에 맞추어 살펴보고 논의해 볼 주제들은 차고 넘친다. '양계장에서 사육되는 닭은 생명체인가 아니면 하나의 먹거리 상품인가?' '목적이 정당하면 그것을 달성하려는 수단은 그 어떤 것이든 정당화될 수 있는가?' 등이 그에 대한 일례들이다. 이는 고등학생을 상대로 한 철학 수업이나 강의, 강연에서, 별다른 어려움을 느끼지 않게 하면서 그들로 하여금 친숙하게 다가갈 수 있도록 도와주는 철학적 논제와 주제, 소재와 내용이 풍족하다는 것을 말해 준다. 문제는 그것들을 고교생들이 더 잘 이해하고 소화하기 쉽도록, 동시에 더 많은 철학(함)에 대한 관심과 흥미를 불러 모을 수 있도록, (재)구성하고 전달하는 방식과 기법을 개발하는 데 전력을 기울여야 한다는 점이다.

4. 고등학생에게 철학(함)은 어떠한 역할과 기능을 수행할 수 있는가?

이제까지 우리는 고교생의 눈높이에 맞추어 재구성된 철학(함)의 정의를 살펴보았다. 더불어 철학(함)의 의미를 제대로 전달해 줄 수 있으며 그것의 실효적 효과를 거두는 데 적합한 철학적 주제와 논제, 물음 등을 개괄적으로 소개하고 그 의미와 의의 등을 검토해 보았다.

그렇다면 철학(함)의 의미의 관련하여, 고등학생을 비롯한 청소년층에게 철학(함)이 수행할 수 있는 '역할과 기능'은 과연 어떤 것들이 있는가? 그런데 그전에 먼저 언급해 두어야 할 사항이 하나 있다. 곧 '교육'과 관련하여 철학(함)은 본래적으로 '모범생'보다는 '문제아'를 키워 내는 데 그 지향점을 두고 있다는 점이다. 즉 어른 말씀 잘 듣는 순종적이고 복종적인 학생이 아닌, '어른들 말씀에 반드시 순응해야 하는가?' '어른들 말씀은 다 옳은가?'라는 비딱한 문제의식을 지닌 '사상적' 반항아로 키우는 데 초점을 맞추고 있다. 그렇다면 왜 철학은 의도적으로 문제아 혹은 불량 학생을 키우려고 노심초사할까?

1) 이 점을 진지하게 고민해 볼 때, 고교생을 위해 철학(함)이 수행하는 근본적인 역할은 무엇보다 '자주적이며 주체적인' 인간, 즉 '자신이 자기의 주인'인 인간으로 성장하는 데 주된 '동력원'으로 기여할 수 있다는 점이다. 철학(함)의 시각에서 모범생이란 '무비판적이며 무반성적인 사고방식'을 지닌 채, 윗사람에 대해 '무조건적인' 순응과 복종을 수행하는 사람, 그런 한에서 비주체적이며 비자주적인 사람을 가리킨다. 한데 이러한 사람들은 규범적 정당성이 결여된 사악한 지배 세력 등에 의해 정치적으로 이용될 가능성이 대단히 높다.

사정이 이런 만큼 정치철학적 정당성을 확보하지 못한 독재 정권 등에 의해 일방적으로 통제·지배받지 않으며 조종당하지 않는 그야말로 자주적이며 주체적인 인간이고자 한다면, 맹목적인 순응이 아니라 일단 괄호를 치고(판단을 유보하고) 무엇이 정당하고 부당한지 여부를 면밀히 따져보아야만 한다. 그런 연후에, 따를 것인지 아니면 거부하고 저항해야 할 것인지를 결정해야만 한다. 더불어 소위 '정치적으로 놀아난다'는 것은 부당한 국가권력에 의해 정당한 것이 아님에도 마치 정당한 것인 양 믿게 만드는 정치 공학적 통치술에 '자발적으로 복종'하게 된다는 것을 의미한다. 그러므로 이러한 '오인의 메커니즘'[15]의 실체를 비판적으로 통찰할 경우에

15_ 이 개념에 관해서는 R. Jenkins, *Pierre Bourdieu*(1992), 104쪽 참조.

만 '자신이 정치적 도구로 이용당하는 사태'로부터 벗어날 수 있다. 당연히 이 과정에서 탈출구를 제공하고 이끌어 주는 것이 다름 아닌 '철학(함)'이다.

이상에서 드러나듯이, 예속된 노예적 삶의 상태에서 벗어나 보다 자율적이며 주체적인 자유로운 인간으로 형성·성장해 나가는 것이 고교생들에게 주어진 가장 중차대한 과제라 할 수 있다. 그런데 바로 이 대목에서 철학(함)은 이러한 과제를 성공적으로 완수해 나가는 데 가장 적절하게 도움을 줄 수 있는, 그야말로 긴요한 역할과 기능을 수행한다.

2) 둘째로, 오늘의 '변화된' 시대적 현실 속에서 보다 공정하고 정의로운 민주 사회의 구현을 위해 주어진 책임과 의무를 다하는 '비판적·성찰적 시민'으로 고교생들이 성장하게끔 하는 데서도 철학(함)은 핵심적인 역할과 기능을 수행한다. 이는 시민들이 합법적으로 위임한 통치 권력을 사적 이익을 위해 남용하는 지배 세력의 행태에 대해 도덕적으로 정당한 분노를 표출하고 다양한 '정치적 공론장(公論場)'에 적극 참여하여, 그릇된 정치적 행태를 분쇄하는 데 앞장서는 것이 오늘의 비판적 민주 시민의 덕목이자 사회 구성원으로서의 책무라는 '민주주의적 시대정신'과 합치되는 것이다.

사실 따지고 보면, 1960년 '4.19 혁명'을 제일 먼저 촉발시킨 주체도 고등학생들이었으며, '2008년 촛불 항쟁'에서 맨 처음 촛불을 든 주체도 여중생들이었다. 프랑스에서도 고교생들에게 매우 민감한 교육 제도나 정책 등이 특정 정치 세력에 의해 일방적으로 변경되는 사태가 빚어지는 경우, 교사의 주도하에 고등학생들이 제일 먼저 광장에 나가 저항적 항거 운동에 나서고 있다는 사실은 우리에게 시사해 주는 바가 적지 않다. 비록 미성년이라는 점에서 생각하는 바가 다소 부족하고 미숙할 수는 있으나, 본질적으로 기성세대에 비해 순수하고 원칙론에 입각한 정의감과 사회 비판 의식이 높다는 점에서, 철학(함)을 원용한 '비판적 민주 시민 교육'을 통해 계몽될 경우 한층 더 주체적이며 자주적인 민주 시민으로 거듭날 수 있을 것이다. 요컨대 보다 공정하고 정의로운 민주 사회의 실현을 위한 '자기 성찰적 민주 시민'으로 온전히 형성되어 나갈 수 있을 것이다. 나아가 '아는 것'에 그치지 않고 그것을 '행하는,' 그런 한에서 기꺼이 사회변혁적 실천 운동에 적극 참여하는 '이론과 실천의 통일체'로서의 민주 시민으로 빠르게 성장해 나갈 수 있을 것이다. 이 과정에서 가장 핵심적인 역할과 기능을 수행하는 것이 다름 아닌 철학(함)이다.

3) 다음으로, 소위 명문대를 나와 '사회 계층 피라미드'의 최상층에 도달하는 것이 인생에서의 최고 승리요 행복의 성취라는, 기성세대에 의해 부여된 '왜곡된 인생관'을 답습하여 오직 책상머리에 앉아 공부만 해대는 대다수 고등학생들로 하여금, '진정으로 행복한 삶이란 어떤 것인가?'에 대해 진지하게 고민하고 숙고해 볼 수 있는 기회를 제공하는 것도 바로 철학(함)의 주된 역할이다.

익히 알고 있는 것처럼, 사회 계층 피라미드의 맨 꼭대기로 진입하기 위한 구성원들 간의 무차별적 경쟁이 만연된 오늘의 한국적 현실에서, 교육 또한 입시 위주의 체제로 편제되어 있는 탓에, 같은 반 급우마저 벗이 아닌 경쟁에서 이겨야만 될 경쟁 상대일 뿐이다. 그런 상황에서 전적으로 명문대 합격과 신분 상승을 삶의 목표로 설정하여, 쳇바퀴 돌 듯 똑같은 하루하루를 인내하며 살아가고 있는 것이 한국 고등학생들의 현 주소이다.

하지만 이는 무한 경쟁을 뚫고 좋은 대학, 좋은 직장에 들어가는 것을 인생의 성공이라고 믿고 있는 '기성세대'가 만들어 놓은 '왜곡 변질된' 사회적 무대장치일 뿐이다. 시험에서 일등하고 소위 일류대에 합격하고 최고의 직장에 취업하는 것이 행복이자 성공한 인생이라는 관점이야말로, 그러한 행복을 성취한 또는 성취하지 못해 '한'이 된 '어른들'에 의해 심어진 뒤틀린 '인생관'이자 '행복관'이라 할 수 있다.

물론 이러한 관점이나 시각들이 잘못된 것인지, 아니면 진정으로 추구하고 성취할 가치와 의미가 있는 것인지에 대한 최종적 판단은 고등학생 본인들에게 달려 있다. 다만 여기서도 철학(함)은 그들로 하여금, 그러한 인생관이나 행복관에 대해 진지하게 검토하고 성찰해 볼 것을 권고한다. 그와 함께 '성공한 삶이란 과연 어떤 삶인가?', '진정한 행복은 어디서 찾을 수 있는가?' 등등의 물음에 대해 그야말로 진지하게 생각하고 세심하게 숙고해 볼 것을 요망한다. 친구도 우정도 없이 오직 명문대 합격이라는, '인생 성공'을 위한 첫 번째 발판을 획득하기 위해 시집 한 권 읽어 볼 여유 없이 입시 위주의 '교과 공부'에만 매몰되어 살아가는 고등학생들로 하여금, 철학(함)은 '어떻게 살아가는 것이 진정으로 의미 있는 삶, 가치 있는 삶을 사는 것인가?'에 대해 진지하게 묻고 고민하게 하고 스스로 답해 보도록 인도해 주고자 한다. 그런 점에서 철학(함)은 실존적 삶의 지혜로서 그 역할과 기능을 수행하고 있는 것이다.

4) 넷째, 인종적 · 지역적 · 계급적 · 이념적 고정관념과 편견에 싸여 있는 고교생들에게 그러한 선입견과 왜곡된 고정관념에서 벗어나게 할 통로를 제공해 주는 역할을 수행하는 것 역시 철학(함)이다. 가령 철학(함)은 특정 종족이나 소수자에 대한 거부감이나 부정적 인식이 근거 없는 편견이자 잘못된 고정관념의 산물이라는 점을 통렬히 일깨워 줌으로써, 그것들로부터 벗어나 진정으로 자유로운, 따라서 '마음이 평안한 삶'을 살아갈 수 있도록 도와준다. 이 점에서도 철학(함)은 고등학생들에게 진정으로 자유롭고 평화로운 삶이 어떤 것인지를 알려 주고 그렇게 살아갈 수 있도록 이끌어 준다는 점에서, 고교생들의 삶의 도정에서 '이론적 · 실천적 도우미'로서의 긴요한 기능과 역할을 수행하고 있다.

5) 끝으로, 철학(함)이 고등학생들에게 실질적으로 보탬이 될 수 있는 역할과 기능은 치열한 '자기비판적 · 자기 성찰적 사유 행위'를 통해 본인의 생각이나 견해, 입장과 주장이 정당하지 않거나 옳지 않을 수 있다는 사실

을 깨닫게 해 준다는 점에서 또한 찾을 수 있다.

이와 관련하여, 칸트(I. Kant)는 자신의 주저인 『순수이성비판(Kritik der reinen Vernunft)』에서 참과 거짓을 분별하고 진리를 인식하는 '이성' 그 자체가 과연 그럴 만한 자격을 갖추고 있는가를 비판적으로 세밀하게 검토해 보고 있다.[16] 그와 마찬가지로, 철학(함)은 고등학생들에게 자신이 인식하고 판단하여 획득한 고유한 입장이나 견해, 시각과 관점이 과연 논리적으로 타당하고 규범적으로 정당한 것인가를 스스로에게 묻고 엄밀히 따져 볼 것을 강력 권유하고 있다. 그렇게 함으로써'만' 자신의 주관적 신념과 생각이 잘못된 것이며 근거 없는 선입견에 기초한 것일 수 있다는 점을 내적으로 자각할 수 있게 된다. 더불어 그러한 과정을 거쳐 마침내 이성적 관점에서 타당하고 확증된 진리 체계로서의 자신의 입장과 견해를 확고히 정립할 수 있는 기반을 갖추게 된다. 이로부터 알 수 있듯이, 청소년기의 철학(함)이란 결국 치열한 '자기비판'과 '자아 성찰'을 가리킨다. 그리고 이를 통해 온전하게 참/거짓, 옳음/그름을 구분할 수 있으며, 더불어 자신의 '인식론적 · 도덕적' 한계와 문제점을 간취하여 고쳐 나가게 됨으로써, 한층 더 계몽된 인식 및 사유 능력을 갖추게 될 뿐 아니라 인격적으로 보다 더 성숙된 자율적 존재로서 거듭 성장해 나갈 수 있게 되는 것이다.

5. 고교생 대상의 철학(함) 강의는 어떤 방식이 적합한가?

앞에서 우리는 고교생 대상의 철학(함) 수업이나 강의에서 다룰 철학적 주제와 논제들로는 어떤 것들이 있는가에 대해서 몇 가지 소개해 보았다. 그렇다면 이러한 주제와 콘텐츠를 갖고 철학(함)을 제대로 소개하고 안내함에 있어서, '어떤 방식'으로 강의를 진행해 나갈 경우 보다 내실 있고 알

16_ 이 점에 대해서는 백종현, 『한국 칸트철학 소사전』(2015), 36-38쪽 참조.

차며 실효적 효과를 거둘 수 있을 것인가?

사실 이에 대해 제대로 답하려면, 이제까지 이루어진 철학(함)의 교수법에 관한 연구 성과들을 비롯하여 여러 교과 교육학의 방법론적 결과물 등을 참고하면서, 학제적 접근 방식을 통해 이루어지는 보다 심도 깊은 탐구와 논의가 필요할 것이다. 다만 논의 및 지면상의 제한으로 인해 이는 차후의 과제로 돌리고, 여기서는 상식적인 수준에서 몇 가지 교수 방법을 소개해 보는 데 만족하고자 한다.

우선, 교수나 교사, 강사가 중심이 되어 강의를 '주도'해 나가면서 철학(함)의 의미나 본성, 사회적 역할과 기능 등을 고등학생들의 눈높이와 지적 수준에 맞추어 알기 쉽게 풀어 설명하며 이해를 돋우어 주는 방식을 생각해 볼 수 있다. 아무래도 이러한 강의 방식은 철학(함)에 대한 문외한이자 초심자인 청소년들로 하여금 철학(함)에 대한 갖고 있는 부정적 선입견이나 부담감, 학문적 낯설음과 이질감을 줄여 주면서, 보다 관심을 갖고 흥미롭게 철학(함)에 다가올 수 있도록 유인하는 방식이라는 점에서, 현실적으로 선택할 수 있는 나름 가장 효과적인 방안이라고 할 수 있겠다.

다음으로는, 자유로운 토론과 논쟁을 통해 철학(함)에 대한 강의를 진행시켜 나가는 방식이 있다. 강사와 학생 간의 수직적 관계나 전문가/초심자라는 위계적 관계를 벗어나, 소위 '계급장'을 떼고 상호 눈높이를 맞춘 대등한 입장에서, 철학(함) 수업에서 개진되는 다양한 주제들을 놓고 자유롭게 논의하고 토론하는 절차를 거쳐 잠정적 결론을 도출해 내는 '담론적' 방식이라 하겠다.[17] 이는 강의에 임하는 고교생들이 철학(함) 수업에서 다룰 주요 논제나 관련 사안에 대해 상당 정도 숙지하고 있으며 토론식 수업에 대한 준비가 제대로 되어 있을 경우 매우 효과적인 강의 방식이 될 수 있다. 당연히 이를 위해서는 수업 시간에 다룰 논제들에 관한 정보나

17_ 이는 '담론 윤리(학)'의 작동 방식 및 운영 원리를 차용하여 개략적으로 정리해 본 것이다. 담론 윤리(학)의 운영 원리와 작동 방식에 관해서는 선우현, 「도덕성의 원천으로서 '옳음'과 담론윤리(학)」(미발표 원고), 13-16쪽 참조

지식이 강사와 학생 구별 없이 '원칙상' 동등하게 공유되어야 하며, 토론 자체도 너무 시간적 제약을 받아서는 안 될 것이다. 다만 현실적으로 1~2시간 정도에 걸쳐 이루어지는 '특강' 형식의 철학(함) 강의나 수업을 이처럼 토론식으로 진행해 나가기에는 상당 정도 무리가 따를 수밖에 없을 것이다. 장기간에 걸친 강의나 수업이라면, 이 같은 토론식 방식은 현 한국의 교육 현실을 고려할 때 대단히 의미 있는 '도전적·실험적' 성과를 낼 수 있을 것이라 생각된다. 다만, 철학에 대한 초보자인 고등학생들을 상대로 한 일회성 형태의 강의에서는 아무래도 강사가 주도하여 기본적인 내용들을 전달하고 이해시키는 방식이 현실적으로 좀 더 바람직스러울 것이라 판단된다.

끝으로, '절충적' 방식을 고려해 볼 수 있을 것이다. 곧 강사가 주도하는 해설식 수업을 전개해 나가되, 수업 말미에 별도의 자유로운 질의응답에 더해 짧은 토론 및 논쟁의 시간을 할애하여 강사 중심의 일방적 강의 전달 방식의 한계를 다소간 보완 내지 해소해 보는 방식이다. 물론 이때 토론 시간은 가능하면 많이 확보하는 것이 바람직하다. 그러한 시간을 통해 수업에서 다루어진 논제들과 관련하여, 반론이나 상반되는 견해 등이 있을 시 적극적으로 개진하여 상호 논박하고 논증해 보도록 함으로써 토론식 수업의 묘미를 조금이라도 느끼고 그 필요성을 깨닫게 되는 계기로 삼아야 할 것이다. 물론 이 과정에서 중요한 것은 논쟁을 통해 도달한 결론이 아니며, 토론 과정을 통해 '이성적'으로 논박하고 비판하는 담론적 절차 과정 그 자체이다.[18] 그러한 논쟁적 절차 과정을 통해 고등학생들은 철학(함)에 대한 보다 깊은 이해와 공감, 흥미를 갖게 될 수 있을 것이기 때문이다.

18_ 토론을 통해 형성되는 교사와 학생 간의 수평적, 민주적 관계로서의 의사소통 관계, 아울러 토론 및 논쟁을 통한 도덕교육 방식에 관한 기초적인 논의로는 선우현, 『도덕판단의 보편적 잣대는 존재하는가』(2020), 228-231쪽 참조.

6. 나가는 말

지금까지 고등학생들을 주 대상으로 삼아 철학(함) 강의나 수업이 이루어질 경우, 어떤 철학적 논제와 내용을 갖고 아울러 어떤 방식으로 진행하는 것이 보다 내실 있고 의미 있으며 실효적인 효과마저 거둘 수 있는 강의가 될 수 있는가에 대해 개략적으로 살펴보았다. 그리고 이로부터 이끌려 나온 다양한 논의들에 관해서도 비판적으로 검토해 보았다.

이제 글을 마치기 전에 짧게나마 덧붙일 말이 있는데, 그것은 대략 다음과 같다. 즉 예비 대학생인 고등학생들을 대상으로 한 철학(함)을 비롯한 '인문학' 소개 혹은 입문 강의는 학생들에게 무엇보다도 '자신을 돌아보고 살펴볼 수 있는 소중한 기회'를 제공한다는 점에서, 가능하면 많이 개설되었으면 하는 바람과 함께 철학자를 위시한 인문학자들이 적극적으로 이에 동참하기를 기원하고 기대한다는 점이다.

주지하다시피 지금과 같은 '입시' 위주의 '교과 교육' 중심의 고등학교 수업 방식은 그 현실적 불가피성을 인정하다고 해도, 본질적으로 '인간성의 계발'이 아닌 소위 명문대 합격 등을 통해 학생 자신의 '상품성'을 증대시킴으로써 그 '자본적 가치'를 높이기 위한 '도구적' 교육의 일환으로 기획된 것이라 할 수 있다. 한데 상품의 가치를 높인다는 것은, 결국 자본주의 체제를 안정적으로 유지하는 데 적합한, 즉 '자본의 자기 증식'을 위해 가장 적합한 수단 내지 도구로서의 '인간(상품)'을 길러 내겠다는 것에 다름 아니다.

이러한 실태를 고려할 때, '사람이 아닌 돈이 주인인' 오늘의 자본주의적 현실 속에서, 철학은 당장 눈에 띄는 가시적인 성과물을 창출해 내지는 못하지만, 그보다도 한층 더 중요한 역할을 수행하고 있는 셈이다. 다시 말해, '행복은 성적순'인 양 떠들어 대는 입시 위주의 교육에 내재되어 있는, '자본의 도구로서 인간,' '상품으로서 인간'을 양성하고 키워 내려는 본질적 난점을 폭로하고 이를 넘어서게끔 인도할 '인간 자신이 이 세상의 참 주인'이 되는 실천 방안을 모색·강구하는 데 진력하고 있는 것이다.

　반면, '신자유주의'로 재포장된 자본주의의 '상품 논리'는 자신의 본질적 실체를 가차 없이 폭로하여 고발해 버리는 철학을 위시한 문학과 역사학 등 인문학을, 효용성과 경쟁성, 생산성과 합리성을 결여한 '아무짝에도 쓸모없는' 낭비적이며 비효율적인 학문으로 규정하여 제거해 버리고자 전력을 쏟고 있다. 이는 대학가를 중심으로 경영학과 같은 인기 학과는 입학 정원을 늘리고 대폭적인 지원을 제공해 주는 데 비해, 인문학 관련 학과들은 취업도 안 되고 학생들도 지원하지 않는, 학교 예산이나 축내는 낭비적인 학과라는 이유를 들어 '폐과'시키거나 인접 학과와 '통폐합'하는 등 가시적 혹은 비가시적 폭력이 인문학과 인문학 계열 학과에 무차별적으로 퍼부어지고 있는 현실에서 바로 확인해 볼 수 있다.

　이로부터 알 수 있듯이, 자본주의 논리에 입각해 볼 때, 철학이나 역사학 같은 인문학은 그야말로 '그것들을 공부한다고 해서 쌀이 나오는 것도 아니며 밥을 제공해 주는 것도 아닌,' 매우 낭비적이고 비효율적인, 밥이나 축내는 학문일 수 있다. 하지만 철학과 같은 인문학은, 비록 우리가 살아가는 데 필요한 재화나 물품을 생산하거나 제공해 주지는 못하지만, 대신에 보다 본질적인 역할과 기능을 수행한다. 가령 기를 쓰고 문학과 역사, 철학 같은 인문학을 고사시켜 버리려는 자본주의적 시장 논리의 '폭력적 본성'과 그것의 '현실적 횡포'가 어디서 기원하며 또 왜 그렇게 하고자 하는가를 '근원적으로' 밝혀 주고 폭로하는 비판적 기능을 수행한다. 나아가 그렇게 함으로써, 우리가 영위하고 있는 자본주의 체제의 상품 논리 혹은 자본의 논리가 우리 '인간'과 '인간 삶'에 어떤 치명적인 부정적 해악을 끼치고 있는가를 일깨워 주고, 그로부터 벗어나 진정으로 '자유로운 인간,' 돈의 노예가 아닌 '자신의 주인으로서의 인간'으로 살아갈 수 있는 통로와 방안을 강구하게끔 인도해 준다.

　당연히 이 모든 것의 출발점 가운데 하나인 철학(함)은 '우리에게 익숙하고 완벽하게 적응하여 자연스러운 것인 양 여겨 온 모든 것들이 사실은 당연한 것도 자연스러운 것도 아니며, 더욱이 거짓되고 도덕적으로 정당하지 않은 것일 수 있다'는 근본적 자각과 깨우침을 우리에게 제시해 주고자 한다. 이런 연유로, 철학(함)에 대한 강의 및 수업은 자라나는 청소년 세대, 특히 고등학생들에게는 그야말로 긴요하고 필수적인 것이다. 다소 거창하게 말해서, 고등학생 개개인의 '인생의 행로'를 완전히 바꿔 놓을 수 있는 '철학적 자극제요 계기'로 작용할 수 있기 때문이다.

3
데카르트는 왜 '나는 생각한다. 고로 존재한다'라는 명제를 내놓았을까?

가장 시급한 현실 문제의 해결을 위한 성찰적 모색으로서 철학함

1. 들어가는 말

철학사에서 '근대 철학의 아버지'로 불리는 데카르트(R. Descartes)의 철학은, 그것이 미친 엄청난 사상적·이념적 영향으로 인해 긍정적이든 부정적이든 끊임없는 철학적 논쟁과 논란을 불러일으켜 왔다. 그럼에도 철학의 제1원리로 제시된 '나는 생각한다. 고로 존재한다(Cogito ergo sum)'는 명제와 그것에 기초해 정립된 데카르트의 사상 체계는 이제껏 대체로 인식론이나 형이상학, 존재론과 분석철학, 심리철학의 관점에서 주로 해석되고 논의되어 왔다.[1] 그에 따라 절대로 회의하거나 부정할 수 없는 그 자체 명석·판명하여 모든 인식 대상과 지식이 의거하게 되는 원리, 즉 '이것 없이는 다른 대상을 인식할 수 없는, 그러한 철학의 제1원리'를 정초(定礎)하려는 탐구 시도 역시 시종일관 '학문 내적 차원'에서 규명되어 왔다. 즉 데카르트로 하여금 그 같은 철학적 탐구를 결행하게 만든 철학적 문제의식 및 동인(動因) 역시 '당시의 시대적 상황이나 사회 현실'과는 무관하게, 순수하게 인식론적 혹은 존재론적 차원에서 촉발된 지적 호기심과 비판적

1_ 가령 W. Doney(ed.), *Descartes. A Collection of Critical Essays*(1967) 참조.

탐구 정신에서 비롯된 것으로 철학사는 해명해 왔던 것이다.

그에 따라, 가령 '어떤 철학적 의도에 따라 데카르트는 인식론상의 아르키메데스적 지점을 발견해 내고자 시도하였는가?'라는 물음에 대해, 기존의 철학 교과서에서는 '절대로 의심할 수 없는 근본원리에서 출발하여 인간의 모든 지식, 즉 학문의 체계를 확립하려는 데카르트 자신의 고유한 철학적 의도에 따른 것'이라는 답변이 주어지곤 했다. 이처럼 데카르트 철학이 구사한 '이론 구성 전략'으로서 '확실성의 추구'와 '철학적 제1원리의 정초' 기획은 고립된 상아탑에 파묻혀 작업한 고독한 한 천재적인 철학자의 정신적 창조물로서 간주되었던 것이다.[2] 반면, 데카르트 본인이 직면했던 17세기 당시 유럽의 위기적 상황에 대한 치열한 철학적 고민이나 성찰의 산물일 수 있다는 '해석적 가능성'은 철저하게 무시되고 있었다.

물론, 이른바 '정통 철학사'에서도 데카르트 사상의 주된 관심사와 이론적 지향점이 그 어떤 상황에서도 더 이상 의심할 수 없는 '인식론적 확실성의 기점(起點)'을 향해 있다는 사실을 정확히 지적해 내고는 있었다. 하지만 그러한 데카르트 자신의 문제의식이 단지 학문적 호기심의 차원에 머물지 않고, 근원적으로 확실한 철학적 지반을 발견해 내고자 하는 본격적인 철학적 탐구 과제를 수행하는 데로 이끈 '현실적인 직접적 계기'가 '인간 이성의 힘만으로 참된 지식의 체계를 세워야 한다는 확신을 갖게 한 세 가지 꿈을 꿈으로써 마련되었다'는 식의 설명이 제시되었다.

이 점과 관련하여, 비트겐슈타인(L. Wittgenstein)에게서 직접 철학(함)을 배웠으며 이후 역사학으로 관심을 돌린 툴민(S. Toulmin)의 비판적 지적에 의하면,[3] 이러한 정통 철학 교과서의 해명은 그야말로 현실과의 연계가 결여된 '비(非)철학적인 신비주의적' 해석에 지나지 않는다. 동시에 이는 일

2_ S. Toulmin, *Cosmopolis: The Hidden Agenda of Modernity*(1990), 45쪽 참조.
3_ 툴민은 "한 철학자의 입장을 그가 처한 역사적 상황을 고려하지 않고서도 완벽하게 설명해 낼 수 있다는 주장은 전혀 쓸모가 없는 것"이라고 일갈하고 있다. S. Toulmin, *Cosmopolis: The Hidden Agenda of Modernity*(1990), 61쪽.

반 대중들로 하여금 '철학이 현실과 유리된 뜬구름 잡는 얘기나 해대는 공리공담의 학'이라는 인상을 갖게끔 유인하는 전형적인 서술의 한 실례라 할 수 있다.

실상이 이렇다면, 사실상 이 지점에서 핵심적인 과제는 '데카르트라는 한 철학자 개인의 의식 구조의 차원에서 어떻게 그와 같은 천재적인 발상과 독창적인 철학적 원리가 도출되어 나올 수 있었는가?'라는 문제를 해명하는 데 있지 않다. 그보다는 도대체 '어떠한 사회 현실적인 계기와 동기로 인해 데카르트 자신이 그 자체 더 이상 의문의 여지가 없는 절대적으로 확실한 철학의 출발점을 확보하고자 시도하게 되었는가?,' 다시 말해 17세기 유럽 대륙의 '어떠한 긴박한 현실이 그로 하여금 누구나 동의하고 수용할 수밖에 없는 보편적인 참/거짓의 판별 기준을 수립하는 문제에 그토록 한평생 천착하도록 만들었는가?' 하는 문제를 밝혀 보는 작업이 될 것이다.

이와 동시에 이러한 물음들에 대한 보다 더 설득력 있는 답변 역시 전적으로 그의 철학적 텍스트 내에서 그 이유와 근거를 찾기보다는 — 물론 일정 부분 찾아낼 수는 있겠지만 — 그의 철학 사상의 형성 및 체계화를 가능하게 한 '이론 외적 환경과 조건,' 곧 그가 철학자로서 일차적 탐구의 대상으로 삼았던 당시 유럽 사회의 구조적 한계와 문제점들에 대한 비판적 성찰을 통해 우선적으로 확보될 수 있을 것이다. 특히 데카르트의 '자연 발생적 모국'인 프랑스 사회의 구조적 문제와 폐단, 아울러 그의 주요 철학적 저작들이 작성되고 완성된 현실적 배후로서 그의 '사상적 모국'이라 할 네덜란드의 실태와 사회적 질서 체계 등을 비판적으로 검토해 볼 경우에만 비로소 그러한 물음들에 대한 보다 더 적확한 해답이 찾아질 수 있을 것이다.

이 같은 상황을 고려하면서, 이 글은 '데카르트의 철학적 문제의식과 그에 따른 새로운 철학 체계의 정립 의도 및 방법론적 전략'에 관한 전통적인 해석의 문제와 한계를 비판적으로 드러내 보일 것이다. 동시에 그러한 비판적 고찰을 통해, '텍스트 중심주의'에 지나치게 한정하여 이루어진 '전통적인 데카르트 상(像)'에 반(反)하여, 그의 철학과 그 근본 토대로서 'Cogito ergo sum'을 17세기 당시의 시·공간적 맥락과 현실적 상황과 연관 지어 '실천철학의 관점'에서 새롭게 비판적으로 해명해 보고자 한다.

이는 보다 구체적으로 두 가지 사항을 밝혀 보는 데 주안점을 둘 것이다. 먼저, 'Cogito ergo sum'과 그것에 기초한 데카르트의 철학적 기획은 '종교적 세계관'에 근거하고 있던 17세기 당시 유럽의 '낡은 신분제적 질서'를 타파하고 '인간 중심의 근대적 시민사회'를 건립해 나감에 있어 새로운 사회질서 구현의 '이념적 정당화 논리(ideological justification logic)'로서 개진된 것이라는 점을 밝혀 볼 것이다.

다음으로, 그처럼 탈종교적이며 탈신분제적인 근대적 시민사회 질서를 구현해 나갈 선도적 주체로서 당시 부상하고 있던 '시민계급'의 시대적 역할과 그들의 계급적 이해관계를 대변하고 옹호하는 '계급적 정당화 논리(class justification logic)'로서 제기되고 있다는 점을 또한 규명해 볼 것이다.[4]

4_ 이처럼 데카르트의 철학적 기획을 실천철학의 관점에서 해석해 보는 것이 가능하다고 판단하게 된 '이론적 단초'는, 데카르트 철학의 궁극적 귀결점은 실제 인간의 삶에 유용한 지식을 발견해 인간을 '자연의 지배자이자 소유자'로 만듦으로써 인간의 삶을 질적으로 보다 향상시키는 데 있다는 그 자신의 언명에서 찾아볼 수 있다. 이현복, 「데카르트에서 인간의 조건」(1993), 257쪽 참조. 아울러 이에 대한 데카르트의 언명은 다음과 같다. "왜냐하면 이러한 일반개념들(notions générales)이 내게 보여준 것은, 우리는 삶에 매우 유용한 지식들(les connaisances utile à la vie)에 이를 수 있고 강단에서 가르치는 사변철학 대신에 실제적인 것을 발견할 수 있으며, 이로써 우리는 (…) 모든 물체의 힘과 작용을 판명하게 앎으로써 이 모든 것을 적절한 곳에 사용하고 그에 따라 우리는 자연의 주인이자 소유자(maîtres et possesseurs de la nature)가 된다는 사실이기 때문이다"(AT, VII, 61-62 /『방법』, 220).

2. 17세기 유럽 대륙의 시대적 · 사회적 상황

1) 신 중심의 신분제적 질서 체계의 실상: 데카르트의 '태생적 조국' 프랑스를 비롯한 구질서 사회의 실태

(1) 데카르트의 철학적 관심사와 문제의식, 아울러 그에 기초해 새로운 철학 체계를 수립하려는 이론 구성적 의도와 동인을 파악하는 데 있어, 그의 저서나 논문 등에 국한하여 '텍스트 내'에서 해명하고자 시도하는 것은 일면적 · 반편적(半偏的) 방식으로서 그 한계를 갖지 않을 수 없다. 오히려 그보다는 그러한 텍스트 내용의 현실적 배경 및 토대가 되고 있는 17세기 당시의 프랑스를 위시한 유럽 대륙의 시대적 상황과 맥락을 중심으로 '텍스트 외적' 측면들에 대한 비판적 검토가 우선적이다. 이어 그러한 현실 고찰의 내용과 긴밀하게 연관 지어 그의 철학적 문헌들을 비판적으로 분석하고 규명하는 것이 보다 더 효과적일 수 있다. 이는 '시대적 현실의 산물 혹은 시대의 반영물'이 바로 철학이라는 사실에서 드러나듯이,[5] 하나의 철학 체계가 나오게 된 근원적인 토대인 현실적 지반을 적확히 통찰할 경우에만 비로소 그 철학적 입론의 정립 의도나 이념적, 실천적 방향성 등을 제대로 포착할 수 있기 때문이다.

이런 연유에서, 이 글에서는 먼저 데카르트 철학의 형성을 가능하게 한 17세기 당시의 현실적 지형을 비판적으로 분석 · 검토해 보는 데 주력할 것이다. 이어 그 검토 내용을 바탕으로, 그러한 환경 및 조건 하에서 저술되고 작성된 그의 철학적 텍스트에 관한 '현실 연관적인 비판적 해석 및 규명'을 수행할 것이다. 이 과정에서 '절대적 확실성'과 '명석 판명한 관념'에 대한 추구 그리고 그에 기초한 새로운 철학 체계의 수립 필요성에 대한 데카르트 자신의 철학적 자각과 문제의식은, 그의 '태생적 모국' 프

5_ 가령 G. W. F. Hegel, *Grundlinien der Philosophie des Rechts*(1986), 26쪽.

랑스를 위시한 당시 유럽 사회의 제도적 · 구조적 모순과 한계에 대한 비판적 통찰에서 비롯된 것임을 보여 줄 것이다.

(2) 주지하다시피 데카르트가 살아가던 17세기의 프랑스 사회는, '신의 말씀'을 전면에 내세워 학문적 권력을 비롯한 세속적 지배 권력을 장악한 가톨릭교회와 성직자 집단이 군주 및 귀족과 더불어 사회의 주도적인 지배계급으로 군림하며 전횡을 일삼던 불평등한 신분제적 질서 체제였다. 그러한 시대 조건 하에서 이전까지 '학문의 제왕'으로 군림했던 철학은 이미 그 왕관을 신학에 내주었을 뿐 아니라, 기본적 역할인 비판적 성찰의 기능마저 방기한 채, 학문의 세계에서 무소불위의 절대적 지위를 차지해 버린 신학의 들러리 역할을 수행하는 '학문적 시녀'로 전락해 버린 상태였다. 그에 따라 '종교적 · 계시적 진리'는 철학적 진리를 일방적으로 압도하고 있었을 뿐 아니라, 당시 최첨단 학문으로서 비약적인 발전을 거듭해 나가고 있던 물리학이나 천문학 같은 자연과학의 과학적 진리에 대해서도 일방적인 우월적 지위를 선점하고 있었다.

그 결과, 참된 지식 및 진리의 최종적 판별 기준으로서 '신의 말씀'에 위배된다고 판단되는 것은, 바로 눈앞에서 확인할 수 있는 것조차도 거짓 혹은 오류로서 간주되고 있었다. 한마디로, 신적 계시나 가르침에 의거한 독점적 진리 판별권을 통해 당시 지배계급은 학문적 탐구와 발표의 자유를 철저히 탄압하고 있었던 것이다. 가령 1600년 '우주는 무한하다'는 주장을 폈던 브루노(G. Bruno)가 계시적 진리 체계에 어긋나는 과학적 견해를 개진했다는 이유로 종교재판에 회부되어 화형에 처해진 사건이나, 1633년 갈릴레이(Galilei)가 신의 말씀에 반(反)하는 '태양 중심설'을 발표했다는 죄목으로 종교재판에서 유죄 판결을 받은 사건은 그러한 학문적 탄압의 대표적인 사례였다.[6] 이처럼 암울하고 개탄스러운 상황은, 학문의 영역

6_ 갈릴레이에 대한 종교재판으로 인해, 데카르트는 오랜 기간 출판하기 위해 준비했던 『세계 및 빛에 관한 논고(Le Monde, ou Traté de la lumière)』의 출판을 포기하고 만다. G.

뿐 아니라 사회의 모든 분야에서 예외 없이 전개되고 있었다. 특히 학술적 탐구와 밀접한 관련을 맺고 있는 교육 현장에서의 이 같은 억압적 사태는 피부로 느낄 정도로 동일하게 재현되고 있었다. 가령 종교적 · 신학적 독단론이 지배하고 있던 대학을 비롯한 일선 학교 현장에서는 경험적 관찰과 과학적 실험을 통해 이미 입증되었던 '태양 중심설'조차 백안시 된 채 여전히 '지구 중심설'을 공인된 진리 체계로 가르치고 있었다. 이와 관련하여 학창 시절, 이미 '종교적 진리'와 '과학적 진리' 간의 심각한 갈등을 경험한 바 있는 데카르트는[7] 당시 제도권 교육계를 완전히 장악하고 있던 종교적 독단론의 횡포와 그에 따른 '학문적 · 사상적 자유의 억압적 현실'에 대한 반성적 통찰을 시발점으로 자신의 '철학적 문제의식'과 '사상적 투쟁 의식'을 키워 나가고 있었다. 이후 데카르트는 프랑스 사회를 장악하고 있던 종교적 세계관 및 진리관에 맞서, 그에 대한 대항 논리로서 이성적 · 과학적 세계관 및 진리관에 의거하여 종교적 독단론과 그에 근거하고 있는 스콜라철학 및 학문 체계에 대한 근본적인 회의와 의문을 제기하는 철학적 방법론, 즉 '방법론적 회의'를 제시하게 된다. 이는 학창 시절부터 지녀 온 신 중심의 세계관과 그에 터한 종교적 · 관습적 사유 방식에 대한 지속적인 철학적 투쟁 및 저항의 산물이라 할 수 있다.[8]

말할 것도 없이 신의 계시 혹은 신의 섭리에 기초한 신 중심의 세계관 및 가치관은, 이를 지배적 권력 장치의 이념적 토대로 삼아 기득권을 강화해 나가고 있던 군주와 성직자 등 지배 집단의 계급적 이익을 유지시켜 주었던 전근대적 신분제의 핵심적 기반으로 작용하고 있었다. 다시 말해, 신의 말씀과 의도를 해석하고 이를 대중들에게 전달하는 '메신저'로서 성직자

Durandin, "Introducion: La vie et les oeuvres de Descartes"(2002), 8-9쪽 참조.
[7]_ G. Rodis-Lewis, "Descartes' life and the development of his philosophy" (1992), 24-25쪽; S. E. Stumpf, *Socrates to Sartre: A History of Philosophy*(1993), 236쪽 참조.
[8]_ 데카르트는 학창 시절, 스승들의 재능과 헌신적 노력에 대해서는 항상 존경했으나 그들의 스콜라주의적인 주장에 대해서는 '처음에는 의심스럽게 여겼고 후에는 경멸했다'고 한다. 안쏘니 케니, 『데카르트의 철학』(1991), 13쪽.

나 신학자 그리고 '왕권신수설' 등에 의해 그 권위 및 지위가 신에 의해 부여받았음을 주창하고 있던 군주 등은 그러한 신분제적 사회질서의 세속적 최대 수혜자였던 것이다. 이러한 사실은 역으로 그처럼 '신의 뜻'에 따라 구조화된 불평등한 세습적 신분제에 의해 하층 계급으로 분류된 농민이나 농노, 상공업 종사자들은, 신에 의해 선택받은 지배계급에 철저히 예속된 채 비인간적인 삶을 강요받으며 살아가고 있었다는 것을 또한 말해 준다.

이렇듯 구시대의 '전통적인 신분제 사회'의 전형이라 할 프랑스를 비롯한 대다수 유럽 사회의 구조적 모순과 한계, 난점들은 당시 철학자 데카르트의 삶을 둘러싸고 있던 현실적 문제 상황이었으며, 최우선적인 철학적 사유의 대상이었다. 이러한 모순투성이의 현실에 대한 데카르트의 비판적·철학적 성찰이 그로 하여금 — 신의 뜻에 대한 '계급 특수적' 해석의 한계를 폭로하고 넘어서기 위한 — 절대적 확실성의 추구와 확실성의 근본 토대로서 'Cogito ergo sum'을 확보하도록 자극했으며, 나아가 그에 기초한 근대 철학 체계의 정립을 시도하도록 이끌었던 것이다.

(3) 그렇다면 당시의 시대적 상황에서, 데카르트는 대체 어떤 의도에서 철학적으로 가장 확실한 토대를 발견하고자 했으며, 그러한 근본 토대로서 'Cogito ergo sum'은 어떠한 철학적 함의와 실천적 의미를 담고 있는가? 이에 대해 답하기 위해서는 17세기의 유럽적 상황을 다시 한 번 살펴볼 필요가 있다.

한데 그 전에 한 가지 유념해 볼 사항이 있다. 그것은 흔히 데카르트의 철학은 순전히 인식론 혹은 형이상학의 지평에서 전개된 철학적 논변 체계라는 이유에서, 대체로 현실과 무관한 따라서 현실 문제에 대한 구체적인 지침이나 해결책을 제시해 주지 않는 '이론을 위한 이론'의 대표적 유형이라는 선입견이 오랜 기간 철학사를 지배해 왔다는 사실이다. 그에 따라 '왜 데카르트는 그러한 명제를 철학의 출발점으로 삼았는가?'라는 물음에 대해서도, '데카르트 본인의 지적 호기심과 철학적 탐구 정신이 일체의 모든 것을 의심하고 회의하게 만들었으며, 동시에 모든 인식의 출발점이 되는 가장 확실한 지반을 찾아 나서게 만들었다'는 식의 설명이 반복적으로 제시되어 왔다.

하지만 이러한 해명 방식은, 마치 데카르트 본인은 당시의 사회 현실에는 초연한 채 연구실에 틀어박혀 오직 철학적 사유에만 몰두하다 마침내 천재적인 상상력을 동원하여 새로운 철학 체계를 세상에 내놓게 된 것처럼 읽히게 만드는 전형적인 왜곡된 해석 방식이다. 무엇보다 데카르트의 성년 무렵부터 스웨덴에서 타계할 때까지 30여 년의 세월은 유럽 대륙의 한복판에서 벌어진 종교전쟁, 즉 '30년 전쟁'(1618-1648)의 기간과 거의 일치한다는 사실만 보더라도, 그러한 설명은 상식적으로 수용되기가 어렵다. 그러므로 수십 년 동안 전쟁 상황이 지속되고 있음에도, 마치 수도승처럼 철학적 사색에 한가로이 잠겨 순수철학적 호기심을 충족하는 일에만 매달린 끝에 근대적 철학 체계를 수립했다는 식의 해명은 전적으로 잘못된 것이다.[9] 지금까지 철학(함)은 그 시대의 가장 근본적인 문제에 대한 해결책을 추구해 왔으며, 데카르트가 가장 확실한 인식 대상으로서의 '철학의 제1원리'로 내세운 'Cogito ergo sum' 역시 당시의 시대적 조건 하에서 가장 시급히 해결해야 할 문제에 관한 '실천철학적 답변'으로 주어진 것이기 때문이다.

(4) 이러한 사정을 염두에 둘 경우, 앞서 제기되었던 물음에 대한 답변은 전적으로 그 양상을 달리하게 된다. 데카르트가 살았던 17세기 신분제 질서 하의 유럽에서는, 모든 현실적 사안의 진위나 정당성 여부가 신의 계시나 의도에 전적으로 의거하여 내려졌다. 곧 신의 말씀이 이른바 보편적 진리 판단의 척도였던 것이다. 동시에 당시 지배층의 계급 편향적인 자의적 권력 행사를 두둔하고 옹호하는 정당화 논리로서 그러한 신적 권위나

9_ S. Toulmin, *Cosmopolis: The Hidden Agenda of Modernity*(1990), 61쪽 참조.

섭리가 최종적인 결정의 척도로서도 기능하고 있었다. 가령 성직자 계급은 신의 말씀에 대한 독점적 해석권을 자신들의 세속적 이해관계를 관철하고 영속화하는 데 사용했던 것이다. 당연히 지배계급의 기득권을 보존시켜 주는 비인간적 신분제 질서 또한 신의 뜻에 따른 것으로 정당화되고 있었다.

그런데 그 와중에 그리스도교가 구교(가톨릭교)와 신교(프로테스탄트교)로 나뉘면서, 각자의 종교적 교의를 자신들의 통치 이데올로기로 활용하던 지배 세력은 각각 자신들이 믿는 신앙의 신적 권위를 최종적인 타당성 척도로 내세워 이를 상대방에게 강요하면서 권력을 한층 강화하고 이익을 극대화하고자 시도하였다. 이렇듯 자신들의 종교적 입장만을 정당한 것으로 주장하고 강요하는 현실은 급기야 양측 간의 이해관계 충돌로 이어지고, 이의 해결 내지 해소는 마침내 '힘의 논리'에 호소하기에 이르러 무력을 수반한 폭력적 해결 방식인 '전쟁'으로 귀착되기에 이르렀다. 그것이 바로 저 유명한 종교전쟁이었던 것이다. 이러한 종교전쟁은 한마디로 신 중심의 세계관, 가치관, 진리관에 의거하여 형성·유지되고 있던 당시 유럽 사회체제의 구조적·제도적 모순이 극점에 이르렀음을 보여 주는 극명한 실례였다.

사소한 사회문제마저도 각자가 믿는 종교인 구교 혹은 신교의 교의에 따라 해결하고자 하는바, 이러한 입장 차이와 대립적 시각은 대화를 통해 해결할 기미를 찾지 못한 채, 그 해결책을 폭력적 방식에서 찾고자 하는 데로 나갔으며, 급기야 '종교전쟁'이라는 최악의 사태에 이르고 말았던 것이다. 이러한 현실에 접하여, 데카르트는 각기 상이한 종교적 교리나 계시적 진리와 무관하게 이성적 판단 능력을 갖춘 자라면 누구나 수용할 수밖에 없는 '참/거짓의 보편적 판단 기준'을 수립·제시할 경우 비로소 그러한 갈등과 대립은 종식될 수 있을 것이라 판단하였다. 그에 따라, 결코 부정하거나 의심할 수 없는 '가장 확실한 기반' 위에서 그러한 기준을 확보하고자 시도했던 것이다. 그리고 마침내 모든 것은 다 의심할 수 있어도

'의심하고 회의하는 사유(작용)' 그 자체는 결코 부정할 수 없는 명백한 사실이라는 점을 들어, 의심하는 생각(사유), 곧 '이성적 사고와 판단'을 참과 거짓을 따지는 '객관적 척도'로 제시하기에 이르렀던 것이다.

이렇듯 데카르트 철학이 배태되어 나온 일차적 지반으로서 17세기 유럽대륙의 실태를 염두에 둘 경우,[10] 그의 'Cogito ergo sum'은 그가 살았던 시대의 가장 긴요한 현실 문제에 대한 이론적 대응물이자 철학적 해결책이라고 간주할 수 있다. 다시 말해, 'Cogito ergo sum'의 수립·제시를 통해 이성적 능력을 소유한 자라면 누구나 수용하지 않을 수 없는 '보편적 진리의 척도'를 확립하기 위해 철학 체계를 새롭게 정립하려는 데카르트의 이론 구성 전략과 그 결과물로서 철학의 제1원리는, 30년 전쟁을 비롯한 종교적·정치적 대립을 종식하고 위기적 상황을 극복하기 위한 데카르트 본인의 치열한 철학적·비판적 성찰의 산물이라고 할 수 있다.

2) 근대적 이상 사회의 현실적 모델로서 네덜란드 사회: 데카르트의 철학적·사상적 조국 네덜란드의 실태

(1) '세상이라는 커다란 책'을 읽어 보기 위해 데카르트가 유럽 각지를 전전하면서 철학자로서 왕성한 탐구 활동을 수행해 나가던 17세기 당시, 전(全) 유럽에서 가장 진보적인 사회체제로 발전해 나가고 있던 곳이 바로 네덜란드였다. 네덜란드야말로 데카르트가 유럽 사회가 도달해야 할 새로운 '이상적 근대 시민사회 유형'으로 설정함에 있어서 그 '현실적 모델'로서 선택했던 사회체제였다. 아울러 데카르트 철학 체계의 완숙기에 해당되는 '후기 데카르트 철학'에서 가장 핵심적인 사유 대상의 하나이기도 했

10_ 당시의 유럽 대륙은 한마디로 신의 말씀에 기초한 신분제 질서의 모순 심화와 지배계급의 전횡에 따른 사회적 혼란의 가중, 개인적 자유의 상실 및 억압적 구속 상태의 확산, 관용 정신의 퇴색과 종교적 대립의 증폭, 힘의 논리의 전면적 확산에 따른 전쟁 상태에로의 돌입 등 '총체적인 위기' 상황에 놓여 있었다.

다. 즉 종교적 세계관에 의거하여 유지되고 있던 신분제의 구조적 모순과 한계를 극복한 새로운 '근대적 사회질서 체제'의 현실적 양태를, 데카르트는 '네덜란드식 시민사회'에서 찾고자 했다. 그리고 그를 바탕으로 새로운 근대사회의 이념적 완성태에 관한 철학적 기획을 추진하고자 시도했던 것이다.

그렇다면, 보다 구체적으로, 당시 네덜란드의 사회구조적 실상이 어떠한 양태를 취하고 있었기에 데카르트로 하여금 마땅히 추구해야 할 이상적 사회상으로 네덜란드를 일차적인 철학적 논구 대상으로 삼도록 강제했던 것인가? 아울러 어떠한 현실적인 이유와 계기, 동기로 해서, 데카르트는 자신의 고유한 철학 체계를 전개 수립해 나가는 데 있어서 네덜란드를 자신의 사상적·철학적 모국으로 간주하여 받아들이게 되었던 것인가?

이 점에 대해 알아보기 위해서는, 먼저 17세기 당시 급속도로 근대적 사회질서 체제로 재편되어 나가고 있던 네덜란드 사회와 여러 점에서 대비되고 있던, 전근대적인 신분제적 질서 체제가 여전히 확고하게 구축되어 있던 프랑스 사회를 잠시 '상호 비교론적'으로 살펴볼 필요가 있다. 당시 프랑스 사회는 여전히 가톨릭교와 신 중심의 세계관 및 가치관이 전일적으로 사회 전체를 지배하고 있었다. 그에 따라 교회와 성직자를 주축으로 한 지배 세력은 신의 말씀을 전면에 내걸고 사회의 모든 영역을 관장하는 가운데 신 중심의 전근대적인 신분제적 질서를 강건하게 유지하고 있었다.

데카르트는 그러한 신분제 사회체제에 대한 비판적 성찰을 통해, 종교적 독단론에 기대어 행해지는 신앙적·학문적 탄압이나 신의 뜻을 앞세운 기득권 집단의 정치적 전횡 및 횡포 등 신분제적 사회질서 하의 모순과 불합리성을 간파한 후, 그러한 통찰의 결과를 '철학적 이론화 작업'으로 연결 짓고자 하였다. 하지만 학문적, 아울러 학자적 양심의 자유마저 허용하지 않는 조국 프랑스의 현실 앞에서 철학자로서 데카르트는 일종의 '철학적 망명'을 결행하게 되었으며, 그 최종 귀착점으로 네덜란드를 선택하게

되었던 것이다.[11]

익히 알려진 것처럼, 당시 네덜란드는 전(全) 유럽을 통틀어 '거의 유일하게' 개인의 종교적 선택의 자유가 허용되고 있었다. 아울러 신의 섭리나 계시적 진리에 의거하여 강력한 세속적 통치권을 행사해 온 가톨릭 성직자나 토착 귀족 집단의 영향력은 미미한 편이었다. 그런 까닭에, 유럽의 여타 지역에 비해 보다 일찍 개방적이며 근대적인 개인 중심의 질서 체제로 빠르게 이행하고 있었다. 당연히 사회 전반도 종교와 전통, 관습에 얽매인 억압적이며 권위적인 상태에서 벗어나, 탈전통적·탈권위주의적 분위기 속에서 자유롭고 개방적인 아울러 인간 중심적인 구조를 형성해 나가고 있었다. 학문 탐구의 자유 역시 만족스러울 정도로 제대로 보장되고 있었다. 바로 이러한 점들이 철학자로서 데카르트가 네덜란드로 철학적 이주를 하게 만든 중요한 동인이었다.[12] 요컨대 자유롭게 자신의 철학적 사유를 개진할 수 있으며 소신껏 자신의 사상 체계를 수립·발표할 수 있는 사회적 분위기와 환경이야말로 데카르트가 네덜란드를 자신의 사상적 조국으로 받아들일 수밖에 없던 결정적인 계기였던 셈이다.[13]

(2) 당시 네덜란드 사회가 종교적 권위나 신분제적 전통으로부터 상당 정도 자유롭고 개방적인 사회였다는 점을 단적으로 보여 주는 결정적인 증거는 해상권을 둘러싸고 오랜 기간 영국과 벌였던 전쟁의 수행 방식을 통해서도 확인해 볼 수 있다. 전쟁 당시 영국은 국가적 차원에서 군주를 비롯하여 '위로부터' 위계질서에 따라 일사분란하게 전 구성원이 전쟁

11_ 이에 관한 보다 상세한 내용은 A. D. Aczel, *Descartes' Secret Notebook*(2005), 141-142쪽 참조.

12_ R. 슈페히트, 『데카르트傳』(1974), 40-41쪽 참조.

13_ 네덜란드에서 철학적 탐구 및 저술 작업을 수행하던 데카르트는 당시 네덜란드 사회에 대해 '공식적으로' 다음과 같이 언급하고 있다. "여기서 나는 남의 일에 호기심을 갖기보다는 자신의 일에 보다 더 열중하고 있는 대단히 활동적인 위대한 국민들과 더불어, 대도시의 편의성을 만끽하면서도 동시에 외진 사막에 있는 것처럼 그렇게 유유자적하는 운둔 생활을 영위할 수 있었다"(*AT*, VI, 31 /『방법』, 183).

에 개입하였다. 반면, 네덜란드의 경우는 선주와 무역상을 비롯한 상공업 종사 계층이 전쟁 비용을 대면서 '아래로부터' 주도적으로 전쟁에 참여하여 이끌어 나갔다.[14] 이러한 사실은 당시 네덜란드가 중앙집권적인 절대왕권 하의 위계적 국가체제가 아닌, 자유로운 상공업 종사자들을 비롯한 시민계급이 자발적으로 사회의 발전을 주도해 나가고 있던, 탈신분제적 개인 중심의 근대적 시민사회의 '선구적 유형'이었음을 말해 준다.

특히 가톨릭 국가들 사이에서 맹주의 지위를 점하고 있던 에스파냐의 식민 통치를 오랜 기간 받았던 탓에, 다른 유럽 국가들에서는 강력한 지배계급으로 군림했던 가톨릭 성직자 및 귀족 계급이 네덜란드에서는 부재하였다. 그런 까닭에, 자연히 사회 발전의 새로운 중심 세력은 신분제적 관습에서 자유로운 상공업 종사자들, 개혁적 교회를 지향하는 프로테스탄트 성직자들 그리고 혁신적 프로테스탄트 귀족들이 차지하게 되었다. 따라서 신적 권위에 기초를 둔 신분제적 질서나 지배계급의 통치권과 영향력은 가톨릭이 지배하는 국가들에 비해 그리 강고하지 못한 상황이었다. 바로 이 점이 네덜란드 사회로 하여금, 종교와 관습, 권위와 전통에서 벗어나 자유롭고 합리적인 사회로 발전해 나갈 수 있도록 독려하는 주된 동력원으로 작용하고 있었다. 또한 그러한 개방적·합리적 분위기는 점차 사회 전반에 확산되어 학문이나 과학, 예술의 영역에서도 자유로운 연구 분위기와 예술 풍토가 조성되기에 이르렀다.[15] 일례로, 당시 신적 권위 및 가톨릭교의 전통이 사회 전반을 장악하고 있던 프랑스에서는 여전히 신 중심의 예술작품이 주류를 이루고 있었던 반면, 네덜란드에서는 인간, 그것도 특정 지배계급의 일원이 아니라 평범한 하층민이나 서민들이 주요 주제나 작품의 주인공

14_ 최재수, 「해양과 인류문화의 발전(28): 9장 네덜란드의 경이적인 약진③」(1998), 198-199쪽 참조.
15_ 가령 미술이 교회와 왕족에 봉사하는 역할에서 벗어나게 됨으로써, 교회와 궁정, 귀족층은 예술적 발전이나 고객, 판로 등에 더 이상 깊게 관여하지 못하는 상황이 초래되었다. 이에 관해서는 M. J. Friedländer, *Die niederländischen maler des 17. Jahrhunderts*(1923), 25쪽 참조.

으로 등장하는 예술(방식)이 널리 퍼져 나가고 있었다. 일종의 '인간 중심적 예술'이 17세기에 네덜란드 사회에서는 꽃피고 있었던 것이다.[16]

이러한 지적 환경과 예술적 분위기는 네덜란드에 체류하고 있던 데카르트로 하여금 진정한 의미에서 철학(함)의 추구를 가능하게 한 중요한 외적 조건이었다. 동시에 그의 철학적 문제의식과 이론 구성의 전략을 철학적으로 체계화하도록 이끌어 주는 현실적 토대로서 작용하였다. 이와 관련하여, 당시 네덜란드의 회화는 유럽에서 가장 혁신적인 사회적 · 문화적 환경 및 조건들에 의해 직접적인 영향을 받고 있었는데, 당시의 미술 작품 속에 고스란히 투영된 요인들 가운데 하나가 이분법적 대립 구도였다. 특히 그러한 대립 구도의 대표적 형태인 '명암 대조법'은 17세기 당시 네덜란드의 최고 화가 중 한 사람인 렘브란트의 작품 〈야경〉을 비롯하여 수다한 작품들 속에서 확인해 볼 수 있는데,[17] 그러한 작품들의 경우 밝음과 어둠 간의 명암이 극명하게 '이분법적으로' 대비되어 묘사되어 있다. 그런데 당시 미술 작품들 속에서 확인해 볼 수 있는 그러한 이원적 대립 구도는 데카르트의 철학 체계에도 고스란히 침투해 들어와 있었다. 곧 그의 철학 체계의 핵심적 구성 요소인 '심신 이원론'이 바로 그것이다. 데카르트 철학 역시 궁극적인 실체를 정신과 물체(육체)라는 이원론적 틀에 따라 구조 짓고 있었기 때문이다.

이렇듯 17세기 당시의 네덜란드의 회화와 데카르트의 철학 체계에서 공통적으로 확인해 볼 수 있는 이분법적 대립 구도는, 당시 네덜란드 사회 내의 '일상적 삶의 현장'을 지배하고 있던 이분법적 사유 방식 및 생활 태도가 반영된 것이라고 볼 수 있다. 왜냐하면 당시 네덜란드 사회 구성원들의 일상적 삶은 '집'과 '세상'이라는 사적 공간과 공적 공간이 뚜렷이 구분되어 대립하는 방식으로 영위되고 있었기 때문이다. 여기서 '세상'이란 순전히 물질적이고 공식적인 거래가 이루어지는 장소를 뜻하는데, 그것은

16_ 츠베탕 토도로프, 『일상예찬』(2003), 31-51쪽 참조.
17_ 변재현, 「빛을 통해 인간의 심리묘사를 표현한 렘브란트의 작품연구」(2003), 26쪽.

네덜란드인들 사이에서 위계질서가 잡힌 이상적인 연대의 공동체인 '집'과 대비되는 것으로서 소란스럽고 갈등과 대립이 끊임없이 일어나는 타락의 장소로 이해되고 있었다.[18]

이러한 사실은, 데카르트의 철학 체계 내에서 엿볼 수 있는 '이원론'의 구도가 흔히 알려진 것처럼 데카르트 본인의 자유롭고 독창적인 철학적 사유의 결과라는 기존의 텍스트 중심적인 전통적 해석과는 달리, 특정 철학 체계는 철학자가 살아가는 현실의 사회구조적 조건과 맥락에 의해 '궁극적으로' 규정되는 것이라는 실천철학적 주장, 곧 '존재의 의식 규정성'[19] 테제의 진리성이 아직 소진되지 않았음을 확인시켜 주는 것이기도 하다.

(3) 이상의 사실을 고려할 때, 철학의 제1원리를 발견해 내고자 한 데카르트의 철학적 시도와 그러한 작업을 통해 도달한 'Cogito ergo sum'이 던져 주고 있는 실천철학적 메시지는 대략 다음과 같이 정리될 수 있을 것이다. 즉 17세기의 위기적 상황에서 유럽 각국이 추구해야 할 새로운 이상적 사회상(像)은 중세의 신 중심의 신분제 질서가 타파되고, 이성적 존재인 한에서 모든 인간이 평등하게 대우받으며, 오직 '이성적 능력의 발휘'를 통해서만 신분 상승의 통로가 확보되는 자유롭고 개방적인 '개인 중심의 근대적 시민사회'이다. 아울러 이러한 사회의 실현은 '시민계급'이 주도함으로써만 가능하다.

한데 신 중심의 낡은 질서를 허물고 새롭게 '인간 중심의 이성적 사회질서'를 수립해 나갈 주체로 데카르트가 지목하고 있는 시민계급은, 17세기 당시 전 세계의 상공업 및 금융 중심지로 '황금의 세기'[20]를 구가하고 있던 네덜란드 사회의 비약적인 발전을 주도하고 있던 — 종교적 억압과 신적

18_ 츠베탕 토도로프, 『일상예찬』(2003), 36-38쪽.
19_ K. Marx/F. Engels, *Die deutsche Ideologie, MEW* 3(1969), 27쪽.
20_ 주경철, 「네덜란드의 국제무역상인」(1993), 106쪽; 타임라이프 북스, 『유럽의 황금기』(2005), ESSAY-2 참조. 아울러 17세기 네덜란드의 비약적인 경제 및 산업 발전에 관한 상세한 논의로는 V. Barbour, *Capitalism in Amsterdam in the 17th Century*(1963) 참조.

권위에서 벗어나 개방적이며 진보적인 사고방식을 지니고 있던[21] — 네덜란드 상공업 계층이었다. 아울러 데카르트가 인간 중심의 새로운 근대 사회질서 체제를 구상함에 있어서 우선적으로 염두에 두었던 실제 모델 또한 네덜란드 사회였다. 당시 네덜란드는 1609년 독립을 쟁취한 이래 단시일 내로 세계 1위의 무역 및 상업국이 되어 있었지만, 개인들의 사유 및 삶의 방식은 매우 검소하고 실용적이며 현실적이었다. 또한 선천적 신분이나 지위가 아닌 '자신의 노력과 능력을 통해' 개인들의 행복이 추구되고 있었다.[22]

데카르트의 'Cogito ergo sum'은, 이 같은 시대적 · 역사적 맥락을 고려할 때, 위계적 신분 사회로부터 근대 시민사회로의 이행을 주도하는 실천 주체로서 시민계급의 계급적 이해관계를 대변하고 옹호하는 '계급 정당화 논리'이자 근대 시민사회의 새로운 사회질서 구현을 위한 '체제 정당화 논리'라고 볼 수 있다.

3. 17세기 유럽 상황과의 연관 속에서 바라본 데카르트의 '철학적 텍스트'의 실천철학적 함의

1) 앞서 우리는 데카르트가 철학자로서 활동하던 무렵, 프랑스와 네덜란드를 비롯한 유럽 대륙의 정세 및 상황을 살펴봄으로써 그의 철학적 문제의식이나 새롭게 철학 체계를 정립하고자 하는 이론 구성의 전략 및 방향이 당시의 시대적 · 현실적 조건들과 어떠한 상호 연관성을 갖고 있으며,

---

21_ 데카르트가 이성에 기초한 새로운 근대사회를 건립함에 있어서 그 주도적 계급을 시민계급에서 확보하고자 한 중요한 이유 중의 하나는, 온갖 종류의 구속과 제약에서 자유로운 '진보적 의식'의 소유자인 시민계급이야말로, 과학의 진보를 포함하는 인류 사회의 진보가 지속적으로 이루어져 나갈 방법론을 안출해 내려는 데카르트 자신의 철학적 기획 의도에 부합하는 '실천 주체의 유형'이기 때문이다. 이에 대해서는 E. M. Curley, *Descartes Against The Skeptics*(1978), 9쪽 참조.

22_ 변재현, 「빛을 통해 인간의 심리묘사를 표현한 렘브란트의 작품연구」(2003), 26쪽.

그것의 실천철학적 함의는 무엇인가를 대략적이나마 살펴보았다.

  그렇다면 그러한 사회철학적·실천철학적 해석을 가능하게 하는 데카르트 철학 체계 내에서의 문헌상의 근거로는 어떤 것들이 있는가? 이 절에서는 17세기의 역사적·사회적 현실과 데카르트의 철학적 텍스트, 양자 간 '상호 연관성'을 중심으로 사회철학적 시각에서 데카르트 사상에 대한 '문헌적 고찰'을 통해 앞서의 논의를 다시금 확증해 보고자 한다.

  먼저, 데카르트는 당시 유럽의 신분제적 사회질서와 그것의 이념적 토대로서 이른바 신의 말씀을 '부정적으로' 인식하고 그것의 문제점과 한계를 '비유적으로' 지적하고 있다.

> 내가 내 스승의 언어인 라틴어가 아니라 내 모국어인 프랑스어로 이 책을 쓰는 것도, 전적으로 순수한 자연적 이성(raison naturelle)만을 사용하는 사람이 옛날 책들만을 믿고 신뢰하는 사람보다 내 견해를 좀 더 올바르게 판단해 주리라 기대하기 때문이다. 아울러 이러한 양식과 함께 학문까지 갖춘 사람만을 나에 대한 심판자로 삼고 싶다. 그러한 사람은 내가 일상 언어로 내 주장의 근거를 설명했다는 이유로, 경청을 거부할 만큼 라틴어를 편애하고 있지는 않으리라고 생각한다. (*AT*, VI, 77-78 /『방법』, 236)

  여기서 '라틴어와 프랑스어,' '옛날 책들만을 믿고 신뢰하는 사람과 순수한 자연적 이성만을 사용하는 사람'은 서로 각각 선명히 대립하고 있다. 이를 17세기 당시의 시대적 현실과 연계하여 해석해 보면, 라틴어를 사용하고 옛 문헌만을 신뢰하는 사람은 봉건질서 체제 내의 성직자를 비롯한 '지배계급'을 가리킨다. 반면, 프랑스어를 사용하며 자연적 이성에 의거해 판단하는 사람은 당시의 신분제적 사회질서와 봉건적 지배계급에 대해 불만을 지닌 채 기회가 된다면 그들과 대결할 자세가 되어 있던 이성적 '시민계급'을 지칭하고 있다.

  또한 옛날 책들은 신학이나 그것의 학문적 전위였던 스콜라철학 내에서 진리의 판별 척도로 기능하던 '신의 말씀'을, 그리고 자연적 이성은 참과 거짓을 따지는 새로운 진리 판별 기준인 '인간(개인) 이성'을 가리켜 일컫는다. 결국 데카르트는 이러한 '비유적인' 대립 구도를 통해, 성직자와 군주를 비롯한 당시의 봉건적 지배계급이 신분제 사회질서와 자신들의 기득권을 유지하기 위해 정치적으로 이용한 신의 권위와 신의 말씀이, 계급 초월적 보편타당성을 결여한 '지배 이데올로기'로 기능하고 있는 당시의 모순 사태를 비판적으로 논급하고 있는 것이다.

이와 함께 데카르트는 신의 계시나 뜻임을 앞세워 진리 판단의 권한을 독점적으로 위임받아 행사하는 성직자를 비롯한 소수 특권계급에 의해 주도되는 신분제 질서의 사회적 불평등과 구조적 폐해에 대해서도 다음의 언급을 통해 우회적으로 비판하고 있다.

> 양식(bon sens)이야말로 이 세상에서 가장 공평하게 분배되어 있는 것이다. 왜냐하면, 사람들은 누구나 그것을 충분히 갖추고 있다고 생각하고 있으며 다른 모든 것에 있어서는 좀처럼 만족하지 않는 사람의 경우에도 그것만큼은 자신이 갖고 있는 것 이상을 더 바라지 않기 때문이다. 이 점에 있어서 모든 사람의 생각이 잘못되었다고 볼 수는 없다. 이는 오히려 잘 판단하며 참된 것을 거짓된 것으로부터 구별해 내는 능력, 즉 일반적으로 양식 혹은 이성(raison)으로 불리는 능력이 모든 사람에게 천부적으로 동등하게 (naturellement egale) 부여되었다는 사실을 보여주는 셈이다. (AT, VI, 1-2 /『방법』, 146)

여기서 데카르트가 말하고자 하는 본질적 메시지는 다음과 같다. 곧 모든 인간은 진리 판단 능력으로서의 양식 혹은 이성을 지니고 있으며, 그런 한에서 신분이나 지위에 상관없이 사회 구성원은 누구나 참과 거짓을 판별할 수 있다. 그럼에도 불구하고, 소위 신의 뜻에 의거하여 진리를 판독할 수 있는 능력은 신에 의해 선택된 자들만이 부여받았다는 종교적·신학적 해명은 교회 및 지배계급의 이익을 도모하고자 의도된 것이며, 그러한 목적에서 고안된 불평등한 신분제적 질서 또한 그 자체 정당성이 결여된 것이다.

이러한 분석이 17세기 유럽 상황과 관련해 충분히 설득력을 지닌 것이라면, 데카르트가 41세 되던 해인 1637년, 최초로 공간(公刊)된 그의 저서 『방법서설』은 표면상 학문적 진리 탐구의 명분을 내세우면서도, 기존 기득권 계급의 정치적 '진리 판별 독점권'과 그에 기초한 봉건적 질서 체제에 대해 근본적인 비판의 포문을 연 것이라고 할 수 있다. 동시에 신의 말씀이 진단 판단의 척도로서 기능하던 신 중심적 신분제 사회를 뛰어넘어, 새로운 진리 판별 기준으로서 이성에 기초하여 새로운 공평한 사회질서가 수립되어야 한다는 주장을 암암리에 내장하고 있는 것이라고 볼 수 있다.

이처럼 당시 신 중심의 사회질서와 그 속에 안주하여 특권을 누리는 지배계급에 대한 데카르트의 학자적 불만과 비판은 그의 절친한 친구이자 동료였던 성직자 메르센(M. Mersenne)에게 보낸 편지들(1633년 11월 말 그리고 1634년 2월 말)의 사연에서 보다 더 명료하게 드러난다.

저의 『세계』[23]를 새해 선물로 당신께 보내려고 했습니다. (…) 허나 그 간 레이덴과 암스테르담에서 갈릴레오의 『세계체계』를 구할 수 있는지의 여부를 알아보느라 정말로 애를 먹었다는 말을 해야 될 것 같습니다. 왜냐하면 그 책이 작년 이탈리아에서 출판되었다는 소식을 들었기 때문입니다. 저는 그 책이 실제로 출판되기는 했지만 모든 필사본이 곧장 로마에서 소각되었으며, 갈릴레이는 고소되었고 벌금을 물었다는 얘기를 들은 바 있습니다. 저는 그 얘기에 너무 놀라, 저의 모든 논문을 소각하거나 적어도 그 누구도 보지 못하게 해야겠다고 마음먹었습니다. 갈릴레오는 이탈리아 사람이고 제가 알기에 교황의 신임도 얻고 있었기에, 지구가 돈다는 사실을 확증하려 했다는 것 말고는 그

23_ 『세계 및 빛에 관한 논고(Le Monde, ou Traté de la lumière)』를 가리킨다.

어떤 다른 이유로도 기소될 수 없다고 생각했기 때문입니다. 분명히 갈릴레오는 그 이유 때문에 기소되었을 겁니다. 제가 알기에, 몇몇 주교들이 지구가 돈다는 그의 견해를 이미 비난했었지만, 로마에서조차 공공연히 그것을 가르치고 있다는 얘기를 들은 바 있습니다. 만약 그 견해가 잘못되었다면, 제 철학의 기초 역시 모두 잘못되었다고 시인해야만 할 겁니다. 왜냐하면 갈릴레오의 그러한 견해는 제 철학을 기초로 해서 명백하게 논증될 수 있는 것이기 때문입니다. 아울러 그 견해는 제 논문의 모든 부분에 긴밀하게 연관되어 있어서 만약 그것을 제거해 버린다면, 책 전체에 결함이 생길 수밖에 없습니다. 하지만 저는 단 한 마디라도 교회가 승인하지 않을만한 내용이 포함된 논문은 절대 출판하고 싶지 않습니다. (*AT*, I, 270-272/*CSMK*, 40-41).

그 책(『세계』)은 지동설을 옹호하고 있기 때문에, 교회에 복종한다는 의미에서 저는 출판을 취소했습니다. 교황과 공의회는 지금까지 단 한번도 지동설을 옹호하는 책을 인허한 적이 없습니다. 책의 검열을 위해 설립된 추기경 회합(la Congregation des Cardinaux)에서만 이러한 인허가 이루어지지요. 현재 프랑스에서의 그자들의 위세(leur authorité)는 정말로 대단해서 저의 이론 또한 신앙상의 문제로 치부될 가능성이 농후합니다. (*AT*, I, 281-282/*CSMK*, 42).

이로부터 알 수 있듯이, 데카르트는 자연과학의 눈부신 발전에도 불구하고, 여전히 신 중심의 계시적 진리관에 입각하여 과학적 진리 체계가 교육되고 있는 등, 학문 및 철학(함)의 자유가 철저히 억압되고 있는 당시의 실태에 대해 완곡하지만 분명한 어조로 비판하고 있다. '교회에 복종한다는 의미에서' 출판을 취소했다는 언급은 사실상 '강한 학자적 불만'을 토로하는 것이지만, 동시에 세속적 교회 권력과는 가능하면 충돌하지 않겠다는 '현실적 타협 전략'이기도 하다.[24] 이는 당시 학문 권력으로서의 교회

24_ 데카르트는 평생 진실된 우정을 나누었던 미님회(Minim order) 수사 메르센 신부와의 편지 글에서도, 단 한 번도 교회를 대놓고 비난한 적이 없다. 이러한 사실은 데카르트가 메

나 성직자 집단과 표면적으로 갈등을 일으키지 않으면서, 성직자 계급의 학문적 전횡과 세속적 권력의 남용에 대한 비판을 '비유적' 혹은 '암묵적' 방식으로 개진하고자 하는 현실적인 방법론적 실천 방안이라고 할 수 있다.

이러한 사실은 일상적 삶의 현장에서 데카르트가 유지하고 있던 '나는 가면을 쓰고 다닌다(larvatus prodeo)'는 습관이 공적인 학문적 삶에서도 그대로 견지되고 있었음을 말해 준다.[25] 특히 이러한 방식은 '갈릴레이가 솔직하게 말한 탓에 교회의 처벌을 받은 시점'부터 데카르트가 늘 유지한 자세였다. 그는 신중하고도 조심스럽게 행보했고, 죽는 날까지 '가면을 쓰고' 살았다. 동시에 이는 그의 철학적 의도와 지향성을 공공연히 드러내지 않으면서 자신의 철학적 입장을 실질적으로 관철시켜 나가는 '철학적 포커페이스(poker face)'이자 승산 전략이기도 하였다.[26] 이런 이유에서 데카르트의 철학적 문헌에 대한 독해나 해석은 당시의 시대적 상황이나 조건과 관련하여 그 안에 내재되어 있는 '실제적 함의나 본질적 문맥'을 읽어 내는 것이 특히 요구된다.

2) 이렇듯 데카르트는 자신이 출간한 저서 앞부분에서는 「헌사」 등을 통해 교회와 성직자 계급에 순응하는 태도와 자세를 보임으로써 의도적으로 자신을 낮추고 있다. 하지만 그 같은 공손 어법이나 비유적인 표현 '이면에서는' 종교적 진리의 오류와 그에 기대어 세속적 권력을 남용하여 학문의 자유를 구속·억압하는 성직자 계급에 대한 부정적인 비판적 시각을 개진하고 있었다.

제가 제시하고 있는 근거들(raisons)은, 그것이 어떤 것이든 철학에 속하는 것

르셴 신부마저도 교회의 일원이라는 사실을 늘 의식하고 있었다는 것을 말해 준다. A. D. Aczel, *Descartes' Secret Notebook*(2005), 142쪽.

25_ S. Toulmin, *Cosmopolis: The Hidden Agenda of Modernity*(1990), 40쪽.

26_ S. Toulmin, *Cosmopolis: The Hidden Agenda of Modernity*(1990), 79쪽.

들이며, 따라서 여러분이 이를 보호해 주지 않는다면 큰 성과를 기대할 수 없을 겁니다. 게다가 모든 사람들은 여러분이 재직하고 있는 학부에 대해 깊은 존경심을 지니고 있으며 소르본이라는 이름 또한 상당한 권위를 갖고 있습니다. 그런 까닭에, 신성한 공회의회를 제외하고 신앙 문제에 대해 여러분의 학부만큼 신뢰를 받고 있는 기관이 없을뿐더러 나아가 세속적 철학에 있어서도 여러분의 학부 이상으로 예리하고 견고하게 또한 공명정대하고 지혜롭게 판단을 내릴 수 있는 곳은 그 어디에도 없다고 누구나 생각하고 있습니다. 따라서 (…) 이 책에 잘못된 점이 있다면 그것을 바로 잡아 주시고 (…) 부족한 내용이 있으면 첨가해 주시고 완전치 못한 내용은 완전하게 해주시며, 제대로 설명하지 못한 대목에 대해서는 제대로 설명해 주시기를 부탁드립니다. (…) 끝으로, 신의 현존 및 인간의 영혼 그리고 신체의 상이성을 입증하기 위해 이 책에서 제시된 근거들이 가능한 한 가장 명백한 상태로 제시된 이후에는 (…) 여러분들께서 이를 세상 사람들을 향해 선언해 주시고 증언해 주신다면 저로서는 더 이상 바랄 것이 없을 것 같습니다. (*AT*, IX-1, 7-8 /『성찰』, 20-22)

이러한 헌사는 당시 학문의 최고 전당이라 할 소르본 대학의 신학자나 성직자 들에게 자신의 학문적 부족함을 고백하면서 '한 수 지도해 달라!'는 식의 지적 열패감이나 학문적 예속성을 드러내 보이는 것처럼 비친다. 하지만 그 이면에 담긴 철학적 의도는, 그 자체 논증되지 않은 '신의 계시'에 전적으로 기초하고 있는 신학적 논증이나 진리 기준보다는, '자연의 빛'에 의거한 철학적 입증 방식이나 진리 판단 척도가 오히려 신의 현존이나 영혼의 실재성 등에 대한 설득력 있는 해명을 제시할 수 있다는 점을 '은밀히' 내비침으로써 신적 권위에 대한 이성의 우위성, 신학에 대한 철학의 우월성을 드러내 보이고 있는 것이다.[27]

27_ 이런 점에서, 데카르트의 '이신론적 후예들'은 그러한 헌사나 경의가 '검열 회피용'이라는 사실을 잘 알고 있었다. 아울러 가톨릭교회 역시 데카르트 철학 체계 내에서 개진되는 헌사에 내재된 그러한 함축을 달가워하지 않았다. S. Toulmin, *Cosmopolis: The Hidden*

이러한 추론적 해석은 17세기 유럽 대륙의 정치적·사회적 정황에 비추어 볼 경우뿐 아니라, 당시 데카르트의 책이 출간되었을 무렵 교회나 대학, 신학자들이 보여 주었던 격렬한 비판적 반응 등을 통해서도 그 타당성을 확인해 볼 수 있다. 가령 1641년 『성찰』이 파리에서 출간되었을 때 — 프랑스에 비해 종교 및 학문의 자유가 훨씬 더 잘 보장되었을 뿐 아니라 인쇄법도 까다롭지 않았던 네덜란드에 있어서도 — 위트레히트 대학의 학장이었던 보에티우스(G. Voetius)가 데카르트를 '무신론자'로 곧바로 신랄하게 몰아쳤던 사건이 그 단적인 사례 중의 하나이다.[28] 이러한 공박(攻駁) 직후, 보에티우스는 대학 내에서 데카르트 철학에 대한 강의를 금지시켰으며, 자신의 제자들을 동원하여 데카르트 철학에 대해 반박하는 내용의 팸플릿을 돌리기까지 하였다. 이처럼 가톨릭교 세력뿐 아니라 프로테스탄트 교회 및 신학자들로부터도 집요한 공격을 받았던 것은, 데카르트의 철학 체계가 외견상으로는 현실 사회질서에 순응하는 것처럼 보이지만, 실제로는 기존 질서를 허물어뜨릴 수 있는 '혁명적인' 내용을 담고 있었기 때문이다.[29] 이 점은 특히 교회를 중심으로 한 당시 지배계급의 입장에서는 결코 가볍게 넘기기 어려운 것이었다.

신적 권위에 기반한 신분제 질서의 폐해를 점차 사회구조적 모순으로 인식해 나가고 있던 데카르트에게 있어서, 그처럼 학문 및 양심의 자유마저 철저히 유린당한 채 교조적·신학적 교리에 맹종하는 질식된 삶을 강요하는 사태에 대한 '직접적 체험'은 학문적 권력마저 손아귀에 넣고 온갖 횡포와 전횡을 부리던 성직자를 비롯한 지배계급에 대한 분노와 적대적 의식을 심화시키는 결과로 이어졌다. 그리고 이는 다시 '외견상' 의례적인

Agenda of Modernity(1990), 78쪽.

28_ 이 사건은 소위 '위트레히트 위기(The Utrecht Crisis)'라고 불리는데, 이에 관한 상세한 논의는 T. Verbeek, *Descartes and the Dutch*(1992), 13-33쪽 참조.

29_ 이 점과 관련하여, 당시 네덜란드의 프로테스탄트 신학자들은 데카르트의 철학 체계를 '무신론'이나 '반종교적인 사상'으로 이해하고 있었다. D. Aczel, *Descartes' Secret Notebook*(2005), 176쪽.

공손함을 가장하지만 내부적으로는 서슬 퍼런 신랄한 비판의 칼날을 지배계급의 심장부에 겨누고 있는 양상으로 '은밀하게' 표출되고 있었던 것이다. 가령 다음의 구절에서 우리는 신의 말씀 혹은 계시적 진리에 전적으로 기초하여 형성된, 신학자와 (스콜라) 철학자 집단의 소위 '학문적 권위'에 대해 점잖지만 당찬 학문적 비판과 도전을 시도하고 있는 데카르트의 심중을 읽어 낼 수 있다.

다른 사람들의 생활방식을 관찰해 보았을 경우에도, (…) 철학자들의 견해 사이에 큰 차이가 있는 것처럼, 아주 다양한 생활방식이 존재하고 있음을 깨달았다. 그러므로 내가 이로부터 얻은 가장 큰 소득은 우리에게 매우 엉뚱하고 우스꽝스럽게 보이지만, 그럼에도 다른 나라 사람들에게는 여전히 수용되고 인정되고 있는 것이 많이 있다는 사실이고, 이로부터 나는 선례와 관습을 통해 확신하게 된 것을 너무 굳건히 믿어서는 안 된다는 사실을 깨닫게 되었다. 이렇게 함으로써 나는 우리의 자연의 빛(la lumière naturelle)을 흐리게 하고 이성의 소리를 듣지 못하게 하는 숱한 오류(beaucoup d'erreurs)로부터 차츰 벗어나게 되었다. (AT, VI, 10 /『방법』, 158)

그러나 저는 다른 사람들이 무엇을 알고 있고 또한 모르고 있는가에 대해서는 고찰하지 않으려 합니다. 단지 다음의 사실에 주목하는 것만으로 저는 그저 만족하려고 합니다. 그것은 다음과 같습니다. 우리가 추구할 수 있는 지식이 책 안에 이미 다 들어 있다고 하더라도 이 책 안에 있는 좋은 것들은 무용한 것들과 섞여 있으며 또한 여러 곳에 흩어져 있는 까닭에, 이를 모두 읽어내기에는 우리의 인생이 너무나 짧고 아울러 그로부터 유용한 것을 도출해 내는 데에는 우리가 갖고 있는 능력보다 더 많은 재능을 요구하고 있다는 사실입니다. (AT, X, 498 /『자연』, 127)

여기서 알 수 있듯이, 자신의 견해를 제시하는 방식이나 어법은 깍듯하게 예의를 차리고 있다. 그러나 그 내면에 자리하고 있는 철학적 본의(本意)는 근본적으로 비판적일 뿐 아니라, 경우에 따라서는 체제 전복적인 '이론적 단초'까지 내포되어 있다. 이 점은 당시 신학에 대한 다음과 같은 언급에서 찾아볼 수 있다.

> 나는 우리의 신학을 존경해 왔으며 여느 사람과 마찬가지로 나 또한 천국에 이르길 희구해 왔다. 하지만 거기에 이르는 길은 가장 유식한 사람 못지않게 가장 무식한 사람에게도 동등하게 열려져 있다는 사실을, 아울러 우리를 천국으로 이끄는 계시적 진리 역시 우리의 역량을 넘어서 있다는 사실을 확실히 알게 된 이후에는, 이 진리들을 내 빈약한 추리력으로 감히 포착하려고 하지 않았다. 아울러 이를 성공적으로 달성하기 위해서는 하늘로부터의 각별한 도움이 있어야 할 뿐 아니라 인간 이상의 존재가 되어야 한다는 사실을 또한 생각했다. (*AT*, VI, 8 /『방법』, 154-155)

물론 당시의 소위 학문적 권위나 세속적 학문 권력에 대한 데카르트의 비판적 지적은 '신학의 시녀'로 전락해 버린 철학에 대해서도 예외는 아니었다.

> 오랜 세월에 걸쳐 뛰어난 정신의 소유자들에 의해 철학이 연구되었음에도 불구하고, 철학에는 논쟁의 여지가 없는 것은 하나도 없으며 따라서 의심의 여지가 없는 것은 하나도 없다는 사실을 깨닫고선 나는, 내가 다른 사람들보다 더 잘 철학을 할 수 있으리라는 희망을 가질 수 없었다. 또한 한 가지 점에 대해서는 오직 단 하나의 참된 의견만이 있을 터이지만, 대단히 많은 의견들이 학자들에 의해 실제로 각각 주장되고 있음을 목도하고선 나는, 단지 그럴듯하게 보이는 것들에 관해서는 거의 모두가 거짓된 것으로서 간주하였다. (*AT*, VI, 8 /『방법』, 155)

요컨대, 스콜라철학을 비롯해 신학의 들러리나 보조자로 전락한 철학 사조들은 가톨릭교회나 프로테스탄트 교회에서 각기 내세우는 신적인 계시나 말씀에 토대를 두고 있는 까닭에, 따라서 어느 것이 진정으로 신의 진정한 뜻인지 알 수 없을 정도로 저마다 진리임을 내세우고 있는 까닭에, 진리에 관한 한 그 어느 것도 타당한 것으로 수용하기 어려울 정도로 지적 혼란스러움만을 야기하고 있다는 것이다. 여기에는 신학은 그렇다 치더라도, 철학마저 세속적 권력의 도구로 변질되고 말았다는 데카르트의 개탄이 담겨 있다.

3) 이상에서 살펴본 것처럼, 겉으로 드러나는 데카르트의 철학적 논변 제기가 인식론이나 존재론, 형이상학에 전적으로 국한된 것처럼 보이지만, 그것은 동시에 실천철학적 문제의식의 표출이기도 했던 것이다. 당시 지배 세력의 가시적인 혹은 비가시적인 감시와 탄압에도 불구하고, 데카르트는 영악하고 지혜로운 방식으로 자신의 사회 비판적 관점과 입장, 실천철학적 의도와 기획을 개진하고 있었던 셈이다. 그것은 대체로 매우 애매모호하고 불투명한 비유적인 양태로 개진되었다. 하지만 어떤 경우에는 본인의 현실 연관적인 실천철학적 기획을 대단히 도발적인 분위기를 풍기면서 '반어적(反語的)으로' 개진하고 있기도 하였다. 가령 다음과 같은 경우이다.

출신 성분이나 사회적인 신분상 공적인 업무를 다룰 만한 위치에 있지 않으면서도 어떤 새로운 개혁을 늘 머릿속에 그리고 있는 주제넘고 침착하지 못한 기질의 소유자를 나는 도무지 이해할 수 없다. 그리고 그처럼 터무니없는 것으로 비칠 수 있는 것이 조금이라도 내 글에 있다고 생각했다면, 나는 이 책의 출간을 몹시 주저했을 것이다. 나 자신의 생각을 개혁하고 내 소유의 땅에 건물을 세우려고 한 것 이외에 나는 더 이상 아무 것도 의도하지 않았다. 내가 시도한 일이 나로서는 매우 만족스럽기 때문에 여기서 그 모형을 독자 여러분들께 보여주려고 하지만, 그렇다고 해서 그것을 따라해 보라고 권유할 생각은 전혀 없다. 신의 은총을 더 많이 받은 사람은 더 높은 계획을 가질 수도 있기 때문이다. 그러나 나 자신의 계획 또한 너무 대담한 것이 아닌지 심히 우려된다. 전에 믿어 수용한 모든 견해를 버리겠다는 결의(la seule résolution)만 해도, 모든 사람이 따라야 할 선례(exemple)는 아니라 할 것이다. (AT, VI, 14-15 /『방법』, 164-165)

이처럼 데카르트는 철학적 차원에서 '새로운 개혁'을 품고 있으면서도 전혀 그렇지 않은 양 정반대로 자신의 견해를 표현하고 있다. 하지만 데카르트의 속내는, 신적 진리 기준에 기초하고 있는 것이라면 그것이 뭐든 간에 '학문적으로는' 일절 신뢰할 수 없는 자의적(恣意的)인 것으로 간주하여 배척해 버리고자 하는 것이었다. 그것들은 인식론이나 존재론의 관점에서도 타당성이 결여된 것이지만, 현실 사회 내에서 지배계급의 기득권을 유지하고 강화하기 위한 지배 이데올로기로 기능하고 있기 때문이기도 하였다. 동시에 바로 그 때문에, 즉 당시의 현실적 권력관계 속에서 지배계급에 의한 정치적 · 종교적 · 학문적 통제와 탄압, 감시로 인해, 학문적 정당성이 결여된 사이비 학문적 토대이자 부당하게 남용되는 지배 권력의 기초로서의 계시적 진리관을 허물어뜨리고자 시도하는 데카르트의 철학적 기획은 공개적으로 밝혀지거나 개진될 수 없었다.[30] 그러한 상황에서 학자적 양심에 따라 연구 기획이나 그 결과물을 공표한다는 것은 종교재판에 회부되어 화형에 처해질 수 있다는 것을 의미하는 것이었기 때문이다.
　사정이 이러했으므로, 데카르트는 학문적 가면을 쓰고 자신의 철학적 진의를 철저히 감춘 채 철학적 작업을 수행해 나갈 수밖에 없었다. 물론 이때 그처럼 은밀하게 수행되는 작업이란, 실천철학의 관점에서 볼 때, 중세의 신 중심의 신분제 질서의 모순과 한계 그리고 그 체제 내에 군림하던

30_ 종교재판에 대한 두려움 때문에 데카르트는 늘 암호나 위장된 언어를 사용하여 자신의 진의를 대충 내비치기만 하였다. A. D. Aczel, *Descartes' Secret Notebook*(2005), 138-139쪽.

지배계급의 전횡을 비판적으로 폭로하고 그 이데올로기적 기반인 중세적 '신의 말씀' 혹은 '신'을 새로운 진리 판단의 보편 척도인 '이성' 혹은 '이성적 인간'으로 대체하는 과제의 완수였다. 그러므로 여기서 제거 및 대체의 대상으로서 신이란 종교적·계시적 차원에서의 신이 아니라, 세속화된 학문 권력 및 교회 권력 그리고 그에 기반한 지배계급의 '정당화 이데올로기'로서의 신이라 할 것이다.

4) 그에 따라 데카르트는 탐구의 자유를 억압함으로써 진정한 학문 및 과학의 발전을 근저로부터 가로 막고 있던 신 중심의 진리관 및 세계관의 토대로 기능하고 있던 '이데올로기로서 신'의 개념을 타파하고자 하였다. 동시에 그러한 세계관에 기대어 사회구조적 모순을 마치 '신의 뜻'인 양 왜곡하면서 신분제 질서를 정당화하고 그에 따른 지배계급의 이익을 도모하는 '통치 이데올로기'로서 그 역할을 수행하고 있던, 진리 판단의 최종적 심급으로서 '신'의 개념을 허물어뜨리고자 시도하였다. 물론 그러한 중세적 지배 이데올로기로서 신에 대한 데카르트의 공격은 신중하게 간접적인 방식으로 이루어졌다. 곧 당시 대학이나 일선 학교 현장에서 이루어지고 있던 교육 실태, 특히 일체의 반론 및 반박을 허용하지 않으면서 일방적으로 전달되고 있던 이른바 신의 말씀과 그에 의거한 학문적·신학적 논변들에 대한 비판적 지적을 통해 우회적으로 전개되었다.

건전한 사람(un honneste homme)은 모든 책을 읽을 필요가 없으며 학교에서 가르치는 것을 모두 상세하게 배울 필요도 없다. 이러한 학문(lettres)에 너무 많은 시간을 소비한다면 이는 자신을 올바르게 교육하는 것이 아니기 때문이다. (…) 유년기에는 단지 허약한 감각이나 스승의 권위에 의존해서 지식을 얻었기 때문에, 이성이 힘을 행사하기 전에 먼저 그의 상상력은 무수히 많은 거짓된 생각들로 가득 차 있다. 그러므로 정신을 가득 채우고 있는 그릇된 이론에서 벗어나기 위해서는, 아울러 견고한 학문에 최초의 토대(les premiers fondements)를 구축하기 위해서는, 끝으로 도달할 수 있는 최고의 정점까지 자신의 인식을 높여주는 수단을 발견하기 위해서는, 나중에 아주 좋은 자연적 소질을 갖추어야 하며 또한 지혜로운 사람으로부터 올바른 지도를 받아야 한다. (*AT*, X, 495-496 /『자연』, 125)

이에 비해 좀 더 은밀하고 암묵적인 방식으로 이루어진 신에 대한 강력한 비판은 기존의 전통적인 '신관(神觀)'을 새롭게 재규정하는 작업을 통해 이루어지고 있다. 이는 구체적으로 종교적·신학적 관점에서의 신으로부터 당시 자연과학의 눈부신 발전에 자극 받은 철학적·학문적 관점에서의 신으로의 전환을 통해 진행되고 있다.[31] 이로부터 새롭게 도출된 '신에 대한 관념'의 대표적인 사례는 『성찰』에서 발견된다.

사실 자연이 내게 가르쳐 준 모든 것은 어떤 진리를 지니고 있다. 왜냐하면 일반적인 의미에서 자연이란 신 자신(Dieu meme)이거나, 아니면 신에 의해 설정된 창조물들 사이의 질서와 배열 이외의 다른 것이 아니기 때문이다. (*AT*, IX-1, 52-53 /『성찰』, 112)

여기서 드러나듯이, 데카르트의 새로운 신관은 종교적 색채를 띠기보다는 보다 추상적이며 철학적·합리적 관점에서 이해되고 해석되고 있다. 보다 구체적으로, 신에 대한 데카르트의 철학적 이해 방식은 가톨릭교회의 공식적 교의(教義)나 신학적 입장, 스콜라철학 등에서 내세우는 '전지전능하며 무소불위의 권위와 능력을 갖춘 인격적인 절대자로서 신'의 관념에서 많이 벗어나 있다. 데카르트의 신에 대한 이해는 '믿음'보다는 '앎,' 곧 철학적 인식의 차원에서 이루어지고 있으며, 따라서 철학적으로 해석된 신은 계시나 교회의 가르침을 통해 구성된 것이 아닌, 모든 인간이 천부적으

31_ 이 점에 대해서는 H. Gouhier, *La pensée métaphysique de Descartes*(1987), 187쪽 참조.

로 지닌 이성적 능력을 통해 얻은 신의 관념이다. 그런 한에서 데카르트의 새로운 신관 및 신에 관한 지식 체계는 다분히 '이신론(Deism)'[32]에 매우 근접해 있다고 볼 수 있다.[33]

이로 인해 데카르트는 가톨릭교회에 의해 '반(反)교회 세력에 속하는 철학자'로 간주되기에 이른다.[34] 비록 데카르트가 일상적 신앙의 삶 속에서는 독실한 가톨릭 신자였지만, 철학의 지평에서 구축된 그의 신관은 이른바 정통 가톨릭 교의나 신학적 관점과는 상이한 시각을 여지없이 드러내 보여 주고 있다. 그러한 새로운 관점 안에는 당시 신 중심의 신학적 독단주의와 계시적 진리관에 대한 불신, 학문적·종교적 불관용의 확산과 자유로운 학문 연구의 저해에 대한 불만, 신 중심의 신분제적 사회체제의 모순과 폐단에 관한 데카르트 본인의 비판적 시각이 고스란히 반영되어 있다. 동시에 인간의 이성적 능력에 대한 확신과 그에 따른 새로운 보편적 진리 척도의 정립 필요성, 그리고 합리적으로 구성된 질서정연한 우주라는 새로운 자연과학적 세계관 등의 '근대(철학)적 정신'이 또한 스며들어 있다.

물론 그렇다고 해서, 독실한 가톨릭신자였던 데카르트가 신앙의 차원에서 기존의 크리스트교의 신을 부정하고 배척했던 것은 아니다. 단지 가톨릭교회가 내세운 기존의 전통적인 신 관념이 — 각종 사회적 사안이 지배

32_ 이신론(理神論)이란 일반적으로 인간의 '이성을 통해서만 논증되고 인식되는 신'에 관한 입론으로서, 신의 말씀이나 계시를 부정적으로 파악하며, 오직 이성적 진리만으로 구성된 신에 관한 지식 체계 혹은 신관을 가리킨다. 그러므로 이신론의 관점에서 신은 대체로 '세계를 창조하되 간섭하지 않는 존재'로 이해하고자 한다. 이신론에 관한 보다 상세한 내용에 관해서는 P. Edwards (ed.), *The Encyclopedia of Philosophy*, vol. 2(1975), 326-336쪽 참조.

33_ S. Toulmin, *Cosmopolis: The Hidden Agenda of Modernity*(1990), 78쪽. 저명한 데카르트 철학 연구자인 르루와(M. Leroy)도 데카르트를 근본적으로 '이신론자'로 파악한다. 최명관, 「데까르트의 중심사상과 현대적 정신의 형성」(1986), 175쪽. 한편 콜린스(J. Collins)의 경우는, 데카르트의 신관이 스콜라주의자들과 무신론자들 사이에서 중용적 입장을 취하고 있는 것으로 본다. J. 콜린스, 『합리론: 데카르트·스피노자·라이프니츠』(1999), 63쪽.

34_ C. Brinton, *Ideas and Men*(1956), 350쪽 참조.

계급에 일방적으로 유리하게끔 처리되는 불합리한 상황을 마치 정당한 것인 양 오인시키는 — '체제 옹호 이데올로기'로 악용되는 사태에 대한 비판적 문제의식이 급기야 전통적 신관을 거부하고 새로운 신관을 수립 · 제시했다고 봐야 할 것이다. 이러한 연유에서, 데카르트가 개진하는 철학적 신관은 당시 세속적 지배권력 집단의 일원으로 군림하고 있던 성직자나 신학자들의 견해와는 첨예하게 대립할 수밖에 없었던 것이다.

그렇지만 종교적 믿음의 대상으로서 신이 아닌, 현실 세계 지배계급의 세속적 권력의 유지 · 강화를 위한 정당화 이데올로기로서 신을 배격하고자 하는 데카르트의 급진적 철학 기획은 훨씬 더 은밀하고 암묵적인 방식으로 이루어지고 있다. 이는 학문의 영역뿐 아니라 사회의 전(全) 분야에서 실질적인 지배권을 획득하여 전횡을 일삼고 있던 세속화된 교회 권력 및 신학자(성직자) 집단의 이데올로기적 토대로서 신을 추방하고, 그 자리에 대신 새로운 진리 척도로서 인간 이성을 자리하게끔 만드는 방식으로 전개되었다. 그런데 이때 특히 주목할 점은 그와 같은 일련의 철학적 작업 과정 및 그로부터 도출된 이론적 결과물들의 정당성과 타당성을, 전통적인 종교적 믿음의 대상으로서 신을 '철학적으로 재구성한 신' 관념에 의해 보증하고자 한다는 점이다. 이를 위해 데카르는 시종일관 철저하고도 치밀하게 인간 이성의 지평 위에서 신의 관념을 논구하고자 한다.

> 신의 관념은 내가 만들어 낸 것도 아니다. 나는 이 관념에서 그 어떤 것도 제거할 수 없으며 또한 보탤 수도 없기 때문이다. 따라서 내 자신의 관념이 내게 본래 주어져 있듯이, 그 관념도 본유적인 것이라고 말할 수밖에 없다. (…) 이때 신은 그 관념이 내 안에 있는 신(Dieu duquel l'ideé est en moy)이다. 다시 말해 내가 그 모든 것을 파악할 수는 없어도 어느 정도 생각할 수 있는 모든 완전성을 갖고 있으며, 그 어떤 결함도 갖고 있지 않은 신이다. 이로부터 분명한 것은, 신은 기만자일 수 없다는 사실이다. 모든 사기와 기만이 어떤 결함에 의거한다는 것은 자연의 빛에 의해 명백하기 때문이다. (AT, IX-1, 41/『성찰』,

77-78)

신의 관념이 내 안에 있다는 것, 즉 이 관념을 갖고 있는 내가 현존하고 있다는 단 한 가지 사실로부터 신은 현존하고 있다는 사실과 내 현존 자체는 매순간 신에 의존하고 있다는 사실을 나는 분명하게 결론짓는다. 그러므로 이보다 더 명증적으로, 이보다 더 확실하게 인간 정신(l'esprit humain)에 의해 인식되는 것은 아무것도 없다고 확신한다. 그리고 이미 지식과 지혜의 모든 보물을 갖고 있는 참된 신을 이렇게 관상하는 것으로부터 나머지 다른 사물의 인식에 이르게 되는 길을 보고 있다고 생각한다. (*AT*, IX-1, 42/『성찰』, 80-81)

이러한 대목에서 핵심은 '신의 관념은 나의 이성 안에 존재하고 있으며, 그런 한에서 완전한 존재로서 신의 관념은 자연의 빛, 즉 이성에 의해서만 그 타당성이 확증될 수 있다'는 사실이다. 다시 말해, 신의 완전성이나 현존 자체는 궁극적으로 인간의 이성에 의해서만 논증되고 입증될 수 있다는 것이다. 그런데 그러한 신에 대한 인식능력, 따라서 참된 진리를 인식할 수 있는 이성적 능력이나 자연의 빛은 신에 의해 우리에게 부여된 (신적) 능력이라는 점에서 — 이 점 또한 이성에 의해 명확히 인식된다 — 소위 '신의 말씀'이라는 자의적이며 편의주의적인 전통적 진리 판별 기준이 아닌, 인간 이성만이 신이 보증해 주고 있는 유일한 보편적 척도의 자격을 갖추고 있다는 점이 특히 강조된다. 이처럼 참과 거짓을 판별하여 참된 진리를 인식할 수 있도록 해 주는 이성적 능력은 그것의 보편적 타당성을 신에 의해서 보장받고 있으며, 다시 그러한 신의 완전성과 현존은 이성을 통해 명확하게 논증되고 있다는 점에서, 결국 데카르트는 중첩적으로 — 한편으로는 신에 의해서, 다른 한편으로는 이성에 의해서 — 새로운 보편적 진리 판단 척도의 타당성을 인준하고 있는 셈이다.

여기서 우리는 모든 세속적 문제의 정당성 여부를 결정하는 최종 심급으로서 신을 내세우고 그러한 신의 계시와 의도를 해독할 수 있는 특수 계급만이 신을 대신해 최종 판결을 내릴 수 있다는 신학적 해명을 부정하고, 신이 부여해 준 이성적 능력을 지닌 인간이라면 누구나 참된 인식을 할 수 있으며, 그러한 능력을 통해 자유로이 자신의 삶을 영위하고 신분의 변화 또한 꾀할 수 있다는 데카르트 사상의 사회철학적 함의를 읽어 낼 수 있다. 동시에 진리 판단의 독점권을 지닌 특정 지배계급의 기득권을 유지하기 위한 봉건적 신분제 질서에 대한 이념적 정당화 토대로서 중세적 신은 그 자리와 지위를 새로운 인간의 이성(적 능력)에 넘겨주어야 한다는 강력한 실천철학적 외침을 또한 들을 수 있다.[35]

물론 이와 같은 해석에도 불구하고, 데카르트가 신앙의 차원에서 최종 심급으로서 그리스도교의 신적 권위를 부정하는 것은 결코 아니다. 종교적 · 계시적 진리의 최종 판단 척도로서 기존의 신의 권위는 여전히 존중된다. 하지만 학문 분야를 위시하여 일상적 인간사(事)에서 참과 거짓, 옳고 그름에 대한 궁극적 척도는 인간 이성에게로 그 권위가 이양되어야만 한다는 것이 데카르트의 철학적 본의이다. 그럴 경우에라야, 신의 말씀에 입각하여 학문적 · 자연과학적 성과에 대한 진리 판단 여부를 전횡적으로 행사하는 등 독점적 진리 판단권에 의거해 세상사를 관장해 온 학문 권력 및 교회 권력, 그리고 그러한 권력 유지의 기반으로서 신분제적 질서 체계는 비로소 그 정당성과 타당성을 상실하고, 그러한 체제의 이데올로기적 보증자였던 중세적 신의 추방과 함께 새로운 근대의 사회체제로 전환할 수 있게 된다는 것이다. 그 결과, 이제 세상은 새로운 참된 진리의 인식능력이자 정당성의 판별 척도인 이성에 기초하여 새롭게 재편되고 구성될 수 있는 역사적 전환점에 놓이게 된다는 것이다.

35_ 당시 사회질서에 대한 데카르트의 비판적 인식은 '법'에 대한 그의 시각에서도 엿볼 수 있다. 본래 법학을 전공하여 법학사 학위까지 받았던 그는 법을 사회적 게임의 룰 혹은 전략으로 보고자 한다. 지배계급이 자신들의 권력을 유지하기 위한 도구로서 법을 자의적으로 해석하고 적용하기 때문이라는 이유에서다. A. Negri, *Political Descartess: Reason, Ideology And The Bourgeois Project*(2007), 182쪽.

5) 이상에서 살펴본 바와 같이, 데카르트의 철학적 기획 속에 자리하고 있는 새로운 세계상(像)은, 이성에 의해 그 타당성과 정당성이 입증되는 경우에, 기존의 논의와 전혀 다른 자연과학적 발견이나 학문적 탐구 성과도 자유로이 공표할 수 있는 '합리적인' 세상이다. 또한 이성에 의해 모든 사회 구성원들에게 보다 더 공정하고 나은 삶이 보장될 수 있다고 판단되는 경우에는, 개인적·집단적 실천 행위 역시 사회적으로 승인되고 수용될 수 있는, 그처럼 '이성적인' 세상이다.

한데 이상적 근대사회의 건립 기획과 관련하여 데카르트가 우선적으로 중시하고 있는 것은, 신 중심의 봉건적 신분 사회로부터 새로운 근대사회로 전환함에 있어서 그 주된 동력원의 역할은 인간의 '이성적 능력'이 맡고 있다는 사실이다. 특히 그러한 이성적 능력 중에서도 '오성(entendement)'을 통해 인식한 것을 최종적으로 추구하거나 거부하는, 즉 실천적으로 수행하도록 인도하는 '의지(volonté)' 혹은 '자유의지(libre arbitre)'가 결정적이라는 점에 데카르트는 주목하고 있다. 왜냐하면 이러한 (자유)의지는, 데카르트가 기획하고 있는 '인간 중심의 새로운 근대적 시민사회의 구현'을 주도할 주체, 즉 이성적 존재이자 자유의지를 지닌 자율적 주체로서 '시민계급'과 곧바로 연결되기 때문이다.

내 안에서 그보다 더 큰 것의 관념을 포착할 수 없을 정도로 큰 것으로 경험하는 것은 오직 의지(volonté)뿐이다. 따라서 내가 이른바 신의 형상과 유사한 모습을 지니고 있다는 것을 알게 되는 것도 주로 의지이다. (…) 신 속에 있는 의지는 형상적으로 아울러 엄밀히 보아 내 안에 있는 의지보다 더 큰 것으로 보이지는 않는데, 이는 의지가 다만 우리가 어떤 것을 할 수 있거나 혹은 할 수 없다는 데에 (…) 존립하는 것이기 때문에, 아니 오히려 오성(l'entendement)이 우리에게 제시하는 것을 우리가 긍정하거나 부정하고 또 추구하거나 기피할 때에 외부의 힘(force exterieure)에 의해 이미 결정되어 있지 않다고 느끼면서 그렇게 하는 데에 존립하는 것이기 때문이다. (*AT*, IX-1, 45-46/『성찰』, 85)

이러한 언명에서 드러나듯이, 데카르트가 자유의지를 중시하는 까닭은 '인식능력'과 '판단 능력'을 포괄하고 있는 '이성적 능력'이 성공적으로 발휘되는가 여부는 특정 인식 결과를 진리로서 수용할 것인가 거부할 것인가를 결정짓는 능력으로서 '의지력(la puissance de vouloir)'에 달려 있기 때문이다. 참과 거짓은 직관적으로 오성을 통해 파악되기도 하지만, 보다 심도 깊은 추론이나 실험적, 경험적 과정을 필요로 하는 경우에는 최종적으로 의지가 작용해야지만 보편타당한 진리로서의 자격 조건이 확정된다. 이러한 의지의 기능에는 특정 가설이나 원리를 현실에 적용하여 그 결과를 확인해 봄으로써 그것의 진리성 여부를 가름하는 판단 작용도 포함된다. 이때 이성적 능력으로서 의지는 이론과 실천 사이를 매개하는 역할을 담당하며, 실천을 통해 이론의 타당성 여부를 판단하는 최종적 지위를 차지한다. 아울러 이러한 의지력으로 인해, 특정 이념의 오류나 진리성을 확증하기 위한 실천적 행위가 가능해진다. 가령 특정 이념에 기초하고 있는 구질서 체제의 모순과 오류를 주장하는 경우, 그것의 진위 여부를 확증하기 위해서는 새로운 이념 체계를 현실에 적용해 구현해 보는 '실천적 실행'을 통해 — 따라서 모순과 문제점이 극복되고 보다 나은 사회 상태가 전개되는 것을 확인하는 과정을 통해 — 기존 사회체제의 한계를 확증하고 동시에 새로운 질서에 관한 철학적 논의의 진리성을 확인해 보게 되는 것이다. 데카르트는 바로 이러한 이유에서, 이성적 존재인 개인들이 지닌 자유의지야말로 사회의 변혁을 실천적으로 가능하게 하는 동력원으로 파악하고 있었던 것이다.

그런데 이성적 능력, 특히 의지(력)는 이성적 존재라면 누구나 천부적으로 지닌 능력이다. 그런 이유로, 무엇보다 신에 의해 선택된 특정 개인이나 집단에게만 주어진 것으로서 신의 말씀을 해독하고 그것에 의거해 진리를 판별할 수 있는 능력에 대한 종교적 해명은 그 타당성이 부정된다. 이와 함께 진리 판별에 관한 그와 같은 독점권을 전횡적으로 휘두르며 자신들의 기득권을 지속적으로 향유해 온 성직자 및 귀족을 비롯한 지배계급과 그들에 의해 형성된 신분제 질서의 한계에 대한 비판적 인식과 변혁의 의지는 이제 정당성을 확보하게 된다. 동시에 그러한 이성적 능력에 의거한 현실 비판과 사회변혁은 당연히 피지배계급, 특히 당시 구질서 하에서 새롭게 부상하고 있던 '시민계급'에 의해 주도된다. 왜냐하면 당시 지배계급의 횡포와 그들에 의해 운영되던 신분제 질서의 폐해를 고스란히 떠안음으로써, 구질서의 한계와 문제점을 뼈저리게 비판적으로 인식하고 있던 — 상공업 종사자들을 중심으로 한 — 시민계급이야말로 새로운 사회로의 전환과 건설을 주도할 주도적인 주체로서 최적임자였기 때문이다. 이로써 새로운 근대사회로 인류를 이끌어 나갈 주동적 계급으로서 '시민계급'이 역사 무대의 전면에 등장하게 되는바, 이러한 시대적 변화를 데카르트는 철학적으로 적확하게 포착하고 있었던 것이다.

4. 새로운 근대 사회질서의 토대로서 'Cogito ergo sum'

1) 지금까지 살펴본 것처럼, 데카르트가 활약하던 17세기 유럽의 상황은 신적 권위나 계시적 진리 혹은 종교적 전통을 내세워 불확실하거나 심지어 거짓된 사실마저도 참된 진리인 양 용인되고 수용되는 모순적 사태를 연출하고 있었다.

데카르트는 이러한 모순적 실상을 타파하고 누구나 이의 없이 동의하고 수용할 수밖에 없는, 참된 진리를 인식할 수 있는 보편적 척도를 수립하고자 하였다. 그에 따라, 무엇보다 당시 신학자를 비롯하여 세속적 권세를 좇던 학문 권력 집단의 전횡에서 벗어나 이성적 판단에 입각하여 자유로운 학술적 탐구가 가능하고 그 연구 성과가 사회적으로 수용되는, 그러한 합리적 풍토의 기반을 확고히 마련하기 위한 철학적 이론 기획을 수립·추진하였다. 다른 한편, 신의 계시를 내세워 자신들의 특권을 영구적으로 유지·재생산하는 데 전력을 기울인 지배 세력의 거듭된 실정과 전횡, 폭정에 맞서, 신분제적 질서를 무너뜨리기 위해 그것의 이념적 정당화의 토대였던 '신'을 추방해 버리고자 새로운 인식론적·도덕적 정당성의 판별 기준을 정초하는 철학적 과업에 매진하였다.

더불어 당시 지배 세력들 간의 권력 다툼이 원인이 되어 촉발된 종교전쟁으로 인한 엄청난 살상과 폐해로부터 선량한 대다수 피지배계급의 구성원들을 구해 내려는 의도에서 — 따라서 저마다 신의 계시라며 내놓은 구교와 신교 간의 종교적 진리의 차이성 및 대립을 이성적 척도에 의거하여 해소함으로써 종교전쟁을 종식시키고자 하는 염원에서 — 데카르트는 그와 같은 자신의 철학적 기획을 구상하고 실천에 옮기고자 진력했던 것이다. 그리고 이로부터 각고의 탐구 과정을 거쳐 마침내 도달한 최종 종착점, 즉 아무리 의심하려고 해도 더 이상 의심할 수 없는 그 자체 명석 판명한 진리의 근본적 원천인 'Cogito ergo sum'을 '철학의 제1원리'로 내놓게 되었던 것이다.

'나는 생각한다, 고로 나는 존재한다(Je pense, donc je suis)'는 명제는 누구든지 순서에 따라 철학함을 수행할 때 만나게 되는 모든 인식 가운데 최초의 그리고 가장 확실한 인식이다. (AT, IX-2, 27 /『원리』, 12)

내가 이 모든 것을 세심히 고찰해 본 결과, '나는 있다, 나는 현존한다(Je suis, j'existe)'는 명제는 내가 이것을 발언할 때마다 혹은 마음속에 품을 때마다 필연적으로 참이라는 결론에 이르게 된다. (AT, IX-1, 48 /『성찰』, 43-44)[36]

36_ 『방법서설』에서는 다음과 같이 서술되어 있다. "'나는 생각한다, 그러므로 나는 존재한다'라는 이 진리는 아주 확고하고 확실한 것이고 회의론자들이 제기하는 가당치 않은 억측으로부터도 흔들리지 않는 것임을 주목하여, 이것은 내가 찾고 있던 철학의 제1원리로 거리낌 없이 받아들일 수 있다고 판단하였다"(AT, VI, 32 /『방법』, 185).

데카르트가 제시하고 있는 명제 'Cogito ergo sum'은 그의 철학 체계에서도 근본적 원리이자 토대로서 기능하고 있다. 그런데 이것은 전적으로 '순수하게' 인식론적 혹은 존재론적 문제의식 및 관심으로부터 정초된 것은 아니다. 물론 그것은 신의 뜻이나 섭리에 맞서, 인간의 이성이 새로운 진리 판단의 근원적 원천이자 참과 거짓의 보편적 척도임을 공표하고 있는 일종의 '철학적·인식론적 선언문'에 해당된다고 볼 수 있다.

그럼에도 'Cogito ergo sum'의 철학적 함의는 단순히 인식론 및 형이상학의 차원에만 머물지는 않는다. 곧 'Cogito ergo sum'이라는 철학의 제1원리는 17세기 유럽의 구질서의 모순과 한계 그리고 그것의 근본 원인으로서 신적 권위와 계시적 진리관을 비판적으로 인식하는 규범적 통찰의 원리이자, 새로운 탈종교적·탈신분제적 근대사회의 질서를 구축하고 정당화하는 근본원리일 뿐 아니라, 새로운 근대사회를 건립하는 주체로서 이성적 시민계급의 시대적 사명과 역할, 계급적 이해관계를 대변하고 옹호하는 철학적 정당화 논리로서 제시된 것이다. 이러한 추론적 분석이 맞다면, 'Cogito ergo sum'의 원리에는 결국 중세의 신 중심적 세계관과 우주관 그리고 그것에 토대를 두고 있는 신분제적 사회질서를 해체하고 인간 중심의 근대적 세계를 구성하려는 기획이 내재되어 있다고 할 수 있다.[37]

이러한 데카르트의 기획 의도를 따라가면, 천부적으로 주어진 이성적 능력, 특히 인식능력과 의지력 덕분에, 피지배계급으로서 시민계급은 한편으로는 당시 신분제의 폐단과 문제점을 정확히 인식할 수 있을 뿐 아니라, 다른 한편으로는 신의 의도와 다르게 구조화된 신분제적 사회체제를 새로운 참된 사회질서로 재편하고자 하는 실천적 욕구와 변혁적 힘을 행사할 수 있는 것이다. 곧 신 중심 사회체제의 옹호 이데올로기로서 신의 말씀을 내세워 자신들의 계급적 이익에 부합되는 방향으로 진리 판단을 자행하고 그에 따라 사회질서를 구축해 온 지배계급의 행태는, 이성적 존재로서의

37_ 최명관, 「데까르뜨의 중심사상과 현대적 정신의 형성」(1986), 139쪽 참조.

시민계급의 입장에서 볼 때, 완전한 존재인 신의 의도에 어긋나는 '악한 것'에 다름 아닌 것이다.[38] 동시에 그런 한에서 신 중심의 구질서는 부정되고 재건립되어야 '만' 하는 것이다. 그런데 데카르트가 보기에, 이러한 과제를 실천적으로 수행해 나갈 수 있는 주체는 인식능력과 의지력을 지니고 있을 뿐 아니라 당시의 낡은 사회체제의 직접적 피해자이자 새로운 체제로 이행함으로써 최대의 수혜를 입을 것으로 예상되고 있던 시민계급에서 확보될 수밖에 없었다. 시민계급만이 '자유의지' 내지 '의지력'을 갖춘 존재였기 때문이다. 여기서 의지력이란 인식된 것을 최종적으로 판단하는 능력이자, 그것이 왜곡된 거짓인 경우 참된 것으로 전환시키고자 하는 '실천적 행위 능력'을 의미한다. 동시에 그것은 외적인 강제가 아닌 자발적으로 추구하거나 기피한다는 점에서 '자유'[39]를 가리킨다. 그런데 바로 이 자유야말로 '이성적 존재'와 '신' 사이의 유사성을 나타내 주는 결정적 징표이며, 그런 한에서 자유 혹은 자유롭게 행위한다는 것은 '신성성(divinity)'이자 '절대성 · 완전성(absoluteness)'에 다름 아니다.[40]

> 인간의 최고의 완전성(perfection)은 자유롭게 행위할 수 있다는 데, 즉 의지에 따라 행위할 수 있다는데 있다. (…) 그에 따라 인간은 일종이 독특한 방식으로 행위의 주체가 되며 아울러 그로 인해 칭찬을 받거나 혹은 비난을 받게 된다. (*AT*, IX-2, 40 /『원리』, 33)

38_ 이는, 구질서 하의 지배계급은 '신의 말씀'을 내세워 오직 자신들의 지배권을 유지하는 데에만 의지를 '제약 없이' 행사함으로써 '거짓되고 악한' 사회질서를 구축했던 반면에, 시민계급은 이성적 능력의 올바른 사용을 통해, 즉 인식능력으로서 오성과 수용 및 거부 능력으로서 의지 사이의 상호 조화를 통해 의지의 행사가 '제약 없이' 일방적으로 이루어지지 않도록 함으로써 '참되고 선한' 사회질서를 수립할 수 있다는 점을 함의하고 있다. 이에 관해서는 A. Negri, *Political Descartess: Reason, Ideology And The Bourgeois Project*(2007), 225쪽 참조.
39_ 자유(liberté) 혹은 자유의지(libre arbitre)에 관한 보다 더 심도 깊은 포괄적 논의에 관해서는 H. Bouchilloux, *La question de la liberte chez Descartes*(2003) 참조.
40_ A. Negri, *Political Descartess: Reason, Ideology And The Bourgeois Project*(2007), 224-225쪽; F. Copleston, *A History of Philosophy 4*(1961), 139쪽 참조.

게다가 구질서 하에서 자행된 온갖 폐해와 부조리한 사태에 대한 시민
계급의 반발과 변혁적 활동은 신에 의해 부여된 이성에 의거해 볼 때 명확
히 정당한 것이다. 이런 연유로, 그 같은 '비판적 인식'과 의지에 따라 자
유롭게 이루어지는 '실천적 변혁 활동'은 신에 의해 그 정당성이 보증된다
는 것을 의미한다. 그렇기에 이성적 능력, 곧 참된 진리를 인식하는 능력과
실천적으로 그것을 확증하는 의지력 — 따라서 그것에 기초한 실천적 행
위 — 을 통해 왜곡되고 거짓된 신분제 사회질서를 새롭게 근대사회로 재
편하는 과제를 시민계급에게 부과하는 것 역시, 자연의 빛에 비추어 보건
대 — 아울러 이성적 존재인 데카르트의 이성적 판단에 의해서도 — 진정
한 의미에서의 신의 뜻으로 해석될 수 있다는 것이다. 왜냐하면 신이 인간
에게 '신적인 능력에 준하는 것'으로 부여한 이성에 의해 '신의 현존'이 증
명되고 있다는 사실에 비추어, 이러한 시대적 소명이 신에 의해 허용되고
있다는 이성적 · 논리적 추론 또한 가능하기 때문이다.[41]

이러한 맥락에서, 데카르트가 철학의 근본원리로 내건 'Cogito ergo
sum'은 중세의 신분제적 사회질서를 유지하는 데 그 이념적 토대로서 기
능했던 '신의 말씀'을 대신하여, 이성에 기초한 새로운 근대 사회 질서를
수립하는 데 기여하는 '이념적 정당화 논리'이자 그러한 역사적 과업을 전
위에서 수행하는 시민계급의 이해관계를 옹호하는 '계급적 정당화 논리'
로서 해석될 수 있는 것이다. 더불어 그러한 원리가 배태되어 나온 일차
적 지반으로서 17세기 유럽 대륙의 실태를 염두에 둘 경우, 'Cogito ergo
sum'은 데카르트가 살았던 시대의 가장 긴요한 현실 문제에 대한 '이론적
대응물'이자 '실천철학적 해결책'이라고 간주할 수 있다.

2) 실상이 이러함에도 데카르트가 보다 더 명시적으로 그와 같은 자신

41_ A. Negri, *Political Descartess: Reason, Ideology And The Bourgeois Project*(2007),
225쪽.

의 철학적 기획 의도를 밝힐 수 없었던 것은 당시의 사회 전반에 걸친 강력한 구시대적·억압적 통제 상황에 전적으로 기인한다. 그리고 그런 외적 조건으로 인해, 당시의 시대적 상황에 대한 데카르트의 비판적 통찰과 문제의식, 아울러 (실천)철학적 기획 등은 보다 더 모호하고 불투명한 방식으로 표명되거나 서술될 수밖에 없었다. 직접적인 언급이나 주장, 보다 더 명료한 공식적인 입장의 피력은 곧바로 현실적인 제재나 탄압으로 이어져, 경우에 따라서는 종교재판에 회부되어 화형에 처해질 수도 있었기 때문이다.

그러므로 이와 같은 사정을 좀 더 진지하게 고려할 경우, 데카르트의 철학적 기획 속에 담긴 데카르트 본인의 본래적 의도와 목적, 서술 내용의 본질적 함의와 철학적 진의 등은 보다 더 세심한 해석과 분석을 통해서만 제대로 읽어 내는 것이 가능하다. 보다 더 정확히 말해서, 그 같은 실제 의도나 목적, 본질적 메시지는 데카르트의 철학적 문헌들의 텍스트에 대한 분석 및 해석만으로는 온전히 파악하기 어렵다. 대신 그러한 텍스트의 내용이 서술되게끔 만든 일차적 지반으로서 17세기 유럽의 시대적 상황이나 조건, 즉 당시의 현실적 '콘텍스트(context)'와 연결 지어 '텍스트(text)'를 독해할 경우에만, 비로소 그것에 담긴 본질적 함의를 정확히 간취해 낼 수 있을 것이다.

그런 한에서 데카르트의 'Cogito ergo sum'은 그것이 나오게 된 당시의 시대적 맥락과 연관지어 해석해 볼 경우 — 다소간 과장되게 극적으로 표현해서 — 마치 근대 자본주의 체제의 구조적 한계와 모순을 비판적으로 인식하고 그것을 혁명적으로 변혁하는 과제를 떠맡은 노동자계급에 대해 '만국의 노동자여 단결하라!(Proletarier aller Länder, vereinigt euch!)'[42] 고 외쳤던 '공산당 선언' 못지않게, '만국의 시민이여 단결하라!'는 '근대 철학적 선언'이라고 부를 수 있을 것이다.

42_ K. Marx/F. Engels, *Manifest der Kommunistischen Partei, MEW* 4(1980), 493쪽.

104 철학은 현실과 무관한 공리공담의 학문인가

5. 맺는 말

이제까지 우리는 17세기 유럽의 위기 상황과 관련지어, '어떠한 의도와 목적에서 데카르트는 Cogito ergo sum이라는 새로운 철학의 제1원리를 정초하고 그에 의거하여 새로운 근대적 철학 기획을 추진해 나가고자 했는가?'에 대해 실천철학의 관점에서 비판적으로 고찰해 보았다. 그로부터 데카르트의 철학 체계의 근본적 토대인 'Cogito ergo sum'과 그에 기초한 철학적 기획은, 인간 중심의 근대적 '시민사회'의 새로운 사회질서 구현에 대한 정당화 논리를 정립·제시하고자 한 '근대 철학적' 시도라는 사실을 '사회철학'의 시각에서 규명해 보았다.

이제 이러한 '잠정적인' 탐구 성과와 관련하여, 이 글에서 다룬 데카르트의 철학적 기획과 그것의 근본 토대인 'Cogito ergo sum'에 대한 실천철학적 해명 작업이 한국 사회철학계에 부족하나마 몇 가지 의미 있는 기여를 할 수 있다면 어떤 점에서 그러한지를 간략히 언급하면서 글을 맺을까 한다.

우선, 'Cogito ergo sum'과 그것에 토대를 둔 근대적 철학 기획을, 17세기 당시의 유럽의 위기 상황에 초점을 맞추어 사회철학의 관점에서 접근하여 재해석해 본 시도는 데카르트 철학에 관한 기존의 해석과 논의에 '새로운 논쟁적인 해석본'을 제공함으로써, 데카르트 철학에 대한 연구 및 논의의 활성화에 미력하나마 기여할 수 있을 것으로 기대한다.

또한 그 같은 시도는, 하나의 철학 사상은 그것이 기반하고 있는 현실과 무관하게 형성되는 '의식 자체의 고유한 독창적 산물'이 아니며, 시종일관 '사회 현실의 반영물'이자 '시대의 산물'이라는 사실을 다시금 확인시켜 줌으로써 '존재의 의식 규정성' 테제의 이론적 효용성이 아직 소진되지 않았음을 보여 줄 수 있었는바, 이는 '존재가 의식을 규정한다'는 고전적 사회철학 명제의 타당성 여부를 둘러싼 '실천철학적 논쟁'을 새롭게 촉발시킬 환경을 조성하는 데에도 일조할 수 있을 것이다.

끝으로, 데카르트가 평생 '철학적 사유의 대상'으로 삼았던 당시의 유럽 상황에 초점을 맞추어 그의 철학 체계와 그것의 근본 토대로서 'Cogito ergo sum'을 새롭게 비판적으로 조망해 보는 작업은, 우리 현실에 부합하는 '독창적인 사회철학 모델'은 시종일관 한국 사회의 현실에 기반을 두어 형성된 실천적 이론 체계여야 한다는 사실을 새삼 일깨워 줌으로써, 오늘날 시급히 요청되고 있는 '자생적 실천철학 모델의 정립'에 우리 사회철학계가 온 힘을 쏟아야 한다는 각성을 다시금 불러일으키는 데에도 긍정적으로 기여할 수 있을 것이다.

물론 이러한 소소한 긍정적인 기여에도 불구하고, 이 글은 적지 않은 한계와 보완 과제를 남겨 두고 있다. 특히 데카르트의 근대적 철학 기획에 담긴 실천철학적 함의와 메시지를 사회철학의 시각에서 규명해 보고자 한 철학적 해석 작업은, 사실 이처럼 짧은 한 편의 논문을 통해서 완결적으로 수행하기에는 상당한 무리가 따른다. 그래서 이 글에서 그러한 작업의 대략적인 개요와 논지를 담는 데 만족하고자 한다. 이런 연유에서 이후의 후속 글을 통해 미진하고 불충한 부분들은 보완하고 채우려고 한다. 아울러 데카르트의 문헌에 대한 심도 깊은 사회철학적 후속 작업을 통해 한층 더 설득력을 갖춘 종합적이며 체계적인 해석상의 논의와 그에 대한 근거를 제시할 것을 감히 약속드린다.

4
사회적 갈등과 대립의 해소를 위해 철학은
무엇을 할 수 있는가?

'차이의 존중 및 인정'으로서 '관용'의 확산 및 제도화

1. 문제 상황: '세월호 사건'에 대한 시국 선언을 둘러싸고
빚어진 일선 교육계와 정부 간 갈등 및 대결 국면

많은 사람들에게 여전히 마음의 상처와 아픔으로 남아 있는 '세월호 사건'[1]이 일어났던 지난 2014년은 한국 사회 곳곳에서 많은 일들이 벌어졌고, 그만큼 어려움과 탈도 많았던 그야말로 '다사다난(多事多難)'했던 한 해로 기억될 듯싶다. 저자가 몸담고 있는 교육대학교가 속한 '교육 분야' 역시 몇몇 주요 사안들을 중심으로 표출된 상이한 견해와 입장 차로 인해 다양한 집단적 갈등과 반목이 지속적으로 불거져 나왔다. 그 가운데 지금 돌이켜 봐도 실로 유감스러웠던 사태는 '세월호 사건'을 계기로 감행된 일선 학교 '평교사'들의 시국 선언과 그에 대한 교육부의 고발 강행으로 촉발된, 교육부와 교사 집단 간 첨예한 대립 및 대결적 사태라 할 것이다.

보다 정확히 말해서, 지난 2014년 5월 13일 '세월호 참사'의 책임을 물어 현직 교사 43명이 "아이들, 그리고 국민을 버린 박근혜 정권의 퇴진 운동에 나서는 교사 선언"이라는 제목의 교사 선언문을 '실명'으로 청와대

1_ 세월호 사건의 대략적인 개요에 관해서는 《시사상식사전》의 '4·16 세월호 참사' 참조. (https://terms.naver.com/entry.naver?docId=2119309&cid=43667&categoryId=43667).

게시판에 올렸다. 당시 43명의 현직 교사들이 올린 '선언문'의 내용 일부는 다음과 같다. "'구조되는 것'이 아니라 '죽어가는 것'을 바라보고만 있어야 했던 우리는 어찌해야 합니까. 정권을 향해 책임을 묻고, 진상 규명을 요구하는 것이 '분열과 갈등'을 야기하고, 그로 인해 경제회복을 더디게 한다는 대통령의 후안무치한 책임 회피를 보면서, 아직도 생사조차 모르는 이들이 춥고 어두운 배안에 갇혀 있는데도 치유와 대책 마련을 먼저 강조하는 언론의 '잊어 달라'는 노골적인 주문을 보면서 우리는 어찌해야 합니까. 또 제자의 '목숨' 건 용기 앞에 교사인 우리는 도대체 어찌해야 하겠습니까. 교사들에게는 '존재 이유'이고, 한 때 '존재 이유'기도 했던 이들의 '살기위해 죽어가는 삶' 앞에 교사인 우리는 어찌해야 합니까."[2]

이에 교육부는 선언에 참여한 교사들에 대해, '공무 외 집단 행위를 할 수 없도록 규정한 국가공무원법을 저촉'했다고 보아, 징계 및 형사 고발을 추진하겠다고 밝혔다.[3] 그와 함께 전국 시도 교육청에 공문을 보내 청와대 게시판에 글을 올린 교사 43명에 대한 신원을 확인해 줄 것을 요청하였다. 그러나 일부 시도 교육청은 해당 교사 43명의 신원을 확인해 달라는 정부의 요구 사항을 거부했다. 아울러 진보 성향의 교육 단체들도 교육부의 그같은 움직임에 대해 강하게 반발하였다.

급기야 5월 28일, 또다시 80명의 교사들이 청와대 홈페이지 자유 게시판에 '박근혜 대통령의 퇴진과 교사 선언 탄압 중단'의 내용이 담긴 '교사 선언 2'를 올려 교사 선언 운동을 알렸다. 특히 2차 교사 선언에 참여한 80명의 교사들 가운데 일부는 전교조 소속의 교사였지만, 대부분은 전교조와 관계없이 자발적으로 모인 교사들이었다. 그들은 해직도 각오하고 있다고 했다.[4]

2_ 선언문 내용 전체에 관해서는 「교사 43명이 실명으로 '박근혜 정권 퇴진'에 나선 까닭」, 《오마이뉴스》(2014년 5월 13일자) 참조.
3_ 「교육부의 교사 43명 징계 추진에… "슬프다"」, 《한국일보》(2014년 5월 15일자) 참조.
4_ 2차 교사 선언에 참여한 한강중학교 교사 지혜복은 다음과 같이 진술하고 있다. "80명 가운데는 전교조 소속 교사도 일부 있지만, 전교조와 관계없이 자발적으로 모인 교사들이

그처럼 시작된, 교육부와 일선 학교 현장의 교사들 간의 첨예한 반목과 갈등, 대립과 대결 국면은 이후 계속되어 시국 선언 교사 '전원'이 교육부에 의해 고발당하는 지경에 이르렀다.[5]

2. 갈등 상황 초래의 주된 요인: 정부(강자)에 의한 교사(약자)의 '차이의 무시 및 불인정'

그렇다면 일선 학교 현장의 평교사들을 중심으로 한 '교육계'와 교육부로 대변되는 '정부' 사이에 이처럼 갈등 및 마찰이 고조되고 양자 간에 파국적인 대결적 양상이 한층 더 심화되어 나가도록 만든 '주된' 요인은 무엇인가?

이렇게 된 데에는 무엇보다도 교사들의 문제의식이나 처지, 입장을 바라보고 해석하는 교육부 및 정부의 시각과 관점의 협애성과 편협성이 결정적으로 작용하고 있다. 집권 세력과 교육부는 평교사들이 그 같은 선언 운동을 벌여 나가게 된 근본적 의도와 동기 등을 세심하게 파악함으로써 그들의 입장을 '최소한도나마' 이해하거나 배려하려는 태도가 결여되어 있다. 이는 평교사들의 선언 운동을 사회 구성원으로서 자신의 의사를 자유롭게 표현할 수 있는 개인적 기본권의 행사로 간주하여 '존중'해 주고 선언 속에 담긴 비판적 고언과 성찰적 진언을 '인정'하여 비판적으로 수용·포용하기보다는, 마치 일고의 가치도 없는 것인 양 '경시'해 버리거나 철

라는 사실을 분명히 밝히고 싶습니다. (…) 앞서 대통령 퇴진을 요구한 교사분들이 해임을 당할 수 있고, 저희도 같은 처지에 몰릴 수 있다는 걸 알고 있습니다. 해직도 각오하고 있습니다." 「'박대통령 퇴진' 선언한 교사 단독 인터뷰」,《한겨레》(2014년 5월 29일자).
5_ 2014년 6월 26일, 교육부는 '세월호 참사'와 관련하여 감행된 교사 선언 참여자 284명 (1차 43명, 2차 80명, 3차 161명) 전원을 고발 조치했다.《시사포커스》(2014년 10월 24일자). 한편 1, 2차 교사 선언에 이어 2014년 6월 12일, 161명의 교사들이 '세월호 참사가 잊혀질까 두려운 교사들이 국민 여러분께 호소합니다'라는 제목의 '대국민 호소문'의 형식으로 3차 교사 선언을 감행하였다.《미디어 오늘》(2014년 6월 12일자) 참조.

저히 '무시'해 버리는 태도로 일관했던 교육부 당국의 행태에서 확인해 볼 수 있다.

그렇기에 교육부는 시종일관 교사들의 시국 선언 행위를 현행 법령에서 금지하는 행위, 즉 정치적 당파성이 담긴 정권 퇴진 운동의 일환으로, '국가공무원법의 집단 행위 금지 의무를 위반 것'으로 간주하여 불온시 해 왔던 것이다.

거기에는 특정 사안을 놓고 표출된 시각이나 견해의 '다름이나 차이에 대한 존중 및 인정'[6]의 자세가 전혀 자리하고 있지 않다. 동시에 자신들과 상이한 타자의 비판적 관점과 견해를 반성적으로 수용하려는 '진정성 있는 관용과 포용'[7]의 정신 또한 결여되어 있다. 오직 자신들의 생각과 관점만이 정당하며, 그에 반(反)하는 입장이나 태도에 대해서는 '법적인' 징계나 처벌만이 불가피하다는 이른바 '차이의 무시'[8]라는 논리를 되풀이하여

6_ 이에 대한 상세한 철학적 논변으로는 Ch. Taylor, "The Politics of Difference "(1994), 25-73쪽; I. M. Young, *Justice and the Politics of Difference*(1990) 참조. 이러한 '차이의 정치' 철학에 따르면, 모든 개인과 집단의 차이와 특수성은 존중되어야만 하며 그 어떤 종류의 차등이나 차별도 거부되어야 한다. 동시에 보편적으로 공유하고 있지 않은 그 '어떤 다른 것'을 승인함으로써 보편적인 것과 특수적인 것 모두에 대해 동등한 지위를 부여하고자 한다. 이런 점에서 차이의 인정 철학은 '강한' 다원주의적 성향을 함유하고 있는 정치철학 체계라고 할 수 있다. 선우현, 「다문화주의: 이념의 정당성과 사회통합의 현실성」(2012), 47쪽 참조.

7_ '관용'의 사전적 의미는 다음과 같다. "어느 사회에서 이단적인 소수의 의견 발표를 자유스럽게 인정하여, 그러한 의견을 차별적으로 대하지 않는 것을 말한다. 사회에 관용이 지배적으로 되기 위해서는 그 구성원인 개인이 자기 견해에 신념을 가지면서도 그것이 절대로 틀림없는 것으로서가 아니라 다른 의견과 토론이 사회의 진보에 필요하다는 것을 인정하여 자기가 동의하지 않는 견해에 대해서도 발표의 자유를 인정하는 태도를 지니는 것이 필요하다." 임석진 감수, 『철학사전』(1985), 48쪽. 이와 관련하여, 관용 개념에 관한 보다 심도 깊은 논의와 해명으로는 김용환, 『관용과 열린사회』(1997); 하승우, 『희망의 사회 윤리 똘레랑스』(2003); 김응종, 『관용의 역사: 르네상스에서 계몽주의까지』(2014) 참조.

8_ '무시'란 본질상 어떤 사람에 대한 진실을 인정해 주기를 거부하는 것이다. 아울러 누군가를 존중하지 않는다는 것, 곧 그의 존재 혹은 그의 상황의 어떤 측면을 모른 체한다는 것을 의미한다. 그런 한에서 무시란 한 사람의 중요한 특징에 대해 어떤 상응하는 주의를 가하지 않는다는 것 혹은 그 특징을 적절하게 고려하지 않는다는 것을 의미한다. H. Frankfurt, "Equality and Respect"(1997), 10쪽 이하; 장은주, 「문화다원주의와 보편주의」(2003), 80쪽 참조.

강변하고 있을 뿐이다.

하지만 법률적 해석과 관련해서도, 그러한 교육부의 강경한 입장과 다른 해석이 제기되고 있다. 가령 '민주사회를 위한 변호사 모임' 같은 단체의 경우, 세월호 참사와 관련한 교사들의 선언 운동은 '공익에 반해 직무전념의 의무를 해태(懈怠)하는 행위에 해당되지 않는다'는 점을 들어, 국가공무원법 66조의 '집단행위금지'를 위반한 행위라고 볼 수 없다는 법률적 검토 의견을 피력하고 있기도 하다.[9]

이렇듯 서로 상반된 법률적 해석에 기초해 일선 교육계와 교육부가 상호 팽팽히 맞서 있는 작금의 갈등적 상황과 관련하여, 저자는 '과연 그 어떤 법률적 해석과 적용이 타당한가?'에 대해 함부로 논할 위치에 있지는 못하다. 다만 사회철학과 사회윤리학을 공부하고 있는 입장에서, 교사들의 선언 운동에 대해 규범적 · 윤리적 차원에서 그 타당성 및 규범적 정당성 여부에 관해 일정 정도는 논할 수 있다고 생각한다. 그런 한에서, 교사들의 선언 운동에 대해서는 법적인 잣대를 들이대기보단 '규범적 · 윤리적 차원에서 그 타당성 여부를 논하는 방향으로 교육부가 나갔어야 한다'는 점을 비판적으로 지적해 볼 수는 있을 것이다. 왜냐하면 실천철학의 관점에서 볼 때, 선언에 참여한 교사들이 각자의 고유한 '교사로서의 본분과 양식, 아울러 교육자적 양심'에 비추어 세월호 사건에 관한 교사 자신의 소신과 견해를 밝힌 것이라면, 그것은 '규범적 차원에서 정당한 행위'이자 교사로서 마땅히 해야 할 '당위적인 교육자적 자세'라고 평가할 수 있기 때문이다.

어른 말씀 잘 듣는 아이로 교육한 탓에, 어른만 믿고 그저 기다리다 고통과 두려움에 죽어 갔을 '제자들' 생각에 복받치는 통한과 슬픔, 반성과

9_ "민변은 '학생과 동료 교사의 죽음을 지켜볼 수밖에 없었던 교사들의 참담한 심정을 표현하고 이에 대한 대통령의 책임 있는 태도를 요구하는 선언일 뿐'이라며 '선거에서 특정 정당 또는 특정 후보자를 지지 또는 반대하려는 목적을 가진 것으로 보기 어렵다'고 밝혔다. 또 '정치적 편향성이나 당파성을 드러낸 공익에 반하는 행위라고 보기도 어렵다'며 '국민의 한 사람으로서 국정에 대한 의견을 표명한 민원 글'이라고 해석했다."《한국일보》(2014년 5월 26일자).

도덕적 분노를 표현하고, 정부의 무능과 무책임성을 향해 비판의 목소리를 표출하며, 철저한 진상 규명을 요구하는 교사들의 '선언 운동'은 민주주의 체제 하에서의 교사들이라면 누구든지 행할 수 있는 지극히 상식적이며 온당한 교육자적 행태라 할 수 있을 것이다.[10]

그럼에도 그러한 교사들의 행위를 교육적 관점에서 아울러 교사의 처지에서 헤아리고 고려하지 못한 채, 전적으로 실정법적 잣대를 들이대며 징계와 처벌을 강행해 온 교육부의 행태는 — 통치 권력의 원천으로서 — 국민 개개인의 권리를 함부로 경시하는 무례한 처사일 뿐 아니라 국가권력의 과도한 남용이라 하지 않을 수 없다.[11] 동시에 사회적 갈등과 반복, 대립을 조장하고 심화시키는 지극히 현명하지 못한 처사인바, 이는 '국민 대통합'을 추구하는 박근혜 정부의 국정 지표[12]에도 근본적으로 어긋나는

10_ 이러한 주장을 이론적 및 실천적으로 뒷받침해 주는 최근의 대표적 논변으로는, 스테판 에셀, 『분노하라』(2011); 스테판 에셀, 『참여하라』(2012) 참조.

11_ 그 같은 교육부의 행태에 관해서는, 진보와 보수 할 것 없이 '공히' 비판적·부정적 시각을 드러내고 있다. 지난 2014년 교육감 선거에서 인천교육감으로 당선된 이청연은 진보 단일 후보의 자격으로 행해진 한 인터뷰에서 다음과 같은 진술을 개진했다. "전교조 교사든 아니든 간에 이 교사들은 할 일을 했다고 본다. 어쨌든 아이들이 빠졌는데, 해경이든 정부든 구난구조 활동을 통해 살아남은 아이는 단 한 명도 없지 않나. 당연히 목소리를 높여야 한다고 생각한다. 오히려 이걸 보고 침묵하는 게 교사로서 이상한 거 아닌가. 교사들이 양심의 발로에서 한 행동을 두고 교육부가 징계 운운하는 건 옳지 않다. 오히려 아이들을 살리지 못한 교육부에도 책임이 있는데, 이를 외면한 채 교사들에게 징계 운운하는 건 적반하장이다. 정부는 교사들이 무슨 일만 했다하면 '징계하겠다'는 식으로 공권력을 남용하는데 이건 절대로 바람직한 일이 아니다." 《오마이뉴스》(2014년 5월 26일자). 보수 성향의 교원 단체인 '한국교원단체총연합회'의 회장인 안양옥 또한 《평화방송》과의 인터뷰에서 '교육부의 시국선언 교사 전원 검찰 고발' 사태에 대해 우회적인 방식으로 다음과 같이 비판하고 있다. "그 절차가 온당하지 못하다고 볼 수는 없지만, 과정이 무조건 행정적 권위를 행사하는 것은, 물론 행사할 수도 있지만, 막후의 여러 노력이 필요하지 않겠습니까. 앞으로 교육감 직선제로 당선된 교육감들께서도 이런 우를, 꼭 교육부와 비슷한 형태로 자신들의 소신과 신념이라고 해서 행정명령을 내릴 가능성이 농후합니다. 그렇게 될 경우 제가 불복종운동을 할 것이라는 선언도 했는데요. 앞으로 교육부나 교육행정기관인 교육청, 특히 교육감 직선제로 인한 무소불위의 교육소통령이라고 하는 교육감님들께서도 유의하셔야 할 점이라고 봅니다." 「열린세상 오늘 서종빈입니다」, 《평화방송》(2014년 6월 27일자), www.pbc.co.kr/CMS/news/view_body.php?cid=516635&path= 201406.

12_ 박근혜 정부의 4대 국정 과제는 '경제 부흥,' '국민 행복,' '문화 융성,' '평화통일 기반

것이다.

　이러한 연유로, 선언 교사들의 견해와 입장이 비록 정부의 그것과 다르고 아울러 그들이 개진한 주장이 설령 듣기 거북하다고 해도, 존중해 줄 뿐 아니라 충분히 경청할 만한 비판적 대목에 관해서는 겸허히 인정하여 수용하는 관용의 정신과 포용력 있는 자세가 교육부를 비롯한 정부에 요망된다. 그렇지 않고 교육자로서의 본분과 역할에 대한 나름 치열한 고민과 숙고에 기초해 이루어진 교사들의 그러한 실천적 행위를, 공무원법을 내세운 가운데 공권력을 통해 강경 일변도로 제어하고자 한다면, 그것은 보다 심각하고 첨예한 사회적 갈등과 대립이라는 '파국적 상황'으로 이어질 수도 있다.[13]

　'정치 공학적인' 측면에서 보더라도, 그것은 박근혜 정부가 정치적으로 성공한 정부로 역사에 기록되는 데에 있어서 중요한 '사회적 걸림돌'로 작용할 수 있으며, 상황에 따라서는 예기치 못한 '우려할 만한 사태(?)'를 야기할 수도 있다. 바로 그런 점에서 교육부를 위시한 정부는, 교사 집단을 비롯한 다양한 사회적 계층 및 집단들의 이해관계와 입장, 견해와 주장의 '차이성'과 '다양성'을 존중하고 인정해 주는 그야말로 '관용적이며 포용적인 자세'를 견지하는 것이 필수적으로 요청된다.[14]

구축'이며, 이 가운데 '국민 행복'을 위한 4대 전략 중의 하나가 바로 '사회 통합'이다.

13_ 이와 관련하여 다음과 같은 철학적 논의는 주목된다. "호네트는 사회의 하층민들의 저항행위에 대한 무어의 역사적-사회학적 연구를 토대로 일반적으로 하층민들의 사회적인 저항행위의 근저에는 실정적으로 정형화된 도덕 원리가 아니라 그들이 직관적으로 소유하는 정의감이 상처를 입는 경험이 깔려 있음을 확인해 낸다. 그러한 정의감의 규범적인 핵심을 이루는 것은 바로 사람들의 존엄성, 명예 혹은 불가침성의 존중과 연결되어 있는 기대다. 곧 그러한 기대가 '인정'의 방식으로 호응되지 않고 무시되었다는 사회적 경험이 사회의 하층민들로 하여금 사회적 저항에 나서게 하는 직접적인 심리적-규범적 동기라는 것이다." 장은주, 「문화다원주의와 보편주의」(2003), 81쪽. 나아가 이러한 논변의 사회철학적 토대를 이루는 '무시의 사회적 동학'에 관해서는 A. Honneth, *Das Andere der Gerechtigkeit*(2000); A. Honneth, *Kampf um Anerkennung*(1992); 악셀 호네트, 『인정투쟁: 사회적 갈등의 도덕적 형식론』(2012) 참조.

14_ '정치적 전략'의 한 형태로서 관용에 관한 심도 깊은 논의로는 마이클 왈처, 『관용에 대하여』(2004) 참조.

3. 갈등 및 대립 상황의 해소 및 해결 방안: 차이의 존중 및 인정에 터한 관용 정신의 확산 및 제도화

그렇다면 점차 고착화되어 가고 있는 이 같은 사회적 대립 및 대결 구도를 넘어서고 해소하기 위해서는 어떠한 실천적 방안이 요구되는가? 그 같은 갈등 및 대립 상황을 해소 내지 극복하기 위해서는 무엇보다도 다양한 사회적 계층과 계급, 집단의 비판적 목소리와 분노의 외침, 저항적 몸짓을 존중하고 허용하는 '관용의 정신과 자세'를, 실제적 추진력과 집행력이라는 현실적 '힘'을 지닌 '강자'로서 교육부와 정부가 수용하고 갖추어야 '만' 한다.

설령 정부의 입장이나 견해와 다르다고 해서 함부로 경시 내지 무시해 버리거나 혹은 공권력을 동원하여 강압적으로 제어하려고 시도하는 것은, '장기적으로' 사회적 통합과 연대에 역행하는 국가적 '분열과 대립'을 촉진시킬 뿐이다. 나아가 집권 세력의 안정적이며 발전적인 유지와 정권적 성공에 대해서도 심각한 저해 요인으로 작용할 수 있다.

그런 점에서 박근혜 정부가 누누이 강조하고 있는 전면적인 '국가 개조' 과업과 관련하여, 그 대상에서 가장 우선적인 순위가 매겨져야만 될 교육부를 비롯한 정부 및 여당 역시 치열한 '자기성찰과 자기비판'에 의거한 강력한 혁신이 요구된다. 그중에서도 특히 '최우선적으로' 한국 사회 구성원들의 다양한 이해관계와 입장, 견해와 주장의 차이성과 다양성을 존중하고 인정하는 관용적이며 포용적인 자세를 시급히 확립해야만 할 것이다. 이는 보다 구체적으로, 법적 제재나 공권력을 동원한 제재나 처벌과 같은 '비관용적인' 대응 방식의 '지양(止揚)'으로 이어져야 할 것이다.[15] 동

15_ 하승우는 이와 관련해 다음과 같이 언급하고 있다. "똘레랑스의 관점에서 폭력은 무익할 뿐 아니라 진리의 대의를 훼손한다. 강제나 차별이 있는 한 진리는 인간의 정신에 큰 영향을 미치지 못한다. 똘레랑스는 때로 공익을 위해 사적인 이익을 포기할 것을 요구하지만 거기에 강압을 사용하면 안 된다. 아무리 공익을 위한 일이라 하더라도 강제나 차별을 동원하면 강제하는 자나 차별하는 자의 이해관계에서 비롯된 일로 비칠 수 있다. 한국 사회에서

시에 보다 합리적이며 민주적인 '대화와 토론'을 통한 상호 '동의와 합의'를 도출해 내는 '의사소통적 절차'의 확산과 비공식적 및 공식적 제도화에 진력해야 할 것이다.[16]

가령 일선 학교 현장 및 교육계와의 다양한 형태의 공식적 혹은 비공식적인 담화나 간담회, 토론 등을 통해 ─ 교육감이나 교장과 같은 상위 지위에 있는 교육계 인사들에 국한하지 말고 ─ 평교사들의 비판적 견해와 요구 사항들을 가능하다면 '직접' 경청해야 할 것이다. 그럼으로써 정부와 교육계 상호 간에 첨예하게 대립 혹은 충돌하는 사항이나 문제에 관해서는, 타당한 근거와 논거, 이유 등을 제시하는 가운데 자유롭고 평등한 토론과 논쟁을 통해 상대방을 납득시키고 설득하면서 상호 동의와 합의를 이끌어 내야만 한다. 다시 말해, '민주적 의사소통 절차 과정'을 통해 교육계의 타당한 요구나 정당한 주장은 적극 수용하여 정책 등에 반영하는 한편, 무리한 주장이나 요구에 대해서는 합리적 논증을 통해 타당성이 결여된 것임을 보여 줌으로써 자발적으로 철회하도록 인도하는, 이성적이며 민주적인, 그런 한에서 관용적이며 포용적인 자세를 정부는 시종일관 견지해야만 한다.

이러한 맥락에서, 교육부를 비롯한 집권 세력은 사회적 · 집단적 갈등을

힘의 논리가 판치는 것은 힘에 억눌려온 슬픈 역사 때문이다. 보고 경험한 것이 힘의 논리밖에 없다보니 자신의 이득을 위해서라면 무슨 방법이든 다 쓰려한다. 더구나 어떤 수단을 쓰더라도 결과만 좋으면 되지 않느냐는 잘못된 생각이 사회에 깊이 뿌리 내려 있다. 똘레랑스는 그런 잘못된 생각을 바로 잡을 것을 요구한다." 하승우, 『희망의 사회 윤리 똘레랑스』(2003), 62-63쪽.

16_ 이러한 논의는 기본적으로 현대의 가장 영향력 있는 철학자 중의 하나인 하버마스(J. Habermas)의 '의사소통 행위 이론'과 '공론장 이론'에 그 토대를 두고 있다. 이에 관한 보다 상세한 내용은 J. Habermas, *Theorie des kommunikativen Handelns 1, 2*(1981); 위르겐 하버마스, 『의사소통행위이론』 1, 2권(2006); Habermas, J., *Strukturwandel der Öffentlichket: Untersuchungen zu einer Kategoire der bürgerlichen Gesellschaft*(1990); 위르겐 하버마스, 『공론장의 구조변동: 부르주아 사회의 한 범주에 관한 연구』(2001); 선우현, 『사회비판과 정치적 실천』(1999); 장춘익 외, 『하버마스의 사상: 주요 주제와 쟁점들』(2001); 정호근 외, 『하버마스 이성적 사회기획: 그 논리와 윤리』(1997); 이진우 엮음, 『하버마스의 비판적 사회이론』(1996) 등 참조.

증폭시킬 교육적 현안 등을 놓고 현장의 '교육계'와 항시적으로 합리적이며 민주적인 대화와 토론, 논쟁을 벌일 수 있는 다양한 통로와 창구, 대화의 장(場)을 마련하고 구축하는 작업에 매진해야 할 것이다. 가령 교육부와 교사들 간 — 혹은 평교사회, 교육청, 교육부 삼자 간 — 의 임시적인 혹은 상설적인 '민주적 협의체' 등을 제도화하는 것도 한 방안이 될 것이다. 요컨대 갈등적 사안 등이 초래될 경우에, 이성적 대화와 토론을 통해 합리적 해결책이나 상호 합의안을 도출하여 갈등 요인을 해소하는, 그 같은 유형의 실천 방안을 보다 적극적으로 '현실화'하고 '제도화'해 나가야만 할 것이다.

이것이야말로 — '시민사회'[17]와 '국가' 또는 '생활 세계'와 '정치 체계'[18] 사이의 — 다양한 형태의 갈등과 대립을 극복하여 진정한 사회적 통합을 이루어 나갈 수 있는 정도(正道)라 할 것이다. 아울러 오늘날의 — 차이의 존중과 인정에 바탕을 둔 — 민주적 사회질서에 부응하는 '관용적 자세이자 관용 정신의 구현'이라 할 것이다. 동시에 이것이 순조롭게 성공적으로 이루어져 나갈 경우, 이는 현실적으로 '국민을 중심에 둔 통합형·소통형 정부 운영'[19]을 핵심적인 국정 운영 원리의 하나로 내세운 박근혜 정부의 통치 철학에 '진정으로' 부합하는 국민과의 정치적 소통 행위로 평가받을 수 있을 것이다.

17_ 여기서 언급된 시민사회는 하버마스적 관점에 의거해 구성된 개념이다. 하버마스는 시민사회를 구성하는 제도적 핵심을 '공론장(公論場)'의 의사소통 구조를 생활 세계적 사회 요소 안에 닻을 내리게 하는, 자발성에 토대한 비경제적이며 비국가적인 결합체와 결사체에서 찾고 있다. 이런 관점에서 시민사회를 형성하는 핵심적인 요소는 국가와 경제 체계 외부에 존재하는 자발적인 조합과 협회들, 가령 교회나 문화 단체, 스포츠 및 여가 단체, 토론 모임과 시민 그룹, 정치적 정당이나 노동조합 그리고 대안적 기구 등이라고 할 수 있다. J. Habermas, *Fatizität und Geltung*(1992), 444쪽; J. Habermas, *Kleine Politische Schriften*(1981), 453-454쪽; 선우현, 『사회비판과 정치적 실천』(1999), 242쪽 참조.
18_ 이에 관한 상세한 내용은 선우현, 『사회비판과 정치적 실천』(1999), 254-262쪽 참조.
19_ 제18대 대통령직인수위원회, 『박근혜 정부: 국정비전 및 국정목표』(2013), 5쪽. 아울러 이를 위해서는 특히 '국민과 적극적으로 소통하는 투명한 정부'의 필요성을 강조하고 있다. 「인수위가 밝힌 '박근혜 정부의 시대적 소명」, 《연합뉴스》(2013년 2월 21일자) 참조.

5

철학의 사회적 소임, 강자의 기득권 강화인가 사회적 약자의 처지에 대한 배려 및 개선인가?

자유주의/자유지상주의 논쟁과 자유주의/공동체주의 논쟁을 중심으로

1. 들어가는 말

이 글은 오늘날 지구상에서 '자유주의' 및 그것의 경제학적 표상인 '자본주의'가 진화론적으로 가장 만개(滿開)된 미국 사회에서, '사회 현실을 주된 탐구 대상으로 삼아 그것의 구조적 모순과 한계를 드러내 비판하고 그 대안적 해결책을 모색·제시하는 본래적인 역할과 기능을, 주요 실천철학 유형들은 차질 없이 온전히 수행하고 있는가?'라는 문제의식에서 기획되었다.

주지하다시피 오늘의 미국 사회는 개인주의에 기반을 둔 '고전적 자유주의'의 질서 체계가 강력하게 사회 전역을 장악, 지배하고 있다. 그와 함께 역사적으로 계승되어 온 이른바 미국식 가치관 및 청교도적 세계관을 기초로 한 '전통주의'가 사회 곳곳에 광범위하게 자리하고 있다. 나아가 양자를 기반으로 한 새로운 보수주의 형태인 '신보수주의(neoconservatism)'[1]가 미국 사회의 지배적인 이념 체계로 자리 잡아, 전면적인 보수적 사회체제로 미국 사회를 재편해 나가고 있는 것이 작금의 현실이다.

1_ 미국의 '신보수주의'에 관한 상세한 논의와 해명은 이봉희, 『보수주의』(1996), 121-323쪽 참조.

그러므로 이러한 상황에서, 미국의 주요 사회철학 유형들이 자신에게 부여된 실천철학적 소임과 역할을 제대로 이행해 나가고 있는가를 비판적으로 검토해 보는 작업에서는, 그것들이 '보다 사회변혁적인 방향으로 미국 사회가 전개해 나가는 데 기여하고 있는지, 아니면 사회 혁신에 역행하는 방식으로 미국 사회가 변화해 나가도록 그 역할을 수행하고 있는지 여부'가 최우선적인 비판적 고찰의 대상이 될 것이다. 이를 계급(층)론의 시각에서 본다면, 미국 내 주요 실천철학들이 권력과 부를 소유한 강자들의 기득권을 옹호하는 데 앞장서고 있는지, 아니면 사회적 약자를 배려 · 존중하고 그들의 처지를 개선하는 데 선도적으로 나서고 있는지를 비판적으로 고찰하는 작업으로 읽힐 수 있을 것이다. 나아가 이러한 탐구 작업은, 같은 자유주의(자본주의) 체제로서 한국 사회가 안고 있는 다양한 문제들을 분석 · 고찰하고 이에 대한 실천 방안을 강구 · 제시함으로써 보다 나은 사회체제를 구현해 나가는 데 기여해야 할 한국 사회철학의 역할 및 소임과 관련하여, 적지 않은 교훈과 지침, 시사점을 제공해 줄 수 있을 것이다.

이를 위해 이 글은 미국 실천철학계에서 그간 가장 큰 주목을 받아 왔으며 여전히 관심과 논란의 대상이 되고 있는 '자유주의와 자유지상주의 논쟁' 그리고 '자유주의와 공동체주의 논쟁'[2]을 주된 분석의 대상으로 삼아 검토해 보려고 한다. 이러한 논쟁을 주도하고 있는 자유지상주의, 수정 자유주의(평등주의적 자유주의), 공동체주의는 오늘날 미국 철학계에서 가장 대표적인 실천철학 유형들로 간주되고 있다. 뿐만 아니라 이념적으로 상호 대립적인 색채를 분명히 취하면서, 이론적 · 실천적 차원에서 서로 간에 '보수/진보 간 이념적 대결' 구도 및 양상을 보다 명확히 드러내 보여 주고 있다.

2_ 여기서 자유주의는 보다 정확히 말해서 롤스(J. Rawls)로 대변되는 '수정 자유주의'를 가리킨다.

2. 미국 사회 내 보수화 경향의 가속화 및 심화: 신보수주의의 광범위한 확산 실태

1) 현대 미국 사회에서 '보수(주의) 대 진보(주의)' 사이의 본격적인 이념적 대결 양상은 1930년대 경제 대공황을 전후하여 이루어진, 새로운 경제 정책 및 사회보장 정책의 수립 및 추진 과정을 둘러싼 대립적 입장 차이에서 촉발되었다.[3] 주지하다시피 1930년대 미국 사회는 실업자나 빈곤층을 비롯하여 어려운 상황에 처한 구성원들의 처지를 배려하고 치유할 수 있는 사회적 안전망이나 복지 정책이 거의 전무한 상태였다. 1929년의 대공황으로 인해 발생한 실업자만 해도 거의 1천만 명에 이르렀다. 하지만 영양실조 아동과 집 없는 부랑인을 포함한 빈민들의 급속한 증대에 직면하여, 그들에 대한 지방자치단체와 민간 기구들에 의한 구제는 별다른 효과를 발휘하지 못하고 있는 상태였다.[4]

이러한 처참한 현실에 접하여, 당시 개혁적 성향의 '루스벨트 정권'은 10여 년에 걸친 경제 대공황을 극복하기 위한 총체적인 경제 극복 방안으로서 '뉴딜 정책'을 국가의 적극적인 주도로 수립·추진하였다. 그리고 그 연장선상에서 비참한 상황에 처한 대다수 빈곤층 국민들에게 최소한의 인간적 삶을 보장하기 위한 '사회보장 정책'을 실시하기에 이르렀다. 그에 따라 국가는 개인들의 '사적 영역'과 '시장'에 적극적으로 개입하여 관여하기 시작했으며, 공익을 외면하고 사익만을 추구함으로써 노동자를 비롯한 하위 계층의 처지를 한층 더 곤혹스럽게 만든 사기업들의 횡포를 차단하기 위해 강력한 제재와 견제 정책을 실행하였다. 동시에 개인들의 기본적인 생계를 보장하기 위한 다양한 정책과 제도 또한 추진되었다.

3_ 이주영, 『미국의 좌파와 우파』(2007), 8쪽; 권용립, 「현대 미국의 미시변동을 논함: '신보수주의'의 제도와 역사적 성격」(1993), 298-299쪽; 김교환, 「미국의 신보수주의」(2001), 12-13쪽 참조.
4_ 김순임·김명희·김선·전금주, 「프랑스·독일·미국의 사회복지 제도의 태동과 형성의 역사를 통해서 본 문화적 차이에 관한 연구」(2004), 331쪽.

한데 바로 이 지점에서, 국가가 전면에 나서 개인들의 일상적 삶의 영역에 개입하여 특정 정책 등을 추진하는 상황을 '국가권력의 확장'이나 '집단주의의 출현' 혹은 '전체주의의 등장'으로 간주하여[5] 적극 반대하는 이념적 대응체(對應體)로서 '보수주의'가 출현하였다. 이는 미국 사회에서 진보(개혁)주의와 보수주의 간의 이념적·정책적 대결이 마침내 시작되었음을 알리는 신호탄이 되었다. 보수주의자들은 사적 영역과 시장에로의 국가 개입에 맞서, 기업과 시장은 '최대다수의 최대행복'을 구현하는 매체라고 보아 기업의 활동을 위축시키고 시장의 논리를 규제하려는 거대 국가의 움직임에 대해 결사적으로 저항하였다.[6] 그들의 관점에서, 사적 영역에로의 국가의 적극적인 간섭과 관여는 본질적으로 개인의 권리와 자유를 침해하는 결과로 이어질 수 있는 것이었다.

또한 그로 인해 '국가나 연방 정부의 권력을 작게 유지함으로써 시민사회에 대한 국가의 간섭을 적절히 규제하는 것'을 자유주의의 핵심으로 간주해 온 미국의 '전통적인' 국가관 및 가치관도 무너져 내릴 수 있다는 깊은 우려감을 드러내었다. 이는 '지방자치 정부'에 대한 '연방 정부'의 일방적인 지배로 귀착될 가능성이 매우 높은 것이었다. 사정이 이렇다면, 결국 이 같은 두려움이 보수주의(자들)로 하여금 이념적 적대 및 반작용을 불러일으키게 유인했다고 볼 수 있다. 말할 것도 없이, 이러한 이념적 대립과 충돌은 단지 추상적인 이론적 논리의 차원에서만 전개된 것은 아니었으며, 실제 정치적·경제적·정책적 영역과 수준에서 광범위하게 진행되어 나갔다. 아울러 이러한 진보와 보수 간의 각축과 대결은 '대체로' 상호 균등한 무게 추를 갖고 팽팽히 맞서면서 진행되어 나갔다. 하지만 근자에 이르러 보수 쪽으로 무게중심이 쏠리면서, 미국 사회는 빠르게 이념적으로

5_ 권용립, 「현대 미국의 미시변동을 논함: '신보수주의'의 제도와 역사적 성격」(1993), 302-303쪽; J. L. Himmelstein, *To the Right: The Transformation of American Conservatism*(1990), 30쪽 참조.
6_ 김교환, 「미국의 신보수주의」(2001), 13쪽 참조.

우경화·보수화 되는 경향을 보이고 있다. 조금 과장되게 말하면, 1980년대 이후 미국 사회 전역이 보수주의의 색채와 이념으로 광범위하게 확산되어 나가고 있다.

그러한 현상은 개혁적인 민주당 정권이 통치하는 기간에도 엿볼 수 있다. 즉 상대적으로 진보적 성향을 띤 민주당 정부 하에서도 보수주의의 저항과 반격은 집요하고 집중적으로 이루어지고 있었다. 그런 까닭에, 사회적 약자나 빈곤층을 위한 개혁적인 정책들이 제대로 추진되지 못하는 상황이 빈번하게 발생하곤 했다. 게다가 레이건 행정부나 부시 정권과 같은, 이전에 비해 한층 더 강력해진 보수주의 정권이 통치하는 시기에는 보수주의의 전일적 확산 및 지배와 맞물려 사회적 폐해가 이루 말로 표현할 수 없을 정도로 심대하였다.[7]

전자(보수의 저항)의 사례로는, 사회적 약자의 처지를 개선하고자 보다 개혁적인 정책을 추진하던 클린턴 정권 하에서, 기업 및 부자의 이익을 대변한 공화당이 장악하고 있던 미 의회에서 통과된 — 보수주의 세력의 집요한 공략으로 인해 클린턴마저 서명하지 않을 수 없었던 — '사회보장제도 개혁안'(1996)을 들 수 있다. 그에 따르면, 이전까지 빈민들에게 특정한 기한 없이 주어지던 사회보장 혜택이 '한시적으로' 허용되는 것으로 변경되었다. 빈곤 아동에게 제공되던 연방 정부의 현금 지원도 완전히 폐지되었다. 10대 미혼모에게 주어지던 지원도 중단되었으며, 심지어 시민권을 취득하지 못한 이민자들에 대한 사회보장 혜택까지 폐지하는 내용이 담겨 있었다.[8] 이처럼 사회 개혁적 방향성에 역행하는 보수주의(세력)의 강력하고도 부정적인 반발력과 영향력은 진보 성향의 클린턴 행정부에서도 끝간 데 없이 작용하였다. 이는 오바마 정부가 들어선 뒤에도 강력한 이념적 반격 및 공격으로 이어졌다.

7_ 장의관, 「미국 신보수주의의 이론적 구성과 한계」(2008), 169, 179-184쪽 참조.
8_ 이주영 외, 『미국현대사』(1996), 426-427쪽; 김교환, 「미국의 신보수주의」(2001), 9쪽 참조.

후자(보수의 퇴행적 공격)의 예로는, 21세기에 들어 8년 동안 미국을 통치했던 부시 정권 하에서 자행되었던 반개혁적이며 이념 편향적인, 수구 반동적인 정책들의 졸속적 추진 실태를 들 수 있다. 가령 부시 행정부는, 직전 클린턴 정부 하에서 오랜 기간 심혈을 기울여 수립하고 추진했던 다양한 사회 혁신적인 정책들을 다시금 원점으로 되돌리는, 이른바 '퇴행적(roll back)' 정책들을 무더기로 실행하였다.[9] 이로 인해 다수의 일반 시민들, 특히 노동자와 저소득 계층의 생존 여건은 말로 표현할 수 없을 만큼 열악한 상태로 빠져들었다. 그만큼 부유층과 빈곤층 사이의 계급적 대립감과 계층적 위화감은 한층 더 심화되어 나갔다.

이러한 실태에서 엿볼 수 있듯이, 미국 사회는 전통적으로 개인주의와 그것에 기반한 자유주의 사상이 지배적인 이념 체계로서 자리해 왔으며, 미국 사회의 전개 방향을 규정·조정하면서 오늘날까지 미국 사회를 이끌어 왔다고 할 수 있다. 그러던 중, 경제공황을 겪으며 어려운 처지에 놓이게 된 다수의 약자들의 삶을 개선하고 보다 나은 생존 여건을 부여하고자 기획된 사회보장 정책의 추진을 둘러싸고, 전통적인 주류 흐름으로 자리매김해 온 개인주의적 자유주의의 경로에서 이탈된, 개혁적이며 진보적인 이념적 흐름이 '진보(개혁)주의'라는 이름하에 등장하였다. 동시에 그에 맞서 미국의 전통적인 자유주의적 가치와 이념을 고수하려는 사상적 움직임이 '보수주의'로 정립되기에 이르렀다.

하지만 진보주의와 보수주의 양자가 서로 경쟁적인 이념 체계로 정립된 후 상호 견제 및 비판의 관계로 구조화되면서 전개되어 온 도정(道程)에서, 양자가 '이상적(理想的)인' 형태로 상호 균형적이며 발전적인 양상으로 서로 각축을 벌이는 모습을 보여 준 것은 아니었다. 즉 양자는 그 무게 추가 전통적인 고전적 자유주의로서의 보수주의에 기울어진 상태로 서로 관련을 맺으며 대결해 왔다. 그에 따라 보수주의가 미국 사회 도처에 점차 확

9_ 김교환, 「미국의 신보수주의」(2001), 29쪽 참조.

산되어 나가는 양상을 거쳐, 근자에 이르러서는 보다 '급속도로' 미국 사회 전반에 빠르게 침투해 들어가 자리하게 되면서 주도적인 이념으로 고착화되어 가고 있다.

2) 오늘날 미국 사회 전역이 되돌리기 어려울 정도로 빠르게 보수화되어 나가게 된 결정적인 이유로는, 기존의 보수주의가 보다 강력한 새로운 유형의 보수주의로 변형·전환되었다는 점을 들 수 있다. 고전적 자유주의를 바탕으로 한 기존의 보수주의는 1970년대에 들어서 점차 새로운 형태로 전환되어 나가기 시작하였다. 이어 80년대 레이건 행정부의 출현과 함께 본격적인 역할과 기능을 수행하여, 마침내 오늘날 미국 사회 전역을 '진한' 보수주의적 색채로 물들이고 있는바, 그 주체가 바로 '새로운' 보수주의의 유형인 '신보수주의'이다.

신보수주의는 기존 보수주의의 핵심적 내용과 특성, 이념적 지향성 등을 수용하면서 동시에 기존의 입장과 배치되거나 상충하는 새로운 가치와 규범 등을 비판적으로 수용하여 새롭게 구축된, 그 보수성과 우파적 편향성이 한층 더 강화된 전위적(前衛的)인 보수주의 이념 체계이다. 이러한 신보수주의의 현실적 지배력과 영향력은 1980년대에 들어서면서 미국 사회 전반에서 구체적으로 발휘되기 시작하였다. 한데 이는 그전까지 보수주의 형태들이 지녔던 것에 비해 모든 점에서 한층 더 업그레이드 된 것이었다.

주지하다시피 기존의 보수주의는 개인의 권리와 자유의 존중과 보전이라는 대의적 목표를 내세워 그 어떤 외적인 힘에 의해서도 그것이 침해받지 않도록 보호·보장하는 데 주력하는 이념 체계였다. 그런 연유로 국가나 정부 역시 소유권을 비롯한 개인적 기본권이 침해 받지 않도록 관리·감독하는 '작은 정부' 또는 '최소 국가'여야 한다는 점을 지속적으로 주창해 왔다. 하지만 새롭게 변형된 신보수주의는 개인의 권리와 자유를 우선시하는 고전적 자유주의의 이념을 계승하면서도, 동시에 이와는 상당 정도 이질적인 사회적·정치적 요소들을 수용하여 전자와 접목시키고 있다.

즉 '개인 이기주의'를 비판하며 공동체의 가치와 의미를 강조하는 '공동체적 윤리 체계,' 아울러 종교적 윤리 규범의 쇠퇴와 그에 따른 개인의 도덕적 타락을 우려하는 '종교적 전통주의,' 그리고 그에 터한 '근본주의적 기독교 가치관' 등을 역사적으로 전승되어 온 개인주의적 자유주의의 흐름과 연계하여 새로운 이념 체계의 토대로 삼고 있다.[10] 그 결과, 신보수주의는 외양은 여전히 고전적 자유주의의 형태를 취하면서도, 내부적으로는 미국적 가치와 전통을 수호하고 도덕적 타락과 공동체의 붕괴를 막기 위한 새로운 '강력한 국가'의 필요성을 강조하는 '유사 국가주의적' 집단주의를 지향하는 강한 보수적 속성을 내장하고 있다.

이렇듯 고전적 자유주의의 보수적 내용과 특성, 그리고 전통주의, 이 둘을 상호 연계하여 이전과 질적으로 다른 보수주의의 이념적 기반을 마련함으로써 구축된 새로운 보수주의 유형이 신보수주의이다. 아울러 이로부터 알 수 있듯이, 언뜻 보아 서로 모순되는 내용과 구성적 요소들은 새로운 이념 체계 구축을 위한 토대로 재편 · 재구성되고 있다. 가령 신보수주의는 기존의 개인주의적 자유주의가 내세운 '작은 정부'를 여전히 수용하고 있으며, 동시에 전통주의의 수용을 통해 새롭게 '강력한 정부'를 제시하고 있다. 요컨대 신보수주의 이념 체계 내에는 이처럼 상호 충돌하는 두 개의 국가관이 공존하고 있는 것이다. 하지만 신보수주의에 의하면, 최소 국가의 견지와 강한 국가로의 지향은 논리적으로 전혀 상반되지 않는다. 즉 한편으로 개인의 자유권을 보장하고 시장의 논리에 따라 개인의 이득이 실현되는 자유주의 체제를 구현하기 위해서는, 일절 국가나 연방 정부가 사적 영역과 시장에 관여하지 않는 '최소 국가' 형태를 견지해야 한다고 주장한다. 동시에 미국 사회 전역에 만연된 이기적 삶과 도덕적 타락, 이혼에 따른 가족 해체와 그로 인한 공동체 기반의 붕괴 위기, 성적(性的) 타락 등의 사태를 윤리적 위기로 규정하고, 이의 치유를 위한 극복 방안으

10_ 이 점에 관해서는 권용립, 「현대 미국의 미시변동을 논함: '신보수주의'의 제도와 역사적 성격」(1993), 302-306쪽; 김교환, 「미국의 신보수주의」(2001), 25-27쪽 참조.

로 전통주의에 터한 '강력한 국가'의 역할을 또한 강조한다. 그에 더해, 오늘날 이러한 개인들의 방종과 일탈, 도덕적 타락과 이기적 행태의 확산은, 국가가 적극적으로 주도하여 추진했던 사회보장제도 및 복지 정책에서 기인하고 있다고 비판의 목소리를 높이고 있다.[11] 곧 '최소 국가'에 머무르지 않고 '거대 국가'로 전환하여, 사회적 약자를 돕는다는 미명 하에 복지 정책을 시행하게 되면서 사적 영역과 시장에로의 국가의 개입을 초래함에 따라, 개인의 기본권이 침해되고 시장의 논리가 붕괴되어 생산성 및 효율성이 저하되는 등 심각한 경제적 문제점이 증폭되었다는 것이다.

이처럼 신보수주의는, 실업자나 빈곤층을 돕고자 시행한 '큰 정부'의 복지 정책은 궁극적으로 빈곤 계층으로 하여금 생활 보조금에만 혈안이 되게 하여 한층 더 게으르고 나태하게 살아가도록 만들었다고 비판한다. 동시에 성실과 노동의 신성성이 붕괴되고 마약과 도박 같은 쾌락에 개인들이 탐닉하게 되면서 건실했던 청교도적 삶의 자세와 윤리적 규범 체계가 무너져 버림으로써, 사회 전반이 도덕적으로 급속히 타락하게 되었다고 주장한다.[12] 더불어 복지 정책으로 인해, 상당수 노동자들이 실업수당에 매달리고 급기야 노동시장을 이탈함으로써, 시장의 논리에 따라 노동력을 공급받아 작동되어야 할 기업들이 제대로 운영되지 못하는 결과가 초래되어 경제 전반에 심각한 위기 상황이 도래하게 되었다고 일갈한다.

이런 점을 들어 신보수주의는 복지국가와 사회보장제도야말로 오늘의 도덕적 타락과 방종, 경제적 위기 상황을 초래한 주된 핵심적 원인이라고 선언한다. 그런 한에서 복지 정책의 철폐와 그러한 정책을 수립·추진하는 과정에서 비대해진 거대 국가를 원래의 최소 국가 형태로 축소시켜 놓아야 한다는 점을 강하게 주창한다. 동시에 도덕적 위기를 타개하고 타락한 개인들의 삶을 건전하고 윤리적인 생활 형태로 전환시키며, 노동자들을

11_ 장의관, 「미국 신보수주의의 이론적 구성과 한계」(2008), 176쪽; 김교환, 「미국의 신보수주의」(2001), 19쪽 참조.
12_ 정일용, 『미국사회보장제도의 발전과정과 특성』(1992), 47쪽 참조.

다시금 시장으로 불러들여 기업 활동이 원활히 작동되게끔 만드는 과제의 성공적 완수를 위해, '최소 정부'의 형태를 견지하되, 그럼에도 이제까지의 그 어떤 정부 형태보다 '강한 정부'를 구축해야 한다고 강력히 역설한다.

결국 이상의 논의를 고려할 때, 오늘의 미국 사회를 그 이전보다 한층 더 보수 반동적인 사회로 내모는 이념 체계로서 신보수주의를 지탱하는 근본적인 사상적 기반은 세 가지로 압축 · 요약될 수 있다. 첫째, 시장 및 개인적 활동 영역에 대한 국가의 불간섭으로 특징지어지는 '자유방임 시장 정책,' 둘째, 조세제도의 감축과 복지 정책의 대폭 축소 및 철폐를 위한 '국가의 최소화,' 끝으로, 그럼에도 복지 정책을 통해 도덕적 타락에 빠진 개인들의 삶을 되살리고 시장 논리의 활성화를 통해 기업 활동이 원활히 이루어져 나가도록 하기 위한 '강력한 국가'의 요청 및 정립이다.[13]

그런데 주목해 봐야 할 치명적인 난점은, 이처럼 새롭게 구성 · 재편된 신보수주의가 이전의 보수주의 유형들에 비해 미국 사회를 한층 더 '개악적(改惡的)인' 방향으로 구조화하면서 이끌어 나가고 있다는 점이다. 곧 사회적 약자의 처지를 개선하기보다 부자와 지배층의 기득권과 이익만을 일방적으로 대변하고 관철하는 '강자 본위의 사회'로 몰아가고 있다. 이 점에서, 신보수주의는 '자본'의 재생산과 증식에 올인하면서 '노동'에는 무자비한 통제와 제제가 가해지는 불평등한 부정의 사회를 구현하는 데 자신의 역할과 기능을 발현하는 '악성 보수적 이념 체계'인 셈이다.[14]

13_ 김교환, 「미국의 신보수주의」(2001), 20-27쪽; 권용립, 「현대 미국의 미시변동을 논함: '신보수주의'의 제도와 역사적 성격」(1993), 306-323쪽 참조.

14_ 김교환, 「미국의 신보수주의」(2001), 27쪽. 이에 대한 경험적 · 실증적 논의에 관해서는 A. Callinicos, Equality(2000), 3-12쪽 참조. 아울러 신보수주의를 중심으로 한 보수주의의 사회적 폐해, 특히 부시 정부의 정치적 실패에 관한 보수주의 시각에서의 내부 비판으로는 이혜정, 「미국 공화당의 위기: 보수의 역사적 정체성과 정치적 과제」(2009), 210-229쪽 참조.

3. 사회구조의 혁신을 향한 사회철학적 시도와 그에 대한 기득권 옹호를 위한 정치철학적 반격

1) 약자를 위한 '분배적 정의관' 대(對) 강자를 위한 '소유권적 정의관' : 자유주의/자유지상주의 논쟁

자유주의, 보다 정확히 말해서 '수정 자유주의'를 추구하는 롤스와 그에 맞서 자유지상주의를 주창한[15] 노직(R. Nozick), 양자 사이에 이루어진 '자유주의/자유지상주의 논쟁'에서, 서로 첨예하게 대립되고 있는 쟁점은 크게 두 가지로 정리될 수 있다.

첫째는, 두 자유주의 입론이 개진하고 있는 사회정의에 관한 철학적 관점의 차이다. 롤스는 '공정으로서 정의'[16]를 제시하면서, 분배를 수행함에 있어서 그것의 절차나 과정에서 공정성이 확보되는 상태를 사회정의로 파악하고자 한다. 그에 비해 노직은 롤스의 시각에서 명백히 불공정한 사회적 부정의 상태를 오히려 정의로운 상태로 간주한다. 동시에 그러한 상태를 변경 · 수정하거나 다른 상태로 전환하려는 일체의 시도를 불공평하고 부정의한 것으로 비판한다.[17]

전통적인 '고전적 자유주의'의 옹호론자인 노직은 사회 구성원 각자가 지닌 소유물에 대한 권리 일체를 '소유 권한(entitlement)'[18]이라 칭한다. 그리고 그에 대한 철저한 보장이 이루어지는 기반 위에서 개인들 각자가 지닌 정신적 · 육체적 능력을 자유롭게 활용하여 성취한 결과물이 그러한 재능 및 능력의 소유자인 해당 개인의 소유물로 귀속 · 전유되는 상태를 정의로운 상태로 간주한다. 그에 따라 각자의 소유물인 '능력'의 차이에 따

15_ R. Nozick, *Anarchy, State, and Utopia*(1974), ix쪽.
16_ J. Rawls, *A Theory of Justice*(1971), 11-15쪽 참조.
17_ R. Nozick, *Anarchy, State, and Utopia*(1974), 151쪽.
18_ R. Nozick, *Anarchy, State, and Utopia*(1974), 150-153쪽 참조.

라 성과물이 차등적으로 소유되는 '불평등한 소유로서 정의'를 이상적인 정의 상태로 규정하고 있다.[19] 물론 개인은 자신의 소유물인 천부적 재능 및 능력을 발휘하는 과정에서 타인에게 그 어떤 피해도 주어서는 안 된다는 '단서 조항'을 노직은 제시하고 있다.[20] 하지만 그러한 제약 내에서 자신의 노력을 통해 얻은 성과물에 대해서는 그것의 일부라도, 국가가 빈자에 대한 배려나 처지 개선을 위한다는 명분하에 내놓을 것을 요구할 수는 없다는 것이 사회정의에 관한 노직의 기본 신조이다. 그러므로 국가가 재분배 조세와 같은 수단을 통해 부자들로 하여금 열악한 처지에 놓인 사회적 약자들에게 도움을 줄 것을 요구하는 것은 사회정의를 침해하는 것, 곧 부정의한 사회 상태로 귀착하는 것에 다름 아니다.[21]

두 번째 핵심 쟁점은, 개인의 권리와 자유의 구현 및 보장과 맞물려, 국가의 기능과 역할을 어떻게 규정·파악할 것인가 하는 문제에 대한 상이한 입장의 차이, 곧 국가의 성격에 관해 상호 대립적인 견해 차이이다.

롤스에 의하면, 개인의 천부적 재능 및 능력은 '우연적 요인'에 의해 선천적으로 획득된 것이다. 그런 만큼 능력이 뛰어난 자가 그것을 발휘하여 획득한 결과물을 당사자가 전유함으로써 초래되는, 자연적 능력이 뛰어난 자와 그렇지 못한 자 간의 사회적 불평등은 정당하지 못하다.[22] 그에 따라 '순전히 운이 좋아' 뛰어난 천부적 재능을 타고난 자가 능력을 발휘해 획득한 성과물의 '일부'는 자연적 재능이 태생적으로 열악한 '최소 수혜자'의 처지를 개선하는 데 제공되어야 한다는 것이다.[23] 아울러 이러한 재분배 과정을 중립적인 입장에서 공정하게 처리하는 역할을 국가가 적극적으로 나서서 수행해야 한다고 주장한다.

19_ 김비환, 「현대 자유주의적 평등론의 역사적 의의」(2002), 25쪽 참조.
20_ R. Nozick, *Anarchy, State, and Utopia*(1974), 179쪽.
21_ R. Nozick, *Anarchy, State, and Utopia*(1974), ix쪽; 정동진, 「노직의 정치이론: 최소국가론」(1994), 181쪽.
22_ J. Rawls, *A Theory of Justice*(1971), 56쪽.
23_ J. Rawls, *A Theory of Justice*(1971), 179쪽 참조.

이러한 국가의 성격에 관한 롤스의 입장에는 대략 다음과 같은 세 가지 가치 연관적 관점이 바탕에 놓여 있다. 먼저, 구성원 각자가 생득적 역능(力能)을 발휘해 얻은 성과물은 전적으로 당사자의 노력의 결과라기보다는, 재능이 부족하여 사회적으로 힘든 분야에 종사하는 이들을 비롯한 구성원 전체의 협력의 산물이라는 관점이다.[24] 다음으로, 선천적 재능을 부여받지 못한 사회적 약자도 강자와 마찬가지로 인간답게 살 수 있는 사회에서'만' 재능이 뛰어난 자도 그렇지 못한 구성원들의 도움과 협력을 통해 능력을 발휘하여 자아실현을 이룰 수 있다는 '실질적 가치관'이다. 끝으로, 국가는 적극적인 역할을 통해 강자와 약자 간의 '근거 없는' 불평등의 관계를 '근거 있고 정당한' 불평등 관계로 전환해야 하며, 그런 연유로 국가는 사회적 약자의 처지를 개선하여 정당한 불평등 구조가 구축되는 데 주력할 필요가 있다고 보는 '복지국가적 관점'[25]이다.

이러한 '복지국가로서의 국가'라는 관점에 맞서, 노직은 '최소 국가론'을 개진한다. 그에 따르면, 국가는 개인의 자유권, 특히 소유권과 소유 권한을 보장하는 데 일차적으로 주력해야만 한다. 요컨대 그 어떤 외적 권력이나 권한에 의해서도 개인의 기본적 권리와 자유가 침해 내지 훼손되지 않도록 지켜 내는 것이 국가의 근본적 임무라는 것이다.[26] 이는 국가가 개인의 소유권이 작동하는 사적 영역에 일절 관여해서는 안 된다는 점을 말해 준다. 더욱이 정치적 권력을 동원해 인위적으로 개인적 성과물을 재분배하려는 정치적 시도, 특히 부유층에 대한 높은 과세를 통해 적립된 재원을 바탕으로 빈자들의 삶을 개선하려는 정책 등에 대해, 이는 국가권력의 남용이며 본질상 개인들의 자유와 권리를 현저히 훼손·침해하는 사태라고 비판한다.[27] 그런 한에서 노직의 최소 국가론에서 국가는 '중립적 관점'

24_ J. Rawls, *A Theory of Justice*(1971), 173-174쪽 참조.
25_ R. P. Wolff, *Understanding Rawls*(1977), 195쪽 참조.
26_ R. Nozick, *Anarchy, State, and Utopia*(1974), 111-115쪽 참조.
27_ R. Nozick, *Anarchy, State, and Utopia*(1974), ix쪽 참조.

에서 개인의 소유권을 지켜내는 '경찰국가' 또는 '야경국가'로서만 존재할 뿐이다. 동시에 구성원들 간의 불평등한 관계를 재정립하거나 약자의 처지를 개선하려는 그 어떤 시도도 정의로운 상태를 부정의하고 불공정한 상태로 개악하는 것으로 간주된다.[28]

2) 사회적 약자를 배려하는 정의 사회의 구상: 롤스의 평등주의적 자유주의

롤스의 '정의론'은 오랜 기간에 걸친 사회철학적 탐구 작업을 통해, 구성원이라면 누구나 각자의 권리와 자유를 최대한 향유하면서 서로 동등하게 인간답게 살아갈 수 있는 정의 사회를 구현하려는 의도에서 구축된, '평등주의적 자유주의'에 관한 정당화 논변 체계이다.[29] 그러한 논의 구도의 밑바탕에는 정신적·육체적 재능 및 능력이 현저히 결여된 탓에 하위 계층(급)으로 전락할 가능성이 매우 높은 구성원들에 대한 '윤리적 배려'와 '인본주의적 존중감'이 자리하고 있다.

이처럼 사회적 약자의 처지에 대한 롤스의 배려와 존중의 시각은, 먼저 '원초적 입장(original position)'이라는 가설적 상황에 참여한 구성원들이 지닌 두 가지 '도덕적 능력'을 상정하고 있는 데서 확인해 볼 수 있다. 두 능력이란, 자신의 이익을 따져 보고 추구하는 능력인 '합리성(the rational)'과 공정성과 사회정의를 실현하기 위해 주어진 제약 조건을 정당한 것으로 기꺼이 수용하는 능력인 '합당성(the reasonal)'을 말한다.[30]

또한 정의론에서 도출해 낸 정의 원칙의 특성과 성격에서도 이 점을 엿볼 수 있다. 곧 정의의 제1원칙인 '최대한 평등한 자유의 원칙'에서는 사회

28_ 노직은 원칙적으로 '분배적 정의'란 중립적인 것이 아니라고 보고 있다. R. Nozick, *Anarchy, State, and Utopia*(1974), 149쪽 참조.
29_ 자유주의적 평등주의에 관한 상세한 논의는 황경식, 「롤스의 자유주의적 평등주의」(1985), 442-480쪽 참조.
30_ 선우현, 『평등』(2020), 106쪽; J. Rawls, "Kantian Constructivism in Moral Theory"(1980), 530쪽 참조.

성원 누구나 할 것 없이 최대한 평등하게 자유에 대한 권리를 지니고 있음을 밝히고 있다. 아울러 제2원칙에서는, 먼저 '기회의 실질적 평등의 원칙'을 통해서 구성원들 간의 실질적 기회의 평등을, 그리고 '차등의 원칙'에서는 사회적 약자에 대한 우선적인 배려를 각각 선언하고 있다.[31]

이러한 점들을 고려할 때, 롤스의 정의론, 곧 '평등주의적 자유주의'는 오직 개인적 자유권의 실현을 최우선적으로 보장하고자 시도하는 '고전적 자유주의'의 한계를 넘어, 한층 더 진일보한 '혁신적 자유주의'에 관한 실천철학적 입론이라 할 수 있다. 곧 개인들 간의 무한 경쟁을 통해 구축된 '부자와 빈자 간의 사회적 불평등'을 '정의로운 상태'로 규정하여 약자들의 비인간적인 삶을 방치하고 강자들의 기득권을 공고히 하는 데에만 몰두해 온 '자유지상주의'의 한계와 난점을 혁파하고자 기획된, 사회 혁신적인 '진보적 사회철학'의 대표 유형으로 평가할 수 있을 것이다. 요컨대 자유주의적이면서 동시에 평등주의를 지향하는 정의 사회를 구현하고자 정립된, 그런 점에서 '보수적인 미국 사회철학사'의 흐름에서 대표적인 진보적 사회철학적 입론이 바로 롤스의 '복지국가적 자유주의 철학'[32]인 것이다.

3) 지배 계층의 기득권 유지를 위한 우파적 자유주의의 반격 논리: 자유지상주의

롤스가 '수정' 자유주의를 제안하게 된 근본적인 동인은 개인주의에 기초한 작금의 미국식 자유주의가 노정하는 결정적인 한계 때문이었다. 무엇보다, 그것은 '형식적 기회의 평등'을 공정한 경쟁의 '충분조건'인 양 강변하고 있다. 하지만 각자의 능력을 발휘할 기회조차 '실질적으로' 주어지지 않은 상황에서, 사회적 배경이나 조건이 유리한 사람'만'이 선택적으로 능력을 발휘할 수 있는 탓에, 그렇지 못한 사람과의 불평등한 관계가 지속

31_ J. Rawls, *A Theory of Justice*(1971), 302-303쪽 참조.
32_ 이에 관해서는 황경식, 『사회정의의 철학적 기초』(1985), 250-251쪽 참조.

적으로 초래되는 문제점을 드러내고 있다. 다른 한편, 설령 각자의 능력을 발휘할 기회가 실질적으로 동등하게 보장된다고 해도, 그러한 경쟁에서는 재능이 뛰어난 자가 항상 승자가 될 수밖에 없으며, 그 결과 승자가 패자를 항구적으로 지배하는 불평등 사태를 고착화시키는 한계를 또한 노정한다.

이처럼 고전적 자유주의의 결정적 난점들을 넘어서고자 기획된 롤스의 수정 자유주의 입론은 현실 사회의 지평에서 '복지국가적 자유주의'로 구체화된다. 이것이야말로 사회보장제도와 복지 정책을 토대로 삼아 자연적 재능이나 사회적 배경이 열악한 사회적 약자의 처지를 돌보고 향상시킴으로써 강자와 약자가 더불어 자유롭고 평등하게 살아갈 수 있는, 롤스가 추구한 정의로운 사회이다.[33] 물론 이러한 사회체제가 현실화되기 위해서는, 사회적 조건이 유리하거나 재능이 뛰어나 경쟁에서 이길 가능성이 매우 높은 사회 구성원들, 즉 부유층이나 지배 계층으로부터 보다 많은 세금을 거둬들이는 조세제도를 통해 현실적인 재정적 재원이 마련되어야 한다.

이러한 수정 자유주의 옹호 논변에 맞서 개진된 노직의 '자유지상주의 논변'은, 자연적 역능이나 '합법적 절차'에 따라 물려받은 재산 같은 소유물에 대한 권한은 전적으로 당사자 개인에게 있으며, 그 어떤 경우에도 양도되거나 침해될 수 없는 '불가양도'의 소유권으로 간주하는 데서 출발한다.[34] 이처럼 노직은 개인의 '소유권' 및 '소유 권한'에 대한 절대적 불가침성을 선언하고, 그에 대한 일체의 훼손을 '사회적 부정의'로 간주한다. 나아가 그 연장선상에서, 국가를 비롯한 그 어떤 형태의 권력체(權力體)도 재분배의 명분이나 공동선을 내세워 개인의 소유권의 일부라도 침해해서는

33_ 일반적으로 롤스의 사회정의론은 '자본주의적 복지국가'를 옹호하는 것으로 해석되어 왔다. 하지만 후기 롤스에 있어서 철학적 입장의 '변화' 혹은 '전환'을 둘러싸고, 롤스는 다른 사회체제 — 가령, 사유재산제 민주주의 — 를 대안으로 구상하고 있다는 해석이 제기되고 있기도 하다. 이에 관해서는 박정순, 「자유주의 정의론의 철학적 오디세이」(2009), 65-66쪽 참조.

34_ R. Nozick, *Anarchy, State, and Utopia*(1974), ix쪽.

안 되며, 훼손할 경우 그것은 곧바로 부당한 것으로 판별된다.

이처럼 소유권을 비롯한 개인의 기본적 자유권을 최우선적으로 수호하고 보장하는 데 궁극적인 목표를 둔 노직의 사회철학은, 하지만 치명적인 문제와 난점을 초래하고 있다. 무엇보다 출발점의 불평등으로 인해 야기된 사회적 불평등 구조는 타파해야 할 불공정한 사태로 파악되지 않는다. 오히려 그것은 개인들 각자의 능력 부족이나 노력의 결여 등에 기인한 정당한 것으로 보고자 한다.[35] 곧 노직의 자유지상주의적 철학적 입론은, 현실에서 사회적 부유층과 지배계급만이 각자의 자유와 권리를 마음껏 향유하며 풍요로운 삶을 살아가는, 이른바 '강부자 사회'를 정의로운 사회라고 강변하고 있는 것이다.[36] 그에 따라 개인의 잘못이 아닌 '우연적 요인'에 의해 선천적 장애를 안고 태어나거나 가정환경이 불우한 집안에서 성장한 탓에 무차별적 경쟁 체제인 자본주의 사회에서 겪게 되는 '패자(loser)'로서의 비인간적인 고통과 아픔, 야만적인 차별적 대우 등에 대해서도 관심조차 기울일 필요가 없다고 본다.

이렇듯 노직의 자유지상주의적 철학 체계는, 사회적 약자를 고려한 사회보장 정책을 기획·구현하려는 개혁적 시도들을 무력화시키면서 소수의 부자들만이 잘 먹고 잘 사는 극단적인 '양극화 사회'로 미국 사회가 구축되어 나가는 데 주도적인 기능을 수행해 왔다.[37] 특히 공리주의의 한계를 넘어서 최소 수혜자들의 삶을 보듬고 껴안으며 더불어 자유롭고 평등한 공정 사회를 구현하고자 기획된 롤스의 수정 자유주의 입론에 대해 치명적인 타격을 입혀 왔다. 그 결과, 복지사회 체제로 미국 사회를 혁신해 나갈 수 있었던 기회를 박탈하거나 무산시키는 데 일조하고 있다.

35_ A. Callinicos, *Equality*(2000), 13쪽 참조.
36_ D. P. Beverly/E. A. McSweeney, *Social Welfare & Social Justice*(1987), 40쪽; 남경희, 「최소국가의 이념과 자유주의적 정의론」(1984), 100쪽 참조. 이러한 해석에 대해 정작 노직 본인은 사회적 강자에게 편파적이지 않다고 항변하고 있다. R. Nozick, *Anarchy, State, and Utopia*(1974), 271-274쪽 참조.
37_ 이와 관련하여 미국 내 빈곤(인구)의 추이에 관한 경험적 자료로는 정일용, 『미국사회보장제도의 발전과정과 특성』(1992), 126-133쪽 참조.

그와 함께 미국 사회를 이전보다 한층 더 강자들만을 위한 사회체제로 구조화하는 데 중심적인 이론 체계로 기능함으로써 미국 사회를 보다 수구 반동적인 방향으로 퇴행시키는 데 결정적인 역할을 수행하고 있다. 이는 1980년대 이후 등장한 신보수주의와 그것의 경제학적 구현체인 '신자유주의'의 논리에 맞추어, 미 행정부의 주요 보수적인 정책 및 시책들 — 복지 정책의 대대적 감축 및 축소, 부유층에 대한 대폭적인 조세 감면, 친(親)대기업 정책의 전면적 시행, 군산복합체의 이득 관철을 위한 신자유주의 정책의 대대적 추진 등 — 이 무차별적으로 추진되어 나갔던 과정에서 확인해 볼 수 있다.

　이처럼 노직의 자유지상주의 입론은, 본인이 애초 의도했던 것은 아니라 해도,[38] 상식의 관점에서 보아 사회 공동체 내에서 벌어지는 부정의한 상태를 오히려 정의로운 것으로 바라보도록 허용한다. 더불어 그러한 불공정한 상태를 개선·개혁하려는 시도를 오히려 부당하고 불공정한 것으로 판별하도록 유인함으로써, 부자가 약자를 일방적으로 지배·복속시키는 사회구조적 불평등을 정의로운 것으로 정당화시켜 버리는 이론적·실천적 우(愚)를 범하고 있다. 동시에 이는 사회구조나 제도의 모순 및 맹점으로 인해 부당하게 고통 받거나 힘겨운 삶을 살아가는 약자들의 고달픈 삶의 실태마저도 전적으로 개인의 탓으로 돌려 버리는 전형적인 미국식 전통주의와 '개인윤리'에 기초한 진단 방식의 한계를 노정한다. 여기서 드러나듯이, 노직의 사회철학은 강자들의 부당한 행태를 옹호하고 그들만이 인간답게 살아가는 사회를 마치 정의 사회인 양 정당화하는 척도로 '힘의 논리'를 제멋대로 구사하는, 그럼으로써 일방적인 승리를 자신하는 '서부 총잡이들의 철학'이라고 부를 수 있다.[39]

　하지만 그것은 일방적인 '자기중심적인 강압적 힘의 논리'를 구성원 누구나 수용할 수 있는 정당화의 논리인 양 현실적인 힘을 동원하여 '재포장

38_ R. Nozick, *Anarchy, State, and Utopia*(1974), 271-274쪽 참조.
39_ 최정운, 「미국의 자유주의: 롤스와 노직의 논쟁」(1995), 200쪽.

한 것'에 지나지 않는다. 그런 만큼 사회적 약자의 처지를 전혀 배려하지 않고 오직 부자들만의 욕망이 마음껏 충족되는 사회의 구현을 추구하는 노직의 사회철학적 입론은 그야말로 탐욕스런 '자본주의적 인간'의 자기 정당화에 불과하다.[40]

4. 개인주의적 자유주의의 한계 극복을 위한 공동체주의의 급진적 발상과 그 잠정적 실패

1) 자유주의/공동체주의 논쟁에서 드러난 공동체주의의 보수주의적 속성

이제부터는 롤스의 '정의론'이 개진하는 주요 논지를 중심으로, 자유주의에 대해 신랄한 공격을 퍼붓고 있는 샌델과 매킨타이어, 테일러 등을 대표로 한 '공동체주의,' 그리고 롤스를 대변자로 삼은 '자유주의,' 양자 간에 이루어진 '자유주의/공동체주의 논쟁'에서 드러나는 주요 쟁점과 논점을 살펴보고자 한다. 두 입장 간의 핵심 쟁점과 대립항을 짚어 볼 경우, 자유주의와 공동체주의라는 미국 사회철학을 대표하는 두 핵심적 철학 입론들이 작금의 보수화된 미국 사회 현실과 관련하여 어떠한 역할과 기능을 수행하고 있는지를 제대로 읽어 낼 수 있을 것이다. 곧 두 철학 체계가 보다 혁신적이며 개혁적인 방향으로 미국 사회가 전개해 나가는 데 기여하고 있는지, 아니면 강자의 입장을 대변하면서 '현상 유지적인' 혹은 '시대 역행적인' 기능을 수행하고 있는지에 관해 비판적으로 살펴볼 수 있는 기회를 제공해 줄 수 있을 것이다.

(1) 우선, 자유주의는 도덕 판단 및 행위의 주체로서 개인은 자유로이

40_ 최정운, 「미국의 자유주의: 롤스와 노직의 논쟁」(1995), 199쪽.

목적이나 가치(관), 선(善) 관념을 선택하고 변경·수정할 수 있는 자율적
존재이며, 그런 한에서 선택되는 가치나 목적에 선행한다고 주장한다. 이
에 대해 공동체주의는 도덕적 주체로서 개인은 그처럼 공동체로부터 완전
히 이탈되어 존립하는 단절적인 '추상적 자아' 또는 '유령적(幽靈的) 자아'
가 아니라고 반박한다. 곧 개인은 그가 속한 특정 공동체 내 삶의 맥락에
자리한 공동선이나 구체적인 가치를 수용하여 삶의 지향적 좌표로 활용
하며, 그러한 규범 및 가치의 수용을 통해 '자아 정체성'이 확립되는 존재,
문화적·역사적 상황 속에 놓여 있는 '맥락 의존적 존재'라고 주장한다.[41]

한데 여기서 자유주의가 내세운 자아는, 흔히 공동체주의가 주장하듯
이, 그가 태어나고 살아온 공동체와 완전히 분리·단절된 그야말로 '무연
고적인 자아'가 아니다. 가령 공동체주의자들이 집중적인 비판의 대상으
로 삼고 있는, 롤스의 원초적 입장에 등장하고 있는 개인들 역시 그들이
속해 있는 공동체로부터 완전히 단절된 '고립적인 단독자(單獨者)'가 아니
다. 원초적 입장에 참여한 개인들은 단지 보다 공정한 사회구조를 도출해
내기 위한 과정을 보다 합리적이며 공정한 선택적 절차로서 구축하기 위
해 '방법론적 차원'에서 가설적으로 잠정 설정된 '가정적 주체'들이다.[42]
다시 말해, 공정하고 정의로운 사회구조를 안출해 내기 위해, 공공적 정치
영역에 한정하여 구축한 공정한 절차 과정 내에 존재하는 한갓 방법론상
의 가정된 존재들인 것이다.[43] 그런 만큼, 그러한 개인들이 사회와 철저하
게 단절된 '로빈슨 크루소'와 같은 형이상학적 혹은 존재론적으로 '실제'
존재하는 주체로서 오인되어서는 곤란하다.[44]

비록 공동체주의자들은 롤스가 제시한 개인을 '형이상학적 차원'에서

41_ S. Mulhal/A. Swift, *Liberals and Communitarians*(1992), 50쪽; M. J. Sandel,
Liberalism and the Limits of Justice(1982), 19쪽, 180-181쪽; 박정순, 「자유주의 대 공동
체주의 논쟁의 방법론적 쟁점」(1993), 42-45쪽; 황경식, 『이론과 실천』(1998), 178-179쪽
참조.

42_ J. Rawls, *A Theory of Justice*(1971), 11쪽 참조.

43_ J. Rawls, "Justice as Fairness: Political, Not Metaphysical"(1985), 238쪽.

44_ 박정순, 「자유주의의 건재」(1999), 21쪽.

해석 · 이해하고자 시도했지만, 실상 그러한 방식은 '방법론적' 차원과 '존재론'의 측면을 혼돈함으로써 야기된 잘못된 해석 방식이었던 것이다. 사정이 이렇다면, 자유주의가 제시한 개인은 정의 원칙을 정립하기 위해 설정한 공공적 정치 영역의 가설적 상황에서 벗어난 '생활세계적 존재'로서 이해되어야 타당하다. 곧 공동체의 공동선과 가치를 수용하고 그것에 의해 규정된, 구체적인 사회적 상황과 역사적 맥락에 놓인, '자유주의적 공동체 내 존재'로서[45] 해석되어야 한다. 이런 사실에 비추어, 자유주의가 내세운 개인 또는 자아는 일부 공동체주의자들이 지적하는 것처럼 공동체의 목적이나 가치를 전적으로 자유롭게 자신의 의지에 따라 선택하고 변경할 수 있는 존재가 아님은 분명해 보인다.[46]

사정이 이와 같음에도, 자유주의가 '목적에 앞선 자율적 존재로서 자아'를 내세우는 이유는 무엇일까? 그것은, '원칙적으로' 개인은 자신이 속한 공동체를 객관적으로 대상화하여 비판적으로 통찰할 수 있을 뿐 아니라, 도덕적 선악 판단의 기준인 공동선에 대해서도 그것의 '자격 조건'과 '타당성 여부'를 반성적으로 점검하고 그것의 수정 및 폐기를 결정할 수 있는 자율적 주체라는 점을 강하게 주창하려는 것이다. 확실히 자아나 개인은 자신의 자유의지와 무관하게 주어진 목적이나 가치에 의해 규정 · 구성되는 존재이다. 하지만 동시에 그러한 가치와 목적, 선 관념을 '괄호 치고' 그것의 의미나 정당성을 비판적으로 성찰하고 선별적으로 선택 · 변경할 수 있는 비판적 성찰력을 지닌 존재이기도 하다. 이 점을 자유주의는 강조하고 있는 것이다.[47]

그런데 자유주의와 공동체주의 간의 이 같은 입장 차이는 현상적으로는 미미한 것처럼 보이지만, 결과적으로는 '결정적인' 차이로 귀착된다. 곧

45_ J. Rawls, A Theory of Justice(1971), 136-137쪽; J. Rawls, "Justice as Fairness: Political, Not Metaphysical"(1985), 234쪽; 박정순, 「자유주의의 건재」(1999), 21쪽; S. Mulhal/A. Swift, Liberals and Communitarians(1992), 190쪽 참조.
46_ 박정순, 「자유주의의 건재」(1999), 21쪽.
47_ 황경식, 『개방사회의 사회윤리』(1995), 178쪽 참조.

자유주의가 내세우는 개인은 공동선의 한계를 비롯하여 공동체의 구조적 난점이나 문제점을 비판적으로 인식하여 그것을 보다 바람직한 상태로 재편 혹은 재구성하여 발전시켜 나갈 수 있는 존재로서 드러난다. 반면, 공동체주의적 인간형은 공동체의 근본 선이나 목적 등에 일방적으로 귀속되어 그것을 맹목적으로 추종하는 '비주체적 · 체제 순응적인 존재'로서 표상된다. 그런 만큼 기존 사회체제가 심각한 구조적 결함과 문제가 있는 경우에도, 대체로 '현상 유지적인 무반성적' 자세를 견지한 채 공동체가 인도하는 방향으로 일방적으로 끌려갈 가능성이 매우 높다. 왜냐하면 공동체주의적 인간형은 사회 진보적 방향으로 공동체의 발전적 전개를 이끌고 나가기보다, 역으로 사회구조적 모순에도 불구하고 현 체제를 그대로 유지 · 존속시키는 방향으로 전개시켜 나가기 십상이기 때문이다.

이런 이유에서, 공동체주의는 '체제 옹호적인 보수적 이념 체계'로 귀착될 가능성이 상당히 커 보인다. 실제로 1980년대 이후 본격적으로 활약하기 시작한 신보수주의 정권이 '국가의 이익'이라는 명분하에 소수 지배 계층의 이익을 극대화하는 방향으로 주요 정책을 수립 · 추진해 나가면서, 사회적 약자들의 처지를 한층 더 어렵게 만들며 강자 중심의 사회로 몰아가는 데 공동체주의는 상당 정도 기여하였다. 특히 공동체의 근본적 가치나 목적에 의해 개인의 의식 및 정체성이 전일적으로 규정된다는 입론은, 미국 사회 내 구성원들 사이에 '국가 공동체의 이익은 개인의 이익에 앞선다'는 현실 정치적 · 보수적 입론을 정당한 것인 양 받아들이도록 만드는 데 핵심적인 역할을 수행하였다. 가령 공동체주의의 '개인에 앞선 공동체의 목적(이익) 테제'는, 전 세계적으로 격렬한 비판의 대상이 되었던 이라크 전쟁이 마치 '정의로운 전쟁'이며 미국 국가 공동체의 공동선과 국익에 부합하는 '착한 전쟁'이라는 거짓된 사실을 개별 사회 구성원들의 의식에 각인시키는 데 결정적인 동인으로 작용하였다.[48] 그 결과, 설령 그러한 전

48_ 앤서니 어노브, 「서문」(2004), 20-44쪽 참조.

쟁이 미국의 경제적·정치적 국가이익을 제아무리 증대시키더라도 그 전쟁 자체는 결코 규범적으로 정당화될 수 없다는 사실을 은폐해 버렸다. 더욱이 미국의 국가이익을 전면에 내세워 전쟁의 정당성을 주창했지만, 실상은 소수 지배 세력의 이해관계를 관철하고자 자행된 '추악한 전쟁'이었다는 사실마저 시야에서 사라져 버리게 하였다.

(2) 다음으로, 자유주의는 '좋음(the good)'이 아닌 '옳음(the right)'을 근본적 토대로 삼는 '직관론적·의무론적' 윤리 체계를 특정 개인의 행위나 정책 등의 규범적 정당성 여부를 판별하는 보편적 도덕 판단의 준거 체계로 내세우고 있다. 반면에, 공동체주의는 '좋음' 혹은 '선(함)'에 토대를 둔 구체적인 '규범적 내용성'을 함유한 '결과론적·목적론적' 윤리 체계를 구축하여 특정한 덕 윤리나 공동선을, 공동체 구성원들의 도덕의식을 통일적으로 묶어 주는 '보편적 가치 기준'으로서 제시하고 있다.[49]

옳음에 기반한 의무론적·법칙론적 윤리 체계를 제시한 이유로 자유주의는, 다원화된 현대의 거대 복잡 사회에서 개인 혹은 집단 간에 서로 다른 가치관이 상호 대립 충돌하는 상황에서는, 구체적인 '좋음'의 '내용성'을 담보한 특정 가치나 선을 '통일적인 단일한 윤리적 판단 기준'으로 확립하는 것이 불가능하다는 점을 들고 있다. 곧 구성원 누구나 동의하고 수용할 수 있는 '공동의 최고선'을 확보하기 불가능한 상황에서 개인들 내지 집단들 간의 가치 갈등적 사태가 빚어질 경우, 이를 조정·해결하기 위한 보편적 규범은 옳음을 근간으로 한 가치중립적 절차를 통해서만 비로소 확보될 수 있다는 '다원주의의 사실(the fact of pluralism)'을 내세우고 있다.[50]

49_ J. Rawls, *A Theory of Justice*(1971), 560쪽; A. MacIntyre, *After Virtue*(1981), 204-225쪽; S. Mulhal/A. Swift, *Liberals and Communitarians*(1992), 80-82쪽; 박정순, 「자유주의 대 공동체주의 논쟁의 방법론적 쟁점」(1993), 38-39쪽 참조.
50_ 오늘날의 다원주의의 현실(사실)에 관한 롤스의 논의는 J. Rawls, "The Domain of the Political and Overlapping"(1989), 234-235쪽 참조.

또한 좋음을 토대로 한 윤리 체계는 비록 다수의 사회 성원들에게 이익이 되는 '결과'를 안겨 주지만 윤리적으로는 결코 정당화될 수 없는 그러한 '결과'를 허용하고 있다는 점을 들어, 자유주의는 옳음에 기반하여 도덕적 선악을 판별하는 규범 체계를 수립하고자 한다. 가령 롤스가 공리주의 사상을 비판하는 과정에서 제시했던 논거, 즉 건전한 도덕감에 비추어 그 어떤 경우에도 허용되어서는 안 될 노예제의 도입을 윤리적으로 아무런 문제가 없는 것으로 간주하는 사태가 그에 부합하는 사례에 해당될 것이다.[51] 요컨대 결과론적 좋음을 토대로 삼아 보편적 규범 체계를 구축하려는 시도는 도덕적 직관에 비추어 부정의한 사태를 정상적인 것으로 허용해 버릴 여지를 '항상' 남겨 두고 있다는 점에서, 규범적 정당성을 따지는 보편적 윤리 체계는 옳음을 발판으로 삼을 수밖에 없다는 것이다.

이러한 지적을 고려할 때, 목적론적 규범 체계는 그것이 적용되는 공동체의 규모나 범위의 난점을 초래할 뿐 아니라, 명백히 부도덕한 사태마저 규범적으로 정당한 것인 양 허용할 수 있는, 윤리적으로 심각한 '자기모순적인 사태'를 야기할 수 있다는 점에서 결정적 한계가 있다. 실제로 현실적 삶의 지평에서 그러한 문제점들은 수없이 초래되어 왔다. 가령 1960년대 대규모 군대가 파병된 베트남 전쟁의 경우만 해도, 미 정부에 의해 이루어진 참전 결정은 미국 내 사회 구성원들에게 '최대다수의 최대행복'을 안겨 줄 것이라는 '목적론적인 윤리적 판단'에 따른 것이었다. 그러나 실제로는 군산복합체를 비롯한 '파워 엘리트 계급'의 기득권을 강화·지속시켜 주었을 뿐이다. 그에 비해 참전에 따른 수많은 인명 피해를 비롯한 다수의 선량한 시민들의 희생과 고통, 개인적 권리의 유린, 인종 차별적 구조의 지속 등 숱한 윤리적 문제점들은 아무런 문제가 없는 것처럼 오인되거나 시야에서 제거시켜 버리는 결정적인 규범적 우(愚)를 범했던 것이다.

특히 미국 내 보수 정권 하에서는 '시장과 사기업은 가장 많은 개인들에

51_ 황경식, 『사회정의의 철학적 기초』(1985), 350쪽 참조.

게 최대의 이득을 안겨 줄 수 있다'는 믿음 하에, 민간 기업과 경영주의 이해관계를 우선 반영하고 옹호하는 친(親)기업 정책과 자본 및 시장의 논리에 부합하는 제도를 수립하는 경향이 가속화 되었다. 이는 가장 많은 이들의 이익 또는 국가 전체의 이익을 증대시키는 것인 까닭에 윤리적으로 선한 것이요, 따라서 정당하다는 논법에 따른 것이었다. 그러나 국가 공동체 이익의 극대화는 윤리적으로 선한 것이라는 목적론적 윤리 체계의 논변은, 국가 이익의 증대 이면(裏面)에 자리한 사회적 약자 및 소외 계층의 일방적 희생과 비인간적 삶의 고착화를 규범적으로 정당한 것인 양 호도하는 결과를 낳고 있다.

이러한 실상을 감안할 때, 목적론적 규범 체계에 기초하여 특정 정책 등을 규범적으로 평가하려는 공동체주의의 입장은, 촘스키(N. Chomsky)가 말한 '국민(의 이익)에 앞선 지배 집단의 이익'[52]이라는 강자 및 기득권 세력의 이익을 철저히 반영 관철하려는, 현상 유지적·보수적 입론에 다름 아니다. 곧 '최대다수의 최대행복'으로서 국가의 이익을 전면에 내세우지만, 실제로는 소수 지배계급의 이익을 항구적으로 도모함으로써 정의사회로부터 '역행'하는, 수구 반동적 윤리 체계로 기능하는 것이라 하겠다.

(3) 셋째, 자유주의는 좋음(선함)에 대한 옳음(정당성)의 일차적 근원성, 공동선에 대한 정의의 우선성을 주장함으로써, 특정 가치관을 '최상위의 윤리적 규제 원칙'의 근본 척도로 삼고자 하는 국가적 시도에 강력히 반대하면서, '국가 중립성 테제'를 내세운다. 더불어 그러한 시도의 성공적 완수를 위해, 특정 덕목이나 삶의 방식의 도덕적 탁월성을 내세워 구성원 전체를 그러한 삶의 방식을 따라 살아가도록 기획하는 '완전주의'에 대해서도, 이를 강력하게 거부하고 있다.

그에 비해 공동체주의는 그 같은 중립성 요구와 '반(反)완전주의' 논변

52_ 이에 관해서는 N. Chomsky, *Profit over People*(1999) 참조.

에 맞서, '반완전주의적 중립성 테제'는 자기모순을 드러내 보여 주는 것이라고 반박한다. 즉 그러한 테제는 마치 자유주의는 '모든' 가치관과 규범 체계, 삶의 방식을 허용하는 것처럼 비치게 하지만, 실제로는 오직 개인주의에 기초한 자유주의적 삶의 방식만을 지배적인 것으로 허용하는 '내적 부정합성'을 드러내고 있다고 일갈하면서, '반(反)중립적 완전주의 입론'을 강력히 내세운다.[53]

이렇듯 '중립성 대 반(反)중립성,' '완전주의 대 반(反)완전주의' 간 대립 구도는 자유주의와 공동체주의 사이의 입장 차이를 보다 더 선명히 보여 준다. 물론 이러한 대립 구도에 상응하여 자유주의가 완전무결한 중립성 테제를 견지하고 있는 것은 아니며, 일정 정도 '가치 연관적 태도'를 드러내 보이고 있기도 하다. 가령 롤스는 정의론이 추구하는 '정치적 자유주의'만 해도, 최소 수혜자의 열악한 처지를 보다 나은 상태로 개선시키려는 '윤리적 의도'를 바탕에 깔고 있다는 점을 근거로,[54] 구체적인 '실질적 가치관'을 부분적으로 내장하고 있다고 강변한다. 그런 한에서, 자유주의 역시 일관된 가치중립적 입장을 고수하고 있는 것은 아니다. 하지만 롤스 본인이 그 어떤 입론 체계와 비교해 보더라도 최소한 '목적의 중립성'은 성취했다고 주장하고 있듯이,[55] 중립성 테제를 지향하고 그 틀 내에서 자유주의적 평등주의를 구성·제시하고 있다는 점에서, 롤스는 '원칙상' 중립성 테제를 고수하고 있다고 볼 수 있다.

그에 비해 오히려 반중립적 완전주의 테제로 인한 '심각한' 문제 상황은 공동체주의에 의해 야기될 가능성이 더 크다. 완전주의 입론을 실제 사회 지평에 구현하기 위해 국가가 중립적 태도를 버리고 주도적으로 나설 경

53_ S. Mulhal/A. Swift, *Liberals and Communitarians*(1992), 159-160쪽; Ch. Taylor, *Sources of the Self*(1996), 89쪽; M. Sandel, *Liberalism and Its Critics*(1984), 3쪽; 박정순, 「자유주의의 건재」(1999) 24-26쪽 참조.

54_ J. Rawls, "The Priority of Right and Ideas of the Good"(1988), 269쪽 참조.

55_ J. Rawls, *Political Liberalism*(1993), 193쪽; J. Rawls, "The Priority of Right and Ideas of the Good"(1988), 263쪽.

우에 특히 그렇다. 곧 국가가 특정 가치나 삶의 양식을 구성원 누구나 추구해야 할 이상적인 것으로 규정·제시하고, 이를 전 구성원이 추구하도록 강제함으로써 '가치 통합'이 이루어지는 경우에 맞게 될 문제 상황은 그야말로 심각하다. 물론 단일한 가치관으로 전 사회 구성원들의 의식을 통일시켜 그야말로 '완전한' 가치 통합을 이룸으로써 '외견상' 이상적인 사회 통합이 실현될 수 있는 여지는 얼마든지 있다. 그에 따라 가치 갈등적 분열 상태가 해소되어 보다 안정적이고 일치단결 된 강력한 통합 사회 또한 형성될 수 있다.

하지만 그러한 결과는 국가의 '폭압적인 권력'이 수반된 강제적·강압적 방식 이외에 다른 방법으로 이루어질 가능성은 대단히 희박하다. 다양한 관점과 입장에 따라 각자 자신의 삶을 자유로이 추구하는 공동체 구성원들의 상이한 가치관과 인생관, 행복관을 '단 하나'의 특정한 공동선 관념으로 통일시킨다는 것은 강력한 국가권력이나 폭력적 강제 수단을 동원하지 않고서는 완수될 수 없는 것이기 때문이다.[56]

이런 점에서, 반중립적 완전주의 입론을 견지하고 그것을 현실화하려는 공동체주의는 사회의 통합과 안정적 발전을 위한다는 명분 아래 국가의 권력이 개인의 자유와 권리 그리고 사적인 삶을 심대하게 유린·침해할 수 있다고 본다. 뿐만 아니라 사회 전체를 '전체주의 체제'로 전락시킬 위험성을 강하게 내포하고 있다.[57] 그런 한에서, 공동체주의는 민주화된 오늘의 시대에 맞지 않는 다분히 '시대 역행적이며 퇴행적인' 비민주적·반동적 이념 체계로 해석될 여지가 적지 않다.

실제로 이러한 우려는 '9/11 테러' 이후 국가 안보의 강화와 테러와의 전쟁이라는 구호 아래 애국심과 공동체 의식을 최고의 공적 덕목으로 앞세워 '위기적 상황 앞에서의 거국적 일치단결'을 호소하는 과정에서 여실

56_ J. Rawls, *A Theory of Justice*(1971), 327-329쪽.
57_ A. E. Buchanan, "Assessing the Communitarian Critique of Liberalism"(1989), 860쪽. 아울러 박정순, 「자유주의 대 공동체주의 논쟁의 방법론적 쟁점」(1993), 35쪽.

히 드러났다. 테러 집단과의 전쟁을 선포 · 추진하는 과정에서 이른바 '국론 통일'을 최고선으로 규정하여 제시한 가운데, 미국 정부가 침략적 전쟁 기도나 대외 정책에 대해 비판적 주장이나 견해를 제기하는 개인이나 집단에 대해서는 이를 국론 분열을 꾀하는 '악의 집단'으로 간주하여 철저하게 탄압, 제어했던 실상이 바로 그것이다.[58]

이로부터 알 수 있듯이, 공동체주의가 '특정 덕목 및 규범 체계'를 전일적인 '가치 통합론적 윤리 체계'로 내세움으로써 다원주의적인 윤리적 현실을 넘어서려는 시도는,[59] 결과적으로 '유사 파시즘적 전체주의' 사회로 귀착될 가능성을 확실하게 확인시켜 주고 있는 셈이다.[60] 이런 연유로, 다원주의적인 윤리적 현실을 윤리적 위기 사태로 보고 목적론적 윤리 체계의 수립을 통해 가치 통합적인 사회체제를 구축하려는 공동체주의는 — 그것이 의도하든 아니든 — 미국 사회를 하나의 반민주적인 유사 파시즘적 사회로 귀결되게끔 기능할 수 있다는 점에서, 대단히 '경계해야 할' 위험한 보수주의 입론 체계라 평가할 수 있을 것이다.

2) 자유주의에 대한 비판적 입론으로서 공동체주의:
   급진적 발상과 그것의 보수주의적 귀결

지금까지 이루어진 고찰을 통해, 자유주의와 공동체주의 사이의 대립적 입론 및 쟁점은 미국 사회의 현실과 맞물려, 두 가지 대립적인 '사회철학

58_ 장의관, 「미국 신보수주의의 이론적 구성과 한계」(2008), 180-181쪽; W. Brown, "American Nightmare: Neoliberalism, Neoconservatism, and De-Democratization" (2006), 705-706쪽 참조.

59_ 공동체주의자 가운데 대표적인 '목적론적 가치 통합론자'로는 매킨타이어를 들 수 있다. S. Benhabib, *Situating the Self: Gender, Community and Postmodernism in Contemporary Ethics*(1992), 11쪽.

60_ 이와 관련하여, 매킨타이어와 같이 '가치 통합론'을 강력히 주창하고 있는 공동체주의자에 대해 같은 공동체주의자인 바버는 사이비 공동체주의라고 비판하고 있다. B. Barber, *Strong Democracy: Participatory Politics for a New Age*(1984), 120쪽.

적 역할과 기능'으로 구체화되어 나타나고 있음을 대략적으로나마 살펴보았다. 그래서 이제부터는 자유주의 입론에 대한 비판적 논변 체계로서 1980년대 초반에 등장한 공동체주의의 의도와 실천철학적 발상, 주요 입장과 기능 등을 검토해 보고자 한다. 이러한 작업에서는, 먼저 그것이 등장하게 된 시대적 배경과 맥락을 살펴보고, 이어 출현 당시 일정 정도 '급진적인' 발상 및 의도를 지니고 있었음에도 불구하고 실제 현실의 장(場)에서는 역설적으로 미국 사회를 보다 더 강자 위주의 불평등 체제로 항구화하는 데 기여한 사회철학적 입론으로 자리하게 된 과정과 이유 등을 비판적으로 확인해 볼 것이다.

먼저, 자유주의와 그것의 정당화 입론을 향해 공동체주의가 집중적인 비판의 포화를 쏘아 대고 있는 가운데, 그것이 노리는 주된 표적은 다음의 사실에 맞추어져 있다. 곧 자유주의는 개인의 권리와 자유를 그 개인이 속해 있는 공동체 및 공동선보다 '무조건적으로' 우선시하고 있으며, 그로 인해 공동체의 존립과 안정적 유지, 나아가 그것의 발전적 전개에 치명적인 위해를 가하고 있다는 점이다.

실제로 미국 사회의 역사적 경험은, '개인주의(적 자유주의)'가 '개인 이기주의(적 자유주의)'로 왜곡되어 나가면서, 개인들 간에 파편화·단절화가 촉진되고 공동체에 대한 소속감 및 의무감의 결여, 공동체 의식의 감퇴와 정치적 무관심의 증대, 심지어 개인적 이익을 위해 공동선의 훼손까지 감행하는 극단적인 반사회적 행태가 만연되고 있음을 고스란히 확인시켜 주고 있다. 이로 인해 급기야 공동체의 존립을 근저에서 뒤흔들 심대한 위기적 상황이 초래되고 있는바, 공동체주의는 이것이 자유주의를 집중 공격하게 만든 주된 요인이라고 밝히고 있다.[61]

말할 것도 없이, 이러한 작금의 위기적 현실은 미국 사회라고 결코 예외일 수 없다는 것이 공동체주의의 기본 시각이다. 곧 현 미국 사회체제를

61_ 박정순, 「자유주의 대 공동체주의 논쟁의 방법론적 쟁점」(1993), 19쪽.

틀 지우고 있는 지배적 이념이 자유주의라는 조건 하에서는, 미국 사회 역시 공동체보다는 개인의 자유권과 이익이 최우선적으로 중시되는, 반사회적인 개인 이기주의적 상황이 전일적으로 급속히 사회 곳곳으로 번져 나갈 수밖에 없다는 것이다. 이때 공동체주의가 비판의 화살을 퍼붓는 자유주의에는, 최대 다수 성원들의 권익을 신장하기 위한 '공리주의적 자유주의,' 지배 계층의 이익과 기득권을 일방적으로 옹호 대변하는 '자유지상주의적 자유주의,' 그리고 사회적 약자의 처지를 최우선적으로 배려하여 공정한 협동적 사회를 추구하는 '평등주의적 자유주의'가 모두 망라되어 있다. 그리고 이러한 자유주의 이념으로 인해, 공동체주의자들이 우려하는 사태, 즉 가족 공동체의 급속한 와해, 국가 공동체의 기반 약화, 반사회적 일탈 행위의 증대, 정치적·사회적 무관심의 확산, 전통적 규범 및 미국적 가치관의 붕괴 등 미국이라는 국가 공동체의 안정적 유지와 존속을 밑바닥에서부터 흔들고 있는 '공동체 위기 사태'가 실제로 벌어지고 있다는 것이다.[62]

물론 이처럼 반사회적·반공동체(주의)적 행태나 현상의 증대가 곧바로 롤스를 대변자로 하는 자유주의의 탓만은 '결코' 아니다. 그렇지만 건실한 자유주의의 한계를 넘어, 타인이나 공동체에 피해를 입히면서까지 자신의 이해관계를 관철하고자 하는 개인 이기주의의 급속한 확산과 그에 따른 공동체의 붕괴라는 위기 사태에 대해, 자유주의가 상당 정도 원인을 제공했다는 사실 또한 부인하기 어려운 것이 현실이다. 국가에 대한 헌신이나 애국심, 지역사회에 대한 공동체 의식은 고사하고, 반국가적 행태를 아무렇지 않게 일삼는 이기적 개인들의 증가나 반사회적 일탈 행위의 급

62_ 현대 자유주의와 그것의 구현체로서 미국식 자유주의 체제에 대한 이 같은 공동체주의의 비판은 이전에 이루어진 비판에 비해 한층 '보수적인' 것으로 평가되고 있다. 가령 가족 공동체의 유지는 가정 내 여성의 희생을 대가로 가능하다는 점에서 비판의 대상이었던 반면, 샌델은 가족을 바람직한 공동체의 모델로 간주하고 있다. 매킨타이어의 경우도, 과거에는 비합리적 정서로 폄하되었던 애국심을 매우 합리적인 것으로 수용하고 있다. A. Gutmann, "Communitarian Critics of Liberalism"(1985), 309쪽.

속한 확산 등은 세계 최강대국 미국에 있어서도 국가 공동체의 안정적인 존속과 유지, 발전적 지속을 한 순간 나락으로 빠뜨릴 치명적인 위해 요소로 작용하고 있기 때문이다. 바로 이 같은 작금의 미국적 사회 현실을 공동체의 위기적 상황으로 간주하여 바라보는 공동체주의는 그러한 미국 사회를 비판적으로 재구성함으로써, 이전에 비해 한층 더 강건하고 안정적인, 가치 통합적인 '미국식 공동체'를 새롭게 재구축하려는 다분히 '급진적인' 철학적 의도를 갖고 등장했다고 볼 수 있다.

이렇듯 미국이라는 국가 공동체의 존립 위기에 대한 염려에서 비롯된, 자유주의 이념과 그것의 정치적 구현체인 자유주의 체제에 대한 공동체주의의 비판적 입론은 시의성 있는 설득력을 갖추고 있으며, 규범적 타당성 또한 함유하고 있다.[63] 나아가 자유주의에 대한 대안적 사상 체계로 개진한 공동체주의와 그에 기반한 미국식 공동체 사회에 관한 철학적 논변의 경우도, 누구나 예외 없이 평등하게 살아가는 '공산주의(communism)' 체제를 연상하게 할 정도로, 빈자들의 삶을 공동체의 이익에 우선하여 배려하고자 하는 등[64] 근본적인 혁신을 꾀하고자 하는 급진적인 내용을 다수 담고 있기까지 하다. 요컨대 근원적 차원에서 자유주의를 비판하고 새롭게 미국식 공동체 사회를 건립하고자 시도하는 공동체주의가 내건 전면적 변화에 대한 요구 및 근본적 발상은 '부분적인' 타당성과 정당성을 함유하고 있다. 하지만 그럼에도 불구하고, 미국의 정치적·사회적 현실의 무대에서는 미국 사회의 구조를 그 어느 때보다 '한층 더 보수화' 하는 방향으로 고착화·공고화하는 데 그 역할과 기능을 수행하는 부정적 결과를 낳고 있다.[65]

무엇보다, 공동체주의의 등장과 자유주의에 대한 비판적 논변의 개진

63_ 황경식, 『개방사회의 사회윤리』(1995), 181-182쪽 참조.
64_ 소에지마 다카히코, 『누가 미국을 움직이는가』(2001), 270쪽.
65_ 이와 관련해, 공동체주의자들은 자신들이 매우 급진적인 사회·정치적 변화를 요구하고 있다는 주장에도 불구하고, 실제로는 여러 측면에서 보수주의자들의 입장과 상당히 유사하다는 점이 지적되고 있기도 하다. 황경식, 『개방사회의 사회윤리』(1995), 191쪽.

시기가 미국 사회 내에서 신보수주의의 등장 및 전개 과정과 그 궤를 같이 하면서, 후자가 전일적으로 확산·지배하는 상태를 만드는 데 커다란 영향력을 발휘하였다. 주지하다시피 1971년에 출간된 『정의론』에서, 롤스는 개인의 기본적 권리에 대한 일체의 외적 간섭을 배격하고 개인적 자유권의 절대적 보장을 주창함으로써 사회적 강자의 기득권을 일방적으로 옹호하는, '야만의 얼굴'을 한 '자유주의적 보수주의'를 정면으로 비판하였다. 이에 노직이 1974년에 출간한 『아나키, 국가, 유토피아』를 통해 롤스의 입장을 반박하면서, 자유지상주의에 입각하여 기존의 보수주의 이념을 적극적으로 옹호·고수하고자 시도하였다. 그에 따라 이 시기의 미국 내 보수주의 이념 체계는 개인의 권리와 자유를 절대적으로 보장하려는, 개인주의를 기반으로 한 고전적 자유주의 이념, 즉 노직이 재차 확인시켜 준 자유지상주의를 중심으로 작동하고 있었다.

그러던 중 1981년 매킨타이어의 『덕의 상실』과 이듬해에 샌델의 『자유주의와 정의의 한계』의 출간을 기점으로, 공동체주의라는 새로운 이름의 이념적 깃발 아래 공동체(주의)에 관한 다양한 입론들이 규합되기에 이르렀다.[66] 이것이 오늘날 공동체주의라고 불리는 새로운 '사회철학적 사조'의 등장을 알리는 신호탄이었던 셈이다. 이러한 공동체주의는 표면상 학술적 성격을 취한 채 자유주의에 대한 전면적 비판을 통해 새로운 자유주의/공동체주의 논쟁을 불러일으킴으로써, 외견상 새로운 근본적 철학 사상의 출현으로 비쳐지게 되었다.

하지만 현실의 사회적 차원에서는 '개인주의적 자유주의'에 기반한 기존의 보수주의를 한층 더 '강력한 보수주의' 이념으로 업그레이드 시키는 데 있어서, 그것의 새로운 '부가적(附加的) 구성 요소'로 부각된 '전통주의'를 철학적으로 정교화하고 정당화하는 데 일조하였다. 그 결과, 한층 더 보수성이 강화된 '신보수주의'의 새로운 핵심적 기반으로 전통주의가

66_ S. Mulhall/A. Swift, *Liberals and Communitarians*(1992), 40쪽.

확고히 자리하는 데 결정적인 역할을 수행하였다. 더불어 공동체주의 자체도 전통주의와 '내적으로 긴밀하게 상응하는' 전통 지향적이며 과거 퇴행적인 보수적 내용을 다량 내장하고 있던 탓에, 기존의 보수주의를 보다 강력한 보수주의 이념 체계로 거듭나게 하는 데 '직접적으로' 관여하며 중심적인 기능을 수행하기에 이르렀다. 요컨대 1980년대 초반, 레이건 행정부 내 보수주의적 정치공학자들에 의해 정립·개진된 '신보수주의(신자유주의)' 이념 체계가 본격적으로 전(全) 방위에 걸쳐 구체적으로 정책화되어 나가기 시작하면서 미국 사회가 급격히 우경화되는 사태와 맞물려, 그 배후에서 그러한 결과를 촉진하는 데 주된 역할을 담당했던 사회철학적 입론의 하나가 다름 아닌 공동체주의였던 것이다.

　물론, 공동체주의는 개인 이기주의의 만연에 따른 공동체의 위기적 징후를 감지하고 이를 방지하고자 등장하였으며, 그러한 위기를 초래한 핵심적 이념 체계인 자유주의를 비판하면서 그 이념적 대안을 모색하려는 치열하고 급진적인 철학적 문제의식을 일정 정도 보여 주었다. 그런 한에서 나름 사회의 혁신에 기여하는 양상을 '일면적'으로 보여 주기도 하였다.[67] 그러나 의도했든 않았든 간에, 공동체주의는 미국의 실제 사회 현실의 지평에서 한층 더 강화되고 공고해진 보수주의의 새로운 형태인 신보수주의를 탄생시키는 데 결정적인 역할을 수행하였다. 그리고 그에 따라 공동체의 이익을 최우선시하는 신보수주의적 이념 및 정책 노선과 맞물려,[68] 개

67_ 공동체의 가치 및 중요성에 대한 공동체주의의 강조는, 가장 급진적인 사회변혁 철학 유형인 '마르크스주의 철학'과 상당 정도 합치하는 양상을 보여 주고 있다. 하지만 내면으로 들어가 보면 상황은 확연히 달라진다. 즉 마르크스주의 철학은 '혁명'을 통해 자본주의를 해체하고 새롭게 사회주의 사회를 건설함으로써 공동체 사회가 확보될 수 있다고 본다. 이에 비해 공동체주의는 공동체를 새로이 건설되어야 하는 것으로서 바라보기보다는, 이미 공통적인 사회적 관행 등에 내재하는 것으로 간주하여 오히려 보호되어야 하는 것으로 바라본다. 이런 한에서 공동체주의는 외견상 급진적인 것처럼 비치지만, 실제로는 보수적 성향을 내장하고 있다. 황경식, 『개방사회의 사회윤리』(1995), 209쪽; W. Kimlicka, "Introduction"(1992), xvi쪽 참조.
68_ 미국이 일으킨 대외 전쟁에 관해서도 공동체주의는, 다분히 보수주의적 관점에서, 국가 공동체의 이익을 염두에 두면서 평가하고 있다. 가령, 왈쩌는 부시 정권 하에서 일어난 '이

인의 자유권 보호라는 미명 하에 사회적 약자의 처지를 더욱 어렵게 만들고 소수 지배 계층의 이익을 극대화하는 데 기여하는 '수구 반동적인 이념 체계'로 전락해 버리는 지극히 유감스러운 사태에 처하게 되었던 것이다.

5. 보수화된 미국 사회의 근본적 혁신을 위한 실천철학적 대안(代案)으로서 롤스의 평등주의적 자유주의

1) 롤스의 사회철학, 특히 '(사회)정의론'은 1960년대 당시의 미국 사회 내부의 실태와 사정을 정확히 파악할 경우에만 비로소 그러한 입론의 등장이 갖는 사회철학적 의미와 의의가 제대로 이해될 수 있다.[69]

잘 알려진 것처럼, 당시 미국 사회를 지배하고 있던 자유주의 규범 체계는 '공리주의'였다. 그것은 소수의 사람들만이 이득을 취하는 사회가 아니라, 가장 많은 사람들에게 최대의 혜택과 이익이 골고루 분배되는 사회 상태를 최고선으로 간주하는 윤리적 규범 체계이다. 그에 따라 공리주의는 특정 정책이나 제도를 규범적으로 평가함에 있어서 '최대다수의 최대행복'을 보편적 도덕 판단의 잣대로 삼고자 하였다. 말할 것도 없이 그러한 윤리적 판단 기준과 그것에 기초를 둔 공리주의적 윤리 체계는 특정 행위나 정책의 정당성 여부를 그것의 결과로 드러날 이득과 손실의 양을 산술적으로 계산하는 방식을 통해, 명확하고 확실하게 구성원들에게 보여 줄

라크 전쟁'에 대해 원칙적 차원에서 정의로운 전쟁이 아니라고 평가하고 있으나, 그럼에도 그는 "지금 우리는 싸우고 있기 때문에, 이 전쟁을 이겨 이라크 정권이 하루 빨리 붕괴되기를 희망한다"는 언급과 함께 사담 후세인이 건재해 있는 한 이 전쟁을 말리지 않겠다는 입장을 피력하고 있다. 물론 외견상으로는 이라크 민중들의 인권을 유린하는 독재체제라는 이유에서 사담 후세인 정권의 몰락을 위해 이 전쟁이 승리로 종결되어야 한다는 견해를 내세우고 있다. 하지만 이러한 생각은 부시 정권의 제국주의 침략 전쟁이었던 이라크 전쟁을 마치 정당한 것인 양 오인시키는 역할을 하고 있으며, 결과적으로 국가 공동체의 이익을 앞세운 미국 지배 계층의 이익 관철을 정당화시켜 주고 있다. 이라크 전쟁에 관한 왈쩌의 평가와 입장에 관해서는 M. Walzer, *Arguing about War*(2004), 160-161쪽 참조.

69_ 황경식, 『사회정의의 철학적 기초』(1985), 344쪽 참조.

수 있었다. 그런 한에서 공리주의와 그것의 보편적 도덕 판단 기준은, 거대하고 복잡한 현대 국가 체제 하에서 끊임없이 벌어지는 도덕적 갈등이나 충돌 같은 다양한 규범적 문제들을 합리적으로 해결하고 조정함에 있어서 '가장 현실적이며 효율적인' 것으로 평가되고 있었다.

그러나 롤스의 '(사회)정의론'의 관점에 따르면, 공리주의는 최대다수의 최대행복을 추구한다는 명분 아래 소수 개인들의 권리와 삶을 부당하게 침해하고 유린할 가능성을 항시 남겨 두고 있다. 게다가 최대 다수의 최대 이익을 산출한다는 목적을 전면에 내세워, 국가나 공동체의 이익의 극대화가 결과하는 사태를 '거의 무조건적으로' 선한 것, 따라서 규범적으로 정의로운 것으로 판별할 가능성이 매우 높은 '치명적 난점'을 노정하고 있다. 롤스에 의하면, 그러한 경우들은 실상 우리의 건실한 '도덕적 상식'이나 '도덕감'에 비추어 정당하지 못한 것으로 밝혀지는 사례가 비일비재하기 때문이다.[70]

예컨대 부시 행정부에서 촉발된 '이라크 전쟁'은 당시 미국이라는 국가 공동체의 국익 증대와 그에 따른 다수 미국 시민들의 이익 증대라는 공리주의적 근거에 의거하여 규범적 차원에서 좋은 것이자 따라서 정당한 것이라는 윤리적 판단이 널리 수용되고 있었다. 나아가 이라크 전쟁은 테러라는 악의 원천을 응징함으로써 미국을 비롯한 전 세계인들에게 평화와 번영을 안겨 줄 수 있는, 그런 한에서 최대다수의 최대행복을 결과할 수 있는 전쟁이라는 점에서, 공리주의적 윤리 체계에 의거해 '정의로운 전쟁'으로 간주되고 있었다. 하지만 여러 정보나 자료, 객관적 사실 등을 통해, 이라크 전쟁은 조작된 거짓 정보와 왜곡된 사실 등을 매개로 사전에 치밀하게 기획된 '제국주의적 침략 전쟁'의 성격이 농후했던 전쟁임이 속속 밝혀져 왔다.[71] 그로 인해 이라크 전쟁은 우리의 직관적인 당위론적 규범의

70_ J. Rawls, *A Theory of Justice*(1971), 15쪽 참조.
71_ 이에 관한 상세한 논의는 노엄 촘스키/하워드 진 외, 『미국의 이라크 전쟁』(2004); S. Zizek, *Iraq: The Borrowed Kettle*(2004) 참조.

식에 비추어 결코 정의로운 전쟁으로 간주될 수 없는 전쟁으로서 그 본질을 드러내었다. 이는 제아무리 정치적·경제적 이득의 증대가 보장된다고 해도 그것이 특정 사안이나 결정, 정책 등을 규범적으로 정당한 것으로 확증해 주는 것은 결코 아니라는 점을 보여 준다. 왜냐하면 윤리적으로 '최대 선'이 곧바로 '윤리적 정당성(옳음)'으로 귀착되는 것은 아니기 때문이다.[72]

이 같은 공리주의의 한계로 인한 현실적 난점은, 롤스가 '정의론'을 본격적으로 논구하게 된 배경적 원인이 되었던 1960년대의 미국의 사회적·역사적 맥락에서도 동일하게 초래되고 있었다. 곧 당시 미국 사회를 지배하고 있던 공리주의 규범 체계는 베트남 전쟁에의 참전을 비롯하여 당시의 중요한 국가 정책의 수립 및 추진 과정에서 '절대적인' 윤리적 기준으로 작용하고 있었다. 그에 따라, 미국 사회 전체의 이익의 중요성을 내세워 그 과정에서 희생된 사회적 약자를 위시한 수많은 희생자들의 고통과 아픔은 규범적 차원에서 윤리적 평가나 비판적 성찰의 대상으로 '온전히' 고려되지 않았다. 그런 한에서 당시 공리주의는 국가를 앞세워 자신들의 이해관계를 추구하는 지배계급의 계급적·집단적 이익을 공고화·정당화하는 '수구적 이데올로기'로 기능하고 있었던 셈이다.

바로 그러한 시대적·사회적 맥락에서, 롤스는 '수정 자유주의'에 관한 새로운 철학적 입론을 통해, 특정 목적이나 사회 전체의 이익을 추구하는 과정에서 비록 '소수자'일지라도 그들의 기본권과 자유가 침해·훼손되는 경우가 발생할 시, 그 어떤 정책이나 국가적 결정도 윤리적으로 정당화될 수 없다는[73] 당시로서는 파격적이며 혁신적인 '사회정의'에 관한 철학적 논변을 개진했던 것이다. 이를 통해 롤스는 당시 베트남 전쟁에 참전하여 희생된 젊은이들을 비롯한 일반 시민들, 온갖 인종차별적 제도와 정책으로 고통과 아픔을 당한 다수의 흑인들, 그리고 정당한 시민불복종 운동

72_ 이는 윤리학적 논쟁사(史)에서 '자연주의적 오류'를 밝혀진 것이다.
73_ J. Rawls, *A Theory of Justice*(1971), 3쪽.

이나 민권운동에 참여했다는 이유로 무차별적 탄압을 받은 피해자들의 처지와 입장을 대변하고 옹호하였다. 아울러 최대다수의 최대행복이나 다수의 논리를 내세워 사회적 약자나 최소 수혜자 계층의 권익과 자유를 일방적으로 훼손하는 이념 체계나 국가정책에 대해 신랄한 비판을 가했던 것이다. 그와 함께 롤스는 '(사회)정의론'을 통해 다수의 횡포나 국가 이익의 우선성 등으로 인해 무참히 짓밟히고 유린된 약자들의 삶이 존중되고 보장되는, 그럼으로써 강자와 약자가 다 함께 인간답게 살아갈 수 있는 정의사회를 구현하고자 시도했으며, 그 구체적인 '실천철학적 모델과 프로그램'을 제시하였다.

2) 그렇다면 그처럼 '실질적 기회균등의 원칙'과 '차등의 원칙'을 통해 사회적 약자의 입장을 배려 · 존중하면서 누구나 공정하게 개인의 권리와 자유가 보장되는 사회를 건립하고자 시도하는 롤스의 사회철학 입론은, 사회구조 및 제도의 차원에서 급속도로 보수화되어 가고 있는 오늘의 미국적 현실에서 어떻게 자리매김되고 평가될 수 있는가?

이에 관해서는 다양한 평가와 해석이 가능할 것이다. 그럼에도 미국 사회 전역을 한층 더 강력한 '강부자' 중심의 양극화 체제로 몰아가는 데 주도적으로 관여하고 있는 두 중심적 사회철학 유형인 '자유지상주의'와 '공동체주의'에 대한 치열한 비판적 극복을 통해 사회적 '약자'의 삶과 이익을 옹호 · 보장하고자 시도하고 있다는 점에서, 롤스의 '수정 자유주의'는 주어진 실천철학의 소임과 역할을 제대로 수행하고 있다고 평가할 수 있을 것이다. 더불어 빠르게 기득권층 중심의 '불평등 체제'로 고착화되고 있는 미국 사회를 보다 공정하고 정의로운 사회로 '혁신'해 나가고자 시도하고 있다는 점에서, 미국 '사회철학계'에서 몇 안 되는 '사회변혁적 실천철학' 입론으로서 평가받을 수 있을 것이다. 동시에 사회 전 분야가 신보수주의 이념에 의해 지배되면서 급속히 '우경화'되어 가고 있는 미국의 현 실정에서, 미국 사회 구조를 보다 더 개혁적이며 '진보적인' 사회로 거

듭 날 수 있게끔 하는 데 기여할 중요한 '대안적 사회철학' 체계로서 간주
될 수 있을 것이다.

　이러한 평가는 다른 유력한 사회철학 유형들과 비교해 볼 때 좀 더 선명
하게 와 닿을 수 있을 것이다. 우선, 개인주의적 자유주의의 흐름을 계승
하여 '개인의 권리 및 자유'의 보장이라는 대의를 내세워 '특정 개인,' 곧
자유주의 체제 내에서 가장 유리한 계급인 '지배 계층으로서 개인'의 권리
일체를 보장하려는 불공정하고 비인간적인 자유주의 입론으로서의 '자유
지상주의'와 비교해 볼 때, 단연 사회 혁신적인 철학 체계임이 드러난다.
무엇보다 최소 수혜자를 위시하여 열악한 상황에 놓인 약자들의 삶을 우
선적으로 챙기면서 그네들이 인간답게 살아갈 수 있는 보다 공정하고 평
등한 정의사회를 지향하고 있는바, 오늘의 미국 사회 내 이념적 대립 구도
를 고려할 때, 확실히 롤스의 사회철학은 '상호 비교적' 차원에서 그리고
'잠재적'으로 미국 내의 거의 몇 안 되는 진보적 사회철학이라고 할 수 있
다. 이 점은 자유지상주의 입론을 철학적으로 체계화했던 노직이 훗날 자
신의 자유지상주의적 입장을 전면적으로 부정하면서, 그것은 '타인에 대
한 인정 어린 숙고와 공동체적인 협력적 행위가 지닌 의미를 협애하게 파
악하는 오류를 범했다'[74]는 반성적 신앙고백을 하고 있는 대목을 통해서
도 확인해 볼 수 있다.

　또한 1980년대 초반에 등장한 공동체주의와 비교해 보더라도, 롤스의
사회철학은 '비교 우위적'으로 사회변혁적인 철학 체계로서 간주될 수 있
다. 곧 미국 내 핵심적인 사상적 흐름의 하나인 전통주의와 내적으로 긴밀
히 연결되어 '자본과 강자에게는 한 없이 약하고, 노동과 약자에게는 무한
히 강한' 신보수주의가 구축되는 데, 아울러 그것이 미국의 지배적인 정치
적 이념 체계로 자리 잡도록 하는 데 선도적으로 기여한 주요 사회철학 입
론이 공동체주의라는 사실을 통해서도 그러한 평가는 곧바로 이해될 수

74_ R. Nozick, *The Examined Life*(1989), 286-287쪽; 황주홍, 「자유지상주의의 정치철학
자, 로버트 노직」, 166쪽 참조.

있다. 물론 공동체주의가 오늘날의 극단적인 개인주의의 한계와 문제점을 지적하고 그에 대한 대안적 비판철학으로 등장했다는 점은 분명히 인정해 줄 수 있다. 하지만 지배계급의 이해관계를 일방적으로 반영하고 사회적 빈곤층과 하층민의 비인간적인 삶의 실태를 개인적 나태와 게으름, 불성실의 탓으로 돌리면서 사회정의의 차원에서 아무런 문제가 없는 것처럼 진단하는, '야만적인' 신보수주의 이념 체계의 지배적 확산을 가능하게 한 주된 사회철학적 원천의 하나가 바로 공동체주의였다. 이 점만으로도 공동체주의는 '본성상' 수구 보수주의적 사회철학 입론이라 하지 않을 수 없다.

반면, 그에 맞서 공동체주의의 비판적 논의와 지적을 반성적으로 수용하면서도, 여전히 사회적 약자에게 최대한 이득이 돌아가는 '조건 하에' 사회적 불평등을 허용하는 평등주의적 자유주의 체제를 구현하고자 시도하는 롤스의 사회철학은, 미국 사회철학사에서 거의 예외적일 만큼 '사회혁신적·진보(주의)적 사회철학 담론'으로 평가받지 않을 수 없을 것이다.

이처럼 '상호 비교적 논의'를 통해 확인해 본 롤스 사회철학이 지닌 '진보적 특성'과 '사회변혁적 함의'는, 오마바 정권 당시 미 의회를 통과한 '의료보험 개혁안'을 통해 그 전모가 드러난 미국 의료보험 제도의 난맥상(亂脈相)과 관련하여 한층 더 도드라져 보인다. 곧 전체 미국인 가운데 무려 5,200만 명이 여전히 무보험자이며, 맹장염 수술 한 번에 2천여 만 원이 든다는 사실은, 오늘날 미국 사회가 사회적 약자나 빈곤층이 살아가기에 얼마나 힘든 불평등하고 부정의한 사회인가를 단적으로 말해 주는 징표이다.[75] 한데 이러한 현실을 목도하면서도 미국의 주요 사회철학 유형들은 그 같은 사회적 약자의 불우한 처지를 아무런 문제도 되지 않는 것처럼 간주하고, 그러한 사회 현실을 개선·개혁하기는커녕 정당한 것으로 옹호하는 것이 작금의 미국 사회철학계의 '철학적 실상'이다. 요컨대 다수의

75_ 현 미국 사회의 의료보험제도의 수다한 문제점이 초래된 근본 원인에 대한 비판적 탐구로는 박진빈, 「뉴딜 정책과 국민의료보험 부재의 기원」(2006), 85-113쪽 참조.

보수주의적 사회철학 입론들은 미국 사회 내의 구조적 불평등과 모순들에 대해 규범적 차원의 비판과 현실적 타개책을 제시하지 못한 채 오히려 정당한 것인 양 해석하고 있는 것이다.

그에 비해, 롤스는 미국 사회의 비인간적, 구조적, 제도적 실태를 비판적으로 성찰하고, 사회 구성원 모두가 예외 없이 '진정한 의미'에서 인간다운 삶을 향유할 수 있는 '평등주의적 복지사회'를 구현하고자 논구하고 그 실천적 대안을 모색·제시하고자 한다. 그런 한에서, 롤스의 사회철학은 '역사 퇴행적·반동적' 특성을 여실히 드러내 보이는 보수적 현실주의 풍토가 견고하게 장악하고 있는 미국의 이념적·사상적 대립 구도의 장(場)에서, 그야말로 예외적인 독보적, 진보적 사회철학으로 자리하고 있는 것이다.

이와 함께 롤스의 실천철학 체계는 급속도로 전 영역이 '보수화'되어 가고 있는 미국 사회의 현실 속에서, 미국 사회가 보다 개혁적이며 혁신적인 방향으로 진전해 나갈 수 있는 가능성과 희망을 보여 주는 이념적인 사례로서 간주될 수 있을 것이다. 특히 미국 사회 특유의 자유지상주의적 풍토와 전통주의의 정서가 강력히 지배하고 있는 오늘날의 상황에서도, 오마바 정권 하에서 이루어진 '의료보험 개혁안의 통과'라는 사건은 실로 오랜만에 미국 사회가 개혁적·진보적 방향으로 나아갈 수 있는 여지와 가능성을 보여 주었다는 점과 맞물려, 복지 체제를 추구하는 롤스의 평등주의적 자유주의의 역할과 기능을 한층 더 평가하게끔 만들어 주고 있다. 비록 온전한 형태는 아니었지만, 오마바의 의료보험 개혁이라는 정치사회적·역사적 사건은, 적어도 롤스의 사회철학이 꿈꾸는 복지국가적 자유주의 사회는 보수주의적 이념 및 가치가 점차 확산해 나가고 있는 암울한 현실 속에서도, 그것을 뛰어넘어 실제로 구현될 수 있다는 가능성과 비전을 제시해 주는 '현실적 출발점'[76]으로 해석될 수 있기 때문이다.

76_ 이강국, 「오바마의 의료보험 개혁을 보며」(2010년 4월 24일자) 참조.

6
공부를 잘하고 못하는 것,
재능과 노력, 성실성의 차이에 따른 것인가?

더 이상 개천에서 용이 날 수 없는 현실에 대한 실천철학적 성찰

1. 들어가는 말

오늘날 많은 한국인들은 각자의 꿈을 이룰 수 있는 기회, 즉 '자아실현의 기회'가 '교육'을 통해 누구에게나 공정하게 주어져 있지 않으며, 학교 교육을 통해서는 더 이상 '개천에서 용 나기는 사실상 불가능해졌다'라고 생각하고 있는 듯하다. 이러한 '추정'이 맞는다면, 그럼에도 왜 '개천에서 용이 날 수 없는 한국 사회의 현실'에 대한 실천철학적 확인 작업이 필요한가라는 질문에 대해 많은 이들은 의아하게 생각할 수 있을 것이다. 따라서 이러한 비판적 확인 작업이 요청되는 근본적 이유와 문제의식을 알기 위해서는, 먼저 현재 한국 사회의 학교 및 교육 현장에서 직면하게 되는 여러 '문제 상황'을 살펴볼 필요가 있다.

다만, 본격적인 검토 작업에 들어가기에 앞서, 한 가지 분명히 해둘 것이 있다. 이 글에서 사용되는 '개천에서 용 난다'는 속담의 의미에 관한 것이다. 적어도 이 글에서는, 흔히 말하듯이 보잘것없는 집안 출신의 개인이 이른바 사회적 최상위 신분이나 지위에 올랐다는, 세속적 차원에서의 '출세'라는 의미에 초점을 맞추어 이 속담이 사용되고 있는 것은 아니라는 점이다. 그보다는 한국 사회의 그 어떤 사회 구성원도, 본인이 원하는 학교나

직업, 얻고자 하는 사회적 신분 등을 각자 성실히 열심히 애쓰고 노력한다면, 자신의 출신 성분이나 계급(층)과 상관없이 성취할 수 있다는 보다 광의(廣義)의 의미로 사용하고자 한다.

1) 문제 상황 1

먼저, 주목할 현실은 일선 초·중·고교에 근무하고 있는 대다수 교사들은 열악한 환경 아래서 힘들게 공부하는 학생들에게 희망과 격려, 자극 및 동기부여 차원에서 '개천에서 용 난다'는 말을 해 줄 수 있으며 해 주어야 한다고 '굳게 믿고 있다'는 점이다. 이는 사명감에 불타고 열정적이며 의욕에 넘치는 교사들일수록 더하다.

그리하여 '개천에서 용이 난' 몇 안 되는 예외적인 사례들을 들어, 어려운 처지에 놓인 제자들에게 실망하지 않고 열심히 노력하도록 희망과 용기를 주고자 애 쓰고 있다. 일선 학교 현장의 교사들에게 있어서 '희망과 꿈을 줄 수 없는 교육'이란 도저히 상상하기 어렵기 때문이다. 설령, 오늘의 한국 사회 현실이 '개천에서 용 나는 것' 그 자체를 불가능한 것으로서 단념하게끔 만들고 있다고 해도, 교사들은 그러한 믿음의 끈을 놓으려 하지 않는다. 아무리 현실 조건이 열악해도 교육자는 학생들에게 힘과 용기를 북돋아 주어야 한다는 신념을 대부분 공유하고 있기 때문이다.

그런데 이 지점에서 특히 유념해 봐야 할 중대한 사안은 '개천에서 용 난다'는 속담은 더 이상 빈곤층을 비롯한 '사회적 약자'에게 꿈과 희망을 심어 주는 긍정적 메시지가 아니라는 사실이다. 그것은 '개천에서 용이 날 수가 없음에도 불구하고 마치 날 수 있는 것처럼' 어려운 처지에 놓인 사람들을 '오인(méconnaisance)'[1]하게끔 거짓된 믿음과 허위의식을 심어 줌

1_ '오인'이란 권력관계가 객관적인 것으로서가 아니라, 사람들의 시선에 정당한 것인 양 보이는 그러한 형태로 인식되는 과정이다. P. Bourdieu/J.-C. Passeron, *La Reproduction*(1970), 18쪽; P. 부르디외/J.-C. 파세롱, 『재생산』(2000), 21쪽. 아울러 R.

으로써 궁극적으로 사회적 강자들의 기득권과 지배 질서를 지속적으로 유지·강화시켜 주는 '상징 폭력(violence symbolique)'의 한 코드 혹은 기제로서 작용하고 있다는 사실이다.[2]

다른 한편, 일선 학교의 많은 교사들은 비록 경제적으로는 상류 계층(급)에 속하지 못하더라도, '문화 자본(capital culturelle)' — 이를테면 부모의 학력과 전문 자격증, 사회적 지위와 신분, 자녀에 대한 부모의 관심과 열의, 입시에 관한 정보력, 가정교육을 통해 형성된 자녀의 다양한 취향이나 태도, 독서량 및 예술 감상 능력 등 — 이나 '상징 자본' — 가령 명예나 위신 — 은 상당 정도 풍부하게 소유하고 있는 계급이다.[3] 그래서 교육 및 입시와 관련해서는 적지 않게 '유리한' 위치에 놓여 있는 것이 사실이다. 실제로 자기 자녀들의 교육 및 진학 문제 등에 상당한 관심과 열의를 갖고 있으며, 입시 공부 등에 있어서 실질적으로 많은 도움을 줄 수 있는 위치에 있다. 가령 수학이나 영어, 과학 담당 교사들의 경우, 내신이나 수능, 구술 면접이나 논술 시험과 관련하여 자녀에게 결정적인 도움을 줄 수 있다.[4]

이처럼 상당수 교사들은 '교사의 역할'이나 '교육의 기능'과 관련하여 교육을 통해 '개천에서 용 나게 할 수 있다'는 신념을 여전히 견지하고 있다. 다른 한편, 그들 자녀의 진학 및 진로 문제와 관련하여 현행 교육 및 입시 제도가 그다지 불리하지 않다는 점을 의식하기에 — 자신의 이해관계와 맞물려서 — 근본적인 변혁의 필요성을 '절박하게' 느끼고 있지 않다. 게다가 교사 자녀들은 경제 자본이 넉넉하지 않은 상태에서도 공부를

Jenkins, *Pierre Bourdieu*(1992), 104쪽.

2_ 부르디외에 의하면, 모든 '교육 행위(action pédagogique)'는 자의적 권력에 의해 문화적 자의성(un arbitraire culturel)을 주입한다는 점에서 '상징 폭력'이라 할 수 있다. P. Bourdieu/J.-C. Passeron, *La Reproduction* (1970), 19쪽; P. 부르디외/J.-C. 파세롱, 『재생산』(2000), 21-22쪽.

3_ 문화 자본을 비롯한 다양한 형태의 자본에 관해서는 P. Bourdieu, P., "The Forms of Capital"(1986), 241-254쪽; 현택수, 「아비튀스와 상징폭력의 사회비판이론」(2002), 110쪽; 최샛별, 「한국사회에 문화자본은 존재하는가?」(2006), 128-131쪽 참조.

4_ 실제로 다수의 교사나 강사, 교수 자녀들이 입시에서 이른바 '성공한' 사례들은 적지 않게 보고되고 있다.

잘하고 명문대에 합격하는 비율이 높다는 사실은, 현장의 많은 교사들에게 '외견상' 경제적으로 가난한 집안의 학생이 열심히 공부하고 노력하여 명문 대학에 합격한, '개천에서 용 난' 케이스로 간주되기 십상이다.[5] 그러한 연유로, 현재의 교육체계에 적지 않은 문제가 있다는 점을 인지하면서도 전반적으로 일선 학교 현장의 다수 교사들은, 현 교육제도 하에서도 매우 힘들기는 하지만 여전히 용 날 수 있는 통로를 학교와 교육이 제공하고 있다고 보는 경향이 강하다.

이러한 사실은 결국 일선 학교 현장, 특히 교사들 사이에서 — 아울러 그러한 교사들의 헌신적인 가르침을 받는 학생들 사이에서 — 아직은 '개천에서 용 난다'는 속담이 통용되고 있다는 것을 말해 준다. 하지만 유감스럽게도 그처럼 제자에 대한 교사의 순수하고 헌신적인 애정과 격려, 희망의 의미가 담긴 '개천에서 용 난다'는 말이, 교사의 진정한 교육적 의도와는 반대로, 열악한 환경 속에서도 열심히 공부하며 성실히 살아가는 제자들에게 눈에 보이지 않는 폭력, 곧 상징 폭력으로 행사되고 있다. 그럼에도 교사들은 이를 제대로 인식하지 못하고 있으며, 그에 따라 상징 폭력은 한층 더 심화·증폭되어 나가고 있다.

여기서 그것이 폭력인 까닭은 다음과 같이 설명될 수 있다. 가령 빈곤한 가정 형편 속에서도 그야말로 지독하게 열심히 공부한 학생이 의대 입학시험을 치르게 되었다고 하자. 그 경우, 현실적으로 해당 학생은 입시에 실패할 가능성이 매우 높은데, 그 실패의 결정적 요인이 본질상 그 학생의 부모가 가진 문화적 자본, 아울러 경제적 자본의 부족에서 비롯된 것임에도 불구하고, 해당 학생은 마치 자신의 역량과 실력, 노력 등 개인의 '자질 부족'으로 인해 불합격된 것처럼 오인해 버리는 결과로 이어지게 만들기 때문이다. 아울러 그렇게 됨으로써, 실상은 자본, 특히 문화 자본이 풍

5_ 흔히 부잣집 아이가 공부 잘하고 좋은 학교에 들어가기 쉽다는 생각이 널리 퍼진 상황에서, 가난한 교사의 자녀가 의대나 명문대에 들어가는 것은 일종의 '개천에서 용 난' 케이스로 간주되기 쉽기 때문이다.

족한 집안의 학생들에게 일방적으로 유리하게 구성, 편제된 교육제도나 입시 제도 등의 구조적 문제점을 인식하지 못하게 된다. 그에 따라 그처럼 잘못된 교육 제도나 정책을 전면적으로 개혁하려는 실천 운동이 일어나는 것도 사전에 차단되어 버린다. 대신 학생들 본인의 능력이나 자질 부족 탓으로 '입시 경쟁의 패배 원인'을 진단케 함으로써, 현재의 불평등하고 불공정한 교육체계를 계속해서 유지하도록 만든다.

한마디로, 공부를 잘하고 못하는 것, 따라서 소위 명문대에 진학하거나 혹은 못하는 것은 전적으로 학생들 각자의 능력과 재능, 노력과 성실성 여하에 따른 것이 아니다. 그것은 '본질적으로' 학생들 각자가 지닌 — 보다 정확히 말해서 그들 부모가 지닌 — 문화 자본과 부차적으로 경제 자본의 양적 차이에 따른 것이다. 하지만 실상이 그러함에도, 현재의 교육과 학교는 철저하게 학생들 각자의 개인적 재능과 자질에 따라 그렇게 되는 것처럼 학생들을 기만하고 오인시키는 기능을 충실히 수행하고 있다. 이로써 교육과 학교를 통한 개인의 자아실현과 그에 따른 사회적 신분 상승의 가능성은 무력화되어 버린다. 동시에 학교가 사회적 지위와 신분, 계급의 세습화를 마치 각자의 역량과 실력, 노력에 따른 당연한 결과인 양 받아들이게끔 강제하는, 은밀하고 정교한 상징 폭력의 장(場)으로 전락해 버렸음이 드러난다.

바로 이 같은 교육 현실을 염두에 둘 때, 학교 및 교육 현장에서 교육과정과 교과 내용, 교사 등을 통해 상징 폭력이 끊임없이 일어나고 있는 실태, 특히 '개천에서 용이 날 수 없음'에도 불구하고 마치 그러한 것처럼, 따라서 한국 사회는 자아실현의 기회가 공정하게 부여된 정의로운 사회인 양 오인되고 내면화되고 있는 실태를, 실천철학적 관점에서 확실히 드러내 보여 줄 필요성이 대두되는 것이다.

2) 문제 상황 2

또 다른 주목할 사항은, 경제적으로 빈곤한 계층의 자녀가 소위 명문대에 들어가기가 과거에 비해 훨씬 더 힘들어졌다는 현실에 공감하면서도, '개천에서 용 난다'는 속담은 아직도 우리 사회의 '경제적'으로 열악한 많은 사람들에게 꿈과 희망을 주는 메시지로서 여전히 수용되어 통용되고 있다는 점이다. 즉 그러한 속담은 그야말로 '찢어지게 가난한 집안에서도 예외적으로 성공한 인물이 나올 수 있으며, 그런 한에서 지금의 경제적 처지가 어렵더라도 본인만 열심히 공부하고 노력하면 의대나 명문대에 합격할 수 있다'는 희망의 메시지로 작용하고 있다. 더불어 간간히 들려오는 개천에서 용 난 케이스에 대한 언론 보도 — 가령 서울대 수시 모집의 하나인 '지역 균형 선발'에 합격한 오지 소재 고등학교 학생 소식[6] — 에 힘입어, 경제적 빈곤 계층으로 하여금 '개천에서 용 난다'는 말에 여전히 강한 미련과 희망을 갖게끔 '사회적'으로 기능하고 있다. (아니라고! 아직도 수많은 '88만원 세대'가 여전히 몇 %도 안 되는 경쟁의 승자 대열에 끼일 수 있다는 '믿음'에 사로잡혀, 짱돌 대신 도서관에 틀어박혀 취직 시험 공부에 전념하고 있지 않은가?)[7]

비록 경험적 확증 과정이 필요하지만, 현재 한국 사회의 다수 구성원들은 한편으로는 '개천에서 용 나는 것'이 불가능할 정도로 어렵다는 생각을 하면서도, 다른 한편으로는 어렵지만 노력하면 꿈을 이룰 수 있다는 믿

6_ 다소 '지나친' 추론일 수 있지만, 서울대 수시 모집의 '기회균형특별전형'은 다분히 현 교육제도나 입시 제도의 불공정성과 불평등성을 은폐하는 '상징 폭력의 장치'로서 기능하고 있다고 보인다. 극소수의 농어촌 출신 학생들에게 서울대에 입학할 기회를 제공함으로써 — 아울러 그것이 언론 보도를 통해 확대 재생산되는 과정을 거침으로써 — 마치 오늘의 교육 현실에서도 여전히 "개천에서 용 날 수 있는 것"처럼 인식하게끔 만드는 기능을 수행하고 있기 때문이다.

7_ '비공식적'인 것이지만, 저자가 재직하고 있는 교대의 경우, 대다수 예비 초등 교사인 교대생들은 많이 어렵지만 그럼에도 여전히 교육을 통해 '개천에서 용 날 수 있다'고 보고 있다. 물론 이에 대해서는, 일선 학교 현장에 몸담고 있는 다수의 교사들을 상대로 한 보다 신뢰 있는 경험적 확증 작업이 요구된다.

음을 여전히 견지하고 있는 것으로 보인다. 일종의 '알면서도 속고 있는 셈'이다.

결국 '개천에서 용 난다'는 말은 과거에 비해서는 상당 정도 그 정치적 효과나 설득력이 약화되었지만, 그럼에도 지배계급의 기득권을 그네들의 뛰어난 실력과 역량, 각고의 노력과 성실성의 결과로 획득한 것처럼 비치게 하는 기능을 일정 정도는 여전히 수행하고 있다고 보인다. 특히 기득권 계급의 자녀들이 국제중이나 과학고, 명문대에 다수 합격하는 현상에 대해서도 한편으로는 거부감과 저항감을 드러내 보이면서도, 다른 한편으로는 결국 그 아이들 본인들이 똑똑하고 실력을 갖추었기에 그 어려운 학교에 들어갈 수 있었을 것이라고 — 소극적인 방식이나마 — 인정하는 분위기도 분명 자리하고 있다.

이렇게 된 데에는 여러 요인이 있겠지만, 특히 다음의 사실이 한몫 거들고 있음에 유념할 필요가 있다. 즉 경제 자본은 매우 부족하지만 문화 자본을 상당 정도 지닌 집안의 아이들이 좋은 대학에 합격하고 사법시험 등을 통해 사회적 지위가 높아지는 경우, 이는 '외관상' 빈곤 계층의 자녀가 본인의 피나는 노력을 통해 명문 대학에 들어가고 이어 그 어렵다는 국가고시에 합격하는 사례, 요컨대 '개천에서 용 난 케이스'로 해석, 이해되어 받아들여지고 있는 사회적 분위기가 여전히 잔존하고 있는 상황이다.

이러한 작금의 상황을 고려할 때, 경제적 빈곤 계층뿐 아니라 특히 중간층을 중심으로 한 한국 사회의 다수 구성원들의 '의식구조' 속에 여전히 자리하고 있는 "개천에서 용 날 수 있다"는 자연스러운 믿음이 '허구적인' 것임을 보다 명확히 철학적으로 드러내 밝혀 줄 필요성이 제기된다.[8]

8_ 특히 경제 자본이 아닌 문화 자본을 상당 정도 소유한 계층 역시 교육 문제 및 신분 상승과 관련해서는 기득권 계층에 속할 수 있다는 점을 통해, 그것의 허구성을 확실히 드러낼 필요가 있다.

3) 문제 상황 3

다음으로 유의해 살펴보아야 할 점은, 한국 사회 내 지배계급의 이해관계를 대변하고 있는 『조선일보』마저도 최근 들어 교육문제를 다루면서 더이상 '개천에서 용 나기는 어렵다'는 사실을 알리면서, 이 문제를 시급히 해결해야 할 한국 사회의 중요한 당면 문제로 보도하고 있다는 사실이다.[9] 물론 그러면서도 또 다른 한편에서는 '여전히 개천에서 용 날 수 있다'는 점을 지속적으로 보도하고 있기도 하다.[10] 그렇다면 『조선일보』의 이러한 보도 태도를 어떻게 이해하고 받아들여야 할 것인가?

혹시 『조선일보』가 과거의 행태에서 벗어나 이 땅의 사회적 약자의 입장과 처지를 대변하면서, 이 문제를 공론의 중심 주제로 다루고 이의 합리적인 해결책을 마련해 보고자 하는 의도에서 그러는 것은 아닐까? 아니면, 더 이상 회피할 수 없는 사실인 까닭에 그렇게 보도해 버림으로써, 한편으로는 『조선일보』도 사회적 약자들과 빈곤층의 처지를 고려하고 대변하고 있는 신문인 양 이미지를 개선하는 효과를 누리면서, 또 다른 한편으로는 시대적 상황이 변한 만큼 대놓고 '개천에서 용 나기 어렵다'는 사실을 보도하여도 여전히 '피지배계급'을 장악하고 조종할 수 있는 묘책이나 전략이 있다는 자신감의 징표는 아닐까? 가령 이처럼 불공정하고 불평등하며 사회적 신분의 세습화를 고착화시키는 현 교육체계의 문제점을 폭로하여도, 그것이 단지 학술적·이론적 차원의 논쟁 수준에 머무를 뿐, 실제 교육체계의 전면적 개혁이나 변혁 운동으로 이어지기는 불가능하다는 판단, 곧 지배계급의 판단을 대변하고 있는 것은 아닐까? 혹은 '개천에서 용 날 수 없는' 오늘의 한국적 사회 현실을 있는 그대로 밝히되, 그 원인이나 해결

9_ 특별취재팀, "[사다리가 사라진다] 교육—개천에서 용 나기 힘들다," 『조선일보』(2010년 7월 6일자) 참조.
10_ 안석배, "개천에서 용 봤다," 『조선일보』(2009년 1월 31일자); 이인열, "아직은... 개천에서 용 난다," 『조선일보』(2009년 9월 9일자) 참조.

방안은 교묘하게 '오인'시키는 방식이나 전략을 구사하려는 것은 아닐까?

이처럼 다양하게 추론해 볼 수 있는 근거로는 다음의 사실을 들 수 있다. 즉 경제적 측면에서는 상류층에 속하지 않는 ― '전교조'에 가입한 다수의 진보적 평교사나 아직 대학에 자리를 잡지 못한, 그런 점에서 가장 '현실 비판적인' 비정규직 강사 등을 망라한 ― 비판적 지식인 계급이 문화 자본이나 상징 자본과 관련해서는 오히려 '사회적 강자'에 속할 수 있으며, 그런 한에서 그와 같은 자본을 상당 정도 소유한 계급에 '유리한' 현행 교육체계 및 입시 제도에 관해서는 보다 신랄한 비판과 근본적인 개혁을 추진할 실천 주체로 나서기를 주저한다는 ― 암묵적으로는 오히려 현 교육 및 입시 체제를 유지하는 데 찬성할 가능성이 더 높다는 ― 판단을 내리고 있을지 모른다. 비록 문화 자본은 풍족하지만 경제 자본이 부족하여, 경제적으로 어렵게 살아가거나 그리 풍족하게 살고 있지는 못한 지식인 계급이, 적어도 자신의 자녀들에게는 경제적 궁핍에서 비롯된 생활고를 물려주지 않기 위해, 명문 대학에 진학하여 사회적 지위 상승을 이룰 가능성이 매우 높은 현 교육 및 입시 제도에 대해서는 비판적 고발과 전면적 개혁의 선도자로 나설 의사나 의지는 높지 않을 수 있다는 계산이 가능하기 때문이다.

이처럼 우리 사회의 강자 및 부자의 입장을 대변하는 『조선일보』의 시각에서 드러나듯이, 진보와 보수를 가리지 않고 작금의 지배 세력은 정치적·사회적 차원에서 자신들에 대해 비판적 견제 세력인 '지식인 계급'이 적어도 교육체계와 관련해서는 '동일하거나 유사한' 이해관계를 가진 '우군'이라는 사실을 간파하고 있다고 할 수 있다. 그러기에 겉으로는 '개천에서 더 이상 용이 날 수 없게 된 작금의 교육 현실'의 문제점을 지적하되, 그것이 '전적으로' 경제적 양극화나 사교육과 같은 '경제적 요인'에 의해 야기된 것인 양 오인시키고 있다.[11] 특히 경제 자본을 많이 소유한 계층에

11_ 윤평중, "[이제는 문화다! 지식인 현장 리포트] 대입·고시 '有錢합격·無錢탈락'… 원초적 불공정성 깊어져," 『조선일보』(2010년 11월 1일자) 참조. 아울러 이러한 시각과 관점은

게만 일방적으로 유리한 교육제도라는 점을 은근히 유독 강조함으로써, 문화 자본을 소유한 지식인 계급이 지니고 있는 기득권은 교묘히 은폐시키고 있기까지 하다.

그 결과, '현상적으로는' 경제적 하류층에 속하는 '가난한' 교육자 집안의 자녀들이 소위 일류 대학에 진학하는 것은 개인의 뛰어난 지적 재능과 열성, 노력 등을 통해 일군 성공적인 사례 — 개천에서 용 난 케이스 — 로 읽히게 할 여지를 강하게 열어 놓고 있다. 그에 따라 입시나 교육체계가 드러내는 불공정성과 불평등성의 주된 원인을 '고액 과외'와 같은 경제 자본에 의존하는 사교육에서 찾아야 한다는 점을 지속적으로 강조하고 있다.[12] 동시에 그렇게 함으로써 그러한 교육적 부정의와 불평등의 일차적 원인이 문화 자본 소유량의 차이에서 비롯된 것이라는 점을 숨긴 채, 그러한 교육체계의 본질적 문제점은 문화 자본의 소유 여부와는 무관한 것처럼 오인시키고 있다. 다시 말해, 한국 사회에서 경제적 부유층은 사실상 경제 자본 이외에 문화 자본도 상당 정도 소유하고 있지만, 교육에서의 불평등과 양극화는 전적으로 경제 자본의 소유 차이에서 빚어지는 것처럼 진단해 버림으로써, 그 해결책의 모색 역시 사교육의 경감 같은 경제적 측면에 맞추어 이루어져야 되는 것처럼 호도하고 있다.

그런데 이와 같은 『조선일보』식의 진단이 타당한 것으로서 다수 사회 성원들에 의해 수용되고 정부의 교육정책에 반영될 경우, 그것은 지배계급으로 하여금 한편으로는 경제적 지출을 줄임으로써 이익을 보게 하면서, 동시에 다른 한편으로는 문화 자본의 소유로 인한 다양한 이익이나 무임승차는 여전히 누리게 하는, 요컨대 이중의 이익을 보게 만드는 결과로 이

한국 사회의 교육 실태에 관해 비판적 논변을 개진하고 있는 진보적 성향의 지식인들 사이에서도 '일정 정도' 공유되고 있다. 이에 관해서는 가령 김상봉, 『학벌사회』(2005), 86-89쪽; 김용일, 『교육의 계급화를 넘어』(2010), 190-198쪽 참조.

12_ 이 점 또한 진보적 관점에서 오늘의 교육 현실을 비판하고 '대학입시 평준화'를 대안으로 개진하고 있는 비판적 지식인들 사이에서 통용되고 있다. 가령 김경근, 『대학서열 깨기』(1999), 19-53쪽 참조.

어질 수 있다.

아울러 경제적으로 매우 열악한 처지에 있는 비정규직 강사를 비롯하여 (경제적으로 아주 여유가 있는 것은 아닌) 교사나 교수 집단과 같은 지식인 계급 역시 — 자녀들이 공부를 잘할 수 있는 문화 자본의 조건은 가장 좋은 계급인 반면 — 고액 과외와 같은 사교육비에 대해서는 상당한 경제적 부담을 갖고 있는바, 『조선일보』 등을 통해 제기되고 있는 교육 현실에 대한 진단은 그러한 지식인 계급의 '현실적' 이해관계와 부합하고 있다. 이런 연유에서 비판적 지식인 집단에 의한 현 교육체계와 입시 제도에 대한 적극적인 비판이나 이의 제기의 강도는 상대적으로 '무디게' 나타날 가능성이 높다.

여기서 드러나듯이, 현 교육 제도 및 정책을 근본적 차원에서 비판하고 개혁해 나가는 데 선도적 역할을 담당해야 할 비판적 지식인 계급이 역설적으로 교육 문제와 관련해서는 '자기 분열'을 일으키고 있다. 지식인 집단이 처한 이러한 딜레마적 상황은, 결국 현 지배 집단의 계급적 질서와 기득권을 유지하고 보장해 주고 있는 현 교육 체계와 제도가 계속 존속하게 되는 데 결정적으로 한몫하는 결과로 귀착된다. 그러기에 『조선일보』도 과감히 '더 이상 개천에서 용 나기 어렵다'는 사실을 직접적으로 언급하고 있는 것 아니겠는가?

이러한 실정을 고려할 때, 경제 자본에 초점을 맞추어 이루어지고 있는 현 교육체계와 입시 제도 등에 관한 비판적 진단에 내재되어 있는 '계급 연관적 전략 및 의도' 그리고 그것이 결과하는 문제점과 한계를 드러내 보여 주기 위해서는, 아울러 그렇게 함으로써 교육 현실에 대한 제대로 된 진단을 확보하고 문제 해결 방안을 도출하기 위해서도, '개천에서 용 날 수 없음'에 대한 철학적 확인 작업이 필수적이다.

2. '개천에서 용 날 수 없는 현실'의 불공정성과 부정의성에 대한 철학적 확인

1) 교육과정 및 교과 내용에서의 상징 폭력

본격적인 확인 작업에 들어가기 전에 분명히 해둘 것이 하나 있다. 곧 '공부를 잘하고 못하는 것이 학생 본인의 지적인 능력과 재능, 노력과 성실성, 집중력과 끈기 등의 차이에 기인하는 것인가?'에 관한 답변과 관련해, 이 글은 '근본적으로' 학생 자신의 실력이나 능력, 성실성의 차이가 아닌, 그가 속한 집안의 자본, 무엇보다도 문화 자본의 소유량의 차이에서 비롯된 것이라는 점을 그 출발점으로 삼고자 한다.

이러한 전제에서 출발하여, 일선 학교 현장에서 학생들이 배우는 교육과정이나 교과 내용, 수업 과정 등에 내재된 상징 폭력의 실태, 특히 '개천에서 용 날 수 없음에도 마치 날 수 있는 것'처럼 오인시킴으로써 누구는 부당하게 이득을 보고, 누구는 피해를 입게 되는 폭력적 상황 — 그럼에도 그러한 폭력이 이루어졌다는 사실 자체를 인식하지 못하는 상황 — 을 비판적으로 드러내 보여 주고자 한다. 다만, 여기서는 필자가 교대에 몸담고 있는 만큼, 일차적으로 초등교육 현장에 주안점을 두어 그러한 작업을 진행할 것이다.

(1) 먼저, 초등학교 교육과정과 관련해 '개천에서 용 나기 어렵다'는 사실을 실증해 주는 대표적인 사례로는 1997년에 도입된 『영어』 교과(敎科)의 운용 실태를 들 수 있다. 애초 초등학교 『영어』 교과는 한편으로는 '세계화 시대에 영어로 소통하는 것은 거부할 수 없는 시대적 흐름'이라는 캐치프레이즈를 앞세워, 다른 한편으로는 일부 소수의 부유층 자녀들만이 사교육을 통해 영어를 배우고 대다수 저소득층 자녀들은 그럴 기회를 갖지 못하고 있는 현실을 감안해 '공교육을 통해 빈곤 계층의 아이들도 영어

수업의 기회를 제공하고자 한다'는 교육의 공공적 명분하에 초등 교육과 정에 도입되었다.

적어도 외견상으로는, 세계화 시대에의 부응, 국제적 감각을 갖춘 세계 시민 육성의 필요성, 교역이나 무역 관련 영어 구사 전문가의 양성 필요성, 학습 효과를 고려한 조기 영어 교육의 필요성 등 그럴듯한 명분과 이유에 기대어, 『영어』 교과를 초등 교육과정에 도입하여 교육하고 있다. 하지만 이는 본질적으로 특정 계급의 기득권을 관철·유지하기 위한 지배 전략의 일환에 따른 것이라 볼 수 있다. 가령 초등학교 『영어』 교과의 도입으로 인해 가장 특혜를 받는 계층의 학생은 외교관이나 무역 상사 주재원의 자녀, 영미권에 유학한 부모의 자녀, 해외 어학연수를 충분히 할 수 있는 경제적 부유층 자녀, 영어 교사 자녀 등 문화 자본이 풍부한 집안의 아이들이다.

이처럼 공교육 내의 『영어』 교과의 도입은 '공식적으로' 계급 간 불평등을 용인해 버리고 정당화하는 결과로 이어진다. 당장 초등학교 내에서 다양한 교내 영어 경시대회 등을 통해 탁월한 영어 실력을 발휘할 기회가 소수 특정 계급의 학생들에게 제공되며, 그 평가 과정에서 문화 자본의 덕택이 아닌, 학생 본인의 실력과 능력이 뛰어난 것으로 간주하도록 만듦으로써 문화 자본이 열악한 가정 형편의 아이들과의 교육적 간극을 한층 더 심화시켜 버린다. 특히 말하기와 듣기가 중시되는 최근의 『영어』 교과의 특성상, 가정 형편이 어려운 처지의 아이들이나 문화 자본이 부족한 집안의 아이들은 한마디로 '부모 덕분에' 영어를 잘하는 아이들과 도저히 경쟁 상대가 될 수 없는 상황에 놓이게 되지만, 그럼에도 이를 개인적 자질이나 능력의 차이에 따른 불가피한 것으로 받아들이지 않을 수 없다.

게다가 초등학교 교육과정에 『영어』 교과 도입은, 향후 국제중학교나 외고 입시 등에서 지원 학생의 영어 능력을 최우선적으로 중시하고 평가하기 위한 각종 시험 및 면접 방식을 정당하고 타당한 것으로 간주하여 수용하도록 하는 기능을 수행한다. 그에 따라 문화 자본을 제대로 소유하지 못한 집안의 학생들 대다수에게, 의대나 명문대에 들어가기 위한 무한 경쟁의 전초지로서 국제중이나 특목고에 입학한다는 것은 생각조차 하기 어려운 실정이다. 그 결과, '문화 자본의 불평등한 차이'로 생겨난 이러한 '교육적 불평등의 차이'는 중·고등학교와 대학교로 이어지면서 한층 더 심화되어 나가고, 결국 이후의 '사회적 불평등'의 기반을 이루게 된다.

실상이 이러함에도 일선 초등학교의 상당수 교사나 교육 전문가, 학부모와 학생들은 국제화 시대에 영어 교육의 중요성에 전적으로 공감하면서, 이른바 '공교육을 통한 영어 학습'에 대해 별다른 저항 없이 이를 수용하여 따르고 있다. 그 결과, 학교 내외에서 이루어지는 각종 영어 경시대회의 입상자나 텝스(TEPS) 등 공인 영어 인증 시험의 성적 우수자들은 하나같이 똑똑하고 우수한 자질의 학생들로 둔갑해 버리는, 이른바 '사회적 마술화'가 공공연하게 자행되고 있다.[13]

(2) 초등 교육과정의 다양한 교과목들, 가령 『도덕』이나 『사회』, 『국어』 등에서 학생들에게 수업되고 있는 내용, 특히 '오늘의 한국 사회는 누구나 열심히 노력하고 애쓰면 자신의 꿈을 이룰 수 있는 사회'인 것처럼 끊임없이 오인의 메시지를 학생들에게 던져 주고 있는 상황도 유의해 봐야 할 대목이다.[14] 물론 초등 교사들 역시 『교사용 교과 지침서』 등에 의거해 그러한 수업 내용과 메시지를 학생들에게 전달하는 것을 자신의 역할로서 당연시 여기고 있다.

결국 이러한 교육과정과 교과 내용은 학생들 본인의 노력과 성실, 열정 등에 기대어 열심히 공부해 나갈 경우 누구든지 자신이 원하는 대학에 들어갈 수 있으며, 나아가 자신이 원하는 직업이나 사회적 신분을 획득할 수

13_ 이에 관해서는 현택수, 「아비튀스와 상징폭력의 사회비판이론」(2002), 114쪽 참조.
14_ 가령 6학년 『생활의 길잡이』의 1단원 '성실한 생활'에서 "자기가 맡은 일을 성실하게 실천하지 않으면 그 결과는 어떻게 될까요?"라는 문항에서 주어진 예는 의사와 경찰관이며, 아울러 본인이 열심히 노력하면 자신의 꿈을 이룰 수 있다고 말하고 있다. 즉 "개천에서 용 날 수 있다"는 메시지를 던져 주고 있는 것이다.

있다고 가르치고 있으며, 또한 내면화하고 있는 것이다.

그러나 만약 자신이 원하는 대학에 합격하고 자아를 실현하는 것이 본질적으로 개인적 자질보다는 그가 속한 집안의 문화 자본의 양에 따라 결정되는 것이라고 한다면, 이러한 교과목들의 내용들은 사실상 진실을 호도하는 것이 된다. 곧 누구나 노력하고 열심히 공부하면 '개천에서 용 난' 당사자가 될 수 있다고 가르침으로써, 문화 자본이 풍부한 집안의 학생들이 자신이 원하는 대학에 합격한 경우는 본인들 개인의 실력과 자질이 뛰어나서 그런 것으로, 경쟁의 패배자들로 하여금 수용하게 만드는 것이다. 그리고 그 연장선상에서 현 지배계급이 누리는 기득권 역시 그들의 역량과 노력의 결과로 이루어진 것처럼 오인시켜 버리는, 그런 한에서 상징 폭력을 자행하고 있는 것이다. 물론 그럼에도 가르치는 교사나 가르침을 배우는 학생들은 이러한 사실을 '온전히' 인식하지 못하고 있다.

(3) 초등학교에서 시행되고 있는 '학업 성취도 평가' 시험이나 교내 수학 및 과학, 영어 경시대회의 시험 등도 전형적인 상징 폭력의 '기제' 가운데 하나이다. 흔히 학교 현장에서 시험은 학생들의 실력이나 잠재적 능력을 공정하고 객관적으로 평가할 수 있는 수단인 것처럼 ─ 교사나 학생, 학부모 등에 의해 아무런 의심 없이 ─ 받아들여지고 있다. 그리하여 가령 교내 수학 경시대회에 나갈 학급 대표 학생 한 명을 뽑아야 하는 경우, 학생들이나 교사, 학부모 등 그 누구도 이의 없이 동의할 수 있는 가장 합리적이고 공평한 방법으로서 당연시 여기는 것이 바로 시험, 학생들의 수학적 능력을 평가하는 예비시험이다. 하지만 과연 그럴까?

반 학생들 가운데 '누가 가장 뛰어난 수학적 사고력 및 문제 해결 능력을 지니고 있는가?'를 공정하고 객관적으로 평가해 보겠다는 취지에서 마련된 예비 수학 능력 평가 시험은, 하지만 유감스럽게도 결코 공평한 평가 매체가 되지 못한다. 즉 그러한 예비시험은 오랜 기간 수학 경시대회를 준비해 오면서 고(高) 난이도의 수학 문제를 많이 풀어 본 학생이나 과학고

등에 진학하기 위해 지속적으로 수학 선행 학습을 해온 학생들에게 일방적으로 유리하게 편제된 평가 기제이다. 그럼에도 마치 시험은 객관적이며 공정한 평가 수단인 것처럼 마술화를 통해 사람들을 오인시킨다는 점에서 전형적인 상징 폭력의 기제인 것이다.

이상에서와 같이, 학생들 본인의 실력이나 잠재력을 평가하는 매체로서 '시험'과 관련해서도, 자본이 부족한 학생, 특히 문화 자본이 부족한 집안의 학생들은 일방적으로 불리한 상황에 놓여 있다. 그리하여 예컨대 수학적 잠재 능력이나 재능이 탁월함에도 그것을 발굴, 계발하고 발전시킬 '수학 영재성 교육'이나 보다 높은 수준의 선행 학습을 받아 보지 못한 학생은, 그러한 잠재 능력마저 사장되기 쉽다. 그럼에도 문화 자본이 부족하여 잠재적 능력을 발휘해 볼 기회조차 제대로 가져 보지 못한 학생은, 예비시험 성적이 낮을 경우, '현상적으로는' 본래부터 수학적 재능이 부족하거나 없는 그저 그런 평범한 학생으로 교사에게 비쳐지기 십상이다. 반면, 본래 그러한 능력이 없음에도 선행 학습 등을 통해 지속적으로 문제 풀이 훈련을 해온 학생은, 시험 성적이 높은 경우, 마치 수학적 사고력이 뛰어난 학생인 양 교사에 의해 평가되는 경향이 높다. 이런 연유에서 시험이라는 평가 매체도 상징 폭력을 행사하고 있는 것이다.

2) 교사에 의한 학생 '인성 평가' 차원에서 상징 폭력

이제껏 살펴본 교육과정이나 교과 내용 등에서 뿐 아니라, 교사가 학생의 인성과 품성을 평가하는 방식과 과정, 그리고 그 기준 등에서도 빈번하게 상징 폭력이 벌어지고 있다. 그러나 평가하는 교사나 평가받는 학생, 그리고 학부모 등 관련 당사자들은 이것이 교사의 교육자적 양심에 기초하여 이루어진 공정하고 합당한 것으로 간주하는 경향을 보이고 있다. 여기서는 이 점을 좀 더 살펴보도록 하자.

(1) 먼저, 초등학생의 '행동 특성' 항목이나 '특기 적성' 항목 등과 관련하여, 아이들의 품성과 행실, 행동 발달 상황 등을 평가하는 과정에서 그 평가 기준 및 잣대가 문화 자본이 풍부한 가정의 아이들에게 일방적으로 유리하게 편제되고 설정되어 있다는 사실에 주목할 필요가 있다. 그리하여 가령 '바르고 교양 있는 말을 사용하는 아이/거칠고 상스러운 어투로 말하는 아이,' '준비물을 잘 가져오는 아이/준비물을 제대로 가져오지 못하는 아이,' '정직한 아이/거짓말을 자주 하는 아이,' '문학적 상상력이 뛰어난 아이/문장 해독력이 떨어지는 아이' 등으로 구분되어 있는 평가 기준에 따르면, 후자의 경우들은 하나같이 열등하고 부정적이며 개선해야 될 문제성 있는 것으로 평가되고 있다.

고운 말을 쓰는 것이 당연히 거친 말을 사용하는 것보다 낫다는, 이러한 평가는 대단히 합리적이며 공정한 것처럼 비친다. 하지만 이러한 평가는 사실상 공정하지도 또한 정당하지도 않은 것이다. 이 점을 부르디외(P. Bourdieu)의 '아비튀스(habitus)' 개념을 통해 해명해 보면,[15] '거친 말을 쓰는 아이'는 본래적으로 인성과 품성이 고약하고 바르지 못해서 그런 것이 아니다. 그 아이의 집안 배경이나 그가 처한 환경 및 문화가 거칠고 투박한 어투를 사용하는 탓에, 그것에 의식적으로 혹은 무의식적으로 습성화되어 있을 뿐이다. 가령 시장터에서 새벽부터 오밤중까지 생계형 맞벌이를 하고 있는 야채 장사 부모 밑에서 자란 아이는 사실상 부모로부터 거의

15_ 홍성민에 의하면, '아비튀스'의 개념은 그 사용 범위가 지나치게 광범위할 뿐 아니라 그 용법 또한 너무나 자의적이어서 이론적인 정리가 용이하지 않다. 홍성민, 「아비튀스와 계급」(2002), 14쪽. 이런 연유에서 다소간 '느슨하게' 그 의미를 소개해 보면, 아비튀스란 '사회적으로 구성된 인식 및 행위구조 체계' 또는 '특정한 사회적 환경에 의해 획득된 성향, 사고, 인지, 판단과 행동의 체계'이다. 이에 관해서는 이상호, 「아비튀스와 상징질서의 새로운 사회이론」(2002), 136쪽. 현택수, 「아비튀스와 상징폭력의 사회비판이론」(2002), 107쪽; R. Münch, "Power and the Reproduction of Social Structure and Culture: Pierre Bourdieu"(1994), 140-141쪽. 다른 한편, 이보다 좀 더 난해한 개념 규정을 소개해 보면, 아비튀스는 '객관적으로 유형 분류가 가능한 실천의 발생적 원리이자 동시에 이러한 실천 (유형)들의 분류 체계'이다. P. Bourdieu, *La Distinction*(1979), 190쪽; P. 부르디외, 『구별짓기: 문화의 취향의 사회학』(2005), 311쪽 참조.

방치되다시피 한 상태에서 성장하기 마련이며, 시장터의 상인들이 즐겨 쓰는 '거칠고 투박한' 말투를 자연스럽게 습득하여 내재화한 탓에, 학교에서도 집에서 쓰는 일상어, 즉 거친 말을 자연스레 사용했던 것뿐이다. 반면 학교에서 늘 곱고 품위 있는 어투를 사용하는 아이는, 가령 예술가인 아버지와 초등 교사인 어머니 사이에서 태어나 생활해 오면서, 집안에서는 늘 부모님의 엄격한 가정교육 하에 바르고 교양 있는 어투와 행위 양식을 습득해 왔다. 그리고 그것이 '의식 및 행위 체계,' 즉 아비튀스로 고착화되어 학교에서도 그러한 언어 및 행위 양식으로 드러났던 것이다.

그런데 여기서 특히 유념할 점은, 문화 자본이 풍부한 집안의 아이는 집에서 하던 방식 그대로 단지 말하고 행동했을 뿐 특별히 애쓰고 노력한 것이 아니었음에도 '행실이 바른 모범적인 아이'로 평가받게 되었다는 사실이다. 이와는 반대로, 문화 자본이 열악한 집안의 아이 역시 집에서 쓰던 어투나 행동 양식 그대로 학교에서도 동일하게 말하고 행동했던 것뿐인데, 그 아이는 품행이 단정하지 못한 아이로 부정적으로 평가받게 되었다는 점이다.

이로부터 알 수 있듯이, 개인의 인성이나 성격, 품성이 본래적으로 좋고 나쁜 것이 아닌, 단지 각자가 처한 문화적 환경과 조건, 소유하고 있는 문화 자본의 양적 차이에 따라, 그처럼 상이하게 학생들의 어투나 행동이 교실 안에서 나타났던 것이다. 그럼에도 교사에 의해 이루어진 학생들의 인성 평가 작업에서는 '아무런 노력도 기울이지 않은,' 단지 문화 자본이 풍부한 집안에서 성장하고 생활했다는 이유 하나로 '자동적으로' 바른 말을 쓰는 아이에게 일방적으로 높은 점수가 주어지고 있다. 이러한 연유에서, 학교에서 교사에 의해 이루어지는 학생의 인성 평가 과정에서도 '아무도 의식하지 못하는 가운데' 상징 폭력이 자행되고 있는 것이다.

이렇게 된 데에는 일차적으로 학교에서 사용하는 '공식적 언어'가 바로 '바르고 고운 품위 있는 말'이며, 이것이 학생들의 언행을 규율하고 평가하는 기본적 척도로서 기능하고 있다는 점에서 찾을 수 있다. 그런데 이러한 학교의 공식어는 지배계급에서 사용하는 언어, 부르디외식 표현으로, 기득권 계층의 아비튀스에 다름 아니다. 한마디로, 한국 사회의 기득권 집단이 사용하는 언어가 '보편성'과 '객관성'을 빙자하여 학교의 공식적 언어로서 자리 잡고 있으며, 학생들의 언어생활을 규제하는 가운데 행동 및 사유 방식의 '우열성 여부'를 구분 짓는 평가어로서 그 역할을 수행하고 있는 셈이다. 그럼에도 우리는 해당 사회의 보편 문화란 곧 지배계급의 특수 문화에 다름 아니라는 사실을 인지하지 못하게끔 작용하는 오인의 메커니즘의 덫에 빠져, 학교에서 사용하는 공식 언어는 계층을 초월한 혹은 그것과 거리가 있는 객관적인 언어라는 잘못된 믿음을 진실인 양 자연스레 받아들이고 있다. 그에 따라 우리는 너무나 당연하게 '예의 바르고, 교양 있고 품위 있는 말투가 상스럽고 저속한 폭력적인 어투보다 한층 더 바람직스러우며 규범적으로 더 나은 것으로서 적극 수용하고 지향해 나가야 되는 것'이라고 한 치의 의심도 없이 당당하게(?) 말하게 되는 것이다.

(2) 이처럼 교사에 의해 행사되는 상징 폭력은 재량 학습이나 음악 수업 등에서 이루어지는 특기 자랑 시간에서도 비일비재하게 일어나고 있다. 가령 특기 자랑 시간에 한 아이는 성악을 부르거나 바이올린 연주를 하고, 다른 아이는 어른들이 부르는 뽕짝을 불렀다고 하자. 그 경우, 교사는 전자에게는 후한 칭찬을 해 주지만, 후자에게는 아마도 "아이가 무슨 어른들 부르는 유행가를 부르느냐?"고 꾸중하면서 몇 마디 훈계의 말을 건넸을 가능성이 높다. 이 과정에서 교사는 마땅히 교육적 차원에서 그러한 야단이 학생에게 도움이 되는, 정당한 것이라고 확신하였을 것이다. 하지만 놀랍게도 이 또한 교사에 의해 유행가를 부른 학생에게 상징 폭력이 가해지고 있는 것이다.

그처럼 어떤 아이는 가곡을 부르고 어떤 아이는 유행가를 부르는 것은, 앞서 살펴본 것처럼, 아이들이 처해 있는 가정환경과 부모의 직업 등 문화자본의 양적 차이에서 빚어진 문화적 삶의 상이한 양태에 불과한 것이다.

하지만 학교 현장에서 그것은 이처럼 '예술적 감수성이 뛰어난 아이'와 '그렇지 못한 아이'라는 이분법적 우열 구분에 의거한, '칭찬과 꾸중,' '동기부여와 좌절'이라는 정반대의 교육적 평가로 나타나고 있다. 곧 여기서도 가곡을 부른 아이는 집에서 늘 하던 문화적 행동 양식을 학교 수업 시간에 그대로 반복한 것에 지나지 않았음에도 학생 본인의 노력과 애씀의 결과인 양 우수한 평가를 받고 있다. 그럼으로써 그렇지 못한 학생에 비해 부당하게 교육적 이득을 취하고 있는 것이다.

이 점이 중시되어야 하는 까닭은, 그와 같은 양태로 이루어지는 교사에 의한 학생들의 '인격적 측면'과 '잠재적 능력 발현 가능성'에 대한 평가 방식은 의도하지 않게 특정 계층의 학생들에게만 일방적인 학업 상의 성취 동기를 높여 주는 '차별적 결과'로 이어지기 때문이다. 곧 그러한 평가 방식은 문화 자본이 풍부한 집안의 학생에게는 자신의 소질과 재능을 계발하고 발전시키기 위해 열심히 노력하도록 자극하는 '발전적 동기부여'로 나타나지만 그렇지 못한 학생에게는 좌절과 동기 박탈이라는 부정적 결과로 이어진다는 점에서, 심각한 (상징) 폭력이 교사에 의해 자행되고 있는 것이다.

3) 각종 '입학 전형'에서의 상징 폭력

(1) 초등학교 교내외 수학 및 영어 경시대회는 말할 것도 없고, 국제중이나 특목고를 가기 위한 전초기지로서 '대학 및 교육청 부설 영재 교육원'에 입학하는 과정에서 치르게 되는 '시험제도' 또한 일차적으로 문화 자본을 많이 소유한 집안의 아이들에게만 '거의 전적으로' 문호가 열려 있다고 볼 수 있다. 그런 점에서 이 또한 '개천에서 용 날 수 없음'을 확실하게 보여 주는 상징 폭력의 대표적 사례라 할 수 있다.

물론 최근에는 그러한 기회의 불평등적 요소를 제거한다는 취지하에 지필 시험을 대폭 줄이고 '관찰 추천제'라는 방식을 새로 도입해 시행하고 있다. 하지만 실제 운영 과정에서는 문화 자본이 풍족한 가정의 아이들에게 한정하여 입학 기회가 제한적으로 제공되고 있다. 곧 기존의 운영 방식과 '본질적인' 내용에서는 거의 달라진 것이 없는 것이다. 가령 기초 과정이 개설되어 있는 '교육청 부설 영재교육원'에 들어가기 위해서는 초등학교 교장의 추천을 받아야 하는데, 이를 위해서는 과학이나 수학 능력이 탁월함을 입증할 수 있는 '객관적 자료'가 요청되는바, 아무래도 교내외에서 시행되고 있는 수학 혹은 과학 경시대회 입상 실적 등이 근거 자료로 활용될 가능성이 크다 할 것이다. 한데 이는 사교육을 통한 최고 수준의 문제 풀이 선행 학습을 지속적으로 해온, 문화 자본이 풍족한 학생들에 한해서만 가능한 것이다.

게다가 교장의 추천을 받았다 해도, 2차 과정에서 '영재성 검사'라는 명목 하에 '창의적 문제 해결력'을 평가하는 지필 시험을 통과해야 한다.[16] 이 또한 단기간에 완성되는 것이 아닌, 장기간에 걸친 철저한 사전 준비가 요구되는 항목이다. 다시 말해, 단순히 수학적·과학적 잠재력을 지녔다고 해서 통과되는 것이 아니라, 학원 수업 등을 통한 치밀하고도 지속적인 문제 풀이 훈련과 폭넓은 독서 활동, 과학 및 수학적 사유의 증진과 관련된 집중적인 토론 학습 등이 요구되는 대목이다.

말할 것도 없이 영재교육원에 들어가기 위해 요구되는 그처럼 까다로운 자격 조건을 제대로 갖춘 학생은 그야말로 '극소수'에 지나지 않는다. 동시에 그러한 조건의 충족 여부는 거의 전적으로 부모의 학력 수준과 학술 분야 관련 직종, 자녀의 잠재 능력 및 그 발휘에 관한 전문적 식견, 해당 영재성 분야에 대한 정보력과 재능 발휘를 뒷받침할 지속적인 교육열과 경제력 등에 달려 있다. 그런 한에서 영재교육원의 전형 방식 역시 풍부한 문화 자본과 일정 수준의 경제 자본을 갖춘 집안의 학생들에게 '만' 실

16_ '창의적 문제 해결력'을 평가하는 지필 고사의 경우, 100점 만점에 70점이 배정되어 있으며, 담임교사의 추천서에 20점, 그리고 면접에 10점이 각각 주어져 있다.

제로 문호가 개방되어 있음을 고스란히 보여 주고 있다.[17]

(2) 한데 영재교육원에 들어갔다고 해서 모든 것이 끝난 것은 아니다. 그것은 이제 시작에 불과하다. 곧 어렵게 영재교육원에 들어가 그 과정을 성공적으로 이수한 극소수의 선택받은 학생들은, 이후 다시 수학 및 과학 경시대회를 준비하는 수준의 심화 학습을 거쳐야지만 과학영재학교나 과학고에 진학할 수 있다. 이때 치르게 되는 전형 과정 역시 소위 정상적인 학교 교육만으로는 불가능한 난이도의 수준이다. 가령 이는 서울과학고 입학 전형의 2단계 전형 방식인 '영재성 및 사고력 검사'와 '창의성 문제 해결력 검사'에서 치르게 되는 전형 문제 수준에서 바로 확인해 볼 수 있다.[18]

이어 재학 중에 수학 혹은 물리 올림피아드와 같은 권위 있는 경시대회에 참가하여 입상하는 플랜이, 몇 해 전까지만 해도, 서울대나 연세대 같은 소위 명문대, 그리고 의대나 치대에 가기 위해서는 반드시 거쳐야 할 특목고생들의 필수 코스였다. 하지만 2022년 현재는 여러 입시 병폐와 부작용으로 인해, 과학고 및 영재학교 학생들의 '의약 계열' 대학 진학에 많은 제재를 걸어 둠으로써 제도적으로 이를 차단하고 있다. 하지만 일부 학생들은 교육비 전액을 환수하면서까지, 의대를 진학하는 중간 단계로 과학고 등을 여전히 활용하고 있다.

이처럼 초등학교에서 고등학교 시기까지 각고의 노력을 통해 이루어진 입시 준비 과정은 잠정적으로 대학 입학시험을 치름으로써 일단락된다. 한데 이 마지막 전형을 성공적으로 통과하기 위해서는 여러 절차 방식들

17_ 이 점은 가령 '청주교육대학교 부설 과학영재교육원'이 학생 선발에 관한 안내문을 통해 밝히고 있는 선발 과정 '1단계: 서류 심사와 창의적 문제 해결력 검사를 통한 잠재력 평가'와 '2단계: 문제 해결형 심층 면접 및 토론 면접'에 대한 소개 내용을 통해 확인해 볼 수 있다.

18_ 이와 관련해, 2022학년도 서울과학고 입학 전형 2단계 전형 문제의 수준 혹은 난이도는 서울과학고 홈페이지에 올려져 있는 〈입학안내〉의 '기출문제' 난에서 확인해 볼 수 있다 (https://sshs.sen.hs.kr/178715/subMenu.do#fileDown).

에서 내건 까다로운 조건들을 모두 충족시켜야만 한다. 가령 이전 2011학년도 서울대 수시 모집의 '특기자 전형'(현 '일반 전형')에 합격하기 위해서는 고교 내신 성적이 최상위권에 속해야 할 뿐 아니라 결정적인 당락 요인으로 이른바 '스펙' ─ 가령 수학 및 과학 올림피아드 입상 실적[19] ─ 이 탁월해야 하며, 끝으로 '구술 면접' ─ 2과목의 문제에 대해, 각 30분 동안 주어진 지문을 읽고 이어 15분 동안 담당 교수 앞에서 설명해야 하는 시험 ─ 에 대비한 준비가 철저하게 되어 있어야만 했다.[20]

물론 최근에는 수다한 입시 비리 등으로 인해 '한국대학교육협의회' 차원에서 텝스 같은 '공인 어학 성적'이나 국제 수학 올림피아드 수상 실적과 같은 '수학·과학·외국어 교과에 대한 교외 수상 실적'을 입시에 일절 사용할 수 없게 제도화하였다. 하지만 그럼에도 문화 자본을 풍족하게 소유하지 못한 집안의 학생이 전적으로 불리한 것은 여전히 변함없다. 곧 학생부 교과 성적이 극상위권이어야 하며, 아울러 면접 및 구술 고사의 경우도 과거 특기자 전형과 별반 차이가 없기 때문이다. 가령 2023학년도 서울대 수시 모집의 '학생부 종합 전형(일반 전형)'에서 수리과학부의 경우, '수학 관련 제시문을 활용한 전공 적성 및 학업 능력 평가' 항목에서 45분 내외의 답변 준비 시간을 갖고 15분 내외의 시간에 답변해야 하는 '구술 시험'은 상당 정도의 정보나 자료를 갖추고 준비를 하지 않으면 통과하기 어렵기 때문이다.[21]

실상이 이렇다면, 이전의 특기자 전형이든 혹은 현재의 일반 전형이든 여전히 문화 자본을 상당 정도 소유한 학생들에 한해서만 제한적으로 허용되는 시험제도라고 할 수 있다. 다시 말해서, 이러한 시험 형태는 제아무리 과학적·수학적 잠재 능력을 지닌 학생이라고 해도, 풍부한 문화 자본

19_ 수학 및 과학 올림피아드 시험의 수준이 얼마나 높으며 '아무나 볼 수 있는 시험이 아니라는 사실'에 대해서는 '한국수학올림피아드' 홈페이지(www. kms.or.kr)에 올려 있는 기출문제나 시험 요강 등을 일람해 보면 곧바로 알 수 있다.
20_ 서울대학교, 『2011학년도 대학 신입학생 입학전형 안내』 참조.
21_ 서울대 입학본부, 『2023학년도 대학 신입학생 수시모집 안내』(2022), 21-23쪽.

을 소유한 부모들에 의해 뒷받침되지 않는다면, 사실상 합격하기는 거의 불가능한 시험제도라고 할 수 있다. 물론 여기에 경제 자본이 추가된다면 한층 더 유리할 것은 말할 필요조차 없다.

한편, 국립대의 상황이 이럴진대 사립대의 불평등적 상황은 더 말할 나위조차 없어 보인다. 가령 연세대의 수시 모집에서, 언더우드학부(인문 사회)는 '국제인재 분야'의 114명을 '특기자 전형'으로 선발하는데, 이는 그야말로 극소수 선택 받은 학생들에게 특혜를 주는 것은 아닌지 하는 의구심이 들 정도이다. 왜냐하면 2단계에서 이루어지는 면접이 총 반영 비율의 40%를 차지하고 있는데, 이것이 과연 객관적이고 공정하게 이루어지는 것인지 여부를 확인하기가 매우 어렵기 때문이다.[22] 다만 이러한 면접에 일방적으로 유리한 수험생은 문화 자본을 충분히 지닌 학생일 것으로 추정된다.

(3) 그렇다면 서울대 수시 '지역 균형 선발' 전형은 어떠할까? 일부에서는 '이러한 유형의 시험 방식은 그래도 문화 자본이나 경제 자본이 열악한 집안의 학생들에게도 통과할 수 있는 문호가 상당 정도 열려 있지 않느냐'는 견해를 표출하고 있기도 하다. 하지만 실상을 알게 되면, 이러한 전형 방식 또한 얼마나 불평등하고 불공정하게 편제되어 있는가를 단번에 알 수 있다. 곧 명분상 '낙후되고 열악한 지역'의 고교생들에게도 자아실현의 기회를 제공한다는 취지에서 이루어진 '지역 균형 선발' 제도는 그야말로 '상징적으로는' 그러한 목적에 부합하는 결과를 낳고 있는 것처럼 보인다. 하지만 합격자들의 경우 서울과 광역시, (대)도시 지역 출신이 압도적으로 많으며, 군(郡) 이하 지역은 대략 5%에 머무르고 있다.[23] 더욱이 군 이하의

22_ 연세대 입학처, 『2023학년도 연세대 수시모집 요강』(2022), 47-49쪽.
23_ 가령 2020학년도 '지역 균형' 선발 합격자의 지역별 분포는 서울 23.9%, 광역시 26.5%, 일반 시 44.6%, 군 5%이다. 서울대 입학본부, 「2020학년도 서울대 수시모집 선발 결과」(2019), 2쪽. ·

농어촌 지역의 경우도 실제로 열악한 환경에서 공부한 학생이 합격했다고 확언하기가 쉽지 않다. 예컨대 이전의 사례를 보면, 군(郡) 지역 고교로서 1명의 합격자를 배출한 학교가 있었는데, 지역만 충북 청원군이지 실제로는 모 과학고였다. 또한 서울에서도 상대적으로 열악한 교육 환경 지역이라 할 특정 강북 학군의 경우, 1명의 지역 균형 선발 합격자를 배출한 모 일반고의 경우, 해당 학생은 부모를 교수로 두고 1년간 미국 고교 과정을 거친, 아울러 경제 올림피아드 입상 실적과 텝스 고득점 등 화려한 스펙을 지닌 경우였다.

이와 관련해 이 지점에서 언급하고 싶은 것은, 서울대의 '지역 균형 선발' 제도가 당장의 학업 성적보다는 "잠재력 있는 지역의 수재들을 뽑기 위한 제도"[24]라는 취지에서 시작했음에도 불구하고, 입학시험에 대한 평등한 기회의 제공이란 측면에서는 여전히 불평등하고 불공정한 제도라는 사실이다. 요컨대 가정 형편이나 지역적 환경이 열악한, 그럼에도 잠재적 역량이 돋보이는 학생들에게 제한적으로 서울대에 입학할 기회를 부여하는 제도라는 긍정적 이점에도 불구하고, 그러한 선발 제도 역시 각각의 지역 고교생들 중에서도 '문화 자본'이 풍부한 집안의 학생들에게 '보다 쉽게' 대학에 들어갈 수 있는 통로를 제공하고 있다는 점에 유의해야만 한다.

실상이 이렇다면, 다소 '극단적으로' 표현해서, 정원 외로 선발하는 '기회 균형 특별 전형'을 통해 '100여 명 남짓'의 열악한 환경에 놓인 농어촌 지역 고교생들에게 서울대 합격의 문호를 개방하면서, 마치 문화 자본의 많고 적음과 상관없이 누구나 열심히 학업에 임하고 노력하면 서울대에 들어올 수 있는 것처럼 요란하게 '선전하면서,' 실제로는 나머지 3,300여 명 정원을 하나같이 사회적·문화적·상징적 상류층의 학생들로 채우기 위한 입시 제도가 서울대 입시 제도의 '실체적 본질'이라고 말할 수 있을 것이다. 요컨대, 겉으로는 마치 '개천에서 용 날 수 있는 것' 같은 외양

24_ 이는 서울대 입학관리본부장을 지낸 서울대 교수 이종섭의 발언이다.

을 취함으로써, 합격자의 절대 다수를 차지하는 문화 자본을 풍족히 소유한 학생들에게 입학의 특혜를 베푸는 것에 대한 사회적 약자 계층의 반발과 저항을 최소화하는 '상징 폭력의 전술'을 바탕으로 정립된 입시 제도가 지금의 서울대 입시 제도의 진상(眞像)이라고 말할 수 있을 것이다.

4) 지식인 계층의 '자기 분열'에 따른 '상징 폭력'의 방조

현재 일선 교육 현장이나 학교에서 가르치고 연구하는 일에 전념하고 있는 초·중·고교 교사, 대학 교수와 연구원, 비정규직 강사, 교육 관련 시민 단체 활동가 등을 중심으로 한 비판적 지식인 계급은, 적어도 자신들이 몸담고 살아가고 있는 현재의 교육체계의 문제점이나 구조적 한계 등을 직관적으로 느끼고 반성적으로 인식할 수 있는 비판적 주체들이다. 나아가 현 교육 현실의 본질적 문제점을 논구하여 그에 대한 해결 방안을 모색·제시하며, 필요하다면 공론화하여 교육체계를 전면적으로 개혁하기 위한 실천 운동을 조직하고 그것을 추동할 선도적 임무를 맡을 실천적 주체들이기도 하다.

하지만 본래 지식인 계급에 의해 제기되는, 기존의 정치체제나 사회질서에 대한 신랄한 비판과 부정은 사실상 지식인 계급의 또 다른 권력욕이나 지배욕의 소산일 수 있다. 그러므로 마치 자신의 개인적, 집단적 이해관계와는 무관하게 중립적이며 보편적인 관점에서 비판적으로 인식하고 고발하는 것처럼 보이는 비판의 대상도 실상은 지식인 계급의 이해관계와 철저하게 연관되어 있을 수 있다.[25] 그런 한에서 비판의 대상도 선별적으로 취사선택할 수 있다. 곧 정치적·경제적 불평등에 대해서는 신랄한 비판을

25_ 특정 학문적 주장이 현실적 이해관계나 권력관계와 무관한 보편적인 것처럼 강변하는 지식인의 태도를, 부르디외는 '지식인주의(l'intellektualisme)'로 규정하여 신랄한 비판을 가하고 있다. 이상호, 아비튀스와 상징질서의 새로운 사회이론(2002), 132쪽; P. Bourieu, Le Sens Pratique(1980), 77쪽 참조.

가하면서도, 정작 지식인 계급 자체의 이해관계와 밀접히 맞물려 있는 문화 자본과 관련된 사회적 불평등의 문제는 배제되기도 한다. 사정이 이렇다면, 작금의 입시 제도가 고액의 사교육을 감당할 수 있는 경제적 부유층에게만 일방적으로 유리한 것처럼 비판적으로 진단하고 그 개선책을 내놓고 있는 특정 주장도 지식인 계급의 이해관계와 어떤 식으로든지 연관되어 있다고 볼 수 있다.

이렇게 해석할 수 있는 것은, 진보적 성향의 비판적 지식인 계급도 교육 문제와 관련해서는 다분히 사회적 강자의 위치에 자리하고 있기 때문이다. 물론 비판적 지식인 집단은 그간 한국 사회의 다양한 구조적 모순과 한계, 문제점들을 비판적으로 지적하고 고발하는 역할을 수행해 왔으며, 그 점에서 교육 문제 또한 예외는 아니었다. 하지만 동시에 이 지점에서 비판적 지식인 계급에 속한 구성원들의 '개별 의식' 내에서는 자기 분열이 또한 일어나고 있기도 하다.

가령 경제적으로 어려운 형편에서 나름 열심히 공부하여 소위 '일류 대학'에 합격하고 이후 졸업한 뒤 대학교에 자리 잡은 정규직 교수들의 경우, 적지 않은 교수들이 어렵게 얻은 현재의 사회적 지위와 신분을 그대로 유지하면서 자신의 자식 대까지 안정적인 사회적 지위를 얻을 수 있게 하려는 의도에서, 가진 것이라곤 문화 자본뿐인 상황 하에서 자녀의 교육에 대해 지대한 관심과 열정을 갖고 뒷받침하고자 진력을 기울이고 있다. 즉 물려줄 경제 자본이 부족한 상황에서, 자신이 소유한 문화 자본의 힘을 최대한 활용하여 자식의 교육과 대학 진학에 심혈을 기울이고 있는 것이다. 명문대 간판과 고학력을 통한 사회적 지위의 획득이 그들이 신분 상승을 할 수 있는 거의 유일한 통로라는 것을 너무나 잘 알고 있기 때문이다.

이 점에서는 아직 학교에 자리 잡지 못한 비정규직 강사들도 거의 마찬가지이다. 오히려 그들은 자신의 지금과 같은 열악한 처지를 자식에게까지는 결코 물려주어서는 안 된다는 절박한 심정에서, 한층 더 자녀의 교육 및 장래에 열정을 쏟고 있다. 그와 함께 자신의 최대 강점인 문화 자본에 기대어 자녀의 일류대 합격을 뒷받침하고자 애쓰고 있다. 이렇듯 지식인 계급에게 있어서도 일류대 간판은 기득권의 지속적 유지를 위해서나 혹은 자식들의 사회적 신분 상승을 위한 유리한 거점을 제공해 준다는 점에서, 동시에 그러한 거점을 확보하는 데 절대적으로 유리한 문화 자본을 상당 정도 소유하고 있다는 점에서 현재의 교육체계 및 입시 제도는 '계급 특수적' 이해관계의 관점에서 '개혁의 대상'이기보다는 '존속·유지되어야 할 대상'으로 다가오기도 한다.

바로 이와 같은 점에서, 비판적 지식인 각자의 자기 분열이 일어나고 있는 것이다. 적어도 비판적 지식인 집단 전체의 차원에서는 그렇지 않을 수 있겠지만, 개별 지식인의 차원에서는 '학력' 혹은 '학벌'이라는 자본은 그나마 지배계급으로 도약할 수 있는 마지막 출구라는 점에서, 지금과 같은 왜곡된 교육체계와 학벌 위주의 사회구도를 타파하기보다는 그에 안주하는 경향성이 좀 더 크게 드러나고 있는 것이다.

그러나 개별 지식인 차원에서 나름 그러한 현실적인 어려움이 있다는 점을 인정한다고 해도, 한국 사회의 교육 현실과 불가분의 관계를 맺고 있는 비판적 지식인 계급이 '공적 이익과 사적 이익 간의 자기 분열' 속에서 후자에 기우는 양상을 일부라도 보여 주고 있다는 점은 심히 유감스러운 대목이 아닐 수 없다. 무엇보다도 전면적 교육개혁의 제1선에서 변혁의 선도적 주체로 나서야 할 이들 비판적 지식인 계급이 이러한 자기 분열 상태에 놓여 있는 한, '개천에서 더 이상 용 날 수 없게 만드는' 현재의 교육체계의 구조적 모순과 한계에 대한 비판적 폭로를 통해 그 실상을 널리 알리고 그 해결 방안을 강구하여 제시함으로써 누구에게나 '학교교육을 통해 개천에서 용 날 수 있는' 가능성을 공정하게 부여하는 그러한 교육체계를 확립하기 위한 근본적 교육 변혁 운동은 적어도 현재로서는 가동되기 어려워 보이기 때문이다. 동시에 그와 같은 전면적 교육개혁 운동이 비판적 지식인 계급을 주축으로 하여 추동되지 못하는 한, 앞으로도 오랜 기간 교육이나 학교를 통해 '개천에서 용 나기는 대단히 어려운' 상황이 지속될 것이다. 그러한 연유에서, 비판적 지식인 계급의 자기 분열은 '교육을 통해 개천에서 용 나기는 거의 불가능한 현실'임에도 여전히 '학교교육을 통해 개천에서 용 나는 것이 가능한 것인 양' 오인시키는 상징 폭력이 끊임없이 자행되는 오늘의 교육 현실을 방조하는 결과를 낳고 있는 것이다.

3. '교육과 학교'를 통해 이루어지는 상징 폭력의 차단 방안 및 '개천에서 용 날 수 있는' 실천 방안의 모색

개천에서 용 나기가 대단히 어렵게 된 오늘의 한국 교육 현실과 관련하여 생각해 볼 수 있는 극복 방안은 크게 두 차원에서 모색될 수 있다. 거칠게 대별해서, 그 하나는 실제 학교 현장에서 찾아볼 수 있는 극복 방안, 즉 '학교 안' 방안을 모색해 보는 것이며, 다른 하나는 교육 현장이 자리하고 있는 한국 사회의 구조적·제도적 현실에서 찾아볼 수 있는 해결 방안, 곧 '학교 밖' 방안을 논구해 보는 것이다.

1) '학교 안' 방안의 모색

(1) 무엇보다, 비록 당장의 문제 해결 방안은 아니겠지만 '개천에서 용 날 수 없는' 현실의 극복을 위한 근본적 출발점이라 할 수 있는 작금의 교육 실태에 관한 '비판적 폭로'가 한층 더 광범위하게 학교 내에서, 아울러 교육 현장 밖에서 이루어져야만 할 것이다. 왜냐하면 사회 전반에 걸쳐 '개천에서 더 이상 용 날 수 없다'는 현실을 일견 인정하면서도 동시에 흔쾌히 수용하지 않은 채 미련을 보이는 이른바 '이율배반적인' 상황은 아직도 우리 사회의 학교 및 교육의 실태를 본질적으로 인식하지 못한 데서 오는 왜곡된 믿음 탓일 수 있기 때문이다.

그래서 그 누구나 용이 되고자 한다면, 적어도 그러한 기회를 마땅히 제공해야 될 학교와 교육이 자신의 기본적 역할과 사명을 제대로 다하고 있지 못한 상황, 나아가 특정 계급 및 계층의 자녀들에게만 그러한 기회를 부여하고 있는 왜곡된 교육의 실상을 보다 '완결적 형태'로 제대로 보여 줄 필요가 있다. 그럴 경우에만, 개천에서 용 날 수 없는 현실이야말로 교육 및 학교가 처한 근원적인 위기적 사태라는 현실에 대해 전 사회적인 관심을 불러일으킬 수 있으며, 위기 타개책의 마련을 위한 실천적 활동에 동참할 여건을 조성할 수 있을 것이다.

(2) 둘째로, 비판적 폭로로서 방안 모색과 밀접히 연결된 것으로서, 일선 학교 현장의 교사들에게 '교육을 통해 개천에서 용 나는 것이 현실적으로 불가능하다'는 실상, 동시에 그러함에도 '교육은 누구에게나 각자의 꿈을 구현할 기회를 여전히 제공하고 있다'는 믿음이 사실은 하나의 거짓된 믿음이요 오인의 기제라는 사실을 있는 그대로 비판적으로 보여 줌으로써 그들의 '교육관'과 '교육철학'을 전면적으로 변화시키는 방안이 강구되어야만 할 것이다.

그리 될 경우에, 어려운 환경에 놓인 제자들에게 격려와 용기를 주려는 선의(善意)와 교육자적 임무에서 비롯된 것이라 하더라도, 제자에게 전달된 '개천에서 용 난다'라는 희망의 말이 정반대로 그들에 대한 상징 폭력이 될 수 있다는 사실을 비로소 교사들은 명확히 인지하게 될 것이다. 이후 그러한 속담을 학생들에게 '별다른 고민이나 성찰 없이' 그대로 전달해 주어서는 안 된다는 점이 교사들 각자에게 분명히 각인될 것이다. 그에 따라 현재의 불공정한 교육 실태와 학교의 본래적 역할의 왜곡화 실상에 대해 전면적으로 고민하고 비판하는 계기가 일선 교사들 사이에 주어지는 상황이 연출될 것이다.

나아가 그러한 분위기의 점진적 확산은 교육 현장의 최일선에서 열정적으로 아이들을 가르치며 함께 생활하는 다수의 교사들로 하여금, 그 어떤 학생에게든지 공정하고 평등한 '자아실현의 기회'가 제공되는 진정한 의미에서의 참된 교육을 지향하는 '근본적 교육 개혁 운동'을 조직하고 추진해 나가는 데 있어서, 주동적인 참여자로 나서게 만드는 데 중요한 계기를 제공해 줄 수 있을 것이다.[26]

(3) 다음으로, 초등학교를 비롯하여 중·고등학교의 '교육과정'과 '교과 교육의 내용'이 전면적으로 재구성되어야만 할 것이다. 그러한 재구성의 주된 방향성은 무엇보다도 현행 교육과정과 개별 교과들의 교육 내용에 들어 있는 '계급 특수적인 불평등 요소'들, 요컨대 문화 자본과 경제 자본이 풍족한 집안의 학생들에게 일방적으로 유리하게 편제되어 있는 현 교육과정 및 교과 교육의 구성 요소들을 집중적으로 제거하고 자본의 소유량에 따른 학업상의 유·불리가 없도록 보다 공정하고 평등하게 전면적으로 개편되어야 할 것이다.

그렇게 될 경우에만 비로소 집안 형편이나 환경, 문화적·경제적 조건에 상관없이 모든 학생들에게 능력 발휘의 기회가 공평히 주어지며, 동시에 학생들 본인들의 순전한 학습 능력과 노력, 성실성 등에 의해 그 성취 결과가 공정하게 판가름 나는, 그와 같은 방식으로 교육과정이 운영되어 나갈 수 있을 것이기 때문이다.

아울러 이러한 재구성 작업이 성공적으로 이루어지기 위해서는 기존의 교육과정을 전면적으로 개편하고 재구성하는 절차적 논의 과정에 — 대체로 이른바 SKY대 출신으로 한국 사회 지배 계층의 일원으로 활동 중인 교육학자와 교수를 비롯한 교육 전문가 및 교육행정 관료 등과 같은 — 특정 지배계급의 인사들만이 집중적으로 참여하는 것을 원천적으로 차단해야만 할 것이다. 그와 함께 사회적 약자 계층의 이해관계를 비롯하여 다양한 계층의 입장과 이해관계를 공정하고 공평하게 대변하고 반영할 수 있는 '중립적 인사'들로 구성될 수 있도록 해야만 할 것이다.

26_ 이와 관련된 보다 진전된 논의에 관해서는 정상진, 「국립대 통합네트워크」(2004), 151-152쪽 참조.

(4) 또한 교육과정과 밀접히 관련된 것으로서, 학교에서 교사들에 의해 이루어지는 학생들에 대한 인성 및 품성, 행동 발달 사항에 관한 '평가 방식 및 그 기준'에 있어서도 전면적인 변화가 강구되어야만 한다. 특히 지금처럼 문화 자본이나 상징 자본이 풍부한 집안의 학생들에게 — 본인이 보다 나은 평가를 위해 아무런 노력을 기울이지 않았음에도 불구하고 — 일방적으로 유리하게 평가가 내려지는 방식은 공정한 것이 아니란 점에서, 조속한 전면적 개선책이 모색되어야만 한다. 그 방향은 문화 자본을 비롯한 자본을 상당 정도 소유한 집안의 아이이든 혹은 아니든 상관없이, 공평하게 그 학생 본인의 인성적 특성이나 행동 사항을 객관적으로 평가할 수 있는 잣대와 평가 원칙이 수립되는 쪽으로 잡혀야만 할 것이다.

그럴 경우에만, 문화 자본이 부족하다는 지극히 우연적이며 자의적인 요인으로 인해, 문화 자본이 많은 집안의 학생에 비해 인성적 차원에서 일방적으로 불리하게 평가받음으로써 학습 수행 과정이나 성취도 차원에서 일방적으로 뒤처지게 되는 상징 폭력의 사태로부터 비로소 벗어날 수 있게 될 것이다. 그리고 그런 한에서 그러한 원칙과 기준, 평가 방식을 수립하고 마련하는 과제는, 누구보다도 학생들의 처지와 입장을 잘 알고 있는 일선 학교 현장의 교사들이 앞장서서 주도해 나가야만 할 것이다.

(5) 끝으로, 지금까지 논의된 것 이상으로 상징 폭력을 종식하고 '개천에서 용 날 수 있는' 현실화 가능성을 한층 더 높이기 위해서는, 무엇보다 시험제도의 전면적인 개선과 개혁이 절실히 요구된다. 여기에는 초등학교의 성취도 평가 시험부터 대입 수능 시험과 수시 및 정시에서의 각종 입학 시험 제도까지 모두 망라된다.

이를 위해서는, 먼저 학생들의 학습 능력이나 성취도 평가를 위한 평가 기제로서 시험에 대한 기본적 관점을 수정할 필요가 있다. 즉 시험은 학생들의 지적 능력 및 역량을 중립적 관점에서 공정하게 평가하는 객관적 기제가 아니라, 문화 및 경제 자본을 풍부하게 소유한 집안의 아이들에게 전적으로 유리하게 평가하게끔 만들어진 계급 특수적인 평가 매체라는 사실을 정확히 인식해야 하며, 동시에 이를 널리 알려야만 할 것이다.

나아가 이러한 사실을 염두에 두고, 학교 및 교육 현장에서 시행되는 각종 시험 유형들을 원점에서부터 새롭게 전면적으로 재편해야 할 것이다. 그리고 그러한 재편 과정의 지향점은 문화적 자본이나 경제적 자본 등에 의해 영향을 받거나 채색되지 않은, 학생 본인의 잠재적 능력이나 가능성, 선행 학습 등에 의해 변형되지 않은 본래의 학습 능력과 성취도 등을 정확하면서도 공정하고 객관적으로 평가할 수 있는 시험 및 평가 기제의 발굴, 개발에 두어야 할 것이다.

또한 그러한 재편의 지향점은 학교 내 시험제도뿐만 아니라 과학고나 외고 같은 특목고 입학시험, 아울러 서울대와 연세대, 고려대 등 주요 대학의 입학시험 제도 등에도 전면적으로 적용되어야만 할 것이다. 왜냐하면 문화 자본이 결여된 학생들에게 총체적인 불이익과 부당한 피해를 가하는, 요컨대 상징 폭력을 일방적으로 행사하는 주된 요인이 다름 아닌 '특정 계층의 학생들에게 일방적으로 유리하게 구성된' 입시 제도이기 때문이다.

그런 한에서 현재처럼 문화 및 경제 자본을 풍부히 소유한 계층의 학생들에게만 차별적으로 '실질적인' 입학의 기회를 부여하고 있는 특목중, 특목고 그리고 SKY대 등의 입학시험 제도는 전면적으로 개혁되어야만 한다. 아울러 원점에서 다시 출발하여 그 어떤 특정 계급의 이해관계도 고려의 대상이 되지 않는, 그야말로 공평하고 공정한 입학시험 제도가 수립·정착되어야만 한다.

이를 위해서는 보다 구체적으로 문화 자본 등을 상당 정도 소유한 부모를 둔 덕에 그 자녀가 획득하게 된, 영어를 비롯한 외국어에 대한 뛰어난 소통 및 해독 능력 등과 같은 유리한 요소들을 평가의 주된 항목으로 삼고 있는 '영어 에세이 작성 시험' 같은 평가 고사는 즉각 폐지되어야만 한다. 아울러 심도 깊고 충분한 '전문적' 독서와 훈련 등을 통해 다져진 뛰어난 논리 구사력 등을 평가하는 수시의 '논술 전형' 등도 현재로서는 폐지하거나 전면적으로 재편되어야만 할 것이다.

본질적으로 이러한 요소나 항목을 평가하는 다양한 형태의 전형 방식은 그야말로 문화 자본의 혜택을 충분히 받는 학생들에게만 오로지 그 능력 발휘의 기회가 제공되고 동시에 통과 합격될 수 있는 입학시험 제도이기 때문이다. 다시 말해, 제아무리 학생 본인이 성실히, 열심히 공부하고 노력하여도 문화 자본이 결여되어 있는 학생의 경우에는 절대적으로 통과하기 어려운, 그럼에도 마치 학생 본인들의 능력과 성실성의 결과로 합격되고 불합격되는 것인 양 오인시키는, 그런 한에서 전형적인 상징 폭력을 행사하는 시험제도이기 때문이다.

나아가 이러한 논리의 연장선상에서, 최근 확산되고 있는 '입학 사정관 제도' 역시 신중한 검토를 통해 전면적인 혁신 및 보완이 이루어져야만 할 것이다. 미루어 짐작하건대, 교과 성적 이외에 학생이 지닌 다양한 지적, 학습적 능력과 가능성을 발견하고 파악하여 입학을 허가하겠다는 취지의 입학 사정관제는, 그 취지의 (형식적) 정당성에도 불구하고 실제에 있어서는 문화 자본이 풍부한 학생들에게 압도적으로 특혜를 주거나 유리한 입지를 제공하는, 불공정한 입시 결과로 이어질 가능성이 높기 때문이다.

결국 이제까지의 논의에 따르면, 이후 대학 입시를 비롯한 입학시험 제도는 '문화 및 경제 자본의 소유 여부와 무관하게' 학생 본인의 본래적 지적 능력과 학습 역량, 지속적인 노력과 성실성 등에 의해 그 학습상의 성취도가 결정되고 동시에 그 결과를 공정하게 평가할 수 있는 형태로 전면적으로 전환되어야만 한다. 아울러 이러한 형태에 '그나마' 근접하는 기존의 대입 시험제도는, 문화 자본 및 경제 자본이 열악한 집안의 학생들의 경우도 본인만 열심히 노력한다면 대체로 그에 상응하는 성취도 결과가 주어졌던 '수학 능력 시험' 제도였다고 판단된다. 그런 한에서 이후 확립될 대학 입학 시험제도는 기존의 수능 시험제도를 바탕으로 하여 새롭게 재구성되는 것이, 적어도 '개천에서 용 나게 하는 교육'이라는 측면에 부합하는, 합당한 방향성이 아닌가 한다. 물론 이는 모든 계층의 사회 구성원들이 자유롭게 참여하여 이루어지는 이성적이며 공정한 민주적 토론 과정을 거쳐 최종 결정되어야 할, 그런 한에서 여전히 열려 있는 사안이라 하겠다.

2) '학교 밖' 방안의 모색 및 강구

(1) 앞서도 잠시 언급한 바와 같이, 학교나 교육을 통해 누구에게나 개천에서 용 날 수 있는 환경을 마련해 주기 위해서는 교실 내에서 뿐 아니라 그 밖에서도 동시에 그 방안을 모색하고 강구할 필요가 있다. 본질적으로 상징 폭력의 완전한 해소와 자아실현 기회의 균등한 제공을 위한 현실적 방안의 모색은, 교실 '안과 밖'이 밀접하게 연결된 상태에서 논구될 수밖에 없는 것이기 때문이다.

이러한 맥락에서, 뒤틀린 한국의 교육 현실의 타개를 위한 '학교 밖' 방안의 모색과 관련하여 우선적으로 요청되는 것은, 현 교육 문제를 비판적 탐구 대상으로 삼아 심도 깊게 논의하고 그것의 해결책을 고민하고 제시해야 할 사명과 임무가 주어진 '비판적 지식인'들의 적극적인 참여와 역할 수행이다. 이 점이 이 시점에서 한층 더 강조될 수밖에 없는 이유는, 현행 교육 제도 및 환경 하에서 비판적 지식인 계급은 다분히 이익을 취하고 누릴 수 있는, 적어도 결코 손해 보지 않는 유리한 상황에 놓여 있다는 점 때문이다. 다시 말해, 지식인 계급은 지금처럼 문화 자본이 많은 계층의 자녀들에게 대단히 유리하게 구축되어 있는 현행 교육체계나 입시 제도에 대해, 근본적으로 변혁해야 할 동인이나 계기를 부여받기에 '다소간' 머뭇거릴 수밖에 없는 애매한 처지에 놓여 있다.

하지만 비판적 지식인 계급에게는, 사적 이해관계에 함몰되지 않고 그것을 뛰어넘어 '사회정의'와 '사회적 공정성'이라는 공익적 차원에서 불공정하고 불평등한 지금의 잘못된 교육 현실을 바로잡아야 할 당위적 책무와 규범적 역할이 주어져 있다. 이를 회피하거나 외면해서는 진정한 의미에서의 비판적 지식인이라고 할 수 없다.[27]

비록 현재의 교육 제도 및 환경, 정책 등이 문화 자본을 다량 소유한 지식인 계급의 자녀들에게 유리하게 편재되어 있다고 해도, 그러한 사적 이익과 기득권을 포기하고 '비판적 지식인으로서의 역할'에 대한 치열한 자각과 소명 의식을 일깨움으로써 교육 및 입시 제도를 전면적으로 개혁하고 변화시켜 나가는 데 있어서 선도적 위치에 서 있어야만 할 것이다. 요컨대, 문화 자본이 많든 혹은 없든, 경제적으로 풍요하든 혹은 아니든, 그러한 외적 환경과 조건에 구애받지 않고 누구나 자신의 소박하고 귀중한 '꿈'을 실현할 수 있는 기회를 학교나 교육을 통해 공평하게 제공받을 수 있는, 그러한 교육체계와 환경을 정초하고 마련하는 데 교사와 교수, 강사 등 교육 일선을 지키는 지식인 계급이 앞장서야만 할 것이다. 이를 위해서는 무엇보다 개인적 차원에서의 이해관계를 떠나 '사회 비판과 정치적 실천'을 추구하는 비판적 지식인으로서의 역할이라는 대의(大義)를 결집하는 방향에서 '전면적인 학교 및 교육 개혁 운동'을 조직하고 추진해 나가야만 할 것이다.[28] 이것이 현 단계에서 교사와 교수, 강사 등이 중심이 된 비판적 지식인 집단에게 부여된 최우선적인 과제의 하나이다.

(2) 끝으로, '학교 내' 방안들에 의해서도 '학교를 통해 자아실현의 기회가 동등하게 제공됨으로써 본인의 능력과 노력 여하에 따라 누구든지 개천에서 용 날 수 있는 상태'가 이루어질 가능성과 전망이 보이지 않을 경우, '최후'의 방안으로서 고려될 수 있는 '학교 밖' 방안으로는 '대학 서열 혁파 운동'을 들 수 있다. 여기에는 보다 구체적으로 '서울대 학부 폐지'와 '모든 대학의 평준화' 방안 등이 포함된다.

27_ 이에 관해서는 강내희, 『교육개혁의 학문전략』(2003), 398-407쪽 참조.
28_ 정진상, 『국립대 통합네트워크』(2004), 159쪽.

이러한 근본적 차원에서 제기되고 있는 ― 학벌 중심의 사회 구도를 전면적으로 전복시키고자 시도하는 '학벌 타파 운동'까지 포함하여 ― '급진적 교육개혁 운동' 방안에 관해서는 최근 적지 않은 생산적 논변들이 개진되고 있다.[29] 그런 한에서 이에 대한 추가적인 해명은 생략하고자 한다. 대신 이 글에서는 '개천에서 용 날 수 있는 사회로의 복원'을 현실화하기 위한 최후의 방책으로서 이처럼 근본적이며 전면적인 '대학 서열 파괴 및 전 대학의 평준화'[30] 방안을 제안하려는 의도를 조금 밝혀 보는 데 한정하고자 한다.

우선, 앞서 제시한 바 있는 다양한 '학교 내' 현실화 방안들의 경우, 그 일부는 결국 제한적인 효과와 부분적인 개선을 이루는 데 그칠 수 있다. 물론 초·중·고교 전 교육과정의 근본적인 혁신과 서울대를 비롯한 주요 명문대의 입학시험 제도를 전면적으로 개혁하는 방안이 이 글에서 의도하는 바대로 성공적으로 이루어진다면, 적어도 학교 및 교육 현장에서는 '개천에서 용 날 수 있는' 환경이 조성될 수 있을 것이다. 즉 문화 자본을 거의 소유하지 못한 집안의 학생들도 본인의 재능을 최대한 발휘하는 노력과 성실성 덕분으로 자신이 원하는 대학에 입학할 수 있는 ― 가령 의사가 되고자 서울대 의대에 가고자 한다면 진학할 수 있는 ― 그야말로 '학교가 학생들 누구에게나 자신의 꿈을 이룰 기회를 실제로 공정하고 공평하게 제공할 수 있는 상황'이 현실화될 수 있을 것이다.

하지만 그럼에도 여전히 염려스러운 대목은, 아무리 완결적 형태로 교육 체계와 제도, 입시 제도와 정책 등이 개혁되고 변혁된다고 해도, 경제 자본 소유의 양적 차이에 따른 불평등과 불공정성은 상당 정도 해소될 수 있겠지만, 문화적 자본을 많이 소유하고 있는가, 그렇지 않은가에 따른 '교육

29_ 이에 관해서는 김상봉, 『학벌사회』(2005); 정진상, 『국립대 통합네트워크』(2004); 강내희, 『교육개혁의 학문 전략』(2003); 김경근, 『대학 서열 깨기』(1999) 등 참조.

30_ 이에 대한 보다 구체적인 내용과 실천 전략에 관해서는 경상대학교 사회과학연구원 엮음, 『대학서열체제 연구: 진단과 대안』(2004)의 2부 '외국대학의 사례들과 대학서열체제 혁파방안' 참조.

적 차별화'와 '교육적 불평등'은 여전히 존속될 가능성이 잔존하고 있다는 점이다. 물론 어떤 경우나 상황도 완벽하게 이상적인 상태일 수는 없을 것이다. 학교에서 공부를 잘하고 못하는 것이 그 학생의 부모가 문화 자본을 얼마나 많이 소유하고 있는가 여부에 따라 결정되는 것이 아니라, 그와는 무관하게 학생 본인의 능력과 노력 여하에 따라 결정되는 교육 환경과 제도를 거의 완벽하게 구현한다고 해도, 문화적 자본의 소유량과 같은 '외적·환경적 요인'을 완벽하게 배제하고 차단하기는 대단히 어려울 것이기 때문이다.

그런 점에서, 아무리 입시 제도 등을 포함한 교육체계 전반을 전면적으로 혁신하다고 해도, 여전히 문화적 자본을 조금이라도 더 많이 소유한 집안의 아이들이 그러한 기회를 부여받을 가능성과 여지를 남긴다면, 또 다른 방안으로 우선적으로 고려하게 되는 것이 바로 '학벌 타파 운동'의 일환으로 제안된 '모든 대학의 평준화' 방안이다. 물론 이 대안이 최종적으로 선택되기 전에 먼저 교육과정의 근본적 재구성과 입학시험 제도의 전면적 개혁 등이 포함된 총체적인 교육 제도 및 정책, 환경의 개혁 작업이 선행되어야만 할 것이다. 비록 교육을 통한 개천에서 용 나게 하기가 현실적으로 쉽지 않을 것이라는 전망이 우세하더라도, 일단은 교육 및 학교의 전면적 개혁을 추진함으로써 누구나 개천에서 용 날 수 있게 해 주는 그러한 교육 환경과 학교가 현실에 구현되도록 해야 하기 때문이다.

그럼에도 이러한 '학교 내' 방안이 더 이상 문제 해결의 근본적 지침과 수단이 되지 못하는 경우에는, 최후의 수단으로서, 현재와 같은 교육적 불평등과 불공정성의 근본 원인들 가운데 하나인 학벌의 폐해를 제거하기 위한 운동의 전개와 더불어 모든 대학의 평준화 방안을 추진해야 할 것이다. 이러한 방안은 결국 서울대를 비롯한 연세대와 고려대 같은 명문대 사이에, 아울러 명문대와 그렇지 못한 대학들 사이에, 구조적으로 위계 지어진 '대학 서열 체제'를 파기하여 모든 대학을 평준화 해버림으로써, 문화 자본이 많은 집안의 학생이 서울대를 비롯한 소위 '일류대'에 합격할 가능성이 매우 높은, 그런 한에서 명문대에 들어갈 기회를 누구에게나 공정하게 제공하고 있지 않은 현행 교육 정책과 입시 제도를 '원천적으로' 무력화시키는 극단적인 처방책이다.

이러한 사정을 감안할 때, '학교 내' 방안들은 거칠게 표현해서 문화 자본의 소유 여부를 떠나 누구나 본인의 능력과 노력을 통해 명문대에 진학할 수 있는 교육 환경 및 조건을 만드는 데 역점을 둔 것이라고 할 수 있다. 그에 비해 대학 평준화 같은 '학교 밖' 방안들은 명문대 및 명문대 중심의 대학 서열 구조 자체를 아예 없애 버림으로써, 문화 자본을 많이 소유한 부모를 가진 학생들에게 명문대에 진학할 기회를 한층 더 많이 부여하고 있는 현재의 부정의한 교육 및 입시 제도의 존립을 근본적으로 허용하지 않는 데 방점을 둔 극단적 처방책이라고 할 수 있을 것이다.

다만 '학교 내' 그리고 '학교 밖' 대안들 가운데 '어느 것이 오늘의 상황에서 개천에서 용 날 수 있는 공정한 교육 여건을 확실히 구현하는 데 현실적으로 기여할 것인가?'를 따져 보는 것은 보다 심도 깊은 논의와 그에 따른 합의가 요구된다. 더불어 그 현실적 효과와 성과 못지않게, '어느 방안이 계급적, 계층적 이해관계를 뛰어넘어 전 사회 구성원들의 바람과 요구, 그리고 동의를 확보해 낼 수 있는가'에 관해서도 폭넓은 논의와 의견 수렴이 필요한 사항이다. 그런 연유에서, 이후 어떠한 실천적 방향성을 향해 교육체계의 전면적인 개혁과 혁신이 이루어져야 하며, 그 과정에서 구체적인 방안은 어느 것이 되어야 하는가에 대한 최종적 결정은 기본적으로 '열려 있는 문제'라고 할 것이다.

4. 나가는 말: 이 글의 한계와 이후 작업의 방향성

이 글은 본래 한국 사회의 학교 및 교육 현장에서 빚어지고 있는 불공정하고 부정의한 사태, 즉 '학교는 계급 및 계층에 상관없이 그 어떤 학생에게나 자신의 꿈과 희망을 구현할 수 있는 기회를 공정하고 평등하게 부여해야 한다'는 상식적 믿음과 바람이 여지없이 무너져 버린 현실태를 '비판적으로 폭로'해 보여 주는 데 일차적 목표를 두고 있었다. 그에 따라 교육 및 학교 현장의 실상에 초점을 맞추어, 더 이상 개천에서 용 날 수 없다는 사실을 철학적으로 확인해 보여 주는 작업을 수행하였다.

하지만 '개천에서 용 나기가 거의 불가능해진' 오늘의 학교 및 교육 현실을 비판적으로 확인해 보는 작업을 통해 정작 '확인'하게 된 진실은, 이러한 실태를 해결하거나 극복할 현실적 방책을 찾기가 그야말로 '불가능하다'는 사실이었다. 그런 한에서, 어찌 보면 이 글이 본래 의도했던 '개천에서 용 날 수 없음에 대한 철학적 확인' 작업은 어느 정도 성공적으로(?) 달성되었다고 볼 수 있을 것이다.

그런데 무릇 비판적 검토와 진단이 내려질 경우, 그에 대한 적절한 해결책 혹은 극복 방안을 강구하여 제시하는 후속 작업이 곧바로 이어져야 한다. 이 글 또한 '형식적으로는' 그러한 순서를 밟아 학교 현장에서 자행되고 있는 상징 폭력을 조속히 차단하고 여전히 개천에서 용 나게 할 수 있는 현실화 방안의 모색과 관련하여, 거칠게나마 그 대략적인 방향과 견해의 일단을 개진해 보였다. 그리고 그 과정에서, 비록 불명료하고 '단초적(端初的)' 형태이기는 하지만, 몇 가지 방안들 또한 '학교 내'와 '학교 밖'으로 구분하여 개략적으로 제시해 보았다.

그러나 '다시금 개천에서 용 날 수 있는 방안은 어디서 찾을 수 있을까?'라는 물음에 대한 '만족스러운 해답'을 얻는 데는 결국 실패했다고 볼 수 있다. 이렇게 된 데에는 작업을 수행함에 있어서 그 고찰 범위를 실제 교육 및 학교 현장으로 제한했다는 점이 무엇보다 한몫했다고 볼 수 있다. 그리고 이는 보다 총체적이며 근본적인 해결 방안을 모색해 보는 과정에서도 적지 않은 걸림돌로 작용하였다. 그런 한에서 이 점은 이 글이 지닌 본래적인 '한계'라고 할 수 있다. '학교 밖에서 벌어지고 있는 개천에서 용 날 수 없는 실태'는 처음부터 고찰의 대상에서 제외되어 버린 탓에 처방책을 강구하는 작업 역시 실제 학교와 교육체계에 한정하지 않을 수 없었기 때문이다. 그로 인해 실제 학교 현장을 벗어나 한국 사회의 일상적 삶의 현장에서 빚어지고 있는 '학벌'의 횡포와 그에 따른 부정의하고 불공정한 실태 ― 곧 학벌에 기인한 차별로 인해 개천에서 용 날 수 없는 실태 ― 등을 고려하지 못하게 되었으며, 결국 이 글은 교육 영역 내에서 제한적인 해결책을 모색해 보는 데 머물고 말았던 것이다.

그러므로 이후의 후속 작업에서는, '학교 밖'의 삶의 장(場) 곳곳에서도 '개천에서 용 날 수 없음'을 철학적으로 확인해 보여 주는 작업이 우선적으로 수행되어야만 할 것이다. 그리하여 교육 현장을 중심으로 한 '미시적' 고찰과 한국 사회 전반을 대상으로 한 '거시적' 고찰의 잠정적 성과를 상호 연결지어, 더 이상 개천에서 용 나기가 어려운 오늘의 한국 사회 현실을 타개하고 극복할 수 있는 그야말로 총체적이며 동시에 구체적인 현실적 해결 방안을 모색하고 제시할 수 있어야만 할 것이다. 요컨대, 교육 체계 내에서의 해결 방안과 실제 삶의 현장에서의 해결 방안, 나아가 양자를 아우르는 총괄적이며 근원적인 구체적 처방책을 한층 더 심도 깊게 강구하는 과제가 이후의 후속 작업에서는 핵심적인 수행 과제로 설정되어야만 할 것이다.

실상이 이와 같음에도, 이 글이 학교와 교육 현장을 중심으로 논의를 전개하고자 했던 것에 대해 조금 변명해 본다면, 한국 사회 전반을 가로지르는 '개천에서 용 날 수 없는 실태'를 분석하고 그에 대한 해결책을 모색해 보려는 시도는 사실상 이 짧은 글을 통해서는 어렵다고 판단했기 때문이다. 그에 따라 '개천에서 용 날 수 있는 기회를 누구에게나 제공하고 있다고 믿어지고 있으며, 또한 당위적으로 마땅히 그래야만 하는 학교 및 교육 현장'의 실태를 일차적 분석 대상으로 삼아 검토해 보고자 했던 것이다.

따라서 이번 글에서는 교육 현실을 중심으로 개략적인 문제 제기와 그 실상을 밝히는 데 주력하고, 그에 대한 단초적인 해결 방안을 모색해 보는 데 머무를 수밖에 없었다. 하지만 이어질 후속 작업에서는 교육 현장을 포함하여 한국 사회 전반의 불공정성과 부정의성의 실태를 비판적 고찰의 대상으로 삼아 '개천에서 용 날 수 없는' 사회 현실에 대한 보다 구체적이며 근본적인 극복 방안을 논구·모색해 보는 데 주력해 볼 것이다.

그럼에도 왜 지금 민주 시민 교육인가?

실천철학의 관점에서

1. 들어가는 말

　민주 시민 교육에 관한 이처럼 짧은 글을 쓰게 된 계기는 2019년 11월 23일, 충남대에서 열린 '한국동서철학회 추계학술대회: 민주 시민 교육과 철학의 기여'에 참가하여, 한 발제문에 대한 논평문을 쓰게 된 데에서 마련되었다. 당시 임채광(대전신학대 교수)의 논문 「한국사회의 가치갈등과 민주시민 교육을 통한 해결방안 연구」에 대해 나름 비판적인 시각에서 몇 가지 문제점을 지적하면서, 저자 역시 그 제한성과 한계 그리고 민주 시민 교육이 통치 세력에 의해 체제 옹호 이념으로 전용될 '이데올로기적 위험성(?)'[1]에도 불구하고, '민주 시민 교육이 지금 왜 필요하며 또한 사회적으

1_ 문재인 정부 하에서 갑작스럽게(?) 민주 시민 교육이 활성화되었던 상황은, 적어도 명분 상으로 수긍할 수 있는 여지는 많지만, 그럼에도 일말의 의구심이 드는 것 역시 어쩔 수 없 다. 이는 '개혁적 정권'임을 자임했던 문재인 정부 하에서 빚어진 일련의 사태들, 특히 진보 의 가치와 이념이 속절없이 무너지고 민주주의가 퇴행적 · 파괴적 양태로 전개되는 실상을 목도하게 되면서, 소위 진보 정권 및 진영의 정치적 · 사회적 행태에 대해 갖게 된 실망과 불 신, 회의에서 비롯된 것이다. 이러한 부정적 시각에서 접근하게 되면, '20년 진보 집권론'을 비롯하여 '진보 집권 플랜'이라는 것이, 이미 기득권 세력으로 전락해 버린 소위 '진보 통치 세력'이 개혁을 빙자하여 실제로는 자신들의 사적 · 집단적 이해관계를 유지 · 강화하려는 '정치 공학적 기획'은 아닌가 하는 의구심을 짙게 갖지 않을 수 없다. 나아가 이런 맥락에 서, 민주 시민 교육의 활성화나 '민주 시민' 교과(敎科)의 개설 시도 등이 과연 실질적 민주

로 요청되는가?'에 대해 진지한 문제의식을 갖게 되었다. 이 글은 이 점을 거칠게나마 짧게 비판적으로 피력해 보고자 의도된 것이다.

다만 이 글은 민주 시민 교육에 관한 전문 연구자들이나 학자들을 주 대상으로 삼은 보다 전문적이며 논쟁적인 학술적 논변을 개진하는 글은 아니다. 그보다는 이러한 주제나 문제가 내장하고 있는 '실천철학적 함의' 또는 '도덕교육적 의미' 등과 관련하여, 장차 교육 분야에 몸담게 될 예비 초등 교사인 교대생에게 '현 상황에서 민주 시민 교육이 왜 필요한가?'에 대해 실천철학적 관점에서 몇 가지 현실 연관적인 이유나 근거, 정치철학적 논거, 도덕교육적 필요성 및 시사점 등을 간략하게나마 개진해 보려는 의도에서 마련된 것이란 점을 밝혀 둔다.

2. 민주 시민 교육을 통한 사회적 분열의 치유가 우선인가? 민주 시민 교육의 제도화를 위한 사회변혁적 실천 투쟁이 일차적인가?

1) 민주 시민 교육의 실천적 효과 및 효용성에 관해 과도할 정도로 낙관적인 옹호론자들은 민주 시민 교육을 통해 주된 사회적 난제나 위기적 사태가 일거에 극복되고 넘어설 수 있는 것인 양 '장밋빛 전망'을 제시한다. "사회적 갈등과 문제 상황으로부터 벗어나기 위한 중요한 원칙은 우선 '교육적 방법'으로 문제를 풀어야 한다고 보았다는 점, 둘째, '민주적 시민 교육의 원칙'을 견지하였다는 점, 마지막으로 정파성을 떠나 '공정성'과 '자율성'을 전제로 하는 실천적 활동을 강조하고 있다는 점이다. 일괄하여 정리한다면, 이들은 사회적 갈등 상황에 대한 해결을 위하여 '교육 역량'

화의 구현을 위해 주창되는 것인지, 아니면 특정 지배 세력의 반영구적 집권을 위한 '이데올로기적 기반'의 확보를 위해 제기되는 것인지, 개인적으로는 상당히 의문이 든다. 이와 관련해 '진보 정치 세력(민주당)'의 장기 집권론에 관해서는 이해찬, 「[이해찬 독점 인터뷰 1] 나는 왜 20년 집권을 말했나」(2020년 9월 14일); 오연호, 조국, 『진보집권플랜』(2010) 참조.

을 통한 대안을 제시하고 있다는 점이며, 현시대에 상응하는 민주적 가치의 시대정신을 반영한 교육 원칙, 즉 민주 시민 교육을 통한 갈등 해소를 위해 시도하였다는 사실이다."[2]

물론 이러한 주장에 담겨 있는 근본적 문제의식과 의도, 이론 기획의 취지에 대해서는 충분히 이해하고 공감할 수 있다. 하지만 교육이라는 '의식 변화적 방식'이 지닌 근본적 취약점으로 인해 이러한 주장은 사실상 견지되기가 쉽지 않다. 무엇보다 그러한 옹호론이 반복적으로 주장하고 있는 '교육 역량의 강화를 통해, 혹은 오늘의 시대에 부합하는 민주 시민 교육의 제도화와 활성화를 통해 우리 사회의 다양한 사회적 가치 갈등 및 대립 사태가 극복될 수 있다'는 낙관(론)적 예상은 사실상 상당한 의구심을 자아내게 만들기에 충분하다.

알다시피 민주 시민 교육과 같은 교육적 방법에 의거하여 사회 내 다양한 갈등과 대립의 문제를 해소 내지 해결하려는 전략적 방안은, 교육을 통한 사회 구성원 개개인의 '의식 개혁'에 의해 구성원 각각의 시민 의식과 민주 시민적 덕목을 한층 더 강화하고 재무장시킴으로써 대결적 충돌 사태를 넘어 사회적 통합을 이루려는 실천 방안이라 할 수 있다.

하지만 '개인윤리적 관점'에 기반한, 의식의 변화를 통한 문제 해결 방식이 지닌 한계에 대한 실천철학적 논의에서 이미 밝혀진 대로, 민주 시민적 윤리 의식의 강화나 실천적 의지의 고양을 통해 사회적 현안을 '근본적으로' 해결하는 것은 사실상 '가능하지 않다'는 것이 일반적인 해석이다.[3] 요컨대 이념적 대결 상황이나 계급(층)적 대립 같은 사회적 문제들은 사회 구조나 제도, 정책 등을 전면적으로 뜯어 고치고 혁신함으로써(만) '비로소' 해결 가능한 문제라는 점에서, 교육(역량)을 통한 문제 해결 방식은 그리 성공적인 대안이 되지 못할 가능성이 매우 높다 할 것이다.[4]

2_ 임채광, 「한국사회의 가치갈등과 민주시민 교육을 통한 해결방안 연구」(2019), 131쪽.
3_ 이 점에 관해서는 선우현, 『도덕판단의 보편적 잣대는 존재하는가』(2020), 237-238쪽 참조.

2) 물론 이러한 비판적 평가나 진단이, 교육을 통한 문제 해결 방안이 무용하다거나 실효성이 전혀 없다는 것을 주장하려는 것은 아니다. 그런 만큼 교육 역량의 강화를 통한 사회적 현안의 극복 방안이라 할 수 있는 민주 시민 교육이나 인간학적 교육이 가치 갈등으로 인한 사회적 분열상을 '부분적 내지 보완적'으로 해결하고 치유하는 데 나름 기여할 수 있다는 점에는 충분히 동의한다. 하지만 그러한 의식 개혁 내지 전환에 의거한 실천 방안은 '제한적으로만' 문제 해결에 이바지한다.

이를테면 한국 사회 내부에 고착화되어 있는 부동산 투기 등으로 인해 야기된 빈부 격차나 양극화 사태가 가진 자들의 도덕적, 내적 성찰과 규범적 자의식의 강화 내지 전환 등을 통해 '과도한 사적 욕망'을 억제함으로써 일부분이나마 해소될 여지는 있다 할 것이다. 하지만 그러한 내적 성찰과 의식 개혁을 촉진하는 교육적 방안인 민주 시민 교육의 시행과 제도화를 통해 다양한 형태 및 층위의 사회적 갈등 사태가 '근본적으로' 해소되고 치유되기는 쉽지 않아 보인다. 그럼에도 해결·극복될 수 있다고 전망하는 것은 '교육과 교육을 통한 의식 변화를 통해 해결하지 못할 사회적 문제는 없다'는 식의 근거 없는 '(의식) 교육 만능주의' 입론에 다름 아닌 것이다.[5]

실제로 그러한 사회적·계층(급)적 갈등 및 분열 사태는 그것을 유발한 근본 원인으로서 사회구조적 모순과 병폐, 제도적 난점 등을 근원적으로 해결하지 않고서는 결코 넘어설 수 없는 것들이다. 이는 실천철학사에서 마르크스(K. Marx)에 의해 개진된 '의식이 존재를 결정짓는 것이 아니라, 사회적 존재가 의식을 규정한다'[6]는 '존재의 의식 규정성' 테제에 비추

4_ 선우현, 「사회적 갈등을 해결하기 위한 방안으로서의 민주시민 교육은 '어떻게' 현실화·제도화 될 수 있는가?(논평문)」(2019), 144쪽.
5_ 선우현, 「사회적 갈등을 해결하기 위한 방안으로서의 민주시민 교육은 '어떻게' 현실화·제도화 될 수 있는가?(논평문)」(2019), 144쪽 참조.
6_ K. Marx, *Zur Kritik der Politischen Ökonomie*, MEW 13(1975), 8-9쪽; K. Marx/F. Engels, *Die deutsche Ideologie*, MEW 3(1969), 27쪽.

어 경험적으로 입증된 사실이기도 하다. 그런 한에서 민주 시민 교육을 통해 그러한 사회적 문제나 병폐가 해결될 수 있다고 보는 것은 '의식이 존재를 궁극적으로 결정한다'는 '강한 관념론적 편향성'을 드러내 보여 주는 것이라고 말할 수밖에 없다. 그러한 '관념론적 주관주의'[7]는 실제 문제 해결과 관련하여, 실효적으로 아무런 현실적인 성과도 거둘 수 없으며, 그런 한에서 기득권 계급의 이익을 여전히 보전하게 해 주는 — 다소 과장되게 말해서 — '현실의 지평에서 벗어난' 허구적 사유 방식이라 할 수 있다.

3) 하지만 문제는 또 있다. 곧 교육 역량에 의거한 해결 방안으로서 '민주 시민 교육의 전면적 제도화와 시행'을 통해 사회적 갈등이나 이념적 분열 상황을 타개할 수 있다고 해도, 그러한 민주 시민 교육의 방안이 학교 현장에서 총체적으로 구현되어 활성화될 수 있게끔 만드는 구체적인 실천 방안은 과연 어디서 확보할 수 있는 것인가에 대한 문제가 그것이다. 적어도 그러한 실현 방안은 교육(방식)이나 교육 역량 그 자체에서 마련될 수는 없다. 개별 구성원들이, 오늘의 변화된 민주화 시대에 부합하는 '비판적 민주 시민 의식'으로 한층 더 무장되어 있으며 민주 시민적 덕목과 책무를 보다 더 적극적으로, 아울러 자발적으로 실천하려는 규범적 당위 의식이 내재화된 '보다 진화된' 시민으로 거듭나기 위해서는, 민주 시민 교육이 사회 전반에 걸쳐 제도적으로 안착되어야만 한다. 그러한 제도화 및 활성화는 민주 시민 교육 그 자체에 의해 자동적으로 이루어지는 것은 아니기 때문이다.

이처럼 여기에는 또 다른 실천적 방안이 요구된다. 다시 말해, 민주 시민 교육이 사회 내에 전면적으로 제도화되기 위해서는 그 같은 사회구조적 변화와 혁신을 위한 실천적 운동 혹은 사회변혁적 실천 투쟁이 필수적으

7_ 관념론적 주관주의는 "그 어떤 문제도 인간의 의지와 실천적 행위에 의해 해결되고 넘어설 수 있다"는 입장을 가리킨다. 선우현, 『자생적 철학체계로서 인간중심철학』(2009), 455쪽.

로 요청된다. 오늘의 민주화 시대에 부합하는 시대정신을 담은 민주적 가치들을 개인들에게 제시하고 훈육하여 민주(시민)적 가치관을 지닌 비판적 시민으로 키워 내는 민주 시민 교육 그 자체의 기능과 역할은, 그것을 학교를 비롯한 사회 전체에 전면적으로 제도화하는 '실천적 변혁 운동'을 통해서만 가능해지기 때문이다.[8]

이 점을 민주 시민 교육이 이루어지는 방법론적 틀의 하나인 '토론식 수업'에 주안점을 두어 좀 더 구체적으로 살펴보도록 하자. 먼저, 방금 언급한 것처럼 자유롭고 평등한 의사소통에 기초한 토론식 수업의 실시는 민주 시민 교육의 활성화를 위한 핵심적인 근본 전제 조건들 중의 하나이다. 한데 작금의 한국의 교육 현실은 이른바 '극소수의 승자'와 '절대 다수의 패자'를 양산하는 입시 위주의 교육 시스템이 전일적으로 구축되어 있는, 무차별적인 경쟁의 공간으로 변질되어 버린 지 이미 오래이다. 그런 점에서, 투쟁의 장(場)으로 전락해 버린 학교 현장을, 학생과 교사 간의 관계를 일방적인 주종 관계로부터 상호 존중과 인정에 바탕을 둔 자유롭고 평등한 수평적 관계로 재구축하고 그에 기초한 민주적인 토론식 수업이 전면적으로 이루어지는 교육의 장소로 전환하려는 시도는 사실상 지금으로서는 거의 '불가능'에 가깝다고 할 수 있다. 왜냐하면 그처럼 전면적으로 교육제도를 개혁하기 위해서는, 무엇보다 한국 사회의 교육 현실을 이처럼 나락에 빠뜨린 보다 근본적이며 본질적인 요인들을 혁파해야'만' 하기 때문이다. 가령 오랜 기간 한국 사회의 기저에 공고하게 자리한 채 개별 구성원들의 인생관과 삶의 양식마저 자의적으로 규정하고 제어해 온 '위계적이며 서열적인 학벌 체제'를 전면적으로 폐기하고 혁신해야만 한다. 하지만 이는 그야말로 '획기적인' 혁명적 결단과 사회적 연대에 기초한 '지속적인' 사회변혁적 실천 운동과 투쟁이 필수적으로 요청되는바, 현재로서는 사실상 불가능에 가깝다 할 것이다.

8_ 선우현, 「사회적 갈등을 해결하기 위한 방안으로서의 민주시민 교육은 '어떻게' 현실화·제도화 될 수 있는가?(논평문)」(2019),143-144쪽 참조.

상황이 이렇다면 적어도 '우리 교육의 실상'과 관련해서 현시점에서 우리에게 최우선적으로 요구되는 당면 과제는 다음의 것이 될 것이다. 곧 교육 역량의 강화와 그것을 통한 현실 타개적인 대안 마련의 일환으로 민주 시민 교육의 전면적 제도화와 활성화를 실제로 가능케 할 '교육 제도 및 구조의 근본적 개혁'을 위한, 사회적 합의와 연대를 바탕으로 한 '사회변혁적 실천 운동'을 그야말로 '혁명적 방식'에 준하여 가열차게 전개해 나가는 것이다.[9]

3. 그럼에도 '왜' 민주 시민 교육인가?

앞에서 우리는 현시점에서 우리에게 일차적으로 주어지는 과제는 '민주 시민 교육의 전면적 활성화를 통한 사회적 가치 대립의 치유 극복인가?' 아니면 그러한 '민주 시민 교육의 전일적 제도화를 위한 사회변혁적 실천 투쟁인가?'라는 두 대립항적 선택지를 놓고, 후자 쪽의 손을 잠정적으로 들어 주었다.

사정이 이와 같다면, 현시점에서 민주 시민 교육은 불필요하거나 현실적으로 그 효용성이 보잘것없다고 봐야 할 것인가? 이와 관련해, 앞에서도 잠시 언급한 것처럼, '그렇지 않다'는 것이 기본적 답변이다. 비록 민주 시민 교육을 통해 사회적 현안을 해결·극복하는 것이 현실적으로 쉽지 않은 것이 사실이지만, 불완전한 형태일망정 민주 시민 교육이 이루어질 현실적 필요성과 요구성은 만만치 않게 크다고 할 것이다. 말할 것도 없이 입시 위주의 무차별적인 경쟁 교육으로 인해 우리의 학교와 교실이 거의 아수라장으로 전락해 버린 오늘의 '절망적인 교육적 실태'를 민주 시민 교육으로 '일거에' 해결할 수는 없을 것이다. 하지만 그러한 비판적 민주 시

9_ 선우현, 「사회적 갈등을 해결하기 위한 방안으로서의 민주시민 교육은 '어떻게' 현실화·제도화 될 수 있는가?(논평문)」(2019), 145-146쪽 참조.

민 교육을 통해 현재 우리 교육이 처한 '본질적 실체와 실상'을 적확히 인식하고 그로부터 벗어날 구체적인 실천적 대안을 모색·강구하도록 이끄는, 일차적이며 실질적인 동력원(動力源)으로서 민주 시민 교육은 충분히 그 역할을 수행해 낼 수 있을 것이다.

이러한 맥락과 시각에서, 민주 시민 교육이 지닌 한계와 난점에도 불구하고, '그럼에도 왜 민주 시민 교육이 필요하며 또한 사회적으로 요청되는가?'에 대해 나름 몇 가지 근거와 사례를 제시하면서 '잠정적' 답변을 피력해 보고자 한다.

1) '진영 논리'에 의거한 왜곡·변질된 '유사 가치 상대주의적 현실'과 관련하여

(1) 이른바 '조국 사태'를 겪으면서, 한국 사회는 특정 사회적 현안이나 이슈를 놓고 극단적이리만큼 판이한 두 대립적인 견해와 입장이 팽팽하게 맞서 있는 이념적 형국이 속출하고 있다.[10] 이른바 '진영 논리'에 입각하여, 각자 자신이 속해 있거나 지지하는 이념적·정치적 진영의 시각에서 자신이 속한 편에 유리하면 거의 '무조건적으로' 정당한 것으로, 불리하면 결단코 정당화될 수 없는 것으로 규범적 가치판단을 내리기 일쑤이다. 손에 총칼만 주어져 있지 않을 뿐, 자신이 속한 집단 혹은 진영과 다른 입장을 표출하는 것은 자동적으로 이념적 '적대 세력'으로 간주되어 무차별적인 공격의 대상, 타도의 목표로 전락해 버린다. 합리적인 중도적 입장은 용납되지 않으며, '내 편이냐 네 편이냐?' 식의 양자택일적 강요만이 존재할 뿐이다. 그 결과, 정치적 지지 세력이나 견해가 다른 상대방은 일방적인 동화의 대상이거나 아니면 배제의 객체로서만 간주되어 버리는, '왜곡된 이분법적, 이념적 대립 구도'가 한층 더 공고하게 구축되어 나가고 있는 실

10_ 이는 조국 사태를 바라보는 시각이나 관점 또한 선명하게 대립되고 있다는 점에서 확인해 볼 수 있다. 이에 관해서는 상반된 두 입장을 표출하는 저술물인 진중권 외, 『한번도 경험해 보지 못한 나라』(2020); 조국백서추진위원회, 『검찰개혁과 촛불시민』(2020) 참조.

정이다.

당연히 이러한 상황은 일반 시민들을 '과연 어느 쪽의 주장과 입장이 최소한 잠정적으로나마 동의하고 수용할 수 있는 것인가?'의 여부를 이성적으로 판별하기가 대단히 어려운 처지로 내몰고 있다. 대신 그러한 이성적 현실 인식과 가치판단이 수행하던 역할을 새롭게 떠맡아 수행하는 것이 다름 아닌 '힘의 논리'이다. 근자의 소위 '검찰 개혁'과 맞물려 등장했던 이념적 구호와 시위들, 곧 한편에서는 '조국 수호'를 주창하며 결집했던 서초동 촛불 집회, 그리고 다른 한편에서는 '조국 퇴진'을 연호하던 광화문 태극기 집회, 둘 다 참여자들 각자가 속한 이념적 진영의 정치사회적 이해관계를 대변하고 있었다. 한데 이러한 시위와 집회에로의 참여를 결단하도록 유인한 '가치론적 잣대'인 진영 논리는 '본질상' 비합리적이며 비이성적인 한갓 힘의 논리에 불과한 것이다. 한마디로, 진영 논리는 서로 상반되는 입장들을 지지하는 각각의 집단이나 진영에 속한 구성원들의 수가 어느 쪽이 더 많은가라는 '수적 우열' 또는 각각의 진영이 지닌 '현실적인 영향력'의 세기에 의해 잠정적으로 정당성과 부당성을 판별하는 '유사 윤리적 판단 체계'였던 것이다.[11]

그러나 도덕적으로 옳고 그름을 판별하는 잣대를 '다수냐 소수냐'의 기준에서 확보하고자 하는 시도가 얼마나 비합리적이며 부당한 것인가 하는 점은 굳이 설명할 필요조차 없다. 다수가 지지하면 옳고 정당한 것이며, 소수가 지지하면 그르고 정당하지 않다는 규범적 판단은 그야말로 그 자체가 다수의 '폭력' 행사에 다름 아니기 때문이다.

(2) 이와 밀접하게 연결된, 진영 논리가 내장하고 있는 또 다른 규범적 판단의 기준은 사적 혹은 집단적 '이해관계'이다. 가령 '진보적 지식인'임을 자처했던 조국은 '정치 윤리'의 차원이나 '개인적 도덕성'의 측면에서

11_ 이에 관한 논의로는 선우현, 「진영논리와 비판적 지식인의 역할」(2021), 53-54쪽 참조.

공직자로서의 자격 조건을 현저히 상실한 인물이었다. 그런 만큼 법무장관 임명은 애초부터 철회되었어야만 했다. 하지만 이른바 '조국 수호와 맞물린 검찰 개혁'만이 오늘의 한국 사회의 전체 이익, 즉 '공동선'을 증대시켜 주는 것인 만큼, 개인적인 허물이 있더라도 보다 큰 한국 사회의 공적 이익을 위해 조국을 수호할 필요가 있다는 식의 논변을 제공한 것이 바로 진영 논리였다. 하지만 현상적으로 그럴듯해 보이는 이러한 논리의 이면에는, 본질상 조국이라는 인물을 옹호함으로써 크든 작든 '그와 연관된' 사람들이 얻게 되는 다양한 이해관계가 자리하고 있다고 볼 수 있다.[12] 다시 말해, 진영 논리라는 유사 규범적 논리 체계는 겉으로는 검찰 개혁이라는 그럴듯한 명분을 전면에 내세우고 있지만, 실제로는 '살아 있는 권력'으로서 조국이라는 특정 정치인을 옹호·지지함으로써 얻게 되는 사적·집단적 이익이나 기득권의 유지 및 강화가 보다 '결정적인' 요인으로 작용하고 있는 것이다. 요컨대 '불합리한' 주관적 이해관계가 특정 사안이나 이슈의 정당성과 부당성을 판별 짓는 척도로서 기능하고 있는 셈이다. 허나 그것이 제대로 된 규범적 판별 기준이 될 수 없음은 굳이 언급할 필요조차 없다 할 것이다. 왜냐하면 도덕적, 정치 윤리적 관점에서 정당한가 혹은 부당한가를 판별하는 준거는 '주관적인 사적 이익/손실'이 아니라, 그 자체 '도덕적으로 정당화될 수 있는가'의 여부에 놓여 있기 때문이다.

이상의 논의에서 유추해 볼 수 있듯이, 진영 논리에 입각하여 윤리적 옳고 그름을 판단하는 것은 특정 (정치) 세력이나 집단, 개인들이 지배 권력이나 기득권을 강화·확대하려는 의도에서 은밀하게 기획된 '정치 공학적 전략'의 일환으로 볼 수 있는 여지가 농후하다. 그러므로 이러한 추정이 나름 타당성을 갖는다면, 우리가 우선적으로 해야 할 일은 진영 논리의 본질과 실체, 그것의 정치적 기능과 역할 등을 적확하게 인식하고 통찰하는

12_ 하다못해 대단히 지명도가 높을 뿐 아니라 게다가 '살아 있는 권력'이기도 한 조국이라는 인물로부터 특정 저술물의 뒷면에 추천서라도 받은 특정 지식인의 경우, 조국을 지지하고 옹호할 가능성은 꽤나 높아 보인다.

일이 될 것이다. 그렇지 않으면, 우리는 그처럼 '불순한' 의도와 책략을 지닌 특정 세력에 의해 조종·통제되는 '정치적 꼭두각시'로 살아가게 될 것이다. 다시 말해, 현상적으로는 마치 '우리들 스스로 사유하고 고민하는 과정을 거쳐 자율적으로 결정하여 광장의 정치에 참여한 것처럼 확신'하게끔 하면서, 실제로는 그러한 집단이나 세력에 의해 놀아나는, 그럼으로써 '자발적 복종을 통해 노예적 삶을 살아가는' 한갓 도구적 존재로 영구히 전락해 버리고 말 것이다.[13]

그러므로 이러한 노예적 상태에서 벗어나고자 한다면, 특정 사안을 놓고 여러 권력 집단이나 개인들이 정당한 것이라고 선전하면서 개진하는 다양한 주장과 입장이 난무하는 '가치 다원주의적' 상황에서, 어느 것이 올바르며 타당한 것인지를 간파하고 선택해 낼 수 있는 '본질 인식 능력과 비판적 통찰력'을 지니고 있어야'만' 한다. 그럴 경우에라야, 그 어떤 궤변이나 헛소리에 현혹되거나 흔들리지 않고 다양한 주장과 논변들이 공존하는 상황에서도 단 하나의 제대로 된 잠정적인 '진리와 진실'을 간파하고 간취할 수 있다. 동시에 그렇게 될 경우에만 노예적 인간이 아닌 자주적이며 주체적인 '주인 된 삶'을 살아갈 수 있게 된다.

바로 이 지점에서, 우리 앞에 주어진 '현상'을 액면 그대로 받아들이지 않고 현상 너머에 자리하고 있는, 현상을 현상이게끔 만든 '본질적 실체'를 인식하고 통찰할 수 있도록 이끌어 주는 주된 계몽적 매체로서 '민주 시민 교육'의 필요성을 절감하게 된다. 이러한 교육을 통해서'만' 일반 '시민'들은 '일상적 파시즘의 논리'[14]와 그에 터한 '오인의 메커니즘'을 통해 거짓과 허위를 '진실(truth)'인 양 믿게 하면서 자발적 복종을 이끌어 내려는, 불순한 권력 집단과 세력들의 정치 공학적 책략의 진상을 간파할 '합

13_ 선우현, 「도덕 판단의 보편적 잣대에 대한 요청: '힘의 논리'에서 벗어나 '자유로운' 인간으로 살아가기 위한 전제」(2020년 11월 8일자) 참조.
14_ '일상적 파시즘의 논리'에 관한 보다 상세한 논의는 임지현, 「일상적 파시즘의 코드 읽기」(2013), 23-45쪽 참조.

리적 · 비판적 판단 능력'을 비로소 함양할 수 있게 되기 때문이다.

2) 비판적 지식인으로서의 '역할 및 책무'와 관련하여

한 사회의 지식인 계층에게는 마땅히 수행해야 될 중요한 실천적 역할과 책무가 주어져 있다. 그중에서도 특히 '살아 있는 지배 권력'에 대한 끊임없는 견제와 감시, 아울러 그것의 정당하지 못한 행사에 대해서는 저항과 비판적 거부의 몸짓이 우선적으로 제시된다.[15] 개별 사회 구성원들로부터 위임 받은 정치적 지배 권력을 통치 세력의 개인적 혹은 집단적 이해관계의 관철을 위해 부당하게 남용하는 사태가 초래될 경우, 그러한 사태의 본질을 들춰내 폭로하고 그에 대한 저항적 시민운동을 전개함에 있어서, 그에 부합하는 선도적 역할과 기능을 수행할 최적의 주체가 바로 '비판적 지식인'이기 때문이다. 그런 만큼 오늘의 변화된 '민주화 시대'에 사회정의와 공동선, 개인의 기본적 권리와 자유의 수호 및 보전을 위해서라면 규범적 정당성이 결여된 지배 권력의 부당한 행사에 분연히 맞서 실천적 투쟁에 나서는 것이야말로 사회윤리적 관점에서 비판적 지식인 집단에게 부여된 핵심적인 규범적 책무인 것이다.

물론 이때 언급된 저항적 실천 운동은 물리적 수단이 수반된 과격한 폭력 투쟁을 가리키지 않는다. 형식적인 수준에서나마 민주화된 오늘의 시대 상황에서는 더 이상 이전의 계급투쟁과 같은 '혁명적 투쟁' 방식은 통용되기 어렵다. '대화의 철학'을 개진한 하버마스(J. Habermas)에 의하면, 작금의 사회적 상황은 아주 쉽지는 않지만 그럼에도 투쟁이 아닌 합리적인 대화와 토론을 통해 상호 대립적인 현안이 충분히 해소되거나 해결될 수 있는 '민주주의적 환경'이 구축되어 있다. 그런 만큼 비판적 지식인 계층이 선도해 나가야 될 저항적 시민운동 역시 과거 비민주적인 권위주의

15_ 이 점에 관해서는 장 폴 사르트르, 『지식인을 위한 변명』(2018), 95쪽 참조.

시대의 형태와는 그 결을 현저히 달리하는 형태로 바뀌었다. 그런 한에서 오늘의 지식인 집단은 눈에 띄지 않게 은밀한 방식으로 이루어지는 '지배 집단에 의한 부당한 권력 행사'의 유형들에 대한 예리한 비판적 지적을 통해 그 실상을 폭로하고 널리 알리는 '비판적 공론장(公論場)'을 구축·형성하는 데 일차적인 역할을 수행해 나갈 필요가 있다. 이어 지배 세력에 의해 이루어진 '반민주적·반민중적 권력 남용' 사태에 대한 저항적 거부 운동으로서 — 가령 촛불 집회의 형태와 같은 — '광장의 정치'를 선도적으로 이끌어 나가는 데 전력을 기울여야 할 것이다.

민주 시민 교육은 이 지점에서 다시 등장한다. 곧 비판적 지식인의 역할과 관련해서도 민주 시민 교육은 필수적으로 요청되고 있는 것이다. 무엇보다 그러한 교육은 민주주의 시대에 지식인 계층이 떠안고 나가야 할 역할과 책임에 대해 지속적으로 자각하도록 일깨워 주며, 그것이 '일상적 실천 의식'으로 내재화되도록 독려하는 기능을 수행한다. 동시에 지식인 계층이 주도하는 '공론장의 정치' 또는 '광장의 정치'가 전개되어 나가는 과정에서 일반 시민들과 '연대'하여 반민주적 통치 권력에 맞서 '민주주의적' 방식으로 구축된 실천 투쟁을 전개해 나가는 데 있어서 대단히 긴요한 지침과 매뉴얼을 제공해 줄 수 있다. 이런 만큼, 초등 교사 역시 교실 안에서는 어린 초등학생 제자들을 가르치는 '선생님'이지만 한국 사회 구성체의 전체 차원에서는 대표적인 비판적 지식인의 하나라는 점에서, 민주 시민 교육의 실행을 위한 '주체'이지만 동시에 '객체'인 셈이다.

3) 오직 '진실'과 '진리'만을 알려 주어야 할 교사의 직분과 관련하여 — 가치중립적 태도의 허구성 타파와 또한 관련하여

초등 교사는 '교사의 자격'을 지닌 선생님으로서도 그래야 하지만, 특히 '비판적 지식인의 자격을 지닌 교사'로서도 수업 시간에 교사의 '양심(conscience)'과 '양식(common sense)'에 의거하여 학생들에게 '무엇이 진실이고 정당한 것인지?' '무엇인 참이고 진리인지?'를 있는 그대로 알려 주어야만 할 책무와 역할이 주어져 있다. 이때 진리와 진실은 단순히 교과서나 교육과정 내에만 있지 않다. 오히려 교사가 가르치는 교육과정이나 교과(敎科) 내용들 속에는 특정 통치 세력의 사적 이익을 옹호하고 기득권을 유지·확대하려는 이데올로기적 내용과 메시지 등이 적지 않게 자리하고 있다. 우리는 그러한 불순한 시도의 대표적 예로 1980년대 전두환 신군부 정권 하에서 이루어진 이념 교과 과목으로서 '국민윤리' 교과의 시행을 들 수 있다. 근자에 이르러서도, 비록 실패로 끝났지만, 박근혜 정부 하에서 추진되었던 '역사 교과서 국정화 사업'도 그러한 책략의 일환이었던 사실을 똑똑히 기억하고 있다.

그런데 전자와 관련해서, 오늘날까지도 적지 않은 초등 교사들에게 영향을 미치고 있는 것은 '수업 시간에 가치중립적 태도를 취하는 것이 바람직한 교사의 자세'라는 '고정관념'이다. 이러한 가치중립성 논변은 '아직 도덕 판단 능력이 온전히 갖추어져 있지 않으며 성인인 초등 교사의 생각과 견해를 절대적으로 타당한 것인 양 신뢰하고 무조건 수용하는 경향이 강한 어린 초등학생들을 상대로, 초등 교사는 함부로 자신의 가치판단과 입장을 밝혀서는 안 된다'는 논리 전개로 정당화되곤 한다. 더불어 교사의 판단이나 생각, 가치관이 도덕적으로 정당하다는 보장이 없기에, 혹여 잘못된 교사의 관점이나 세계관 등이 초등학생들의 의식에 무차별적으로 침투해 들어갈 경우, 왜곡된 가치관이나 사유 방식, 인식 틀 등이 형성되고 고착화될 위험성이 크다는 '교육자적 염려'로부터 그것의 타당성을 부여받기도 한다.

하지만 '가치중립성'이란 사실상 특정 사안에 대해 '가치판단을 하지 않겠다는 또 다른 가치판단'이 이루어진 특수한 형태의 가치 연관적 도덕 판단에 다름 아니다. 이를 구체적 예를 통해 살펴보도록 하자. 가령 1980년 신군부 독재 정권 하에서, 한 교사가 '자신은 전두환 정권을 옹호하거나 지지할 생각이 전혀 없으며 동시에 비판할 의사도 전혀 없는바, 정치적으로 엄정중립적 입장을 취하겠다'는 견해를 선언했다고 하자. 그렇다면 그 교사는 과연 가치중립적 관점 및 입장을 견지한 것이라 할 수 있는가? '결코 그렇지 않다!' 그러한 중립적 태도는 사실상 전두환 독재 정권을 암묵적으로 승인하고 그 어떤 반민주적 행태도 용인하겠다고 다짐한 것에 다름 아니다. 교사 앞에는, 전두환 군부 독재 정권의 부당성을 비판하며 거부·저항하는 길을 택하거나, 아니면 그 정권을 지지하고 정당화하는 길을 걸어가는, 두 선택지 외에 중간적인 회색 지대는 사실상 없다.[16]

예컨대 1980년대 군부 독재 정권을 미화하는 내용이 담긴 〈도덕과〉나 〈사회과〉 교과 등 이념 관련 과목들의 수업과 관련해, 교사가 엄격한 가치중립적 입장을 취한 채 '객관적으로' 해당 교과목의 문제시된 단원의 내용을 학생들에게 가르치고 전달한 행위는, 교사의 의지와 무관하게, '도덕적으로 결코 정당화될 수 없는' 반민주적인 독재 권력을 옹호하는 '이념적 하수인'의 역할을 충실하게 수행한 것이 된다. 요컨대 교사의 그 같은 가치중립적 태도가 오히려 어린 초등학생 제자들을 독재 권력의 '노예'로 키우는 결과로 이어지며, 교사 본인들을 그러한 지배 권력의 '이데올로기적 완장 맨'으로 전락시키고 있는 셈이다.[17]

이쯤해서 우리는 이러한 논의와 관련하여 민주 시민 교육이 왜 필요한가를 다시 한 번 확인하게 된다. 민주 시민 교육은 '선생님이자 비판적 지식인'인 초등 교사로 하여금 '교사가 취하는 가치중립적 태도가 지닌 본질적 함의와 메시지는 무엇인가?'를 근본적으로 묻고 답해 보도록 유인하는 '자기비판적·자기 성찰적 본질 인식'을 위한 '교사 (재)교육'의 한 방식이기 때문이다.[18] 이렇듯 교사 교육의 방식으로서 민주 시민 교육은 초

16_ 이 점과 관련하여, 진명여고 교사인 임덕준은 "정치 문제에 대한 합리적인 사고와 토론 역량을 키우려면 기계적 중립성의 신화에서 벗어나야 한다"고 주장하고 있다. 임덕준, 「학교현장에서 체험한 민주 시민 교육의 오늘과 미래」(2019), 157쪽.
17_ 선우현, 「편견에서 자유로워질 수 있나」(2016), 147-148쪽 참조.
18_ 이와 관련된 보다 확장된 비판적 논의로는 김성천 외, 『학교, 민주 시민 교육을 만나다!』(2019) 참조.

등 교사로 하여금 '자신의 의식 구조 속에 고착화되어 있는 고정관념이나 근거 없는 편견들, 무반성적인 관습적 사유방식'에 대해 온전히 통찰할 수 있는 통로를 제공해 준다. 그럼으로써, 그것들로부터 벗어나 '계몽되고 자각된 제대로 된 교사'로서의 직분과 역할을 성공적으로 수행할 수 있도록 그 '단초적(緞初的) 발판'을 마련해 주는 '교사를 위한 자기 성찰적, 비판적 교육'이라 할 수 있다.

물론 이는 초등 교사들이 가르치는 어린 초등학생들에게도 동일하게 적용되어, 가르쳐야 될 '교육 내용이자 방식'이다. 이러한 민주 시민 교육을 통해, 어린 초등학생들 역시 근거 없는 편견에 사로잡히거나 고정관념에 구속된 '부자유스럽고 타율적인' 존재가 아닌, 무엇이 참이고 거짓인지, 무엇이 옳고 그른지를 제대로 구분·판단할 수 있는, 그런 한에서 '자유롭고 자율적인' 자기 자신의 참 주인으로서 성장해 나갈 수 있는 발판이 마련될 수 있을 것이다.

4) 사회구조적 폐단 및 부정의성에 관한 '비판적 인식 교육'의 활성화와 관련하여

현 초등학교 교육과정, 특히 〈도덕〉교과나 〈사회과〉교과를 들여다보면, 전반적으로 사회 구성원으로서 시민이나 국민이 지녀야 할 '개인적' 덕목이나 자질, 윤리 의식을 함양하는 데 초점이 맞추어져 있다. 가령 〈도덕〉교과의 교육과정은 거의 전적으로 '행위자' 중심의 '개인윤리'의 관점에 치우쳐 교과 목표와 교육 과정 내용, 교수 학습 방법 등이 구축되어 있는 실정이다. 그에 따라 도덕과 수업은 행위자 개인의 도덕성과 품성을 함양하여 전인적인 통합적 인격체로 키워 내는 데 주안점이 두어진 채로 이루어지고 있다.

하지만 그러한 수업은 '오로지' 개인의 도덕성 함양이나 윤리 의식의 강화, 선의지의 단련 등에 한정하여 진행되는 '탈(脫)사회윤리적' 관점의 교육 방식이 지닌 내재적 한계로부터 사실상 벗어나기가 쉽지 않다. 그러한 '개인윤리적' 관점의 도덕교육은 개인들이 실제로 살아가는 구체적인 삶의 현장에 자리하고 있는 사회구조적 모순이나 병폐, 부정의성과 부도덕성 등을 온전하게 인식하고 파악하는 데에는 '속수무책(束手無策)'일 수밖에 없기 때문이다. 그로 인해, 비록 개인들은 도덕교육을 통해 모두 윤리적인 존재로 키워질 수는 있겠지만, 그러한 도덕적 개인들로 이루어진 사회체제는 여전히 부도덕한 사회구조를 견고하게 유지한 상태에 놓여 있는 탓에,[19] 궁극적으로 그러한 사회구조 속에서 살아가는 윤리적 개인들마저 사악하고 부도덕한 존재로 변질될 가능성이 매우 높다.[20]

실상이 이러함에도, 현재 우리 초등학교의 도덕과 교육은 한국 사회의 구조나 제도, 체제가 내장하고 있는 부도덕한 측면들에 대한 비판적 통찰과 그것들을 개선·혁신해 나갈 실천 방안을 모색하는 데 주안점이 놓인 '사회 비판' 교육은 거의 이루어지지 못하고 있는 실정이다. 그런 한에서, 도덕교육을 통해 양심적인 바른 인간으로 모든 구성원들을 키워 낸다고 해도 정작 한국 사회 자체가 부도덕한 상태로 구조화되어 있다면, 현 도덕과 교육이 지향하는 궁극적 목표, 즉 '도덕'교육을 통해 '도덕적' 인간을 길러냄으로써 그들로 이루어진 한국 사회를 보다 정의롭고 공정한 '도덕적' 사회로 만들고자 하는 목표는 좌초할 수밖에 없다. 나아가 그러한 '부도덕한' 사회체제에 존재하는 개인들은 — 앞서 살펴본 '존재의 의식 규정성' 테제가 말해 주듯이 — 궁극적으로 '부도덕한' 존재로 전락할 수밖에 없게 된다. 그에 따라 도덕(과)교육 역시 그 존립 기반을 잃어버리게 될 것이다.[21]

이상과 같은 초등 도덕(과)교육의 실태를 감안할 때, 현 도덕(과)교육의 체계는 사회윤리의 관점에서 한국 사회의 구조적 모순과 병폐, 제도적 허

19_ 이에 관한 상세한 논의는 라인홀드 니버, 『도덕적 인간과 비도덕적 사회』(2006), 345-370쪽 참조.

20_ 선우현, 「비판적 사회철학과 도덕교육」(2011), 235-236쪽 참조.

21_ 선우현, 「비판적 사회철학과 도덕교육」(2011), 236쪽 참조.

점과 부도덕성, 정책적 불공정성과 사회적 부정의성, 법 적용의 차별성 등에 관한 비판적 인식력과 윤리적 통찰력을 제고·함양하는 데 힘을 쏟아야 할 것이다. 그럼으로써 사회의 부도덕한 측면들을 근본적으로 혁신할 수 있는 실천 방안을 강구하도록 유인하면서, 동시에 그러한 비판적 통찰력을 통해 간취한 사회구조적 폐해와 한계, 난점 들을 전면적으로 쇄신해 나갈 사회변혁적 의지와 실천력을 고양시키는 내용이 도덕과 교육의 핵심 요소로 안착되는 방향으로 도덕(과)교육의 체계가 비판적으로 재구성되어야 할 것이다.

그런데 이 대목에서 적지 않은 역할과 기능을 수행할 수 있는 것이 또한 민주 시민 교육이다. 실상 민주 시민 교육이란 사회윤리적 관점에서 '어떤 사회가 공정하고 정의로운 사회인가?' '어떤 사회가 개인의 기본적 권리와 자유를 온전히 구현하고 보장하는 실질적 민주 사회인가?' 아울러 '어떤 사회 구성원이 민주 사회의 구축과 발전에 기여하는 제대로 된 민주 시민인가?'의 여부를 판별하고 깨닫게 해 주며, 그로부터 드러난 문제점을 해결할 실천 방안을 모색·강구하도록 유인하는 '광의(廣義)'의 도덕교육에 다름 아니기 때문이다.

5) 도덕적으로 정당한 저항 운동 및 실천 투쟁이라는 '민주 시민적 덕목'과 관련하여

비판 이론(Kritische Theorie)의 2세대 주자인 하버마스의 '의사소통 이론적 비판 이론'과 3세대 선도 주자인 호네트(A. Honneth)의 '인정 이론적 비판 이론'을 공히 준용할 경우, 우리가 살아가는 일상적 삶의 영역은 '의사소통의 논리'와 '비(非)의사소통의 논리'가 상호 이원적으로 얽혀 그 지평을 형성하고 있음이 드러난다.[22] 이러한 사실은 개인들 혹은 집단들 간에

22_ 호네트의 '투쟁' 범주와 하버마스의 '상호 이해' 범주의 상호 연관성 및 결합성에 대한 보다 상세한 논의는 선우현, 『사회비판과 정치적 실천』(1998), 324-328쪽 참조.

갈등이나 충돌이 빚어질 경우, 의사소통적 논리와 연관된 사안들에 관해서는 합리적 대화나 이성적 토론 등을 통해 그 해결 방안을 강구할 수 있는 반면에, 비(非)의사소통적 논리와 관련된 사회적 현안들에 있어서는 이성적 대화나 토론이 아닌, 비의사소통적 해결 방안인 '사회적 투쟁'의 형태가 대안으로 주어지게 된다는 점을 말해 준다.

물론 후자의 경우에, 대안으로 제시된 사회적 투쟁은 '도덕적으로 정당한' 투쟁에 한정된다. 도덕적으로 정당화될 수 없는 투쟁은 사실상 부당한 '폭력적 선동 행위'에 다름 아니기 때문이다. 그런 만큼 도덕적·규범적으로 정당화될 수 있다는 것은 그러한 투쟁을 촉발한 원인 내지 요인이 도덕적으로 타당하다는 것을 전제로 한다. 실제로 호네트가 언급한 정당한 사회적 투쟁은 윤리적으로 부당하거나 공정하지 못한 사회 병리적 사태로부터 비롯된 것이다. 다시 말해, 규범적 정당성과 도덕성이 결여된 '인정 질서'로 인해 불공정한 처사가 벌어지거나 온전한 인격체로서 제대로 존중받지 못하는 사태가 빚어질 경우, 그에 대한 항거나 저항의 표시로 초래되는 것이 정당한 사회적 실천 투쟁인 것이다.[23]

이 점을 좀 더 자세히 살펴보면, 우선 왜곡된 혹은 문제성 있는 '인정 질서'가 공고히 구축된 사회에서는 그러한 질서 체계에 속하지 못한 사회적 약자나 비주류 집단의 성원들은 자신의 고유한 정체성과 존엄성이 훼손되거나 무시되는 사태에 직면할 가능성이 크다. 한데 그럴 경우, 그들은 그러한 사회질서 체계에 대한 '저항적 거부의 몸짓'을 표출하면서 온전한 인격체로서 제대로 존중받고자 하는 '인정 투쟁'을 감행할 수 있다. 호네트에 따르면, 바로 그 같은 사회 현실적 상황에서 촉발된 인정 투쟁은 '도덕적으로 동기 지어진 정당한 사회적 실천 투쟁'으로 간주된다. 나아가 자신을 향한 그 같은 부당한 무시나 경시에 대항하여 감행된 저항적 거부 투쟁으로서 '사회적 투쟁'은, 이성적 대화나 토론 못지않게 공정하고 정의로운

23_ 이에 관해서는 선우현, 『사회비판과 정치적 실천』(1998), 327-328쪽 참조.

도덕적 사회를 구현하기 위해서는 필연적으로 요청될 수밖에 없는, 사회적 발전에 부합하는 규범적으로 정당한 '사회 해방적·합리적 행위'로서 또한 규정된다.[24]

이처럼 사회적 불의나 무시 및 차별에 대한 정당한 분노, 그리고 그에 기초한 저항적 투쟁이 갖는 도덕적 정당성에 관한 호네트의 옹호 논변은 '왜 초등학교 교육과정에서부터 민주 시민 교육이 필수적으로 요청되는가?'와 관련하여, 유의미한 메시지와 시사점을 제공해 준다. 무엇보다 오늘의 변화된 민주화 시대에, 사회 구성원으로서 개별 시민들이 갖추어야 될 '민주 시민적 덕목' 가운데 가장 중요한 것이 무엇인지를 자각하게 해 준다. 곧 부당하거나 공정하지 못한 처사, 특히 통치 권력의 횡포 및 남용으로 인한 반민주적 사태에 도덕적 분노와 거부감을 표출하고 '공정 사회'로의 복귀를 위한 실천 투쟁에 기꺼이 아울러 적극적으로 나서야 되는 것임을 일깨워 준다. 더욱이 해방 이후 외세 의존적인 '친일 민족 반역 세력'에 대한 역사적 청산 작업이 실패한 탓에, 규범적으로 정당성을 상실한 반민족·반민주 세력이 오랜 기간 한국 사회의 통치 집단으로 군림해 왔던 우리 사회의 현대 정치사를 고려할 때, 개별 시민 한 사람 한 사람이 지녀야 될 그러한 덕목과 자세는 한층 더 유의미한 것으로 다가온다. 그런 만큼 그러한 덕목들을 온전히 갖출 수 있게끔 기능하는 민주 시민 교육의 중요성은 다시금 각별한 함의로 다가올 수밖에 없는 것이다.

요컨대 '형식적 민주화' 단계를 거쳐 '실질적 민주화'를 구현해 나가고 있는 현시점에서, 사회의 '민주적 변혁 과정'을 저해하거나 역행하는 부(不)정의한 통치 권력의 본질에 관한 비판적 통찰과 그러한 폭압적 지배 권력에 맞서 거부와 비판적 저항을 감행하는 실천적 활동이야말로 진정 도덕적으로 정당한 것임을 규명하고 밝혀 주는 교육이 다름 아닌 민주 시민 교육인 것이다. 그리고 이 점이야말로 '왜 지금 민주 시민 교육이 이루

24_ 선우현, 「비판적 사회철학과 도덕교육」(2011), 230-231쪽 참조.

어져야만 하는가?'에 대한 합당한 이유를 설득력 있게 보여 주고 있다.

6) '교사/학생 간 관계'의 상호 대등한 '민주적 관계'로의 전환과 관련하여
― 토론식 수업의 실행 가능성과 또한 관련하여

현재 초등학교 현장에서 이루어지는 수업 진행 방식은, 대체로 초등 교사가 중심이 되어 해당 교과목의 주요 내용들을 아이들의 눈높이에 맞게끔 이해시켜 원활하게 수용할 수 있도록 기획·고안된 '교수법'에 기반한, 교사 주도 하의 '강의식 수업'이 주류를 이루고 있다. 그런데 이러한 교사 주도의 강의식 수업은 교사와 초등학생 간의 관계를 '계몽의 주체'와 '계몽될 객체'로 구분하여 후자가 전자의 관리와 규제 아래 놓이게 되는 '수직적·위계적' 관계로 구축해 놓고 있다. 사실, 이 같은 수직적·서열적 관계는 성인/미성숙한 아이, 교사/학생, 교육 전문가/교육 대상자 등 나이나 권위, 지위와 교육의 전문성 등을 기준으로 형성된 상호 대비적인 '주종 관계'의 형태임에도 불구하고 너무나 당연하고 자연스러운 것인 양 받아들여지고 있는 실정이다.

하지만 이 같은 초등 교사와 초등학생 간의 위계적 관계는 어린 학생을 조작적이며 타율적인 존재, 관리 및 통제의 대상으로 바라보게 만드는, 다분히 오늘의 민주주의 시대에 반(反)하는 비민주적인 권위주의적 인간관계라 할 수 있다. 그에 비해, 민주주의는 원칙상 개인과 개인 간의 관계를 기본적으로 '상호 대등하고 평등한 수평적 관계'로 파악한다. 이는 일방적인 지시나 명령, 통제와 지배가 아닌, 상호 존중과 인정, 대화와 토론을 통해 함께 의논하고 협력하는 양태로 서로 관련을 맺는 관계를 가리킨다. 사정이 이렇다면, 교실 안에서 교사와 초등학생 사이에 맺어진 수직적 관계망은 초등학생을 교사의 지시와 명령에 일방적으로 순응하고 복종하는 '타율적 객체'로 격하시킨다.

말할 것도 없이 이러한 수직적 관계를 바탕으로 이루어지는 수업 방식은 과거 독재 정권이나 권위주의 정부 하에서 가장 효율적이며 성과를 낳는 수업 양태로 치부되었다. 하지만 민주화 시대에서는 더 이상 통용되기 어려운 낡은 방식이다. 특히 오늘의 민주주의 사회가 안정적으로 유지되고 발전해 나가는 데 이바지할 '비판적이며 자율적인 민주 시민'을 양성하고 키워 내야 할 중차대한 교육적 책무가 주어져 있는 학교교육과 관련해 볼 때, 권위주의적 인간관계와 다를 바 없는 수직적·위계적 관계는 시급히 타파되어야 할 구시대적 교사/학생 관계라 할 것이다.

이런 연유로 현실적인 어려움과 무수한 난관에도 불구하고, 우리의 초등교육이 추구해 나가야 할 교사/학생의 관계는 근본적으로 '수평적·민주적 관계'이어야 한다. 이러한 형태의 교사/학생의 관계가 온전히 수립될 때에라야 비로소 초등학생들 역시 교사의 지시와 명령에 일방적으로 순응하는 타율적이며 비주체적인 '대상적 존재'에서 벗어날 수 있다. 곧 선생님의 대우나 지시가 부당하거나 불합리할 경우, '예의를 갖춘' 정당한 이의와 항의를 제기할 수 있는 지극히 '자율적이며 주체적인 인격적 존재'로 거듭날 수 있을 것이다.

초등 교사 역시 교사와 학생의 관계가 상호 수평적·민주적 관계의 형태로 주조되어 있는 경우에, 어린 초등학생들을 조작적·규제적 대상으로 바라보는 데서 벗어나, 성인이면서 교육 전문가인 자신과 대등한 인격적 존재로서 대하게 될 것이다. 요컨대 그럴 경우에라야, 교사와 학생은 일방적인 '지배와 예속의 관계'에 위치한 교육의 '주체'와 '객체'가 아니라, 함께 대화와 협의를 통해 수업을 완성시켜 나가는 상호 대등한 '협력적 동반자'라는 인식이 비로소 완결적으로 표출될 수 있게 된다. 더불어 상황과 맥락에 따라, 초등학생 본인이 '교사와 다른' 자신의 입장과 견해를 자유로이 교사에게 표방하고 동시에 근거의 제시를 통해 관철시킬 수 있는, 또 다른 교육의 주체이자 교육적 권리의 담지자라는 사실을 온전히 자각할 수 있게 될 것이다.

이상의 논의에서 드러난 것처럼, 초등 교사와 학생 간의 관계가 수평적 관계로 제대로 정립될 때, 교사를 비롯한 어른들에 의해 만들어진 특정 가치관이나 덕목, 규칙을 학생들에게 일방적으로 주입하고 강요하는 사태에서 벗어날 수 있다. 동시에 어린 초등학생들 또한 특정 세계관이나 가치관, 덕목이나 규범을 맹목적으로 수용하고 따르는 대신, 그것의 정당성과 타당성을 따져 보고자 하는 '민주 시민적 문제의식'을 싹 틔워 볼 수 있게 될 것이다. 그런 점에서, 이처럼 교사와 학생 간의 관계를 '수직적 관계'로부터 '수평적, 민주적 관계'로 전환시키는 과정은 그야말로 민주 시민을 양성해 내는 교육과정에 다름 아닌 셈이다.

그런데 교사/학생의 관계를 이러한 수평적 관계로 전환하는 것은, 자연스럽게 강의식 수업 방식으로부터 '토론식 수업'으로의 전면적 전환을 또한 요구한다.[25] 토론식 수업은, 거칠게 말해서, 교사와 학생이 서로 대등한 대화의 주체로서 인정받는 가운데, 일방적인 내용 전달과 내용 수신이 아닌, 상호 합리적인 토론과 논의를 통해 협업적으로 진행시켜 나가는 수업 형태를 가리킨다. 그러므로 이러한 토론식 수업에서는 특정 주제를 놓고 서로 다른 입장과 견해, 주장이 얼마든지 부딪힐 수 있다. 그렇지만 그처럼 충돌하는 경우에도 교사와 학생들 간에 혹은 학생들 사이에 서로 대등한 상태에서 자유롭고 개방적인 의사소통의 절차를 통해 합리적이며 민주적인 방식으로 상호 동의한 견해를 '잠정적인 결론 혹은 정답'으로 이끌어 낼 수 있다. 당연히 이러한 토론 및 논쟁에 기반한 수업에서는 해당 교과 교육뿐 아니라, 그야말로 '살아 있는' 민주 시민 교육이 동시에 이루어진다. 그리고 그로부터 나와 '다른' 상대방의 견해를 존중하는 자세와 이성적 근거 제시와 상호 비교를 통해 올바른 입장과 그렇지 못한 입장을 분별하는 '민주 시민적' 역량을 습득하게 된다.

이상에서 살펴본, 교사와 학생 간의 관계를 지위나 권위를 중심으로 한

25_ 이와 관련해, 민주 시민 교육과 토론 수업 간의 긴밀한 내적 친화성 및 연관성에 관한 논의로는 임덕준, 「학교현장에서 체험한 민주 시민 교육의 오늘과 미래」(2019), 154-156쪽 참조.

서열적·수직적 관계로부터 서로 대등한 수평적 관계로 새로이 구축하는 작업, 그리고 토론식 수업을 제도화하여 전면적으로 시행하는 작업, 양자는 '상호' 내적으로 긴밀하게 연결된 '공동 과제'라고 할 수 있다. 아울러 그러한 과제 수행이 나름 성공적으로 성취될 경우, 그러한 과정은 실질적 민주주의를 지향해 나가고 있는 오늘의 한국 사회에서 그에 상응하는 '자각된 민주 시민'을 키워 내는 '민주 시민 교육 과정'에 다름 아닌 것이 된다.

그렇지만 이 지점에서 보다 결정적으로 중요한 사항은 — 현시점에서는 불완전한 형태로 진행되어 나갈 수밖에 없겠지만, 그럼에도 — 이러한 민주 시민 교육을 통해, 교사와 학생 간의 수직적·위계적 관계가 지닌 '비(非)민주성,' 아울러 교사 중심의 강의식 수업이 드러내는 '권위주의적 반(反)민주성'을 교사와 학생 모두로 하여금 확실히 자각하게 만드는 핵심적 동인이자 계기가 확보될 수 있다는 점이다. 이러한 사실은, 우리로 하여금 '민주 시민 교육이 왜 지금 절실히 필요한가?'를 또 한 번 새삼스레 깨닫게 해 준다.

4. '어떤' 민주 시민 교육? — 그 대략적인 윤곽 및 방향성과 관련하여

이제까지의 논의를 통해 밝혀진 것처럼, 민주 시민 교육은 단순히 제도권 교육의 현장에서 '학생들'만을 대상으로 행해지는 '독립적인 교과 교육'이나 '특정 교과 교육에 수반되는 부차적 교육'에 국한되지 않는다. 민주 시민 교육은 '학교 밖'의 일반 시민들을 주 대상으로 삼아 행해질 수도 있으며, 학교에서 학생들을 가르치는 교사들에 대한 '(재)교육'의 형태로도 이루어질 수 있다. 아울러 초등 교사를 비롯한 비판적 지식인들의 사회적 책무와 역할을 다시금 환기시키는 특강 형태의 교육으로 진행될 수도 있다.

이렇듯 민주 시민 교육은 아직 그 온전한 모습을 갖추지 못한 '미완'의 교육(방식)이며, 이후 보다 완성도 높은 형태로 체계화되어 구성될 교육(방식)이라 할 수 있다. 그런 만큼 이에 관한 보다 세부적인 지침이나 조언, 권고 사항 등과 관련하여 추가적인 논의 또한 지속적으로 이루어질 수밖에 없다 할 것이다. 다만 여기서는 민주 시민 교육이 취할 기본적인 윤곽 내지 그 방향성과 관련하여, 간략하게 몇 마디 보태는 것으로 그치고자 한다.

무엇보다 민주 시민 교육은 '기본적으로' 토론의 형식을 취할 필요가 있다. 앞에서도 살펴본 것처럼, 토론이나 논쟁의 형식을 원용한 교육은 그 자체 서로 다른 견해와 입장을 존중하고 경청하며, 보다 나은 '근거의 제시'를 통해 상호 비교적으로 '더 나은 견해'가 잠정적인 결론으로 채택되는 일련의 의사소통 절차로 이루어지는 교육이다. 한데 그러한 절차 자체가 '민주적 합의를 이끌어 내는 과정'이라는 점에서, 교육의 '도달점 내지 목표' 못지않게 교육 '과정' 자체도 '민주 시민적 덕목과 소양'을 함양하는 데 적지 않게 기여할 수 있다. 한마디로 '교육의 목표'뿐 아니라 '교육이 이루어지는 과정,' 둘 모두가 민주 시민 교육이 추구하는 방향성과 지향점에 합치한다. 이런 이유로 민주 시민 교육은 가능한 한 '반드시' 토론식 수업의 방식으로 진행되어야만 할 것이다.

다음으로, 이미 앞에서도 강조했던 사항으로, 민주 시민 교육의 방향성은 개인윤리의 관점보다는 사회윤리의 관점에서 사회구조적 모순과 병폐, 병리적 사태의 근본 요인 등을 예리하게 통찰하고, 그로부터 사회구조적 혁신과 변혁을 위한 실천 방안을 탐색·강구하는 데 일차적으로 맞춰져야만 할 것이다. 본질상 지속적으로 사회의 실질적 민주화를 진척시켜 나가기 위해서는, 민주화를 저해하는 요인들을 제거하거나 비판적으로 재구성하는 보다 실효성 있는 실천 방안을 모색하고 그것의 관철을 위해 전력을 기울여야만 한다. 한데 이는 '의식 개혁'의 방안보다는 '사회변혁적 실천 투쟁'을 통해서 보다 더 실질적인 효과와 성과를 볼 수 있다. 그런 한에서, 민주 시민 교육은 보다 나은 사회를 만들어 가기 위해 요청되는, 사회 개혁적이며 변혁적인 실천적 활동의 방안들을 강구·제시하는 데 우선적인 역점이 두어져야 할 것이다. 동시에 그로부터 그 같은 사회변혁적 운동과 실천적 투쟁에 적극 참여하고 동참할 수 있는, 시민들의 '자발적인 참여 의지와 결단력'을 한층 더 강화하는 구체적 방안을 모색하는 과제 역시 민주 시민 교육이 성취해야 할 '계몽적·교육적 목표'로서 설정되어야 할 것이다.

8
이성은 여전히 신뢰할 수 있는가?

이성의 운명, 해체냐 부활이냐

1. 600만 유태인 학살과 이성적 존재로서 인간

전통적으로 인간은 '이성적 존재'로 간주되어 왔다. 보편타당한 인식 및 도덕 판단을 가능하게 하는 '주관적 능력'으로서 이성을 지니고 있는 탓에, 인간은 '원칙적으로' 참과 거짓을 가를 수 있으며 윤리적 정당성과 부당성을 판별할 수 있는 존재라는 것이 그 주된 이유였다. 그러기에 '영혼 (soul)'이니 '정신(spirit)'이니 하는 용어를 통해 인간을 표현하는 경우에도, 그 기저에는 육체보다는 의식, 그중에서도 이성이 인간의 본질적 특성을 드러내 주고 있다는 함의가 자리하고 있었다.

인간에 대한 이러한 이해 방식은 서양뿐 아니라 동양에서도 그리 큰 차이가 나지 않는다. 곧 동양에서도, 비록 '이성'이라는 용어가 직접적으로 사용되지는 않았지만, 인간은 이성적으로 생각하고 행위하는 존재로서 간주되어 왔다. 가령 동양의 대표적인 철학적 사조의 하나인 '유가 사상'에서도 여타 동물과 인간을 결정적으로 구별 짓는 속성을, 본능이나 충동이 아닌 그것들을 억제·조정하는 이성적 기능에서 찾고자 하였다. 이렇듯 동서양 모두에서 인간의 본질적 특성은, 그것이 반성적 사유이든 혹은 극기나 수양이든, 이성이나 이성의 차원에서 확보되어 왔다.

하지만 그처럼 이성적 존재로서 이해되어 왔던, 따라서 언제나 윤리적 차원에서 옳음을 추구하고 규범적으로 정당한 선택과 결정을 내리는 주체로서 간주되어 왔던 인간은, 20세기에 들어서 그러한 이해 방식과는 전혀 다른 양상을 보이는, 비인간적인 만행을 자행하기에 이른다. 곧 2차 세계대전의 와중에 독일 나치에 의해 주도면밀하게 기획되어 이루어진 '600만 유태인의 학살'이 그것이다. 이는 인간의 광적(狂的)인 진면목을 고스란히 확인시켜 주는 그야말로 야만적이며 잔혹하기 이를 데 없는 '비(非)이성적'이며 '반(反)이성적'인 대사건이었다.

돌이켜 보면, 18세기의 '계몽주의' 사조가 인간 해방을 향한 인류 사회의 무한한 발전의 이념적 추동력으로 작동한 이래 지금의 21세기에 이르기까지, 인류 사회는 그야말로 눈부신 문명의 발전을 이룩해 왔다. 그 중에서도 특히 유럽은 가장 선진적인 문명사회로서, 인류 사회의 진보적 전개를 주도했던 '이성적 사회'의 전형(典型)이었다. 그런 유럽 대륙의 한복판에서, 그것도 이성의 구체적인 활동 및 작용으로서 '철학함(philosophieren)'이 가장 활발히 전개되어 왔던 '철학 왕국' 독일에 의해 저질러진 유태인 대학살의 참상은, 이성과 이성적 존재로서 인간에 대한 신뢰와 믿음을 일거에 허물어뜨리는 실존적 계기가 되었다. 철조망 뒤로 보이는 시신들의 더미를 배경으로, 퀭하게 파인 눈두덩과 앙상한 뼈만 남은 상태에서 그래도 이젠 죽음의 지옥에서 벗어났다고 안도하는 표정으로 물 한 모금 달라고 애원하는 '살아남은' 유태인들의 참혹한 모습은, '이성적 존재라는 인간이 어떻게 저토록 참혹한 만행을 저지를 수 있을까?'라는 의구심과 함께 같은 인간으로서 부끄러움과 죄책감에 젖도록 만들기에 충분하였다. 그와 함께 아무런 잘못도 없는 평범한 인간이 단지 유태인이라는 이유 하나로 말도 안 되는 죽임을 당하는 상황에 접하여, '과연 인간이 이성적으로 생각하고 판단하며 윤리적으로 정당하게 행위하고 살아가는 존재인가?'라는 물음을 근본적으로 제기하게 만들고 있다.

이렇듯 나치에 의해 저질러진 대학살의 만행은 오랜 기간 견지되어 왔던 '이성적 존재로서 인간'에 대한 고정관념(?)을 여지없이 허물어뜨리고 말았다. 즉 참된 진리와 진실을 인식할 수 있으며 윤리적 올바름을 판단할 수 있는 능력으로서 이성에 대한 무한 신뢰는 일순간 불신과 회의로 전환되었다. 아울러 '이성에 대립되는 것은 광기(狂氣)'가 아니며 '이성이야말로 그 자체 광기'라는 진실 앞에서 모든 인간은 전율할 수밖에 없었다.

이 같은 이성에 대한 전면적인 불신과 적대적 분위기의 고조와 관련하여, 유태인 출신의 비판 이론 철학자인 아도르노(T. Adorno)는 "아우슈비츠 이후 시를 쓰는 행위는 야만적인 일"[1]이라는 문화적 관점에서의 비판적 진술과 "아우슈비츠 이후에도 살아갈 수 있겠는가?"[2]라는 실존적 차원의 비판적 물음을 통해, 이성과 이성적 존재로서 인간에 대해 전면적인 불신을 쏟아내고 있다. 이러한 반(反)이성주의적 시대 상황을 고려하면서, 이 글은 현재 이성이 처해 있는 운명의 행로와 관련하여 '이성은 여전히 신뢰할 수 있는가?'라는 문제의식에서 출발한다. 그에 따라 이성을 불신과 의심의 대상으로 바라보는 시각이 확산되는 오늘의 시대 흐름 속에서, 그렇다면 과연 '이성은 해체되어야 하는가?' 아니면 '근본적 한계와 문제점에도 불구하고 여전히 신뢰할 수 있는가?'라는 보다 구체적인 철학적 물음으로 재설정하여 그에 대해 비판적으로 검토해 보고 '잠정적인' 답변을 제시해 볼 것이다. 이를 위해 특히 구체적인 삶의 현장에서 '이성의 해체'와 '이성의 부활 혹은 재구성'이 미치게 될 실제적 삶의 실태를 점검해 봄으로써 현시점에서 이성에 대한 '부정적 거부'와 '긍정적 요청'이 갖는 이론적 · 실천적 함의를 가늠해 볼 것이다.

1_ Th. Adorno, *Kulturkritik und Gesellschaft I*(1977), 30쪽.
2_ 이러한 언급은 후에 "아우슈비츠 이후에는 시를 쓸 수 없을 것이라고 한 말은 잘못이었을 것이지만 (…) 아우슈비츠 이후에도 살아갈 수 있겠는가? 우연히 그러한 죽음을 모면했지만 합법적으로 살해될 뻔 하였던 사람이 제대로 살아갈 수 있겠는가? 하는 물음은 잘못이 아니다"라고 보다 실존적인 차원에서 근본적인 물음을 던지고 있다. Th. Adorno, *Negative Dialektik*(1977), 355쪽.

2. 근본적 이성 비판 및 해체론적 이성 비판: 불가피한 선택?

1) 비판 이론의 근본적 이성 비판

이성에 대한 비판은 반(反)이성주의의 입장을 견지하고 있는 '탈근대론(postmodernism)'만의 전유물은 아니다. 원칙적으로 이성을 옹호하는 '근대론'의 주요 입론들 중에도 이성이 야기해 온 난점과 폐해를 인식하고 이를 반성적으로 고찰하려는 시도가 적지 않다. 그중 특히 주목되는 입장이 호르크하이머와 아도르노가 주축이 된 '비판 이론(Kritische Theorie)'이다.

서구 마르크스주의의 주요한 사상적 갈래 가운데 하나인 비판 이론은 헤겔(G.W.F. Hegel)과 마르크스(K. Marx)에서 정점에 위치했던 '역사철학적 이성'을 이성 비판의 일차적 대상으로 삼고 있다. 역사철학적 이성이란, 거칠게 표현해서 인류 사회 및 역사의 진행 과정을 지배하는 필연적 법칙과 같은 것으로서 '이성의 간지(List der Vernunft)' 혹은 노동계급을 통해 인류를 발전과 진보의 상태로 이끌어 나가면서 궁극적으로 해방 사회로 인도해 주는 이성을 가리킨다.[3]

하지만 비판 이론은 그러한 역사철학적 이성과 그것에 의거하여 개진되는 인류의 미래에 대한 낙관적 진단을 지극히 회의적인 시각에서 비판적으로 바라본다. 왜냐하면 현대 자본주의 체제에서 이성은 전면적으로 도구화됨으로써, 역사의 진보와 인간 해방의 구현은 더 이상 이성을 통해서는 실현될 수 없는 허상(虛像)으로 전락해 버렸기 때문이다. 여기서 비판 이론이 지적한 '도구적 이성'이란 규범적 판단이나 가치 평가를 배제한 채 오직 이해관계만을 타산하고 생산적 효율성만을 추구하는 이성이다. 이러한 이성은 한편으로는 윤리적 옳음을 지향하면서, 다른 한편으로는 합리성과 효율성을 추구했던 '계몽적 이성'이, 전자의 기능은 방기한 채 후자

3_ 선우현, 『사회비판과 정치적 실천』(1999), 25-26쪽 참조.

의 기능만을 수행하는 이성으로 변질된 것이다.[4]

이와 관련해 비판 이론에 의하면, 인간 해방을 구현하고자 기획된 '인류 사회의 문명화' 과제를 주도하던 계몽적 이성은 그 과정에서 자연적 대상들이 지닌 다양한 질적 차이성을 제거하고 그것들을 단지 양적 차이성을 지닌 도구적 소재로 간주해 버림으로써 자연을 지배와 착취의 대상으로 전락시켰다. 더불어 인간 또한 자연의 일부로 간주하여 지배와 통제의 대상으로 전락시키는 부정적 결과를 초래하였다.[5] 요컨대 인간을 자유와 해방의 상태로 인도해 주리라 공언했던 계몽적 이성은, 비록 자연의 지배로부터 인간을 해방시켜 주었지만 그 도정에서 같은 인간 종(種)마저도 지배 및 수단의 대상으로 인식하게끔 인간 이성을 전면적으로 도구화시킴으로써, '인간에 의한 인간의 지배/예속'으로 구조화된 새로운 억압적 구속 사회, 즉 새로운 '자유 상실적 사회'로 인간 사회를 전락시켜 버렸던 것이다.

하지만 현대 후기 자본주의 사회에서 벌어진 이성의 '도구적 총체화'에 대한 비판 이론의 시대 진단은, 이성의 부식과 도구적 이성의 횡포에 대한 적확한 비판적 지적 및 규명이라는 이론적 성과에도 불구하고, 온통 비관적이며 체념적인 전망에 머물러 있다. 곧 그처럼 전면적으로 도구화된 관리 사회에서 벗어날 수 있는 탈출구에 관해서는 적어도 이성에 의거해서는 제시하지 못하는 상황에 놓여 있는 것이다. 이성은 이미 총체적으로 도구화되어 있는 까닭에, 그러한 수단적 이성에 의거해서는 어떠한 극복 방안도 개진할 수 없기 때문이다.[6] 대신 비판 이론은 지극히 소극적이며 부정적인 방식의 일환으로서, '미메시스(Mimesis)'와 같은 비이성에 토대를 둔 반성적 능력과 같은 것에서 그 대안적 극복 방안을 희미하게나마 모색하는 데 머물러 있을 뿐이다.

4_ 이 점에 관해서는 M. Horkheimer, *Zur Kritik der instrumentellen Vernunft*(1997), 15-62쪽 참조.
5_ 선우현, 『위기시대의 사회철학』(2002), 131쪽 참조.
6_ S. Benhabib, *Critique, Norm, And Utopia*(1986), 163-171쪽 참조.

2) 탈근대론의 이성 해체 전략

　이성에 대한 전면적 불신을 보여 주는 탈근대론의 대표 주자인 데리다 (J. Derrida)는 이성의 본질적 한계 및 문제점을 '로고스 중심주의'[7]로 규정하여 그 근저에서부터 비판하고 있다. 로고스 중심주의란 보편적 이성을 궁극적인 원천 혹은 본질로 전제하고, 이에 입각하여 모든 현상 및 사태를 해명하고자 시도하는 철학적 입론을 가리킨다.

　데리다에 의하면, 이러한 로고스 중심주의는 '이성'과 '이성 아닌 것'을 구별하여 양자 사이에 대립적이며 위계적인 구도를 형성하여 비이성은 이성에 예속된 것이자 이성에 비해 열등한 것으로 간주한다. 그럼으로써, 이성에 의한 비이성에 대한 일방적인 지배 및 통제를 당연한 것인 양 호도시킨다. 곧 이성은 육체 및 육체에 기원을 둔 본능이나 충동, 욕망과 같은 '비이성'을 자신에 비해 열등하고 부차적인 것으로 규정하여 자신에 의해 규제되고 조종되어야 할 것으로 해명한다. 그 결과, 가령 미확인비행물체 (UFO)나 심령(心靈)과 같은 이른바 초자연적인 현상이나 신비한 사건 등은 이성의 관점에서 논리적으로 일관되게 해명할 수 있는 경우에 한해서만 유의미한 사태로 인정받는다. 반면, 이성의 틀 내에 포섭되어 합리적 · 과학적으로 설명되지 못하는 경우는 '비합리적이거나 비과학적인 미신이나 억측' 등으로 간주되어 이성의 영역에서 배제되거나 추방되어 버린다.

　하지만 UFO의 존재 여부나 운동 방식 등이 현시점에서 이성이나 이성의 산물인 과학기술에 의해 명쾌하게 해명되지 못한다고 해서, 그러한 UFO가 존재하지 않는다고 단언할 수는 없는 것이다. 지금의 과학 발전 수준이 그러한 현상들을 제대로 설명하지 못하는 것일 뿐, 그러한 미확인 비행물체는 분명히 존재할 수 있는 가능성이 있는 것들이다. 하지만 유감스럽게도 현재의 이성 혹은 이성주의는 자신이 제대로 입증하지 못하거나

7_ J. Derrida, *De la grammatologie*(1967), 30쪽.

자신의 해명 틀로 포착하지 못하는 것들은, 그 자체 의미가 없거나 비합리적인 것으로 내쳐 버린다. 곧 이성은 자신의 속성에 부합하는 것만을 정상적이며 합리적인 것으로 판정해 버리고, 이성의 특성에 반하는 것은 비정상적이며 불합리한 것으로 치부하여 배제해 버린다. 이런 한에서 데리다는 이성을 그 자체 중립적이지도 공정하지도 않으며, 차별과 배제를 특징으로 한 '폭력성'을 그 본질로 삼고 있다고 보고 있다.[8]

이렇듯 '이성'과 '비이성'은 서로 평화로운 공존의 관계를 맺고 있지 못하며 폭력적인 위계질서의 상태에 놓여 있는바, 이러한 이원적 대립 구도를 해체하지 못할 경우에 개인들은 차이성과 다름을 존중받지 못한 채 억압적 지배 체제 속에서 차별적인 삶을 살아갈 수밖에 없다는 것이 데리다의 입장이다.[9] 이런 이유에서, 그러한 구도는 타파되어야만 하며, 그럴 경우에라야 비로소 모든 개인들은 — 그것이 인종적 소수자이든 동성애자를 비롯한 성적 소수자이든 혹은 외래 이주 노동자이든 상관없이 — 서로 간의 차이성과 다름을 존중하고 인정받는 가운데 차별 없이 대등하고 자유롭게, 인간답게 살아갈 수 있다는 것이다.

그런데 그러한 차별적이며 배타적인 이분법적 대립 구도는 그것이 절대적인 토대로 삼고 있는 이른바 보편적 이성에 터하여 구축된 것이라는 점에서, 그러한 위계 구도의 해체는 궁극적으로 '이성의 해체'로 귀착되지 않을 수 없다고 데리다는 보고 있다.[10] 그러므로 이 같은 이성의 해체는 이성에서 확보되고 있는 '진리의 보편적 기준'과 '윤리적 정당성의 척도'마저 부정하고 제거하는 사태로 이어지지 않을 수 없는 셈이다. 사정이 이와 같다면, 데리다의 이성 해체 전략은 근대적 이성의 보편타당성과 그것에 기초한 참/거짓 및 옳음/그름의 척도의 존립을 분쇄해 버리는 것을 궁

8_ 이에 관해서는 선우현, 「탈근대적 이성비판의 의의와 한계」(1998), 63-64쪽 참조.
9_ J. Derrida, *Positions*(1972), 55-56쪽 참조.
10_ 데리다의 '해체' 개념에 관해서는 R. Gasché, "Deconstruction as Criticism"(1988), 52-88쪽; J. Culler, "Deconstruction"(2003), 52-71쪽 참조.

극적 목표로 삼고 있는 것이다. 더불어 이성 중심의 이분법적 대립 구도가 자의적으로 이루어진 근거 없는 것임을 입증해 보이는 것과 그 이면에 감추어진 이성의 폭력성 및 억압성을 폭로해 보여 주는 것을 주된 과제로 삼고 있는 것이다. 그에 따라 데리다의 이성 해체론적 시도는 궁극적인 근원이나 의미의 원천, 불변적인 구조나 궁극적인 목표를 전면적으로 거부하고 해체하는 결과로 이어지고 있다.

3. 이성의 폐기와 실제적 현실의 삶

오늘날 이성에 대해 근본적 관점에서 제기되는 비판이나 이성의 해체를 궁극적인 목표로 삼는 해체론적 이성 비판은, 현대를 살아가는 소위 '이성적 존재로서 인간'들로 하여금, 보다 근원적인 관점에서 이성 및 이성적 존재로서의 인간에 대해 치열하게 비판적으로 성찰할 것을 요구하고 있다. 무엇보다 이성의 본성에 내재해 있는 치명적 한계와 그에 따라 이성의 기능이 초래하는 폐단에 대해 정확히 인식함으로써, 그간의 이성에 대한 맹목적 믿음과 신뢰에 대해 치열한 자기비판과 자기 성찰을 촉구하고 있다. 또한 그처럼 문제성 있는 이성을 소유하고 있는 인간 주체의 인식 및 판단 능력 그리고 실천적 행위 능력에 대해서도 근본적인 반성을 요청하고 있다. 나아가 보편적 근대 이성에 의거하여 구성된 모든 이론 체계들에 내재해 있는 본질적 문제와 한계에 관해서도 비판적으로 인식할 필요성이 있음을 시종 강조하고 있다.

하지만 그처럼 이성의 지배적이며 억압적인 속성이나 차별적 본성, 권력 지향적 특성의 고발을 주된 과제로 삼고 있는 근본적 이성 비판과 해체론적 이성 비판은, 그와 같은 중요하고도 의미 있는 이론적 성과에도 불구하고, 의도했든 혹은 아니든, 중대한 한계와 문제점을 또한 노정하고 있다.

먼저, 이론적 차원에서 이성에 대한 총체적 비판 시도는 '자기 반박적'

혹은 '자기 충돌적' 귀결에 이름으로써, 그러한 비판 자체의 타당성마저도 의심스럽게 만드는 '수행적 모순'을 범하고 있다.[11] 게다가 그러한 이성 비판에서, 비판의 대상으로 설정한 소위 '근대적 이성'으로서 '억압적인 권력 지향적 이성'이나 '도구적 이성'의 유형들은, 사실상 이성의 다양한 차원과 요소들 가운데 특정 측면만을 지나치게 강조 · 확대하여 '일면적으로 협소화한' 이성의 유형이라는 사실을 제대로 간취하지 못하는 오류를 저지르고 있다. 그에 따라 이성이 도구화되는 과정을 비판적으로 성찰하는 이성의 '자기반성적 특성'이나 '다양한 이성의 차원들'로 이루어진 포괄적 이성의 형태 등을 제대로 포착하지 못함으로써 기형적으로 일면화 된 이성의 형태에서 벗어날 수 있는 지평을 확보하지 못하는 한계로 이어지고 있다.[12] 나아가 이성 비판의 과정에서 그 비판의 타당성의 토대로 '정체가 모호한 규범적 이성'을 암묵적으로 끌어들이는 결과를 낳고 있기도 한바, 그로 인해 가령 해체론적 이성 비판은 '이성의 타자'에 기댄 비판이 아니라 '이성의 테두리 내'에서 이루어지고 있는 비판이라는 '자기모순'을 연출하고 있기도 하다.[13]

그렇지만 이러한 이론적 수준에서의 문제점보다 한층 더 결정적인 한계가 드러나는 대목은 다름 아닌 실천적 차원에서이다. 예컨대, 이성에 대한 해체론적 비판은 이성 일반의 해체와 폐기로 이어지고, 이는 다시 참과 거짓, 옳고 그름의 척도를 와해시키는 결과로 이어짐으로써, 현실적 삶의 지평에서 필수적으로 요청되는 '사회 통합적 질서 체계'가 무너질 수밖에 없

11_ 가령 데리다는 자신의 이성 비판은 정당하며 참된 것이라고 주장하고 있는데, 이러한 정당성과 진리성에 대한 주장은 사실상 하버마스 식의 의사소통적 이성을 전제로 해서만 가능한 것이다. 사정이 이와 같음에도 불구하고 데리다는 자신의 이성 비판을 통해 모든 이성을 부정하고 해체하고자 시도하고 있다는 점에서 결국 '수행적 모순'에 빠져 있다. M. Jay, "The Debate over Performative Contradictions: Habermas vs. Poststructuralists" (1989), 177쪽 참조.

12_ S. Benhabib, *Critique, Norm, And Utopia*(1986), 281-282쪽 참조.

13_ 이에 관해서는 선우현, 『위기시대의 사회철학』(2002), 283쪽; J. Habermas, *Der philosophische Diskurs der Moderne*(1986), 333-334쪽 참조.

는 사태를 초래한다. 주지하다시피 개인의 삶이 유지되기 위해서는 그 기본적 토대로서 사회질서의 안정적 유지는 필수적이며, 이를 위해서는 보편적 규범이 확립되어 개인들 사이의 갈등이나 사회적 통합을 저해하는 윤리적 일탈 행위를 판단하고 단죄하는 작용이 긴요하다. 하지만 이성의 해체 및 폐기는 구성원 누구나 동의하고 수용하는 보편적 도덕 판단의 척도가 소멸된 '윤리적 무정부주의'를 야기함으로써, 사회질서는 더 이상 유지되지 못하게 된다. 그 결과, 바로 눈앞에서 벌어지는 비윤리적 행위에 대해서도 그것을 규범적 차원에서 '보편적으로' 옳은가 옳지 않은가를 판정할 수 없게 되고, '주관적이며 상대적인' 힘의 논리나 욕망의 충족 여부 등에 따라 그것의 윤리성이 평가되기에 이른다. 그로 인해, 이제 사회는 '정글의 법칙'에 의해 좌지우지되면서 '만인 대 만인의 투쟁 상태'로 전락해 버린다. 당연히 개인과 개인의 삶도 온전하게 유지되기 어렵게 된다.

이 같은 논의 귀결은 이성에 대한 근본적 혹은 해체론적 비판을 통한 이성의 폐기로 인해 도달할 수 있는 최종적인 상황이다. 사회질서의 유지와 그를 통한 개인적 삶의 존속 및 개인의 자아실현은 필연적으로 이성에 입각한 '보편적 도덕 판단의 척도'를 요청하는바, 그것이 제거된 상태에서는 사회와 그 구성원들의 존립이 불가능하다는 점에서, 이성의 해체 시도는 실천적인 차원에서 결정적인 한계에 봉착하게 된다.

4. 비이성에서 진리 및 윤리적 판단의 기준이 확보될 수 있는가?

이미 앞에서 살펴본 바와 같이, 비록 이성이 우리를 억압과 부자유 상태로 내몬다는 주장이 타당성을 갖고 있다고 해도, 이성을 해체해 버릴 경우에 그것의 사회적 역할과 기능을 대체할 대용물을 확보하는 문제는 그리 간단치 않아 보인다. 가령 '욕망'을 이성의 대안으로 삼아, 그것에 의거하여 규범적 차원에서 옳고 그름을 판단해 본다고 가정해 보자. 이 경우, 욕망에 부합하면 규범적으로 정당한 것으로 판정되며, 그렇지 않을 경우에는 부당한 것으로 판정된다. 그렇다면 길거리를 지나가던 한 사람이 갑자기 자신의 마음에 든 장식물을 착용하고 지나가는 다른 사람에게서 그것을 강탈했을 경우, 이러한 행위는 강탈한 당사자에게는 자신의 욕망을 충족시켰다는 점에서 옳을 수 있다. 하지만 아무것도 모르고 당한 사람의 입장은 어떻게 되는가? 여기서 알 수 있듯이, 이성이 아닌 '이성의 타자'에서 확보된 기준은 이성과 비교하여 보편성과 객관성, 일관성이 결여되어 있으며, 각자의 주관적 관점과 입장에 따라 상이하고 상대적인 속성을 지니고 있다. 그런 연유로 그것은 결코 보편적인 규범적 판단의 척도가 되지 못한다. 이제부터는 이 점에 대해 좀 더 자세히 살펴보고자 한다.

1) 도덕적 판단의 척도로서 감정(비이성)의 가능성: 흄의 공감의 윤리학

(1) 흄은 이성이 아닌 비이성, 보다 구체적으로 '도덕감(moral sense)'에서 보편적 도덕 판단 기준을 마련하고자 시도한다.[14] 하지만 이는 '과연 감각이나 정념에 의거하여 보편적 윤리 체계가 정립될 수 있겠는가?'라는 비판적 지적에 직면한다. 다시 말해, 전통적으로 보편적 도덕 판단의 척도로 기능해 온 이성을 배제하고, 쉽사리 변하며 변덕스럽기까지 한 감정이나 정념에서 누구나 동의할 수 있는 보편적 도덕 판단 기준을 확보하는 것은 거의 불가능해 보인다는 지적이다.

물론 흄이 이성이 아닌 도덕감을 내세워 윤리 체계를 수립하고자 했던 의도의 이면에는, 당시 산업혁명 시기에 불거져 나온 사회적 문제들을 해소해 보려는 윤리학적 구상이 자리하고 있었다. 곧 당시 영국 사회는 산업혁명이 급속히 진행되어 나가면서 기존의 사회질서가 근저에서부터 새롭게 재편되어 나가기 시작했으며, 그에 따라 개인들은 독립적이며 자율적인

14_ D. Hume, D., *A Treatise of Human Nature*(1951), 470-476쪽.

존재로 존립해 나갔지만, 다른 한편으로 사회가 조직화되면서 그만큼 타인들과 단절되어 고립되어 나갔다. 이러한 상황에서 개인들은 '이기적 존재'가 되기 쉬웠으며 타인의 고통에 대해서도 무감각해지기 시작하였다. 산업화된 근대적 사회질서 내에서 사회 구성원들 각자는 점차 개인적 이익만을 추구하는 이기적 존재로 변질되고 있었다. 아울러 도덕 판단 역시 자기중심적 관점에서 자신의 이익을 늘려 주느냐 아니면 감소시키느냐에 따라 이루어지는 경향이 강했으며, 사회적 약자나 소외 계층의 어려움이나 고통에 대해서도 외면하기 일쑤였다. 물론 이 과정에서 전체적인 주도적 역할은 이성이 수행하였다.

이러한 연유에서, 흄은 기존의 전통적인 이성적 윤리 체계로는 인간의 도덕성을 고양시키기가 매우 어렵게 되었다고 판단하였다. 그 결과, 이성이 아닌 동정심 혹은 공감에 호소하여 윤리적 판단을 가능하게 하며 이를 통해 사회적 약자나 어려운 빈곤층을 도와줄 수 있는 사회적 상황을 조성해 보고자 도덕감에 기초한 윤리 체계를 구상하고자 시도했던 것이다.

(2) 흄은 도덕성의 뿌리를 특정한 종류의 감각인 도덕감에서 찾고자 한다. 그런데 놀랍게도 흄은 이러한 도덕감은 주관적이고, 상대적이지 않으며, '보편적인 것'이라고 주장하였다. 곧 도덕적 선악을 느끼는 도덕감은, 나의 관점에서 느끼는 것이 아니라 공동체나 사회 전체의 차원에서 느낀다는 것이다. 도덕적 선악의 판별은 고통과 쾌락에 대한 쾌감과 불쾌감에 따라 이루어지는 것인데, 이때 고통과 쾌락은 개인의 차원이 아닌 '보편적이며 일반적인' 관점에서 바라볼 때 느끼는 쾌락과 고통이라는 것이다. "한 성격이 우리들 각자의 개별적 이해관계와 무관하게 일반적으로 관찰될 경우에만, 그 성격은 도덕적으로 선하거나 악하다고 부를 수 있는 느낌이나 감정을 불러일으킨다."[15]

15_ D. Hume, D., *A Treatise of Human Nature*(1951), 472쪽.

이것이 가능한 이유에 대해, 흄은 도덕감의 기저에는 타인의 정념이나 감각을 함께 공유할 수 있는 '동정심' 혹은 '공감'이 놓여 있기 때문이라는 점을 내세운다. 여기서 공감 혹은 동정심이란, 고통이나 기쁨과 같은 타인의 정념을, 강하든 혹은 약하든, 간접적으로 동일하게 느끼며 공유하는 '능력' 또는 그러한 정념을 분유함으로써 생겨나는 '연민의 정'이라 할 수 있다.[16] 이렇듯 흄은 후천적으로 획득되는 공감이 인간이라면 누구나 지니고 있는 것이며, 그것의 기능에 의해 동일한 현상에 대해 윤리적으로 동일하게 느낄 수 있다고 주장한다. 물론, 가령 다른 사람이 느끼는 '고통'의 정념 그 자체가 '나의' 마음에 느껴질 수는 없다. 하지만 우리는 '다른 사람이 느끼는 정념의' 원인이나 결과를 '추론' 혹은 '연상'을 통해 감각할 수 있다. 그 결과, 우리의 동정심을 불러일으켜 동일한 윤리적 현상에 대해 누구나 동일한 윤리적 선악을 '느낌으로써' 보편적 윤리 판단이 가능해진다는 것이다.[17]

게다가 흄은 동정심의 소박한 반응이 그대로 도덕적 선악의 기준으로 작용하는 것은 아니며, 객관적 거리를 두고 바라보는 가운데 냉철한 보편적인 정념의 결정이 이루어진다고 주장한다.[18] 이는 같은 상황이라도 동정심을 느끼는 정도가 다를 수 있다는 반론에 대해, 보다 객관적인 관점에서 공감이 작동할 수 있도록 '공감의 교정(the correcting)'이 이루어지고 있다는 사실을 제시함으로써, 여전히 보편적 도덕 판단이 가능하다는 점을 보여 주고자 개진된 것이다.[19]

(3) 하지만 흄의 그와 같은 주장에도 불구하고, 공감의 윤리학은 엄밀한 의미에서 보편적 도덕 판단의 척도를 제시하기는 사실상 어렵다. 이는 칸

16_ 김상봉, 『호모 에티쿠스』(1999), 242쪽 참조.
17_ D. Hume, D., *A Treatise of Human Nature*(1951), 576쪽.
18_ D. Hume, D., *A Treatise of Human Nature*(1951), 583쪽.
19_ D. Hume, D., *A Treatise of Human Nature*(1951), 603쪽.

트의 비판적 지적을 통해 확인해 볼 수 있다. 칸트에 의하면, 흄이 내세우는 윤리 체계의 토대인 감각이나 감정은 결코 보편타당성을 지닐 수 없다. 그것은 쉽사리 변할 뿐 아니라 무원칙적으로 작용하기 때문이다. 가령 어떤 사람이 분명 큰 잘못을 저질렀음에도 불구하고, 단지 그가 나와 인간적으로 친하다는 이유로 그를 무조건 두둔하고 변호하는 경우도 적지 않은데, 이렇듯 인간적으로 보다 가까운 사람에게 더 큰 연민을 느끼게 만드는 동정심의 메커니즘은 보편성을 핵으로 삼는 도덕원리와 충돌하지 않을 수 없다.[20]

이 점을 고려할 때, 이성의 한계와 문제점에도 불구하고 이성이 아닌 비이성에서 보편적 도덕 판단의 척도를 마련하려는 시도는, 고전적 사례의 하나인 흄의 윤리 체계에서 드러나듯이, 불완전하며 불가능한 일이라고 할 수 있다. 더욱이 흄이 제시하고 있는 공감의 교정이라는 것도 사실상 감각 자체에만 의한 것이 아니라, 이미 거기에는 일정 정도 '이성의 작용'이 개입되어 있다는 점에서, 이성의 타자에 기대어 도덕의 보편적 척도를 마련하는 시도는 그리 녹록하지 않은 작업임을 쉽사리 간파할 수 있다.

2) 이성이 배제된 사회 비판의 가능성: 푸코의 권력관계 비판론

푸코는 '이성에 기초한 진리가 너희를 자유케 하리라'[21]라는 이성주의적 주장에 반(反)하여, '이성에 터한 진리가 너희를 구속케 하리라'는 입론으로 맞서고 있다. 즉 푸코는 모든 인식론적 진리와 윤리학적 지식은 그 자체 결코 보편타당성을 지니지 못하며, 진리성이나 정당성과는 무관하게 다양한 형태의 '권력관계'를 유지·재생산하는 데 기여하는 도구적 매체라는 사실을 드러내 보이고 있다. 그럼으로써, 이성과 그것에 토대를 둔

20_ 김상봉, 『호모 에티쿠스』(1999), 258-261쪽 참조.
21_ 이는 본래 신의 말씀으로서 '진리가 너희를 자유케 하리라'는 「요한복음」 8장 32절을 차용한 것이다.

진리가 지닌 보편성 및 필연성이 실상은 상대성 및 역사적 우연성이라는 점을 폭로하고자 한다. 나아가 그러한 권력관계의 재생산 도구로서 이성은 인간 및 인간의 삶을 권력관계의 그물망 속에 가두어 빠져나오지 못하도록 만드는, 구속과 질곡, 억압적 상태로 인도하는 매체라는 진실을 내세워 이성의 폐기를 주창한다.[22]

주지하다시피 푸코의 '권력관계론'에 의하면, 개인은 사회의 전개 과정에서 결코 자율적 주체가 되지 못하며, 모든 삶의 영역에 침투해 들어와 있는 권력관계의 그물망에 갇힌 존재로서, 관계 망 속에 위치한 '지위'에 따라 주어진 역할만을 수행할 수 있는 '타율적·수동적' 존재에 지나지 않는다. 곧 개인은 가정이나 직장 등에 스며들어 와 있는 각이한 유형의 권력관계 망 속에서 하나의 위치를 점유하고 있는데, 가령 가정 내 '부모/자식 간 권력관계'에서 자식의 위치에 있을 경우에는 효도와 같은 규범을 준수하여 자식의 도리를 다함으로써 부모에 대한 복종적인 태도를 견지해야만 한다.

한데 만약 그렇지 못할 경우에는, 불효자나 패륜아 등으로 낙인찍혀 사회 내에서 정상적인 삶을 살아가기 어렵게 되는바, 그런 한에서 개인은 원하든 원하지 않든 주어진 권력관계 내 개인의 위치를 규제·통제하는 규칙을 반드시 지켜야만 한다. 이때 그러한 규범이나 규칙은 인간이라면 마땅히 따르고 지켜야 할 보편적 진리이자 지식으로서 정당성과 근거를 갖고 개인들 앞에 주어진다. 그로 인해 그것들은 아무런 저항 없이 자발적으로 수용된다. 이는 권력관계가 강압적인 방식이 아니라 마치 자율적으로 따를 수밖에 없는 정당한 것인 양 오인시키는 방식으로[23] 개인들을 조종하며 자신을 유지·확대시켜 나가고 있음을 말해 준다.

22_ M. Foucault, *Histoire de la sexualité* 1(1976), 126쪽. 탈근대론자인 리오타르 역시 보편적 이성과 근대성의 이름 아래 추진된 '계몽의 기획'은 인간을 해방 사회로 인도하기보다 구속과 억압의 상태로 이끌었다고 일갈한다. J.-F. Lyotrard, *Le postmoderne expliqué aux enfants*(1988), 36쪽 참조.
23_ M. Foucault, "The Subject and Power"(1983), 118-119쪽.

이상에서 드러나듯이, 한편으로 푸코의 권력관계 비판론은 계몽적 이성을 비롯한 근대 이성을 비판의 중심적 대상으로 놓고 신랄하게 비판하고 있을 뿐 아니라, 그것이 인간을 억압과 구속으로 인도하고 있다는 점에서 이성의 폐기를 주창하고 있다. 하지만 다른 한편으로 '사회 비판을 통한 해방 사회의 구현'이라는 계몽적 이성의 이념을 계승하여 억압적 사회 구조의 실상을 비판적으로 폭로하고자 시도하고 있다는 점에서, 권력관계 비판론은 역설적으로 이성에 입각하여 사회 비판을 시도하는 이성주의적 비판철학의 이론적 전통을 따르고 있다.[24]

물론 푸코는 이성주의에 기초한 사회 비판의 흐름을 좇아 권력관계의 억압적이며 자유 상실적 속성을 비판적으로 폭로하고 있지만, 그 어디에서도 비판의 규범적 토대나 근거로서 이성이나 이성의 차원을 제시하고 있지 않다.[25] 오히려 그러한 이성적 비판의 척도 없이 중립적 · 경험적 관점에서 권력관계의 본성과 그것이 개인 및 개인의 삶을 옭아매어 나가는 상태를 설명함으로써 현대사회의 자유 상실의 실태를 비판적으로 보여 주고자 할 뿐이다. 흔히 '계보학적 분석 방식'으로 알려진 이와 같은 객관적 역사 서술 방식에서는, 의도적으로 비판을 위한 전제로서 비판의 규범적 토대를 정초하여 마련하는 작업이 제외되어 있다. 이처럼 푸코는 이성에 의거하지 않은 채, 자신의 '반이성주의 사회 비판' 입론을 통해 비판의 규범적 척도 없이 권력관계의 본성과 그것이 초래하는 병리적 사태에 관한 비판의 과제를 수행하고 있다.

그런데 푸코에 의하면, 권력관계로 인해 개인이 일방적으로 지배받고 통제받는 구속적 사태에 대한 비판을 정당화하는 이유나 근거를 제시하기 위한 규범적 토대의 마련 시도는 본래적으로 불가능하다.[26] 왜냐하면 비판의

24_ 이는 "좀 더 일찍 비판 이론의 작업 성과를 알았더라면, 불필요한 이론적 탐구 과정을 거치지 않았을 것"이라는 언급에서 일정 정도 드러난다. Foucault, M., "Structualism and Post-Structualism"(1983), 200쪽.

25_ J. Habermas, *Der philosophische Diskurs der Moderne*(1986), 325-333쪽.

26_ 양운덕, 「근대성과 계몽에 대한 상이한 해석: 하버마스와 푸코」(1996), 366-373쪽 참조.

척도를 확보하는 이론화 작업에는 불가피하게 독단적이며 입증 불가능한 요인들, 즉 '형이상학적' 요소들이 스며들어 갈 수밖에 없는바, 그런 한에서 비판의 척도를 정립하는 과제는 완수될 수 없을 것이라는 이유에서다.[27] 그래서 푸코는 사회 비판을 수행하는 비판철학을 수립하기 위해 전통적으로 행해져 온 이성에서 그 척도를 마련하는 작업을 단념하고, 비판의 토대 없이 사회의 실상을 비판적으로 수행하는 전략을 기획했던 것이다.

하지만 푸코의 그러한 이론적 시도는 이성에 의해 초래된 현대사회의 자유 상실적 상황에 대한 설득력 있는 규명이라는 이론적 성과에도 불구하고, 결국은 비판의 척도로서 이성을 부지불식간에 끌어들이고 있다는 혐의에서 완전히 자유롭지 못하다.[28] 적어도 푸코의 권력관계 비판론에는 규범적 차원에서 비판 및 평가가 이루어지고 있는데, 이것들은 순전히 가치 중립적 차원에서 이루어진 분석이 아닌 이성의 규범적, 평가적 특성들에 기인하고 있는 것들이라고 보이기 때문이다.[29]

이 같은 사실은, 사회 비판을 기도하는 철학적 입론의 정립은 이성을 배제한 가운데 이루어지기가 쉽지 않다는 점을 말해 준다. 설령 푸코가 비판적으로 폭로하고 있는, 권력 지향적 속성의 구현체로서 이성이 인간의 삶을 억압하고 구속하고 있다고 해도, 그러한 실상을 비판적으로 성찰하고 상호 토론과 논의를 통해 비판적으로 규명해 내는 역할 또한 이성이 수행하고 있다고 판단되기 때문이다. 그런 까닭에, '이성 일반'을 권력적 이성이나 도구적 이성으로 동일시할 수는 없는 것이다. 이 점은 푸코가 이성을 배제한 채 권력관계의 수단으로서 '권력 지향적 이성'을 비판하고 있는 작업에서, 그러한 비판의 규범적 토대로 자기 자신을 스스로 비판의 대상으로 삼아 비판하고 있는 '자기 성찰적 이성'을 적어도 '부분적으로' 수용하

27_ M. Foucault, "Qu'est-ce que les lumierès?"(1993), 71쪽.
28_ N. Fraser, "Foucault on Modern Power: Empirical Insights and Normative Confusions"(1981), 284쪽.
29_ J. Habermas, *Der philosophische Diskurs der Moderne*(1986), 325-333쪽.

고 있다는 사실에서 확인된다.

5. 이성의 부활 가능성: 하버마스의 의사소통적 이성 기획

1) 이제까지 살펴본 것처럼, 근본적 차원에서 제기되는 이성에 대한 비판은 그 비판의 성과에 대한 평가는 논외로 하더라도, 그 해결 방식으로서 '이성의 해체'는 적어도 현시점에서는 최선의 선택이 되지 못하고 있다고 판단된다. 그렇다면 남은 또 다른 선택은 무엇인가? 그것은 이성을 폐기 처분해 버리는 대신, 그것의 한계와 난점을 제거한 새로운 이성의 정립이나 재구성의 방법이 될 수 있다.

이것이 가능하다고 보는 결정적인 근거는, 이성에 대한 근본적 비판이나 해체론적 발상 등을 포함한 이성에 대한 비판적 성찰은 결국 이성 그 자체의 기능과 역할에 토대를 두고 있기 때문이다. 이성 자체에 부정적 속성이 내장되어 있고 그에 따라 이성이 우리를 억압과 자유 상실로 이끈다 해도, 동시에 이러한 이성의 부정적 속성을 고발·폭로하고 그것의 시정 내지 극복을 시도하고 있는 것 역시 이성이라 할 수 있다. 이러한 이유에서 앞으로의 이성의 운명은 이성의 해체보다는 이성의 비판적 재구성에 입각한 '부활'로 나가는 것이 보다 합리적이며 현실적인 전략적 선택이라 할 수 있을 것이다.

이와 관련해, 이성에 대한 근본적 비판 내지 해체를 시도하는 철학적 입론들과 달리, 다양한 '이성 비판론'의 지적들을 자기 성찰적으로 수용하면서도 이성 자체의 폐기가 아닌, 이성에서 '이성 비판의 척도'를 새롭게 확보하여 이성의 한계와 그로부터 초래된 위기적 사태에서 벗어날 탈출구를 제시하려는 이론 기획이 이성주의 내에 존재한다. 곧 이성에 대한 탈근대론적 비판뿐 아니라 근대론적 비판의 내용을 적극 수용하면서도, 동시에 이성의 폐기가 아닌 이성의 '비판적 재구성'을 통해 이성의 한계를 극복하고자 시도하는 하버마스의 '의사소통적 이성론'이 그것이다. 이에 따르면, 오늘날 이성이 처해 있는 위기적 상황은 이성과 그것이 초래한 다양한 정치·사회·문화적 현상들에 대해 보다 깊이 있는 통찰과 숙고, 반성과 비판적 논의를 개진할 것을 촉구하고 있으며, 그럴 경우에만 비로소 그러한 위기 상황에서 벗어날 통로가 확보될 수 있다고 본다. 물론 이 경우에 그러한 통로는 새로운 유형의 이성의 정립을 통해서 마련될 수 있다.

이렇듯 하버마스에 있어서 이성은 결코 포기될 수 없으며, 여전히 신뢰할 수 있다. 이는 이성의 제한성에도 불구하고 그러한 한계를 비판적으로 인식하고 성찰하는 역할과 기능 또한 이성이 담당하고 있다는 점에서 확인된다. 이런 연유로 하버마스는 이성을 포기하지 않는 대신, 새롭게 비판적으로 재구성하여 부활시키고자 시도한다. 이를 위해 하버마스는 두 가지 전제 조건을 내세운다. 그 하나는 보편적 차원에서 참과 거짓을 판별하고 옳고 그름을 따질 수 있는 척도는 현재로서는 이성 이외에 없다는 점이다. 다른 하나는 그럼에도 모든 이성이 그러한 자격을 갖고 있지는 않으며, 현시점에서 자격 조건에 부합하지 못하는 이성들은 폐기 처분되어야 한다는 점이다.

첫 번째 조건과 관련해서, 하버마스는 주관적 관점이나 입장을 넘어서 누구나 보편타당한 것으로서 수용할 수 있는 '비판과 평가'는 이성의 보편성과 규범성에서 확보될 수밖에 없다고 본다. 두 번째 조건에서는 이성의 자격에 보다 엄격한 제한을 가하고 있는데, 그에 따라 그 자체 입증 불가능한 형이상학적 속성을 지닌 '실체로서 이성'이나 이성의 타자를 지배의 대상이나 수단으로 바라보는 '주체 중심적 이성,' 그리고 도구적 이성과 같이 본래적 이성 형태가 과도하게 '일면적으로 축소된 이성' 등은 제외된다. 그런 한에서 새롭게 재구성될 이성은 '탈형이상학적 성격'을 지닌 이성이자 '상호주관성'에 기초한 이성이며, 일면성을 벗어난 '포괄적'이며 동시에 '절차'로서의 이성으로 그 자격 조건이 한정된다. 이때 포괄적 특성이란 로고스 중심주의가 초래한 억압적·차별적 현상들에 대한 규범적,

비판적 진단과 그 탈출구의 확보를 위해 요구되는 조건이다. 더불어 절차성이란 비판이 임의적이며 상대적인 것이 아니며 동시에 비판의 근거가 외부로부터 선험적으로 주어지는 경우를 배제하기 위한 조건이다.[30]

그런데 이와 같은 이성의 자격 요건들을 충족시키면서 하버마스의 이성론이 정립·제시한 이성의 형태가 바로 '의사소통적 이성(kommunikative Vernunft)'이다. 그러므로 이러한 의사소통적 이성은 무엇보다도 포괄적 합리성이다. 근대의 문화적 영역의 분화에 상응하는 세 차원의 '합리성 복합체,' 즉 인지적-도구적 합리성, 도덕적-실천적 합리성, 심미적-표현적 합리성의 상호 균형 및 공존을 통해 이루어진 포괄적 합리성으로서 의사소통적 이성은 이성의 도구적 총체화와 같이 이성이 일면적으로 축소·왜곡되는 사태를 비판적으로 조망할 수 있는 '준거'로서 기능한다. 그에 따라 포괄적 합리성으로서 의사소통적 이성은 한편으로 '근대화의 역설'이 사실은 역설이 아니라는 점을 보여 줌으로써 비관적 시대 진단으로부터 벗어날 수 있는 통로를 제공해 준다. 뿐만 아니라, 다른 한편으로 '로고스 중심주의'에 대한 비판이 이성 자체의 해체로 귀결될 필요가 없음을 설득력 있게 논증해 보인다.

이와 함께 의사소통적 이성은 절차적 합리성으로서 또한 제시된다. 상호 비판과 논거를 통해 논자의 주장을 정당화하는, 일련의 담론적 절차 과정에서 발현하는 절차적 합리성으로서 의사소통적 이성은 무엇보다 사회 비판이 제기되는 관점 그 자체가 누구나 수용하지 않을 수 없는 보편타당한 것임을 확증해 준다. 나아가 절차적 합리성으로서 의사소통적 이성은 사회문제를 실질적으로 해결하고, 사회의 혁신을 도모하며, 나아가 해방 사회의 구현을 추진하는 '정치적 실천력의 원천'으로 작용하기까지 한다.[31]

30_ 선우현, 『사회비판과 정치적 실천』(1999), 140-144쪽 참조.
31_ 선우현, 『사회비판과 정치적 실천』(1999), 144-153쪽 참조.

2) 이러한 의사소통적 이성의 정립 및 제시는 새롭게 시대 진단과 사회 비판을 가능케 할 뿐 아니라 동시에 '자유 상실'과 '의미 상실'이라는 부정적 시대 상황에서 벗어날 탈출구를 마련할 수 있는 발판을 제공해 준다. 즉 의사소통적 이성은 '근대화의 역설'을 불가피한 것으로 수용하여 이성에 대해 근본적 비판을 개진하는 비판 이론의 '체념적 비관주의' 입장에 맞서, 역설의 본질은 '인지적/도덕적/심미적 합리성(복합체)'의 조화와 균형으로 구성된 포괄적 이성이 도구적으로 축소된 것으로 해명함으로써, 본래의 포괄적 이성으로의 복귀를 통해 그러한 병리 사태에서 벗어날 방안을 제시해 준다. 또한 이성과 계몽에 관한 회의적 관점을 넘어 이성 자체의 전면적 해체를 주장하는 반이성주의적 탈근대론의 입장에 대항하여, 이성과 그것의 능력에 대한 '신뢰'에 의거한 '자율적 해방 사회의 프로젝트'가 여전히 달성 가능하다는 '낙관론적 전망'을 제시함으로써, 이성과 그것에 터한 이성주의가 굳건히 유지될 수 있는 지반을 제공할 수 있게 되었다.

이처럼 하버마스는 포괄적 합리성으로서 의사소통적 이성에 근거하여 근대의 다양한 병리적 현상을 분석·진단하고 그에 대한 극복책을 제시할 뿐 아니라, 담론적 절차 과정에서 발현되는 절차적 합리성으로서 의사소통적 이성에 입각하여 경험적 분석과 비판을 넘어 정치적 실천력을 담보하고자 한다. 그럼으로써, 하버마스는 절차적 합리성이 단지 비판의 척도에 머물지 않고, 구체적 현실의 장에서 벌어지는 일상적 대화로부터 의회 내의 정치적 토론에 이르는 다양한 의사소통의 과정에서 실제로 구현되고 있음을 입증해 보일 수 있게 되었다. 나아가 일상적 의사소통의 영역에서 출발하여 사적인 것으로 간주되기 쉬운 사회적 현안을 공적인 쟁점으로 부각시키는 '특수 기능'을 수행하는 '공론장(Öffentlichkeit)'의 민주주의적 의사 형성 과정을 거친 공적인 견해(공론)가 규범적으로 정당화된 권력, 즉 '의사소통적 권력'으로 전환되는, 일련의 과정에 대한 해명을 통해 절차적 합리성으로서 의사소통적 이성이 문제 해결의 실천적 원동력임을 규명해 보여 주고 있다.

이로써 의사소통적 이성에 관한 하버마스의 입론은 경험적 분석과 비판의 기능을 수행할 뿐 아니라, 당면한 현안에 관한 실질적인 해결적 지침과 방안을 제공하는 정치적 실천력을 담보한 새로운 이성의 제시를 통해 이성의 운명이 다시금 '부활의 도정'에 놓이게 되었다는 사실을 보다 설득력 있게 보여 주고 있다.

6. 나가는 말

오늘의 시점에서 이성은 많은 문제점과 한계를 드러내고 있다. 그러나 상황이 그렇다고 해서 이성의 타자인 비이성에 의거하여 이성을 근저로부터 비판하여 무화·해체하려는 시도는 궁극적으로 윤리적 상대주의 및 규범적 무정부주의로 귀착하여 사회 자체의 붕괴를 초래한다. 나아가 그 바탕 위에서 살아가는 개인 및 개인의 삶마저 황폐화시킨다는 점에서, 실존적 차원에서 바람직한 해결책으로는 결정적인 한계를 지니고 있다. 이는 반대로 사회 질서 및 통합이 안정적으로 유지되고 그 바탕 위에서 구성원 각자의 삶이 영위되기 위해서는, 보편적인 규범적 판단 기준이 필연적으로 요청될 수밖에 없는바, 이는 현시점에서는 이성 이외에 그 어느 것에서도 확보되기 어렵다는 사실을 말해 준다. 이러한 실상을 감안할 경우, 이성의 본질적 한계와 난점은 자기 자신을 비판의 대상으로 삼아 근본적으로 성찰하는 이성에 의해 극복되는 방식이 현실적으로 바람직한 방안이며, 그런 한에서 이성에 대한 해체 전략보다는 이성의 재구성 및 부활의 전략이 적어도 '차선책'으로 수용될 수밖에 없다고 보인다.

물론 그렇다고 해서, 이러한 '이성 부활 전략'이 이성에 의해 초래된 모든 병리적 현상들 및 문제들을 해결하고 극복할 수 있다는 것은 아니다. 여기에도 여전히 보완하고 채워 넣어야 할 내용들이 곳곳에 산재해 있다.

가령 하버마스의 의사소통적 이성론만 해도, 주체 중심의 '독백론적 이성 모델'로부터 상호 주체적인 '대화론적 이성 모델'로의 전환을 통해 이성의 난점들을 해소하는 설득력 있는 이성론으로 평가받고 있지만, 모든 구성들의 입장을 공정하게 다 반영하지 못하며, 소수일망정 그들의 차이와 다름을 인정 내지 존중해 주지 못하는 사태를 여전히 야기하고 있다.[32] 곧 해체론적 이성 비판이 제기했던 것으로, 이성은 자신의 속성에 부합하지 않는 타자를 폭력적 방식으로 자신에게 동화시키려 시도하고 그것이 여의치 않을 시에는 배제·추방해 버리는 폭력의 본성을 완전히 해소하거나 해결하지 못하는 문제점을 의사소통적 이성론은 여전히 남겨 놓고 있다.

이러한 사실을 염두에 둘 때, 이성의 부활 혹은 재구성을 통해 이성의 해체를 저지하고 동시에 이성의 본질적 한계와 난점을 넘어서고자 시도하는 이성주의적 입론들에게는, 이성의 타자를 고려하고 존중하며 이성과 비이성이 상호 공존하거나 이성에 의해 비이성이 충분히 포용될 수 있는,[33] 보다 진전된 이성론을 정립하는 과제가 여전히 남아 있는 셈이라 할 수 있다.

32_ A. Honneth, "Das Andere der Gerechtigkeit. Habermas und die ethische Herausforderung der Postmoderne"(1994) 200-204쪽 참조.

33_ 이처럼 새롭게 요구되는 이성의 유형으로는, 이성의 타자로서 감성이나 욕망을 일방적으로 통제 혹은 배제하려는 이성이 아니라 그것들을 적극적으로 존중하고 배려하는 이성으로서 '배려적 이성(reason of care),' 그리고 자연이 아니라 자연적 대상에 가치를 부여하는 인간이 생태계 보전을 위해 중심 역할을 수행하면서 자연을 신중하게 다루고 배려하는 태도에 초점을 맞춘 인간 중심의 '생태 합리성' 등을 들 수 있다. 이러한 합리성 유형들에 관한 논의로는 N. Noddings, *The Challenge to Care in Schools*(1992); J. Dryzeck, "Green Reason: Communicative Ethics for the Biosphere"(1990), 195-210쪽; 선우현, 『위기시대의 사회철학』(2002), 136-139쪽 참조.

9
반(反)이성주의적 시대 흐름 속에서 이성은 어떻게 옹호될 수 있는가?

이성의 자기비판 및 내적 분화

1. 들어가는 말

오늘날 이성은 참과 거짓을 판별하는 진리의 기준이나 옳고 그름을 따지는 윤리적 정당성의 척도로서 그 역할을 제대로 수행하기 어렵게 되었다는 인식이 빠르게 확산되어 가고 있다. 그에 따라 이성에 대한 비판의 차원을 넘어, 이성 자체의 전면적 부정이나 해체를 주창하는 논조가 설득력을 더해 가는 사태가 초래되기에 이르렀다. 이른바 '이성의 총체적 위기'가 도래한 것이다. 그런데 역설적으로 이 같은 사태는, 전통적으로 중요한 철학적 주제였던 이성을 다시금 이 시대의 가장 중요한 화두(話頭)로 부각시키고 있다. 이는 특히 실천적 삶의 차원에서 요구되는 옳음/그름, 정의/부정의에 관한 보편적 잣대의 필요성 그리고 그것의 확보 방안과 맞물려 주목받고 있다.

동시에 이성에 대한 회의적 분위기와 맞물려 가치 척도 및 진리 기준의 '다양성'과 '다원성'에 대한 추구가 새로운 미덕으로 각광받는 분위기가 오늘의 시대적 흐름으로 자리 잡아 가고 있다. 그에 따라 이성의 경우에도, '복수(複數)의 이성'이나 다양한 유형의 합리성의 공존 등이 주장되기에 이르렀다. 이처럼 다양성과 차이성이 존중되는 상황의 전개는, 이전에 비해 보다 민주적이며 개방적인 사회구조의 출현을 알려 주는 징표임에는 틀림없지만, 그럼에도 이러한 흐름은 이성 해체주의와 결합되어 '인식론적 허무주의'와 '윤리적 무정부주의'로 귀착될 수 있다는 점에서 심각한 문제가 아닐 수 없다. 특히 후자와 같은 상황이 실제로 초래될 경우, 사회 자체의 붕괴와 함께 결국 개인적 삶의 존립 기반이 무너져 버리게 될 것이다. 그러므로 실천적 삶의 차원에서 사회질서가 유지되고 그것을 바탕으로 하여 개별 성원들이 자유로이 각자의 삶을 영위하기 위해서는, 적어도 사회 내에서 합의된 옳고 그름에 대한 '최소한의' 보편적 준거점이 '불가피하게' 요구된다. 게다가 이 같은 보편적 척도는, 적어도 아직까지는 이성 이외에 ─ 따라서 이성의 복수적 공존 상황에서는 다양한 이성을 아우를 수 있는 보편적·통일적 이성 ─ 그 어느 것에서도 마련되기 어려워 보인다.

물론 이때 보편적 척도로서 이성은 더 이상 지금까지 통용되어 온 이성일 수 없다. 가령 '탈(脫)형이상학적 시대 상황'이 비판적 거부의 주된 대상으로 삼고 있는, '형이상학적 실체'로서 이성이나 '주체 중심'의 이성, '배타적이며 타자 지배적인 속성'을 드러내는 이성 등은 더 이상 이성의 자격 조건을 충족시킬 수 없는 낡은 구시대적 이성 유형들이다.[1] 그러므로 지금과 같은 위기 상황에서 이성이 살아남기 위해서는, 아울러 이성에서 확보된 진리 및 정당성의 척도에 의거하여 인간 삶의 원활한 존속과 발전이 담보되기 위해서는, 이성 자체의 치열한 자기비판과 전면적인 자기 혁신이 요구된다. 이는 궁극적으로 오늘의 시대 상황에 부합하는 '새로운' 이성의 정초가 불가피함을 의미한다.

이 같은 현실을 염두에 두면서, 이 글은 이성에 대한 불신 풍조가 그 위세를 더해 가는 시대 흐름 속에서도 ─ 이성의 '타자'에 기대어 이루어지

1_ 이에 관해서는 L. Nagl, "Zeigt die Habermassche Kommunikationstheorie einen »Ausweg aus der Subjektphilosophie«? Erwägrungen zur Studie Der philosophische Diskurs der Moderne" (1988), 350-353쪽; M. Cooke, *Language and Reason*(1994), 43쪽 참조.

는 이성 비판이 아닌 ─ '이성의 자기비판'과 그에 따른 '이성의 내적 분화'를 통해 여전히 이성이 옹호될 수 있으며, 이성에 의거한 진리 판별 및 가치 판단이 신뢰받을 수 있다는 점을 설득력 있게 보여 주는 데 일차적 목적을 두고 있다. 이를 위해 이 글은 우선 오늘날 이성의 역할과 기능에서 드러나는 한계와 문제점을 중심으로 이성의 위기 사태를 검토해 보고, 이어 그로부터 벗어날 방안으로서 이성의 자기비판 및 자기 분화 전략을 비판적으로 고찰해 볼 것이며, 이러한 작업을 통해 오늘의 변화된 시대에 맞는 '새로운 이성'의 정립 가능성을 추적해 볼 것이다. 끝으로 이러한 전략이 오늘의 시점에서 이성의 옹호를 위한 최선의 전략으로 평가될 수 있는가를 비판적으로 살펴본 후, 새로이 제기되는 문제점과 남은 과제를 개진해 볼 것이다.

2. 이성의 총체적 위기와 그 극복의 단초로서 이성의 자기 성찰

1) 이성의 총체적 위기 상황

오늘날 인류 사회는 전면적인 위기 시대를 맞고 있다. 국가적 · 지역적 경계를 넘어 전(全) 지구적 차원의 문제로 떠오르고 있는 생태계 파괴의 문제나 인간 복제 단계에 근접해 가고 있는 생명공학이 초래할지 모를 가공할 인명 경시 사태를 중심으로 한 생명 윤리의 문제 등 심각한 상황에 처하지 않은 영역이 없을 만큼 지구촌 곳곳이 총체적인 난국에 직면해 있다.[2]

그런데 이 같은 위기 상황은 '본질적으로' 이성과 불가분의 관계를 맺고 있는 것처럼 보인다. 가령 자율적이며 이성적인 사회의 구현을 목표로 추진된 '근대의 기획'에서 중추적인 역할을 담당해 온 과학기술이 환경 파

2_ 최종욱, 「현대의 위기와 '위험사회'의 현상학」(1994), 9-32쪽 참조.

괴를 비롯하여 숱한 재앙과 병리적 사태를 야기했다는 사실은 오늘날 인류에게 닥친 위기 상황과 이성, 양자 사이의 상호 연관성에 관해 많은 것을 시사해 준다. 과학기술은 '이성의 산물' 가운데 최고의 성과물 중의 하나로 평가받고 있기 때문이다. 이러한 예에서 알 수 있듯이, 이성에 기초한 계몽과 그것의 추진 과정으로서 근대적 합리화가 결과한 병리적 사태는 이성 그 자체에 대한 커다란 불신과 회의를 낳고 있다.[3]

이러한 이성에 대한 불신 풍조는 20세기의 가장 비극적인 사태라 할 수 있는, 2차 세계대전 기간에 나치(Nazi)에 의해 자행된 '600만 유태인 학살'의 참극에서 그 절정에 이른다. 반인륜적인 야만적 '대학살'의 실상을 눈앞에서 목도하게 된 인류는 진리와 윤리적 정당성을 추구하고 판별하는 능력으로서 '이성'과 그것의 소유자로서 '이성적 존재,' 모두에 대해 더 이상 신뢰를 보내지 않게 되었으며, 의심과 회의, 부정의 눈초리로 그것들을 응시하기 시작하였다. 이제 이성은 야만성과 폭력성, 타자에 대한 지배와 배제로서 표상되기에 이르렀으며, '광기'와 대척되는 개념이 아니라 오히려 '이성이 광기 그 자체'라는 사실이 새롭게 인식되기 시작한 것이다.

철학사적으로, 이 같은 이성 인식을 기반으로 등장한 반이성주의적 탈근대론은, '이성 중심주의'는 더 이상 인간을 자유와 해방으로 이끌기보다 억압과 구속, 폭력과 파멸로 인도하고 있다는 점을 들어, 이성의 해체를 공공연히 주창하면서 20세기의 이념적 지형을 서서히 잠식해 가고 있다. 가령 푸코(M. Foucault)는 권력관계에 의해 인간 사회가 구속과 부자유의 상태로 변질되어 나가는 과정에 대한 해명을 통해, 서구 이성이 지닌 권력 지향적이며 억압적인 속성을 보여 주고자 한다. 곧 권력관계는 이성적 주체로 하여금 합리적인 사고와 판단을 통해 자발적으로 자신(권력관계)에게 복종하도록 인간 주체를 조종하고 있으며, 이때 그 매개 수단으로 이용

3_ 이 같은 병리적 사태는 이성에 내재하고 있는 '자기 파괴적 속성,' 즉 과학적 합리성과 사회적 합리성 간의 균열과 격차에 따른 불가피한 귀결이라는 인식이 팽배해 있다. U. Beck, *Riskogesellschaft* (1986), 38-40쪽 참조.

되고 있는 것이 다름 아닌 이성이라는 것이다. 같은 맥락에서, 리요타르(J.-F. Lyotard) 역시 보편적 이성이나 이성 중심주의에 내재된 이성의 본질을 지배와 억압으로 파악함으로써, 해방과 진리라는 이름으로 서구 사회를 주도해 온 이성의 전체주의적 지배적 속성을 폭로, 고발하고 있다.[4] 데리다(J. Derrida)의 경우는, 이성에 향해진 부정과 의혹의 눈길을 더욱 극단화하여 이성에 대한 비판적 고발을 넘어 이성 그 자체의 폐기와 해체를 주창한다.[5]

이성의 본질에 대한 급진적 비판은 오랜 기간 이성이 저질러 온 수다한 폭력적 결과와 폐해들에 대한 근원적인 성찰을 이성 자신 — 따라서 이성적 능력의 소유자인 인간 자신 — 에게 촉구하고 있다는 점에서 그 의의를 찾을 수 있다. 하지만 그것은 이성 자체의 폐절을 주창하는 목소리를 다양한 유형의 '반(反)이성주의적 담론'들을 통해 광범위하게 확산시켜 버림으로써 이성에 대한 부정적 인식의 강도를 한층 심화시키는 결과를 초래하였다. 이와 함께 전(全) 지구적 차원에서 인류가 맞고 있는 현 위기 상황은 그 본질적 원인이 이성에 있으며, 그런 한에서 위기를 벗어남에 있어서 이성은 더 이상 해결의 실마리조차 제공해 줄 수 없다는 '비관주의적 이성관(觀)'이 빠르게 퍼져 나갔다. 그 결과, 이성은 이제 진리를 추구하고 윤리적 정당성을 판별할 수 있는 이성 본래의 역할을 더 이상 수행할 수 없게 되었으며, 이는 그러한 이성의 능력에 기대어 인간 해방과 자유로운 삶이 실현되는 정의 사회를 구현하겠다는 계몽의 이념이 한갓 미몽에 지나지 않음을 의미하게 되었다. 동시에 이성은 보편적 타당성과 불편부당성(不偏不黨性)을 추구하는 것이 아니라 — 우연적 계기에 의해 역사의 무대에 등장하여 — 특정 권력이나 이해관계의 유지와 관철을 위해 봉사하는 수단적 도구에 지나지 않는 것으로 이해되기 시작하였다. 나아가 동등한 존엄성과 정의로움, 자유로움을 보장하는 대신, 타자에 대한 지배와 동일화, 추방과 배제를 통

4_ 양운덕, 「탈구조주의 사회이론의 기초」(1991), 151-166, 170-178쪽 참조.
5_ 데리다의 '해체'나 '해체의 일반 전략'에 관해서는 R. Boyne, *Foucault and Derrida: The other side of reason*(1990), 90-108쪽 참조.

해 폭력을 행사하는 야만적인 '자기중심적 존재'가 이성의 본래적인 양상
이라는 사실이 폭로되었다. 그럼으로써 이 같은 이성적 속성이 야기한 오늘
의 전면적 위기 사태는 이제 더 이상 이성에 의해 치유될 수 없다는 인식이
당연시되기에 이르렀다. 바로 이 같은 맥락과 의미에서 이성이 처한 오늘의
현실은 '이성의 총체적 위기'라고 일컬을 수 있는 것이다.

2) 위기 극복의 근본적 실마리: 이성의 자기비판적·자기 성찰적 속성

새롭게 드러난 이성의 전횡적(專橫的) 면모는 그간 이성에 대해 지녔던
긍정적이며 우호적인 관념을 여지없이 분쇄시키면서 이성의 전면적 부정
과 해체를 필연적인 것인 양 분위기를 몰아가고 있다. 하지만 현 상황이
그렇다고 해서 이성 일반이 과연 전적으로 부정·배제되고, 이성에 기초한
계몽의 기획이 포기되어야만 하는 것인가? 그럼으로써 진보와 희망이 거
세된, 허무주의적이며 우연적이며 단절적인 현실의 음울한 삶에 체념적으
로 안주해야만 하는가?

하지만 바로 이 절망적인 지점에서, 우리는 문제 해결의 단초적 실마리
를 얻을 수 있는 가능성을 엿보게 된다. 그것은 로고스 중심주의의 횡포와
이성의 부정적 속성을 여지없이 드러내어 폭로하는 과정에서 그 핵심적 역
할을 수행한 것이, 다름 아닌 이성 그 자신이었다는 사실이다. 비록 이성
의 총체적 위기의 원천이 이성 자신에게서 비롯된 것임은 틀림없지만, 그
럼에도 동시에 이러한 사태를 야기한 이성의 내적 한계와 자기모순적·부
정적 속성을 비판적으로 드러내고 그러한 자기 성찰에 의거하여 위기 상
황에서 탈출할 방안을 모색하려는 시도 또한 이성 자신을 통해서 이루어
질 수 있다는 사실은, 우리에게 위기 극복의 통로를 마련할 근본적 단초를
제공해 준다.

이와 관련하여 한 가지 유념할 사항은, 이성의 의미와 속성, 그리고 성격
이 늘 고정되어 있었던 것은 아니라는 점이다. 실제로 철학의 역사에서 이

성은 늘 다양한 의미와 내용, 속성을 지녀 왔다. 가령 이성은 인류를 포함하여 전(全) 세계를 관통·지배하는 '자연의 이법(理法)'이나 절대자의 이념을 가리키기도 했으며, 이성을 소유하고 있는 이성적 존재의 인식 및 탐구 능력이나 비판적 성찰력 혹은 논증적 추론의 힘을 의미하기도 하였다.[6]

이렇듯 다양한 의미의 외연을 지닌 이성은, 하지만 근대 계몽주의의 출현과 함께 급격한 의미 내용의 변화를 겪게 된다. 즉 이성의 의미와 성격이 비판과 반성을 수행하는 개별 인간 주체의 능력에로 '축소되어 절대화되기'에 이르렀던 것이다. 이에 따라 이성은 이성적 존재가 지닌 — 이성 자체의 내적 원리에 의거하여 — 자연과 실재의 객관적 세계를 있는 그대로 드러내고 해명할 수 있는 능력으로 간주되기에 이르렀다. 그리하여 이제 이성적 주체에 대응하는 객체들로 이루어진 객관 세계의 모든 현상은 이성의 능력을 통해 분석 및 계산이 가능할 뿐 아니라 그 추이의 변화가 예측 가능한 것으로서 고착되어 버렸다. 이후 이성의 의미는 주로 인지적·과학적 차원에 한정되어 해석되는 경향이 지배적이 되었으며, 이성은 과학성과 동일한 것이라는 해석이 널리 유포되기에 이르렀다. 그에 따라 오늘날 이성의 구현체로서 과학이 우리의 일상적 삶 깊숙이 파고들어 오면서 과학 그 자체가 이성으로 행세하는 상황이 연출되고 있기까지 하다.[7]

하지만 계몽의 기획이 단지 '이성의 절대화'만을 추구해 온 것은 아니다. 거기에는 언제나 그러한 기획이 근본 토대로 삼고 있는 '이성 자체'에 대한 '자기반성적 비판'이 필수적으로 수반되고 있었다. 다시 말해, 계몽의 기획은 흔히 오해받고 있듯이, 단순히 효율성의 확보에 진력하는 '도구적 합리화'만을 전개한 것은 아니었다. 거기에는 계몽의 기획이 기초하고 있는 계몽적 이성에 대한 자기 성찰적 비판의 의도가 이미 자리하고 있었

6_ 이성과 합리성의 다양한 의미에 관한 논의로는 A. Lupia/M. D. McCubbians/S. L. Popkin(ed.), *Elements of Reason*(2000); H. Schnädelbach, *Vernunft und Geschichte*(1987); H. Schnädelbach (hg.), *Rationalität*(1984) 참조.
7_ J. Mittelstraß, "Technik und Vernunft"(1982), 37-45쪽.

다. 요컨대 '계몽'의 이념은 '비판적 성찰'의 이념과 뗄 수 없는 불가분의 연관성을 갖고 있었던 것이다.[8] 그리고 이러한 이성의 주관화[9]와 절대화에 대한 우려의 목소리는 마침내 칸트(I. Kant)에 이르러 인간 이성 자체에 대한 비판과 계몽의 이념에 대한 반성을 철학의 일차적 과제로 상정하는 결과로 이어졌다.

이처럼 이성은 그 자체가 지닌 한계와 제약성에도 불구하고, 자신의 난점을 스스로 인식하고 비판하며 교정할 수 있는 '자기비판'과 '자기 성찰'을 본질적 속성으로 내장한 '개념적 존재'라 할 수 있다. 이런 한에서 현대 철학의 핵심 주제는 '이성과 그것의 한계'의 문제라는 철학적 진단[10]은 상당한 설득력을 지닌다. 왜냐하면 이러한 진단을 내리는 것이 바로 이성 자신이기 때문이다. 아울러 이 같은 이성의 역할과 기능이 우리들로 하여금 이성을 신뢰하고 그것에 여전히 희망을 걸도록 만드는 핵심적 원천인 셈이다. 그러므로 이러한 이성의 특성과 성격을 고려해 볼 때, 오늘의 시대 상황에 맞게끔 기존의 이성 유형들을 비판적으로 분석하여 재구성해 볼 경우, 전통적으로 이성이 수행해 온 생산적이며 긍정적인 기능과 역할은 다시금 지속되어 나갈 수 있을 것으로 전망된다.

3. 이성 옹호 전략으로서 이성의 자기비판 및 자기 분화

1) 이성 옹호의 방법론적 전통: 이성의 자기비판

최근에 불거지고 있는 이성 비판은 사실상 오늘날에 새로이 시작된 것

8_ A. Casana, *Geschichte als Entwicklung?*(1988), 376쪽.
9_ 이승환, 「심성과 천리」(1992), 124쪽 참조.
10_ W. C. Zimmerli, "Die Grenzen der Rationalität als Problem der europäischen Gegewartsphilosophie"(1986), 327쪽.

은 아니다. 철학사나 지성사에서 이성에 대한 본격적인 비판은 이미 희랍 시대의 소피스트에 의해 시도되었다. 그들은 '강력한' 이성주의가 장악하고 있던 시대 상황 속에서 하나의 공통된 회의, 즉 절대적 지식의 가능성에 대한 불신을 공유하고 있었다. 이러한 태도는 도덕적·윤리적 차원에 고스란히 전이되었으며,[11] 그에 따라 정의와 부정의, 옳음과 그름의 문제는 단지 '주관적' 차원의 문제로 이해되었다. 나아가 이러한 태도는 진리와 윤리적 정당성의 보편적 척도로서 절대시되고 있던 이성에 대한 근본적 비판을 가하는 것으로 표출되기에 이르렀다. 그러나 이러한 소피스트적 이성 비판은 학문과 사회의 혼란을 노린 정치적 전략의 차원이 아닌, 진지한 비판적 성찰에 따른 비판이란 점에서 '희랍적 계몽사상'[12]의 중심 줄기를 형성하는 것이었다.

'신의 말씀'이 모든 판단과 문제 해결의 절대적 지침이던 중세 시대가 마감되고 새롭게 시작된 근대는 이성에 대한 절대적 확신과 믿음에 기반한 시대로 전개되어 나갔다. 이러한 이성에 대한 전폭적 신뢰는 데카르트 (R. Descartes)의 '나는 생각한다. 고로 존재한다(Cogito ergo sum)'라는 철학적 명제를 통해 극명하게 표출되었다. 그러나 대륙 이성론에 이르러 성취된 '이성의 절대화'는 이성의 독단과 전횡으로 귀착되었으며, 그에 따라 이성은 점차 회의적인 대상으로 전락하게 되었다. 흄(D. Hume)으로 대변되는 '회의주의적 이성 비판'은 이런 맥락에서 제기된 것이었다.

이 같은 상황에서 등장한 칸트는 '비판의 주체'로서의 이성을 '비판의 객관적 대상'으로 삼아 본격적으로 이성의 능력과 한계를 분석, 통찰한 선구적 이성 비판가였다. 당시의 계몽주의의 시대정신에 부합하여 인간 사회의 모든 것을 비판의 대상으로 삼았던 그에게, 대상 일반은 인간 이성의 산물인 까닭에 궁극적인 비판의 대상은 '이성 자신'이 될 수밖에 없었기 때문이다. 그의 이성 비판은 한편으로 데카르트 이래 독단화 되어 가

11_ W.K.C. Guthrie, *The Greek Philosopers*(1960), 66-68쪽.
12_ W.K.C. Guthrie, *Hitory of Greek Philosophy III*(1975), 48쪽.

던 이성의 전횡에 대한 철저한 자기비판을 수행하는 것이자, 다른 한편으로 이성에 대한 회의주의적 태도에 대한 자기반성적, 비판적 통찰을 촉구하는 것이었다. 이처럼 이성을 둘러싸고 이루어진 이성주의/반이성주의의 대립 구도는, 두 입장을 비판적으로 종합하려는 칸트에 의해, 정당한 요구를 제기하는 이성은 보호하되 이성의 부당한 요구는 이성의 불변적인 법칙에 의거해 제거할 수 있는 최종 심급을 설정하려는 작업으로 귀결되었다. 이에 따라 계몽의 시대란 모든 것을 비판할 수 있는 '비판의 시대'라는 의미를 함의하게 되었으며, 이성 비판은 이성이 인식할 수 있는 것과 없는 것, 당연히 수행해야 할 것과 해서는 안 될 것을 구분하는 것으로 이해되었다.[13] 그 결과, 비판이 독단이나 회의주의에 빠지지 않으면서 그 자체 정당성을 갖추기 위해서는 비판의 주체나 대상 모두에 대해 타당한 근거를 제시해야 한다는 입장[14]이 확산되기 시작하였다.

칸트의 뒤를 이어 등장한 헤겔(F. Hegel)은 '칸트적 이성 비판'을 추상적 보편성에 기초한 이성이 특수성을 억압·배제하는 것으로 간주하였다. 그런 이유에서 헤겔은 비판 대상의 외부에 존재하는 '비판의 원리'를 대상에 투여하는 칸트적 이성 비판의 전략을 포기하고, 대신 구체적인 대상에 내재해 있는 '이성적 원리'에 의거하여 대상을 비판하는 방식을 채택하였다. 즉 비판의 대상에 들어 있는 이성적 원리가 자신의 구현을 저해하는 대상의 왜곡된 형태를 고발·비판하는 형식으로 비판이 이루어졌던 것이다. 하지만 헤겔은 '자기의식'의 원초적 동일성을 전제함으로써, 역사의 전개 과정에서 나타나는 대립과 화해의 순환적·반복적 운동을 절대자로 확장된 이성, 즉 '절대정신'의 자기 구현으로 바라보고자 했다. 이에 따라 개별적 특수자들은 절대정신이 자신을 구현하는 과정의 부분적인 계기로서 작용할 뿐이며, 개별자와 절대자 사이에는 지배와 예속의 관계가 구조화된다.

13_ I. Kant, *Kritik der reinen Vernunft*(1971), A XI-XII.
14_ 이에 관한 폭넓은 철학적 해명에 대해서는 Forum für Philosophie Bad Homburg(hg.), *Philosophie und Begründung*(1987) 참조.

이와 함께 이성은 역사의 전개 과정을 통해 정해진 목표를 필연적으로 달성하도록 이미 프로그램화된 '역사철학적 이성'으로 굳어진다.[15] 이 같은 이성 절대주의는 헤겔의 역사철학적 이성을 수용한 마르크스(K. Marx)에서도 그대로 계승된다. 그 결과, 마르크스 역시 이성의 원리에 기초한 '자유로운 노동자 왕국'의 이념이 필연적으로 실현되는 것으로 파악함으로써[16] '강한' 역사철학적 이성주의를 표방하게 되었다.

이처럼 헤겔과 마르크스에 의해 부활된 강력한 이성주의에 맞선 니체(F. Nietzsche)의 반이성주의는, 이성은 권력과 동일하며 이성을 은폐하는 전도된 권력의지에 불과하다고 파악한다. 이처럼 이성을 둘러싸고 전개되는 이성/반이성의 대립 구도는 결국 베버(M. Weber)의 합리화 이론에 의해 해소된다. 베버는 이성 개념을 합리성 개념으로 대체한 후, 합리성 유형에 대한 세분화와 실천적 합리성이라는 포괄적 합리성에 의거한 형식 합리성 비판을 통해 이성의 위기적 상황을 넘어서고자 한다. 이런 점에서 사회 비판은 합리성 비판으로 전개되며, 사회 이론은 '합리성 이론'의 형태를 취하게 된다.

오늘의 시점에서, 이성을 둘러싼 입장 차이는 한편으로 실증주의적 과학철학과 정통 마르크스주의 철학을 대표로 한 강한 이성주의, 다른 한편으로 이성에 대한 전면적 부정과 해체를 주창하는 탈근대론, 이 두 입장의 대결 구도로 표출되고 있다. 특히 니체로부터 연원하는 비합리주의적 입장에서 제기되고 있는 '탈근대(론)적 이성 비판'은 이성에 대한 급진적 비판의 수위를 넘어 이성 자체의 폐기와 해체를 내세운다. 이런 점에서 근자에 이루어지고 있는 탈근대론의 득세 현상은 그 어느 때보다 이성의 위기를 절감하게 한다. 이 같은 상황에서 비판 이론의 새로운 정통적 후계자로

15_ 헤겔의 역사철학에 따르면, 이성에 의해 지배되고 있는 역사의 전개 과정은 보편적 법칙성과 필연성에 따르고 있으며, 이러한 보편 법칙으로서의 역사 발전은 세계 이성의 본질인 '자유의 이념'이 발전해 나가는 도정이다. J. Ritter, *Hegel und die französische Revolution*(1972), 27-28쪽 참조.

16_ K. Marx, *Das Kapital III, MEW* 23(1975), 235쪽 참조.

자리한 하버마스(J. Habermas)는 탈근대(론)적 이성 비판의 성과를 상당 정도 비판적으로 수용하면서, 이성에 대한 보다 철저한 성찰적 비판을 통해 새로운 유형의 이성을 정초하고자 한다. 요컨대 이성에 의거한 이성 비판을 통해서 여전히 이성은 옹호될 수 있으며, 그에 합당한 이성을 여전히 확보할 수 있다는 것이다.

이상에서 드러나듯이, 서구 이론사는 끊임없이 '이성주의 대 반이성주의'라는 상반된 두 입장으로 나뉘어 대립하는 양상을 취해 왔으며, 그 와중에 이성에 대한 회의주의나 반이성주의가 득세하면서 이성의 위기를 초래하였다. 하지만 그런 위기 상황은 궁극적으로 '이성의 자기비판 및 자기성찰'에 초점을 맞춘 '이성 옹호'의 철학적 기획을 통해 극복되었고, 결국 이성은 여전히 옹호될 수 있었다.

2) 이성 옹호의 철학적 전략으로서 이성의 자기 분화

(1) '비판적 형이상학'에서 이성의 분화

'과학의 시대'로 이름 붙여진 오늘날의 '후기 산업사회'의 주된 특징 가운데 하나는 규범적 속성이 제거된 가치중립적 이성, 즉 과학기술적 · 도구적 합리성이 광범위한 영역에 걸쳐 그 영향력을 급속도로 증대시켜 나가고 있다는 점이다. 이러한 몰가치적 이성의 영향력 확대는 과학기술적 지배 구조의 공고화를 부추기면서 도덕적 규범과 가치판단을 윤리적 구속력이 결여된 '실존적 결단의 차원'으로 축소시킴으로써[17] 윤리적 위기 상황과 실천적 이성의 위기를 연출하고 있다.[18] 이 같은 상황은 한편으로 전(全) 지구적 규모의 인간적 연대에 기초한 윤리적 책임을 합리적으로 정초해야 할 긴급한 필요성을 제기하고 있다. 동시에 다른 한편으로 상호 주

17_ J. Habermas, *Die Einbeziehung des Andern*(1996), 14쪽; K.-O. Apel, *Transformation der Philosophie* 2(1976), 361-362쪽 참조.
18_ 가령 A. MacIntyre, *After Virtue*(1984), 6-10쪽 참조.

관적으로 타당한 윤리 체계의 정립은 효율성을 추구하는 과학기술이 내건 가치중립적 합리성 패러다임에 의해서는 불가능하다는 사실을 입증시키고 있다.[19]

사정이 이렇다면, 몰가치적·맹목적 이성이 지배력을 강화하는 작금의 윤리적 위기 상황은 어떻게 돌파될 수 있을 것인가? 이와 관련하여 철학사의 흐름을 조망해 보면, 이와 유사한 시대적 상황에 직면하여 이성 형식의 차이성에 입각한 이성의 내적 분화의 길을 통한 극복 방식이 특히 눈에 띄는데, 이의 선구적 근대 철학자는 '비판적 형이상학'을 개진한 칸트이다.

이른바 '신적 이성'이 모든 사안의 최종적 판단 기준으로 작동했던 중세로부터 인간의 이성에 의거하여 진리와 도덕적 정당성, 미적 아름다움이 결정되는 계몽주의 시대로 나아가는 전환기에 그 최고점에 자리해 있던 철학이 바로 칸트의 비판철학이었다. 이러한 비판철학 체계에서 이성은 모든 진리의 최종 심급의 위치를 차지하고 있었지만, 이러한 이성 역시 자기 비판을 통해 자신의 한계를 자각한 이성이었다.[20] 이에 따라 칸트의 비판철학은 모든 것이 비판의 대상이 되고 이성의 자유롭고 공명한 검토를 견뎌 낸 것에 대해서만 존경을 승인할 것을 주창하였으며,[21] 동시에 이성 자체도 비판적 검토의 대상이 되었다. 이성에 대한 이성 자신의 비판을 감수해야만, 비로소 이성은 모든 대상에 대한 비판을 수행할 수 있으며 독단에서 벗어날 수 있었기 때문이다.[22]

이처럼 계몽주의의 철저한 계승자로서 본격적인 이성 비판을 시도하게 된 칸트는 무엇보다 당시 근대 과학의 눈부신 진전에 자극받아 철학의 역할과 사명에 관해 근본적인 성찰을 감행하였다. 요컨대 뉴턴 물리학의 성공으로 대변되는 근대 과학의 발전적 성과는, 여전히 답보 상태에 머물러

19_ K.-O. Apel, "Types of Rationality Today"(1996), 140쪽.
20_ 백종현, 「계몽철학으로서 칸트의 전통 형이상학 비판」(2002), 12쪽 참조.
21_ I. Kant, *Kritik der reinen Vernunft*(1971), A XI.
22_ I. Kant, *Kritik der reinen Vernunft*(1971), B XXXV.

있던 철학, 특히 '독단적 형이상학'의 근본적 한계를 깨닫게 만드는 결정적 계기로 작용하였으며, 칸트로 하여금 근대의 시대적 상황에 부합하는 새로운 형이상학을 정초하고자 하는 철학적 기획을 추진하도록 독려했다. 이 점에서 근대 과학과 과학적 사유 방식은 그 역사적 소임을 제대로 수행한 셈이었다.

하지만 근대 과학 그 자체 역시 심각한 문제점을 낳고 있었다. 그것은 다름 아닌 과학적 접근 방식이 인간의 행위를 포함한 실재의 모든 영역에 적용됨에 따라 자유와 신의 관념에 대한 도덕적 가치의 전 영역이 기계론적 우주에 병합될 위험[23]에 처했다는 점이었다. 말할 것도 없이, 과학적 진리의 영역에 관한 관할권이 기존의 독단적 형이상학으로부터 근대 과학으로 이양되고, 그에 따라 철학에 새롭게 인식론을 모색·수립하는 과제를 부여한 것은 시대적 흐름에 부합하는 합당한 것이었다. 하지만 윤리적 정당성의 영역과 미학적·예술적 영역마저 근대의 과학적 사유 논리에 포섭되는 상황은 분화된 가치 영역의 자율성과 독립성을 해치는 위험천만한 사태였던 것이다. 이는 마치 오늘날 목표 달성을 위한 수단을 발견하는 데 전념하는 몰가치적인 도구적 이성이 사회 전체에 만연되어 나감으로써 실천적·도덕적 영역에서 규범적 판단 기준이 제거되고 단순히 정서주의나 결단주의로 귀착되는 것과 유사한 위기적 상황이었던 셈이다.

칸트는 바로 이 같은 위기적 상황에서 그 탈출구를 이성에 대한 계몽주의적 비판, 즉 이성의 자기 분화에서 찾고자 했다. 즉 그에게 있어서 이성 비판은 이론적, 실천적, 미학적 이성으로의 이성의 자기 분간이자 그런 한에서 이성의 자기 분열이었다.[24] 왜냐하면 칸트적 의미에서 이성 비판이란 순수하게 세 가지 유형의 이성들 각각이 자신의 범위를 넘어서려는 시도를 비판하는 것이었기 때문이다.[25] 그리고 이 분간과 심판의 결과가 이성

23_ S. E. Stumpf, *Socrates to Sartre: A History of Philosophy*(1993), 301쪽.
24_ 백종현, 「계몽철학으로서 칸트의 전통 형이상학 비판」(2002), 14쪽 참조.
25_ 권용혁, 「의사소통적 합리성과 규범」(2002), 83쪽.

의 활동 방식과 영역에 따른 철학의 분류에도 그대로 적용되었다. 곧 이성 비판을 통해 이성을 '순수이성,' '실천이성,' '미학적 판단력'으로 구분하여,[26] 이를 세 가지 가치 영역, 즉 '진리,' '정의,' '미적 취향'의 영역에 각각 대응시켰던 것이다. 그럼으로써 칸트는 가치중립적·몰가치적 이성에 기초한 과학적 사유에는 인간성을 포함한 모든 실재를 기계론적 모형 속에 포함시키려는 시도가 자리하고 있음을 폭로하고,[27] 그로부터 자유나 신과 같은 개념을 구해내어 그것들의 성격에 상응하는 학문적 접근 방식을 정초하고 이를 통해 여전히 그러한 개념들이 다루어질 수 있음을 보여 주고자 했다. 이를 다시 합리성 이론의 차원에서 살펴보면, 칸트는 '과학적 이성'이 이성의 전부, 즉 이성의 유일한 형태가 아님을 보여 줄 수 있었으며, 각각의 분화된 이성이 작용하는 가치 영역에 다른 이성의 논리가 침투해 들어갈 수 없음을 확인시켜 주었던 것이다. 이처럼 이성의 차이를 사유하는 결과로, 자유와 자율, 선의지로 표상되던 도덕적 가치판단의 영역을 고유한 독립적 영역으로서 온전히 지켜낼 수 있었으며, 보편적 도덕 원칙의 정립·제시를 통해 윤리적 삶의 영위를 지속시킬 수 있었던 것이다.

(2) '합리화 이론'에서 합리성의 분화

베버의 합리화 이론에서 서구 사회의 근대화를 촉진시킨 동력원을 찾는다면, 그것은 단연 '목적 합리성'이다. 계몽의 기획에 그 이념적 뿌리를 두고 이루어진 '근대화'의 도정(道程)에서, 목적 합리성은 설정된 목표 달성을 위해 가장 적합한 수단을 채택함에 있어 그 규준으로서의 기능을 수행했기 때문이다. 그리고 이러한 목적 합리성의 증대 과정으로서 합목적적인

26_ 벨쉬(W.Welsch)에 의하면, 칸트는 '이론이성'과 '실천이성'을 엄밀히 구분하여 두 이성이 선험적으로는 입법적이지만 서로 완전히 다른 영역을 다루고 있으며, 그러므로 두 종류의 입법이 만나는 지점은 없다고 주장한다. 하지만 이 같은 이성 형식의 차이에도 불구하고 『판단력 비판』에서 제3의 이성 형식으로서 미학적 이성이, 그처럼 분리된 이론이성과 실천이성을 결합시키는 능력으로 제시되고 있다. W. Welsch, *Unsere postmoderne Moderne*(1993), 291쪽 참조.
27_ S. E. Stumpf, *Socrates to Sartre: A History of Philosophy*(1993), 300쪽.

합리화의 추세는 근대 사회의 구조적 차원에서 자본주의 경제제도의 확립과 관료적 행정조직의 고착화로 표출되었다. 이를 베버의 합리화 이론은 '목적 합리적 질서 형성의 확대'[28]로 파악하고 있다.

주지하다시피 이러한 합리화 과정은 사회적 질서의 효율적 재편과 과학기술의 발전에 힘입어 ─ 자연의 지배를 통해 ─ 자연의 구속으로부터 인류를 해방시키고 물질적 풍요로움을 인류에게 선사해 주는 '외견상' 눈부신 성과를 이루어 냈다. 하지만 효율성과 계산 가능성에 함몰된 목적 합리성의 만연은 불가피하게 보편적 규범의 상실을 초래하기에 이르렀으며, 도덕적·규범적 속성이 탈각된 형식법에 의한 사회 규제를 결과하기에 이르렀다. 게다가 이러한 사태는 합법성을 부여받은 관료적 행정조직의 지배와 곧바로 연결되었으며, 관료제의 효율적인 통제는 인간 삶의 전 영역에 파고들면서 구속과 억압의 그물망에 인간을 옭아매기에 이르렀다. 요컨대 자유 실현과 인간 해방을 위한 것으로 알려졌던 합리적 근대화 과정은 당초의 전망과 달리, 개인의 삶을 옭아매는 '통제 사회'를 조장하는 결과를 낳고 말았던 것이다.[29] 이성 이론의 관점에서 접근해 보면, 이는 이성의 목적 합리적 축소화 및 실천적·도덕적 이성의 소멸이라는 이성의 위기적 상황으로 드러난다.

이러한 위기 상황에 직면하여, 베버는 목적 합리성과는 '다른' 가치 연관적·실질적 합리성을 핵심으로 삼는 '실천적 합리성'에 의거하여 근대적 이성의 위기 사태를 진단·비판한다.[30] 이렇게 할 수 있었던 것은 합리성을 '형식적 합리성'과 '실질적 합리성'으로 구분하고 양자를 포괄하는 '실천적 합리성'을 상정할 수 있었기에 가능한 것이었다. 이는 합리성의 분화와 그에 기초한 새로운 '포괄적 합리성의 정립 전략'이라고 말할 수 있을 것이다.

28_ M. Weber, *Gesamelte Aufsätze zur Wissenschaftslehre*(1988), 446-447쪽.
29_ M. Weber, *Gesamelte Aufsätze zur Religionsoziologie*(1988), 203-204쪽.
30_ J. Habermas, *Theorie des kommunikativen Handeln* 1(1981), 239쪽.

이는 보다 구체적으로, 사회적 행위에 대한 분류를 통해 이끌어 낸 합리성의 분화를 통해, '목적 합리성'과 '가치 합리성' 그리고 이를 사회적 차원에 적용하여 정립한 '형식 합리성'과 '실질 합리성'으로 구분하여,[31] 후자에 의거해 전자를 비판함으로써 위기적 상황의 돌파구를 마련하려는 시도로 나타났다. 요컨대 합리성의 분화를 통해 제시된 실질적 합리성을 축으로 구성된 '실천적 합리성'에 의거하여, 자율적 해방 사회의 구현을 보장해 줄 것으로 예견되었던 근대적 합리화와 그에 따른 자본주의적 근대 사회가 애초의 긍정적인 전망과 달리 억압적·비인간적인 사회로 귀착되고 있음을 드러내 보여 주었던 것이다. 그럼으로써 베버는 근대의 자본주의적 합리화가 합리성의 증대이기는 하지만 목적 합리성의 전일적 확산으로서의 합리화이며, 자율적 해방 사회의 구현에 기여하는 것이 아닌 억압적 쇠창살에 인간을 가두는 상황으로 내모는 수단적·도구적 합리성의 증대라는 점을 지적해 낼 수 있었다. 이는 인간의 행위 차원이든(목적 합리성) 사회제도의 차원이든(형식 합리성), 합리성이 자기모순 내지 위기에 처해 있다는 사실을 보여 준 것이었다. 물론 그것은 합리성의 층위가 다른 실질적 합리성에 입각한 것이었으며, 이로부터 합리성이 단지 목적 합리성에 제한되어 있지 않으며, 충분히 그러한 축소화, 왜곡화에서 벗어날 수 있음을 보여 주는 것이었다. 이는 실질적 합리성에 기초한 실천적 합리성을 새로운 '본원적 형태'의 합리성 개념으로 제시하고자 시도하는 대목에서 확인된다.

(3) '비판적 사회 이론'에서 세 가지 합리성 측면

20세기에 들어와 또다시 재현된 이성의 총체적 위기 상황을 '비판 이론'은 '계몽의 자기 파괴'로 명명하고 있다. 인간 해방을 위해 전개된 서구의 합리화 과정은 인간을 자연의 예속에서 벗어나게 했지만, 그러한 과정의

31_ M. Weber, *Wirtschaft und Gesellschaft*(1985), 44-45, 56-60쪽 참조.

토대를 이루고 있던 형식적 합리성이 인간 이성의 본래적 기능인 '비판'과 '반성'을 마비시키면서 인간을 구속하는 족쇄로 작용함으로써 이성의 위기를 자초했다는 것이다. 요컨대 합리적 근대화를 통해 인간은 무지와 신화로부터 빠져 나왔지만, 인간 이성이 단지 계산에만 몰두하는 도구적 이성으로 변질되면서 합리화가 초래한 억압적 예속 상태에 놓이게 되었고, 급기야 이성 자체에 대한 부정과 불신이 팽배해졌다는 것이다. 이러한 비판적 진단은, 해방 사회의 구현을 약속했던 이성과 그것에 기초한 '계몽의 기획'이 사실상 인간을 부자유와 구속의 상태로 인도해 왔다는 반이성주의적 탈근대론의 주장과 그 궤를 같이 하는 것이다.

하지만 비판 이론은 '도구적 이성의 총체화'라는 주목할 만한 진단과 평가에도 불구하고, 그러한 진단으로 인해 비판을 위한 '규범적 척도의 상실'이라는 자기모순에 처하게 되는 결정적인 한계를 드러낸다. 이성의 총체적 도구화를 주창하기 위해서는 그것의 토대로서 규범적 이성을 전제해야 하지만, 총체적 도구화로 인해 비판의 척도인 이성마저 도구화되어 버림으로써 더 이상 비판을 제기할 수 없게 되었기 때문이다.

이러한 자기모순적 상황에서 새로이 비판 이론의 계승자로 등장한 하버마스는, 그처럼 총체화된 이성 비판을 '비관적 입장에 직면하여 스스로 파산해 버린 문명 비판'으로서 폄하해 버린다.[32] 그리고 이러한 비판의 연장선상에서, 주체적 이성에 의해 해소될 수 없는 타자에 입각하여 주체 중심적 이성을 해체하고자 시도하는 아도르노(Th. Adorno)의 '부정의 변증법'이나 하이데거(M. Heidegger)의 '탈철학적 사유,' 나아가 서구 이성을 '권력 이성'이라는 단일한 이성의 양태로 일반화하여 이성의 본질을, 권력관계를 사회 전반에 전일적으로 확산시키는 데 유용한 '수단적 도구성'으로 파악하여 이것의 해체를 불가피한 것으로 파악하는 푸코의 '권력/지식론' 등을 '이성의 타자에 기대어 이성을 비판하는 입론'[33]으로 규정하여 비판

32_ J. Habermas, *Kleine Politische Schriften*(1982), 483쪽.
33_ J. Habermas, *Der philosophische Diskurs der Moderne*(1986), 344-379쪽; W.

하고 있다.

그와 함께 이성의 타자에 의거한 것이 아니라, 이성의 본래적 기능인 비판과 성찰을 되살려 그러한 이성 자신의 '자기 성찰 및 자기비판'에 입각하여 이성의 한계와 난점을 드러내고 극복할 '제대로 된 이성 비판'이 이루어지기 위해서는, 그 비판의 토대로서 새로운 이성의 정초가 필요하다고 역설한다. 이때 하버마스는 새로운 이성의 조건으로서 포괄성, 절차성, 규범성, 그리고 탈형이상학적 속성 등을 제시하고 있는데,[34] 이 가운데 특히 '포괄성'을 중시하고 있다. 왜냐하면 이러한 속성을 지니고 있어야만 세 차원의 합리성 복합체로 이루어진 포괄적 이성에 의거하여 몰가치적, 도구적 합리성에 고착된 '로고스 중심주의'의 한계와 그로 인해 초래된 근대의 다양한 병리 현상들에 대한 비판적 진단과 해결책의 확보가 가능해지기 때문이다. 다시 말해, 이러한 이성의 포괄적 특성에 의거할 경우에만, '합리화의 역설' 사태가 인지적 합리성과 도덕적·실천적 합리성, 그리고 심미적 합리성이라는 세 차원의 합리성 복합체로 구성된 본래적 형태의 이성이 도구적 측면에로 일방적으로 축소·왜곡됨으로써 초래된 것임을 해명할 수 있다는 것이다.

이러한 전략의 관철을 위해 하버마스는 '원본적(原本的) 행위' 유형으로서 의사소통 행위를 제시하고, 이를 구성하는 복수(複數)의 행위 측면과 그것들의 기초를 이루는 합리성 복합체의 분화에 관한 해명을 통해 새롭게 정립된 '의사소통 합리성'이 포괄적 속성을 지닌 이성임을 논증해 보이고자 한다. 즉 '객관화하는 태도'를 취하면서 진리에 대한 타당성 요구를 제기하는 확언적 언어 행위의 기초가 되는 '이론적-도구적 합리성,' '규범 동조적 태도'를 취하면서 정당성에 대한 타당성 요구를 제기하는 규범 규제적 행위의 토대를 이루는 '도덕적-실천적 합리성,' '표현적 태도'를 취하면서 진실성이나 진정성에 대한 타당성 요구를 제기하는 '연출적 행위'

Welsch, *Vernunft* (1996), 141-187쪽 참조.

34_ 이에 관해서는 선우현, 『사회비판과 정치적 실천』(1999), 140-144쪽 참조.

의 토대인 '심미적-표현적 합리성'으로 구성된 포괄적 이성이 바로 의사소통 이성이라는 것이다.[35] 동시에 이러한 합리성의 분화는 현실적으로 문화적 합리화를 통해 형성된 다양한 가치 영역과 그것의 가치 기준의 상이성에서 확인된다.

하버마스는 이처럼 이성의 '내적 분화'를 통해 이성의 주관적 절대화나 주체 중심적 이성에로의 회귀, 도구적 합리성을 통한 합리화의 역설은 포괄적 이성이자 절차적 · 규범적 이성인 의사소통적 이성이 본래적 이성의 양태에서 벗어나 왜곡된 것임을 보여 줄 수 있었다. 이로써 이성의 위기적 상황에서 벗어날 돌파구를 마련할 수 있었으며, 여전히 이성이 온전하게 보전될 수 있는 길이 열리게 되었다.

(4) '선험 화용론'에서 이성의 내적 분화

주지하다시피 이성의 위기는 궁극적으로 보편적 도덕 원칙의 붕괴와 그에 따른 윤리적 위기로 귀착되기 쉽다. 이 같은 상황에서 최근 주목되는 것은 과학적 합리성 같은 가치중립적 이성에서 확보될 수 없는, 윤리 규범의 정당성 근거를 확보할 수 있는 보편 윤리학, 즉 담론 윤리학을 정립하려는 아펠(K.-O. Apel)의 철학적 시도이다. 이러한 시도에서 핵심적인 것은 새로운 윤리학의 근본 토대로 기능할 새로운 합리성을 정초해 내는 과제

35_ J. Habermas, *Theorie des kommunikativen Handeln* 1(1981), 440-448쪽. 그런데 최근 하버마스는 '견해,' '행위,' '언어적 표명(진술)'에 내재해 있는 '명제적 구조,' '목적론적 구조,' '발언의 의사소통적 구조'를 세 가지 '핵심 구조'로 명명하고 이에 조응하는 합리성 형태로서 '인식론적 합리성,' '목적론적 합리성,' '의사소통 합리성'을 내세우고 있다. 이어 이러한 핵심 구조에 따라 분화된 합리성의 공통적 연결끈으로서 '담론적 합리성'을 제시하고 있다. J. Habermas, *Wahrheit und Rechtfertigung*(1999), 102-112쪽 참조. 이러한 입장은 이전과 견해와 다른 것처럼 보이지만, 좀 더 꼼꼼히 분석해 볼 경우 핵심 구조를 기준으로 하여 구분된 합리성 유형의 하나인 의사소통 합리성은, 세 가지 합리성 복합체들로 이루어진 포괄적 합리성으로서의 의사소통 합리성과는 구분되는 '좁은 의미의 합리성' 개념으로 이해된다. 아울러 새롭게 제시된 담론 합리성은 의사소통 합리성이 지닌 포괄성과 절차성의 특성 가운데 후자에 초점을 맞춘 '절차적 합리성'으로서의 의사소통 합리성을 가리키는 것으로 보아야 한다.

인데, 이를 위해 아펠은 철학적 합리성에 기초한 반성적 통찰을 통해 다양한 '합리성 유형'을 제시하는 이론 기획을 추진한다. 아울러 이러한 작업의 성공적 완수를 위해 합리성 개념의 내적 분화 방식, 즉 '이성의 반성적 자기 분화의 전략'[36]을 구사하고자 한다. 이 같은 이성의 내적 분화와 자기 비판은 사실상 칸트의 『순수이성비판』 이래 철학의 정당한 관심사로 계승되어 왔으며, 철학의 영구적인 과제로 간주되어 왔다.

하지만 아펠은 철학적 전통으로 이어져 내려온 '이성의 내적 분화 및 이성에 의한 이성 비판'의 방식을 '그대로' 계승하기보다는, 이를 비판적으로 변용(變容)하여 새롭게 재구성하고자 한다. 무엇보다 오늘날 다양한 방식으로 전개되고 있는 합리성 비판 — 가령 총체적 이성 비판 — 에 있어서, 그 같은 비판이 비판으로서의 의미와 타당성을 지니기 위해서는 반드시 '상호 주관적으로 구속력 있는 이성'을 전제해야만 한다는 점을 내세운다.[37] 이러한 철학적 관점은 상이한 합리성 유형을 세분화하고 그 최종 단계에서 '논증적 이성'의 자기 성찰을 통해 '선험 화용론적 근본 전제들'을 밝혀내어 이를 새로운 보편 윤리학의 정립 토대로 제시하는 가운데, 그러한 전제들이 바로 상호 주관적으로 구속력 있는 이성의 구현체이자 그것에 토대를 두고 있음을 보여 주려는 것이다. 동시에 이제까지 서구 사회의 윤리 체계를 지탱해 온 '전략적 합리성'의 한계를 지적함으로써, 그것이 '담론적 합리성'에 기반을 둔 '윤리적 합리성'으로 대체되어야 할 필요성이 있음을 가리키는 것이다. 더불어 여기에는 오늘날 커다란 세력을 유지하고 있는 탈근대론의 이성 비판이 결과할 이성의 자기 파괴적 사태와 도덕적 회의주의의 득세를 미연에 방지하려는 도덕적 보편주의의 메시지가 담겨 있다.

36_ K.-O. Apel, "Die Herausforderung der totalen Vernunftkritik und das Programm einer philosophischen Theorie der Rationalitättypen"(1987), 4쪽.
37_ K.-O. Apel, "Die Herausforderung der totalen Vernunftkritik und das Programm einer philosophischen Theorie der Rationalitättypen"(1987), 2-3쪽.

아펠이 보기에, 오늘날 다양한 시각에서 행해지는 이성 비판의 양식들은 이 점을 간과하거나 의도적으로 무시하고 있으며, 그로 인해 이성 비판은 불완전한 양태로 전개되어 급기야 이성의 자기 파괴로 이어지고 있다. 그러므로 이러한 사실을 정확히 인지하고 있는 조건 하에서 이성 비판이 이루어질 경우에야 비로소 현대의 이성 비판이 드러내는 자기모순적·자기부정적 한계를 일정 정도 넘어설 수 있다는 것이다.[38] 이와 관련하여, 잘 알려진 것처럼 반이성주의적 탈근대론이 결과할 수밖에 없는 윤리적 무정부주의나 가치 상대주의는 '실천적 차원'에서 올바른 인간의 삶에 대한 보편타당한 규정이나 사회 정의를 평가할 객관적 척도가 상실된 윤리 체계라 할 수 있다. 이러한 탈근대론적 도덕 상대주의는 좋은 삶의 형식이 다원화·다양화 되었다는 사실에 기초하여 상이한 정의 원칙과 도덕적 가치의 다원성을 주장한다.[39] 이러한 사실을 고려할 때, 아펠의 철학적 합리성 유형 이론은 탈근대론과 그것이 시도하는 총체적 이성 비판에 맞선 하나의 대응책으로 개진된 것이라 할 수 있다.[40]

이상에서 드러나는 것처럼, 선험 화용론이 채택한 이성의 자기 분화 전략은 합리성 개념에 대한 철저한 반성적 통찰을 통해 합리성 유형이 선험적 차원의 근본 형태로까지 분화되고 있음을 보여 줌으로써, 현 도덕적 위기를 넘어설 새로운 윤리 체계의 정립을 가능케 할 기반으로서 '새로운' 윤리적 합리성 유형을 정초, 제시하는 데 일차적 목적이 있다. 그런 한에서 합리성 개념의 자기 분화 전략은 두 차원에서 중요한 의미를 지닌다. 한편으로, 합리성의 자기 분화는 방법론적으로 추상적인 특수한 형태의 합리성을 '절대화'하는 부당성에 대항하여, 가장 포괄적이며 실천과 연관된 형태의 합리성을 통해 이성을 옹호·유지하는 데 기여할 수 있다. 다른 한편

38_ K.-O. Apel, "Das Problem einer philosophischen Theorie der Rationaltättypen" (1984), 20쪽 참조.

39_ K.-O. Apel, "Grezen der Diskurethik" (1986), 3-4쪽.

40_ K.-O. Apel, "Die Herausforderung der totalen Vernunftkritik und das Programm einer philosophischen Theorie der Rationalitättypen" (1987), 5쪽.

으로, 그러한 분화는 '이성 밖'의 유리한 지점에서 합리성 일반에 반대하는 반(反)이성주의에 맞서 이성을 방어, 보존하는 데 기여할 수 있다.[41]

4. 이성의 '자기비판' 및 '자기 분화' 전략은 성공적인가?

1) 이제까지 우리는 이성의 해체가 공공연히 말해지고 있는 상황에서 — 그에 따른 인식론적 · 윤리적 위기 상황에서 — 이성의 자기비판과 자기 분화에 '기대어' 새롭게 이성을 확보하거나 정립함으로써 그러한 위기 상황을 벗어나고 여전히 이성이 옹호되는 일련의 기획 과정을 대략적으로 살펴보았다. 그러한 고찰을 통해 내릴 수 있는 '잠정적인 결론'은 이성의 자기비판 및 내적 분화의 전략이 현재로서는 이성의 옹호와 보존을 위한 최선의 전략이라고 평가할 수 있다는 사실이다.

앞서 살펴본 것처럼, 근대의 이성 — 주체 중심적 이성이든 도구적 이성이든 — 은 수다한 약점과 한계를 지니고 있다. 하지만 그렇다고 해서 이성의 한계를 극복하는 방안을, 이성의 '타자'에 기대어 이성을 비판 · 무화시키거나 이성의 지위와 역할을 '비이성'의 그것으로 대체하고자 시도하는 방식에서 찾는 것은, 이성의 한계와 그로부터 야기된 위기적 상황을 벗어날 탈출구를 제시하지 못한 채 오히려 사회질서의 붕괴라는 총체적인 재앙을 불러일으킬 수 있다. 이성의 타자에 의거한 이성의 해체 혹은 비이성에 의한 이성의 대체 전략은 — 의도하든 의도하지 않든 — 궁극적으로 인식론적 회의주의와 허무주의, 윤리적 무정부주의를 초래시킨다는 점에서, '실제적인' 대안으로서의 역할을 수행할 수 없기 때문이다.

성찰과 비판이라는 철학의 이념에 비추어 볼 때, 이성에 관한 급진적 비판과 해체론적 시도는 확실히 그 사유 방식의 철저함과 비판의 강도에서

41_ K.-O. Apel, "Types of Rationality Today" (1996), 137-138쪽.

이성의 자기비판 전략에 비해 한 단계 위라고 할 수 있다. 하지만 그러한 해체론적 시도가 실제로 현실화될 경우, 그것은 사회 그 자체의 작동 중지와 붕괴로 이어짐으로써 개인의 삶과 그러한 삶의 기반으로서 이제껏 인류가 이룩해 온 역사적·문화적 성과물들을 무화시킬 가능성이 농후하다. 요컨대 이성의 부정과 해체의 전략은 윤리적 회의주의와 무정부주의를 결과하며, 사회의 붕괴라는 종착점으로 우리를 인도하게 될 것이다. 알다시피 실천적 삶의 차원에서, 사회질서와 사회적 통합이 안정적으로 유지되고 그를 바탕으로 하여 개별 사회 성원들이 자유로이 각자의 삶을 영위하기 위해서는, 적어도 사회 내에서 합의된 옳고 그름에 대한 '최소한의' 보편적 준거점이 '불가피하게' 요구되는데, 이성의 해체 전략은 그러한 척도의 존재 자체를 부정하는 것이기 때문이다. 이러한 사실은 역으로, 그 같은 보편적 윤리의 척도는 '적어도 아직까지는' 이성 이외에 그 어느 것에서도 마련되기 어렵다는 것을 말해 준다.

바로 이 같은 사정을 감안할 때, 이성에 의거한 '이성의 자기비판 및 이성의 내적 분화'를 통해 이성의 한계와 문제점을 극복하려는 시도와 전략이 현실적으로 최선의 선택이 되지 않을 수 없다. 게다가 우리가 조금만 '반성적 사고실험'을 해 봐도 알 수 있는 것처럼, 이성이 드러내는 여러 문제와 한계에도 불구하고, 그러한 문제점들에 관한 치열하고 근본적인 비판적 성찰이 가능하다는 사실은, 이성의 기능과 역할이 완전히 소진되지 않았음을 말해 준다.

2) 그럼에도 불구하고 이성의 자기비판 및 내적 분화 전략 앞에는 넘어서야 할 다른 문제들이 적지 않게 놓여 있다. 그중에서도 특히 고려해야 할 것은, 이러한 전략을 통해 새로이 마련된 이성과 이러한 이성에 기초한 윤리적 원칙 등이 구체적 현실에 적용되는 과정에서, '모든 이의 자유와 권리를 동등하게 존중하고자 하는 의도'에도 불구하고, 현실적으로 배제하는 대상과 존재를 낳을 수 있는 가능성이다. 가령 '주체 중심성'에서 '상

호주관성'에로의 범주적 전환에 의거하여 정립된 포괄적·절차적 합리성인 '의사소통 이성'과 그것에 기초한 담론의 '절차적 공정성'의 원칙은, 원칙적으로 말하고 행위할 수 있는 이성적 능력의 소유자로서의 '타자'만을 인정하고 존중할 뿐, 이 범주에 속하지 못한 존재, 즉 '자연적 대상'이나 언어적 (판단) 능력을 지니지 못한 개인적 존재는 고려와 존중의 대상에서 제외시키고 있다.[42] 또한 의사소통의 절차 과정이 공정하게 작동된다고 해도, 이성에 기초한 '동등한 존엄성'의 원칙은 모든 이의 '다름'과 '차이성'을 공정하게 존중해 주지 못한 사태를 필연적으로 초래하고 있다는 점도 자주 지적되고 있다.[43] 나아가 이성의 옹호 전략을 통해 재정립된 이성 개념들은 여전히 '서구 중심적 속성'을 지니고 있으며, 그런 한에서 '동양적 사유'에서 합리적인 것으로 여겨지고 있는 요소들을 비합리적인 것으로 간주하여 배제해 버리는 우를 범하고 있다는 비판적 지적도 꾸준히 제기되고 있다.[44] 요컨대 이성이 자신의 타자를 배제하거나 자신에게로 동화시키려 하는 이른바 이성의 횡포와 권력 지향적 속성은 여전히 해소되지 못한 난제로서 거듭 거론되고 있는 실정이다.

이 같은 상황을 고려할 때, 새로이 구성된 상호 주관적 성격의 이성은 제대로 존중되지 못하거나 소홀히 다루어지고 있는 대상(타자)들 ― 이성의 타자를 포함하여 ― 을 보다 신중하게 고려하고 포용하는 이성으로의 지속적인 보완과 혁신, 비판적인 재구성이 요구된다. 물론 이러한 요구에 부합하는 방식에는, 이성 자체에 대한 비판을 통한 의미 확장과 내적 분화의 방법 외에, 이성과 이성의 타자 사이의 '결합 방식'도 새로이 포함되어야 할 것이다. 왜냐하면 타자에 대한 배려와 적극적인 고려의 원리는 이성 내

42_ 이런 까닭에 드라이젝은 의사소통 합리성을 인간과 자연의 관계에 확대, 적용하여 '비인간중심적' 생태 합리성을 정립하고자 한다. J. Dryzeck, "Green Reason: Communicative Ethics for the Biosphere"(1990), 195-210쪽 참조.

43_ A. Honneth, "Das Andere der Gerechtigkeit. Habermas und die ethische Heraus-forderung der Postmoderne"(1994), 200-204쪽 참조.

44_ 가령 이진우, 『한국 인문학의 서양 콤플렉스』(1999), 53-63쪽 참조.

에서 이성의 자기비판을 통해 확보 가능한 것인지, 아니면 이성의 타자에 그 원천이 자리하고 있으며 그에 따라 비이성에서 '만' 그것이 확보될 수 있는 것인지, 아직 명쾌히 해명되지 않은 문제이기 때문이다. 그런 한에서 이성의 타자에 대한 보다 적극적인 배려와 존중이라는 새로운 과제는 이성의 자기비판과 자기 성찰을 통해 자각될 수 있으며, 동시에 이성의 내적 분화를 통해 보다 확장된 의미를 지닌 이성의 정립을 통해 달성될 수 있는 가능성 또한 원칙적으로 열려 있다고 생각된다.

이처럼 새롭게 요구되는 이성의 유형으로는, 가령 '배려적 이성(reason of care)'[45]을 들 수 있을 것이다. 이러한 새로운 이성 유형은 이성의 타자로서의 감성이나 욕망을 통제 내지 배제하고자 하는 이성이 아니라, 그것들을 적극적으로 고려하고 배려하는 이성의 유형이다. 물론 그것은 감성이나 정서와 같은 비이성의 역할까지 떠맡을 수 있는 이성일 수도 있다. 다만, 이러한 배려의 속성을 담지한 새로운 이성이 이성의 내적 분화를 통해 찾아질 수 있는지는 여전히 남은 숙제이다. 그럼에도 한 가지 분명한 사실은, 이성의 자기비판과 내적 분화를 통해 배려적 이성을 정초해 내는 과제는 앞으로 이성의 자기비판 및 자기 분화 전략이 수행해야 할 일차적이며 핵심적인 과업이라는 사실이다.

45_ 이에 관한 이론적 단초로서 '배려 윤리'와 그로부터 도출될 수 있는 '배려적 이성'의 대략적인 윤곽에 관해서는 N. Noddings, *The Challenge to Care in Schools*(1992) 참조.

10

분단 상황을 살아가는 우리에게 미국 시민들의 행태는 왜 주목의 대상이 되는가?

왜 미국의 신보수주의에 대해 관심을 가져야'만' 할까?

1. 왜 지금 '신보수주의'가 문제인가?

주지하다시피 오늘날 미국은 유일무이한 초강대국으로서, 막강한 군사력과 정치적 · 경제적 힘의 우위를 앞세워 지구촌 곳곳에서 자국의 '국가적 이해관계'를 관철하는 데 주력하고 있다. '이라크 전쟁'만 해도, 전 세계 도처에서 쏟아진 '제국주의 침략 전쟁'이라는 격렬한 비난에도 불구하고, 미국 내 다수 구성원들의 전폭적 지지 하에 소위 '정의로운 전쟁'이라는 이름으로 감행되었다. 하지만 전후, 미 정부가 전쟁의 명분으로 내세웠던 '대량 살상 무기의 다량 보유와 그에 따른 중동 평화의 위협'이라는 구실은 그야말로 '석유 자원의 확보'와 '중동 지역에서의 제국주의적 패권 추구'를 위한 허구인 것으로 드러났다.[1] 그렇지만 진짜 문제는 건전한 '상식'의 차원에서 보더라도 이라크 전쟁은 결코 정의로운 전쟁이 될 수 없음에도, 미국의 다수 시민들은 이 전쟁을 국가 이익을 증대시켜 주는, 그런

1_ 이에 관해서는 앤서니 어노브(A. Arnove), 「서문」(2002), 20-44쪽 참조. 아울러 이는 영화를 통해서도 널리 알려졌는바, 이러한 이슈를 영화화한 대표적인 작품으로는 폴 그린그래스(P. Greengrass) 감독, 맷 데이먼(M. Damon) 주연의 〈그린 존(Green Zone)〉(유니버설 픽처스, 2010) 참조.

한에서 정당한 전쟁이라고 인식하고 있었다는 사실이다.[2]

그렇다면 미 정부의 주요 정책에 대한 미국 내 시민들의 이념적 입장과 지향점은 왜 중요한가? 이는 유일 초강대국으로서 미국의 제국주의적 행보에 대해 그 어떤 국가도 견제하거나 맞설 수 없는 상황에서, 미국 내 시민계급만이 자국 정부의 대내외적 정책을 비판하고 제동을 걸 수 있는 유일한 '시민 권력(체)'이기 때문이다. 하지만 개전 초기에 보여 준 미국 시민 계층의 양상은, 자유로운 토론 및 논의를 거쳐 도달한 합의를 바탕으로 형성된 '의사소통 권력'을 통해 정부의 부당한 정책의 수립 및 추진에 제동을 가함에 있어서 주도적인 역할을 수행하는 자율적인 시민 구성체와는 거리가 먼 것이었다. 오히려 국가권력에 의해 일방적으로 조종되고, 국가주의와 애국주의에 휩쓸려 내몰리는 수구 반동적 성향의 수동적 대중 집단으로 나타났다.

물론 이렇게 된 데에는 적지 않은 요인이 작용한 것으로 보인다. 그중 특히 주목되는 것은, 이라크 전쟁 발발 당시 부시 정권이 모든 대내외 정책을 수립하고 강행함에 있어서 그 준거점으로 삼은 통치 이데올로기로서 '신보수주의(Neoconservatism)'이다. 이것은 이전과는 질적으로 차별화된 새로운 보수주의 유형으로서, 적나라한 힘의 논리에 의거해 밀어붙였던 이라크 전쟁마저도 '선제 방어 전쟁(preemptive war)' 논변 등에 의거하여 그 이념적 외피를 교묘히 포장하여 정당한 것인 양 오인시켜[3] 미국 내 시민들의 압도적인 지지를 이끌어 낸 이념적 원동력으로 작용하였다.

그런데 이처럼 보수성이 강화된 신보수주의가 미국 사회의 중심 이데올로기로 확립되고 모든 국가 정책이 그것에 입각하여 기획·추진되면서, 미국 사회 역시 빠르게 보수화의 도정을 따라가는 상황은 단지 미국의 내부

2_ 이는 "워싱턴포스트와 ABC뉴스가 2003년 3월 27일 미국인 508명을 대상으로 조사한 결과 응답자의 58%가 전쟁을 강력히 지지한다고 밝히는 등 73%가 이라크 전 지지를 밝혔다"(《매일경제》, 2003년 3월 30일)는 보도 내용에서 확인된다.
3_ 정태욱, 「마이클 왈처의 정전론에 대한 소고」(2003), 174-183쪽 참조.

의 사정일 뿐 우리와는 무관한 것처럼 보일 수 있다. 하지만 속내를 들여다보면 사정은 전혀 달라진다. 무엇보다 미국 제일주의에 의거해 대외 정책을 추구하도록 독려하고 있는 신보수주의의 논리는 한반도의 경우에도 예외 없이 적용되고 있다. 가령 부시 정권은 '의도적으로' 북한이 보유하고 있는 대량 살상 무기와 그 운반체가 갖는 군사적 위협을 과장하여 한반도의 긴장을 조성하는 대북 정책을 전개했다.[4] 이를 통해 미국은 미사일 방어(MD) 체제를 추진하면서, 다극화 전략을 추구하는 중국과 러시아의 연합 전선에 압박을 가해 궁극적으로 미국 중심의 '일극적(一極的) 패권 체제'로 세계 질서를 구축하고자 획책하였다. 이런 연유로, 북한은 미국에 되도록 위협적인 적대적 존재로서 부각될 필요가 있었다. 게다가 적대적인 대북 관계의 구축 기도 속에는 미국 내 '군산복합체'의 기득권을 유지하고 경제적 침체에서 벗어나기 위한 경기 부양책으로서 '전쟁경제'를 가동시키려는 의도 또한 자리하고 있었다.[5]

이는 한반도의 경우도 '아메리카 제국'과 그 지배 집단의 중요한 국가적 이해관계나 기득권의 유지와 관련하여, 필요하다면 언제든지 군사적 모험을 감행할 수 있다는 점을 시사해 준다. 더욱이 신보수주의에 기초한 미국의 군사적·정치적 행동은 미국 내 시민계급의 자각과 성찰에 기반을 둔 '의사소통적 시민 권력'에 의거해서만, 그 사전적 예방책과 차단책이 마련될 수 있다. 그런 점에서, 신보수주의가 사회 구성원들의 의식을 보수화하여 미국 사회 전체를 우경화로 몰아가고 있는 대목에 대해 비판적으로 살펴보는 것은 만에 하나 한반도에서 초래될 수 있는 위기적 상황에 대한 대응책의 모색과 관련해서도 매우 긴요한 것이라 판단된다. 이러한 사정을 감안할 때, 현대 미국 사회의 '작동 메커니즘,' 특히 오늘의 미국 사회를 이끌어 나가는 주도적 이념 체계로서 신보수주의의 본질과 특성, 그 이념

4_ 김동춘, 「미국 '네오콘'의 세계전략」(2006), 150쪽.
5_ 김교환, 「미국의 신보수주의」(2001), 10쪽; 김민웅, 「"미 대북정책 직시해야"」(2001) 참조.

적 기반과 철학적 토대에 관한 세심한 독해와 비판적 이해가 요구된다.[6]

이 글은 이러한 현실적 상황을 염두에 두면서, 새로운 보수주의 유형으로 떠오른 미국 신보수주의의 실체, 특히 그것의 '철학적 토대'를 비판적으로 검토해 보는 데 일차적 목표를 두고 있다. 따라서 이러한 검토 작업은 신보수주의와 그것을 형성하는 양대 이론 구성적 입론으로서 '고전적 자유주의(classical liberalism)'와 '(사회적·종교적) 전통주의(traditionalism)'의 기저에는 '자유지상주의(Liberatarianism)'와 '공동체주의(Communiatarianism)'가 '철학적 옹호 및 정당화 논리' 체계로서 자리하고 있다는 점을 비판적으로 드러내 보이는 데 주안점을 둘 것이다. 그럼으로써 신보수주의가 미국 사회의 보수적 지배 이데올로기로 확고히 정착하는 데 있어서, 자유지상주의와 공동체주의가 수행하는 역할과 기능을 비판적으로 살펴볼 수 있는 기회를 제공할 것이다. 동시에 현실적·실천적 차원에서 두 철학 사상에 대한 전면적인 새로운 비판적 독해와 평가가 이루어질 필요가 있음을 주장해 볼 것이다.

2. 신보수주의의 출현 배경 및 전일적 확산 실태의 원인

1) 개인주의를 바탕으로 한 '고전적 자유주의'에 그 토대를 두고 전개되어 온 기존의 보수주의는 점차 그 틀과 내용을 변화시키더니 마침내 1970년대에 들어서 이전과는 질적으로 차별화된 새로운 보수주의 형태를 세상에 선보이기 시작했다. 그것은 1980년대 레이건 행정부의 출현과 함께 본격적인 역할과 기능을 수행하여, 오늘날 미국 사회 전역을 보수적 색채

6_ 비록 오바마 정권이 들어서면서 신보수주의가 '통치 이념'으로서의 지위를 잠정 내놓았지만, 일상적 삶의 현장을 비롯한 현실의 지평에서는 여전히 미국 사회를 장악하여 지배하는 보수적 이념 체계로 자리하고 있다. 특히 2010년 중간 선거에서 다수 의석을 보수 공화당이 차지한 데서 알 수 있듯이, 신보수주의의 현실적 영향과 지배력은 여전히 막강하다고 할 것이다.

로 물들이면서 지배적인 이념 체계로 자리하게 되었다. 이것이 바로 그 보수성의 강도와 영향력의 파급 정도에서 이전의 보수주의와는 비교가 되지 않는 강력한 보수주의 유형인 '신보수주의'이다.

이러한 신보수주의가 등장하고 확산하게 된 '배경적 요인'으로는, 크게 '미시적 차원'과 '거시적 차원'으로 나누어 볼 수 있다. 먼저, 미시적 차원에서의 출현 배경으로는, 1970년대 중반 이후 미국을 비롯한 선진 자본주의 경체제(經濟體)들이 심각한 경제 불황에 직면하게 되자, 그 위기 타개의 일환으로 구조적 경제 불황의 폐해를 선진 경제체 자국의 노동자뿐 아니라 후진국 구성원들에게 전가시킴으로써 위기를 넘어서고자 하는, 선진 경제체 내 '독점 자본'의 '반동적 (이념) 공세'가 전면적으로 표출되었다는 점을 들 수 있다. 그에 따라 선진 자본주의 경제체들은 '자본 축적 위기'를 넘어서기 위해, 우선적으로 복지 정책과 공공 부문의 확대를 통해 기본적인 인간의 삶을 유지할 수 있도록 해 주었던 '복지 자본주의' 체제에서 탈피하고자 총력을 기울이기 시작하였다. 이는 현실의 삶에서 비용 절감이라는 구호 하에 임금 동결 및 삭감, 대규모 감원에 초점을 맞춘 구조 조정으로 구체화되어 나타났다. 그리고 이러한 경제 위기 극복 과정에서, 개별 성원 각자의 삶은 각자가 책임지는 본래의 고전적 자본주의 체제로의 회귀를 정당화하고 이를 사회 구성원들이 수용하도록 설득하기 위한 이념적 논변 체계로 등장한 것이 바로 신보수주의였던 것이다.

하지만 이러한 미시적 차원에서 개진되는 해명은 미국 사회 내부에서 강력한 영향력을 발휘하면서 급속도로 지배적인 이념 체계로 자리 잡아 가게 된 신보수주의의 등장과 확산을 모두 설명하기에는 다소간 한계가 있다. 그런 한에서 신보수주의의 대두와 확산 과정은 미국 사회 내부에서 그간 지속되어 온 이념적 대립 구도의 변천 과정이라는 거시적인 차원에서의 해명을 불가피하게 요구한다.

2) 미국 사회에서 보수주의와 진보주의 간의 이념적 대결 구도가 본격

적으로 형성된 시점은 1930년대 '경제 대공황'을 전후한 무렵이다. 당시의 경제 위기 상황을 타개하기 위해 제안된 새로운 경제정책, 특히 사회보장 정책의 수립 및 추진 과정에서 빚어진 입장 차이로부터 진보/보수 간 이념 대립 양상이 초래되었던 것이다.[7]

1930년대 당시의 미국 사회는 대공황으로 인한 실업자 수만도 거의 1천만 명에 육박하는 등 그야말로 비참하기 이를 데 없는 상황이었다. 이에 당시 '루스벨트 정권'은 경제공황의 극복 방안으로서 '뉴딜 정책'을 국가의 주도로 수립·추진하기에 이르렀으며, 어려운 처지에 놓인 빈곤 계층에게 기본적인 인간적 삶을 보장하기 위한 '사회보장 정책'을 실시하였다.

그 결과, 국가는 시장에 적극적으로 개입하기 시작하였으며, 기업들의 횡포를 방지하기 위한 정부의 강력한 제재와 견제가 실행되었다. 동시에 개인들의 기본적 생활권을 보장하기 위한 여러 정책과 제도가 추진되었다. 그런데 이 지점에서, 중앙정부가 전면에 나서 복지 정책을 추진하는 등 개인의 일상적 삶의 세계에 적극적으로 관여하는 사태를 거대 국가권력의 등장으로 해석하여[8] 격렬히 반발하는 이념적 대응 체계로서 '보수주의'가 출현하기에 이르렀다. 국가의 과도한 개입은 개인의 자유와 권리를 침해하는 결과로 이어질 수 있다는 이유에서 '연방정부의 권력을 작게 하여 시민사회에 대한 국가의 간섭을 적절히 규제하는 것'을 자유주의의 핵심으로 삼았던 전통적인 국가관이 와해되고 지방정부에 대한 중앙정부의 일방적인 지배가 현실화될 수 있다는 우려와 공포가 그러한 대항적 이념 체계로서 '(전통) 보수주의'를 성립시켰던 것이다.

물론 이러한 보수주의는 이후 1950년대와 60년대를 거치면서 질적인 변화를 거치게 되었다. 즉 한편으로 보수주의는, 그것의 대립항인 진보주

7_ 이주영, 『미국의 좌파와 우파』(2007), 8쪽; 권용립, 「현대 미국의 미시변동을 논함: '신보수주의'의 제도와 역사적 성격」(1993), 298-299쪽 참조.
8_ 권용립, 「현대 미국의 미시변동을 논함: '신보수주의'의 제도와 역사적 성격」(1993), 302-303쪽; J. L. Himmelstein, *To the Right: The Transformation of American Conservatism*(1990), 30쪽 참조.

의가 질적으로 변모해 나가는 과정을 따라가면서, 자체의 변화 혹은 변용을 지속해 나갔다. 동시에 다른 한편으로 이러한 보수주의, 즉 전통 보수주의와는 전혀 다른 이질적인 사상적 행로를 거쳐 형성된 보수주의 유형의 출현으로 인해, 보수주의 형태들 사이에 상호 분열 대립하는 양상을 띠기도 하였다.

여기서 알 수 있듯이, 1970년대 이르러 전면에 등장한 보수주의의 새로운 유형으로서 신보수주의는 이전의 전통 보수주의에 그 기원을 두고 있지 않다. 신보수주의라는 명칭은 1970년대에 들어서서 본격적으로 운위되기 시작했지만, 그것이 거쳐 온 이념적 편력은 실로 파란만장한 과정의 연속이었다. 즉 신보수주의는 전통적 의미의 보수주의에서 발원하지 않았으며, 반대로 진보적 이념 사조인 마르크스주의와 자유주의에서 출발하여 '반공 자유주의'와 민권운동 지지론 그리고 급진주의에 대한 전면적 비판론을 거쳐 마침내 오늘의 신보수주의의 원형(原型)이 형성되는 도정을 거쳐 왔다.[9] 특히 그 과정에서 신보수주의가 전통 보수주의를 제치고 오늘날 미국의 보수주의 흐름을 주도하는 중심적 보수주의 유형으로 자리하게 된 것은, 전통 보수주의가 '수정 자유주의' 혹은 '현대 자유주의'로 불리는 질적으로 변모된 자유주의의 증대된 영향력에 제대로 대응하지 못한 점에 기인한 바가 크다.

물론 신보수주의는 변화무쌍한 이념적 편력을 거쳐 보수주의 진영에 최종 안착하는 과정에서, 기존 전통 보수주의의 속성과 내용을 비판적으로, 아울러 선별적으로 수용하여 자체의 이념적 토대를 재구성하였다. 그런 한에서 신보수주의는 기존의 전통 보수주의의 이념적 기원과 지향점을 잇고 있다. 그럼에도 신보수주의는 전통 보수주의의 사상적 핵심 및 내용과

9_ 이에 관해서는 F. Fukuyama, *America at the Crossroads*(2006), 12-65쪽; I. Kristol, *Reflections of a Neoconservative*(1983), 3-13쪽; G. Dorrien, *Imperial Designs*(2004), 7-25쪽; 신유섭, 「미국 신보수주의의 사회 경제이념의 구성과 주장」(2008), 158-161쪽 참조.

배치되는 새로운 규범적 요소와 가치 등을 수용하여 한층 더 그 보수성과 우파적 편향성을 강화시킨, '전위적 보수주의' 체계라는 점에서 전통 보수주의와 차별성을 띠고 있다.

무엇보다 신보수주의는 기존의 보수주의에 비해 규범적 엄격성과 도덕적 경건성, 청교도적 삶의 자세 등과 긴밀하게 연결된 사회적 쟁점들을 중시한다. 그럼으로써 신보수주의는 수정 자유주의나 현대 자유주의의 영향으로 인해 결과한 다원화된 사회적 현상을 '발전적 진화의 산물'이 아닌, '규범적 위기의 징후'들로 인식하고 독해하고 있다. 더욱이 신보수주의는 수정 자유주의 체제 하에서 국가에 의해 적극적으로 추진된 복지정책이 도덕적 위기 상황의 징후를 보여 주는 다양한 사회적 이슈들을 야기한 '근본 원인'이라고 강변함으로써, 복지정책을 도덕적 방종과 타락과 연관 지어 최우선적 폐기의 대상으로 주창하고 있다.[10]

이 점은 이전의 전통 보수주의와 신보수주의가 '질적으로' 상이한 것임을 나타내 주는 결정적 징표가 된다. 즉 기존의 보수주의는 주로 '경제적 차원'에서 복지 정책이 노동자들의 노동 유인을 현저히 저하시킴으로써 성실히 일하고자 하는 노동 의욕과 노동의 경제적 가치를 떨어뜨리고 있다고 비판한다. 이에 비해 신보수주의는 복지 정책을 경제적 차원에서의 비효율성과 관련지어 비판하기보다는, 그것이 사회 통합의 해체나 규범 상실, 도덕적 위기 상황을 초래한다는 논거를 들어 주로 '정치적 · 사회적 차원'에서 비판하고 있다.[11] 아울러 이러한 비판을 '대중주의적(populist)' 방식으로 제기함으로써, 신보수주의는 다수 시민들의 보수적 결집과 연대를 강화하고 정치적 지지를 효율적으로 이끌어 내는 '정치적 이념 체계'로서의 역할을 성공적으로 수행하고 있다.

10_ 김교환, 「미국의 신보수주의」(2001), 18-19쪽; 안병영, 「신보수주의와 복지국가」 (1993), 84-87쪽 참조.
11_ I. Kristol, *Reflections of a Neoconservative*(1983), xiii쪽; 김형철, 「신보수주의, 자유주의, 사회계약론」(1994), 182쪽.

이처럼 양태뿐 아니라 질적으로 상이한 새로운 특성과 요소를 수용하여 한층 더 강력한 보수성으로 무장한 신보수주의의 현실적 영향력과 지배력은, 레이건 정부와 부시 정권을 거치면서, 실제 정치, 경제, 사회, 문화 등 전 분야에서 광범위하게 그 영향력을 확산시켜 나가면서 항구적인 지배적 이념 체계로 고착화되어 가고 있다.

3. 신보수주의의 정립을 위한 두 '구성적 입론'

1) 두 대립적 입론의 내적 결합: 고전적 자유주의와 전통주의

전통적으로 미국 사회의 이념적 흐름을 주도해 온 고전적 자유주의에 그 기반을 둔 '(전통) 보수주의'는 구성원 각자의 개인적 권리와 자유를 존중하고 보전하는 것을 대의적 명분이자 목표로 내세워 왔다. 그에 따라 국가 권력을 위시하여 그 어떤 외적인 힘에 의해서도 개인의 자유권과 삶의 방식이 침해받지 않도록 하는 데 주안점을 두고 자신의 역할을 수행해 왔다. 나아가 그러한 이유에서, 국가의 기능 또한 개인의 소유권과 자유권을 함부로 훼손하지 않도록 감독하는 데 한정되는 '작은 국가(최소 국가)'에 머물러야 한다는 점을 일관되게 주장해 왔다. 이러한 작은 국가는 개인들의 기본권과 자유를 수호하는 데 진력해야 할 뿐 아니라 개인들 간에 자유로운 상거래와 계약이 이루어지는 사적 공간으로서 '시장'에 대해서는 일절 관여하지 말아야 한다는 것이 전통 보수주의의 기본 입장이다. 이로부터 '자유 시장' 정책이 이끌려 나온다.

그러나 신보수주의는 개인의 기본권 보장, 자유 시장 정책, 작은 정부(국가) 등으로 특징지어지는 고전적 자유주의 이념을 비판적으로 승계하여 자신의 이론적 근간으로 삼으면서도, 동시에 고전적 자유주의를 그것과는 이질적인 사상적 조류와 연결 지은 바탕 위에서 구축된 것이란 점에서 기존의 보수주의와는 확연히 구분된다. 가령 공동체의 의미와 가치를 강조하는 '공동체주의적 윤리'는 고전적 자유주의의 핵심 원리인 개인주의와 내적으로 결합되어 있다. 또한 종교적 전통주의가 건국 이래 이어져 온 개인주의적 자유주의의 흐름과 연계되어 신보수주의의 이념적 기반을 이루고 있다.[12] 이와 같이 신보수주의는 고전적 자유주의의 보수주의적 요소들을 자신의 기본적 토대로 삼으면서, 동시에 이와는 이질적인 '(사회적·종교적) 전통주의'의 내용과 요소를 도입하여 상호 접목시킴으로써 이전과 다른 새로운 보수주의의 이념적 기반을 구축하고 있다.[13]

이로 인해 신보수주의는 외견상 논리적으로 일관되지 못한 부정합적인 이론적 구조 틀을 지닌 것처럼 보인다. 가령 고전적 자유주의가 내세운 작은 국가를 여전히 고수하면서, 동시에 '강한 국가'의 기능을 역설하는 전통주의의 입장을 수용하고 있는 까닭에, 신보수주의 입론 내에는 상호 내적으로 충돌하는 두 가지 모순적인 국가관이 혼재된 것처럼 비친다. 그러나 신보주의에 의하면, 작은 정부를 주창하면서 동시에 강한 국가를 요구하는 것은 논리적으로 전혀 아무런 모순이 없는 자연스러운 것이다. 왜 그런가? 이 점을 이해하기 위해서는 복지 정책이나 사회보장제도에 관한 신보수주의의 '독특한 관점'을 살펴보는 것이 우선 요구된다.

신보수주의는 개인들의 도덕적 타락 및 일탈 등과 관련하여, 이는 기존의 '거대 정부'가 주도하여 추진한 복지 정책 탓이라고 주장한다.[14] 즉 작은 정부에 머물지 않고 빈곤층을 돕는다는 미명 하에 큰 정부로 전환하여 사회보장정책을 시행하게 됨에 따라, 개인들이 나태와 게으름에 빠지고 노동 의욕이 감퇴하면서 급기야 도덕적 타락과 방종의 상태로 귀착하게

12_ 이 점에 관해서는 권용립, 「현대 미국의 미시변동을 논함: '신보수주의'의 제도와 역사적 성격」(1993), 302-306쪽; 김교환, 「미국의 신보수주의」(2001), 25-27쪽 참조.
13_ '전통주의' 대신 '권위주의적 보수주의' 사조로 불리기도 한다. N. Johnson, *The Welfare State in Transition*(1987), 180쪽.
14_ 장의관, 「미국 신보수주의의 이론적 구성과 한계」(2008), 176쪽; 김교환, 「미국의 신보수주의」(2001), 19쪽 참조.

되었다는 것이다. 그 결과, 효율성과 생산성이 현저히 저하되는 경제적 위기 상황이 도래하게 되었으며, 복지정책의 일방적 추진을 위해 감행된 '소득의 강제적인 이전'으로 인해 개인의 기본권이 유린되는 사태 또한 초래되었다고 부언한다. 그러므로 이러한 부정적 상태로부터 벗어나기 위해서는 그러한 사태의 근본 원인을 제공한 복지 정책과 그것의 추동체로서 거대 정부가 해체되어야 하며, 이러한 과제의 성공적 완수를 위해서는 '강한 국가'가 필수적으로 요청된다고 주장한다.

그런데 이와 같은 주장은 연방 정부의 권력 축소를 겨냥한 '작은 정부'나 국가 권력에 의한 시장 논리 훼손을 금지하는 자유 시장주의 등을 앞세운 기존의 고전적 자유주의 사상에 입각해서는 정당화하기 어려운 것이었다. 그래서 신보수주의는 '사회적·종교적 전통주의'를 수용하였던 것이다. 그리고 그에 의거하여 전통적인 미국적 가치 체계의 붕괴로 인해 야기된 작금의 윤리적 위기 상황을 수정 자유주의의 거대 정부와 복지정책에서 비롯된 규범적 폐해로 재해석하고, 이의 극복을 위한 타개책의 일환으로 강한 국가를 주창하게 되었던 것이다.

요컨대 기독교적 경건성과 가치관에 기초한 미국식 사회질서를 회복하기 위해 요청된 '강한 국가'는, 시장에의 간섭을 통해 경제적 효율성을 떨어뜨리는 거대 국가로부터 시장의 논리를 보호하고 그에 따라 개인의 권리와 자유를 존중하려는 '작은 국가'와 서로 모순되지 않으며, 상호 보완하고 결합될 수 있다는 것이다. 곧 작은 국가를 추구한다고 해서 결코 그 국가가 '약한 국가'일 필요는 없으며, 그런 한에서 오늘의 미국 사회를 본래의 고유한 전통적인 미국적 가치관에 기초한 질서정연한 자유주의 체제로 재건하기 위해서는, '작지만' 동시에 '강한' 국가가 성립될 수 있다는 논리이다. 이로써 신보수주의 체계 내에서, 고전적 자유주의와 전통주의는 상호 대립적이며 모순적인 것이 아니라, 상호 공존하고 조화될 수 있는 것으로 드러난다.

2) 신보수주의의 핵심 개념 틀: 자유(방임) 시장, 최소 국가, 강한 국가

이제까지의 논의에서 드러난 것처럼, 새로운 보수주의 유형으로서 신보수주의의 '이념적 지향성'을 압축적으로 대변해 주는 핵심 개념 틀은 크게 세 가지로 정리될 수 있다. 우선, 개인들의 자유로운 거래와 활동이 이루어지는 시장을 비롯한 사적인 삶의 영역에 대한 국가의 간섭을 금하는 자유방임 시장경제의 중심을 이루는 '자유 시장(free-market)'이 그 하나이다. 다음으로, 소득의 강제 이전을 방지하기 위한 안전장치로서 조세 감축과 복지정책의 축소 및 철폐를 위해 요구되는 '작은 국가(small state)' 혹은 '최소 국가(minimal state)'가 그 두 번째 개념 틀이다. 끝으로, 복지국가로 인해 침해 받은 개인(부자들)의 자유권을 온전한 상태로 회복하고 훼손된 시장 논리를 복구하며, 복지정책으로 인한 윤리적 위기 상태를 종식하여 건강한 미국식 공동체 사회를 재현하기 위한 강력한 추진체로서 요구되는 '강한 국가(strong state)'가 또한 핵심 개념 틀이다.[15]

말할 것도 없이 신보수주의의 이념적 특성을 드러내 보여 주는 이러한 세 가지 핵심 개념 틀, 즉 자유 시장과 최소 국가, 그리고 전통주의에 기초한 강한 국가, 그 자체가 곧바로 오늘날 미국 사회를 전면적으로 반동적 보수화의 길로 나아가게끔 만드는 주범이라고 단정하여 논할 수는 없다. 하지만 그러한 세 가지 핵심 개념 틀을 중심으로 이루어진 신보수주의가 현재 미국 사회를 이끌어 나가고 있는 전체적인 정황을 고려할 때, 그러한 주요 핵심 개념 틀에 내재된 원천적인 한계나 근원적인 문제점은 충분히 유추해 볼 수 있다.

이처럼 잠정 판단해 볼 수 있는 것은, 새롭게 구성·재편된 신보수주의는 미국 사회를 이전에 비해 비교할 수 없을 만큼 '개악적인' 방향으로 구조화하면서 우경화시켜 나가고 있다는 사실에 기인한다. 이를 좀 더 부연

15_ 김교환, 「미국의 신보수주의」(2001), 20-27쪽; 권용립, 「현대 미국의 미시변동을 논함: '신보수주의'의 제도와 역사적 성격」(1993), 306-323쪽 참조.

해 보면, 사회정의의 관점이나 사회적 약자에 대한 배려의 시각 등 보다 자유롭고 평등한 인간 사회의 구현을 위한 규범적 조건들에 비추어, 신보수주의는 확실히 이전에 비해 자유주의 및 민주주의의 발전적 전개 과정에 '역행하는' 사회 퇴보적인 보수주의 이념 체계라 평가할 수 있다. 다시 말해, 신보수주의는 부정의한 사회나 사회적 약자의 어려움과 고통을 방기하는 비인간적 사회를 혁신하고 개선하는 데 이바지하는 이념 체계라기보다는, 반대로 강부자 및 지배 계층의 이익만을 일방적으로 대변하고 관철하는 '강자 본위의 사회'를 추구하는 이념 체계라고 할 수 있다. 실상이 이러하므로, 신보수주의를 구축하는 핵심적 요소들인 자유 시장이나 작은 국가, 강한 국가 등의 개념 틀 역시 자체 내의 치명적인 한계와 문제점을 내포하고 있다고 볼 수 있는 것이다. 이 점에 대해서는 다음 절에서 좀 더 상세히 살펴볼 것이다.

4. 신보수주의의 철학적 기초: 자유지상주의와 공동체주의

1) 고전적 자유주의(에 기초한 자유 시장 및 최소 국가)의 철학적 강화 및 옹호 논리: 자유지상주의

(1) 현대 자유주의의 대표적 입론인 수정 자유주의는 고전적 자유주의가 초래한 사회적 난점들, 특히 사회적 · 경제적 불평등 구조의 고착화를 극복하고자 제시된 것이었으며, 현실의 장(場)에서 그것은 '복지국가적 자유주의'로 구체화되었다.[16] 물론 이러한 사회체제가 실제로 구현되

16_ 이의 대표적인 철학적 입론이 롤스(J. Rawls)의 '정의론'이다. 이것은 오랫동안 '자본주의적 복지국가'를 옹호하는 논변 체계로 이해되어 왔다. 하지만 최근에 후기 롤스의 철학적 입장의 '변화'를 둘러싸고, 롤스는 '사유재산제 민주주의'와 같은 다른 사회체제를 현실적 대안으로 구상하고 있다는 해석이 개진되고 있기도 하다. 이에 대해서는 박정순, 「자유주의 정의론의 철학적 오디세이」(2009), 65-66쪽 참조.

기 위해서는 현실적인 재정적 재원이 요구되는바, 이는 사회적 조건이 유리하거나 천부적 재능이 뛰어나 경쟁에서 승리한 구성원들, 즉 부유층이나 지배 계층으로부터 보다 많은 세금을 거둬들이는 조세제도를 통해 마련되었다.

그런데 이러한 수정 자유주의와 그것에 기초한 복지국가 옹호 논변에 대해 비판적 포화를 퍼부으며 등장한 새로운 자유주의 입론이 바로 '자유지상주의'이다. 노직(R. Nozick)을 대표로 한 자유지상주의는 전통 자유주의의 대표 유형인 고전적 자유주의를 변화된 오늘의 시대 상황 하에서 철학적으로 옹호·강화하고 정당화하는 새로운 자유주의 논변 체계이다. 동시에 고전적 자유주의의 새로운 현대적 판본이라 할 수 있다.

이러한 자유지상주의는 개인의 재능이나 합법적 절차에 따라 상속받은 재산과 같은 소유물에 대한 권한은 전적으로 당사자 개인에게 있으며, 양도되거나 침해될 수 없는 '불가양도'의 소유권으로 간주한다.[17] 그리고 이러한 토대 위에서, 개인의 천부적 재능을 '시장의 논리'에 따라 자유로이 활용하여 획득한 결과물은 그러한 재능의 소유자인 해당 개인의 소유물로 귀속, 전유되는 상태를 정의로운 상태로서 규정하고 있다. 따라서 개인 각자의 소유물인 능력의 차이에 따라 성과물이 차등적으로 소유되는 '불평등한 소유'와 그에 따른 사회적 불평등은 결코 부정의한 것이 아니라 정상적이며 정의로운 상태이다.[18] 이로부터 자유지상주의는 각자의 노력을 통해 얻은 성과물에 대해서는 그것의 일부라 해도, 가난한 계층의 처지 개선을 위한 복지정책의 당위성을 내세워, 국가가 개인에게 요구할 수 없다고 주장한다. 왜냐하면 국가가 조세와 같은 수단을 통해 부유층으로 하여금 열악한 처지에 놓인 약자들에게 도움을 주도록 강제하는 것은 사회정의를

17_ R. Nozick, *Anarchy, State, and Utopia*(1974), ix쪽.
18_ A. Callinicos, *Equality*(2000), 13쪽; 김비환, 「현대 자유주의적 평등론의 역사적 의의」(2002), 25쪽 참조. 물론 자유지상주의는 개인이 자신의 소유물인 재능을 발휘하는 과정에서 타인에게 그 어떤 피해도 주어서는 안 된다는 '단서 조항'을 달고 있다. R. Nozick, *Anarchy, State, and Utopia*(1974), 179쪽.

침해하는 것에 다름 아니기 때문이다.[19]

　이와 관련하여 자유지상주의는 현대 자유주의 — 수정 자유주의 — 가 추구하는 '복지국가'로서의 국가관[20]에 맞서 '최소 국가론'을 대안적 입론으로 제시하고 있다. 그에 따르면, 국가는 개인의 소유권과 소유 권한을 보장하는 데 일차적으로 주력해야 한다. 그러므로 그 어떤 외적 권력에 의해서도 개인의 기본권이 훼손되지 않도록 지켜내는 데 자신의 임무를 한정해야 한다.[21] 이는 한편으로 개인의 소유권이 작동하는 사적 영역에 정부가 개입해서는 안 된다는 점을 주장하는 것이다. 동시에 다른 한편으로 인위적으로 사회 성원들에게 성과물을 재분배하려는 복지국가의 시도는 국가권력의 남용이며 개인의 권리를 침해하는 처사로서 철회되어야 한다고 강변하는 것이다.[22] 그와 함께 자유지상주의는 '중립적 관점'에서 개인의 소유권을 지켜 내는 경찰국가 혹은 최소 국가를 대안적 국가 형태로 제안하고 있다.[23]

　(2) 이상의 논의에서 드러나듯이, 개인주의 원리와 자유 시장의 논리, 최소 국가론에 기반을 두고 있는 자유지상주의의 이념적 지향성은 고전적 자유주의와 그것에 기반을 둔 신보수주의의 이념적 기조(基調)에 고스란히 부합하고 있다. 그런 점에서 자유지상주의는 신보수주의를 구축하고 있는 핵심적인 두 구성적 입론 가운데 하나인 고전적 자유주의의 본질적 내용과 요소를 한층 더 강화하고 보완하는 동시에 오늘의 변화된 자유주의의 조건 하에서 그것을 새롭게 정당화하는 역할, 곧 고전적 자유주의의 철학적 토대로서의 역할을 수행하고 있는 것이다.

　그런데 문제는 이러한 자유지상주의가 오늘의 미국 사회를 한층 더 불

19_ R. Nozick, *Anarchy, State, and Utopia*(1974), ix쪽.

20_ R. P. Wolff, *Understanding Rawls*(1977), 195쪽 참조.

21_ R. Nozick, *Anarchy, State, and Utopia*(1974), 111-115쪽 참조.

22_ R. Nozick, *Anarchy, State, and Utopia*(1974), ix쪽 참조.

23_ R. Nozick, *Anarchy, State, and Utopia*(1974), 149쪽 참조.

공정하고 부정의한 사회로 고착화하는 데 결정적인 이념적 논리 체계로서 기능하고 있다는 점이다. 가령 자유지상주의는 사회적 약자를 배려하기 위한 복지정책을 기획 · 추진하려는 개혁적 시도들을 무화시키면서, 소수의 부유층들만이 인간답게 살아가는 극단적인 양극화 사회로 미국 사회를 재구축화 하는 데 주도적인 기능을 수행하고 있다.[24] 그와 함께 사회적 부유층만이 자유롭게 풍요로운 삶을 구가하는, 소위 '강부자 사회'를 정의로운 사회로서 정당화하고 있다.[25]

이러한 사실을 고려할 때, 따라서 신보수주의가 추진하는 주요 정책들 — 가령 복지정책의 대대적인 축소와 철폐, 부유층에 대한 대폭적인 감세 및 감면, 친(親)대기업적 정책의 전면적 시행, 군산복합체의 이득 보장을 위한 신자유주의적 정책의 대대적 추진 등 — 이 미국 사회를 한층 더 개악적인 방향으로 재편하고 구조화하며 역사 퇴행적인 방향으로 전개시켜 나가게 된 것은, 고전적 자유주의와 그것에 기반을 둔 신보수주의를 철학적으로 옹호하고 정초하는 데 있어서 중심적인 철학적 토대로 기능하고 있는 자유지상주의의 본질적 한계와 속성에서 비롯된 것이라고 평가할 수 있다.

2) 전통주의(에 기초한 강한 국가)의 철학적 정당화 논리: 공동체주의

(1) 신보수주의의 핵심 구성 입론으로서 '(사회적 · 종교적) 전통주의'는 미국의 건국 정신과 청교도적 세계관을 바탕으로 한 미국 특수적인 전통적 공동체 의식과 기독교적 경건주의, 그리고 건국 초부터 이어져 온 고유한 미국적 사회윤리를 중핵으로 한 사상적 입장이다.[26]

24_ 이에 관해서는 선우현, 「미국사회에서 사회철학의 역할과 기능」(2010), 13-14쪽 참조.
25_ D. P. Beverly/E. A. McSweeney, *Social Welfare & Social Justice*(1987), 40쪽 참조. 이에 대해 노직은 자신은 사회적 강자에게 편파적이지 않다고 항변하고 있다. R. Nozick, *Anarchy, State, and Utopia*(1974), 271-274쪽 참조.
26_ 전통주의에 관해서는 R. M. Weaver, *Ideas Have Consequences*(1948) 참조. 한편 이

그런데 이러한 전통주의는 오늘날 미국 사회철학계에서 중심적인 철학체계로 부상하고 있는 공동체주의와 핵심적 내용 및 주장, 사상적 지향점 등에서 내적으로 밀접하게 연관되어 있다. 이러한 사실은, 비록 공동체주의가 애초부터 '의도적으로' 신보수주의의 철학적 토대로서 정립된 것은 아니었지만, 그럼에도 오늘의 미국 사회를 보다 강력한 보수 사회로 내몰고 있는 새로운 보수주의 유형으로서 신보수주의를 철학적으로 정초하고 정당화하는 역할을 수행하고 있음을 말해 준다.

익히 알려진 것처럼, 공동체주의는 개인주의를 기반으로 한 현대 자유주의와 그것의 정당화 입론 — 특히 롤스의 '정의론' — 에 대한 비판적 사조로서 등장하였다.[27] 공동체주의가 겨냥하고 있는 주된 비판의 표적은 '(현대) 자유주의가 개인의 권리 및 자유를 그가 속해 있는 공동체 및 공동선보다 무조건적으로 우선시하고 있으며, 그로 인해 공동체의 존립과 발전적 전개에 치명적인 위해가 가해지고 있다'는 사실이다. 또한 개인주의가 '개인 이기주의'로 변질되면서, 개인들 간의 단절화와 공동체에 대한 소속감의 결여가 촉진되고 사회적 무관심이 증대되며, 급기야 개인의 이익 관철을 위한 반(反)사회적 일탈 행위마저 감행하는 '공동체적 위기 상황'의 도래를, 현대 자유주의에 대한 집중적 공격을 가하게 된 현실적 이유로 들고 있다.[28]

이처럼 오늘날 미국 사회가 처한 '공동체 존립 위기'에 대한 우려에서 비롯된, 개인주의 원리와 그에 기초한 현대 자유주의에 대한 공동체주의의 비판적 입론은 작금의 현실을 고려할 때 충분한 시의성과 설득력, 아울러 규범적 타당성을 두루 갖추고 있다.[29] 나아가 공동체주의를 기반으로 한 새로운 미국식 공동체 사회에 관한 대안적 입론 역시, 이전에 비해 한

러한 전통주의에는 개신교 보수주의의 대표 주자인 '복음주의' 등을 중심으로 한 '기독교 신우익(New Religious Right)'의 종교적 · 규범적 내용과 요소 등이 추가로 보태진다.

27_ S. Mulhall/A. Swift, *Liberals and Communitarians*(1992), 40쪽.
28_ 박정순, 「자유주의 대 공동체주의 논쟁의 방법론적 쟁점」(1993), 19쪽.
29_ 황경식, 『개방사회의 사회윤리』(1995), 181-182쪽 참조.

층 더 강건하고 안정적인 '가치 통합적' 공동체 사회를 새롭게 재구축하고자 시도하는 등 다분히 급진적인 내용과 의도를 담고 있다.

그러나 공동체주의는 '외관상' 드러나는 급진적 발상과 전면적 변화에 대한 요구, 근본적 비판의 '부분적인' 타당성과 정당성, 지향하고자 하는 목표의 규범적 당위성에도 불구하고, 미국 사회를 한층 더 보수화하는 방향으로 고착화하는 데 그 역할과 기능을 수행하는, 지극히 부정적인 양상을 드러내 보이고 있다.[30]

물론 공동체주의 내부에서도 철학적 입장의 차이나 이념적 편차가 존재한다. 가령 에치오니(A. Etzioni)는 현실 사회문제에 보다 적극적으로 개입하여 공동체주의 사상을 정책적·제도적 차원에서 구현하고자 진력하고 있다.[31] 반면, 샌델(M. Sandel) 같은 이는 오직 '자유주의/공동체주의 논쟁'의 수준에서 롤스에 대한 비판에 집중하고 있는, 그런 한에서 다분히 학술적 차원에 한정된 소위 '강단 공동체주의자'로 머물고 있다.[32] 또한 대표적 공동체주의자로 간주되고 있는 매킨타이어(A. MacIntyre)와 테일러(Ch. Taylor)는, 자신들은 결코 공동체주의자가 아니라고 강변하고 있기까지 하다.[33]

하지만 이처럼 개별 공동체주의자들 간의 입장 차이에도 불구하고 서로 공유하고 있는 '사상적 접점(接點)'이 존재하고 있는바, 그중 하나가 보수주의적 속성 및 지향성이다. 가령 매킨타이어는 세계 평화를 위협하는 비합리적 정념으로 비판의 대상이 되었던 애국심과 관련하여, 애국심에 대한 '특수한' 요구는 정의에 대한 '보편적' 요구 못지않게 합리적인 것이라고 주장함으로써 전통 지향적인 보수주의의 관점을 드러내 보이고 있다.[34] 또

30_ 이에 관해서는 황경식, 『개방사회의 사회윤리』(1995), 191쪽 참조.

31_ 이에 관한 대략적인 내용은 A. Etzioni, *The Spirit of Community*(1993), vii-viii쪽 참조.

32_ 롤스 비판에만 전념한 논평자로서의 공동체주의라는 해석의 단초는 윤평중, 「공동체주의 윤리 비판」(2003), 236쪽 참조.

33_ 가령 Ch. Taylor, "Cross Purposes: The Liberal-Communitarian Debate"(1989), 160쪽 참조.

34_ A. Gutmann, "Communitarian Critiques of Liberalism"(1994), 89쪽; A. MacIntyre,

한 자유주의가 내건 '자율적 존재로서의 자아관' 역시 '전통과 역사 안에서 구성된 공동체적 존재'에 다름 아니라고 강변하고 있는바, 이 또한 복고적이며 전통 지향적인 강한 보수주의자임을 자인하고 있는 것에 다름 아니다.[35]

테일러 역시 자유주의가 중시하고 있는 '개인의 자율성'이라는 핵심 가치는 사실상 비판적 사고력과 자율적 판단 능력을 중시하는 '사회적 전통'의 소산이라는 사실을 역설하고 있는데, 이는 보수주의적 관점을 피력하고 있는 것이다.[36] 샌델 또한 가정에서 주부의 역할을 강조하고 도덕적으로 건전한 전통적 가족 구조의 중요성을 주창함으로써 전통 지향적인 보수주의적 색채를 드러내고 있다.[37]

이상에서 알 수 있듯이, 공동체주의는 역사적 전통을 중시하는 권위주의적 보수주의 성향을 강하게 나타내고 있다.[38] 이러한 보수주의적 지향성은 단지 이론적·방법론적 차원에 머물지 않으며, 규범적 차원에서 현실의 장(場)에 실제로 영향을 미치고 있다. 무엇보다 오늘의 미국 사회를 선동적이며 비합리적인 반동적 사회로 이끌어 나가고 있는 신보수주의와 그것의 중심적 구성 입론인 전통주의를 옹호하고 정당화하는 데 직접적으로 작용하고 있다는 점에서, 공동체주의의 복고적이며 전통 지향적인 보수적 속성에 대해 주목할 필요가 있다. 그것의 파급효과가 사회의 발전적·혁신적 방향으로 미치는 것이 아니라, 반대로 반동적이며 역사 퇴행적인 방향으로 귀결되고 있기 때문이다.[39]

"Is Patriotism a Virtue?" (1994), 313-316쪽 참조.

35_ A. MacIntyre, *After Virtue*(1984), 217-218쪽; 윤평중, 「공동체주의 윤리 비판」(2003), 242쪽 참조.

36_ S. Mulhal./A. Swift(1992), 124쪽; Ch. Taylor, *Sources of the Self*(1996), 285-302쪽 참조.

37_ A. Gutmann, "Communitarian Critiques of Liberalism"(1994), 309쪽; M. Sandel, *Liberalism and the Limits of Justice*(1982), 33-34쪽 참조.

38_ A. Gutmann, "Communitarian Critiques of Liberalism"(1994), 308-309쪽; 윤평중, 「공동체주의 윤리 비판」(2003), 234쪽; 황경식, 『개방사회의 사회윤리』(1995), 214쪽 참조.

39_ 이에 관해서는 선우현, 「미국사회에서 사회철학의 역할과 기능」(2010), 21-24쪽 참조.

이처럼 공동체주의는 실제 현실에서 종전의 보수주의를 한층 더 '강력한 보수주의' 이념 체계로 새롭게 개량하고 재구축하는 데 결정적인 역할을 하고 있다. 즉 새로운 보수주의 유형으로서 신보수주의를 탄생시키는 과정에서, 새로운 부가적(附加的)인 이론 구성적 입론으로 수용된 '전통주의'를 철학적으로 정당화하고 그 보수적 속성을 이론적으로 더욱 정교하게 강화함으로써, 전통주의가 보수주의의 핵심적 이념 기반으로 확고히 정착하는 데 결정적인 기여를 하고 있다.

(2) 그렇다면 어떤 점에서 공동체주의는 전통주의와 내적으로 긴밀한 연관성을 지니면서 상호 이념적·사상적 합치를 이루고 있으며, 전통주의를 철학적으로 정당화하고 있는지에 대해 살펴보기로 하자.

먼저, 전통주의는 개인주의의 극단화된 형태로서 개인 이기주의가 만연되어 가면서 초래된 사회적 병리 현상의 주된 요인으로, 공동체의 실존적 의미에 대한 인식 결여, 공동체에 대한 애착심 및 의무감의 감퇴, 국가에 대한 애국심의 결여 등을 꼽고 있다.[40] 그와 함께 전통적으로 이어져 내려온 공동체에 대한 소속감과 애정, 헌신과 같은 사회적 덕목들의 복원을 통해 오늘의 위기 상황을 타개하고자 한다.

전통주의의 이러한 진단과 처방은 사실상 공동체주의의 그것과 정확히 합치한다. 공동체주의는 시종일관 개인주의 원리에 기초한 현대 자유주의에 대해, 그것은 가족 공동체에 대한 도덕적 의무감과 국가에 대한 헌신 및 애국심 같은, 공동체의 지속적인 발전과 존속에 절대적으로 긴요한 덕목들의 중요성을 제대로 해명하지 못하고 있다고 신랄하게 비판하고 있기 때문이다. 이와 관련해, 전통주의를 이론 구성의 토대로 삼고 있는 신보수주의의 대부 크리스톨(I. Kristol)은, 애국주의는 공적, 사적 제도를 통해 권장되어야 한다고 강변하고 있는데, 이에 상응하여 매킨타이어는 애국심을

40_ 박정순, 「자유주의의 건재」(1999), 19쪽 참조.

합리적인 덕목으로 정당화하는 철학적 작업을 수행하고 있다.[41] 이런 점에서 전통주의의 사상적 기반은 공동체주의에 의해 뒷받침되고 있으며, 그 타당성과 정당성을 철학적으로 인준 받고 있는 것이다.

다음으로, 전통주의는 건국 초부터 전승되어 온 미국식 가치관 및 청교도적 세계관, 그리고 그에 터하고 있는 건전한 전통적 가족 형태와 미국식 공동체의 붕괴 조짐의 실상을 비판하면서, 기존의 미국 특수적인 가치관의 회복과 그를 통한 미국식 국가 공동체의 재건을 시도하고 있다. 가령 전통주의는 고유한 미국식 가치관의 균열로 인해 초래된 '자유로운 성 개방 풍조'는 성병 감염 방지 등 신체적 안정성만을 강조하는 그릇된 분위기를 만연시킴으로써 종교적 경건성에 기초한 건전한 가족 구조의 붕괴를 촉진하고 있다고 비판한다.[42] 그리고 이로부터 전통적 미국식 규범 체계로의 복귀와 그에 기초한 견실한 가족 구조의 복원을 촉구하고 있다.

이러한 전통주의의 입장은 현대 자유주의에 대한 비판을 통해 공동체주의가 제기한 논변, 즉 개인주의(에 기초한 자유주의)는 사회적으로 전승되어 온 공동체주의적 가치관과 세계관 그리고 그에 기초한 전통적 형태의 가족 공동체나 다양한 형태의 공동체를 경시하거나 무시함으로써 가치 있는 인간의 삶에 대한 대체할 수 없는 핵심적 구성 요소로서 공동체를 치명적으로 훼손시키고 있다는 주장과 근원적으로 합치하고 있다. 이런 한에서 신보수주의를 틀 짓고 있는 핵심적 구성 입론으로서 전통주의는 역사적·전통적으로 이어져 내려온 공동체주의적 가치를 중시하는 새로운 철학 사조로서의 자격 조건을 갖추고 있다는 점에서, 공동체주의로부터 그 이론적·사상적 타당성을 부여받고 있는 것이다.

끝으로, 전통주의는 공동체에 대한 소속감이 현저히 약화되고 규범적

41_ I. Kristol, "The Neoconservative Persuasion" (2004), 33쪽; A. MacIntyre, "Is Patriotism a Virtue?" (1994), 307-318쪽 참조.
42_ C. Krauthammer, "A Social Conservative Credo" (1995) 19-20쪽 참조.

가치의 극단적인 상대화로 인해 이제껏 공동체를 안정적으로 유지시켜 주던 '사회적 통합성'이 오늘날 미국 사회에서는 상실되어 버렸다고 개탄하고 있다. 동시에 종교적 연대 의식과 공동체주의적 규범의식에 기초한 가치 통합적인 전통적 미국 사회로의 복귀를 주장하면서, 이의 성공적 완수를 위해 강력한 추진력을 갖춘 강한 국가가 필요하다고 역설한다.

이러한 전통주의의 주장은 이미 공동체주의에 의해 철학적으로 체계화된 논지이다. 즉 공동체주의는 오늘날의 '가치 다원주의적인 현실'을 '도덕적 혼란 및 위기 상황'으로 규정하고, 이의 극복을 위해 '목적론적 덕 윤리'에 입각한 가치 통합적인 공동체 사회를 구축하고자 한다.[43] 그리고 이를 위해 강력한 국가권력은 불가피하다고 본다.[44] 왜냐하면 다양한 관점에 따라 자신의 삶을 자유로이 추구하는 공동체 구성원들의 상이한 가치관과 인생관, 행복관을 '단 하나'의 특정한 공동선(共同善) 관념으로 통일시키기 위해서는 강력한 국가권력이나 물리적 강제 수단을 동원하지 않을 수 없기 때문이다.[45] 이로부터 알 수 있듯이, 공동체주의는 가치 통합적인 공동체 사회의 중요성을 강조하는 전통주의의 철학적 · 이론적 정당화 논리 체계로서 기능하고 있다.

이상에서 대략 살펴본 바와 같이, 전통주의의 이념적 특성과 내용은 1980년대 들어와 새롭게 선보인 철학 사조로서 공동체주의와 긴밀한 '이론적 친화성' 및 '사상적 동근원성'을 드러내고 있다. 실제로도 공동체주의는 전통주의와 본질적으로 합치하는 복고주의적이며 전통 지향적인 보

43_ 이의 대표적인 공동체주의자는 매킨타이어이다. S. Benhabib, *Situating the Self*(1992), 11쪽.

44_ 가령 에치오니는 '작지만 적극적인 국가(정부)'를 주장하고 있다. A. Etzioni, *Next: The Road to the Good Society*(2001), 47-62쪽 참조.

45_ J. Rawls, *A Theory of Justice*(1971), 327-329쪽. 이 점에서 '반중립적 완전주의'를 견지하고 있는 공동체주의는 사회적 통합을 추구한다는 명분하에 국가 권력이 개인의 자유를 유린할 뿐 아니라 공동체 자체를 '전체주의 체제'로 전락시킬 위험성을 내장하고 있다. A. E. Buchanan, "Assessing the Communitarian Critique of Liberalism"(1989), 860쪽; 박정순, 「자유주의 대 공동체주의 논쟁의 방법론적 쟁점」(1993), 35쪽.

수주의 입론과 강령을 적극 개진해 왔다. 그에 따라 공동체주의는, 전통주의의 반성적 수용을 통해 한층 그 보수성의 강도를 더한 신보수주의 이념 체계 내에서, 전통주의가 그것의 사상적 기반으로 확고히 자리 잡도록 하는 데 실질적인 역할을 수행하고 있다. 요컨대 전통주의를 이론 구성의 중심적 입론으로 삼아 구축된 신보수주의가 미국 사회의 지배적인 이념 체계로 자리 잡아 나가게 되면서 미국 사회 전체가 급격히 우경화·보수화되는 사태와 맞물려, 신보수주의의 배후에서 그와 같은 결과를 초래하고 촉진하는 데 중심적 역할과 기능을 담당한 '정치철학적 입론 체계'가 다름 아닌 공동체주의였던 것이다. 그런 한에서 공동체주의는 신보수주의와 그것의 중심적인 구성적 입론의 한 축을 이루는 전통주의를 철학적으로 뒷받침하고 정당화하는 기능과 역할을 수행하고 있는 셈이다.

5. 나가는 말

이제껏 살펴본 바와 같이, 새로운 보수주의 유형으로 등장한 신보수주의는 그 유례를 찾기 어려울 정도로 미국 사회 전역을 '수구 반동'에 가까운 보수적인 체제로 만들어 가고 있다. 물론 보수주의 그 자체가 반드시 부정적인 함의(含意)를 갖는 것은 아니다. 하지만 작금의 미국적 사회 현실에서 '보수화'는 혁신적인 방향으로 사회가 발전해 나가고 있는 것이 아니라, 반대로 역사 퇴행적인 반동적 방향으로 사회가 전개되어 나가고 있다는 것을 의미한다. 그런 점에서 신보수주의가 주도하고 있는 미국 사회에서 '전면적 보수화'는 개악적인 형태로 미국 사회 구조가 재편되어 나가고 있다는 것을 말해 준다.[46] 실제로 현재 미국 사회는 부유층과 지배계급의 기득권과 이해관계를 일방적으로 옹호하고 대변하는 — 필요하다면

46_ 신보수주의에 의한 사회적 폐해에 관해서는 이혜정, 「미국 공화당의 위기: 보수의 역사적 정체성과 정치적 과제」(2009), 210-229쪽 참조.

대외적인 국지적 전쟁도 불가피한 것으로 용인해 버리는[47] — 사회적 강자의 '힘의 논리'가 무차별적으로 관철되는 부정의한 사회로 점차 변모해 가고 있다.[48]

이러한 연유에서, 그와 같은 전면적 보수화 과정의 이념적 원동력으로 작용하고 있는 신보수주의는 우선적인 규범적 비판의 대상으로 다가온다. 그와 함께 신보수주의의 핵심적인 이론 구성적 입론으로 자리하고 있는 고전적 자유주의와 전통주의, 나아가 그러한 사상 체계에 뿌리를 두고 있는 중심적 개념 틀로서 자유 시장과 최소 국가, 강한 국가 역시 그러한 비판으로부터 결코 자유로울 수 없다.

그렇지만 신보수주의에 대한 이 같은 비판적 규명 작업에서 가장 주목해야 할 점은, 신보수주의 및 그것의 양대 구성적 입론을 근저에서부터 이론적으로 뒷받침하고 이념적 타당성을 부여하는 '철학적 정당화 논리 체계'로서 기능하고 있는 것이 다름 아닌 '자유지상주의'와 '공동체주의'라는 사실이다. 곧 노직 등에 의해 대변되는 자유지상주의와 샌델과 에치오니 등에 의해 주도되는 공동체주의는 각각 고전적 자유주의와 전통주의의 이념적 지향점과 합치하면서 두 입론의 논지와 논리를 강화하고 정당화시켜 주고 있으며, 그 결과 두 구성적 입론을 양대 축으로 삼아 정립된 신보수주의를 이론적·실천적으로 뒷받침하고 옹호하는 철학적 토대로서의 역할을 충실히 수행하고 있는 것이다.

이러한 실상은, 그간 우리 철학계에서 자유주의나 자유지상주의, 공동체

47_ 이라크 전쟁에 관한 공동체주의의 입장은 왈처를 통해 잠정 확인해 볼 수 있다. 그는 이라크 전쟁에 대해 원칙적으로 정의로운 전쟁이 아니라고 평가하면서도, 후세인 정권이 반민중적 독재 정권이라는 점을 들어 전쟁은 미국의 승리로 종결되어야 한다는 견해를 밝히고 있다. 이러한 왈처의 입장은 이라크 전쟁을 정당한 전쟁인 양 오인시키는 기능을 수행하고 있으며, 실제로 국익을 내세워 집단적 이익을 관철하고자 하는 미국 지배계급의 기도를 합리화해 주는 결과를 낳고 있다. 이라크 전쟁에 관한 왈처의 입장은 M. Walzer, *Arguing about War*(2004), 160-161쪽 참조. 아울러 이에 대한 비판은 정태욱, 「마이클 왈처의 정전론에 대한 소고」(2003), 179-183쪽 참조.
48_ 이에 대한 경험적 차원에서의 논의로는 A. Callinicos, *Equality*(2000), 3-12쪽 참조.

주의와 관련된 주제들이 '자유주의/공동체주의 논쟁' 등에 초점을 맞추어 '순수 학술적 차원'에서 주로 다루어져 왔다는 점에 대한 반성적 인식이 필요함을 일깨워 주고 있다. 동시에 미국의 사회 현실을 고려하면서, '사회변혁적·실천적 차원'에서 공동체주의를 비롯한 주요 미국 사회철학 유형들에 대한 새로운 '비판적 독해'가 요구됨을 말해 준다.

특히 미국 사회의 전면적 보수화는 미국 내 시민들이 '미국 제일주의' 같은 대중주의적 정서나 선동에 휘둘려 제대로 된 이성적 판단을 수행할 수 없는 사태로 이어지고 있으며, 이는 남북한 구성원들의 생존과 직결될 수 있는 '미국의 한반도 정책'이 부당한 사유에 의해 추진될 시 그것의 강행에 제동을 걸 수 있는 유일한 주체인 '미국 내 비판적 시민 세력'의 부재를 가리키는 것이라는 점에서도, 신보수주의와 그것의 철학적 토대에 관한 비판적 고찰은 필수적이다.

이 글은 바로 이러한 상황을 염두에 두고 신보수주의의 실체적 본질을 비판적으로 규명해 보고자 했으며, 그에 따라 신보수주의의 근본적인 철학적 토대가 다름 아닌 자유지상주의와 공동체주의라는 사실을 비판적으로 폭로해 보여 주었다. 그러므로 이제 우리에게 주어진 새로운 '철학적 과제'는, 신보수주의로 인한 미국 사회의 전면적 우경화가 우리의 '실존적 현실'에 미칠 부정적 결과와 관련하여, 공동체주의와 자유지상주의를 비롯한 주요 미국 사회철학의 본성과 실상을 근본적으로 재검토하고, 그로부터 우리에게 닥칠지 모를 최악의 사태를 미연에 방지할 실천적 방안을 모색·강구해 보는 작업이 될 것이다.

11
반공주의의 적은 누구인가?

반공주의의 망령이 활개 치는 상황에서 철학은 무엇을 할 수 있는가?

1. 주제와 그 의도

1) 해방 및 분단 이후 지금까지, 한국 사회에서 반공주의가 출현 · 형성 · 변용(變容)되어 오면서 수행해 온 역할과 기능에 대해 비판적으로 고찰해 보는 작업은 반공주의라는 이데올로기적 '체제 정당화 논리'가 — 한국 사회 구성원 가운데 — 소위 '타도하거나 제거해야 될 적대적 대상'을 어떻게 규정 · 구성해 내면서, 동시에 어떤 방식을 통해 '민족적 · 국민적 · 사회적 통합'의 대상에서 제외 · 배제시켜 왔는가를 비판적으로 검토해 보는 사회철학적 작업이기도 하다.

2) 이른바 '반공주의의 적'으로 명명될 수 있는 대상은, 해방 직후 대중 감정을 자극하는 방식으로 — 이승만에 의해 처음 — 언명된 '나라와 동족을 팔아먹는 파괴 분자'로서 '공산 분자'로부터 '여순사건'을 통해 최초로 등장한 '빨갱이'를 비롯해 '공산당,' '주사파,' '급진 좌파,' '반대세' 등을 거쳐 '종북'에 이르기까지 다양한 명칭과 방식으로 개념화되어[1] — 한국 사

1_ 이에 관한 본격적인 논의로는 정해구, 「미군정기 이데올로기 갈등과 반공주의」(1994); 김득중, 『'빨갱이'의 탄생: 여순사건과 반공 국가의 형성』(2009); 현대사상연구회, 『반대세

회의 구성원들 가운데 ― 소위 '함께 할 수 없는 척결의 대상'이라는 의미로, 한국 사회의 '왜곡된' 이념적 대립 구도 속에 확고히 자리하고 있다.

3-1) 그에 따른 수다한 사회적 모순과 문제들 중에서도 특히 주목할 사안은 다음과 같다. 곧 정치적 정통성과 규범적 정당성이 결여된 독재 체제나 '민주주의-역행적인' 정권을 향해 도덕적 분노를 표출하고 비판의 목소리를 토해 내며 규범적으로 정당한 거부와 저항, 민주적 투쟁을 주도해 나가는 '실천적' 사회 구성원들에 대해, 체제 비판적 혹은 저항적이라는 이유에서, 반공주의는 ― 소위 빨갱이나 종북 등과는 '이념적'으로 하등 관련이 없음에도 ― '용공 세력' 등의 명칭 하에 '그들'을 최우선적으로 타파해야할 '적'으로 규정·포획하여 끊임없는 ― 사상적·정치적·사회적 ― 구분과 통제, 감금과 배제, 척결의 대상으로 다루고 있는 한국적 현실이다.

3-2) 하지만 문제의 심각성은 이에 그치지 않는다. 즉 반공주의가 체제 비판적·저항적 구성원들에 대한 반민주적이며 반민중적인 폭력적 논리로 '공공연하게' 작동하고 있는 상황에도 불구하고, 그러한 반공주의의 '적대적·배제적 타자화(他者化) 논리'가 한국 사회 구성원들 사이에서 여전히, 아울러 충분히 '먹혀들고' 있다는 사실이다.

반공주의와 그 변용태(變容態)들이 지닌 이 같은 '현실적인' 힘과 위력은, 지난 2012년 대통령 선거를 비롯하여, 한국 사회에서 빚어진 중요한 사건이나 현안 등에서도 실제로 입증되어 왔다. 그래서인지, 한국전쟁 등을 통해 체험적으로 반공주의를 체득한 세대도 아니며, 오랜 기간 반공 교육을 통해 일상적 파시즘에 물든 세대도 아닌, 20대에서 30대 초반에 걸친 '젊은 층' 사이에도 반공주의의 새로운 버전 중 하나인 '반종북적' 의식이 광범위하게 퍼져 있으며, 이를 확고한 신념 체계로 내면화한 이들 또

의 비밀, 그 일그러진 초상』(2009); 조갑제닷컴 편집실, 『종북 백과사전』(2012) 등 참조.

한 적지 않아 보인다.

4) 게다가 이와 관련해, 주목해 봐야 할 사실이 또 하나 있다. 반공주의와 그 변용태들은 국가권력이 '주도적으로' 작용하고 있는 공간에서만 그 기능과 역할을 수행하고 있지 않다는 점이다. 다시 말해, 반공주의는 '박근혜 보수 집권 세력'에 의해 전략적 차원에서 정교하게 활용되고 있을 뿐 아니라, 일상의 '생활세계' 내에서 다양한 개별 구성원 혹은 집단들 — 가령 소위 '애국 보수 진영' — 에 의해서 자발적으로, 아울러 은밀하게 혹은 공개적으로 작동되며 확산되어 나가고 있다.

5) 이상의 내용과 연관 지어 저자가 논하려는 주제의 핵심은 대략 다음과 같다.

박근혜 정권은 지배 계층과 기득권 세력의 이익을 보전·강화하려는, 촘스키식으로 말해, '그들에게 국민은 없는' 정권이다. 곧 대등한 수평적 관계에 기초하여 구성원들의 의사를 존중하고 비판적 지적을 겸허히 수용하기는커녕 민주적 소통을 회피하고 정당한 요구조차 외면하는 '국민 위에 군림하는' 불통과 독선의 정권, 나아가 구성원들의 희생과 헌신을 통해 어렵사리 이룩해 놓은 '형식적' 민주화의 성과마저 허물어뜨리는 '민주주의-퇴행적' 정권의 민낯을 고스란히 드러내 보이고 있다.

하지만 이러한 실상에도 불구하고, 한국 사회 구성원들의 '절반'(?)은 그야말로 철옹성처럼 단단히 결집하여 박근혜 정부를 한결같이 지지·옹호하고 있다. 이처럼 비합리적인 '모순적' 사태가 빚어지게 된 데에는 아마도 다양한 요인들이 작용했을 것으로 보인다. 다만 저자의 단견으로는, 그중에서도 다음의 사실을 '주된 원인'의 하나로 유념해 볼 필요가 있음을 제언하고자 한다.

곧 탈냉전적 시대 흐름과 남북한 간 화해적 분위기의 고양과 더불어 그 이데올로기적 기능과 역할이 소진되어 시대착오적 유물로 전락해 가고 있다고 봤던 반공주의라는 '사상적 망령'이, 보수 통치 세력에 의해 다시금 정교하게 변용되어 — 가령 '종북 몰이'의 형태로 — 정치적으로 악용되고 있는 작금의 '한국적 현실'이 바로 그것이다. 요컨대 박근혜 보수 정권은 과거 독재 체제의 '정당화 논리'로서 기능했던 반공주의를 오늘의 변화된 시대 상황에 맞게끔 변용하여, 한층 더 왜곡된 동시에 강화된 '전투적 이념 대결 구도'를 구축하여, 집권 세력에 비판적인 구성원들에 대해서는 소위 '적대적 이념 세력'으로 규정하여 배제·척결해 버리면서, 오직 현 정권을 지지하는 구성원들'만'을 공고히 규합·통합하는 이른바 '배제적 국민 대통합' 전략의 기본 원리로서 이용하고 있다.[2] 그와 함께 삶의 영역 곳곳에서 일부 사회 구성원들에 의해 '자발적으로' 이루어지고 있는 이념적으로 '변질된' 방식의 — 색깔론이나 해묵은 빨갱이 논쟁 등 — 다양한 사상적 비난과 공격을 가하는 '비민주적' 행태를 방조하거나 혹은 부추겨 확산시켜 나가고 있기도 하다.

이런 한에서, 명색이 '민주화된' 오늘의 한국 사회에서 반공주의는 일종의 변형된 '정권 정당화' 논리로서 새롭게(?) 그 역할과 기능을 수행하고 있는 것이다.

2. 문제의식 1: 몇 가지 의문점

1) 국정원의 대선 개입 의혹, 세월호 참사, 국무총리 후보자의 친일 역사관 논란 등 일련의 사회적·정치적 현안들을 통해, 박근혜 정권은 '총체적' 무능과 부도덕성, 오만과 독선, 부정의와 퇴행적 민주주의의 실체적

2_ 이로부터 과거 문민 및 군부 독재 정권 하에서 기능했던 반공주의와 박근혜 정권 하에서 작동하는 반공주의 간의 '차이성'이 드러난다. 즉 독재 체제 하에서 반공주의는, 체제 저항 세력을 소위 '빨갱이' 등으로 몰아 무자비한 탄압과 처벌을 가함으로써 대다수 구성원들로 하여금 독재 권력의 반민주적이며 부당한 강압 통치에 두려움을 느껴 일방적으로 순응 복종하도록 강제하는, 체제 수호를 위한 이념적 장치로 활용되었다.

본성을 여실히 드러내 보여 주고 있다.

하지만 그럼에도 박근혜 정부에 대한 '변함없는' 견고한 지지율과 지지층이 강건하게 존속하는 한국 사회의 실상을 우리는 어떻게 이해하고 또한 받아들여야 할까? 우리 사회가 그렇게 된 데에는 어떠한 요인들이 작용하고 있는 것인가?

2) ① 오늘날 한국 사회에서, 70대 이상의 노년층이 드러내는 '강고한' 반공·반북 정서 및 사고방식은 한국전쟁을 몸소 겪으면서 체득된 '체험적 반공주의'가 내면화한 산물이라고 이해할 수 있다.

② (30대 후반 내지) 40대 초반 이상의 중장년층 사이에서 엿볼 수 있는 '단단한' 반공 의식 및 '레드 콤플렉스'는, 과거 민간 및 군사독재 정권 하에서 지속적으로 광범위하게 이루어진 반공(도덕) 교육 등을 통해 '유사 본능화된,' 일상적 파시즘에 기초한 의식적·정서적 규율물이라고 볼 수 있다.

③ 그렇다면 20대에서 30대 초반에 걸친 청년층 사이에서 최근 나타나고 있는 반공주의적 행태, 곧 반북적·반종북(주의)적 반응 및 행태는 어떠한 기원, 과정과 경로를 거쳐 획득·형성된 것인가? 특히 '일베' 등 극우적 단체들을 중심으로, 한편으로는 박근혜 정권에 대한 일방적인 무한 지지가, 다른 한편으로는 소위 '종북 좌파' 세력에 대한 무차별적인 적대적 공세가 '적지 않은' 젊은이들 사이에 먹혀들고 또한 설득력 있는 것으로 통용되고 있는 현 사태를 우리는 어떻게 바라보고 해석해야만 하는가?

3) 지난 2012년 18대 대선 당시 민주당 대통령 후보였던 문재인은 저서 『1219 끝이 시작이다』에서 "지난 대선을 지배하면서 결과에 영향을 미쳤던 가장 강력한 프레임은 (…) 새누리당의 '종북'몰이"[3]였다는 견해를 피력

3_ 문재인, 『1219 끝이 시작이다』(2013), 238쪽.

한 바 있다. 만약 이러한 판단이 '상당 정도' 현실적 타당성을 지닌다면,[4] 이는 반공주의 — 및 그것의 변용태로서 다양한 '종북 담론'들 — 가 한국 사회의 정치적·사회적 이념 지형을 '바꾸어' 놓을 만큼 실제적인 힘과 영향력을 '여전히' 발휘하고 있다는 징표에 다름 아니지 않을까? 다시 말해, 지난 김대중 정부와 노무현 정부를 거치면서 현저히 그 위력을 상실했거나 낡은 이념적 논리 체계로 전락했다고 '속단했던' 반공주의와 그 변용태들이 여전히 보수 집권 세력의 주된 또는 준(準) 통치 이념으로 '은밀하게' — 아니 공공연하게 — 작동하고 있다는 반증 아닐까? 아니면 거기까지는 아니더라도, 주된 정치 공학적, 이념적 수단으로 그 기능과 역할을 여전히 충실히 수행하고 있는 것은 아닐까?

3. 문제의식 2: 몇 가지 추론

1) 요즘 한국 사회에서 '뜨고 있는' 용어 가운데 하나가 '진영 논리'이다. 거칠게 말해서, 특정 주장이나 입장에 대해 옳고 그름의 판별이나 참과 거짓의 판단을 내릴 때, '그 판단의 대상이 어떤 진영에 속해 있는가?'를 '일차적인 기준'으로 삼아 평가하고 결론을 내리는 논리가 바로 진영 논리라 할 수 있다.

한데 이러한 논리에 의거해, 한국 사회의 다수 구성원들은 — 보수에 속하든 진보에 기울든 — 상대방의 견해나 입장을, 아무리 그것이 진실이라고 해도, 진영의 논리를 대변하고 있다는 이유에서 간단히 부정하고 거부해 버리고 만다.

여기서 주목할 점은 '누가 그렇게 말하고 아울러 그렇게 몰아가고 있는가?' 하는 것이다. 아마도 그것은 여전히 반공주의에 매여 있으며 그것을

4_ 김종대, 「종북 프레임의 자기파괴적 속성」(2014), 87쪽 참조.

적극적으로 이용하고자 하는 — 그런 한에서 실질적 민주화에 역행하는 — 보수 집권 세력일 가능성이 높다. 왜냐하면 진영 논리란 결국 참/거짓, 진실/허위, 정상/비정상, 상식/비상식의 문제를 진보/보수 간의 이념적 선택 및 전투적 대결의 문제로 치환해 버림으로써, 해당 사태의 진실과 실체적 본질을 제대로 인식하지 못하게 만드는 비민주적인 정치 공학적 효과를 낳을 수 있기 때문이다. 이로부터 미루어 짐작해 볼 수 있듯이, 진영 논리란 결국 반공주의에서 도출되어 나온 '색깔론'의 변종 내지 변용태라고 볼 수 있다.

2-1) 최근 한국 사회에서 '변형된' 반공주의의 한 유형으로서 이른바 '종북 몰이'는 박근혜 집권 세력에 의해 '전적으로' 위로부터 아래로 시도되고 있는 것은 아니다. 가령 20대를 중심으로 한 청년 세대에 의해서도 종북 낙인찍기 식의 무차별적인 '빨갱이 사냥'이 '자생적으로' 아래로부터 이루어지고 있기도 하다.

문제는 적지 않은 수(?)의 젊은 세대가 '왜' 그처럼 '종북(주의자)'에 대해 극도의 혐오감을 갖게 되었는가 하는 점이다. 한데 이러한 물음에 대해 제대로 답하기 위해서는, 질문 자체가 또다시 세분화될 필요가 있다. 즉 ① 도대체 그들은 한국 사회 구성원들 가운데 그 어떤 개인이나 집단에 대해 종북이라는 낙인을 찍고 있는가? 또한 ② 어떤 근거나 이유에서? 나아가 ③ 왜 그들에 대해 그처럼 격렬한 거부감과 혐오감을 갖고 있는가?

2-2) 이와 관련하여 다음의 사실에 주목할 필요가 있다. 곧 최근 들어, 한국 사회의 젊은 층 사이에서 '북한'을 동일한 민족 공동체의 일원이라고 생각하는 경향은 희박한 듯 보인다. 그보다는 오히려 경제적으로 낙후되고 빈곤한, 그런 점에서 이후 통일 과정에서 우리(남한)에게 부담만 지우는 피곤한 존재라는 '생각,' 인민들의 기본적 생계조차 보장해 주지 못하는 봉건적 세습 독재 체제라는 부정적 '이미지,' 그럼에도 있는 돈 없는 돈

쓸어 모아 핵무기 개발에 올인하며 틈만 나면 남침 도발 운운하는 대책 없는 사이코 집단이라는 '인상' 등이 그들의 의식을 사로잡고 있는 것처럼 보인다. 요컨대 그들에게, 북한은 두렵거나 위협적이라기보다는 짜증스럽고 혐오스러운 존재일 뿐이다. 이런 상황에서, 그처럼 '못난' 북한의 입장을 두둔·옹호하거나, 혹은 그들의 주장 및 이해관계와 유사하게 혹은 그에 부합하는 방식으로 발언하거나 행동하는 남한 사회 내 일부 구성원들이, 그들의 시각에서는 못나도 한참 못난 '찌질이'로서 '종북'으로 각인되는 것이다.[5]

물론 이러한 반북적 표상이나 정서가 곧바로 진보적 체제 비판 세력을 소위 종북 세력으로 간주하여 그들에 대해 격렬한 이념적 공격을 가하게 만드는 것은 아니다. 여기에는 근거 없는 이념적 편견이나 선입견, 비이성적인 인종주의적 태도, 그리고 그러한 반북 정서를 은근히 부추기고 정치적으로 이용하는 박근혜 정권의 정치 공학적 의도 등이 개입되어 상호 결합되는 절차적 과정이 '필수적'으로 자리하고 있을 것으로 추정된다(?).

2-2-1) 말할 것도 없이 젊은 세대가 그처럼 이념적 차원에서 극단적 행태를 보이는 현상에 대한 규범적 진단은 다양하게 내릴 수 있다. 일례로 미래에 대한 희망이 보이지 않는 암울한 현실 속에서, 절망과 좌절을 겪은 일부 청년층이 자신만이라도 '살아남기 위해' 현실 권력에 빌붙어 특정 — 비판적 혹은 진보적 — 개인이나 집단 등을 이념적으로 신랄히 공격한다는 추론도 세워 볼 수 있다.[6] 다만 이 경우에도 그러한 청년층의 행태를 '의도적으로' 부추김으로써 정치적으로 모종의 이익을 꾀하려는 박근혜 통치 세력의 의도나 그에 의거한 양자 간의 (긴밀한) 내적 연계 등은 충

5_ 이에 관해서는 정정훈, 「혐오와 공포 이면의 욕망 — 종북 담론의 실체」(2014), 98-99쪽 참조.
6_ 가령 조한혜정·겐다, 「"절망의 사회, 청년들 '은둔'과 '일베'로 내몰아" — 조한혜정·겐다 교수 대담」(『경향신문』 2014년 9월 28일자) 참조.

분히 고려될 수 있을 것이다.

4. (보다 진전된) 문제의식 3: '왜 젊은 세대인가? 3% 때문이다!'

1-1) 혹자는 20대와 30대가 주축인 청년층은 노·장년층에 비해 '상대적으로' 진보적 성향을 드러내고 있으며, 이는 지난 18대 대통령 선거에서 야당 후보를 65% 내외로 지지했다는 사실로 확인되고 있다는 점을 들어, 젊은 층에 대한 반공주의나 그것의 변용태인 종북 담론의 영향력이 생각만큼 '그리 크지 않았음'을 피력하기도 한다. 하지만 이는 한국 사회 구성원 전체의 '세대별' 투표 행태에 관한 총체적인 분석이 결여된 데에서 비롯된 단견(短見)이라 할 수 있다. 아울러 여기에는 이러한 투표 행태를 정치 공학적 차원에서 고착화하거나 활용하려는 박근혜 보수 정권의 '통치 전략'으로서 이른바 '배제-통합적 두 국민 전략'에 대한 세심한 인식이 보완될 필요가 있다.

1-2) 주지하다시피 박근혜 정부는 지난 대선 기간 이래 줄곧 '국민 대통합'을 최우선적인 국정 지표로 내세웠다. 동시에 이를 뒷받침하는 대통령 소속 '국민대통합위원회'를 구성하기까지 하였다. 문제는 이 정권이 말하는 국민 통합이 '과연 어떠한 본질적 성격을 내장한 국민 통합의 방식일까?' 하는 점이다. 이제껏 드러난 박 정권의 실체를 감안할 때, 국민 통합이란 박근혜 정부에 비판적이거나 반대하는 세력을 배제한 가운데, 전적으로 지지 세력만을 공고히 결집시킨다는 의미에서 결행된 '배제-통합적 통치 방식'에 다름 아니라고 할 수 있다.

거칠게 말해서, 박근혜 정권에 우호적인 노·장년층을 중심으로 한 '고정' 지지층만을 견고하게 묶어 둘 경우에도, 비록 3% 내외의 박빙의 차이지만, 앞으로 있을 대선 등에서도 '보수'가 승리할 수 있다는 주도면밀한 계산 하에 수립 추진되는 '배제-통합적 두 국민 전략'이 다름 아닌 소위 '국민 대통합'인 것이다. (우리는 이미 지난 대선에서, 1570만 대 1460만으로 '불과' 100만 표 차로 보수 정권이 '승리'하는 광경을 지켜보지 않았던가?)

1-3) 사정이 이럴 경우, 대선 등에서 핵심적인 '변수'이자 '결정권'을 쥔 한국 사회의 구성원 집단으로 등장하는 것이 바로 20-30대를 주축으로 한 청년층이다. 비록 젊은 세대가 다소간 비판적이며 진보적인 성향을 지닌 탓에 지난 18대 대선에서 야당 후보를 지지하는 양상을 보여 주었다고 하지만, 그럼에도 상당수 젊은 층은 여전히 여당 후보인 박근혜를 지지했으며, 심지어 투표를 포기한 젊은이들도 무려 455만여 명에 이른다.[7] 이러한 수치는 과연 무엇을 말해 주는가?

100만 표 내외의 '근소한' 표차로 정권 창출의 명암이 갈리고 있는 작금의 한국적 상황에서 — 청년층 가운데 보수 여당 지지표는 차치하고라도 — 455만여 명에 달하는 청년 투표 포기자들의 '일부'라도 — 보다 구체적으로는 100여만 표 이상 — 진보적 후보를 선택하게 만드는 것이야말로, 현 단계에서 진보 진영에 주어진 실제적이고도 중차대한 전략적 과제가 아닐 수 없다. 이런 한에서 최우선적으로 세밀하게 검토해 봐야 할 사안 중의 하나는 다음의 물음에 대한 비판적 고찰 작업이 되어야 하지 않을까 한다.

'반공주의의 변용태로서 다양한 종북 이데올로기 및 종북 담론이 젊은 층의 보수화(우경화)나 사회적 무관심화, 주요 선거에서 투표권의 포기 내지 기권으로 이어지도록 하는 데 적지 않은 영향력을 발휘하고 있는 것은 아닐까?'

7_ 지난 2012년 대선에서, 20대와 30대는 투표자 가운데 각각 65.8%, 66.5%가 문재인 후보를 지지했으며, 각각 34.2%, 33.5%가 박근혜 후보에 대해 지지표를 던졌다. 이를 얼추 계산해 보면, 대략 336만여 명이 여당 후보를 선택했으며, 아울러 약 455만여 명이 투표를 포기한 것으로 드러난다.

5. 반공주의가 다시금 활개 치는 상황에서 사회철학은 무엇을 할 수 있는가?: 비판적 폭로 및 민주주의적 압력 가하기로서의 철학(함)

'철학(함)'이란 여러 가지 의미로 규정될 수 있다. 그중 하나는 '고정관념이나 무반성적인 관습적 사고방식, 근거 없는 편견과 선입견을 제거하는 비판적·성찰적 (사유) 활동'이라고 할 수 있다.

그렇다면 오늘의 한국 사회에서 반공주의와 그 변용태들이 다시금 활개 치는 상황에서 사회철학은 과연 무엇을 할 수 있으며 또한 해야만 하는가?

무엇보다 현 단계 한국 사회에서, '정당한 근거가 결여된 이데올로기적 고정관념이자 (유사) 인종주의적 편견'일 뿐 아니라, '무반성적이며 비합리적인 반민주적·폭압적 배제의 논리'로 작용하는 반공주의와 그 현대적 변용태들의 '실체적 진실'을 비판적으로 폭로하는 데 주력해야만 할 것이다. 그에 따라 그 같은 시대착오적이며 역사 퇴행적인 '반공'의 논리가 한국 사회 구성원들의 의식을 '아직도' 견고하게 장악하고 있는 한국 사회의 실상, 곧 '퇴행적 민주주의'의 실태를 반성적으로 인식하고 깨닫게 함으로써, 반공주의와 그 변용태들의 폐해를 제거·극복해야 할 필요성과 당위성을 각인시켜 나가는 데 사회철학은 온 힘을 쏟아야만 될 것이다.

이를 위해, 필요하다면 일반 시민들을 주 대상으로 하거나 혹은 일반 사회 구성원들의 삶 속에 파고들어 갈 수 있는, 여러 유형의 시민 강좌나 인터넷상의 토론 사이트, 나아가 시청 앞 광장에서 열리는 시민 대 토론회 등과 같은 다양한 형태의 '공론장(公論場)'에 적극 참여하여, 구성원들과 한층 더 '연대적인' 실천적 철학함을 펼쳐 나가야만 할 것이다.[8] 다시 말해, 구체적인 공론장에서 구성원들로 하여금 종북 담론 등의 본성과 실체

8_ 이하에서 개진되는 공론장의 정치를 중심으로 한 현실 참여적 실천철학(함)에 관한 논의는 저자의 글, 「(남북 및) 남남갈등의 또 하나의 진원지로서 탈북자 집단」(2015)의 결론 부분을 일부 차용한 것이다.

를 간파하도록 하고, 그로부터 초래될 반민주적 위험성에 대해 비판적 '공론'을 형성해 나가야만 한다. 동시에 그러한 공론을 바탕으로, 규범적으로 정당화된 민주주의적 힘, 곧 자각된 사회 구성원들 사이의 연대에 기초한 '민주주의적, 의사소통적 권력'을 구축해야만 할 것이다. 그리고 그처럼 규범적으로 정당한 시민 권력을 현 통치 세력에 행사함으로써. 다시 말해 시민적 합의에 기초한 정당화된 민주주의적 압력을 거세게 가함으로써 빨갱이 타령이나 종북 담론과 같은 정치 공학적 책략과 기도를 즉각 포기하게끔 만드는 데 사회철학은 선도적으로 나서야만 할 것이다. 적어도 그 같은 구성원들 사이의 의사소통적, 민주적 절차에 입각한 현실 참여적 실천만이 현재로서는 사회철학의 관점에서 도모해 볼 수 있는, 규범적으로 정당하면서 동시에 가장 실효성 있는 현실적 방안 중의 하나이기 때문이다.[9]

이러한 연유로 현 한국적 상황에서 사회철학은 '공론장의 정치,' 다시 말해 '공론장에로의 적극적인 참여와 선도를 통한 비판적 폭로 및 민주주의적 압력 가하기'로서의 실천적 철학함을 주도적으로 전개시켜 나가야만 할 것이다. 요컨대 공론장의 활성화를 통해 '구성원들 간에 분열 및 갈등을 조장함으로써 허약한 통치권을 유지·강화하려는 통치술'의 일환인 반공주의와 그 현재적 변용태들의 '진상(眞像)'을 비판적으로 드러내 보이고, 박근혜 정부로 하여금 그러한 비민주적인 정치 공학적 통치 전략을 즉각 폐기하도록 촉구하는 '규범적으로 정당화된' 민주주의적 압력을 세차게 가하는 '현실 참여적인 실천적 철학(함)'을 이행해 나가는 데 사회철학과 사회철학자들이 선도적 역할을 맡아 주어야 할 것이다.

9_ 이러한 실천 방안은 '공론장의 재활성화'를 기반으로 하여 담론 민주주의(diskursive Demokratie)를 구현하려는 하버마스의 '심의정치이론(Theorie der deliberative Politik)' 기획의 '일부'를 반성적으로 차용한 것이다. 이에 관해서는 J. Habermas, *Faktizität und Geltung*(1992), 435-467쪽; 선우현, 『사회비판과 정치적 실천』(1999), 254-262쪽 참조. 아울러 스테판 에셀(S. Hessel)의 '참여' 개념으로부터도 적지 않은 시사점을 부여 받았다. 스테판 에셀, 『참여하라』(2012) 참조.

<u>12</u>
보편적 도덕 원칙이 부재한 현실,
과연 윤리적 위기인가?

한국 사회의 윤리적 현실과 '롤스/하버마스 논쟁'의 현재적 의미

1. 오늘의 한국 사회의 실상: 보편적 도덕 판단 기준의 와해

　오랜 기간 보편적인 윤리적 규범 체계로서 그 역할을 수행해 온 '유교적 가치관'의 지반이 급격히 무너져 내리고 있을 뿐 아니라 서구의 합리주의적 가치관을 비롯한 다양한 윤리적 관점들의 난립과 그에 따른 가치 상대주의적 경향의 확산으로 인해, 오늘의 한국 사회는 사회적으로 합의된 보편적 윤리 기준이 '사실상' 부재한 상태에 처해 있다.

　이에 더해 해방 이후 지금껏 우리 사회가 전개되어 온 전반적인 도정(道程)을 살펴보면, 정치사회적 차원에서 도덕적 선과 악, 사회적 정의와 부정의가 상호 뒤바뀌는, 곧 '가치관의 전도(顚倒)'가 항존적으로 이루어져 온 과정이라고 할 수 있으며, 그에 따라 윤리적 혼란이 한층 더 가중되어 왔다. 그에 따라 가령 평생을 조국과 민족의 독립을 위해 헌신해 온 애국지사와 그 후손들은 수많은 고통과 고난의 삶을 강요받아 온 반면, 개인적 영달과 출세를 위해 조국과 민족을 버렸던 친일 민족 반역자들과 그 후손들은 역사와 민족의 이름으로 처단되기는커녕, 변화된 시대 흐름 속에서도 한국 사회의 지배 계층으로 여전히 권력과 부, 명예를 양손에 쥔 채 살아가는 모습을 우리는 너무도 흔하게 사회 도처에서 지금껏 접해 왔다.

이처럼 해방 직후 친일 반역자 무리를 역사와 민족의 이름으로 처단할 수 있었던 절호의 기회가 이승만 권력 집단에 의해 무산된 이래, 진실과 거짓, 옳음과 그름이 뒤바뀌고 혼재된 가운데[1] '상식'조차 통하지 않는 윤리적 혼탁상이 지속되어 왔다. 게다가 이에 더해 전통 사회로부터 산업사회로 급속히 이행하는 과정과 맞물려 한층 더 심각한 윤리적 혼란 사태를 초래하기에 이르렀던 것이다. 이에 따라 이성적이고 합리적인 관점에서 특정 사안에 대해 윤리적으로 옳고 그름이 논해지기보다, 정치적 권력이나 사회적 영향력 같은 '힘의 논리'에 따라 판단되는 경우가 일반화되기에 이르렀다. 급기야 '이성의 공적 사용'에 따라 사회 공동의 선(善)을 따지기보다 개인적·집단적 이해관계에 의거하여 자신이나 자신이 속한 진영에 '이익이 되면 정당하고 손해가 되면 부당하다'는 식의 '진영 논리'에 기초한 윤리적 판단이 당연시되는 풍토가 강고하게 조성되기에 이르렀다.[2] 그에 따라 전통적인 계급적·계층적 갈등 사태와 더불어 다양한 이념적 대립이나 지역적 갈등 상황이 급속도록 확산되어 나가고 있지만, 이를 해결하기 위한 합리적 조정이나 규범적 해소 장치가 온전히 마련되지 못한 채, 자신들의 입장이나 주장을 일방적으로 강변하고 상대방에게 강요하는 사태가 심화되고 있다. 합리적인 대화나 논쟁을 통해 그 같은 갈등 사태를 넘어서고자 애쓰기보다는, 보다 큰 목소리나 강압적 힘의 논리에 의존하여 비합리적인 방식으로 문제를 해결하고자 시도하고 있는 것이다. 그 결과, 한국 사회 전반은 사회정의와 공정성에 대한 규범적 무관심과 체념적 패배주의의 분위기에 젖어 들고 있으며, 윤리적 극복 방식에 관한 냉소주의적 태도가 점차 확산되어 나가고 있다.

1_ 이 점에 관해서는 오익환, 「반민특위의 활동과 와해」, 『해방전후사의 인식 1』(1980), 101-171쪽 참조. 아울러 우리의 현대사와는 달리 민족 반역자에 대한 역사적 심판과 그로 인해 사회정의의 수립에 대한 성공적인 사례에 관해서는 주섭일, 『프랑스의 대숙청: 드골의 나치협력 반역자 처단 진상』(1999) 참조.
2_ 진영 논리의 수렁에 빠진 한국 사회의 실태에 관한 논의로는 선우현, 「사회변혁과 비판적 지식인의 리더십」(2022), 1-3쪽 참조.

이 같은 상황은 곧 우리 사회에는 이성적 판단 능력을 갖춘 사회 성원들이라면 누구나 예외 없이 수긍하는, 그럼으로써 합리적으로 수용되고 존중되는 그와 같은 윤리적 보편 잣대가 제대로 마련되어 있지 못함을 말해 준다.[3] 요컨대 오늘의 한국 사회는 사회 구성원들이 동의하고 자발적으로 기꺼이 수용할 수 있는 '도덕적 정당성 여부를 판별할 수 있는 보편적 척도'가 부재한 상황, 즉 조금 과장되게 표현해서 '윤리적 위기 상황'에 처해 있다.

우리 사회의 이러한 실태를 고려하면서, 이 글은 오늘의 '다원주의적 현실' 속에서 새로운 보편적 윤리 기준을 정립하려는 실천철학적 탐구 시도로서 최근 관심의 대상이 되고 있는 '정의론'과 '담론 윤리학'에 초점을 맞추어, 두 이론의 주역인 롤스(J. Rawls)와 하버마스(J. Habermas) 사이에 이루어진 실천철학적·윤리학적 논쟁을 비판적으로 검토해 보는 데 일차적 목표를 두고 있다.

이러한 검토 작업은 무엇보다 현재 한국 사회의 윤리적 위기 상황을 제대로 읽어 내고 그에 대한 극복책을 마련하는 데 그 토대가 될 새로운 윤리적 정당성의 판별 기준을 수립해 나가는 데 기여할 유의미한 지침과 교훈, 성찰적 지침을 제시해 줄 수 있을 것으로 기대된다. 나아가 이러한 작업은, 두 실천철학적·윤리학적 이론을 비판적으로 통합하여 한국적 현실에 부합하는 새로운 '자생적 윤리 체계'를 수립하려는, 주체적이며 능동적인 철학적 탐구 시도에 적지 않게 기여할 수 있을 것이다.

3_ 이와 관련해 사회 역사적 환경과 맥락은 다르지만, 자유주의/공동체주의 논쟁에서 후자의 입장을 견지하고 있는 매킨타이어(A. MacIntyre)는 특정 행위나 현상에 관한 '도덕적 불일치' 사태를 심각한 무질서에 처한 도덕적 위기 사태로 보고 있다. A. MacIntyre, *After Virtue*(1984), 6-10쪽 참조.

2. 롤스/하버마스 논쟁의 배경 및 문제의식

유럽 대륙과 북미 지역에서 개진되고 있는 실천철학적·윤리학적 논변 가운데 오늘날 가장 큰 영향력과 설득력을 지닌 것으로 평가받고 있는 것으로는, 하버마스의 비판적 사회 이론 기획의 윤리학적 탐구 분야로서 '담론 윤리학'과 롤스의 '(사회) 정의론'을 들 수 있을 것이다.

하지만 동시대를 살아갔던 두 사람은, 두 대륙 사이의 공간적·물리적 거리만큼이나 상호 일정한 거리를 유지한 가운데 저마다 독립적인 개별 연구 및 탐구 작업을 수행해 왔다. 잘 알려진 것처럼, 독일의 하버마스는 아도르노(Th. Adorno)와 호르크하이머(M. Hohrkheimer)가 주도했던 '비판 이론'이 좌초해 버리는 위기 상황 속에서, 붕괴된 비판의 규범적 토대를 새롭게 정초된 '의사소통 합리성'에서 재확보하여 사회 비판의 과제를 지속적으로 수행할 수 있는 '비판적 사회 이론'을 재구축하여 제시하는 데 진력해 왔다. 그와 함께 정당화된 규범에 입각하여 사회 비판을 수행하고 그로부터 드러난 사회구조적 모순과 난점을 치유하여 개인의 자유와 권리가 실질적으로 보장되고 구현되는 '민주주의 사회' 체제를 구현할 실천 방안을 열정적으로 탐구해 왔다. 그러한 작업은 합리적 절차를 통해 주요 사안이 결정되고 집행되는 '심의(審議) 민주주의(deliberative democracy)'[4] 에 관한 정치철학적 모색 작업으로 구체화되고 있다. 동시에 그러한 민주 체제에서 기능하게 될 보편적 도덕 원칙을 정립하는 과제가 이성적 담론과 논증에 기초한 '담론 윤리(학)'라는 이름으로 진척되어 왔다.

한편, 이론적·학문적 연구 못지않게 사회적 참여 또한 열렬히 수행해 온 실천적 사회철학자로서 하버마스에 비해, 롤스는 오로지 철학적·학문적 작업에만 몰두해 온 사회윤리학자였다. 그렇지만 롤스 역시 사회적 현실에 대해 날카롭고도 지속적인 관심을 기울여 왔으며, 그러한 문제의식

4_ 이에 관한 상세한 논의는 J. Bohman/W. Rehg(ed.), *Deliberative Democracy: Essays on Reason and Politics*(1997) 참조.

에 의거하여 당시 언어·분석철학의 영향에 따라 윤리학적 개념이나 용어에 관한 분석과 탐구를 주된 과제로 삼은 '메타 윤리학(metaethics)'이 윤리학의 본령인 양 행세하는 상황 속에서, 그러한 윤리학의 비현실성과 추상성에 대해 신랄한 근본적 비판을 제기하였다. 동시에 현실적 삶 속에서 직면하는 다양한 윤리적 문제들을 규범적 차원에서 접근하여 그 정당성을 확인하고 문제 해결의 지침을 제시하는 '규범 윤리학'을 새롭게 부활시키고자 시도하였다. 그러한 윤리학적 기획의 일차적 성과물이 바로 『정의론(A Theory of Justice)』이었으며, 이후 그것을 정치적 관점에서 반성적으로 재편하여 내놓게 된 것이 『정치적 자유주의(Political Liberalism)』이다. 이처럼 롤스는 일련의 윤리학적 탐구 작업을 통해, 사회 성원들 모두가 보다 자유롭고 평등하게 살아갈 수 있는 정의롭고 공정한 사회의 근본 원칙을 확립하려는 시도를 줄기차게 추진해 왔다. 특히 롤스는 다인종·다문화 사회체제인 미국 사회에서 오랜 기간 보편적 규범 체계로서 기능해 온 '공리주의 윤리설'이 야기하고 있는 문제점, 특히 '최대다수의 최대행복'이라는 미명 아래 — 비록 소수일지라도 — 사회적 약자의 권리가 일방적으로 희생되고 '힘의 논리'나 '사적 이해관계'에 따라 도덕적 결정이 이루어지는 부정적 사태를 목도하게 되면서, '도덕적 정의감'에 그 기초를 두면서도 다양한 가치관이나 종교, 세계관과 충돌하지 않고 양립할 수 있는 사회적 '정의의 원칙'을 수립하는 데 일관된 노력을 기울여 왔다.[5]

이처럼 롤스는 다양한 인종과 민족, 종교와 문화, 세계관과 인생관이 상호 공존하는 미국적 상황 속에서 사회적 질서와 통합이 안정적으로 이루어지고 윤리적 정당성이 보장되는 사회체제의 근본 조건으로서 보편적 사회정의의 원칙을 정립하는 과제를 이제껏 수행해 왔다. 그리고 그 성과물로서 사회정의의 원칙, 즉 '정치적 자유(민주)주의적 정의 원칙'을 내놓았던 것이다.

5_ 선우현, 『평등』(2020), 101-103쪽 참조.

이러한 롤스의 탐구 작업과 비견해, 하버마스는 도구적 이성의 확산으로 인해 '이해득실의 관점'이나 '힘의 논리'에 입각하여 윤리적 정당성이 가려지는 상황에 맞서, 또한 탈근대론과 문화적 상대주의의 영향력 증대에 따라 옳고 그름을 따지는 보편적 윤리 척도가 부정되고 다양한 주관적 윤리 기준이 난립하는 윤리적 상대주의 흐름에 맞서, 이성에 기초한 보편적 윤리 기준의 확립을 추구하고자 시도해 왔다. 그러한 시도의 성과물이 바로 '실천적 담론의 원칙'에서 도출되어 나온 '도덕 원칙' 또는 '보편화 원칙'[6]이다. 하버마스는 이러한 도덕 원칙에서 확보되는 규범'만'이 정당화될 수 있으며, 그러한 규범에 의거할 경우에 '만' 비로소 사회 비판이 가능하다고 보아, 자신의 '비판적 사회 이론 기획'의 일환으로 '담론 윤리(학)'를 구상하여 정립해 내고자 진력해 왔다.[7]

이와 같이 양자는 보다 자유롭고 공정하고 정의로운 민주주의 사회체제의 수립을 위한 구체적 방안과 그것의 안정적 발전과 유지를 위한 윤리적 규범 체계와 도덕 원칙을 정립하려는 과제를 이제껏 추진해 왔다. 요컨대 양자는 다원화되고 다양화된 오늘의 시대 흐름 속에서 이해관계를 조정하고 합리적으로 규제할 수 있는 보편적 윤리 원칙을 수립하고자 시도한 셈이다.

그러던 중 「이성의 공적 사용을 통한 조정(Reconciliation through the public use of reason)」이라는 논문을 통해 하버마스가 롤스의 정치적 자유주의의 전반적 체계에 대해 비판적 문제 제기를 시도하고, 이에 맞서 「하버마스에 대한 답변(Reply to Habermas)」을 통해 롤스가 자신의 윤리학적 입장을 옹호하는 반론을 제기함으로써, 양자 간에 철학적 논쟁이 벌어지

6_ 행위규범의 타당성에 관한 일반적 원칙으로서 '실천적 담론의 원칙'이 도덕의 문제에 적용되어 특화된 '보편화 원칙' 혹은 '도덕 원칙'은 다음과 같다. "어떤 규범은, 사람들이 일반적으로 그것에 따라 행위 할 때 각 개인의 이익 충족과 관련하여 발생할 수 있는 결과 및 부작용이 모든 사람들에 의해 비강제적으로 수용될 수 있을 경우에 비로소 타당하다." J. Habermas, *Erläuterungen zur Diskursethik* (1991), 12쪽.
7_ 하버마스 담론 윤리(학)를 체계적으로 정리, 소개한 글로는 장춘익, 「동위와 당위: 하버마스의 담론윤리학」(1998), 283-321쪽 참조.

기에 이른다. 그런데 이러한 비판과 반(反)비판의 과정은 특히 롤스의 '원초적 상황'과 하버마스의 '이상적 대화 상황'에 초점이 맞추어져 진행되었다. 롤스의 원초적 상황은 현 단계의 사회 현실을 비추어 보는 준거점으로서 그 역할을 수행하고 있는 분석적 출발점이며, 이를 통해 롤스는 자신의 이론적 입장에 부합하는 사회체제와 그를 위한 기본적 정의 원칙을 수립하고자 한다. 그에 비해 하버마스의 담론 윤리학에서 설정된 이상적 대화 상황은, 본래 상호 주관적 이성인 의사소통적 합리성을 바탕으로 자유로운 토론을 통해 사회를 비판하는 사회 비판의 준거점으로서 설정되었으며, 그럼에도 그것은 단순히 사회 현실을 비추어 보는 비판의 준거점으로만 한정 지어져 있지 않다. 곧 그것은 동시에 현실에서 구현되고 정립되어야 할 바람직한 사회의 '지향적 모델'로서 또한 제안되고 있다.

3. 하버마스의 롤스 비판 — 원초적 상황을 중심으로

1) 하버마스의 롤스 비판은 — 그 자신의 표현에 따르면 — '구성적(constructive)'이고 '내재적(immanent)'이다.[8] 이는 '정의론'과 그것의 정치적 변용태(變容態)라 할 '정치적 자유주의'에 대한 하버마스의 비판적 관점이 — 해체나 무화가 아닌 — 새로운 규범 체계를 정립하려는 롤스의 사회윤리학적 시도가 보다 성공적이며 완결된 형태로 매듭지어질 수 있도록 '생산적이며 건설적인 조언'의 방식으로 제기되고 있음을 말해 준다. 이는 거시적 차원에서 롤스와 하버마스가 '동일한' 방향으로 자신들의 입론을 개진하고 있음을 의미하는 것이기도 하다.

하버마스는 롤스에 대한 비판의 성격을 그처럼 간결하게 언급한 후, 비판의 대략적인 얼개를 다음과 같이 제시하고 있다.

8_ J. Habermas, "Reconciliation through the public use of reason: remarks on John Rawls's political liberalism" (1995), 110쪽.

첫째, 원초적 입장의 모든 측면이 의무론적 정의 원리들의 공명정대한 판단의 관점을 명확히 하면서 동시에 보장하도록 고안되어 있는지 자못 의심스럽다. 둘째, 롤스는 '정당화(justification)'의 문제와 '수용(acceptance)'의 문제를 좀 더 명확히 구분해야만 했다. 롤스는 자신의 정의 개념이 지닌 인지적 타당성 요구를 희생하는 대신, 정의 개념의 중립성을 얻고자 진력한 것처럼 보인다. 셋째, 이러한 두 가지 이론적 결정은 민주주의적 정당화의 원리에 비해 자유주의적 기본권을 우선적으로 중시하는 입헌 국가의 건설이라는 결과로 귀결되고 있으며, 그에 따라 롤스는 '현대인의 자유'와 '고대인의 자유'를 조화시키고자 하는 자신의 목표를 달성할 수 없게 되었다. 이상과 같은 비판적 논점을 개진한 후, 하버마스는 정치철학에 관한 '테제'를 통해 자신의 견해를 결론 내리고 있다. '탈(脫)형이상학적 사유의 조건 하에 정치철학은 겸손해야만 한다. 하지만 그것은 제대로 된 방향에서 그래야만 한다.'[9]

이러한 비판적 견해는 다음과 같이 해석될 수 있다. 곧 롤스의 원초적 입장은 하버마스 자신이 담론 윤리에서 설정한 이상적 대화 상황에 비해 미흡한 가정이다. 아울러 절차상의 문제로서 중첩적 합의 과정이 인식론적 진리의 문제와 별도로 진행되고 있다. 그런 탓에 객관성을 확보하기 어려우며, 이로 인해 이성의 공적 사용에 차질을 가져오고, 결국 낮은 수준에서 이루어지는 정치적 안정만을 도모하게 될 우려가 있다.[10]

2) 이러한 문제 제기와 함께 하버마스는 곧바로 롤스 정의론의 출발점인 '원초적 입장(original position)'에 초점을 맞추어 세밀한 비판을 개진한다. 하버마스가 제기하는 핵심 문제점은 다음의 세 가지로 정리된다.

첫째, 원초적 입장에 놓인 협상 당사자들은 오직 '합리적 이기주의'에 입

9_ J. Habermas, "Reconciliation through the public use of reason: remarks on John Rawls's political liberalism"(1995), 110-111쪽.

10_ 엄정식, 「하버마스와 롤스의 정치적 자유주의」(1999), 284쪽 참조.

각해서, 그들이 대변하는 다양한 계층의 구성원들이 갖고 있는 최고 수준의 이익(관심)이 과연 무엇인지를 제대로 파악할 수 있는가? 둘째, 원초적 입장에서 공정한 분배의 대상으로 논의되고 있는 '기본권'은 '기본적 가치'와 동일시되어도 아무런 문제가 없는가? 셋째, 보다 공정한 절차 과정을 거쳐 협상 테이블에 모인 당사자들 모두가 자발적으로 동의하고 수용할 수 있는 정의 원칙을 이끌어 내기 위한 장치로서 설정한 '무지의 장막(veil of ignorance)'은 과연 판단의 공정성을 보장해 줄 수 있는가?[11]

원초적 입장에 초점을 맞추어 제기되는 이 같은 세 가지 문제점을 상론해 보면 다음과 같다. 우선, 롤스는 온전한 자율성을 결여한 협상 당사자들이 온전히 자율적인 시민들의 이해관계를 대변할 수 있는 판단을 일관되게 견지할 수 없다는 것이다. 잘 알려진 것처럼, 롤스에게 시민들은 정의감과 가치관에 관한 수용 능력을 지니고 있을 뿐 아니라 합리적인 방식으로 이러한 성향들을 계발하는 데 관심이 있는 '도덕적 인간'으로 간주된다. 반면에, 원초적 입장에 자리한 당사자들에게 있어서, 이 같은 도덕적 인간의 '합당한 특성들(reasonable characteristics)'은 합리적 구상의 규제 조건들로 대체되어 있다. 동시에 당사자들은 시민들의 이성적 특성에서 이끌려 나오는 최고 수준의 이익(관심)을 이해할 수 있을 뿐 아니라 적절히 고려할 수 있는 합리적 이기주의자로서 또한 가정되어 있다. 이에 대해 하버마스는 정의에 관한 고려 사항의 진의가 합리적 이기주의자로 잠정 규정된 당사자들의 관점에 의해 영향 받지 않은 채 존속되기란 어려울 것이라고 지적한다. 다시 말해, 협상 당사자들은 합리적 이기주의에 의해 설정된 경계 내에서, 자신들이 대변하는 시민들이 모든 사람에게 동등하게 선인 것을 정당한 방식으로 지향하는 경우에, 그들(시민들)이 취할 수밖에 없는 '상호 주관적 관점(reciprocal perspective)'을 온전히 지닐 수 없다는 것이다.

사정이 이러함에도 협상 테이블에 참석한 당사자들은 자신들이 추구하

11_ J. Habermas, "Reconciliation through the public use of reason: remarks on John Rawls's political liberalism" (1995), 112쪽.

는 의무론적 원칙들의 의미를 이해할 수 있으며, 아울러 자신들이 대변하고 있는 시민들의 정의에 관한 관심을 충분히 고려할 수 있다면, 이는 단순히 합리적으로 선택하는 행위자의 능력을 넘어서는 보다 더 확장된 인지적 능력을 지니고 있음을 말해 주는 것이라고 하버마스는 본다.[12] 이는 원초적 입장에 관한 롤스의 구상이 본래 설정했던 합리적 이기주의자로서의 협상 당사자 모델에서 너무 나아간 결과이다. 요컨대 ― 롤스의 애초의 의도와 달리 ― 당사자들이 합리적 이기주의의 경계선을 벗어나 도덕적 인간과 유사한 존재로서 가정됨으로써, 자기 이익을 추구하는 행위자들이 도덕적으로 분별 있는 결정을 하도록 만드는 데 기여하는 분업, 즉 '주체들의 선택적 합리성'과 '적절한 객관적 규제 조건' 간의 분업이 훼손된다. 그럼으로써 협상 당사자들은 단지 '바르게 질서 잡힌 사회(well-ordered society)'의 구성원으로서 충실하게 살아가게 될 뿐이라는 것이 하버마스의 일갈(一喝)이다.[13]

3) 다음으로, 원초적 입장에 관한 하버마스의 두 번째 문제 제기를 살펴보자. 이는 원초적 입장에서 협상 당사자들이 권리를 여러 '가치(goods)' 가운데 하나로 다루고 있는 상황에 대한 이의 제기이다. 하버마스에 의하면, 권리는 발휘된 상태에서만 향유될 수 있는 것이며, 그런 한에서 권리는 그것의 의무론적 의미를 상실하지 않고서는 분배적 가치들에 포함될 수 없다. 더불어 권리는 행위자들 사이의 관계를 규제하는 것이므로 사물처럼 소유의 대상이 될 수 없다는 것이다. 사정이 이러함에도, 롤스가 구상하여 제시하고 있는 합리적 선택 모델의 개념적 규제 조건들은 '기본적 자유'를 '기본적 권리'로 해석하기보다는, 처음부터 그것들을 '기본

12_ J. Habermas, "Reconciliation through the public use of reason: remarks on John Rawls's political liberalism"(1995), 113쪽 참조.
13_ J. Habermas, "Reconciliation through the public use of reason: remarks on John Rawls's political liberalism"(1995), 113쪽.

적 가치'로 파악하도록 방치하고 있다는 것이다. 이러한 사태는 의무적인 (obligatory) 규범의 '의무론적(deontological)' 의미를 선호되는 가치에 관한 '목적론적(teleological)' 의미로 동화시키는 결과를 낳고 있다.[14] 한데 이렇게 된 데에는 규범과 가치의 개념에 관한 개념적 구분이 명확하게 이루어지지 못한 데서 찾을 수 있다는 것이 하버마스의 분석이다. 그에 따르면, 규범은 가치와 엄격히 구분되는 것이기 때문이다.

무엇보다 규범은 '마땅히 우리가 해야만 할 것'에 관한 판단을 알려주는 데 비해서, 가치는 '어떤 행위가 가장 바람직스러운가'에 관한 판단을 알려 준다. 아울러 인지된 규범은 동등하고 예외 없는 책무를 수용자 (addresser)에게 부과하는 반면에, 가치는 특정 집단이 획득하고자 애쓰는 재화(goods)들의 선호를 표현한다. 또한 규범은 '일반화된 행동 기대 (generalized behavioral expectations)'의 수행이라는 의미에서 준수되는 것인 데 비해, 가치는 합목적적 행위에 의해서만 실현되고 획득되는 것이다.[15] 하버마스는 바로 이러한 논거에 의거하여, 기본적 자유와 같은 기본적 권리가 기본적 가치로 포함되거나 동화되는 것에 이의를 제기하고 있는 것이다.

4) 이미 언급되었듯이, 하버마스는 원초적 입장에 관한 세 번째 문제 제기를 통해 '무지의 장막'이 원초적 입장에 자리한 협상 당사자들이 실행하는 판단의 공정성을 보장해 줄 수 없다는 점을 지적하고자 한다. 이 점을 좀 더 상세히 살펴보도록 하자.

먼저, 하버마스는 세 번째 문제점에 앞서, 이전에 개진된 다른 문제점들에 관한 비판적 규명을 통해, 원초적 입장에 놓인 협상 당사자들이 지닌

14_ J. Habermas, "Reconciliation through the public use of reason: remarks on John Rawls's political liberalism"(1995), 113-114쪽.

15_ J. Habermas, "Reconciliation through the public use of reason: remarks on John Rawls's political liberalism"(1995), 114쪽.

것으로 가정된 '합리적으로 판단(결정)할 수 있는 능력'은 그 자신들이 대변하는 구성원(시민)들의 최고 수준의 관심(이해관계)을 정확히 파악하는데 충분하지 않다는 사실을, 동시에 집단적 목표에 앞서 최우선적으로 중시되는 것으로서 '(개인적) 권리'를 이해하는 데 충분하지 않다는 점을 알 수 있다고 주장한다. 그럼에도 '왜' 롤스는 원초적 입장의 협상 당사자들로부터 실천적 이성을 박탈하고, 그들에게 꿰뚫을 수 없는 무지의 베일을 씌웠는지에 대해 이해되지 않는다고 의문을 표하고 있다.[16]

이러한 의구심을 통해 짐작할 수 있듯이, 세 번째 문제 제기를 통해 하버마스는, 만약 롤스가 그 자신이 시도한 방식과 다르게 도덕적 관점을 작동시켰더라면, 다시 말해 '절차적 실천이성의 개념(procedural conception of practical reason)'을 엄밀하게 절차적 방식에 의거해 개진함으로써 실질적 내용이 제거된 상태로 유지시켰더라면, 원초적 상황의 구상과 관련된 여러 난점들로부터 벗어날 수 있었을 것이라고 언급한다.[17] 이는 결국 원초적 입장에 놓인 협상 당사자들이 모든 정보를 공유하지 못한 상태에서 무지의 장막을 두른 채 단지 타산적으로 사유·판단하고 계약에 임하는 합리적 이기주의자에 머물게 됨으로써 모든 협상 당사자들이 하나의 공통된 관점과 전망을 갖게 되며, 그에 따라 애초 다양한 계층의 시민들의 이해관계를 대변하는 관점 및 입장들이 드러내는 다양성과 다원성이 중성화되어 단일화됨으로써, 마치 단 한 사람이 숙고·결정하는 것과 같은 결과를 낳게 되었다는 것이다.

요컨대, 하버마스에 따르면, 롤스가 설정한 원초적 입장에서 무지의 장막은 협상 당사자들의 시야를 — 당사자 자신과 세계에 대한 다양한 이해에도 불구하고 — 자유롭고 평등한 시민들이 동의하는 것으로서 가정된

16_ J. Habermas, "Reconciliation through the public use of reason: remarks on John Rawls's political liberalism"(1995), 116쪽.
17_ J. Habermas, "Reconciliation through the public use of reason: remarks on John Rawls's political liberalism"(1995), 116쪽. 아울러 이에 관한 보다 상세한 해명은 홍성우, 「원초적 입장과 이상적 대화상황」(1998), 327-328쪽 참조.

그러한 기본 원칙에로 제한함으로써, 처음부터 상황이 다르게 되었다. 동시에 이러한 추상화는 '이중의 증명 부담'을 롤스에게 전가시키고 있다는 지적이다.

사정이 그러하므로 무지의 장막은 공평한 판단을 침해할 수 있는 모든 특수한 관점과 관심들로 확장되어야 한다고 하버마스는 주장한다.[18] 그와 함께 원초적 상황에서 판단의 공정성은 원초적 상황을 구성하는 과정에서 채택된 규범적 개념들 — 가령 정치적으로 자율적인 시민이나 공정한 협력에 관한 규범적 개념들 — 이 도덕적으로 중요한 미래의 경험과 학습 과정으로부터 가해지는 수정과 변용을 견뎌 낼 경우에만 보장될 수 있다고 본다. 말할 것도 없이, 이 같은 사실을 입증해야 하는 부담은 궁극적으로 원초적 입장의 당사자들로부터 정보를 박탈함으로써 초래된 것이다. 그런 한에서 다른 방식으로 도덕적 관점을 작동시킴으로써만 이러한 입증 부담에서 벗어날 수 있다고 하버마스는 제언한다. 그리고 이를 통해 하버마스가 구체적으로 고려하여 제시하는 대안적 방식은 '이성의 공적 사용'이라는 전제 조건 하에 전개되어 나가면서, 동시에 신념과 세계관을 처음부터 배제하지 않는 '보다 개방적인 논증적 실천의 절차 과정(the more open procedure of an argumentive practice)'이다.[19] 하버마스에 따르면, 이러한 절차야말로 롤스가 원초적 입장을 구성하는 과정에서 채택한 실질적 내용을 지닌 개념들에 의존하지 않고서도 전개될 수 있다.

원초적 상황에 초점을 맞추어 이상과 같은 비판적 논변을 개진하면서, 하버마스는 결국 자신이 설정하여 제시하고 있는 담론 윤리의 출발점으로서 이상적 대화 상황 '만' 이 롤스의 원초적 입장에서 드러난 난점들을 해소하고 넘어설 대안적 모델이라고 강력히 주창한다. 요컨대 담론 윤리가 설

18_ J. Habermas, "Reconciliation through the public use of reason: remarks on John Rawls's political liberalism"(1995), 118쪽.
19_ J. Habermas, "Reconciliation through the public use of reason: remarks on John Rawls's political liberalism"(1995), 118-119쪽.

정한 이상적 대화 상황이야말로, 협상에 임하는 참여자들 각자가 지닌 다양한 세계관과 그것에 기초한 신념 및 입장을 존중하는 가운데, 민주적이고 개방적인 상호 주관적 차원의 논증적 실천을 통해 상호 동의하고 합의된 도덕적 관점을 제공할 수 있는 강점을 지니고 있다는 것이다. 다시 말해, 자유롭고 평등한 협상 당사자들 사이에 이루어지는 비강제적인 이성적 담론과 그로부터 출현하는 '비강제적인 합리적 논증의 힘'을 통해, 서로 다른 당사자들의 관점을 이해하고 그 입장에서 자신의 관점을 성찰해 보는 과정을 통해 보다 합리적이고 설득력을 갖춘 관점을 수용하게 됨으로써 '공동의 관점(we-perspective)'을 확보할 수 있다는 것이다.[20]

4. 롤스의 반론 및 반(反)비판 — 이상적 대화 상황을 중심으로

1) 정치적 이론 대 포괄적 이론

롤스는 하버마스의 비판과 관련하여, '큰 틀'에서 하버마스의 정치철학적 지향점과 자신의 이론적 노선이 동일하다고 본다.[21] 그런 까닭에 롤스는 하버마스의 비판적 지적에 대해 '직접적으로' 응전하기보다는 한편으로 자신의 이론적 입장의 특징을 선명히 드러내 보이면서, 다른 한편으로 자신의 관점과 하버마스의 논변 간의 차이성과 대립성을 부각시키고자 한다. 동시에 그러한 과정을 통해 하버마스의 철학적 논변의 문제점을 비판적으로 공격한다.

무엇보다 롤스는 자신의 입장에 비판을 가하는 하버마스의 이론적 입

20_ J. Habermas, "Reconciliation through the public use of reason: remarks on John Rawls's political liberalism"(1995), 117쪽.
21_ J. Rawls, "Reply to Habermas"(1995), 180쪽. 아울러 J. Rawls, *Political Liberalism*(1996), 433-434쪽 참조.

장을 '포괄적 논변(comprehensive argument)'으로 규정하여, '정치적 이론 (political theory)'으로서 자신의 입장과 차별화한다. 즉 자신의 입론은 정치적인 것이자 그것에 한정되어 있는 반면에, 하버마스의 철학적 입장은 포괄적이라는 것이다.[22] 이처럼 롤스는 자신의 입론과 대비적으로 하버마스의 입장에 대해 이를 정치철학의 과제를 훨씬 뛰어넘어 형이상학적 · 철학적 학설(doctrine)과 주제를 다루는 포괄적인 이론으로 해석한다. 이는, '의사소통 행위 이론'은 "도덕적 논의에서 자연주의(naturalism)와 정서주의(emotivism)를 거부하고 이론적 이성 및 실천적 이성 모두를 포괄적으로 옹호하고자 한다"[23]는 롤스의 언급에서 압축적으로 표현된다.

아울러 이 같은 맥락에서 롤스는 사회정의에 관한 관점으로서 '도덕적 관점' 대신 '정치적 관점'을 채택하여 사회정의를 정치적 차원에서 해석하고자 시도한다. 그에 따라 롤스는 정의에 관한 자신의 입론은 종교적 · 철학적 학설의 한 부분이 아닌, 그러한 학설과는 거리를 둔 그 자체 독립적인 정치적 이론임을 내세운다. 그리하여 롤스는 자신의 '공정으로서의 정의관(觀)'을, 그것 또는 그것과 유사한 견해에 의해 규제되는 민주주의에 존재하고 있는 모든 정당한 포괄적인 종교적 · 도덕적 · 형이상적 학설들과 상충하지 않으면서 그것들에 의해 인정받을 수 있는, 그 자체 독립적 구조로 존재하는 '자유주의적인 정치적 정의관'으로서 정립하고자 한다.[24] 나아가 이처럼 자신의 정의관을 '포괄적 정의관'이 아닌 '정치적 정의관'으로 수립하려는 정치 이론적 시도의 산물로서 '정치적 자유주의(political liberalism)'를 제시하고 있다.

이처럼 롤스는 정치적인 문제, 그중에서도 정의에 관한 문제를 형이상적 혹은 도덕적 · 철학적 문제의 일부로서 다루고 있지 않다. 여기에는 롤스 자신의 고유한 정치철학적 관점이 자리하고 있다. 이에 따르면, 정치철학

22_ J. Rawls, "Reply to Habermas"(1995), 132쪽.
23_ J. Rawls, "Reply to Habermas"(1995), 135쪽.
24_ J. Rawls, "Reply to Habermas"(1995), 133-134쪽.

의 일차적 과제는 — 형이상학적·선험적 세계관과 우주론에서 벗어나 — 현실적이고 구체적인 사회문제를 직접적으로 다루고 그에 대한 해결책을 제시하는 것이다. 따라서 이러한 관점에서는, 모든 개인이 추구하고 실현해야 할 보편적인 공동의 선이나 궁극적인 가치관 및 인생관을 제시하는 것은 바람직스럽지 않을 뿐 아니라 사실상 가능하지도 않다. 오히려 오늘의 정치철학이 수행해야 할 일차적 역할은, 돌이킬 수 없을 정도로 다원화되고 다양화된 가치관과 인생관, 세계관이 무수히 존재하는 이른바 '다원주의적 사회 현실' 속에서, 사회적 통합과 안정적 질서를 유지·보장하는 구체적이며 현실적인 방안을 강구하고 제시하는 것이다.

이 같은 현실 인식을 바탕으로 롤스는 정치철학의 기본 과제로, 정치적 제도 및 사회적 체계의 정당화를 위해 구성원들에 의해 공유된 공적인 토대를 마련할 뿐 아니라 나아가 세대에서 세대로 이어지는 사회적 안정성을 보장하는 데 기여할 '정치적 정의관'을 제시하는 일을 개진한다.[25] 여기에는 현존하는 자유 민주주의 체제와 다원화된 사회 현실 간의 상호 조화 및 공존을 가능케 하는 방안을 수립하고자 시도하는 롤스의 정치철학적 문제의식이 담겨 있다. 요컨대, 타당한 근거를 갖고 있지만 그럼에도 서로 상충·갈등하는 다양한 종교적·철학적·도덕적 학설에 의해 파편화된 자유롭고 평등한 개인들이 정의롭고 안정된 사회에서 지속적인 삶을 영위할 수 있게끔 해 주는 '정치적 정의관'을 확립하는 것이 오늘의 일차적인 정치철학적 과제이며, 이는 궁극적으로 '자유주의적인 정치적 정의관(liberal political conception of justice)'[26]으로 귀착될 것이라는 것이 롤스의 근본 입장이다.

롤스는 이러한 시각에서, 하버마스의 포괄적 입론은 정치철학의 범주와 한계를 넘어서 너무 많은 것들을 다룸으로써 제대로 입증하지 못하거나 답변할 수 없는 난점들을 양산해 내고, 급기야 형이상학적·철학적 체계로 귀결된다고 비판한다. 가령, 롤스는 "이러한 자유의 도취 상태(Taumel)

25_ 엄정식, 「하버마스와 롤스의 정치적 자유주의」(1999), 286쪽 참조.
26_ J. Rawls, "Reply to Habermas"(1995), 133쪽.

속에는 민주적 절차(demokratisches Verfahren) ― 법(권리) 체계 내에서 이미 그 의미가 결정되어 있는 절차 ― 그 자체 이외에 더 이상의 그 어떤 기준점(Fixfunkte)도 존재하지 않는다"[27]는 하버마스의 언급에 함유된 논리야말로 형이상학적인 것이라고 비판한다.[28] 나아가 이러한 근거에서 롤스는, 하버마스의 입론은 자신의 정치적 자유주의와 같은 구체적 현실의 문제를 다루는 특정한 정치철학적 체계라기보다는, 오히려 모든 종교적·형이상학적 학설들의 실체적 요소들을 그 자체 내에 포함하고 있는, '이론이성'과 '실천이성'에 관한 합리적 담론의 전제 조건들을 다루는 철학적·형이상학적 분석 이론의 한 유형이라고 비판한다.[29]

2) 방법론적 분석 틀로서 원초적 입장 대 이상적 대화 상황

롤스는 자신과 하버마스의 입장 사이의 결정적인 차이점의 또 다른 것으로, 서로 다른 방법론적 분석 틀인 '원초적 입장'과 '이상적 대화 상황'의 차이(성)를 들고 있다. 그런데 이러한 분석 틀은 사실상 앞서 살펴본 '포괄적 입론 대 정치적 입론'의 차이(성)가 고스란히 반영되어 있는, 방법론적 차원에서의 이론적 분석의 출발점이다.

잘 알려진 것처럼 롤스의 원초적 입장은 '이성적(reasonable)'이며 '합리적인(rational)' 존재인 시민들이 서로 평등한 사회 구성원으로서 자유롭게 살아갈 수 있는 공정하고 정의로운 민주주의 체제의 확립을 위한 기본 원칙으로서 '합당한 사회정의의 원칙'을 도출해 내기 위해 '공정한 절차적 추론의 가설적 상황'으로서 설정된 것이다. 물론 롤스는 보다 공정한 방식으로 협상 당사자들이 모두 동의하고 수용하는 정의의 원칙을 끌어내기

27_ J. Habermas, *Faktizität und Geltung*(1992), 229쪽. J. Rawls, "Reply to Habermas" (1995), 137쪽; J. Rawls, *Political Liberalism*(1996), 379쪽 참조.

28_ J. Rawls, "Reply to Habermas"(1995), 136-137쪽 참조.

29_ J. Rawls, *Political Liberalism*(1996), 378-379쪽.

위해 몇 가지 '제한적 조건'을 설정하고 있다. 그 가운데 하나가 바로 '무지의 베일'이다.[30]

한데 이러한 제한 조건과 관련하여, 하버마스는 정의의 원칙에 도달하는 절차 과정에서 '공정성의 확보 가능성'에 관한 비판적 문제점을 제기하고 있다. 특히 협상 당사자들이 정의의 원칙을 도출해 내는 과정에서 '합리성'과 '객관성'이 어떻게 확보될 수 있는가에 대해 강한 의구심을 표하고 있다. 이는 한편으로 정의 원칙에 도달하는 과정에서 기능하는 '중첩적 합의'가 단순한 '도구적 기능'을 수행하는 것인지, 아니면 '인지적 역할'을 수행하는 것인지의 문제로 구체화된다. 다른 한편으로 '합당한(사리에 맞는)'이란 표현이 '도덕적 판단의 타당성'을 의미하는지, 아니면 '계몽된 관용의 반성적 태도'를 가리키는지의 문제로 표출된다.[31]

이와 관련하여 롤스는 합당성에 관한 일반적 기준은 결국 '반성적 평형(reflective equilibrium)'에서 확보된다고 주장한다. 하지만 하버마스는 이러한 반성적 평형이 이루어지는 과정에서, 전제가 되고 있는 '인간' 개념이 다양한 관점을 지닌 개인들에 의해 수용될 수 있는지 되묻고 있다. 그러한 과정이 '공론장'에서 열린 자세로 지속되어야 하지만, 이미 수용된 상태에서 중단될 수 있으며,[32] 그런 까닭에 수용의 가능성과 현실성이 구분되지 않게 됨으로써 정당화의 문제가 야기된다는 것이다. 하버마스는 이 같은 이유에서, 지속적인 반성적 평형이 이루어져야 하며, 이를 위해 정의관이 정치적인 것에 한정되어서는 안 되며, 도덕적·철학적 차원 및 인지적 정

30_ 이 점에 관한 보다 상세한 내용은 J. Rawls, *A Theory of Justice*(1999), 118-123쪽; 황경식, 『사회정의의 철학적 기초』(1985), 354-355쪽 참조.

31_ J. Habermas, "Reconciliation through the public use of reason: remarks on John Rawls's political liberalism"(1995), 123-126쪽; 엄정식, 「하버마스와 롤스의 정치적 자유주의」(1999), 288쪽 참조.

32_ 이와 관련하여, 하버마스는 롤스의 정의론에서 "시민들의 합의가 도출되기 전에 이미 제안된 정의의 개념을 받아들여야 한다"는 사실로 인해 반성적 평형이 중단되고 그런 한에서 "정의의 개념이 잘못된 의미에서 '정치적'이어서는 안 되며 그와 함께 단지 잠정적 협정으로 인도되어서도 안 된다"고 주장한다. J. Rawls, "Reply to Habermas"(1995), 122쪽 참조.

당화의 측면에로까지 확장되어야 한다고 본다. 그럴 경우에라야 합의 역시 정치적 차원에서 단순히 잠정적 협정에 머무는 차원에서 벗어나, 합리적인 상호 이해와 동의에 이르게 된다는 것이다.

하지만 롤스는 수다(數多)한 이질적인 철학적 · 종교적 신념이 공존하고 개인적 · 집단적 입장이 다양화된 오늘의 다원주의적 시대 상황에서, 포괄적 수준에서 상호 이해와 합의를 이끌어 낸다는 것은 '사실상' 불가능한 것이며, 그런 한에서 정치철학의 역할은 정치적 관점에서 사회적 합의와 통합을 이끌어 낼 원칙을 확립 · 제시하는 작업에 그쳐야 한다고 본다. 동시에 그러한 원칙이 정당한 것인가를 평가할 수 있는 유일한 방도, 즉 '정당화 방식'은 결국 '반성적 평형(상태)에서의 숙고된 판단(considered judgement)' 이외에는 없다고 주장한다. 다시 말해, '구체적 정의감'과 '추상적 정의 개념'이 상보 과정을 거쳐 획득된, 여러 사항들이 고려된 균형적 판단으로서 '반성적 평형에서의 숙고된 판단'이야말로 신뢰할 수 있는 최종적인 원천으로 간주될 수 있다는 것이다.[33] 나아가 이러한 맥락에서 롤스는, 자신의 정의 개념은 하버마스가 추구하려는 것과 동일한 도덕적 · 형이상학적 개념이 아니라 정치적 개념인 까닭에, 특정한 가치관이나 바람직한 인간상, 이상적 인격체가 구현해야 할 덕목을 내세우지 않으면서도 상이한 세계관 · 가치관 · 인생관 · 종교(관) 등 다양한 입장과 관점들로부터 옹호될 수 있으며 동시에 양립 가능할 수 있는 강점을 지니고 있다고 주장한다.

물론 롤스는 이러한 반성적 평형(상태)은 우리가 결코 도달할 수 없는 '무한대의 한 점(a point at infinity)'에 불과할 뿐이라는 점을 덧붙인다.[34] 그런데 이러한 추가적인 발언은 롤스 자신이 내세우는 정치적 정의관이 정당화될 수 있는가에 대한 보다 공격적인 반론의 성격을 지닌다. 즉 롤스

33_ 이인탁, 「롤스의 사회정의론」(1993), 329쪽 참조. 이와 관련하여 숙고된 판단이란 '도덕감'이나 '정의감'이 왜곡됨 없이 우리의 판단에 반영될 수 있는 조건 하에서 이루어진 판단을 가리킨다. J. Rawls, *A Theory of Justice*(1999), 42쪽 참조.
34_ J. Rawls, "Reply to Habermas"(1995), 142쪽; J. Rawls, *Political Liberalism*(1996), 384-385쪽 참조.

는 이러한 언급을 통해, 반성적 평형이야말로 하버마스 본인이 자신의 이상적 담론 상황에서 자유로운 의사소통의 절차를 통해 보다 설득력 있게 근거 지어진 이상과 원칙, 판단을 의사소통 참여자들이 자발적으로 수용하도록 만드는 '논증적 실천의 절차 과정'과 동일한 것이라고 주장하고자 한다. 동시에 도덕 원칙의 도출뿐 아니라 도덕 원칙을 정당화하는 역할까지 수행하고 있는 이상적 담화 상황 역시 롤스 자신의 반성적 평형 상태와 마찬가지로 그 자체 현실적으로 존재할 수 없는 무한대의 한 점, 요컨대 '반(反)사실적 상황'에 지나지 않는다는 점을 지적하고자 한다.

5. 롤스/하버마스 논쟁의 의미 — 한국의 윤리적 현실과 관련하여

1) 지금까지 살펴본 것처럼, '롤스/하버마스 논쟁'은 한편으로 양자의 이념적 지향점이 동일하다는 점을 드러내 보여 주고 있지만, 다른 한편으로 양자 사이에는 적지 않은 이론적 차이점이 자리하고 있다는 점을 또한 보여 주고 있다.

양자 간의 두드러진 차이점은 — 앞서도 반복적으로 언급된 것처럼 — 정치적 차원에 국한된 입론(롤스)과 도덕적·철학적 차원까지 확장된 포괄적 입론(하버마스)이라는 사실이다. 아울러 이러한 관점에서 각각 설정된 분석적 조망점이자 가설적 추론의 입지점으로서 '원초적 입장'과 '이상적 대화 상황' 또한 양자 사이의 이론적 차이점을 여실히 보여 준다. 특히 이 대목에서, 원초적 입장에 자리한 협상 당사자들은 '무지의 베일'을 쓰고 있는 탓에 특정 사항에 관해서 일체 알 수 없는 상태로 묘사되고 있는 반면, 이상적 대화 상황에 들어가 있는 모든 협상 당사자들은 일체의 모든 지식과 정보를 그대로 견지하고 있는 것으로 설정되고 있다.

하지만 이러한 차이에도 불구하고 롤스와 하버마스는 '이론 전개의 방향 및 이론 구성 방식'에서 중요한 '일치점'을 보여 주고 있다. 무엇보다

양자는 '구성주의적 방식'을 통해 다원화된 오늘의 시대 상황에서 여전히 작동할 수 있는 '보편적 윤리적 잣대'를 수립하고자 한다. 즉 롤스는 정의의 원칙을 확보함에 있어서 정치적 관점에서 공정한 절차적 방식을 통해 사회정의의 원칙을 이끌어 내고자 시도하는 '정치적 구성주의'의 방식을 취하고 있다. 이와 마찬가지로, 하버마스 역시 합리적인 담론의 절차 과정을 통해 '보편적 도덕 원칙'을 도출해 내고자 하는 '의사소통적 구성주의'의 방식을 채택하고 있다.[35] 이렇듯 롤스와 하버마스는 구성주의적 방식에 의거하여 다양한 종교관과 세계관, 가치관과 인생관이 공존 혹은 난립하고 있는 오늘의 '다원주의적 시대 흐름' 속에서 여전히 작동 가능한 '약한 의미'의 '보편주의적인 윤리적 척도'를 정립하고자 시도하고 있다. 물론 롤스는 정치적 차원에 한정하여 사회의 기본 구조를 결정짓는 '정치적 자유주의 정의' 원칙을 확립하고자 이러한 과제를 수행하고 있다. 그에 비해 하버마스는 자유롭고 평등한 열린 담론(대화) 속에서 '이성적 논증의 힘'에 의거하여 사회 성원들 간의 '상호 이해와 합의'를 통해 옳고 그름이 따져지는 논증적 절차를 새로운 보편 윤리의 잣대로서 수립하고자 한다. 요컨대 롤스와 하버마스 양자는 다원주의적 사회 현실 속에서 '특정 내용'을 담보한 '강한 의미'의 보편적 윤리 기준을 수립하는 대신에, 형식적·담론적 절차 과정으로부터 사회정의의 원칙과 담론 윤리적 도덕 원칙을 이끌어 냄으로써 '약한 의미'의 보편적인 윤리적 척도를 정립하고자 시도한다.

2) 앞서도 언급된 것처럼, 현재 한국 사회에는 객관적 차원에서 규범적 정당성 여부를 판별할 수 있는 '보편적 윤리 판단의 척도'가 제대로 확립되어 있지 못한 상황이다. 이에 따라 다양한 사회적 현안들을 둘러싸고 이루어지는 도덕적 판단이나 결정의 경우에도, 전(前)근대적 연고주의나 이해관계의 득실에 기초한 '비합리적인 힘의 논리'가 횡행하고 있다. 요컨대,

---

35_ 홍성우, 「원초적 입장과 이상적 담화상황」(1998), 348-349쪽 참조.

이성의 공적 사용 대신에 '이성의 사적 사용'이 일반화되어 가고 있으며, 그에 따라 사적 이익의 관점이 윤리적 정당성의 자의적인 판단 잣대로 자리 잡아 가고 있는 실정이다.

이 같은 상황을 고려해 볼 때, 이제껏 고찰해 본 롤스와 하버마스 간에 전개된 정치철학적·사회윤리학적 논쟁은 우리에게 많은 점을 시사해 준다. 무엇보다 그러한 논쟁은 서구 사회 못지않게 다양한 도덕관과 가치관이 난립해 있고 집단 간·계층 간 이해관계의 상충 및 갈등이 점차 심화되어 가고 있는 한국적 현실과 관련하여, 사회 성원이라면 누구나 존중하고 수용할 수 있는 보편적 윤리 기준을 확보하는 작업이 성공적으로 이루어지는 데 기여할 유의미한 지침과 교훈을 제공해 줄 수 있을 것이다. 특히 유교적 가치관이나 특정 내용을 담고 있는 '실질적 가치관'을 통해 보편적 윤리 기준을 확보하기 어려운 오늘의 시대 흐름 속에서, 합리적이며 합당한 절차를 통해 공정한 정의 원칙을 도출하거나 자유로운 열린 담론과 토론을 통해 윤리적 정당성을 판별할 도덕 원칙을 정립하려는 시도는 충분히 탐구할 만한 가치를 지니고 있다고 보인다. 그러므로 비록 롤스와 하버마스의 이론적 논변 사이에 서로 대립되고 차이 나는 부분들이 적지 않게 자리하고 있지만, 그럼에도 '합리적 담론(논쟁)의 절차'나 '공정한 절차 과정'으로부터 윤리적 보편 기준을 확보해 내려는 실천철학적 시도는 충분한 이론적·실천적 의미와 의의를 함축하고 있다. 요컨대 그러한 시도는 다양한 동시에 대립적인 도덕적 신념과 입장, 세계관과 정치적 이념이 상호 공존하고 있는 현실 속에서, 상이한 종교관·도덕관·세계관과 새로운 객관적인 윤리적 척도가 서로 양립할 수 있으면서 동시에 보편타당한 윤리적 정당성이 확보되어 사회적 통합과 발전적 전개가 안정적으로 지속될 수 있도록 해 주는, 그러한 '보편적 도덕 판단의 기준'을 확보하고자 한다는 점에서, 충분히 검토해 볼 만한 실천철학적 가치와 '현실적 시의성'이 있다고 할 것이다.

13
현대 자본주의 사회의 문화,
과연 '문화 상품'인가?
'문화 산업론'의 이론적·실천적 타당성과 한계

1. '몸짱 문화'는 과연 칭송 받을 자격과 가치가 있는 문화인가

최근 한국 사회에 불고 있는 주요 '문화적 열풍' 가운데 하나가 이른바 '몸짱 문화' 혹은 '몸짱 신드롬'이다. 이전에는 경제적으로 여유 있는 부유층에 속하는 사람들의 자격 조건의 하나로 간주되면서 다분히 '선망'의 대상으로 인식되기도 했던 '비만 체형'이 최근 들어서는 오히려 부정적인 시선을 한 몸에 받는 대상으로 전락해 버렸다. 예컨대 비대한 몸집은 건강에 해로울 뿐 아니라, 날렵한 체형을 지닌 사람들에 비해 그처럼 둔한 몸매가 형성될 때까지 제대로 관리하지 못했다는 이유로 '게으름'과 '나태함'의 징표로 종종 읽히고 있기까지 하다. 반면에 이와 대조적으로 5-60대 중년이 20대 젊은이의 체형이나 몸매를 유지하는 것은 개인의 끊임없는 노력과 인내, 철저한 자기 관리의 표상으로 간주되고 있는 것이 작금의 문화적 현실이다.[1]

더불어 이러한 몸짱 문화에는, 그것의 확산과 맞물려 누구라도 따라하

---

[1]_ 이 글에서 경험적 사례로 든 몸짱 문화에 관한 비판적 평가와 언급은 후에 보다 세밀한 철학적 논증을 통해 확증될 필요가 있다. 그런 점에서 몸짱 문화에 관한 이 글에서의 언급 부분들은 다소간 '주관적인 가치판단'의 내용들이 들어가 있을 수 있음을 미리 밝혀 둔다.

고 추구할 만한 가치와 내용이 담겨 있는 것처럼 일반 대중들에게 비쳐지고 있다. 그에 따라 몸짱 문화는 별다른 의구심이나 반발감 없이 계급(층) 간 장벽을 뛰어넘어, 빠르게 개별 사회 구성원들의 삶 속에 스며들어 자리해 가고 있는 실정이다. 이처럼 바람직스럽고 추구할 만한 가치가 있는 문화로서 몸짱 문화가 대다수 사회 성원들에 의해 받아들여짐에 따라, 대체로 경제적 여유가 되는 사람들은 고가의 헬스클럽이나 몸매 관리 센터 등에서 자신의 육체를 관리하고 가꾸고 있다. 그러한 여력이 안 되는 개인들은 하다못해 집 근처 학교 운동장을 줄지어 돌면서 자신의 몸매를 날렵하고 마른 형태로 유지하고자 각자 노력을 기울이고 있다.

이처럼 한국 사회에서 몸짱 문화는 '외관상' 건강에도 좋고 타인들에게 호감 가는 자신의 이미지를 드러내 보여 줄 수 있게 해 줄 뿐 아니라 성실하고 철저한 자기 관리자로서 타인들에게 인식되도록 유인하고 있다. 이런 점에서, 몸짱 신드롬은 계급(층)을 망라하여 누구나 추구하고 지향할 만한 가치가 있는 바람직한 문화(현상)인 양 평가·수용되고 있다.

하지만 몸짱 문화에 대한 그 같은 긍정적인 시선과 평가는 실상을 제대로 포착하지 못한 까닭에 이루어진 것이자 '오인(誤認)'에서 비롯된 것이라는 비판적 해석 또한 존재한다. 그에 따르면, 가령 50대 중년 여성이 20대 초반 여성의 몸매를 여전히 견지하고 있다는 것은, 그러한 체형을 가꾸고 유지하는 데 '필수 조건'인 금전적 능력과 시간적 여유를 충분히 가진 소수의 부유 계층에서만 가능한 것이며, 그렇지 못한 계층에서는 거의 불가능한 일에 가깝다. 곧 몸짱 문화는 특정 계층에 상관없이 누구나 개인적인 노력을 통해 도달할 수 있는, 그런 한에서 보편적으로 수용할 만한 문화로서의 가치나 자격은 결여되어 있다는 것이다. 게다가 몸짱 문화를 선호하는 부유 계층에 있어서도, 그들이 소유하고 있는 '돈'과 '시간'이 과연 본인들의 성실성과 근면성, 노력 등에 의해 획득된 것인지도 '의문'의 대상이라고 본다. 만에 하나 부유층이 소유하고 있는 경제적 부나 재산이 부동산 투기라든가 편법, 혹은 정치적 권력과의 결탁 등 공정하지 못한 불법적 혹은 부도덕한 방법을 통해 획득 축적된 것이라면, 그들이 선호하는 몸짱 문화는, 마치 자신들의 노력과 땀의 결과로 그처럼 날렵하고 마른 체형을 이룬 것과 유사하게, 자신들이 누리고 있는 계급적 기득권 역시 그처럼 성실하게 땀 흘려 애쓴 결과로서 이루어진 것처럼 일반 대중들을 오인시키는 '문화적 이데올로기'로서 그 기능을 수행하고 있는 셈이 된다.

그렇지만 몸짱 문화가 지닌 보다 결정적인 한계와 문제점은, 그것이 '전도된 가치관'을 널리 자연스럽게 수용하도록 유포시키고 있는 점이다. 즉 몸짱 문화는 누구나 참여하고 추구할 만한 보편적인 문화인 양 일반 대중들에게 수용되어 나가면서, 동시에 소위 '착한 몸매'를 지닌 사람 역시 열심히 노력하고 애쓴 그런 한에서 칭송받을 자격이 있는 '선한 사람'으로 평가되도록 작용하고 있다. 반면에 비대한 몸매를 지닌 사람은 마치 나태하고 게으른 불성실한 '나쁜 사람'으로 인식되도록 기능하고 있다.

그러나 불성실하고 부도덕한 방식으로 재산을 모은 부유층이 자신의 처지와 입장을 옹호하기 위해 몸짱 문화와 같은 '상징적·문화적 코드'를 동원하여 마치 자신들이 성실하고 열심히 살아가는 계층인 양 가장하고 오인시키고 있다는 사실에서 드러나듯이, 역설적으로 마른 몸매를 유지한 부유층 가운데 상당수는 도덕적으로 문제가 많은 사람인 경우가 많다. 동시에 뚱뚱하고 비만형의 체형을 가진 사람들 중에는 그야말로 어려운 환경 속에서도 열심히, 성실히 애쓰며 살아가는 사람들이 상당수를 차지한다. 이러한 사실로부터 알 수 있듯이, 비대한 몸집의 소유자들을 함부로 게으르고 불성실한 인간인 양 폄하하는 몸짱 문화는 실로 정상적인 가치관을 훼손 전도시키는, 그런 한에서 지양되어 마땅한 문화이다.

앞서도 이미 언급되었듯이, 몸짱 문화는 충분한 경제적 여력과 시간 없이는 사실상 향유되거나 추구되기 쉽지 않다. 따라서 금전적, 시간적 여유가 없는, 그야말로 하루 벌어 하루 살아가기도 어려운 사람들에게는 사실상 자신들의 몸매를 돌보고 가꿀 여유나 겨를이 주어져 있지 못하다. 가령 재래시장에서 온종일 좌판을 깔고 한 푼이라도 더 벌기 위해 열심히 물건을 팔고 있는 우리네 어머니나 아주머니, 할머니들은 오직 자식들의 교육을 위해 그리고 가정의 생계를 위해 애쓰고 있으며, 그런 까닭에 한 순간도 자신의 몸매를 가꾸고 돌볼 여유가 없으며 생각조차 할 수도 없다. 당연히 그네들의 몸매는 세속적 의미에서 비대하고 볼품없어 보일 수 있다.

하지만 그렇다고 해서 과연 그들이 몸짱 문화에서 함부로 판단하고 다루고 있듯이, 게으르고 불성실한 사람들인가? 오히려 그 반대 아닌가? 만약 그렇다면, 비만형의 몸매를 가진 사람은 자기 자신의 육체 하나 관리하지 못하는 게으르고 성실하지 못한 사람으로 묘사하거나 가치 판단을 내리는 몸짱 문화와 그것에 내재한 가치판단의 척도는 어떻게 보아야 하며, 어떻게 평가되어야 하는가?

바로 이 지점에서 우리는 일상적 삶의 지평에 자리하여 확산되어 나가고 있는 현대사회의 다양한 문화(현상)와 관련하여 이에 대해 설득력 있는 해석과 해명, 그리고 그 근거와 이유를 제시해 주는 '철학적 문화론'을 만날 수 있다. 그것은 다름 아닌 '비판 이론'의 현대 문화론, 즉 '문화 산업론(Theorie der Kulture Industrie)'이다. 호르크하이머(M. Horkheimer)와 아도르노(T. Adorno), 마르쿠제(H. Marcuse) 등이 주도한 비판 이론이 개진한 문화 비판론에 의하면, 앞서 살펴본 몸짱 문화는 특정 계급(층)의 이해관계나 기득권과 무관하게 누구나 추구할 만한 가치와 의미가 있는 보편 문화가 아니라, 특정 지배계급(층)의 이해관계를 충실하게 반영하고 관철하는 문화 산업의 산물로서 해석될 여지가 높다. 비판 이론이 개진하고 있는 문화 산업론은, 현대사회의 다양한 문화(현상)는 체제 내 특정 지배계급(층)의 이익을 대변하고 옹호·유지하는 기능을 수행하는 문화 상품 혹은 문화적 도구로서 자리매김하고 있음을 설득력 있게 보여 주는 문화 비판적 논변 체계이기 때문이다.

이 글은 이러한 사실을 염두에 두면서, 오늘날 한국 사회를 비롯한 현대 자본주의 사회의 다양한 문화 및 문화 현상들이 '초계급적인 보편적인' 것인 양 그 외양을 취하고 있지만 그 내적 본질이나 본성은 '(지배)계급 특수적'이라는 사실을 드러내 폭로하는 비판 이론의 '문화 비판론'을, '문화 산업'에 관한 논변을 중심으로, 비판적으로 고찰해 보는 데 일차적 목적을 두고 있다. 이러한 작업은 특히 장차 어린 초등학생들을 가르치고 교육해야 할 예비 초등 교사로서 교육대학생들이 문화 현상 이면의 본질을 인식할 수 있는 비판적 통찰력을 키우는 데 기여했으면 하는 바람에서 비롯되었다. 곧 겉으로는 아무런 문제가 없어 보이는 현대의 다양한 문화나 문화적 양상들이 실제로는 '계급 특수적인 이해관계'를 옹호하는 '지배 이데올로기'로서의 기능을 수행하고 자본주의 체제의 불합리성을 은폐하는 '문화 산업의 도구적 산물 및 상품'으로서의 속성을 체화하고 있다는 사실을, 제대로 인식·파악하는 데 조금이라도 도움을 주고자 기획된 것이란 점을 밝혀 두고자 한다.

2. 토대/상부구조에 기초한 문화 해석으로서 마르크스주의 문화론

잘 알려진 것처럼, 마르크스주의는 상부구조를 (경제적) 토대에 의해 일방적으로 규정되는 것으로 보고 있다. "생산관계의 총체가 사회의 경제적 구조, 곧 현실적 토대를 이루며, 이 기초 위에 법적, 정치적 상부구조가 세워지고, 그 토대에 일정한 사회적 의식 형태들이 상응하게 된다."[2]

이에 따라 마르크스주의에서, 상부구조의 주된 내용물 가운데 하나인 문화의 경우도 그 자체 자율적이고 고유한 발전 논리 및 구조를 지니지 못한 것으로, 생산관계의 총체인 (경제적) 토대에 의해 그 본질적 성격이 규정되고 각인되는 것으로 드러난다. 곧 문화 내부에는 '자율적 논리'란 존재하지 않으며 사회 구성체의 궁극적인 기반으로서 (경제적) 토대의 논리에 예속되어 이끌려 가는 경제 의존적인 타율적인 것으로서 해석되고 있다. 이처럼 마르크스주의 철학에서 문화란 경제구조에 의해 그 내용과 특

2_ K. Marx, *Zur Kritik der Politischen Ökonomie, MEW* 13(1975), 8-9쪽.

성이 결정되는 '비자율적인' 것이며, 그런 한에서 경제구조나 토대의 단순한 '반영물'에 지나지 않는다. 따라서 가령 특정 사회구성체의 (대중)문화가 지닌 의미에 대한 해석에 있어서도, 그 사회의 (대중)문화 자체의 속성과 특성에서 찾기보다는 그러한 (대중)문화를 산출하고 그것의 성격을 규정짓고 결정하는 경제적 토대를 분석함으로써 얻어지는 것으로 처리되고 있다.[3]

그러나 상부구조의 하나인 문화가 일의적으로 토대에 의해, 따라서 경제의 논리나 자본의 논리에 의해 그 본질적 속성이 결정된다고 해서, 그러한 문화를 향유·소비하는 계급(층)의 의식이 자본이나 상품의 논리에 따라 무조건적으로 규정되고 구속되는 것은 아니다. 토대에 의해 문화의 속성이 결정된다는 것은, 결국 자본의 이익을 대변하는(생산수단을 소유하고 있는) 지배계급(층)으로서 자본가 계급에 의해 모든 문화의 특성이 규정되고 그 생산 및 산출, 보급이 이루어진다는 것을 말한다. 그런데 그처럼 된다고 하더라도, 그러한 문화를 수용하고 그에 따라 삶을 영위해 나가는 피지배계급의 의식이 전적으로 지배계급의 통치 논리와 의도에 맞게끔 전적으로 지배되거나 조종되는 것은 아니다. 오늘날 대다수 피지배계급은, 문화 일반과 관련된 그와 같은 마르크스주의의 '경제 결정론적' 입론의 한계와 문제점을 충분히 인식할 수 있는 수준에 이르렀기 때문이다. 그 결과 일반 대중들에 의해, 대중문화를 비롯한 자본주의 문화 일반의 문제점을 해결하고 극복하기 위한 실천적 변혁 운동이 일어날 수 있는 상황 또한 형성되기에 이르렀다. 네오마르크스주의(Neo-marxism)의 대표적인 철학자인 루카치(G. Lukacs)식의 표현을 빌리면, 자본주의 사회에서 가장 억압받고 착취당하는 계급인 노동계급이 오히려 자본주의 사회의 구조적 모순을 가장 총체적으로 인식할 수 있으며, 동시에 그것을 극복할 수 있는 실천적 전위로 전환할 수 있는 것이다.[4]

3_ 김창남, 『(전면 2개정판) 대중문화의 이해』(2010), 63-64쪽 참조.
4_ 이 점에 관해서는 선우현, 『자생적 철학체계로서 인간중심철학』(2009), 414-415쪽 참

실상이 이와 같지만, 마르크스주의 철학은 여전히 문화에 관한 한 경제 중심적인 관점에 함몰되어 있다. 즉 특정 생산양식이나 사회구성체와 무관하거나 그것을 초월한 문화 혹은 문화 형태는 존재하지 않는다고 보고 있다. 이러한 입장은 특정 생산양식을 아우르고 넘어서는 보편적인 도덕의식이나 인간(형)은 존재하지 않는다는 전통적인 마르크스주의적 도덕관이나 인간론과 그대로 연결된다.[5]

그러한 입론에 의하면, 자본주의 사회구성체에서는 그에 적합한 자본주의적 도덕과 자본주의적 인간형이 대응하며, 사회주의 체제에서는 그에 부합하는 사회주의적 도덕관과 인간형이 새로이 형성, 존속하게 된다. 이는 결국 특정 사회구성체의 생산양식이나 생산관계의 집합체인 토대에 의해 그에 상응하는 특정 도덕 체계와 인간형이 결정되고 구성된다는 주장으로 이어지는데, 그에 따르면 새로운 사회주의 사회에서의 도덕의식이나 인간형은 사회주의 체제의 경제적 토대에 의해 규정된다. 결국 마르크스주의의 관점에서 볼 때, 보편적 인간성이나 본성, 보편적 예술이나 문화는 존재하지 않는다. 그리하여 가령 마르크스주의 극작가인 브레히트(B. Brecht) 같은 이는, 자본주의 체제 내에는 자본주의적 계급 문학과 문화만이 존재할 뿐 그러한 체제를 넘어서거나 극복하고자 하는, 체제 초월적인 이른바 순수문학이나 순수 문화는 그 어디에도 존재하지 않는다고 주장하기에 이른다.[6]

조.

5_ 가령 마르크스주의 철학은 인간의 본성을 고정된 것으로 보는 대신에, 그가 속해 있는 사회의 '사회적 관계의 총체'로 보고자 한다. K. Marx, *Thesen über Feuerbach*, *MEW* 3(1969), 7쪽.

6_ 이러한 브레히트의 비판적 시각에 관해서는 홍승용, 「루카치-브레히트 논쟁」(1985), 152-154쪽 참조.

3. 비판 이론 1세대의 현대사회 문화 비판론: '문화 산업론'

1) 마르크스주의의 '토대/상부구조' 구도 비판과 문화의 자율적 구조 옹호

호르크하이머, 아도르노를 대표자로 한 비판 이론은 상부구조, 즉 문화나 정치, 법률과 도덕 등은 마르크스주의의 주장처럼 경제적 토대에 의해 일방적으로 규정되는 것이 아니라, 그 자체 자율적 구조와 논리를 지니고 있는 것으로 본다. 그에 따라 비판 이론은 상부구조의 하나인 정치는 상징 조작 등을 통해 끊임없이 새로운 '통치 및 지배 이데올로기'를 만들어 내어 유포시키고 있음을 논증해 보이고 있다. 예컨대, 비판 이론은 1930년대의 독일적 상황과 관련하여, 히틀러의 집권과 함께 구축된 '독일 파시즘'은 문화나 정치와 같은 상부구조가 하부구조인 경제적 토대로부터 독립해 나와 그 자체 능동적이고 자율적인 힘을 갖고 혁명적, 정치적 위기 상황에 대처할 수 있음을 보여 주는 대표적인 사례임을 피력하고 있다. 무엇보다 그러한 파시즘의 출현에 자주적·능동적으로 맞대응하면서 조직적으로 저항할 것으로 예견되던 피억압 노동계급의 투쟁을 적절히 제어하고 체제 내에 흡수할 만큼, 강력한 조정력과 힘을 갖추고 있었다는 점에서,[7] 상부 구조의 독립적 구조와 자율적 논리를 적극 개진하고 있는 것이다.

익히 알려진 것처럼 마르크스의 '사회적 존재에 의한 의식 규정'[8] 테제에 따르면, 생산력과 생산관계 간의 모순은 자본(가)계급과 노동(자)계급의 의식에 반영되어 상호 간의 계급적 대립 및 투쟁으로 이어지며, 그 과정에서 노동(자) 계급은 자본주의 체제의 구조적 모순을 인식하고 그에 대한 변혁적 실천 투쟁을 벌이게 된다. 하지만 비판 이론에 의하면, 토대의 구속과 종속에서 벗어나 독립적인 상부구조의 자율적 논리는 오히려 자체의 고유한 속성에 따라 정치적 상징 조작이나 이데올로기의 제시 등을 통해

7_ 이에 관해서는 A. Swingewood, *The Myth of Mass Culture*(1977), 12쪽 참조.

8_ K. Marx/F. Engels, *Die deutsche Ideologie, MEW* 3(1969), 27쪽.

노동계급으로 하여금 그러한 문제점과 한계를 제대로 인식하지 못하도록 만들며, 체제 순응적인 계급으로 순치시켜 나갈 수 있다는 것이다.

그러면서도 다른 한편으로 비판 이론은 자본주의 체제가 공고하게 자리 잡아 나가면서 자본의 논리, 곧 상품의 논리가 문화 영역에 침투해 들어와 문화를 하나의 상품으로 전락시키는 병리적 사태가 초래되고 있음을 또한 목도하고 있다. 마르크스주의식 용어로, 토대와 상부구조는 서로 독립되어 존재하고 있지만, 그럼에도 '경우에 따라' 상부구조, 특히 문화가 토대의 경제 논리에 포섭되어 물화되어 가고 있는 사실을 포착할 수 있다는 것이다. 물론 무조건 일방적으로 경제 논리에 종속되어 휘둘리는 것은 아니며, 그러한 경제 논리의 문제점과 한계를 비판적으로 인식할 수 있다는 것이다.

그런데 바로 이 지점에서 비판 이론의 한계점이 드러나고 있다. 곧 비판 이론은 자본의 논리가 자신의 관할 영역에서 벗어나, 다른 논리에 토대하고 있는 교육이나 문화와 같은 영역에 침투해 들어가 자신의 논리를 전면적으로 확산시켜 나감으로써 교육을 지위 상승과 세속적 권력 획득을 위한 도구로 변질시키고 문화를 상품화해 버리는 실태를 자본주의적 병리 현상으로서 제대로 포착하여 비판하고 있다. 하지만 단지 그러한 사태에 대한 시대 진단에 머무르고 있을 뿐이다. 그에 대한 극복 대안이나 실천적 해결 방안에 관해서는 설득력 있는 현실적 방안을 제시하고 있지 못하다. 그저 자본주의적 물화 현상에 대한 전면적인 비관주의적 진단을 내놓는 데 그치고 있는 것이다.[9]

이를 좀 더 자세히 살펴보면, 비판 이론은 '사회 인식론'의 차원에서 사회 구성원들의 이성이 전적으로 자신의 이해관계에 부합하는가에 따라 옳고 그름을 따지는 '도구적 이성'으로 변질, 전락되어 나가는 상황, 그것도 전면적으로 도구화되어 나가는 '도구적 이성의 총체화' 실태를 적확히 포착하여 비판적으로 폭로하고 있다.[10] 이는 인간이 이성적 계몽과 자각을

9_ 이에 관해서는 T. McCarthy, *The Critical Theory of Jürgen Habermas*(1985), 176쪽 참조.
10_ 문현병, 『프랑크푸르트학파의 사회비판이론』(1993), 221–222쪽 참조.

통해 신화와 야만에서 벗어나리라 예견되었던 기존의 낙관적 장밋빛 전망이 빗나가면서, 오히려 인간을 새로운 신화와 구속, 야만에 놓이게 하는 이른바 '계몽의 역설'[11]로서 표현되고 있기도 하다. 이처럼 비판 이론이 개진하고 있는 '새로운 야만으로의 진입' 사태나 '인간 이성의 전면적 도구화' 실상에 대한 근본적 비판은 규범적 차원에서 정당하게 이루어진 것이다. 하지만 결정적인 문제는 그러한 '비판의 규범적 토대'를 제시하지 못하고 있으며, 동시에 그러한 '비극적 사태로부터의 탈출구'를 성공적으로 제시하지 못하고 있다는 사실이다.

이와 동일한 방식으로, 비판 이론은 또한 경제의 논리 혹은 자본의 논리가 그것과는 그 작동 토대가 전혀 이질적인 '상징적 재생산'의 영역에 침투해 들어와 고유한 내적 작동 논리를 대체하고 기능함으로써 문화와 예술마저도 하나의 사고 팔 수 있는 상품으로 전락하고 그 자체의 고유한 성격을 상실해 버리는 현상이 전면화 되어 나가는 사태를 지적, 폭로하고 있다. 이때 상품화된 문화는 저급 문화로서 '대중문화'나 '고급문화' 할 것 없이 모두 문화 산업의 산물이자 도구적 가치만 지닌 상품으로 드러난다.

이렇듯 비판 이론은, 현대 자본주의 체제 하에서의 문화와 예술은 그 자체가 갖고 있는 고유한 속성을 상실하고 자본주의에 의해 새롭게 창조된 허위적 요구 혹은 물질적 소비 욕구를 충족시키는, 문화 산업의 생산물로서 상품으로 전락해 나가는 부정적 실태를 고발하고 있다. 그와 함께 비판의 토대나 척도마저 문화 산업에 포섭되어 무비판적으로 도구화되었다는 비관적인 사회 진단을 내리고 있다.

하지만 비판 이론의 관점과는 달리, 문화 산업의 전횡을 비판적으로 인식하고 고발할 수 있는, 아울러 문화 산업의 논리에 포섭되지 않은, 문화 소비자들의 비판적 사고와 의식 또한 실재하고 있다. 게다가 대중문화 가운데에도 상품의 논리에 전면적으로 지배당하지 않으면서 오히려 그러한

11_ Th. W. Adorno/M. Horkheimer, Dialektik der Aufklärung(1987), 13쪽.

대중문화의 한계나 상품화 경향을 비판할 수 있는 비판적 대중문화 또한 엄연하게 존재하고 있다.

물론 이러한 상황에 비추어 비판 이론의 한계가 드러나기는 하지만, 그럼에도 후기 산업사회의 문화가 돈의 논리, 도구적 합리성에 함몰되어 물질적 이윤이나 이해관계를 추구하는 문화 상품으로 전락하고 그에 대해 개별 사회 구성원들이 자발적으로 순응해 나가는 사태에 대한 비판적 고발은 충분히 철학적 의미를 지니고 있다. 특히 상품의 논리에 일방적으로 이끌려 문화 상품에 탐닉하게 되면서도, 마치 개인들은 자신의 의지와 선택에 의해 자발적으로 문화 산업의 논리를 수용하는 것이라고 오인하게 된다는 점 등을 드러내 밝힌 점은 탁견이라 하지 않을 수 없다. 이를 부르디외(P. Bourdieu) 식으로 표현해 보면, 문화의 차원에서 '상징 폭력'이 행사되고 있지만, 그것은 상징화·코드화 되어 있어 가시적으로 드러나지 않는 가운데, 그것을 폭력이 아닌 자발적인 수용적 행위로서 바라보게 만드는, 이른바 오인의 메커니즘이 작동하고 있는 것이다.[12] 그와 같은 사실을 비판 이론 1세대는 문화 산업론을 통해 비판적으로 고발하고 폭로해 보여 주었던 것이다.

2) 자본주의 체제에서 문화 산업의 기능과 그 산물로서 문화 상품

비판 이론 1세대의 문화론에서 일차적 비판 대상은 다름 아닌 문화 산업이다. 문화 산업이라는 명칭은 비판 이론 1세대인 호르크하이머와 아도르노의 공저 『계몽의 변증법(Dialektik der Aufklärung)』에서 처음으로 등장하였다.[13] 문화 산업이란 거칠게 말해서, 개인으로서 주체의 사망을 강요하면서 주체를 사회구조의 단순한 기능으로 전락시키는 '관리사회'[14]에서

12_ 이 점 대해서는 P. Bourdieu, La Reproduction(1970), 18-20쪽 참조.
13_ 보다 정확히 말하면 "문화산업: 대중기만으로서 계몽"이라는 제목의 장(章)에서 본격적으로 등장하여 논의되고 있다. Th. W. Adorno/M. Horkheimer, *Dialektik der Aufklärung*(1987), 144-196쪽 참조.
14_ 관리사회란 아도르노에 의해 붙여진 명칭으로서, 도구적 합리성과 교환가치라는 사회

문화가 생산되고 소비되는 방식을 가리킨다. 이를 좀 더 상세히 언급해 보면, 2차 세계대전 후 서구 사회의 문화적 형식들이 급격히 상품화되는 과정에서, 그러한 과정을 주도한 영화와 라디오, TV와 대중가요, 만화와 신문, 잡지 등과 관련된 산업 전반을 가리킨다.[15]

호르크하이머와 아도르노에 의하면, 문화 산업은 작금의 자본주의 체제에서 수다한 부정적 기능과 역할을 수행하고 있다. 그런데 이때 비판 이론이 비판하고자 하는 문화 산업과 그것의 산물로서 왜곡·변질된 문화 혹은 문화 상품은 단지 저급 문화로서 대중문화만을 염두에 두고 있는 것은 아니다.[16] 비판 이론이 비판적 고찰의 대상으로 삼는 대상은 대중문화와 고급문화를 모두 포괄하는 것이며, 그런 한에서 단순히 대중문화의 향유자요 소비자인 일반 대중 또한 비판의 중심적 타깃은 아니다.

비판 이론이 문화 산업에 대한 비판적 공격을 통해 보여 주고자 하는 핵심 요지는 자본의 논리 또는 상품 논리에 의해 문화가 의도적으로 조직되고 계획되는 점증하는 계기의 위험성이다.[17] 이를 마르크스주의 철학의 해석 방식으로 환원해 보면, 문화의 산출과 전승을 전담하고 있는 문화적 영역에 자본의 논리가 침투해 들어와 문화를 상품화하는 자본주의적 물화 메커니즘이요, 하버마스(J. Habermas)식으로 풀어 보면 상징적, 문화적 재생산이 이루어지는 생활세계에 체계의 논리가 침투해 들어와 이윤 관철을 위한 소비의 대상물로 문화를 전락시키는 식민화 과정을 가리킨다.[18] 이렇게 볼 때, 이 비판 이론이 문화 산업 비판론을 통해 비판하려는 대상은, 저급 문화로서 대중문화뿐 아니라 고급문화까지도 전부 포함한 문화 일반을 단순한 문화 상품으로 변질시키도록 작동하는 문화 산업의 속성과 논

관계의 모순이 인간관계를 총체적으로 지배하는 사회를 가리킨다. 나병철, 『모더니즘과 포스트모더니즘을 넘어서』(1999), 165쪽 참조.

15_ 전경갑/오창호, 『문화적 인간·인간적 문화』(2004), 199쪽.

16_ 이 점에 관해서는 노명우, 『계몽의 변증법: 야만으로 후퇴하는 후퇴』(2005), 210-211쪽 참조.

17_ 노명우, 『계몽의 변증법: 야만으로 후퇴하는 후퇴』(2005), 210쪽, 214쪽.

18_ 선우현, 「문화산업 논리의 구현체로서 디즈니 만화영화」(2008), 106쪽.

리를 비판적으로 드러내 고발하려는 것이다.

그렇다면 비판 이론은 어떠한 근거와 이유에서 문화 산업과 그것의 산물인 문화 상품을 비판하고 있는지 살펴보기로 하자. 우선, 비판 이론은 문화 산업이 탈(脫)이데올로기적 양태를 취하고 있는 것처럼 비치지만, 사실상 시장과 자본의 논리를 정당화하는 이데올로기를 추구하고 관철하고 있다고 비판한다. 비록 외관상으로는 가치중립적인 것처럼 위장하고 있으나, 실제로는 자본주의 체제와 시장 논리를 정당화하고 지배계급의 입장을 옹호하는 이데올로기를 지속적으로 유포하고 확장시켜 나간다는 것이다.[19]

가령 TV 드라마와 영화 등은 현존 체제를 정당화하는 메시지와 코드, 특정 가치관을 일반 대중들에게 은밀하게 유포하고 주입함으로써 현 사회체제의 구조적 모순이나 문제점을 인식하지 못하거나 오인하게끔 만듦으로써 마치 현 자본주의 사회는 아무런 문제도 없는 가장 바람직한 사회체제인 양 수용하도록 의식화한다는 것이 비판 이론의 비판적 지적이다.

다음으로, 문화 산업은 말초적 즐거움을 충족시키는 오락거리를 끊임없이 제공해 줌으로써 겉으로는 대중들의 피로와 스트레스를 풀어 줄 수 있는 정신적 피난처로서의 역할을 하는 것처럼 비쳐지지만, 실제로는 그러한 기능을 통해 긴급한 사회문제나 정치적 실상에 대해 냉소적이며 패배주의적인 태도와 정치적 무관심을 초래한다는 점을 또한 비판 이론은 지적하고 있다.[20] 다시 말해, 문화 산업은 다양한 문화 상품들을 대중들에게 제공해 줌으로써 일시적인 해방의 통로를 제공해 주고 있는 듯 보이지만, 실제로 그러한 해방의 공간은 현실 도피에 다름 아니며, 실제 현실에서 처하게 되는 난관을 극복함으로써 확보되는 진정한 현실 해방은 아니라는 것이다. 그것은 일시적으로 느끼는 '거짓된 해방'이자, 마약처럼 잠시 행복한 듯 착각에 빠지지만 깨어나면 더 큰 현실의 고통을 맞게 되는 그런 가짜 해방이라는 것이다.[21]

19_ 선우현, 「문화산업 논리의 구현체로서 디즈니 만화영화」(2008), 107쪽 참조.
20_ 선우현, 「문화산업 논리의 구현체로서 디즈니 만화영화」(2008), 107쪽 참조.
21_ 노명우, 『계몽의 변증법: 야만으로 후퇴하는 후퇴』(2005), 237쪽; 노성숙, 「일상의 미학

세 번째로, 비판 이론에 의하면 문화 산업은 개인들에게 성실한 노동을 통해 각자의 꿈을 이루고 자아실현을 구현하도록 애쓰게 하기보다는 우연적인 요행이나 로또 복권에 당첨되길 바라는 것과 같은 비현실적이며 바람직스럽지 못한 삶의 방식을 선호하게끔 만든다는 점에서 문제라고 비판된다.[22] 이는 궁극적으로 현실에 살고 있으면서도 마치 드라마와 같은 가상 세계에서나 실현될 수 있는 비현실적 상황을 실제 현실인 것처럼 대중들을 호도하는 결과로 이어진다.

넷째, 문화 산업은 그것이 만들어 제공한 문화 상품의 소비와 향유가 마치 대중 일반이 주체적으로 결정하고 자율적으로 선택하여 이루어진 것처럼 주장하고 있지만, 사실은 문화 산업을 추동하는 문화 산업체와 그것과 긴밀히 연결되어 있는 '경제적 실력자' 및 '정치적 권력자'들이 그렇게 만들고 있는바,[23] 그런 한에서 결정적인 문제점을 노정하고 있다고 비판 이론은 지적하고 있다.[24] 겉으로는 마치 문화 산업의 산출물을 소비하는 대중은 주체적 판단 의식과 선택할 수 있는 권리를 지닌 존재인 것처럼 비쳐진다. 하지만 문화 상품을 공급하는 기업체 및 문화 산업체 등에 의해 그 선택의 양과 폭이 일방적으로 결정되고 있는 것이 현실이라는 것이 비판 이론의 비판적 지적이다.

끝으로, 비판 이론은 대중들로 하여금 일체의 비판적 사유나 성찰적 사고를 하지 못하도록 문화 상품을 통해 대중들의 의식을 규제·제어함으로써 아무런 '생각 없이 사는 삶'을 조장하고 있는 것이 바로 문화 산업이라고 비판하고 있다.[25] 가령 문화 상품의 수동적 향유자로서 대중은, 쉬는 날 집에서 TV나 DVD 등을 보는 경우에도, 단지 드라마나 영화의 내용 전개에만 관심을 갖고 몰입할 뿐 비판적 성찰이나 반성적 사고를 하지 못하게

과 아도르노」(2002), 234쪽 참조.

22_ 선우현, 「문화산업 논리의 구현체로서 디즈니 만화영화」(2008), 108쪽 참조.

23_ 문현병, 「현대문화와 문화산업」(1999), 139-141쪽 참조.

24_ 선우현, 「문화산업 논리의 구현체로서 디즈니 만화영화」(2008), 110쪽 참조.

25_ 선우현, 「문화산업 논리의 구현체로서 디즈니 만화영화」(2008), 111쪽 참조.

끔 작용하는 이념적 코드나 메시지는 별다른 의심 없이 혹은 의식하지 못한 채 무반성적으로 수용하고 있다는 것이다.[26] 그러한 전달과 수용 과정의 이면에는 효율성과 생산성, 무사유성의 논리가 작용하고 있지만, 문화 산업은 그러한 과정을 아무런 문제가 없는 정상적인 것처럼 오인하게 만드는 까닭에, 문화 소비자로서 일반 대중은 이를 제대로 자각하지 못한 채 그저 재미있게 즐길 뿐이라는 것이다.

3) 문화 산업론의 한계: 문화 현상에 대한 전면적 비관주의와 실천적 대안 제시의 어려움

비판 이론의 1세대, 특히 호르크하이머와 아도르노가 주도한 현대 산업 사회에서 문화 현상에 대한 비판적 입론은 그것이 지닌 철학적 의의와 의미에도 불구하고 동시에 치명적인 한계를 드러내고 있다.

우선, 비판 이론은 현대사회의 문화(현상)에 대해 총체적인 비판적 진단을 내리고 있으며, 그로 인해 '수행적 모순' 혹은 '자기 반박적 모순'을 범하고 있다.[27] 익히 알려진 것처럼, 비판 이론 1세대는 현대사회에 대한 근본적 비판을 통해 도구적 이성이 총체화 되어 버린 실태를 비판적으로 드러내었다. 한데 이러한 비판은 나름 타당성과 정당성을 갖고 있지만, 근원적으로 그러한 비판의 기준 내지 척도를 제시하지 못하는 치명적 한계를 드러낸다. 모든 이성이 도구화되어 있다면, 비판 이론이 제기하는 비판의 척도 역시 도구적 이성으로 변질되어 비판적 통찰이나 규범적 진단을 내릴 능력을 지니지 못하기 때문이다.

26_ 이와 관련, 아도르노는 자신의 논문 「대중음악에 관하여」에서, 문화 산업은 자본주의 체제 하에서 힘든 노동을 강요당하며 살아가는 노동자들로 하여금 귀에 익은 친숙한 대중음악에 젖어들게 함으로써, 노동의 어려움과 피곤함을 수동적인 청취를 통해 달래고 잊게 만들고 있다고 지적한다. 동시에 그로 인해 노동자들은 노동의 소외나 왜곡에 대해 비판적으로 사유하고 그것의 타개를 위한 실천 방안을 모색하려는 시도를 단념하게 된다고 비판하고 있다. 박정하, 「문화를 보는 철학」(2001), 28쪽 참조.
27_ 선우현, 『사회비판과 정치적 실천』(1999), 27쪽 참조.

이와 마찬가지로, 비판 이론은 현대 산업사회의 모든 문화가 문화 산업의 논리에 포섭되어 문화 상품으로 전락되어 나가는 사태를 적절하게 해명하고 있다. 그러나 그러한 문화 산업의 논리나 자본의 논리에 예속되지 않은 채, 문화 그 자체의 고유성과 자율성을 지닌 경우도 적지 않다. 결국 저급 문화나 고급문화를 불문하고 그 배후에 자리하고 있는 문화 산업의 논리, 자본의 논리가 문화를 하나의 상품으로 전락시키고 있다는 비판적 지적은 '부분적으로는' 타당하지만, 문화 현상에 대한 총체적인 '근본적 진단'으로는 적절성을 상실하고 있는 셈이다. 바로 이런 점에서 비판 이론은 현대 문화에 대해 총체적인 비판을 제기함으로써 자기 모순적 상황에 처해 있는 것이다.

다음으로, 비판 이론은 그러한 문화 현상에 대한 비판적 진단으로 인해 온통 '비판적인 입장'에 머물러 있으며, 그에 따라 그에 대한 극복 방안을 제시하지 못하는 문제점을 드러내고 있다. 물론 부분적으로 그러한 부정적 사태에 대한 탈출구를 제시하고는 있다. 가령 아도르노는 쇤베르크의 현대음악에 대해 높은 문화적 가치를 부여하면서 이를 '자율적 예술'의 한 형태로 간주하고, 이러한 새로운 문화 형식을 통해 문화의 총체적 상품화로부터 벗어날 탈출구를 마련하고자 시도한다.[28] 그에 의하면, 자율적 예술은 기존의 예술적·문화적 형식에서 벗어난, 다시 말해 도구적 합리성의 지배로부터 벗어난 새로운 형식의 예술인바, 이로부터 아도르노는 문화 산업을 가능하게 하는 자본주의 체제의 변혁 가능성을 찾고자 한다.

하지만 이는 현실적 대안이 되지 못하며, 더욱이 반대중적이며 엘리트주의적 혐의로부터 또한 완전 자유롭지 못하다. 요컨대 자본주의 체제에 대한 사회변혁은 궁극적으로 대중의 비판 의식과 실천을 통해 그 가능성을 확인할 수 있는데, 기존의 도구적 문화 형식에서 벗어나 있는 자율적 예술은 대중의 보편적 정서에서 비켜나 있으며 소수의 엘리트 계급만이 접근

28_ 이강화, 『문화이론과 현실』(2003), 168쪽; 김창남, 『(전면 2개정판) 대중문화의 이해』(2010), 68쪽 참조.

할 수 있는 것이기 때문이다.[29]

4) 비판 이론 내의 예외적 문화 입론: 현대 대중문화에 대한 벤야민의 신중한 긍정적 시각

비판 이론 1세대 가운데 벤야민(W. Benjamin)은 이제까지 살펴본 바와 같이, 저급 문화와 고급문화를 아우르는 문화 전반에 초점을 맞추어 개진되고 있는 비판 이론의 문화 및 문화 산업 비판론의 노선에서 일정 정도 비켜나, 현대사회의 문화에 대한 상이한 입장을 취하고 있다. 이 점은 1936년 발표된 그의 논문 「기술복제시대의 예술작품」[30]에서 고스란히 드러난다. 벤야민은 여기서 기존의 비판 이론가들과는 달리, 문화 일반 특히 대중문화에 대해 낙관적인 태도와 해석을 보여 주고 있다.

앞에서 이미 살펴본 것처럼, 비판 이론 1세대들의 경우는 대체로 대중 복제 기술이 널리 확산되어 나가고 있는 후기 자본주의 사회에서 대중문화나 대중 예술작품에 대해 그것이 지닌 '지배 이데올로기'로서의 기능에 주목하여 신랄하게 비판하고 있다. 그처럼 비판 이론가들 대부분이 대중문화를 비롯한 현대 자본주의 사회의 문화(현상)를 부정적 · 비관적으로 바라보고 있었던 데 비해, 같은 비판 이론 진영에 속했던 벤야민은 '상대적으로' 문화, 특히 '대중문화'를 조심스럽지만 다분히 긍정적으로 파악하고 있다. 다시 말해, 벤야민은 문화 산업과 그것의 산물로서 문화(상품)가 대중을 기만하는 이데올로기적 기능을 수행하고 있다고 비판하는 비판 이론가들의 입장에 기본적으로 동의하면서도, 대중문화에 대해 근본적 불신을 보였던 비판 이론가들과 달리 '기술적으로 대량 복제된 대중문화'에

29_ 이 점은 자본주의 체제 하에서의 노동계급에 대한 실망감을 표현하면서 지식인과 학생 주축의 엘리트 계급에 의한 사회변혁을 주창하고 있는 1세대 비판 이론가 마르쿠제의 철학적 입장과 그 맥을 같이하고 있다.
30_ W. 벤야민, 「기술복제시대의 예술작품」(1983), 197-231쪽.

관해 비교적 낙관적 태도를 견지하고 있었던 것이다.

이렇듯 벤야민은 비판 이론 1세대 그룹 내에서 거의 유일하게 상대적으로 보다 우호적이며 긍정적인 시각에서 대중 예술에 내재해 있는 '예술의 정치화 가능성'과 그로부터 도출될 수 있는 '대중의 정치적 잠재력'을 읽어 내고자 시도하고 있다.[31] 이런 한에서 '계몽의 변증법'에서 이루어진 문화 산업 비판론은 다분히 벤야민의 입론에 대한 보다 적극적인 비판적 주장의 성격을 띠고 있다고 볼 수 있다.[32]

벤야민에 의하면, 고전적 예술작품이나 고급문화를 대할 때 대다수 대중은 일종의 예술적 카리스마 혹은 '아우라(Aaura)'에 빠져 맹목적으로 숭상·예찬하거나 무비판적으로 수용하는 경향을 보여 왔다.[33] 하지만 오직 하나뿐인 진본성(眞本性)에서 비롯된 신비적 경외감이나 경이적인 숭고미가 고전적 예술작품의 특징이었던 과거와 달리, 대량 복제 기술이 일반화된 오늘의 예술은 상품적 가치와 전시적 가치를 지니게 됨에 따라, 이전의 고급 예술이 대중화되고 일상적으로 쉽게 접할 수 있게 됨으로써 고급 예술에 특유한 아우라가 현저히 쇠퇴하게 되었다. 아울러 과거의 수용 방식은 작품 그 자체의 가치를 비판적으로 검토하기에 앞서 예술작품 자체를 신비로운 경외감과 무비판적 동일시의 대상으로 삼았으나, 고급 예술을 언제 어디서나 접할 수 있게 된 오늘의 기술 복제 시대에 있어서 일반 대중은 예술작품과 일정한 거리를 두고 비판적으로 수용할 수 있게 되었다.[34] 이러한 사실은 일반 대중에게 문화적 실천을 통해 현실 자본주의 체제의 모순을 인식하고 비판할 수 있는 비판적 성찰의 힘과 변혁적 잠재 능

31_ 김창남, 『(전면 2개정판) 대중문화의 이해』(2010), 72쪽 참조.
32_ 이와 관련하여, 대량 복제가 가능하게 된 산업사회에서의 예술의 위상에 관한 벤야민의 입장과 전적으로 대립되는 아도르노의 견해에 관해서는 Th. W. Adorno, "Kunst im industriellen Zeitalter"(1972), 322-326쪽 참조.
33_ '아우라' 개념의 의미에 대해서는 W. 벤야민, 「기술복제시대의 예술작품」(1983), 186-188쪽 참조,
34_ 이강화, 『문화이론과 현실』(2003), 189-170쪽; 김창남, 『(전면 2개정판) 대중문화의 이해』(2010), 71-72쪽 참조.

력을 기대할 수 있다는 것을 가리키는바, 이로부터 벤야민은 이른바 '예술의 정치화'를 주창한다.[35]

4. 문화 산업에 대한 비판적 통찰 및 규범적 제어의 가능성: 하버마스의 낙관론적 · 성찰적 현대 문화론

  호르크하이머와 아도르노, 마르쿠제로 대변되는 비판 이론 1세대를 잇는 철학적 적자(嫡子)로서 2세대 비판 이론가인 하버마스는 1세대 비판 이론가들이 내놓은 대안 없는 비관적 시대 진단에 반(反)하여, 설득력 있는 근거 제시와 함께 당면 문제를 해결하고 극복할 수 있는 방안을 담은 '이성적인 낙관론적 입장'을 개진하고 있다. 물론, 하버마스의 경우도 초기에는 비판 이론 1세대의 영향을 크게 받아 현대사회의 문화에 관한 비판 이론의 비관적 입론을 일정 정도 수용하는 자세를 보였다. 즉 현대 문화 속에는 지배계급의 이데올로기가 투영되어 있으며, 일반 대중을 수동적인 맹목적 추종자들로 만드는 수단적인 상품으로 현대 문화가 왜곡 · 전락해 버렸다는 비판 이론의 비판적 해석을 수용하여 이를 공론장의 변질 · 왜곡 과정에 대한 해명을 통해 논증해 보이기도 하였다.[36]
  하지만 하버마스는 그러한 비관적 입장에서 벗어나 보다 '균형적인 시각'에서 현대 문화의 지평을 비판적으로 분석하고 검토하여, 현대사회의 문화에 대해 문화 산업화 및 상품화 경향으로부터 벗어날 수 있는 통로와 방안을 적극적으로 모색, 제시하기에 이르렀다. 요컨대 하버마스는 '이성의 도구적 총체화'나 '계몽의 역설'이라는 비판 이론의 시대 진단과 관련하여,[37] 그것을 역설 내지 비관적 사태로 바라보는 대신 극복되거나 해결

35_ 이에 관해서는 W. 벤야민, 「기술복제시대의 예술작품」(1983), 191쪽 참조.
36_ 이 점에 관해서는 J. 하버마스, 『공론장의 구조변동』(2001), 268-292쪽 참조.
37_ Th. W. Adorno/M. Horkheimer, *Dialektik der Aufklärung*(1987), 1-2쪽 참조.

할 수 있는 것으로 진단하였던 것이다.

그리하여 하버마스에 의하면, 근대화의 역리적 사태는 이성을 도구적인 것으로 파악하는 협소한 이성관에서 벗어나 '도구적 이성(이론적 이성)'을 비롯하여 '도덕적 이성,' '심미적 이성'으로 이루어진 '포괄적 이성'으로 파악할 경우, 그러한 비관적 사태에서 벗어날 수 있는 탈출구가 확보된다.[38] 왜냐하면 도구적 이성의 총체화란, 사실상 이러한 포괄적 이성이 도구적으로 일면화 되는 사태에 다름 아니기 때문이다. 그러므로 일면적으로 축소된 이성을 세 가지 합리성 복합체로 이루어진 포괄적인 의사소통적 이성으로 복원하면 도구적 이성의 전면적 확산의 문제는 극복되며, 계몽의 기획 역시 여전히 추구될 수 있는 것이다.[39]

이와 마찬가지로, 비판 이론 1세대가 개진하고 있는, 문화 산업의 전면적 확산으로 인해 — 따라서 자본의 논리, 아울러 도구적 이성의 논리에 따라 — 초래되는 '문화 일반의 총체적 상품화 사태' 역시 무조건 비관적 사태로만 바라볼 필요는 없다는 것이 하버마스 문화론의 본질적 입장이다. 즉 하버마스는 질적 차이를 양적 차이로, 고유한 내적 가치를 자본적 가치로 전환시키며, 경제적 이해관계만을 따지는 도구적 이성 및 기술적 합리성의 논리에 따라 대중문화를 비롯한 문화가 변질·왜곡되는 사태는, 비판적 성찰과 규범적 가치판단을 수행하는 포괄적 이성이자 절차적 이성인 의사소통 이성에 따른 문화로 복원함으로써 넘어설 수 있다고 본다.

하버마스의 문화론에 따르면, '상징적 재생산'이 이루어지는 생활세계는 문화의 산출, 전승 등이 이루어지는 영역이다. 그런데 여기에 물질적 재생산의 영역에서 작동하는 체계의 논리(자본의 논리, 상품의 논리)가 침투해 들어와 생활세계의 의사소통적 논리를 대체함으로써 초래되는 사태가 다름 아닌 '생활세계의 식민화'이다. 그리고 그것이 함유한 주된 내용 중의 하나가 다름 아닌 현대 자본주의 체제 내 '문화의 상품화,' '문화 산업의

38_ J. Habermas, Theorie des kommunikativen Handelns 1(1981), 440-448쪽 참조.
39_ 선우현, 『사회비판과 정치적 실천』(1999), 154-155쪽 참조.

전면적 확산' 사태이다. 이처럼 생활세계에 본래 그 뿌리를 두고 있던 문화 — 대중문화와 고급문화를 포함하여 — 는 체계 논리에 기초하고 있는 문화 산업의 확산과 그에 따른 영향으로 인해 상품으로 전락해 간다. 하지만 그렇다고 해서, 그것을 불가피하게 수용할 수밖에 없는 그런 부정적이며 비관적인 체념적 사태로서 간주되지는 않는다.

이러한 하버마스의 관점에 따르면, 예컨대 일반 대중은 텔레비전 프로그램을 볼 때에도 그저 수동적이며 현실 순응적 자세를 지닌 채 아무 생각 없이 시청하는 것은 아니다. 그러한 프로그램의 문제점을 파악할 수 있으며, 그러한 프로그램이 의도적으로 우리에게 현실 안주적 이데올로기와 세계관을 은밀한 방식으로 주입하고 있음을 비판적으로 간취할 수 있다.[40] 이는 인간의 이성이 단지 이익이나 계산만을 행하는 도구적인 것이 아니라, 비판적 성찰을 수행하고 있음을 말해 준다.

더욱이 이러한 잠재적 능력을 갖춘 이성은 상호 담론과 대화, 토론과 논쟁의 과정을 거치면서, 개인의 차원에서 가지고 있던 문제의식과 비판적 인식을 상호 공유하고 확산시켜 나가면서 오늘날의 문화 산업의 문제점이나 그것으로 초래된 문화의 변질이나 병리 현상 등에 관해 비판적 폭로를 확대해 나간다. 그 결과, 대중문화 등으로 인해 현실 순응적 태도나 정치적 무관심의 자세로부터 보다 현실 비판적·자율적 태도로의 전환이 가능해지며, 문화 산업에 대한 비판적 통찰과 제어를 통해 변질된 대중문화를 온전한 형태로 복원할 수 있는 가능성이 확보된다. 가령 '인터넷 사이트' 상에서의 토론 형태들을 비롯한 다양한 종류의 '대중매체'들을 통해 문화적 병폐를 비판·폭로하거나, 또는 현대 자본주의 문화에 관한 강연이나 자유로운 토론 및 논쟁 등을 통해 오늘의 대중문화 혹은 문화 산업의 폐해 등을 고발하고 비판하는 것이 가능해진다.[41]

40_ 박정하, 「문화를 보는 철학」(2001), 29-31쪽 참조.
41_ 이 점은 J. 하버마스, 『의사소통행위이론 2』(2006), 596-599쪽; J. Habermas, *Theorie des kommunikativen Handelns* 2(1981), 572-575쪽 참조.

이와 같은 하버마스의 입론은 비판 이론이 진단했던 것처럼, 문화적 영역이 전면적으로 물화되고 상품화되어 문화 산업의 영역으로 전락하고 있는 것만은 아니라는 점을 강조하고 있다. 다시 말해, 이러한 현대 문화에 대해 그 문제점을 지적 · 폭로하고 필요하다면 공론화하여 이에 대한 정치적 정책을 수립하여 문제를 해결하거나 그것도 안 되면 문화 변혁적 실천 운동을 전개하도록 동기를 부여하는 (대중)문화 역시 존재한다는 것을 말해 주고 있는 것이다. 요컨대 문화 산업이 전면적으로 지배하는 위기적 상황 속에서도, 일반 대중은 (대중)문화를 산출한 문화 산업체나 문화 독점 업체 등이 의도하는 방식대로 맹목적으로 조종 · 통제되는 수동적 · 타율적 존재에 머물지 않으며, 오히려 그러한 의도를 꿰뚫고 비판하는 비판적 성찰의 주체로서 존재한다는 것이 하버마스 입론의 강조점이다. 게다가 오늘의 (대중)문화는 그 매체가 다양해져 가고 있으며, 또한 상호작용적(쌍방향적) 특성이 더욱 강화되고 있다는 점도 부언된다. 이는 일반 대중의 자발적 선택 가능성과 비판적 인식, 주체적 문제 해결 의지와 능력이 점차 커가고 있다는 것을 말해 준다.

　이러한 하버마스 문화론의 논점들을 고려할 때, 오늘의 문화적 영역 및 공간은 오직 문화 산업이 '전일적으로' 지배하고 있는 영역은 아니다. 이곳에는 자각된 사회 구성원들의 치열한 비판적 인식과 성찰을 바탕으로 상품화되고 왜곡된 문화에 대한 저항과 투쟁이 이루어지고 문제점을 해결하고 극복하려는 비판적이며 저항적인 다양한 문화 유형들이 또한 공존하고 있다. 나아가 이러한 생산적 방식의 공격적, 전투적 문화들은 작금의 문화 산업과 그로 인한 문화의 도구화 및 상품화의 문제점을 성찰적으로 자각하도록 해 준다. 동시에 현실에 안주하고 무비판적 · 일차원적 사고방식의 소유자로 살아가고 있는 우리 자신을 비판적으로 보여 주고 반성하도록 촉구함으로써, 이러한 부정적 · 비관적 사태를 극복할 수 있는 실천적 방안을 모색하게끔 해 준다.

5. 나가는 말

이제까지 우리는 "현대사회의 다양한 문화와 문화 현상을 어떻게 바라보고 이해할 것인가?"라는 문화철학적 물음과 관련하여, '문화 산업론'을 중심으로 비판 이론 내부의 다양한 문화론을 통해 대략적으로나마 그 답변을 탐색해 보았다. 그리고 그러한 탐색 작업을 통해, 현대사회의 문화(현상)에 관한 비판적 독해 방식에는 — 비판 이론 내에서도 — 크게 두 가지로 나뉘어 대립하고 있음을 알 수 있었다. 그 하나는 현대사회 문화에 관한 '비관론적' 관점의 해명 방식이다. 또 다른 하나는, 비록 현대의 다양한 문화(현상) 내에는 그러한 비관적 측면이 존재하고 있음은 사실이나, 그럼에도 충분히 그러한 부정적·비관적 요소들을 비판적으로 통찰하고 넘어설 수 있는 극복 방안을 모색·제시할 수 있다는 '신중한 낙관론적' 관점의 독해 방식이다.

전자(비판 이론 1세대의 독해 방식)를 통해 알 수 있었던 점은, 현대사회의 문화는 대체로 문화 산업 논리에 기초해 산출된 문화 상품이며, 문화 산업과 그 결과물로서 문화(상품)들은 현대 자본주의 체제 하에서 이루어지는 다양한 문화적 활동과 그 과정뿐 아니라 그러한 실천 활동의 주체인 개인들과 그들의 이성적 능력까지도 특정 전략적 의도를 관철해 나가기 위한 도구로 변질·왜곡시키는 기능을 수행하고 있다는 점이다.[42] 특히 그러한 문화 산업과 그것에 의해 생산된 문화 상품들은 개인들로 하여금 사회 현실에 대한 비판 의식을 마비시키고 '허위 욕구'를 부추겨 자아실현의 요구와 같은 '참된 욕구'를 억압함으로써, 개인을 현실에 대해 무비판적이고 순응하는 수동적 조작적 대상으로 전락시켜 버린다는 지적은 충분히 평가할 만한 것이다.

42_ 개별 사회 구성원들이 지닌 이성 및 이성적 능력의 총체적 도구화 과정에 관해서는 막스 호르크하이머, 『도구적 이성 비판』(2006), 38-66쪽; M. Horkheimer, *Zur Kritik der instrumentellen Vernunft*(1985), 28-32쪽 참조.

그에 비해 후자(비판 이론 2세대의 해명 방식)는, 현대 자본주의 사회에서 일반 대중은 '문화에 대해 비판적으로 사유하고 토론하는 공중'으로부터 '문화를 단지 상품으로서 소비하고 향유하는 수동적 대중'으로 전락한 측면이 있다는 점에서[43] 그러한 비관적 시대 진단의 성과를 일정 정도 인정하고 수용하면서도, 동시에 그로부터 벗어날 수 있는 철학적 통로를 제공하고 있다. 곧 후자는 무엇보다 비관적인 문화적 현실에 대한 비판적 평가 역시 비판적 인식과 성찰 그리고 합리적인 토론을 가능하게 하는 이성과 그 능력에 의거해 이루어졌다는 사실을 강조한다. 아울러 그러한 사실을 통해, 문화 산업 논리에 의해 문화가 상품이나 이데올로기적 도구로 전락해 버린 사태 역시 비판적으로 성찰하고 그것을 이성적 토론과 논쟁의 대상으로 삼아 논의하는 공론화 과정을 거쳐 그에 대한 극복 방안을 모색·제시할 수 있다는 전망을 내놓고 있다는 점에서, 후자 역시 충분히 평가받을 수 있다고 할 것이다.

물론 이 글은 이러한 '잠정적인' 고찰 결과를 놓고 비판 이론 1세대의 비관적 견해와 2세대인 하버마스의 신중한 낙관론적 입장 가운데 어느 것이 보다 더 설득력이 있는가를 결정하고자 하는 의도는 전혀 없다. 여기서는 단지 두 해명 방식 모두로부터 우리가 수용할 만한 유의미한 메시지와 내용이 무엇인가를 살펴보는 데 역점을 두고자 했다. 즉 전자로부터는 예리하고 근본적인 비판적 논점을, 그리고 후자로부터는 그러한 병리적 사태를 극복할 실천 방안의 모색에 관한 논점을 도출해 보는 데 주안점을 두었다. 그런 한에서 우리는 잠정적으로 '사회적 비판'과 '정치적 실천(방안)'이라는 이론적 차원과 실천적 차원에서 두 가지 유의미한 내용들을 거칠게나마 고찰해 볼 수 있는 기회를 가질 수 있었다.

그렇다면 이제 우리에게 남은 과제는 무엇일까? 그것은 이 글의 서두에서 잠깐 언급한 바 있는 '몸짱 문화'를 비롯하여 오늘날 한국 사회 도처에

43_ J. 하버마스, 『공론장의 구조변동』(2001), 68쪽.

널려 있는 다양한 문화 및 문화 현상들에 대한 본격적인 비판적 탐구를 시도하는 작업이 될 것이다. 그리고 그러한 고찰 작업을 수행하는 과정에서 비판 이론의 문화론에서 살펴본 '이론적 분석틀'과 '실천적 대안 모색 방식'은 매우 유용하고 긴요한 탐구 방법 및 지침으로 요긴하게 활용될 수 있을 것이다.

14
철학자의 현실 참여, 철학적 신념인가
현세 영합적 기회주의 행태인가?

1. 들어가는 말

1980년대 신군부 독재 정권을 이념적으로 옹호하고 정당화하는 핵심 이데올로그의 역할을 선도적으로 수행한 사회철학자가 바로 이규호이다. 익히 알려진 것처럼, 당시 신군부 독재 체제는 전두환과 노태우가 주축이 된 이른바 '하나회' 소속 정치군인들이 '12·12 군사 반란'을 일으켜 통치 권력을 강탈한 후, 이에 항거하는 민중들의 정당한 민주 항쟁을 야만적 폭력 수단을 동원해 무자비하게 진압한 바탕 위에서 구축된 반민주적이며 반민중적인 군사독재 체제였다. 때문에 당시 한국 사회의 구성원들은 늘 군사독재 정권과 정치군인에 대한 도덕적 분노와 거부감, 저항 의식을 암 암리에 드러내고 있었다. 그리고 이는 공개적으로 분출될 계기나 기회만 주어지면 언제든지 폭발될 수 있는, 엄청난 정치적 파괴력을 지닌 체제 위협 요소로 자리하고 있었다.

이에 대해 당시 신군부 집권 세력은 불안정한 통치권을 확고히 정착시켜 나가는 도정에서 기존의 폭력적 대응 방식을 여전히 답습하고 있었다. 즉 '반정부 시위에 따른 사회 혼란이 지속될 경우 북한 공산 집단이 곧바로 남침할 것'이라는 전쟁 공포 분위기를 조성하는 가운데 '민주 질서를 훼손할 경우, 국가 생존의 차원에서 여차하면 공권력을 총동원해 무자비하게 진압할 것'이라는 협박을 공공연히 가하고 있었던 것이다.

이처럼 정치적 정통성과 정치철학적 정당성이 결여된 채 물리적 강압 수단에 의존하여 간신히 사회체제를 유지해 나가고 있던 신군부 세력의 입장에서, 사회철학자 이규호의 존재는 ─ 다소 과장되게 말해서 ─ 황량한 사막에서 발견한 한 줄기 샘물 같은 이념적 구원자에 다름 아니었다. 이규호야말로 당시의 반민주적, 폭압적 군사 통치 방식의 한계를 넘어서, 군부 지배 세력에 대해 '자발적으로 복종하고 순종하는 인간형'으로 국민들을 순치시킴으로써 반민중적 군부독재 정권의 통치 기반을 안정화하는 데 결정적으로 기여한, 적어도 지배계급의 입장에서는 최고의 ─ 피지배계급의 관점에서는 어용(御用) ─ 사회철학자이자 이데올로그였기 때문이다.

그런데 이 지점에서 한 가지 궁금한 점이 떠오른다. 곧 '사회철학자로서의 이규호가 80년대 정치 현실의 전면에 나서게 된 것은 과연 어떠한 계기와 동인으로 인한 것이었는가?' 하는 의문점이다. 보다 구체적으로 '과연 이규호의 현실 참여는 세속적 지배 권력에의 사적 욕망에서 비롯된 것인가? 아니면 자신의 철학적 입장과 포부를 현실에 구현해 보고자 하는, 사회철학자로서 철학적 신념에 따른 것인가?' 하는 점이다. 이는 이 글에서 중점적으로 다루어 보려는 핵심 주제이기도 하다.

다만 본격적인 논의 작업에 들어가기에 앞서, 현시점에서 한 가지 분명히 말할 수 있는 것은 전두환 군사독재 정권 하에서 이루어진 이규호의 현실 참여는 사회철학의 관점에서 '진정한 의미'에서의 철학적 실천이 되지 못했다는 사실이다. 무엇보다 이규호는 규범적 정당성과 정치적 정통성이 갖추어지지 않았던 정치군인 집단의 반민주적 독재 정권을 거부하고 그에 맞서 저항하는 사회철학자로서의 역할을 수행하기는커녕, 반대로 선도적 체제 옹호 이데올로그로서의 역할을 통해 군부독재 체제의 유지와 강화에 지대한 기여와 공헌을 했기 때문이다. 하여 이규호의 철학적 실천은 당시 민주화를 이룰 싹마저 제거시킨 채, 80년대 내내 한국 사회를 반민중적이며 반민주적인 억압적 상태에 계속해서 묶어 두는 부정적 결과로 이어졌던 것이다.

하지만 이러한 규범적·실천철학적 평가에도 불구하고, 이규호는 훗날 정치 현실에서 은퇴한 이후에 자신의 현실 참여와 군부독재 체제의 이데올로그로서의 역할과 행태에 관해 '단 한 번도' 진심 어린 자기비판과 자기 성찰의 변(辯)을 내놓은 바 없다. 그렇다면 이규호는 혹시라도 전두환 군사정권의 핵심 이데올로그로서의 역할 수행을, 자신의 고유한 사회철학적 기획을 현실에 직접 구현해 보고자 한 '실천적 철학함'의 일환으로서, 따라서 정당한 것으로 자평하고 있었던 것은 아닐까? 그것이 아니라면, 사회철학자로서 최소한의 학자적 양심과 양식에 비추어 자신의 지난 현실 참여가 잘못된 것임을 알면서도, 자신의 철학적 과오를 애써 부정하고자 '인간적 뻔뻔함'으로 밀어붙였던 것은 아닐까?

이 글은 이러한 의문점과 궁금한 사항들을 염두에 두면서, 80년대 전두환 군사정권 하에서 결행된 사회철학자 이규호의 '현실 참여' 문제를 비판적으로 고찰해 보고, 그것이 과연 사회철학자로서의 철학적 신념과 확신에 따른 것인지, 아니면 현세 영합적인 기회주의 행태로서 이루어진 것인지에 대한 설득력 있는 해명 내지 답변을 제시해 보는 데 일차적 목표를 두고 있다.

말할 것도 없이 이러한 양자택일적 접근 방식은 이규호의 현실 참여에 대한 해석의 지평을 협소하게 만드는 측면이 분명 존재한다. 하지만 그럼에도 불구하고 이 같은 '유사(類似)' 이분법적 접근 방식을 통해 이규호의 현실 참여 문제를 논구해 보려는 것은, 단순화의 오류에도 불구하고, 사회철학적 실천으로서 그의 정치적 참여가 갖는 이론적·실천적 명암을 선명히 드러내 보여 주는 효과가 적지 않을 것이라는 판단에 따른 것이다.

끝으로, 본격적인 논의에 들어가기에 앞서 현실 정치 무대의 전면에 나섰던 주요 사회철학자들 가운데 '왜 하필 이규호인가?'라는 점에 관해 간략히 한마디 덧붙이고자 한다. 주지하다시피 이규호는 해방 이후 한국 철학계에 공식적으로 '사회철학'을 소개하고 그것의 사회적 역할과 기능을 학술적으로 규명했을 뿐 아니라,[1] 실제 사회철학자로서의 사회적 책무를 이행한다는 명분하에 현실 참여를 결행한 대표적인 사회철학자였다. 게다가 현대 서구의 대표적 사회철학 유형의 하나인 '비판 이론(Kritische Theorie)'을 독일 현지에서 직접 연구함으로써, 체제 비판을 선도할 사회철학자의 시대적 역할과 소임에 대해서도 나름 뚜렷이 인지하고 있던 실천철학자였다.[2] 그래서인지 이규호는, 자신은 이론과 실천의 통일을 지향하는 사회철학자로서 역할을 일관되게 수행하고 있다고 강변했으며 또한 적어도 '겉으로는' 그렇게 비쳐졌다. 하지만 '내막적으로는' 마땅히 맞서 투쟁하고 저항했어야 할 '부당한' 통치 권력을 오히려 옹호하고 강화시켜 주는 '실천적 모순'을 결과하는 지극히 '비(非)사회철학자적인' 역할을 선도적으로 자행하는 사태로 귀착되었다. 그렇다면 사회철학자로서 이규호의 현실 참여로 인해 야기된 이와 같은 '역설적인 실천철학적 귀결'과 그에 따른 '부정적 사태'를 우리는 어떻게 바라보고 받아들여야 할 것인가? 바로 이러한 소박한 성찰적 문제의식이 민간 및 군부독재 정권 하에서 '이념적 시녀'의 역할을 수행했던 주요 사회철학자들 가운데 이규호를 일차적으로 선택하여 고찰하게 만든 주된 계기로 작용했음을 밝혀 둔다.

1_ 김형효, 「서평: 현대철학의 이해」(1977), 116쪽; 문헌병, 「쁘띠 부르조아 이데올로기로서의 비판이론의 한국적 수용」(1988), 52쪽 참조.
2_ 이에 관해서는 이규호, 「후기 자본주의 사회의 제문제 - 하버마스의 철학에 나타난」(1976), 39-53쪽 참조.

2. 신군부 독재정권 하에서 이규호의 실천철학적 행적: 체제 옹호 이데올로그로서의 역할

1) 전두환 군사독재 체제의 '이념적 시녀'로서의 현실 참여

하나회 소속 정치군인들이 주도한 '12 · 12 군사 반란'이 일어난 지 이틀 후인 1979년 12월 14일, 이규호는 '국토통일원' 장관에 발탁되면서 '공식적으로' 현실 정치의 장(場)에 발을 내딛게 된다. 이후 민중들의 민주화 열망이 뜨겁게 일던 '80년의 봄'을 무자비하게 짓밟은 가운데, 정치군인 집단이 직접 정치 현실의 전면에 나서기 위해 감행한 '5.17 쿠데타' 직후까지 이념적 참모의 직을 수행한다. 뒤이어 5공 정부의 초대 '문교부 장관'에 취임한 이래 줄곧 전두환 군사독재 체제의 이념적 나팔수로서 자신의 역할을 열정적으로(?) 수행해 나간다.

이처럼 일선 정치 무대에 서게 된 이후 이규호는 해박한 철학적 지식과 논리를 과시하면서 나름 자신의 이념적 포부와 철학적 역량을 십분 발휘해 나갔다. 그 과정에서 그에게 부여된 과제들 가운데 가장 중요한 것은, 정치군인들이 지배 권력을 획득하여 새로운 군사정권을 세워 나감에 있어서 그 정치철학적 명분과 규범적 정당성을 확보해 내는 이념적 작업이었다. 물론 그러한 작업은 비민주적 절차 과정을 통해 구축된 군사독재 체제를 안정적으로 존속시키기 위해, 한편으로는 군사정권을 거부하는 민중의 저항과 민주화 투쟁을 효과적으로 제압하면서, 또 다른 한편으로는 군사독재 체제에 자발적으로 순응하게 만드는 효율적인 이념적 개조 사업과 밀접히 연결되어 있었다.

이규호는 이를 위한 실천 방안을 '의식 개혁' 혹은 '의식 전환'의 방식에서 마련하고자 시도하였다. '정치교육'과 '국민윤리교육' 그리고 '이데올로기 비판 교육'이 그에 따라 내놓은 방안들이다. 이를 그는 마르크스주의에서 내세운 아래로부터의 '사회구조적 변혁으로서 혁명'에 맞서 '의식 혁명' 혹은 '교육 혁명'이라고 이름 붙였다.[3] 물론 그 세 가지는 명칭으로는 구분되지만 실제로는 동일한 한 가지 의식 개조 방식에 다름 아니었다.

주목할 점은 그와 같은 소위 '의식 혁명'을 통해 사회체제를 변화시킬 수 있다고 이규호는 굳게 믿고 있었다는 사실이다. 그러기에 그는 현실 정치 현장에의 참여를 계기로 그러한 의식화 기획을 실제로 삶의 현장에 실행해 보고자 시도하였다. 그러나 사후적(事後的)인 평가에서 드러나듯이, 그러한 의식 혁명적인 실천은 그가 의도했든 아니든, 부당한 독재 권력에 맞서 감행된 '도덕적으로 정당한' 민중 민주주의적 투쟁을 온당치 못한 행태로서 탄압할 수 있는 빌미와 논리를 당시의 신군부 집권 세력에 제공해 주는 결과로 귀착되었다. 더불어 민중의 저항적 투쟁은 '한국적 특수 상황'에서는 결코 해서는 안 되는 '부당한' 행동이라는 취지의 그 같은 '의식화 교육'을 통해 무비판적인 체제 순응적 인간을 키워 냄으로써 반민주적인 '군부 권위주의 체제'를 강화하는 데 일조하였다.

사정이 그러함에도, 이규호는 국민 정신교육이나 국민 정치교육을 통한 국민 의식 개조 과제는 위기 상황에 처한 우리 민족의 생존과 번영을 위해 시대적으로 요청된 것이라고 믿었으며 정당한 것이라고 강변하였다. 하여 이규호는 전두환 군사정권을 정당화하는 이념적 작업의 일환으로, 독재 체제에 순응하는 인간을 키워 내기 위한 의식 개조 사업으로서 국민 정치교육을 감히 '교육 혁명' 내지 '의식 혁명'이라고 명명(命名)했던 것이다.

그렇다면 대체 어떤 근거나 연유로, 이규호는 '체제 복종적 의식화 교육'으로 이해될 수 있는 그러한 작업을 '계몽 교육'이나 '인간 해방을 위한 교육'으로 확신했던 것일까? 나아가 그 같은 의식 혁명의 구체적인 실행 방안으로서 국민 정신교육이나 국민 정치교육이 서구 사회의 현실과 판이하게 다른 한국적 상황에서 우리 처지에 부합하는 민주적 사회제도의 실현과 안

3_ 이규호, 『현대철학의 이해』(증보판)(1977), 298쪽 참조. 아울러 이에 대한 비판적 입장으로는 문현병, 「쁘띠 부르조아 이데올로기로서의 비판이론의 한국적 수용」(1988), 59-61쪽 참조.

착을 위해 필수적으로 요청되는 혁명적 방안이라고 자신했던 것일까?

바로 이 지점에서 우리는 앞서 던졌던 물음을 다시금 떠올리게 된다. 곧 이 모든 교육 혁명적 과제와 그것의 성공적 완수를 위한 이규호의 역할 수행은, 사회철학자로서 이규호 그 자신의 철학적 신념과 확신에서 비롯된 것이었는가? 아니면 철저하게 계산된, 현실의 지배 권력에 대한 사적인 욕망을 채우기 위해 철학적으로 그럴듯하게 포장한 '현세 영합적인 기회주의 행태'였는가? 만약 전자라면, 이규호의 사회철학은 비록 일그러지고 결과적으로 실패한 것이라 해도 적어도 '왜곡된' 방식으로나마 이론과 실천의 통일을 지향한 사상 체계임을 말해 준다. 하지만 후자라면, 그것은 이규호 본인에 의해 의도적으로 행해진 '자신의 사회철학에 대한 자기 배반'에 다름 아닌, 가장 비사회철학적인 파렴치한 행태임을 확증시켜 주는 것이 된다.

그렇다면 과연 어느 것이 사회철학자 이규호와 그의 사회철학 체계의 '본래적 모습'일까? 이 점을 보다 상세히 확인해 보기 위해서는 우선적으로 전두환 군사정권 아래서 체제 옹호 이데올로기로 기능한 그의 사회철학 체계의 세계관적 특성과 이념적 방향성, 가치론적 지향점 등을 비판적으로 검토해 볼 필요가 있다. 이러한 작업은 무엇보다 그의 '철학 사상'과 당시 신군부 집권 세력의 소위 "통치 철학" 사이의 사상적·이념적 친화성과 합치성, 상호 연관성을 가늠해 보는 데 적지 않은 지침과 정보를 제공해 줄 수 있을 것이기 때문이다. 그리하여 가령 이념적 지향점이나 정치철학적 방향성 등에서 양자 간에 현저한 차이가 드러날 경우, 이규호의 현실 참여는 그의 사회철학의 내적 요구에서 비롯된 것이라기보다는 '철학 외적인' 요인에 따른 것이라고 판단해 볼 수 있을 것이다. 다만 그러한 검토 작업이 제대로 이루어지기 위해서는, 순서상 80년대 신군부 독재 정권의 정당화 논리로서 그 역할을 수행했던 이규호의 사회철학 체계, 즉 '이데올로기 비판철학'의 대략적인 내용과 윤곽을 살펴보는 일이 먼저 선행되어야 할 것이다.

2) 신군부 독재 정권의 옹호 논리로서 '이데올로기 비판 철학'

1960년대 말까지 이규호는 주로 해석학과 삶의 철학, 언어 철학 탐구에 몰두했었다. 그러던 그가 70년대에 들어와서는 '이데올로기의 정체'를 비판적으로 규명하여 그 실상을 폭로하는 한편, 그러한 본질에 관한 올바른 인식을 심어 주는 계몽 및 의식 교육에 초점을 맞춘 '이데올로기 비판철학'을 자신의 새로운 사회철학으로 정립하는 시도를 일단락 짓게 된다. 이어 5공 정부의 각료로 현실 정치 무대에 데뷔함과 동시에 자신의 '고유한' 비판철학에 의거하여 전두환 군사정권을 철학적으로 정당화하는 논리를 개발·제시하고, 이를 통해 신군부 독재 체제를 옹호하는 데 온 힘을 쏟아 붓기에 이른다.

이때 체제 정당화 논리의 현실에의 적용은 다음과 같은 도식에 따라 이루어졌다. 즉 새로운 군사독재 체제를 향해 정치적 정통성과 윤리적 정당성이 결여된 반민주적 통치 체제라고 비판·저항하는 민중 세력에 대해, 그들로 하여금 당시 군사정권의 정당성에 대한 신념을 갖게 함과 동시에 국가체제와의 일체감을 심어 줌으로써 그들의 저항과 투쟁이 부당한 것이라는 점을 깨닫게 하여, 체제 순응 세력 내지 지지 세력으로 돌아서게 만든다. 이때 이를 위해 필수적으로 요청되는 것이 바로 이데올로기의 실체 폭로와 그것에 기초한 의식화 작업으로서 '이데올로기 비판 교육'이다. "우리의 국가체제의 장래가 이러한 교육의 성패에 달려있(…)다. 우리가 만약 우리 국민들의 마음속에 우리의 국가체제의 정당성에 대한 신념을 확산시키고, 그리고 국가체제에 대한 일체감을 심어주는 데 성공하지 못한다면, 우리는 우리와 대립하고 있는 또 하나의 이질적인 지배체제의 공격으로부터 우리 스스로를 방어하지 못할 것이다."[4]

하지만 여기에는 논리적으로 정합적이지 못한 부분들이 자리하고 있

4_ 이규호, 『이데올로기 비판교육원론』(1984), 46쪽.

다. 우선, 이규호는 불법적인 쿠데타를 통해 권력을 탈취한 군사독재 정권에 대해 제기되는 비판적 입론에 정면으로 맞서, 전두환 정권의 정치철학적 정당성을 조목조목 밝히는 정공법 대신, 상대방의 비판이 지닌 문제점을 지적하는 방식을 취하고 있다. 즉 체제 거부나 저항적 태도, 비판적 입장은 특정 이데올로기에 현혹 혹은 오염되어 맹목적으로 제기되거나 잘못 개진된 것이라는 점을 비판적으로 지적한다. 그렇게 함으로써, 전두환 독재정권은 정상적이며 정당한 국가체제라는 식으로 논리를 전개해 나가고 있는 것이다. 이는 다음의 진술에서 드러난다. "우리나라 일부 대학생들이 지난 일 년 동안 내던진 유인물들을 분석해 보면 매판이니 파쇼니 어용이니 하는 말들이 많이 나타납니다. 그들은 이런 개념들을 통해서 이 세상을 보는 것 같습니다. 인간은 누구나 자기가 알고 있는 개념의 안경을 통해서 자기 주변의 현실을 바라봅니다. 따라서 마치 안경의 색깔이 외부 세계를 물들이고 있는 것처럼 그 개념의 성격이 그가 보는 현실의 성격을 결정하게 되는 것입니다. 그러나 인간은 자기가 색안경을 통해서 현실을 바라보고 있다는 것을 의식하지 못하고 자기 앞에 나타난 색채가 그대로 현실의 색채인 것처럼 믿고 있는 것이 보통입니다. (…) 매판이라는 개념에 대해서 요즘 젊은 지식인들이 매력을 느끼는 것은 레닌의 제국주의이론이나 최근의 남미의 네오 마르크시스트들의 종속 이론에 의해서 뒷받침된 것이기 때문입니다."[5]

그처럼 이규호는 당시 대학생이나 지식인, 일반 민중들에 의해 제기된 체제 비판이나 저항의 움직임에 대해, 전두환 군사정권은 아무런 문제가 없으며 단지 그러한 비판과 투쟁 그리고 그것을 시도하는 주체들이 오류와 잘못을 범하고 있는 것이라는 주장을 편다. "우리에게는 저항해야 할 체제는 없고 다함께 확립해 나가야 할 국가가 있을 뿐이다."[6]

요컨대, 당시의 체제 비판 및 거부 세력은 공산주의를 비롯한 좌편향적

5_ 이규호, 『국민윤리교육의 이론과 실제』(1981), 306쪽.
6_ 이규호, 『이데올로기 비판교육원론』(1984), 388쪽.

인 이데올로기에 오염되거나 맹신적으로 복속됨으로써, 전두환 군사체제뿐 아니라 그 어떤 체제가 들어서더라도 무조건적이며 무차별적인 비판과 거부, 저항적 투쟁을 시도하게 된다는 것이 그의 주장의 핵심이다. "스스로 진보주의적 또는 사회주의적이라고 자처하는 지식인들은 우리나라의 현재의 체제가 바람직하지 못하기 때문에 그러한 체제의 정당성에 대한 신념을 확산시키는 것을 반동적 또는 어용적이라는 것입니다. 그들은 흔히 과거의 체제는 유신체제이기 때문에 정당하지 못하다고 비판하고, 현재의 정부는 그 유신체제의 잔재이기 때문에 협력할 수가 없다고 말하는데, 그들은 틀림없이 앞으로 어떤 정부가 들어서더라도 못 가진 자들을 억누르는 가진 자들의 지배체계라고 하면서 저항할 것입니다. 따라서 그러한 사람들의 태도를 극단화하면 결국 공산주의와 연결될 것입니다."[7]

이규호는 늘 이런 식의 논법을 구사했다. 그리고 그러한 이유를 들어, 현시점에서 우리에게 긴급히 요구되는 것은 잘못된 방향으로 사회 구성원들을 인도하는 특정 이데올로기의 본질과 정체를 명확히 드러내어 그것의 왜곡상과 변질 실태를 남김없이 폭로하는 것이라고 주장하였다. 오직 그렇게 함으로써 아무런 생각 없이 해당 이데올로기를 맹신적으로 수용하고 그것에 예속되어 조종당한 채 일으키게 되는, 체제 전복적인 파괴적 행태를 종식시킬 수 있다는 이유에서였다. 아울러 그를 위한 실천 방안으로서 이데올로기에 세뇌된 일반 국민들의 의식을 전환하거나 개조하는 방식으로서 이데올로기 비판 교육을 도입해야 한다고 주창하였다.

그런데 이때 주목해야 할 대목이 하나 있다. 다름 아닌 체제 비판 세력을 궁극적으로 공산주의 혹은 북한과 연결 짓고 있는 점이다. '레닌의 제국주의 이론,' '공산주의,' '북한의 매우 특수한 공산주의 권력집단'[8] 등의 구절이나 표현에서 나타나고 있듯이, 이규호의 이데올로기 비판 철학 및 교육에서 가장 불온시 하고 척결해야 될 대상은 공산주의와 그것의 다양한 변

7_ 이규호, 『국민윤리교육의 이론과 실제』(1981), 47쪽.
8_ 이규호, 『이데올로기 비판교육원론』(1984), 389쪽.

형태 그리고 북한 체제이다.

이는 결국 전두환 군사정권을 부정적으로 바라보고 항거하는 지식인 집단이나 민주화 세력 등의 행태를 공산주의 이데올로기에 대한 맹목적 신봉에 따른 것으로 간주해 버림으로써, 공산주의 이념을 현실화한 북한 사회주의 체제에 의해 조종되거나 혹은 자생적 공산주의 세력으로 몰아가겠다는 전략에 다름 아닌 것이다. 이것이 마치 정교한 이론적 체계인 양 겉으로 보이는 이규호의 이데올로기 비판 철학의 핵심인 셈이다.

그런데 이러한 철학적 논리 및 전략은 사실상 체제 비판 세력을 이른바 '빨갱이'로 몰아 물리적으로 탄압하던 기존 독재 정권의 고전적인 '체제 유지 방식'을 이론적으로 한층 더 정교하게 다듬고 세련되게 재구성한 것이라 볼 수 있다. 잘 알려진 것처럼, 해방 이후 독일 유학을 통해 유럽의 다양한 최신 철학 사조를 '직접' 수용하여 발전시킨 첫 세대의 철학자에 해당되는 이규호는, 당시 한국 철학계에서는 보기 드물 정도로 탄탄한 철학적 역량을 갖춘 선도적인 철학자로서 지위와 위상을 차지하고 있었다.[9] 그런 만큼, 이규호는 해박한 철학적 정보와 논리를 활용하여 내용과 형식 모두에서 정치하고 세련된 논리를 갖춘, 자신만의 독창적인 '이데올로기 비판 철학'을 구축할 수 있었다. 하지만 겉으로 보기에 화려할 정도로 수다한 철학적 지식과 개념이 동원되고 있음에도, 사실상 그의 비판철학은 포장만 그럴듯하게 꾸며진 '사이비 비판철학'에 다름 아니었다. 비록 현상적으로는 정치한 철학 체계처럼 보일지 몰라도, 내막적으로는 반체제 인사 및 체제 저항적 세력들을 교묘한 논리 전개와 이론 구사로 공산주의자 내지 공산주의 이념의 동조자로 몰아붙이는, 소위 '빨갱이 논법'을 철학적 체계라는 미명 하에 보다 정교하게 다듬은 것에 지나지 않았기 때문이다.

실제로 이규호는 자신의 이데올로기 비판 철학에서 '빨갱이 논법'을 당시 통치 세력의 입장에서 비판의 대상 혹은 척결의 대상이 지닌 지적(知

9_ 박순영, 「단계 이규호선생의 철학사상」(1985), 9-10쪽 참조.

的) · 의식적 수준에 따라 다양하게 구성해 구사하고 있다. 이를테면 신군부 독재정권에 비판적인 반정부 지식인이나 종교인에 대해서는, 한때 유행했지만 그 이론적 효험의 시효가 만료된 철지난 좌파 사상인 '비판주의 사회철학'[10]에 경도되어 경박하게 체제 비판적인 태도를 취했다고 비아냥댄다. "우리나라의 지식인들은 아직도 이미 유행이 끝난 비판주의 사회철학의 풍조의 영향 아래 있고, 또한 그들이 더 적극적으로 국가건설에 참여함으로써 보람을 느낄 수 있을 때까지는, 그들이 욕구불만에 가득 차 있는 한 계속 그러한 정신적인 추세의 영향 아래 머무를 것이다."[11]

80년대 민주화 투쟁을 주도했던 젊은 대학생들에 대해서는, 비록 그들의 지적 욕구가 강하고 인도주의적 성향과 정의감을 갖고 있기는 하지만, 그것들은 비판주의 사회철학에 물든 지식인 집단의 영향 하에 작동하는 까닭에, 한물 간 좌파 사상의 이론적 지향점에 따라 맹목적으로 현 정권에 대해 저항하는 운동에 가담하게 만들었다고 진단한다. "대학생들의 지금까지의 집단행동을 자세히 관찰해 보면 언제나 합리적인 토론이나 이성적인 대화를 거치지 아니하고 자극받은 방향으로 즉흥적으로 행동을 하는 경향이 지배적이었다. 이것은 우리나라의 정치적인 상황의 민주주의적인 전망을 위해서는 매우 어두운 그림자를 던져주는 것이다."[12]

이 경우에도 대학생들이 전두환 군사정권의 부도덕성과 반민주적 · 반민중적 속성에 대해 분노하여 투쟁하고 있다는 사실은 철저히 은폐된다. 대신 비판주의 사회철학에 의해 제기되는 자본주의 체제에 대한 비판적 입론을 맹목적으로 수용하여, 현 체제가 단지 자본주의라는 사실 그 하나만 보고 무조건적인 부정적 투쟁 운동을 전개했다는 식으로 해석한다. 그렇게 함으로써 이규호는, 당시 전두환 정권은 반민주적 군사독재 체제로서의 태생적 한계나 정치 윤리적 부도덕성을 지니고 있지 않으며, 오직 자

10_ 이는 '네오 마르크스주의(neo-marxism)'를 가리킨다.
11_ 이규호, 『이데올로기 비판교육원론』(1984), 48쪽.
12_ 이규호, 『이데올로기 비판교육원론』(1984), 54쪽.

본주의 체제라는 이유만으로, 왜곡된 이데올로기에 기초한 무차별적 체제 저항 운동의 대상이 되고 있다는 진단을 통해, 새로운 반민주적 정치군인 체제를 옹호하고 정당화한다.

이상에서 대략 살펴본 바와 같이, 이규호는 전두환 군사독재 체제의 정당성을 강변하기 위해, 체제 옹호 논리로서 정립된 이데올로기 비판 철학을 적극 개진하고 있다. 여기서 그 핵심적 입론은 5공 정권 하의 한국 사회를 둘러싼 다양한 난맥상, 특히 전두환 정권에 대한 반발과 저항의 움직임은 근본적으로 왜곡된 이데올로기, 무엇보다 공산주의와 다양한 마르크스주의의 변형태에 대한 맹신과 그에 따른 사상적 오염, 나아가 소위 공산주의의 사상적 조국으로서 북한에 대한 망상이나 허상에의 맹종으로 인해 야기되었다는 것이다. 그러므로 이데올로기 비판 교육을 통해 해당 이데올로기의 본성과 실체를 있는 그대로 보여 주고 그것에 의해 야기된 한국 사회의 위기적 실태를 인지하도록 계몽함으로써, 특정 이데올로기에 현혹되지 않은 제대로 된 의식을 갖춘 인간을 키워 내는 의식화 교육의 과제가 우선적으로 요청된다고 강변한다. 결국 그 같은 이규호의 논법에 의하면, 1980년대에 전개된, 아래로부터의 체제 비판과 민주화 투쟁은 전두환 군사정권 자체의 반민주성과 반민중성, 반민족성 등에 기인한 것이 아니라, 특정 이데올로기에 대한 비판적 통찰과 인식의 결여로 인해 야기된 사태라는 것이다. 사정이 그런 만큼 그가 제시한 소위 의식화 교육을 통해 좌파적 이데올로기에 대한 잘못된 인식과 이해를 바로 잡을 경우, 신군부 독재 체제에 대한 부정적 인식과 저항적 투쟁 사태는 해결 내지 극복될 수 있다는 주장이다.

이규호는 이러한 철학적 확신과 신념에 입각하여, 실제 교육부 수장의 위치에 있으면서 적극적으로 대학생 및 지식인 집단과 이데올로기 토론과 논쟁을 지속적으로 벌여 나갔다. 그리고 그러한 과정을 통해 '체제 저항 세력들'의 의식을 전환시킴으로써 체제 부정 및 전복 기도를 분쇄할 수 있다고 그 자신은 굳게 믿고 있었던 것으로 보인다.

3. 이규호 사회철학의 세계관적 특성과 이념적 지향점: 신군부 지배 세력과의 사상적·이념적 친화성 및 합치성

이제까지 우리는 사회철학자 이규호가 80년대 5공 정부 하의 현실 정치의 장(場)에 참여한 후, 신군부 독재 체제의 이념적 정당화를 위해 진력했던 철학적 행적과 체제 옹호 이념 체계로서 그의 이데올로기 비판 철학의 주요 내용을 개략적으로나마 살펴보았다. 그렇다면 과연 실천철학자 이규호는 어떤 동기와 의도, 계기로 인해, 건전한 이성적 판단과 상식의 관점에서 도저히 용납할 수 없는, 반민중적 군부 독재 세력의 입장을 앞장서서 대변하고 옹호하는 역할을 자임하고 나섰던 것일까?

'인상기적(印象記的) 관점'에서 접근할 경우, '비판 이론'을 반성적으로 수용하여 논구해 나갔던 그가 최소한 현실 비판과 사회구조적 모순의 혁파를 실천하는 사회철학의 '이념'을 모르지는 않았을 것이라 추측된다. 따라서 그가 전두환 군사정권의 체제 옹호 이데올로그로 나서게 된 데에는 모종의 '자기 배신,' 즉 '사회철학자로서의 소임을 외면한 채 사적 권력욕이나 명예욕을 채우려는 사심에서 비롯된 것은 아닌가?' 하는 강한 의구심을 크게 갖지 않을 수 없다. 다만 유감스럽게도 이규호가 현실 정치 무대에로의 참여를 결행했던 무렵, 그를 둘러싼 사적인 삶의 상황과 조건, 환경 등이 어떠했는지를 상세히 파악하기는 결코 쉽지 않다. 따라서 우리는 그가 개진했던 체제 옹호 논리로서 이데올로기 비판 철학을 중심으로, 그의 철학 사상 체계의 주요 세계관적 내용과 특성들을 비판적으로 추적해 보는 방식을 통해 '우회적으로' 현실 참여의 동기나 계기 등을 살펴보려고 한다. 그렇게 함으로써 그의 현실 참여가 '철학적 자기 배신'에서 비롯된 것인지 아니면 그의 본래적인 '철학적 기획의 일환'으로 이루어진 것인지 여부도 일정 정도 밝혀질 수 있을 것이라 예견되기 때문이다.

그러므로 이제부터는 다양한 추론적 가능성을 염두에 두면서, 이규호의 사회철학 체계에 담겨 있는 주요 세계관적 특성과 이념적 지향점, 가치론적 방향성 등을 중심으로 그의 사상 체계의 본래적 입장과 관점 등을 비판적으로 고찰해 보려고 한다. 그러한 작업을 거칠 경우, 사회철학자 이규호의 현실 참여와 이데올로그로서의 역할을 수행하게 된 동기와 계기, 동인 등을 추적해 보는 데 유의미한 단초와 정보, 근거 자료들을 적지 않게 확보할 수 있을 것이다.

1) 현실적 제약 조건에로의 순응성

이규호 사회철학에 내재되어 있는 세계관적 특성들 가운데 무엇보다 주목해 봐야 할 것이 바로 '현실적 제약 조건에로의 순응성'이다. 이것은, 모든 개인은 현실의 제약 조건이나 상황적 한계로부터 '결코' 벗어날 수 없다는 점을 의미한다. 동시에 이러한 본질적 특성은 '현실 연관성'이라는 또 다른 특성과 밀접히 연계되어 있다.

이와 관련하여 이규호는 '철학함'을, 우리가 살아가는 터전으로서 삶의 현장에서 부대끼며 직면하는 다양한 문제 상황 속에서 구체적인 삶의 문제를 분석하고 해결하는 과정으로 이해한다. "철학하는 작업은 결코 어떤 초월적인 진공관 속에서 진행될 수 없고 일정한 역사적이고 사회적인 상황에 얽힌 삶의 장에서 진행되는 것이다. (⋯) 이성의 작업은 결코 진공관 속에서의 관념의 유희로 생각될 수 없고 성실한 이성의 작업은 어떤 성격이든지 언제나 삶의 문제를 해결하려는 노력에서 출발한다."[13] 이와 함께 철학은 시종일관 현실의 지평에서 그것을 마주하면서 성찰하고 해석하는 하나의 실천적 삶의 형식으로 규정하고자 한다. "철학하는 작업은 인간의 삶의 하나의 형식 또는 삶의 하나의 형태라고 말할 수 있다."[14]

이처럼 철학함을 자신의 삶과 주어진 현실 상황에 대한 자기 이해와 반성, 그리고 그에 기초한 문제 해결 방안의 모색으로 바라보고 있는 까닭

13_ 이규호, 『현실의 도전과 철학의 응답』(1979), 9쪽.
14_ 이규호, 『현실의 도전과 철학의 응답』(1979), 9쪽.

에, 이규호는 자신의 당면한 사회철학적 탐구 과제를 '한국의 역사적·사회적 현실에 대한 해명과 성찰'로 규정짓고자 한다.[15] 그런 한에서 1960년대 말에서 70년대 초반에 걸친 시점부터 가속화하기 시작한 사회철학적 탐구 과정[16]과 뒤이은 현실 참여 역시 이러한 철학과 현실 간의 긴밀한 내적 연관성 혹은 '이론/현실 변증법'[17]의 산물로서 해석될 수 있다.

그러나 이규호에 의하면, 인간의 삶과 현실은 그것이 처한 '상황적 제약 조건'을 벗어날 방도가 없다. 그러므로 한국 사회의 개별 구성원들의 실제 삶과 환경에 대한 철학적 고찰은 결국 현실적 제약성을 인식하고 성찰하는 것을 가리킨다.[18] 이 점은 한국 철학에 대한 그의 개념 규정 작업에서 재차 강조된다. "한국철학이라는 개념은 보편적인 진리를 추구하는 철학이라는 개념이 특수한 문화적인 전통과 사회적인 조건을 포괄하는 한국이라는 개념에 의해서 제약된 것임에 틀림없다. 우리는 이러한 제약성을 실제로는 받아들이지 않을 수 없다."[19]

그처럼 이규호는 실제 생활세계에서 직면하는 문제 상황을 해명하고 해결 방안을 모색하는 삶의 방식으로서 '철학'을 이해하면서도, 유독 '현실의 제약성'에 대한 수용의 불가피성을 강조하고 있다. 이렇게 된 데에는 철학함 자체의 제약성이, 철학함이 탐구의 지평으로 삼고 있는 현실 상황의 제약으로부터 초래된 것임을 강변하려는 그의 의도에 크게 기인한다.

하지만 그러한 상황적 제약성은 이후 그의 철학적 사유의 전개 과정, 특히 현실 참여와 관련하여 하나의 도피구로 기능하는 부정적 사태를 야기하기에 이른다. 즉 그러한 현실적 제약성에 대한 강변은, 한편으로는 한국

15_ 박순영, 「단계 이규호 선생의 철학사상」(1985), 13쪽.
16_ 이와 관련하여, 『이규호 전집 6: 사회철학』을 편집한 오인탁은 사회철학 분야 외에 철학적 인간학과 삶의 철학, 언어철학 등 이규호에 의해 수행된 철학적 탐구 분야 전체를 "우리나라의 정치, 경제, 사회에 대한 철학적 고찰을 한 결과"로서 평가하고 있다. 오인탁, 「제6권 편집자 서문」, vi-vii쪽 참조.
17_ 박순영, 「단계 이규호 선생의 철학사상」(1985), 13쪽.
18_ 이규호, 『현실의 도전과 철학의 응답』(1979), 9쪽.
19_ 이규호, 『현실의 도전과 철학의 응답』(1979), 9쪽.

사회의 특수한 상황과 제약적 조건을 제시함으로써 이규호 자신의 철학함이 갖는 문제점과 한계를 한국적 상황 탓으로 돌릴 수 있는 '이론적 문제점'을 초래하였다. 아울러 또 다른 한편으로는 체제 비판적인 입장과 움직임을 보여 주는 개인이나 집단에 대해, 한국의 특수한 현실적 조건과 제약을 들이대어 제재를 가하거나 탄압할 수 있는 빌미를 제공할 통로로 활용될 수 있는 '실천적 문제점'을 또한 야기하였다. 특히 후자는 그의 사회철학이 5공 정부의 체제 옹호 이데올로기로 기능하는 과정에서, 신군부 독재 정권의 반민주적 통치 행위를 시대 상황에 따른 불가피한 행태로 정당화하는 우로 귀착된 바 있다는 점에서 주목할 필요가 있다.

2) 체화된 반공주의

이규호 사회철학에 들어 있는 또 다른 근본 특성으로는 '체화된 반공주의'를 들 수 있다. 이규호는 6.25전쟁을 실제 경험한 다수의 한국 주류 보수층이 갖고 있던 이념적 성향으로서 반공주의를 철학함 이전부터 이미 지니고 있었다. 이 점은 1951년 한국전쟁 기간, 그의 지인(知人)에게 보낸 편지 글에서 엿볼 수 있다. 그에 따르면, 이규호는 본래 마르크스주의 사상에 심취하여 좌파 진영에 가담한 바 있었다. 하지만 그는 곧바로 그것이 하나의 헛된 망상에 지나지 않았음을 고백하였다. "해방이 되자마자 나는 소위 좌익청년들이 소중히 여겨주는 한 동무였습니다. 어떤 사람들이 구호로 내세우던 '자유'라는 말은 얼빠진 송장의 헛소리 같았습니다. 조금만한 사회적인 허위도 용납하지 않으려고 하였습니다. 홍수같이 쏟아지는 팜플렛과 일본에서 발행한 그 계통 서적을 보배같이 생각하였습니다. 그러나 그것이 나 자신이 이상화한 꿈이라는 것을 알았을 때 나의 절망은 육체에까지 큰 타격을 주어 늑막염으로 병실에 눕게 되었습니다."[20]

20_ 이규호, 「내가 가는 무명의 도」(1984), 105쪽. 박순영, 「단계 이규호 선생의 철학사상」(1985), 46쪽에서 재인용.

물론 이규호는 그처럼 사상적 전환이 이루어지게 된 결정적 계기에 관해서는 상세히 밝히고 있지 않다. 다만 그는 사회주의 사상에 대해 상당히 실망하게 되었음을 간접적으로 밝히고 있다. "내가 신인회 여름 수양회 순서를 만들고 있을 때에 인민군의 전차가 서울에 나타났습니다. 나는 그 때의 대학생들의 당황, 소동을 다시 생각조차 하지 않으렵니다. '바람에 날리는 겨'를 본 것 같아서 기분이 불쾌합니다. 탱크에 짓밟혀버리는 사상들, fellowship, 동지들의 희극 같은 비극을 보았습니다. 나는 서울을 점령한 사람들을 미워하지도 무서워하지도 환영하지도 않았습니다."[21]

그럼에도 이규호로 하여금 이렇듯 실망을 하게 만든 공산주의를 처음부터 격렬하게 적대적으로 대하고 있었는지는 불확실하다. 다만, 같은 편지의 다음 구절에는 그가 공산주의에 대해 한국전 이후 상당히 적대적으로 바라보게 만들었을 이유로 짐작되는 상황이 나온다. "충청도 음성에서 치안대원과 인민군에게 잡혀서 몸서리치는 고문을 당하고 총살 선고를 받았을 때 힘없는 나 자신이 한없이 애처로웠습니다."[22]

이렇듯 '간접적으로' 유추해 보더라도, 이규호는 공산주의나 마르크스주의 철학에 대해 그다지 호의적이지 않았다. 사적 체험을 통해 그 시대를 겪은 보수 성향의 한국인들이 갖고 있는 것처럼, 그 역시 반공주의를 체화 상태로 견지하고 있었던 것으로 보인다.

이 점은 그의 철학함 전개 과정에서도 확인된다. 특히 한국 사회를 일차적 분석 대상으로 삼아 조명하고 진단하는 사회철학적 탐구 과정에서, 예의 그의 체화된 반공주의는 항상 철학적 논의의 한편을 차지하고 있었다. 그래서인지 그의 사회철학적 논변에 등장하는 '반공주의'나 '반공 교육'은 예외 없이 지극히 당연하거나 자연스러운 것으로 간주되어 서술되고 있다. 일례로 국민 정치교육을 논하는 글에서, 한국의 정치교육이 실패하게 된 이유를 밝히면서 '반공 교육'을 끌어들이고 있는데, 이를 이규호

21_ 이규호, 「내가 가는 무명의 도」(1984), 105쪽.
22_ 이규호, 「내가 가는 무명의 도」(1984), 105쪽.

는 국민 정신교육의 하나로 당연하게 받아들이고 있다. "우리나라도 우리의 실정에 따라서 자유당 때부터 반공교육에 주력해 왔다. (…) 그러나 우리나라에선 정치교육이 조직적으로 학문적으로 연구된 일은 거의 없었다. (…) 그러기 때문에 우리나라의 정치교육이 비효과적일 수밖에 없다고 생각된다. (…) 곧 정치적인 공동체의식과 건설적인 참여의식이 거의 없다는 것이다. 관념적인 반공의식은 갖고 있으면서 그러한 공동체의식과 참여의식이 거의 없는 것은 우리의 정치교육이 성공하지 못했다는 것을 증명하는 것이다."[23]

이러한 반공주의적 속성 및 성향은 이후 그가 현실 참여 과정에서 이데올로기 비판 교육을 역설하는 과정에서 한층 더 중시되고 강화된다. 그리하여 마침내 그것은 이규호의 사회철학에서 가장 핵심적인 요소로서 자리하게 된다. "이데올로기 비판교육은 우리나라의 남북 이데올로기 대립의 상황 아래서 국민들이 나라를 지킬 수 있는 정신적인 자세를 가다듬을 수 있도록 하기 위한 것이다."[24]

동시에 이러한 반공주의는 신군부 독재정권에 대항하는 정당한 비판 세력을 억압하고 무력화하는 이론적 도구로서 활용되기에 이른다. 곧 이규호는 반공주의 교육을 한층 더 논리적으로 다듬어진 정치교육으로 재구성하여 전면적으로 시행할 경우에라야, '한국적 특수 상황'을 인정하지 않는 '체제 거부 및 저항 세력'을 적대적 공산주의 세력으로 인식할 수 있는 환경이 조성될 수 있다는 점을 역설하고 있다. 이로부터 우리는 이규호식 반공주의가 당시의 반민주적 전두환 군사정권을 옹호하고 존속하게 만드는 가장 효과적인 이념적 기제로 작용하게 되었음을 목도하게 된다. 이 점은 이규호의 다음과 같은 발언을 통해 확인해 볼 수 있다. "반공을 위한 정서적인 기반과 이론적인 비판의 교육은 우리가 앞에서 말한 체계적인 정치교육 속에 통합되어야 그 장기적인 효과를 보장받을 수가 있습니다. 아

23_ 이규호, 『교육과 정치』(『이규호 전집 7: 정치철학』) (2005), 69쪽.
24_ 이규호, 『이데올로기 비판교육원론』(1984), 43쪽.

무리 우리가 '나는 공산당이 싫어요'라는 아동들을 길렀다고 해도 그들이 우리나라를 사랑하고 어떻게 하면 국가건설에 협력할 수 있는가를 인식하게 하고 국가와 민족을 위해서 단결할 수 있도록 교육하지 못하면 그들의 감정은 지속될 수 없을 뿐만 아니라 남북대결에서도 이겨 내지 못할 것입니다. 교육은 무엇을 미워하고 무엇을 못하게 하는 교육보다는 무엇을 사랑하며 무엇을 해야 하는 지를 가르쳐 주는 교육이 참다운 효과적인 교육입니다. 내 나라를 사랑하고 우리나라를 위해서 무엇을 할 것인가를 철저히 인식하게 되면 자연히 우리나라를 위협하는 집단이나 세력을 경계하고 미워하게 될 것이며, 필요하면 나라를 위해서 목숨을 바치게 될 것입니다."[25]

3) 반편적 · 적대적 민족주의 성향

'반편적(半偏的) · 적대적 민족주의 성향' 또한 이규호 사회철학에서 놓쳐서는 안 될 본질적 특성들 중의 하나이다. 사실 민족주의는 철학함을 시작한 이래 이규호가 일관되게 견지하고 있던 고유한 철학적 특성이었다.[26] 일례로 그의 철학함 과정의 초기에 해당하는 1963년 발표된 「토착화론의 철학적 조건」에서, 이규호는 "남의 것을 번역하는 데만 그치지 않고 우리말로 사고하면서 참으로 철학"[27]하는 것이 바로 '토착화'를 의미한다고 역설하면서, 철학 및 학문에 있어서 "민족주의적 주체성"[28]을 강조하고 있다. 곧 '우리말을 통해 우리의 처지를 우리의 관점에서 우리 방식대로 사유하고 표현해야 함'을 강변함으로써 강한 '철학적 민족주의' 성향을 드러내 보이고 있었던 것이다.[29]

25_ 이규호, 『국민윤리교육의 이론과 실제』(1981), 301-302쪽.
26_ 박순영, 「단계 이규호 선생의 철학사상」(1985), 44쪽 참조.
27_ 이규호, 「토착화론의 철학적 근거」(1963), 30쪽.
28_ 이규호, 「토착화론의 철학적 근거」(1963), 26쪽.
29_ 박순영, 「단계 이규호 선생의 철학사상」(1985), 44쪽.

그런데 사상 전개 초기에는 민족에 대한 애정과 자부심, 민족주의에 대한 자각이 학문 분야 및 문화적인 차원에 국한되어 표출되었다면, 후기에 들어오면서는 사회철학적 탐구 과정과 맞물려 한층 더 현실과 관련되어 '정치적인' 의미로 부각되었다.[30] 즉 그의 민족주의 성향과 민족의식은 철학적 사유 과정의 심화와 맞물려, 민족 및 민족국가의 발전과 번영을 현실에 구현할 방안을 강구하는 사회철학적 사유 수준으로 한 단계 고양되었던 것이다. 그에 따라 그의 실천적 철학함은 외세 의존적 상태에서 벗어난 자주적인 민족국가의 건립과 발전을 현실화할 실천 방안을 모색하여 체계화하는 쪽으로 기울게 되었다.[31] "자주정신이 없고 자립적인 국가생활을 할 수 없는 민족은 인류의 역사를 위해서도 생산적으로 이바지할 수 없을 뿐만 아니라 세계의 정의로운 질서의 확립을 위해서도 공헌할 수 없을 것이다. 참으로 자주정신은 한 민족의 생존과 번영을 위한 불가피한 기반이 되는 것이다."[32]

이렇듯 민족의 자주성과 독립성을 강조하면서 민족의 생존과 발전을 모색하고자 시도하는 이규호는, 자신만의 고유한 사회철학을 정립해 나가는 과정에서 한국적 현실에 부합하는 민족 및 민족국가의 발전과 번영을 위한 새로운 이론 체계로서 '신(新)민족주의'와 그에 기초한 '신민족주의적 국가론'을 제시한다. 그에 따르면, 시대 역행적으로 인류 역사를 위한 공동 책임 의식과 세계 질서를 위한 상호 협력 체제를 파괴하면서 일방적인 지배 관계 혹은 의존관계를 강요하는 이른바 신제국주의 논리가 확산되어 가고 있다.[33] 이에 이성적 질서를 확립하고자 시도하는 국제주의를 저해하는 제국주의 혹은 신식민주의에 맞서, 한 민족의 자주적 독립과 해방을 고수하고 그 바탕 위에서 발전과 번영을 추구하는 이념으로서 등장한 것

30_ 박순영, 「단계 이규호 선생의 철학사상」(1985), 44쪽.
31_ 이와 관련하여, 박순영은 이규호의 민족의식은 '자주성'과 '주체성'의 개념으로 드러난다고 지적하고 있다. 박순영, 「단계 이규호 선생의 철학사상」(1985), 45쪽.
32_ 이규호, 『현실의 도전과 철학의 응답』(1979), 104쪽.
33_ 이규호, 『현실의 도전과 철학의 응답』(1979), 107쪽 참조.

이 바로 신민족주의라는 것이다. 무엇보다 제국주의 침략을 통해 식민화를 경험했던 제3세계 약소국가 및 개발도상국들에게 있어서 민족주의는 독립과 발전을 위한 생산적 이데올로기로 작용할 수 있으며, 그런 한에서 신민족주의는 "자아발견과 자기보존을 위한 이데올로기"[34]에 다름 아니라는 것이다.

이어 이규호는 그처럼 '새로운' 민족주의로서 신민족주의의 시대적 요청과 필요성, 기능과 역할에 의거해 우리 민족 구성원들에게는 민족과 민족국가의 생존과 건설, 발전을 위한 시대적 과제가 주어져 있음을 선언한다. "우리는 환상을 버리고 오늘의 우리의 현실위에 단단히 발을 딛고 서서 구체적으로 어떻게 하면 빈곤을 극복하고 인간다운 삶의 터전을 마련할 수 있는가를 생각해 보아야 한다. 가난은 서러운 것이고 경제사학자들의 증언에 의하면 우리 민족은 상당히 오랫동안 빈곤의 고통에 시달려 왔다고 한다. 그러므로 빈곤으로부터의 해방과 정의사회의 구현은 우리 민족의 오랜 숙원이었다. (…) 우리가 모든 국민을 절대적인 빈곤에서 해방시키기를 진실로 원한다면 우리는 사회 안정을 이룩하고 경제성장을 위한 끈질긴 노력을 계속해야 한다."[35]

그러나 바로 이 지점에서 결정적인 문제점이 드러난다. 즉 이규호가 말하는 민족과 민족주의, 민족국가는 전적으로 남한 사회 체제에만 국한된다는 사실이다. 반면 북한과 북한 내 한민족 구성원은 '사상의 전쟁'에서 기필코 물리쳐야 할 타도의 대상이자 적일 뿐이다. "우리 민족의 생존을 위한 싸움에서, 그리고 우리의 국가건설을 위한 투쟁에서 우리의 적이 누구이며 그들이 어떤 성격의 사람들인가를 우리는 분명하게 알아야 되겠습니다. (…) 우리가 사상의 전쟁에서 적과 동지를 구별할 줄 알아야 된다는 것은 우리가 무엇 때문에 누구와 싸우고 있는가를 인식함으로써 전쟁을 승리로 이끌어 가야 하겠기 때문입니다. (…) 우리는 전쟁을 하고 있는

34_ 이규호, 『이데올로기 비판교육원론』(1984), 325쪽.
35_ 이규호, 『이데올로기 비판교육원론』(1984), 383-384쪽.

한 적과 동지의 구별에서 엄격해야 되겠습니다. (…) 물론 우리의 첫 번째 적은 공산주의자들입니다. 오늘날 공산주의도 몇 갈래도 다양화되어 가고 있는 것을 고려해서 더 정확하게 말하면, 북한의 군사적 세습통치형 공산주의가 우리의 제1차적인 적입니다."[36]

이러한 구절은 그에 의해 한민족으로 이루어진 민족국가의 융성과 발전을 이론적으로 정당화하는 논변으로 개진된 '신민족주의 입론'이 오직 남한 내 민족 구성원과 남한이라는 민족국가를 위해 개진된 것임을 보여 준다. 동시에 그가 말하는 민족주의는 사회주의나 자유주의, 공산주의와 자본주의 이데올로기보다 오히려 하위에 놓인 개념임을 가리킨다. 따라서 그의 신민족주의론에 따르면, 우리 민족의 궁극적인 자주독립과 그에 기초한 민족 번영은 현재 남북한 사이에 구축되어 있는 상호 적대적인 이념적 대립 구도를 타파하여, 하나 되는 '민족 통일'을 이룩하는 데서 확보되는 것이 아니다. 오히려 그러한 적대적 분단 구도가 유지되는 상황 하에서 오직 '남한 자본주의 체제'의 이익에 부합하는 한에서만 민족의 이익과 번영도 고려될 수 있다는 것이다. 결국 북한은 남한과 동일한 민족공동체의 일원으로서 존중될 자격이 없다는 논리이다. 그런 한에서, 이규호는 상호 존중의 토대 위에서 남북 간 평화 공존과 민주적·평화적 통일을 위한 대등한 파트너로 북한을 인정한 의사가 없음을 명확히 표명하고 있다. 실상이 이렇다면, 이규호의 민족주의는 남한에만 국한되는 반쪽자리 불완전한 반편적인 민족주의이며, 경우에 따라서는 '민족의 이익'보다는 자본주의 진영에 속한 '외세의 이익'을 우선시하는 이데올로기로 기능할 수 있음을 보여 준다. 그 결과, 신민족주의는 그가 그토록 강조했던 민족의 자주성이 오히려 심각히 훼손될 수 있는 '반민족적 민족주의'로 전락할 여지가 크다.

이 같은 논의의 귀결을 고려할 때, 이규호의 신민족주의론은 결국 표면

36_ 이규호, 『민족적 정체성을 위한 투쟁』(『이규호 전집 7: 정치철학』)(2005), 357쪽.

적으로는 민족주의를 앞세워 남한 내 반민족적이며 반민주적인 군사독재 체제를 수호하고 정당화하기 위한 체제 옹호 이데올로기 논변으로서 그 실체를 드러내 보이고 있는 셈이다. 이 점은 이규호가 '사회 통합의 이데 올로기'로서 민족주의를 개념적으로 규정하는 대목에서 여실히 드러난다. "하나의 사회적인 대집단에 공동체의식을 심어주고 그러한 공동운명체에 특수한 가치를 부여하는 이데올로기의 기능이 중요하다(…). 민족주의가 바로 하나의 사회적인 대집단을 통합하고 그것을 다른 집단들로부터 구 분하는 그러한 이데올로기이다. 말하자면 언어, 혈통, 문화, 국적 등의 징 표들 안에 담긴, 그리고 대집단을 구분하고 통합하면서도 공동생활을 가 능케 하는 가치관, 인생관, 역사관, 규범들 등의 체계로서의 이데올로기, 그것이 민족주의라는 것이다."[37]

요컨대 이규호는 이러한 민족주의 논변을 통해, 현재 한국 사회는 민족 및 민족국가의 생존과 건설, 발전을 위한 기로에 서 있으며, 그런 한에서 체제 비판 및 저항 세력은 이러한 생존과 발전을 저해하는 반체제 집단이 자 '반민족 세력'으로 규정하여, 억압·분쇄할 통로를 마련하고자 하는 것 이다. 그에 따라 이규호는 그러한 독재 정권에 맞서 민주화 운동을 추진하 는 체제 거부 및 저항 세력은 사회 통합을 저해하고 와해할 위험 분자들 이며, 우리 민족의 융성과 발전을 가로막는 북한 공산주의 세력과 동일한, 타도해야 할 적이라는 주장을 펴고자 하는 것이다. 다음과 같은 발언에서 이 점은 고스란히 묻어난다. "한 마디로 사상의 전쟁에서 우리의 적은 공 산주의자들이라고 생각합니다. 그러나 공산주의자들은 사상의 전쟁에서 는 늘 민주주의의 깃발을 들고 나올 뿐 아니라 평등, 자유, 인권 등 모든 이성적인 정치개념들을 구호로서 내세우기 때문에 우리는 적과 동지를 구 별하기가 더욱 어렵게 됩니다. 그런데 싸움터에서 적과 동지를 구별하지 못하면, 우리는 전쟁에서 이길 수가 없습니다."[38]

37_ 이규호, 「사회통합 이념으로서의 민족주의」(1985), 92쪽.
38_ 이규호, 『민족적 정체성을 위한 투쟁』(2005), 356-357쪽.

상황이 이렇다면 결국 이규호는 전두환 군사정권에 맞서 반체제 민주화 운동을 전개하는 구성원들은 하나같이 사회 통합을 깨뜨리는 반민족 세력이자 동시에 민족국가로서 남한의 생존과 발전을 위협하는 반민족적 공산주의 세력이라는 논리를 펴고 있는 셈에 다름 아니다.

4) 관념론적 세계관

1950년대 후반에서 60년대 초반에 걸쳐 독일에서 철학을 공부하고 귀국한 이규호는 '철학적 인간학' 등 다양한 현대 철학 분야에 관심을 기울이며 활발하게 철학적 탐구 활동을 벌여 나갔다.[39] 그때 그가 연구한 여러 분과학(分科學)들은 대체로 인간의 의식과 사유(관념)의 능동성과 자율성을 인간의 삶을 둘러싼 물질적 조건이나 환경보다 우선시하는 관념론적 철학의 분야들이었다. 그와 같은 관념론의 지평에서 이루어진 철학함의 방식은, 1960년대 후반에 이르러 이규호가 프랑크푸르트학파의 '비판 이론'을 도입하여 국내 철학계에 소개하면서 본격적으로 사회철학을 논구하고, 이어 그것에 의거하여 한국 사회를 분석·조명해 나가는 도정에도 고스란히 내재하고 있다.

그런데 익히 알려진 것처럼, 비판 이론은 초기 자본주의 체제의 분석 틀로 기능했던 마르크스주의의 한계를 비판하면서, 오늘의 변화된 후기 자본주의 사회를 제대로 분석·진단하기 위해 기존의 마르크스주의 철학을 비판적으로 재구성한 토대 위에서 새롭게 이론 체계를 구축하여 등장하게 된, 현대의 비판적 사회철학의 한 유형이다. 당연히 비판 이론가들은 기본적으로 마르크스주의 철학적 전통을 비판적으로 계승하고 있었다는 점에서, 마르크스주의의 한계를 인정하면서도 '역사유물론적인' 세계관을 철학함의 기본적 전제 중의 하나로 여전히 받아들이고 있었다.

39_ 이에 관해서는 이규호, 『현대철학의 이해』(초판)(1965); 박순영, 「단계 이규호선생의 철학사상」(1985), 9-10쪽 참조.

그러나 이규호는, 비록 비판 이론이 거둔 현대사회에 대한 진단적 성과를 수용하고 그에 기대어 급속한 산업화로 인해 초래된 한국 사회의 다양한 병폐들을 분석하고 그 극복책을 모색하면서도, 시종일관 '관념론적 세계관'에 기초하여 철학적 논의를 개진하고 있었다. 즉 한편으로는 비판 이론의 수용을 통해 한국 사회가 직면한 다양한 사회 병리적 현상들을 사회조직의 변동이나 관료제와 같은 억압적 사회조직 구조의 출현과 같은 사회적 구조 및 제도, 환경의 측면에서 해명하고자 시도하였다. 하지만 정작 그러한 사회적 문제들을 해결하고 극복해 나갈 방안을 모색하는 과정에서, 그가 제안한 것은 개별 구성원들의 의식을 변화시키고 각성시킴으로써 사회적 병폐를 해결하고자 하는, 이른바 '의식 혁명'을 통한 문제 극복 방안이었다. 이처럼 일관되게 인간의 인식이나 의식, 사유와 그것의 자각을 준거로 삼아, 관념론의 관점에서 사회 현상을 해명하고 그것의 난점을 지양하고자 시도하는 이규호의 관념론적 편향성과 지향성은 다음의 언급에서 극명히 드러난다. "사회의 발전은 반드시 물질적 조건들의 변화를 통해서보다는 사유과정을 통해서 이루어질 수 있다고 믿는다. 그러므로 만약 비판이론이 혁명을 원한다면 그것은 근본적으로 교육을 통한 그리고 교육을 위한 혁명일 것이다."[40]

물론 역사 유물론적 시각에서, 문제성 있는 사회구조나 제도의 혁신을 통한 사회 발전의 길을 모색하기보다는 의식을 일차적으로 중시하는 관념론적 입장에서 해결책을 제시했다고 해서, 비판 이론의 체제 비판 이념을 망각하거나 폐기한 것이라고 말할 수는 없다.[41] 그러나 그의 철학적 탐구 과정뿐 아니라 실제 정치적 현실에서 보여 준 그의 실천적 활동의 역정(歷程)을 추적하다 보면, 그가 과연 비판 이론의 사회 비판 이념을 제대로

40_ 이규호, 『현대철학의 이해』(증보판)(1977), 298쪽.
41_ 이규호의 관념론적 성향은 '윤리적 이념의 하부구조'를 논하는 글에서도 엿볼 수 있다. "마르크스에 의하면 윤리의 하부구조는 경제적인 생산관계의 변천이다. 그러나 내가 여기에서 말하는 하부구조는 윤리 현상들 안에 있어서 윤리 이념을 상부 구조로 하는 하부구조를 말한다." 이규호, 「윤리적 이념의 하부구조」(1965), 15쪽.

계승하고 있는지는 대단히 의심스럽다. 이 점은, 무엇보다 비판 이론이 제시한 사회구조적 변혁이라는 의미에서 '체제 혁명'을 문제 해결의 극복 방안으로서 수용하는 대신 교육을 통한 혁명이라는 관념론적 실천 방안을 선택한 것은, 결과적으로 보다 나은 사회로의 사회 혁신이 아닌, 반민주적 군사독재 체제라는 왜곡된 사회 현실에의 순응 내지 타협으로 결과했기 때문이다. 이 점에 관해 김석수는 다음과 같이 일갈하고 있다. "이규호는 이와 같은 관점 아래서 대학에 국민윤리교육과를 만들고 이를 통해 새로운 교육혁명을 시도하고자 하였다. 하지만 그의 이런 작업은 자신의 의도가 어디에 있든 당시 군사정부의 체제를 수호하는 데 이바지 하였다."[42]

4. 현실 참여로서 실천적 철학함으로의 단절적인 '철학적 전환'

지금까지 우리는 이규호의 철학 사상과 신군부 정권의 소위 "통치철학" 사이의 사상적 · 이념적 친화성 및 상호 부합성에 초점을 맞추어, 이규호 사회철학의 주요 세계관적 특성과 이념적 지향점 등을 검토해 보았다. 그럼으로써 전두환 군사정권 하에서 이규호의 정치 참여는 그의 본래적인 철학적 입장과 소신에 따른 것으로 볼 수 있는 개연성이 크다는 점을 우회적으로 보여 주었다.

그렇지만 이것만으로는 충분하지 않다. 곧 어떠한 이유나 계기로 이규호는 신군부 독재정권의 이념적 나팔수로 현실 정치의 전면에 나서게 되었는가에 대한 보다 설득력 있는 답변을 얻어 내기 위해서는 또 다른 검토 작업이 하나 더 요구된다. 그것은 그가 펼쳐 나간 '철학적 · 사상적 이력(履歷)'에 대한 고찰을 통해, '어떠한 연유에서 이규호는 이론적 철학함으로부터 현실 참여로서 실천적 철학함으로의 사상적 전환을 의도하고 실현하

42_ 김석수, 『한국 현대 실천철학』(2008), 155쪽.

고자 했는가?' 하는 점을 비판적으로 검토해 보는 작업이다. 곧 이규호가 철학함을 수행해 나감에 있어서 그 일차적 배경이 되었던 당시의 한국적 상황과 관련지어, 그 자신의 '독창적인' 사회철학의 정립 의도와 수립 과정, 그리고 자신의 철학을 현실화하기 위한 구체적 실천 방안으로서 '현실 참여' 기획을 고찰해 볼 경우, 그러한 물음에 대한 답변을 일정 정도는 얻을 수 있을 것으로 보인다.

이러한 문제의식에서 접근할 경우, 이규호가 본격적으로 현실 정치 무대에 나서기 직전의 철학적 활동 기간은 특히 주목해 볼 필요가 있다. 특히 그의 철학적 사유 전개 과정에서 대략 1972년에서 1979년까지의 기간이 그러하다. 그 기간은 80년대의 본격적인 현실 참여에 앞서 한국 사회에 관한 철학적 탐구와 그에 바탕을 둔 새로운 사회철학 체계의 수립을 위한 이론적 모색의 시기라 할 수 있기 때문이다. 실제로 이 기간 동안 이규호는 우리 사회의 현실을 철학적으로 고찰·진단하고, 그로부터 드러나는 다양한 사회문제들을 검토하고 그 실천 방안을 강구하는 데 매진하였다.[43] 동시에 그러한 작업의 성과들에 기대어, 자신의 독창적인 사회철학을 정초하고자 시도하였다. 그리고 그 잠정적인 성과를 『이데올로기의 정체』(1978)라는 제목의 책으로 출간하기도 하였다.

그 책의 출간을 계기로 이규호는 더 이상 학계에 머물면서 철학적 연구 작업을 발전시켜 나가는 '이론적 실천의 방식'을 버리고, 아예 정치적 현실의 장(場)에 나서서 자신의 철학적 입장과 소신을 직접 구현해 보려는 '현실 참여적인 철학적 실천의 방식'을 채택하기에 이른다. 이처럼 1972년 이후 『이데올로기의 정체』를 출간할 때까지의 5년여에 걸쳐 이루어진 자신의 치열한 철학적 사유와 탐구 과정, 그것의 잠정적인 논의 결과, 그리고 정치적 실천 무대에 직접 참여하게 된 철학적 동기와 의도 등에 관한

43_ 박순영에 의하면, 그러한 성찰 및 탐구 과정의 잠정적인 결실이 『이데올로기의 정체』 마지막 장에 완결적으로 드러나 있다. 박순영, 「단계 이규호선생의 철학사상」(1985) 11쪽 참조.

입장과 논의, 소신과 그러한 결정을 내리기까지의 고뇌 등을 담은 글들을 모아 출간한 저술물이 바로 『현실의 도전과 철학의 응답』(1979)이다. 이 책에는 이규호 자신의 고유한 철학관과 사회철학 체계의 정립 의도와 그 내용, 나아가 고유한 한국 철학 모델의 모색과 그것이 수행해야 할 과제, 그리고 무엇보다도 자신의 '현실 참여적 철학함'으로의 사상적 전환에 관한 입장과 소신이 고스란히 담겨 있다. 그 일부를 소개하면 다음과 같다. "마지막으로 말해두고 싶은 것은 나는 이 책의 출판이 나의 철학하는 길 곧 나의 삶의 길에 있어서 하나의 전환점이 될 것이라는 것을 믿고 싶다는 것이다. 이 전환이 어떤 성격의 것인가에 대해서는 앞으로의 나의 철학이 말해 주게 되기를 바란다. 철학이 아무리 보편적인 진리를 추구하는 학문이라고 해도 이제는 남들을 뒤쫓아 가는 철학을 하고 싶은 마음은 없다. 그리고 내가 그 안에서 자라났고 그 안에서 생활하고 있는 생활공동체와 그 정신적 상황에 대한 책임과 무관한 철학도 이제 하고 싶은 마음은 없다. 이것이 나의 철학하는 길에 있어서의 전환을 바라는 심정이다."[44]

이러한 언급에서 '분명히' 드러나듯이, 이규호는 당시의 한국 철학계의 대체적인 흐름, 즉 다양한 외래 철학 사조를 소개하고 그것을 보다 세련되게 다듬어 해명하는 식의 외래 사상 추종적인 철학함 방식에서 벗어나고자 했다. 동시에 한국 사회의 현실을 일차적 철학함의 대상으로 삼아 분석하고, 그 과정에서 부딪히는 문제를 해결 극복하는 데서 철학함을 새롭게 정초하고자 했다. 요컨대 당시의 주어진 한국적 상황 속에서, 우리식의 철학, 특히 문제 해결을 위한 실천철학으로의 전면적인 철학적 전환을 이규호는 추구하고자 했다. 이것이야말로 단순히 이론적 차원에서 철학함을 추구하던 강단 철학자로서의 도정에서 이탈하여, 실천적 차원에서 자신의 철학적 구상을 현실에 적용하여 실제로 구현해 보고자 하는 길이었다. 그리하여 마침내 이규호는 '정치권력의 실제적 힘'에 기대어 자신의 철학을

44_ 이규호, 『현실의 도전과 철학의 응답』(1979), 4-5쪽.

현실에 펼쳐 보이려는, 이른바 '철학적 실천가'로서의 길을 가고자 현실 참여를 '결행'하기에 이른다. 그러므로 이러한 해석이 '어느 정도' 타당성을 갖는다면, 이규호가 본격적으로 현실 정치 무대에 뛰어들게 된 것은 자신의 철학 사상을 현실에 실제로 구현해 보기 위해, 이론적 철학함의 지평으로부터 실천적 철학함의 지평으로 그 사상적 궤도를 전면적으로 전환하려는 '사회철학적 기획' 의도에서 비롯된 것이라고 말할 수 있다.

물론 이 같은 해석만 갖고서는 이규호가 군부독재 권력의 '이념적 나팔수'의 역할을 결행하게 된 '계기적 과정'이 깔끔하게 해명되는 것은 아니다. 한편으로 이규호 자신의 철학적 기획과 의도를 현실의 장에서 펼쳐 보이는 작업과, 다른 한편으로 독재 권력과 강제적 제압 수단을 통해 유지되는 군사독재 체제를 옹호하고 수호하는 과제, 양자가 '자동적으로' 상호 합치되는 것은 아니기 때문이다. 그러나 이는 상호 모순되거나 충돌하는 것도 아니며, 충분히 일맥상통할 수 있는 것이기도 하다. 앞서 살펴보았던, 이규호 사회철학의 세계관적 토대와 이념적 · 가치론적 지향점은 당시 전두환과 노태우를 비롯한 군인 정치인들의 이른바 "통치 철학"의 이념적 본성 및 방향성과 전반적으로 상호 합치할 수 있는 여지를 충분히 드러내보여 주었기 때문이다. 또한 이와 관련하여, 이규호는 자신의 고유한 사회철학 체계를 정립해 나가는 도정에서 그 이전까지 여전히 남아 있던 체제 비판적 내용과 요소들을 대폭 제거해 버리기도 한다.[45] 그러므로 만약 이와 같은 추론적 해석이 일정 부분 설득력을 지닌 것이라면, '이론적 철학함'으로부터 '실천적 철학함'으로의 단절적인 '철학적 전환'과 그에 따른 귀결로서 '현실 참여'는, 이규호에게 있어서 자신의 고유한 철학적 입장에

45_ 자신의 고유한 사회철학 체계를 모색해 나가던 중, 1976년 발표한 두 편의 논문 「정치 교육의 과제와 이념」(1976)과 「새마을 운동과 국민총화」(1976)를 통해 이규호는 그때까지 견지하고 있던, 철학의 기본적 역할과 기능으로서 '체제 비판'의 이념적 끈을 놓아 버리고 있다. 대신 그 자리에는 사회체제에 대한 긍정과 순응, 남한식 자본주의 체제의 위협 대상으로서 공산주의 이데올로기에 대한 비판이 철학적 핵심으로 들어서게 된다. 이와 관련, 어떤 의도와 계기, 이유 등으로 그러한 '이론 구성적 변화'가 이루어졌는가에 대해서는 다른 글에서 본격적으로 논구해 볼 예정이다.

대한 배반이나 이탈이라고 볼 수는 없을 것 같다. 오히려 그보다는 이규호 사회철학의 본래적 입장과 고유한 특성, 가치론적 지향점에서 비롯된 자연스런 귀결이라는 해석이 보다 타당할 것이다.

5. 잠정적 결론

앞서 우리는 두 측면에서 이규호의 현실 참여 문제를 개략적으로 규명해 보았다. 하나는 그의 사회철학의 세계관적 특성과 이념적·가치론적 방향성에 초점을 맞추어, 그의 철학 체계에 내재한 '현실 참여적인 실천적 특성'과 당시 통치 세력과의 '이념적·사상적 친화성'을 점검해 보는 작업이었다. 또 다른 하나는 독창적인 사회철학 체계를 정립해 나가고자 했던 그의 철학적 이력과 이론적 철학함으로부터 실천적 철학함으로의 단절적인 '철학적 전환'이 이루어지는 과정을 살펴봄으로써 그의 현실 참여가 장기간에 걸쳐 기획된 것임을 확인해 보는 작업이었다.

이제부터는 지금껏 살펴보고 검토해 본 논의 사항들을 중심으로, 이 글의 서두에서 제기했던 물음에 답해 보려고 한다. 과연 이규호는 자신의 철학적 입론을 현실에 구현해 보고자 한, 그런 한에서 ― 비록 그 사후적 평가는 독재 권력의 이념적 하수인의 역할을 수행한 것으로 판명되었지만 ― 나름 자기 식의 사회변혁을 추구해 나갔던, 그야말로 '실천적' 사회철학자였는가? 아니면 현실의 세속적 지배 권력에 대한 사적 욕망을 채우기 위해 반민주적 독재 정권과 결탁했던, 그런 한에서 기회주의적 '사이비' 사회철학자에 다름 아니었는가?

우선, 사회철학자로서 이규호는 최소한 학자적 양식에 비추어 반민주적 독재의 방식으로 한국 사회를 발전시켜 나가는 방안을 주도적으로 제안하거나 적극적으로 지지하지는 않았으리라 본다. 이 점은 그가 철학이라는 학문에 입문하고 그의 사상을 전개시켜 나온 과정을 보면 어느 정도 확인할 수 있다.[46] 특히 60년대 말경부터 이루어진 독일에서의 사회철학 연구 기간을 거쳐 비판철학적 흐름을 수용하여 자신의 사회철학 체계를 구성하고자 한 그의 철학적 의도와 그 후의 사상적 전개 과정을 보더라도, 그의 사회 비판적 의식과 의도를 엿볼 수 있다. 이와 관련하여, 이규호가 70년대에 현실 분석과 새로운 철학 체계 구상의 기간을 거쳐 내놓은 잠정 성과물인 역저 『이데올로기의 정체』에 관한 서평에서 박순영은 다음과 같이 언급하고 있다. "비록 그는 부분적으로 프랑크푸르트학파의 영향을 받고 있으면서도 그것을 완전히 소화시켰고, 자신의 독특한 사고의 창조성은 그들의 한계를 넘어서 우리 시대의 사회의 구체적인 현실을 분석하고 설명해 내는 여유를 보여 주고 있다. (⋯) 이데올로기의 개념과 그 본질을 파악함에 있어서 긍정적인 면과 부정적인 면 모두를 동시에 인정하는 점은 정당한 판단이다."[47] 곧 전적인 것은 아니지만, 이규호는 여전히 체제 비판적 의식과 의도를 견지하고 있었다는 것이다.

이에 더해 자신의 사회철학적 구상을 실제 한국 사회에 구현해 보려는 기획을 오랜 기간 준비해 왔던 이규호는, 어느 정도 현실화할 수준에 이르렀다고 판단되자 이론적 철학함으로부터 실천적 철학함으로의 철학적 전환을 결행함과 동시에 현실 참여를 선언하기에 이른다. 이는 그가 현실 정치 영역에 발을 내딛게 된 것이 정치적 권력의 힘을 통해 자신의 사회철학적 기획을 실제 삶의 무대에서 실현해 보려는, 나름의 철학적 신념과 의도에 따른 것이라는 사실을 여실히 보여 주는 대목이다.

사정이 이러하므로, 이규호가 신군부 독재정권 하의 현실 정치에 참여했

46_ 이 점을 보여 주는 한 가지 사례로, 이규호가 1970년대 초반, 독일 막스 플랑크 교육연구소에 교환교수로 나가 있는 동안 당시 '7.4 공동성명'에 관한 뉴스를 듣고 자신의 소회를 밝히는 글에 나오는 일부 대목을 들 수 있다. "어떤 독일 사람은 나에게 남한 정부가 민주 정부냐고 물은 일이 있었다. 나는 외국에 나가서까지 자기나라 정부를 비판하는 스스로 예리한 지성인은 아니다. (⋯) 그러나 우리나라의 실정에 관한 이야기가 나오면 늘 궁색한 변명만 해야 하는 입장에 몰리는 것은 틀림없었다." 이규호, 「백림에서 들은 7.4성명」(1972), 38-39쪽.

47_ 박순영, 「서평: 이데올로기의 정체」(1979), 132쪽.

다고 해서 그것이 사적인 권력욕이나 명예욕을 채우기 위해 앞뒤 가리지 않고 부당한 권력과 손을 잡은 결과로 이루어진 것이라고 섣불리 판단해서는 안 될 것이다. 더불어 이규호가 '정치인'으로서 80년대 군사독재 체제에 참여했다는 사실로부터, 그가 강압적 독재체제를 철학적 입론의 차원에서 '무조건적으로' 선호하고 지지했다는 결론을 이끌어 내는 것도 온당치 못한 처사일 것이다. 시민사회적 전통이 일천하고 서구적 의미의 근대화 수준도 한참 뒤쳐져 있던 당시의 한국 사회의 현실을 감안할 때, 아마도 위로부터 일사분란하게 추진되는 보다 강력하고 효율적인 사회 개혁 방식이 시대 상황에 더 잘 부합한다고 판단했을 수 있기 때문이다.

그런 이유에서였는지, 이규호는 확실히 민주적 통치 방식보다는 강력한 정치적 지배 권력이 작동하는 '권위주의적 통치 방식'을 선호하였다. 어쩌면 그것은 민주주의 체제 하의 한국적 현실보다는 80년대와 같은 독재체제 하의 한국적 상황이 자신의 철학을 한층 더 필요로 한다는 판단 때문이었는지 모른다. 왜냐하면 이규호는 자신의 철학이야말로 폭력적 수단이 동반된 강압적 군사 통치 방식의 한계를 극복하는 데 결정적으로 기여할 수 있다고 보았기 때문이다. 가령 강압적 권위주의 통치 방식은 단기간 내에 특정 목표를 달성하는 데 매우 효율적인 지배 방식이다. 하지만 체제의 지속적인 안정화나 장기적인 국가 목표를 달성하는 데에는 결정적인 한계를 노정한다.

그와 관련하여, 이규호는 일방적인 군사적·강압적 통치보다는 교육 혹은 계몽에 의한 의식의 전환을 통해서 '보다 안정적으로' 체제가 존속될 수 있으며, 성공적으로 산업화와 근대화를 이룩할 수 있다는 신념을 확고히 견지하고 있었다. 그리하여 이규호는 '무인(武人)'들의 앞뒤 가리지 않는 강압적, 물리적 통치 방식의 한계를, 그들(정치군인들)을 상대로 철학적으로 자각하도록 하면서, 그 대안적 통치 방식으로 의식 교육의 방안을 제안하였다. 요컨대 이규호는 교육적·계몽적 방식을 통해 국민들의 의식을 바꾸고 설득하여 체제에 자발적으로 순응하고 헌신하게 만드는 일종의

'관념론적' 통치 방식을 제시함으로써, 비록 '차선'의 방안이기는 하지만, 정치군인들의 강압적 지배로 인해 초래된 유혈적 탄압 사태로부터 국민들은 벗어날 수 있을 것으로 확신하고 있었던 것이다.

그렇지만 그와 같은 이유나 동기만으로 이규호가 군사독재 체제 하의 정치 현실에 참여를 결행하게 된 것은 물론 아니다. 이미 살펴본 것처럼, 이규호와 군인정치 집단 사이에 자리한, 통치 이념과 세계관에 있어서 상호 합치성과 친화성 또한 그로 하여금 80년대 한국 사회의 현실에 '큰 거부감 없이' 참여하게 만든 중요한 요인으로 작용하였다. 일례로 양자는 당시 민주화의 열기에 휩싸여 있던 '한국적 상황'을 대단히 무질서한 혼란의 시기로 인식하고 있었으며, 그것이 장기화할 경우 북한의 남침으로 이어질 수 있다는 고전적 냉전 의식과 북한 및 공산주의에 대한 고착화된 적대적 편견을 공유하고 있었다. 그런 까닭에 이규호와 전두환 신군부 세력은 강력한 권위주의 통치 방식에 의거해서만 그러한 사태를 수습할 수 있다고 보았던 것이다. 다만 그 경우에도 양자 사이에는 결정적인 차이점이 있었다. 즉 군인 정치인들은 무력적 방식에 기초한 '권위주의 지배' 방식을 선호한 반면, 이규호는 '의식 개혁' 방식을 중심으로 한 '반(半) 권위주의 통치' 방식을 주창했다는 점이다.

그처럼 이규호는 당시 한국 사회가 처한 현실을 분석·진단하고 그 해결책을 모색함에 있어서, 그 근본적인 인식 틀에 있어서 신군부 통치 집단의 그것과 전반적으로 강한 '이념적 친화성' 및 가치론적 일치성을 드러내 보이고 있었다. 물론 그런 탓에 이규호는 당시 집권 세력과의 관계나 조우에서 별다른 이념적 이질감이나 사상적 거부감 없이 현실 정치 무대에로의 데뷔를 무리 없이 아울러 편안하게 수행할 수 있었다. 이러한 사실은 무엇보다 이미 앞서 살펴보았던 이규호 사회철학의 근본 특성들, 특히 '반민주적인 상황(적 제약)에 대한 순응성,' '체화된 반공주의,' '반편적·적대적 민족주의 성향' 등을 상기할 경우에 상당 정도 수긍할 수 있을 것이다.

물론 이규호는 '민주적 통치 방식'과 그 바탕 위에서 교육 및 계몽을 통해 한국 사회가 처한 위기 상황을 치유하고 극복하면 더 좋겠지만, 그렇지 못한 현실 상황에서는 강압적 독재의 방식도 불가피하다고 보았던 것 같다. 그것이 남한 사회의 존립 자체가 훼손되는 것보다는 낫다고 판단했기 때문이다. 이는 이규호의 다음과 같은 발언을 통해 확인해 볼 수 있다. "현실의 도전에 대해서 철학은 그 입장에 따라서 여러 가지로 응답할 수가 있다. 냉소적인 관망, 저돌적인 저항, 맹목적인 영합 등을 각각 밑바닥에 깔고 그런 입장들을 정당화하기 위한 이론들을 전개할 수가 있다. (…) 그러나 현실의 도전에 대해서 철저한 책임감을 가지고 대결하려는 사람에게는 그렇게 넓은 선택의 여지가 남겨져 있는 것이 아니다. 책임이 없는 사람은 여러 가지 입장들 중에서 어느 입장이나 취할 수가 있고 어떤 이론이라도 전개할 수가 있다. 그러나 스스로의 책임을 철저하게 인식하는 사람에게는 선택의 여지가 제한되어 있다는 것이다. 특히 오늘날의 우리에게 있어서는 그 현실의 도전이 우리의 생존 가능성의 문제와 연결되어 있기 때문에 이러한 상황의 인식에서 오는 무거운 책임은 철학의 응답을 위한 공간을 매우 제한해 버린다."[48]

더불어 이규호는 자신의 그 같은 철학적 현실 진단과 자신의 철학적 입장의 전환, 나아가 독재체제 하에서의 현실 참여에 대해 제기될 수 있는 '비판적 시각'에 대해서도 이미 예상한 듯, 다음과 같은 반응을 보이고 있다. "여기에 수록된 나의 글들에 대해서 여러 가지 반응들과 여러 가지 비판들이 있을 수 있다는 것을 나는 잘 알고 있다. 부정적인 반응이 더 지배적일 것이라는 것도 잘 알고 있다. 여기서 수록된 글들은 현실의 도전에 대한 철학의 응답이기 때문에 우리의 정치체제와 이해관계가 얽혀 있는 사람들이 먼저 부정적인 반응을 보일 것이 틀림없다. 저항적인 지식인들과 무사안일을 탐하는 정치적 엘리트들이 모두 부정적인 반응을 나타낼 것이라는 것이다. 물론 그들에게서 이 책을 읽어 볼만한 마음의 여유나 현

48_ 이규호, 『현실의 도전과 철학의 응답』(1979), 3-4쪽.

실의 도전에 대한 문제의식을 기대하는 것부터가 비현실적일는지 모른다. 그러나 나는 나 나름대로의 우리의 역사에 대한 책임 때문에 끊임없이 이 방향으로 나의 탐구는 계속할 것이며 나의 주장을 형식을 바꾸어서라도 되풀이할 것이다. 그러면서도 나는 나의 뜻이 의롭지 않다는 것도 알고 있다."[49]

여기서 알 수 있듯이, 이규호의 철학적 전환 혹은 '변신'에 대해 쏟아질 비판이란, 반민주적 군인 정권 하에서 철학의 현실 적용이란 명분하에 이루어지는 현실 참여는 결국 독재 정권과의 야합이나 결탁과 다를 바 없다는 식의 비판을 가리킨다. 그렇지만 이규호는 그러한 비판을 기꺼이 감수하고서라도 자신의 의도를 굽히지 않을 것임을 단호히 선언하고 있다. 이미 앞에서 언급했듯이, 그는 당시의 한국적 현실을 체제의 사활이 걸린 위기적 상황으로 판단하고 있었다.[50] 그렇기에 자신에게 비판이 가해지는 상황에서도, 한층 더 자신의 철학적 입론의 현실 적용을 통해 그러한 위기를 극복하는 데 선도적으로 나서야 한다는 모종의 '소명 의식'을 지니고 있었던 것으로 보인다. 그럼에도 이규호는 또한 "나의 뜻이 의롭지 않다는 것도 알고 있다"는 언급을 통해, 민주적 정부 하에서가 아닌 반민주적 독재체제 하에서 자신의 철학을 현실에 구현해 보고자 참여를 결행한 것이 갖는 취약점을 본인도 명확히 인지하고 있었음을 고백하고 있다. 그러면서 '비유적으로' 자신의 현실 참여가 자신의 의지보다는 자신의 참여를 요청하는 현실 상황에서 비롯된 것 같은 뉘앙스를 풍기고 있기도 하다. 그런 만큼 이를 보다 '긍정적으로' 이해해 볼 경우, 사회철학자로서 이규호는 '최소한의' 학자적 양심은 분명 지니고 있었다고 봐야 할 것이다.

결국, 이상과 같은 비판적 검토와 논의를 통해 '합리적으로' 판단해 볼

49_ 이규호, 『현실의 도전과 철학의 응답』(1979), 4쪽.
50_ 이규호가 '철학적 전환'을 선언하던 시점은 유신체제 말엽으로, 당시의 사회적 상황은 1979년 5월 3일 신민당 전당대회에서 '민주 회복'의 기치를 든 김영삼이 총재로 당선된 후 정국은 여야 격돌로 더욱 경색되고 반유신체제에 대한 민주화 열기가 고조되어 나가던 시기이다.

수 있는 것은, 적어도 이규호가 세속적 차원의 권력에 대한 사적 욕심으로 인해 현실 정치에 참여했다고 보기는 어렵다는 사실이다. 그보다는 — 비록 반민주적 군부 통치 체제의 유지에 기여하는 가치관적 내용과 세계관적 특성, 이념적 지향점 등이 이규호의 사회철학 체계에 내재되어 있기는 하지만 — 자신의 철학적 구상을 현실에 구현해 보려는 사회철학자의 나름 '정당한(?)' 철학적 욕구로부터 현실 참여가 비롯된 것이라고 보는 것이 이치상 합당하다고 할 것이다. 요컨대 자신의 실천철학적 관점에서 정치적·사회적 혼란기로 간주된 1980년대 위기 상황을 이규호 본인의 새로운 사회철학적 기획을 통해 극복해 보고자 한 '철학적 욕구'가 그의 현실 참여를 선언하고 결행하도록 이끈 것이라고 '잠정적으로' 결론을 내릴 수 있을 것이다.

당연히 잠정적인 결론이라는 것은 이후 새로운 정보나 지식이 드러날 경우 현재의 결론이 바뀔 수 있음을 의미한다. 또한 여전히 해명되거나 새로이 밝혀져야 할 문제들이 남아 있음을 말해 준다. 가령 이규호와 당시 전두환 군사정권 사이에 — 우리가 미처 알지 못하는 — 모종의 타협이 있을 수 있으며, 이규호의 본의와 달리 신군부에 의한 가공할 협박이나 회유로 인해 현실 참여가 이루어졌을 수도 있다. 뿐만 아니라 이규호 사회철학 내에 혼재되어 있던 '체제 비판적 내용'과 독재 체제를 옹호하는 '국가철학적 요소들' 중 현실 참여를 기획하던 시기인 70년대 후반에 전자가 대체로 제거되는 사태에 대해서도 보다 명료한 분석과 해명이 요구된다. 이러한 사안들은 이 글에서 다루기에는 지면이 부족하거나 혹은 보다 결정적인 근거나 자료를 찾아봐야지만 해명될 수 있는 것들인 까닭에, 유감스럽지만 이후의 과제로 남겨 두고자 한다. 그러한 후속 작업은 이번에 다룬 이규호 외에 박종홍이나 황장엽, 김형효 등 '체제 옹호 이데올로그'로 활약했던 주요 사회철학자들의 현실 참여에 관한 또 다른 비판적 고찰 작업과 함께 지속적으로 수행해 나갈 것임을 미리 밝혀 둔다.

15
자생적 실천철학은
어떤 자격 조건을 지녀야 하는가?

안호상의 일민주의 철학을 중심으로

1. 들어가는 말

저자는 다른 글에서 '안호상의 일민주의 철학을 독창적인 자생 철학의 맹아 형태로 볼 수 있는가?'의 문제에 관해 비판적으로 검토해 본 바 있다. 그리고 적지 않은 문제점에도 불구하고, 안호상이 자신의 철학적 문제의식과 구상을 현실에 구현해 보고자 오랜 기간에 걸쳐 구축한 자생적 실천철학의 '단초적(緞綃的) 유형'으로 볼 수 있다는, '조심스럽지만' 보다 긍정적인 시각의 '잠정적' 판단을 제시해 보았다.[1]

하지만 그럼에도 여전히 드는 의구심은 한둘이 아니다. 가령 민족주의를 이론 구성의 핵심 틀로 끌어들이고 있는 안호상이, 민족 분단의 고통을 치유할 실천 방안을 진정으로 강구하고자 시도하는 철학적 의도를 갖고 있었는지는 자못 궁금하다. 혹여 그가 설정한 '분단 극복'이라는 실천철학적 탐구 목표가 한갓 학문적 겉치레에 불과한 선언적 구호는 아니었는지, 민족과 통일을 표면에 내세운 채 현실 지배 권력에 빌붙어 권세와 영화를 누리고자 한 이념적 하수인의 모습이 그의 실제 민낯은 아니었는지

1_ 선우현, 「일민주의 철학의 정립자, 이승만인가 안호상인가」(2015), 55-84쪽 참조.

하는 의문들이 연속적으로 밀려들기 때문이다.

결국 이러한 의구심과 궁금증은, 일민주의 철학을 자생적 실천철학의 맹아적 형태로 적극 해석해 볼 수 있다고 해도, '과연 진정한 의미에서 자생적 실천철학으로서의 자격 조건을 온전히 갖추고 있는가?'라는 보다 근본적인 물음으로 귀착된다. 이 글은 지면상의 한계 등으로 인해 이전 글에서 제대로 다루지 못하고 이후에 검토해 볼 것을 약속한 바 있던 이러한 근본 물음에 관해, 좀 더 세부적인 철학적 검토 작업을 통해 설득력 있는 답변을 개진해 보고자 기획되었다.

이를 위해 이 글은 세 차원에 초점을 맞추어 세부적인 검토 작업을 벌여 나가려고 한다.

그 첫 번째는 이론의 '정립' 차원이다. 여기서는 안호상이 오랜 기간 구상하여 정립한 일민주의 철학을, '동시에' 이승만 정권의 통치 이념으로 구축해 나가는 도정에서, 애초의 정립 의도와 목적, 주된 철학적 논지와 방향성 등이 초지일관 견지되고 있는가 여부를 비판적으로 확인해 볼 것이다. 만약 그렇지 않고 현실 권력과의 이론적 조율 등을 통한 '비철학적인' 절충과 타협이 일민주의 철학 체계 내에서 이루어졌음이 드러난다면, 그것은 진정한 의미에서의 자생적 실천철학이라고 부르기 어려울 것이기 때문이다.

두 번째는 이론의 '내용' 차원으로서, 일민주의 철학의 주요 사상적 토대를 이루는 '이론 구성적' 입론들의 내용, 곧 핵심 철학적 논변과 주장, 규범적 판단의 준거점 등이 모순이나 내적 충돌 없이 정합적으로 제대로 '체계화'되어 구성되어 있는가 여부를 비판적으로 검토해 볼 것이다. 설령 현실 분석을 위한 이론 틀들이 '형식적으로' 마련되어 있다고 해도, 그것들이 전체적으로 체계적 정합성을 견지하지 못하거나 혹은 사안에 따라 제멋대로 적용되어 작용한다면, 일민주의는 제대로 된 자생적 실천철학의 자격을 지니고 있다고 말하기가 어려울 것이다.

세 번째는 이론의 '역할' 차원이다. 자생적 실천철학이라면 마땅히 수행해야만 하는 그것의 '근본적인' 역할과 기능이 있는바, 이러한 책무를 일민주의 철학이 온전하게 이행하고 있는가 여부 또한 철저한 비판적 검토가 필요한 사안이다. 근본적인 역할에는 여러 가지가 있을 수 있다. 그중 우선적으로 요구되는 것은 통치권의 무분별한 남용으로 사회정의와 민주주의의 기초마저 흔들리는 사태를 방지하기 위한 것과 관련된 것으로, '현실 권력'에 대한 철저한 비판적 견제와 감시라 할 수 있다.[2] 그런 한에서 이러한 실천철학적 책무를 제대로 이행하지 못하고 있다면, 일민주의 철학은 제대로 된 자생적 실천철학이라고 결코 일컬을 수는 없을 것이다.

2. 자생적 실천철학의 '형식적' 자격 조건과 일민주의 철학

현시점에서 한국적 현실을 제대로 읽어 낼 자생적 실천철학의 자격 조건에는 과연 어떠한 것들이 있는가? 한데 이에 관해서, 우리 실천철학계 내부에서 상당 정도 의견의 일치를 본 일반적 합의 사항이나 내용 등은 사실상 찾아보기가 쉽지 않다. 단지 일부 실천철학자들이 개별 차원에서 산발적으로 그에 대한 견해나 논변을 개진하고 있을 뿐이다. 사정이 이런 만큼, 그 같은 논변들의 내용을 고려하면서 현 한국 사회의 '철학적 지형'에서 자생적 실천철학으로서의 자격을 지니기 위해서 요구되는 '형식적' 조건을 꼽아 보라면 대략 다음의 세 가지를 들 수 있다.[3]

첫째, 한국적 상황에서 철학적으로 논구할 가치와 필요성이 있는 '우리의 문제'를 다루어야 하며, 동시에 그에 관한 주체적인 '문제의식'을 지니

2_ 이 점에 관해서는 선우현, 「변용된 서구 철학 추수주의와 현실 권력 추수주의의 결합」 (2014), 316쪽 참조.
3_ 이와 관련해 참고할 만한 논의로는 김재현, 『한국 사회철학의 수용과 전개』(2002), 11-27쪽; 백종현, 『독일철학과 20세기 한국의 철학』(1998), 13-30쪽; 이기상, 『서양철학의 수용과 한국철학의 모색』(2002), 7-21쪽; 선우현, 『사회비판과 정치적 실천』(1999), 29-30쪽 참조.

고 있어야만 한다. 둘째, 그러한 문제를 분석하고 다룸에 있어서 그 조망점이 되는 나름의 고유한 '이론적 토대'가 갖추어져 있어야만 한다. 셋째, 그러한 탐구 결과를 바탕으로 현실 문제를 실제로 해결할 수 있는 구체적인 '실천 방안'을 제시할 수 있어야만 할 것이다. 아울러 이상과 같은 문제의식과 탐구 방식, 잠정적 연구 성과 및 해결 방안은 기본적으로 한국적 '특수성'과 함께 인류 공동체 차원에서 납득하고 수용할 수 있는 '보편성'을 담보하고 있어야만 한다.[4]

이러한 조건들을 나름 완벽하게 만족시킨 경우, 우리는 그야말로 독창적인 한국적 실천철학이 등장했음을 공식적으로 선언할 수 있을 것이다. 그만큼 현 단계에서 이 모든 조건들을 완결적 상태로 충족시킨 자생적 실천철학을 찾기란 사실상 어렵기 때문이다. 대신 현실적인 차선책으로, 이상과 같은 조건들을 '일정 수준 이상' 제대로 충족한 경우에, 형식적인 차원에서나마 자생적 실천철학의 자격을 갖추었다고 말할 수 있을 것이다.

그런데 이상의 조건들 중에서도 우선적으로 요구되는 것은, 서구 사회를 중심으로 한 '그들의 문제'가 아닌, 한국 사회의 현실에서 부딪히는 '우리 문제'를 다루어야만 한다는 것이다. 동시에 그들의 시각이나 철학적 입장이 아닌, 비록 어설프고 완벽하지 않다고 해도 우리의 관점과 고유한 사상 체계에 의거하여 다루어져야만 한다는 점도 강조된다. 사실 그간 우리는 서구인들의 이해관계나 문제의식, 사상에 기대어 우리의 현실과 무관한 '그들의 문제'를 규명하고 고찰해 왔기 때문이다. 그런 만큼 우리에게는 무엇보다도 "우리의 문제 해결 모색이 담긴 학문"[5]으로서 철학을 구상하고 정립해 내야 할 시대적 책무가 주어져 있는 셈이다.

흔히 우리는 남이 차린 잔칫상에 대해서는 그다지 성에 차지 않아 한다. 하지만 막상 자신이 차리려고 하면, 소박하게 꾸리려고 해도 그것이 얼마나 힘들고 어려운 것인가를 새삼 깨닫게 된다. 비록 어설프고 세련되지 못

4_ 백종현, 『독일철학과 20세기 한국의 철학』(1998), 23쪽.
5_ 이기상, 『서양철학의 수용과 한국철학의 모색』(2002), 11쪽.

한 형태라고 해도, 여하튼 '잔칫상을 차려 내놓는 것'과 '차리지도 못한 채, 불만만을 토로하는 것'은 그야말로 천양지차이기 때문이다. 이와 관련해, 현재 우리의 실천철학계 역시 독창적인 자생 철학이라는 잔칫상을 내놓기에는 철학적 문제의식이나 구성적 역량 등이 턱없이 부족한 편이지만, 정작 자생 철학적 잔칫상에 대한 눈높이만큼은 매우 높은 편이다. 그렇기에 몇몇 자생 철학의 형태를 갖춘 철학적 입론들이 개진되고 있기는 하지만 그 평가에 있어서는 대단히 인색하고 부정적인 편이다. 사정이 이런 만큼, 안호상의 일민주의 철학에 대한 우리 실천철학계의 반응 역시 거의 '무관심'에 이를 만큼 냉담하고 부정적인 편이다.

그렇다면 이처럼 비우호적인 실태에도 불구하고, 일민주의 철학은 독창적인 자생적 실천철학의 고유한 형태로서 평가될 수 있는가? 이미 밝힌 대로, 저자는 이전의 한 논문에서, 비록 자생적 실천철학의 자격 조건들을 '완결된' 상태로 충족시키고 있지는 못하지만, 그럼에도 고유한 자생적 실천철학의 '단초적 형태'로서 평가받을 만한 요소 및 요인들을 나름 지니고 있다고 분석한 바 있다. 가령 일제하 민족 지도자들 간의 심각한 분열적 작태나 분단 현실로부터 촉발된 '민족의 단합과 민족 통일의 구현'에 관한 철학적 문제의식과 그 방안의 모색, 그리고 민족 현실에 관한 철학적 통찰의 사상적 기반으로서 민족주의 입론의 수용과 그것의 재구성 등을 감안해 볼 경우, 최소한 자생적 실천철학의 '맹아적 형태'로서 간주될 수 있는 여지가 존재함을 일정 정도 확인해 볼 수 있었다.[6]

다만 그럼에도 불구하고 앞서 언급한 것처럼, 일민주의 철학이 진정한 의미에서 자생적 실천철학의 유형으로 간주될 수 있을 만큼 그 자격 조건을 온전하게 갖추고 있는가의 문제는 보다 심도 깊은 논의와 비판적 고찰을 필요로 한다. 그래서 이론의 정립, 내용, 역할 등 세 차원에서의 철학적 검토 작업이 기획된 것이다. 그런 만큼 세 차원에서 이루어지는 일민주의

6_ 이 점에 관해서는 선우현, 「일민주의 철학의 정립자, 이승만인가 안호상인가」(2015), 69-72쪽 참조.

철학에 대한 비판적 검토 작업은, 일민주의가 자생적 실천철학의 형식적 자격 조건을 충족시키고 있지만 그 충족 '정도'가 진정한 의미에서의 자생적 실천철학으로 평가받을 만큼 충분한 것인지 여부를 따져 보는 '간접적인' 작업도 자연스레 포함되어 있다. 그러므로 이제부터는 '참된 의미에서의 자격 조건'에 관한 실천철학적 검토 작업을 본격적으로 진행해 나가면서 그에 대한 잠정적인 답변을 개진해 보려고 한다.

3. 통치 이념의 정립 과정에서 이루어졌을 '이론적 조율 및 조정'의 문제

1) 이전 논문에서 필자는, 일민주의 철학은 전적으로 이승만 정권의 통치 이데올로기로만 볼 수 없으며,[7] 안호상의 고유 철학 체계로서 읽힐 수 있는 여지 또한 적지 않다는 점을 지적한 바 있다. 실제로 안호상은 이승만 정권의 출현 이전부터 오랜 기간에 걸쳐 자신의 철학 체계를 기획하고 이론화해 왔다. 독립운동을 선도하던 각계 민족 대표자들 간의 균열과 다툼을 목격하고 그에 따른 실망감으로 철학을 공부하고자 결의하게 되면서, 그가 갖게 된 주된 문제의식 및 관심사인 '민족 분열의 극복 및 단결 방안'을 모색하고자 착수한 철학적 탐구 작업이 바로 그것이다. "나는 이런 중대한 시기에 같은 민족운동가들이 왜 서로들 싸우는가 하면서 며칠을 심각하게 생각했다. (…) '우리 민족에겐 분명 문제가 많다'는 것이 그때 나의 결론이었고 (…) '민족사상이 박약하고 통일돼 있지 않다'는 것이 내 나름대로의 판단이었다. (…) 그 때 나는 우리 민족이 단결할 수 있는 길이 무엇인가를 연구하고 있었다."[8]

7_ 일민주의 철학을 통치 이데올로기로 한정하여 파악하려는 입장으로는 김혜수, 「정부수립 직후 이승만정권의 통치이념 정립과정」(1995); 김수자, 「이승만의 일민주의의 제창과 논리」(2004); 서중석, 「이승만 정부 초기의 일민주의」(1997) 참조.
8_ 안호상, 『한뫼 안호상 20세기 회고록』(1996), 69-70쪽. 203쪽.

그에 따라 추진된 '민족의 나갈 길'에 대한 철학적 논구 작업은, 해방 이후의 혼란기를 거치면서 마침내 '한백성주의' 또는 '일민주의'라는 나름의 체계를 갖춘 고유한 철학 사상을 내놓기에 이른다. 곧 일제의 통치에서 벗어났지만 여전히 이념적 대립의 혼란에서 헤어나지 못한 채 극심한 분열적 상황에 처해 있던 '민족 현실'을 타개하기 위해, 안호상은 그때까지 이루어진 탐구 성과들을 수합하여 시급히 '(민족) 통합적' 철학 사상을 구축하는 데 전력을 기울였던 것이다. 그러한 철학을 통해 그가 구현하고자 했던 당시의 시대적 목표는 분열된 사상의 통일과 그것을 바탕으로 한 분단된 남북한 사이의 민족 통일이었다.[9]

이렇듯 안호상은 일제 식민 통치 시기에는 민족의 분열상을 해소할 극복 방안을 통합적 민족 사상의 구축을 통해 확보하고자 시도하였다. 이어 해방 이후에는, 사상적 통일에 더해 그것을 바탕으로 남북으로 갈린 분단 현실을 뛰어넘어 민족 통일을 구현할 방안을 강구하는 데 주력하였다. 이때 주목할 점은, 안호상은 이 모든 실천 방안이 한 민족 구성원들의 의식을 하나로 묶어 주는 새로운 '사상'의 수립을 통해 확보될 수 있다고 확신하고 있었다는 점이다. "남북통일을 이루기 위하여, 먼저 뚜렷한 주의와 사상을 가져야 된다. 이 뚜렷한 사상으로써 승리를 획득하여야만, 모든 싸움에 승리를 가져오게 될 것이다."[10]

여기서 안호상이 반복적으로 주창하고 있는 사상이란 다름 아닌 일민주의다. 원래 일민주의는 그의 여러 기획 의도 중 일제 치하의 민족 분열 실태에 관한 극복책의 모색과 민족 해방의 방도를 궁구하려는 의도로부터 그 '본래적인' 정립 시도가 비롯되었다고 볼 수 있다. 그랬던 시도가 해방 이후에는, 극도의 이념적 혼란과 분단을 극복하고 갈라진 민족의 재통일을 이룸으로써 '한 민족의 새로운 운명을 개척할 방도'를 강구하는 철학적 과제의 수행으로 이어져, 마침내 그 가시적 성과물을 산출하는 데까지

9_ 안호상, 『한뫼 안호상 20세기 회고록』(1996), 244쪽.
10_ 안호상, 『민주적 민족론—한백성이론』(1961), 9쪽.

이르게 되었던 것이다.

이상의 내용을 고려할 때, 안호상은 분단 이후 민족주의의 관점에서 '분단'과 '통일'의 문제를 중심적인 철학 주제로 삼아 논구하고 그 해결책을 모색하고자 한 '최초의' 실천철학자라고 '잠정' 평가해 볼 수 있다.[11] 해방 직후의 분단 실태나 민족 통일의 문제가 시급하면서도 중차대한 철학적 논제로 간주되지 못했던 당시 실천철학계의 상황은, 분단된 지 80년이 다 되어 가는 현재까지도 고스란히 이어져, 주된 철학적 주제로서 다루어지고 있기는커녕 철학적 관심의 대상조차 되고 있지 못한 것이 오늘의 실상이다.[12] 이러한 연유로, 안호상이 당시 분단 상황에서 분단 및 통일을 핵심 주제로 다룰 철학 체계로서 일민주의를 체계화하여 내놓게 된 것은, 주체적인 관점에서 추동되는 '자생적인 실천적 철학함'을 나름 여실히 보여 주는 대목이라 하지 않을 수 없다.[13]

2) 하지만 동시에 이 지점에서 우리는 결정적으로 문제시되는 상황을 목도하게 된다. 즉 안호상은 자신의 '독창적인 자생 철학 체계'로서 일민주의를 이승만 정권의 '통치 이데올로기'의 형식을 빌려 세상에 내놓고 있다는 사실이다. 다시 말해, 일민주의 철학은 한편으로는 고유한 자생 철학의 체계로 정립되었으면서도, 다른 한편으로는 정권을 옹호하기 위한 통치 이데올로기의 형태로 구체화됨으로써, 기형적인 양태를 취한 일종의 이중적인 '정체성'을 지닌 철학 체계로서 자신을 드러내었다. 이 때문에 일민주의 철학 내에는 안호상의 사회철학자로서의 특유(特有)한 문제의식과 철학적 입론들이 자리하고 있으면서, 동시에 이승만 정권의 문제점을 은

11_ 이에 관한 보다 확정적인 근거로는 안호상, 『세계신사론』 상권 (1952), 128쪽 참조.
12_ 물론 최근 들어 분단 및 통일 문제를 주요 철학적 주제로 삼아 논구하는 작업이 미흡하나마 이루어지고 있음은 그나마 다행이라 할 수 있다. 이러한 작업의 잠정 성과물의 하나로는 사회와철학연구회 지음/선우현 기획·편집, 『한반도의 분단, 평화, 통일 그리고 민족』 (2019)을 들 수 있다.
13_ 선우현, 「일민주의 철학의 정립자, 이승만인가 안호상인가」(2015), 75쪽.

폐하거나 옹호하는 이데올로기적 논변들 또한 도처에 깊이 똬리를 틀고 있다. 그런 만큼 일민주의 철학의 체계는 논리적 일관성과 이론적 정합성을 견지하지 못한 형식과 내용들이 상호 얽혀 있는 형국이다. 이는 중요한 실천철학적 '난문(難問)'이 아닐 수 없다.

이것이 중대한 문제일 수 있는 까닭은, 일민주의 철학이 이승만 정권의 지배 이데올로기로 구체화되는 과정에서 안호상이 본래 지녔던 기획 의도나 주요 철학적 논지 등이 '타의'나 '외적 요구' 등에 굴복하거나 혹은 적당히 타협함으로써 불가피하게 수정 및 변용, 변질되었을 가능성에 대한 '우려' 때문이다.

물론 통치 이데올로기의 정립 과정에서 빚어진 이론상의 조정이나 수정이 '전적으로' 이승만 정권의 부당한 요구나 압력에 의해서 이루어졌다고만 볼 수는 없다. 통치 이념의 정초에 관한 이승만의 제안을 안호상이 수용하게 된 데에는, 그간 안호상이 구축해 온 일민주의의 주요 구성적 입론들의 성격과 그 이념적 방향성이 이승만이 원하는 통치 이데올로기의 내적 본성 및 지향점과 기본적으로 상호 합치하고 있다는 사실에서도 또한 찾을 수 있을 것으로 추정되기 때문이다. 그런 만큼 안호상 본인 역시 자신이 기획하여 구축해 온 일민주의야말로 새로운 통치 이념을 내세우려는 이승만 정부의 의도 및 필요성에 합치할 뿐 아니라 그에 부합하는 정치적·이데올로기적 역할을 충분히 수행할 수 있을 것이라 보아 요구에 '적극적으로' 응했을 것으로 판단된다.[14]

하지만 사정이 그러함에도, 이 대목에서 특히 주목해 보고자 하는 점은, 거대 통치 권력의 부당한 행사나 남용을 감시하고 비판해야 할 실천철학자로서의 의무를 안호상은 과연 제대로 수행하고 있었는지 여부이다. 그것도, 일민주의 철학을 이승만 정권의 통치 이데올로기로 새로이 정립하는 도정에서, 실천철학자로서 마땅히 해야 할 그 같은 책무를 온전히 이

14_ 이 점에 대해서는 선우현, 「일민주의 철학의 정립자, 이승만인가 안호상인가」(2015), 71-72쪽 참조.

행하고 있었는지, 아니면 현실 권력의 부당한 요구나 압력에 무비판적으로 굴종하고 정치적으로 타협하고 있었는지 하는 점이다. 그런 만큼 이 지점에서 이 글은, 과연 안호상은 이승만 정권의 지배 이념을 구축해 나가는 과정에서 그 '어떠한' 실천철학자의 행태를 보여 주었는가를 비판적으로 살펴보고자 한다. 이는 일민주의 철학이 이승만 현실 권력의 통치 이데올로기로 정립되어 나가는 경로를 따라가면서, 안호상이 본래 지니고 있던 고유한 철학적 기획 의도와 주요 정치철학적 핵심 논변 및 논지가 지배 권력의 요구에 부응하여 '실제로' 상호 간의 정치적 조율이 이루어지고, 이론상의 변질과 왜곡이 벌어지고 있는가를 비판적으로 검토해 보는 작업으로 구체화될 것이다. 그 같은 사태가 벌어질 가능성에 대한 '우려'는 충분히 '합리적인 의심'이라 할 수 있는바, 여기에는 납득할 만한 근거가 주어져 있기 때문이다.

무엇보다 이승만 정권은 민족의 분단과 분열을 '중심축'으로 삼아 존립한 반민족적 · 반통일적인 독재 정권이었다는 '본질적 사실'로부터 합당한 근거를 도출해 낼 수 있다. 가령 이승만 정권은 민족 정기와 정의의 이름으로 단죄되었어야 할 친일 민족 반역자 집단을 자신의 주된 권력 기반으로 삼은 전형적인 반민족적 정권이었다. 그런데 '민족의 중흥과 번영'을 최고의 규범적 가치로 삼고 있는 극우적 민족주의에 기반을 둔 안호상의 일민주의 철학이 반민족적 이승만 정권의 통치 이념으로 그 역할을 수행했다는 것은, 일민주의의 본래적인 이념적 지향점에 '원칙적으로' 부합하지 않는 것이었다.[15]

15_ 극우적 민족주의를 신봉했던 안호상은 '사상의 차원'뿐 아니라 실제 '삶의 차원'에서도 강한 민족주의자로서의 면모를 드러냈다. 가령 일제 치하에서 창씨개명은 물론 신사 참배도 거부했으며, 일제의 민족문화 말살 정책에 따라 이루어진 '조선어학회 사건'으로 고초를 겪기도 하는 등 전형적인 '반일' 민족주의자의 행태를 보여 주었다. 안호상, 『한뫼 안호상 20세기 회고록』(1996), 183-188쪽 참조. 또한 이 점은 친일 민족 반역자들에 대한 격한 분노로 표출되기도 하였다. "36년 동안의 일제 시에도 (…) 일제의 악독한 강제와 또 철없고 더럽게 날뛰는 친일파들의 장난에 민족의 운명은 점점 지옥으로만 향할 뿐이었다." 안호상, 『일민주의의 본바탕』(1950), 50쪽. 이런 점들을 감안할 때, 친일 민족 반역자들을 척결하기

그럼에도 통치 이념의 정립 과정에서 안호상과 이승만 정권 간에 이론적 조율 및 조정이 이루어졌다면, 그렇게 된 데에는 당시 집권 세력이 요구했던, 통치 이데올로기로서 일민주의의 '특수한' 역할을 위해 안호상이 자신의 철학적 의도와 입장 등을 일관되게 고수하지 못하고 부분적으로 철회하면서 일정 선에서 타협을 한 것이 결정적인 빌미로 작용했을 것이라고 '추정'된다.

물론 철학자의 자존심에 비추어, 안호상이 이승만 정권의 요구 사항을 일방적으로 수용하지는 않았을 것이라 본다. 하지만 통치 집단의 집요하고도 끈질긴 현실적 요구 사항을 전면적으로 거부하기는 쉽지 않았을 것이다. 동시에 오랜 기간 모색해 온 자신의 철학적 기획을 현존 통치 세력을 통해 현실에 직접 구현해 보려는 '철학자로서의 욕망'을 성취해 보기 위해서라도, 안호상은 이승만 정권과 서로 적합하게 만족하는 수준에서 주요 내용과 논지 등을 변경, 조정했을 가능성은 상당히 높아 보인다.[16]

이러한 추정을 뒷받침해 줄 합리적 근거들 중의 하나로, 다음의 사실은 충분히 고려해 봄직하다. 즉 일민주의 철학의 토대를 형성하는 주요 사상적 입론들 가운데 하나인 '반공주의'는 거의 '멸공'에 가까운 '극단적 반공주의'의 형태를 취하고 있다.[17] 한데 안호상의 회고담이나 유물론에 관한 학술 서적 등에서 드러나는 공산주의에 관한 그의 기본 시각과 태도는 그처럼 극단적이리만큼 적대적이지 않다.[18] 이 차이점을 좀 더 진지하게 감안할 경우, 반공주의 부문은 안호상이 본래부터 심도 깊게 구상해 온 입

_____

위한 '반민특위'의 활동을 와해시킨 이승만 정권의 이념적 정체성과 일민주의 철학의 사상적 지향점은 합치하기는커녕, 사실상 배치되는 것임이 드러난다.

16_ 이 같은 추정을 가능하게 해 주는 요인의 하나로서 안호상의 철학(자)적 욕망에 관해서는 선우현, 「일민주의 철학의 정립자, 이승만인가 안호상인가」(2015), 71-72쪽 참조.

17_ 이는 예컨대 "악질적 공산세력"이나 "가장 거짓이요 모략인 것은 공산주의자들이다" 같은 표현을 써 가며 공산주의를 증오에 가까울 정도로 비판하는 대목들에서 곧바로 확인해 볼 수 있다. 안호상, 『일민주의의 본바탕: 일민주의의 본질』(1950) 20쪽 참조.

18_ 예컨대 회고록에 나오는 공산주의에 대한 안호상의 비판적 서술들은, 그의 삶의 과정에서 체득된 소박한 반공 의식의 표출로서 읽힌다. 이에 관한 좀 더 상세한 논의는 이 글의 4절 3) 참조.

론 체계라기보다는, 다분히 이승만 집권 세력의 요청에 부응하여 재편된 것이라고 보는 것도 나름 일리가 있는 해석이라고 사료된다. 물론 이처럼 논쟁의 여지가 있는 해석에 관해서는 다른 견해가 있을 수 있다.[19] 그럼에도 반공주의 입론에 관한 이 같은 전후 사정을 보다 적극적으로 고려할 경우, 일민주의 철학 내에서 주요 '이론 구성적' 입론 자체의 내적 한계나 입론들 간에 논리적 충돌이 빚어지는 이유가 어디에서 비롯되는지를 우리는 일정 정도 간취할 수 있게 된다. 즉 이는 지배 이데올로기로서 일민주의를 체계화해 나가는 도정에서, 안호상의 '본래적 기획 의도'와 이승만 정권의 '정치 공학적 의도'가 상호 마찰과 충돌을 일으키는 상황에서, 양자 사이에 모종의 이론적 조율과 조정이 이루어졌을 것이라는 추론에서 찾을 수 있다.

따라서 이것이 수용할 만한 나름 합리적인 설득력을 지닌다면, 일민주의 철학이 내장하고 있는 주요 난점들의 발생 원인들의 '일부'는 보다 명료히 기술될 수 있다. 곧 실천철학자 안호상과 이승만 독재 정권 사이의 그와 같은 — 정치적 절충이나 타협과 다를 바 없는 — 이론적 조정이나 조율로 인해, 일민주의 체계 내에서 안호상의 고유한 철학적 기획 의도나 근본 입장 등이 훼손되고 흔들리고 있다는 사실이다.[20] 동시에 이 점을 진지하게 고려할 경우, 일민주의 철학은 이데올로기 정립 과정에서 이미 현실 권력에 일방적으로 순응하고 굴종하고 있다는 점에서, 진정한 의미에서 자생적 실천철학의 자격을 지니고 있다고 평가하기는 '지극히' 어렵다고 할 것

19_ 가령 김석수는 상해 시절부터 안호상은 공산주의에 대해서 부정적인 태도를 지니고 있었다고 본다. 김석수, 『한국 현대 실천철학』(2008), 97쪽. 김재현은 안호상의 민족 지상주의의 성향에는 사회주의 세력을 비판, 배제하는 우익적·파시즘적 요소가 자리하고 있으며, 그로 인해 '국대안' 실시를 강력 찬성하고 사회주의 세력을 강력히 비판하는 등 우익 민족주의의 대표적 이론가 겸 실천가로 활동했다고 평가한다. 김재현, 『한국 사회철학의 수용과 전개』(2002), 93쪽; 김재현, 『한국 근현대 사회철학의 모색』(2015), 180-181쪽 참조.
20_ 이 점과 관련해, 서중석 역시 일민주의 체계 내에는 애매하거나 앞뒤가 맞지 않는 주장과 입장이 적지 않으며, 일관성이 결여된 사상이라고 지적하고 있다. 다만 그렇게 된 데에 대한 '이론 외적 요인'에 관해서는 명시적으로 적시하고 있지 않다. 서중석, 『이승만의 정치 이데올로기』(2005), 18쪽, 112쪽; 서중석, 『이승만과 제1공화국』(2007), 55쪽 참조.

이다.

이 점은 오늘의 한국 실천철학의 지형도에도 고스란히 반영되어 있다. 즉 안호상의 일민주의 철학에 관한 한, 독창적인 자생 철학의 형태로 읽힐 여지는 '거의' 없어져 가는 반면, '전적으로' 이승만 독재 체제의 이념적 정당화 논리로 해석하는 것이 보다 더 합당하고 이치에 맞는 것으로 간주되는 경향이 일반화되어 가는 추세에 있다. 그에 따라 참신한 문제의식을 지닌 '주체적' 실천철학자로서 안호상의 나름 유의미하고 충분히 평가받을 만한 철학적 논지와 논변들마저도 제대로 주목받거나 평가받지 못한 채 시야에서 사라져 버리는 상황이 펼쳐지고 있다.

4. 이론 구성적 입론 자체의 내적 한계 및 입론들 간 상호 충돌의 문제

일민주의 철학의 사상적 토대를 형성하고 있는 주요 '이론 구성적 입론'은 크게 봐서 세 가지이다. 즉 '민족주의,' '전체주의' 그리고 '반공주의'가 그것이다. 한데 그 같은 이론 구성적 입론들 각각은 자체 내에 내용적 비일관성이나 이론 전개상의 부정합성 같은 적지 않은 한계와 문제점을 내장하고 있다. 그렇지만 그보다 더 주시해서 봐야 할 대목은, 그처럼 각기 다른 세 주요 입론들 사이에 빚어지는 논리적 충돌과 자기모순 같은, 철학 체계 내의 '구조적인' 난점이나 '이론 구성상'의 치명적 한계 등이다.

현시점에서 이것이 특히 중요한 까닭은, 그러한 난점들이야말로 일민주의 철학으로 하여금 진정한 의미에서의 자생적 실천철학으로서의 자격 조건을 갖추지 못하게 만드는 '결정적인' 요인으로 작용하고 있기 때문이다. 따라서 이제부터는 이러한 내용에 관해 본격적으로 비판적 확인 작업을 벌여 나갈 것이다. 보다 효과적인 작업 수행을 위해, 먼저 개별 이론 구성적 입론들의 핵심 사항을 개략적으로 살펴보는 데서 출발하도록 할 것이다.

1) 민족주의

(1) 일민주의의 사상적 토대 가운데 가장 핵심적인 입론은 단연 민족주의라 할 수 있다. 이는 일민주의의 근본이념을 밝히는 대목에서 명시적으로 드러난다. "한백성주의는 (⋯) 모든 개인들과 계급들을 변증법적으로 없애가진 통일체를 지향한다. 이 없애가진 통일체에선 모든 사람들과 백성들을 한가족과 겨레로 여기는 까닭에, 한백성주의는 민족주의를 제 안에 지니었다."[21] 이에 따라 일민주의는 '민족 철학'[22]으로 규정되기도 한다.

이와 함께 일민주의 철학에 내재되어 있는 민족주의의 성격과 내용은 지극히 '극우 반동적'이다. "민족은 어떠한 개인과 계급보다 더 귀중하며 (⋯) 민족과 국가를 가장 높게 또 귀중히 여김은 인생의 본성이요 한 백성 일민의 본무(本務)이다."[23]

이렇듯 민족주의는 안호상이 '평생에 걸쳐' 고유한 철학 체계로서 일민주의를 정립해 나가는 과정에서 핵심 지위를 차지하는 이론적 토대이자 일관되게 고수했던 사상적 기반이다. 한데 민족주의가 일민주의의 철학적 구상 및 체계화 과정에서 중추적인 위치를 점하게 된 것은, 안호상의 대종교에로의 입교와 관련되어 있다.[24] 당시 대종교는 일제하에서 절망적인 삶을 살아가던 민초들에게 민족적 자긍심을 갖게 하고 미래에 대한 비전을 심어 주는 등 민족주의에 기초한 '체제 저항적인' 이념의 기능을 발휘하고 있었다. 그런 연유로 안호상의 철학적 구상 속에 종교적 형태의 독특한 민족주의가 자리하게 되었던 것이다.

하지만 이에 그치지 않고 안호상은 종교적 민족주의를, 이성적 논리를 갖춘 입론으로 재구성하기 위해 그것에 사상적 기틀을 마련해 주는 작업

21_ 안호상, 『민주적 민족론―한백성이론』(1961), 83쪽.
22_ 안호상, 『일민주의의 본바탕』(1950), 33쪽.
23_ 안호상, 『일민주의의 본바탕』(1950), 32쪽.
24_ 엄정식, 「안호상의 종교적 민족주의」(1998), 133-134쪽.

에 착수한다. 독일 예나 대학에 유학하여 철학적 연구에 전념하게 된 것 역시 이러한 과제의 성공적 완수를 위한 일환으로 이루어진 것이라 할 수 있다. 하지만 그가 유학 기간 내내 심혈을 기울여 연구한 칸트와 헤겔, 로체의 철학은 보다 정교한 논변 체계로서 민족주의를 구축하고자 한 안호상의 기획을 성공적으로 마무리 짓는 데 결정적인 기여는 하지 못한 것으로 보인다.[25] 단지 자신의 민족주의적 입장을 보다 공고히 하는 데 일정 정도 도움을 주었던 것으로 생각된다. 그런 연유로, 일민주의의 핵심적인 사상적 토대를 이루는 민족주의는 철학적 수준에서 정교하게 구축되었다기보다는 현실 — 특히 일제하 조선 현실과 유학 시기의 독일 및 이탈리아의 정치적 현실 — 에 대한 개인적 체험, 동시에 당시의 지배적인 시대 흐름 및 사상적 조류 등과 밀접히 연관되어 형성된 것이라고 조심스레 예측해 볼 수 있다.[26]

가령 당시 예나 지역은 유태인 자본이 유입되지 않은 독일 내의 거의 유일 지역으로서, 국수주의적 민족주의 성향이 대단히 강했던 지역이다. 이런 곳에서의 실존적 체험은, 이탈리아 및 독일 내의 파시즘적 분위기의 확산과 맞물려, 반자본주의적·반공주의적 관점에서 개인보다 민족을 우선시하는 극단적인 '수구 반동적 민족주의'에로 한층 더 가까이 다가서게끔 유인했다고 볼 수 있다.[27]

이와 함께 귀국한 이후 이광수와의 만남도 안호상의 민족주의가 극단적

25_ 엄정식, 「안호상의 종교적 민족주의」(1998), 136-137쪽 참조.
26_ 말할 것도 없이 일민주의에 내재한 극우적 형태의 민족주의 입론이 당시의 시대적 상황과 그에 대한 안호상의 개인적 경험에서 '전적으로' 비롯되어 형성된 것은 아니다. 거기에는 예컨대 민족주의 이념 자체가 안고 있는 '이론 내적 모순'에서 비롯된 측면 등도 분명 존재한다. 다만 여기서는 일민주의 철학 체계에 자리한 극우적 민족주의가 구축되는 과정에서 상대적으로 보다 주된 요인으로 작용한 것으로 간주되는, 안호상이 살았던 당시의 시대적 현실과 그에 대한 개인적 체험에 초점을 맞추어 논의를 전개하고자 한다. 이와 관련해, 연정은은 독일에서의 경험이 안호상으로 하여금 개인보다 민족을 더 중시하고 민족을 하나의 살아 있는 생명체로 인식하는 '유기체적 민족주의'에 다가가게 했다고 주장한다. 연정은, 「안호상의 일민주의와 정치 교육활동」(2003), 15쪽.
27_ 연정은, 「안호상의 일민주의와 정치 교육활동」(2003), 12-13쪽 참조.

형태로 치닫게 된 데에 어느 정도 한몫 거들었던 것으로 짐작된다. 그를 통해 세상 보는 법을 배웠다고 회고할 정도로, 이광수는 안호상의 삶과 철학 체계 전반에 영향을 미쳤다고 볼 수 있기 때문이다. 당시 이광수는 '힘 있는 민족'을 선망하여, 히틀러가 당시 국제연맹으로부터 독일을 탈퇴시킨 사건을 놓고 이를 '젊은 독일의 기백'이라고 찬양하기도 하였다.[28] 이런 이광수가 독일 민족의 우월성을 현지에서 직접 목도하며 식민지 청년으로서 약소민족의 비애를 뼛속까지 느끼며 한 민족의 힘과 단결을 강조했던 안호상에게는 너무나 반가운 스승이었던 셈이다.

(2) 내적 한계: 이상의 내용을 진지하게 고려할 때, 우리는 이성적 관점에서 민주적 방식에 따라 구성된 개방적 형태의 민족주의 입론 대신 — 당시의 시대 상황이나 사상적 흐름에 대한 개인적 인식과 해석에 기초하여 — 다분히 비합리적인 방식으로 형성된, 전체주의적 속성을 내장한 '극우 형태'의 민족주의를 일민주의의 핵심 이념적 기반으로 삼게 된 주요 이유들을 비로소 간취하게 된다. 물론 시급하고도 중차대한 민족 문제의 해결에 최우선적인 철학적 관심을 안호상이 평생 지니며 살았다는 사실을 감안할 때, 그러한 사정에 대해 부분적으로나마 공감할 수 있음 또한 완전히 부정하기는 어렵다.

하지만 일민주의 철학 내에는 그처럼 극우 반동적인 민족주의적 편향성을 적절히 제어하거나 규제할 수 있는 이성적인 '철학적 통제 장치'가 결여되어 있다. 다시 말해, 안호상이 이론적으로 체계화한 그 같은 민족주의 입론에는 민족주의 이념 그 자체를 규범적 차원에서 비판적으로 성찰하고 조정하며, 나아가 이성적으로 정당화될 수 있는 방향으로 이끌어 나갈 수 있는 '철학적 조망점'이 결여되어 있다. 그에 따라 안호상의 민족주의 입론은 극단적이리만큼 '유사(類似) 가치중립적'이고, 선동적이며, 정치적으로 악

28_ 이 점에 대해서는 이준식, 「일제강점기 친일지식인의 현실인식」(2002), 184-185쪽; 연정은, 「안호상의 일민주의와 정치 교육활동」(2003), 14-15쪽 참조.

용될 소지가 대단히 높은 '도구적' 이념의 형태로 자리하고 있다. 그런 만큼 그것은 언제든지 기회만 된다면 비민주적인 독재 정권이나 전체주의적 집권 세력과 결탁하여 가공할 야만적인 사태를 야기할 수도 있다. 실제로 인류의 역사의 과정은 그 같은 사례를 반복적으로 보여 준 바 있다.

아울러 우리 현실에서도 이러한 염려와 우려는 한갓 기우가 아닌, 이후 실제 역사적 현장에서 불행한 경험적 사실과 결과로 이어져 확증시켜 주었음을, 이승만 독재 정권 하에서 그러한 민족주의를 사상적 기반으로 삼은 일민주의 철학이 수행한 역할과 기능을 통해 이미 알고 있다.

2) 전체주의

(1) 일민주의의 사상적 기반을 형성하고 있는 또 다른 핵심 입론은 '전체주의'이다. 일민주의는 극단적으로 개인보다는 집단, 특히 민족과 국가를 우선시한다. 개인의 권리와 자유는 그 어떤 경우에도 민족 및 국가의 이익에 앞설 수 없으며, 개인은 오직 민족과 국가를 위해 평생 헌신하고 희생하는 도구적 존재에 불과하다.[29] 심지어 개인의 운명마저도 그가 속한 민족과 국가의 운명에 달려 있다. "그들에게는 즐거움과 슬픔, 흥함과 망함의 같은 운명에 사로잡힌 까닭에, 민족의 흥·망이 곧 그들 개인의 흥·망을 결정한다. 그러므로 한 민족에 속한 개인들은 자연적 핏줄만 하나일 뿐더러, 역사적 운명이 또한 다 같은 하나다."[30]

일민주의는 이에 그치지 않고 민족(국가)과 개인 사이의 '동일성'과 '통일성'을 주창하는 데까지 나아간다. 즉 민족 공동체의 구성원으로서 개인들은 민족이 바라고 요구하는 대로 생각도 같고 행동도 같아야 한다는 것이다.[31]

29_ 안호상, 『일민주의의 본바탕』(1950), 32쪽.
30_ 안호상, 『철학개론』(1957), 217쪽.
31_ "일민에는 동일성과 통일성이 생명인 까닭에 동일성과 통일성은 일민주의의 주장이며

이러한 언술들로부터 우리는 그야말로 강력하기 이를 데 없는 전체주의의 속성과 색채를 읽어 낼 수 있다. 이와 관련해 안호상은 개인과 민족(혹은 국가) 간의 관계를 '전체와 부분의 관계'를 통해 직접 해명함으로써 그의 철학 체계 밑바닥에 전체주의의 사상적 기반이 뿌리 깊게 자리하고 있음을 자인하고 있다. "전체는 (…) 부분들에 대하여 논리적 선재성과 가치적 우위성을 가졌다. 그러므로 각 부분은 오직 전체에 있어서만 참으로 하나의 부분으로서의 있음과 가치와 또 의미를 가지게 되는데, 그것은 이제 말한 생물체와 나라, 혹은 사회의 본질에서 잘 알 수 있다."[32]

이처럼 전체주의가 일민주의 철학 내의 중심적인 사상적 토대의 하나로 자리하게 된 데에는, 안호상이 살았던 청년기의 시대적 상황 및 특정 시대 사조, 특히 독일 유학 시기 직접 목도했던 유럽의 정치적 상황과 전체주의 사상 등이 '상당 정도' 작용한 것으로 사료된다. 가령 일제하 약소민족의 비애를 뼈저리게 느끼면서 강한 민족만이 노예적 식민지의 삶을 청산할 수 있다는 소신으로 이어지고, 그로부터 근대적 개인이나 개인과 국가 간의 관계보다는 힘센 민족과 약한 민족, 제국주의 침략 국가와 식민지 노예 국가 사이의 역학 관계에 주안점을 두어 이를 주된 철학적 사유 대상으로 삼아 오랜 기간 숙고하는 과정에서 자연스레 전체주의 입론에 기울었던 것으로 짐작된다.[33] 이 과정에는 유기체론적 사고를 기반으로 한 우리의 전통 사상뿐 아니라 이미 국내에 자리하고 있던 독일 및 일본의 전체주의 사상이나 국가 유기체설 등이 적지 않게 스며들어 갔을 것으로 파악된다.[34]

그와 함께 1920년대 중반 예나 대학에서의 유학 생활을 통해 직접 체험하고 목도하게 된 당시의 유럽적 상황, 특히 무솔리니의 파시스트 정권이

목적이다." 안호상, 『일민주의의 본바탕』(1950), 30쪽.

32_ 안호상, 『인생과 철학과 교육』(1964), 217쪽.

33_ 오상무, 「현대 한국의 국가철학: 안호상을 중심으로」(2005), 90쪽.

34_ 이는 오상무, 「현대 한국의 국가철학: 안호상을 중심으로」(2005), 90-91쪽 참조.

나 히틀러의 나치당이 그 권력 기반을 강화시켜 나가던 현실은, 민족애로 충만했던 한 '식민지 청년'으로 하여금 강력한 통치권을 기반으로 한 민족 및 국가 중심의 전체주의적 사유 방식을 체화하는 데 결정적인 요인의 '하나'로 작용했을 것으로 판단된다.[35]

따라서 이러한 추론이 나름 타당성을 갖는다면, 해방 이후 신생 독립 국가로서 한국이 처한 난관들을 타개해 나가기 위해서는 개인이 아닌 민족 같은 '집단'이 주도적인 역할을 수행할 수밖에 없다는 전체주의적 사유의 관점이 자생 철학을 모색하던 그의 철학적 구상 속에 애초부터 확고히 뿌리내리고 있었다고 볼 수 있다. 그리고 이로부터 분단 사태 역시 약소민족인 탓에 외세에 의해 일방적으로 당할 수밖에 없었다는 반성적 통찰에 의거해, 민족의 통일과 민족중흥은 전적으로 탁월한 '민족 지도자'의 지휘 아래 민족 구성원 전체가 하나로 일사불란하게 움직이는, 강력한 전체주의적 정치체제를 통해서만 구현될 수 있다는 신념 또한 견고하게 장착되어 있었다고 추측해 볼 수 있다.

(2) 내적 한계: 일민주의 내 전체주의 입론에 대한 개략적인 해명을 통해 드러나듯이, 일민주의 철학은 민족 전체의 이익만을 전적으로 중시하고 있으며, 민족 공동체를 이루고 있는 개별 민족 구성원들의 이익은 철저히 무시하거나 경시하고 있다. 그런 만큼 민족 통일이라는 과제를 수행하는 과정에서 발생할지도 모를 개별 민족 구성원들의 권리나 자유가 유린되거나 훼손되는 사태에 대해서는 일절 '규범적' 관심을 보이고 있지 않다.[36] 그러한 사태는 원칙적으로 '부분에 대한 전체의 우위성 및 선차성'이라는 '형식논리'에 의거하여 정당화되고 있기 때문이다.

35_ 이에 관해서는 박찬승, 「20세기 한국 국가주의의 기원」(2002), 235쪽 참조.
36_ 보다 정확히 말하면, 일민주의 철학은 헌법에 명시된 개인의 자유(권)를 부정하지 않는다. 하지만 전체주의적 사고의 기초 위에서 국가의 주권 문제가 개인의 자유 문제보다 더 중요하다고 보기 때문에, 개인의 자유는 언제든지 국가의 이름으로 배제되거나 억압될 수 있다. 오상무, 「현대 한국의 국가철학: 안호상을 중심으로」(2005), 86쪽 참조.

하지만 '변증법적 논리'가 말해 주듯이, 개인과 집단은 일방적인 지배/
예속의 관계에 놓여 있지 않으며, 원칙상 양자는 서로 대립하면서 동시에
통일을 이루고 있는 상호 동등한 가치를 지닌 존재들이다.[37] 그런 만큼 집
단의 이익을 앞세워 구성원 개인들의 일방적인 헌신과 희생을 외적으로
강요할 경우, 궁극적으로 전체의 이익을 관철하는 것 자체가 불가능해진
다. 곧 민족이나 국가 같은 집단의 이익은 집단을 구성하는 개별 성원들의
'자발적인' 노력과 헌신, 희생 등을 통해 확보될 수 있는바, 개인의 권리와
자유, 경제적 이해관계 등이 '정당하게' 보장되지 않을 경우, 개인들의 자
발적 활동은 중단될 수밖에 없으며 급기야 집단 전체의 이익은 차치하고
집단 자체의 존립조차 보장받을 수 없는 사태에 이를 수 있다. 그럼에도
일민주의 철학은 전체와 부분 간의 관계에서 빚어지는 이 같은 '전체주의
의 형식논리적 맹점'을 제대로 인지하지 못하고 있는 것처럼 보인다.

이의 연장선상에서 일민주의는 또한 이른바 '전체주의의 역설'에 빠질
수 있음을 직시하지 못하고 있는 것 같다. 전체주의 입론은 집단을 이끌
강력한 영도자에게 전권을 위임하여 집단 전체의 이익을 성공적으로 달성
하고자 시도한다. 하지만 현실에서는, 집단 전체의 이익을 '표면'에 내세
운 가운데 '실제'로는 막강한 지배 권력을 무차별적으로 사용하여 통치자
일인 혹은 소수 통치 집단의 이익을 관철하는 경우가 다반사이다. 실제로
이승만 정권 하에서 일민주의 철학(의 전체주의 입론) 역시, 남한 민족 공동
체 전체의 이익이 아닌 이승만 집권 세력의 소수 이익을 위해, 남한 사회
내 대다수 민족 구성원들의 기본적 권리와 자유, 경제적 이권 등을 유린 ·
훼손하는 사태를 초래하는 결정적인 잘못을 저지른 바 있다.

37_ 선우현, 『한국사회의 현실과 사회철학』(2009), 290-298쪽 참조.

3) '기획된' 극단적 반공주의

(1) 반공주의 역시 일민주의 철학 체계를 떠받치고 있는 주된 사상적 기반 중의 하나이다. 반공주의는, 특히 해방 이후, 분단의 원인과 그 극복 방안을 논구하는 대목에서 빈번하게 등장한다. "우리의 한 겨레인 일민이 공산주의로 말미암아 불행히도 두 개로 분열되어 있음은, 우리 일민주의에 배반된 현상인 까닭에, 통일을 위하여 공산주의를 멸망시킴은 우리 일민주의 신도자의 절대적 사명이요 신성한 의무이다."[38]

이때 언급된 공산주의는 "쏘련 제국주의적 공산주의"[39]를 위시한 일반적 의미의 공산주의뿐 아니라, 남한과 동일한 혈연적 민족 공동체의 일원인 '북한 공산주의 집단'까지 포함된 것이다. 하지만 여기서 좀 더 세심히 살펴봐야 할 대목이 하나 더 있다. 일민주의가 척결의 대상으로 설정해 놓은 공산주의는, 남한 내부의 좌파 세력과 진보적 이념 집단, 나아가 이승만 정권에 비협조적이거나 반대하는 세력들이 포함되어 있다는 사실이다. 다음의 언급에서 이 점을 확인해 볼 수 있다. "우리는 악질적 공산세력과 또 다른 모든 반민족적과 반국가적 세력들과 싸워 이겼다고 해서, 이 모든 반동세력들이 다 없어진 것은 아니다. 우리는 이들과 지금에 있어도 싸우며 또 미래에도 용감히 싸워야만 한다."[40]

(2) 내적 한계: 여기서 드러나듯이, 일민주의의 주된 사상적 토대로서 기능하는 반공주의는 거의 '멸공'에 가까운 극단적 형태의 것이다. '극단적 형태'라는 것은, 소련의 공산주의적 제국주의로부터 남한 내에서 이승만 정권에 비판적이거나 저항적인 세력 및 사상까지 망라하여, 무차별적으로 모두 공산주의로 규정하여 척결 대상으로 삼아 제거하고자 한다는 점에서

38_ 안호상, 『일민주의의 본바탕』(1950), 25-26쪽.
39_ 안호상, 『일민주의의 본바탕』(1950), 25-26쪽.
40_ 안호상, 『일민주의의 본바탕』(1950), 20쪽.

그렇다. 단적인 예로 일민주의는 김구와 김규식을 비롯한 중도파 내지 협상파 민족주의자들마저 '소련의 앞잡이' 등으로 규정하여 소위 '빨갱이'로 몰아 사회적으로 배제하고자 시도하였다.[41]

한데 안호상의 회고록 등을 보면, 흔히 세상에 알려져 있는 것과는 달리, 안호상은 공산주의에 대해 무차별적인 적개심을 드러내 보이는 극렬 반공주의자가 아니라는 일종의 '합리적 의심'을 갖게 한다. 동시에 그에 따라 안호상이 지니고 있는, 그의 삶의 과정에서 체화된 소박한 형태의 '반공의식'과 그가 정립한 통치 이데올로기로서 일민주의에서 표출되고 있는 '극단적 형태의 반공주의' 사이에는 모종의 논리적 비약이나 불일치가 자리하고 있을지 모른다는 강한 의구심을 갖게 된다. 사정이 이런 만큼, 이 지점에서 우리는 그렇다면 안호상은 '왜' 그 같은 극단적 반공주의를 고유한 자생 철학 정립을 위한 사상적 기반의 한 축으로 삼게 되었는가에 대해 집중적으로 따져볼 필요가 있다. 왜냐하면 그것은, 적어도 안호상이 분단 이전부터 기획해 왔던 자신의 본래적인 철학적 구상에 따른 것은 아닐 것이라는 나름의 추론적 확신 때문이다.

우선, 이미 언급한 바와 같이, 안호상이 실제 겪었던 체험에서 비롯된 반공 의식은 그 이념적 강도가 그리 강하지 않다. 이는 그가 회고록 등에서 대표적인 반공주의자로 낙인찍힌 점에 대해 부정하거나 반박하는 대목들에서도 일관되게 나타난다. 가령 그는 해방 직후 재직하던 대학의 학생들이 자신을 극우 반공주의자로 바라보는 시각이 '근거 없는 편견'임을 우회적으로 피력한다. "학생들은 모두 내가 골수 우익의 반공인사인줄 알고 있던 것이다. 그것 때문에도 나는 많은 고초를 겪어야 했다."[42] 혹은 그런 시각에 대해 정면으로 반박한다. "나는 그 때 극성스러운 좌익세력을 막기 위해 나섰고 그것이 우익이란 레이블을 얻게 되는 것이지만, 분명히 말해 나는 민족주의자이지 좌우익으로 구분되는 그런 식의 우익은 아니었

41_ 서중석, 『이승만의 정치이데올로기』(2006), 110쪽.
42_ 안호상, 『한뫼 안호상 20세기 회고록』(1996), 211쪽.

다. 그리고 공산주의를 잘 알고 있었으므로 학생들이 거기에 빠져드는 것이 안타까웠을 뿐이다."

둘째로, 통치 이데올로기로서 일민주의에 관한 서술에서 드러나는 극단적 반공주의와는 달리, 학술적 차원에서 공산주의의 한계를 논구하는 저서와 논문에서는 그 공과를 나름 합리적으로 평가하고 있다는 점도, 합당한 의구심을 갖게 만드는 요인이다. 가령 『유물론비판』(1947)에서 안호상은 마르크스의 유물론에 대해 이념적 적대성을 갖고 무차별적으로 공격하는 것이 아니라,[43] 나름 합당하게 그것의 한계를 지적하고 있다. 그러면서도 그것이 지닌 긍정적 성과에 대해서는 응당 평가하고 있기도 하다. "비록 유심론의 주장이 유물론의 그것보다 승하다 하지만, 그것이 역시 저것과 같이 결국은 엄밀한 학적 인식이 아니라, 한갓 주관적 추측과 상상으로 된 독단적 자연관찰이라는 결점을 내포하고 있다."[44]

셋째로, 안호상은 이승만 정권의 출현 즈음이나 몰락 이후에도 지속적으로 일민주의 철학을 수정·보완해 나가는 과정에서, 공산주의뿐 아니라 '자본주의'도 최소한 등가적 위치에 놓고 그 한계를 비판하고 있다는 점을 들 수 있다. 이는 안호상이 극단적 반공주의에 경도되어 있다는 해석에 대해 일정 정도 근거 있는 의구심을 갖게 만드는 이유이다. 이와 관련해, 일부에서는 일민주의의 그 같은 자본주의 비판을 '파시즘'과 연관 지어 해명하고 있으며, 동시에 그에 대해 반론이 제기되고 있기도 하다.[45]

43_ 이 점은 공산주의나 마르크스주의를 '악마의 화신'으로 규정하여 하나부터 열까지 오로지 그것들의 부정성을 드러내어 무차별적으로 공격하고 비판하기에 여념 없던 '관제 반공주의 사상'들과는 확실히 차별화된다.

44_ 안호상, 『유물론비판』(1947), 29쪽.

45_ '파시즘적 관점'에서 일민주의 철학의 반(反)자본주의적 특성을 비판적으로 해명하고 있는 것으로는, 연정은, 「안호상의 일민주의와 정치·교육활동」(2003). 9-15쪽; 서중석, 『이승만의 정치 이데올로기』(2006), 86-87쪽 참조. 이에 대해 일민주의 철학은 '자본주의 그 자체'를 비판하기보다는 개인의 이익을 최우선적으로 중시하는 '개인주의적 자본주의'에 초점을 맞추고 있다는 점에서, 자본주의를 비판하고 있기는 하지만 이를 반(反)자본주의적이라고 단정하는 것은 온당치 않다는 반론이 제기되고 있기도 하다. 오상무, 「현대 한국의 국가철학: 안호상을 중심으로」(2005), 80쪽 참조.

여하튼 그럼에도 안호상은 자신이 추구하는 '일민주의의 민족주의적 민주주의'의 관점에서 — 일민주의가 이승만 정권의 지배 이데올로기로서의 소임을 소진한 이후에도 — 거의 평생에 걸쳐 '소련식 공산주의의 계급주의적 민주주의'뿐 아니라 '서구식 자본주의의 개인주의적 민주주의'에 대해서도 '일관되게' 아울러 나름 균등하게 비판을 가하고 있다.[46] 이 점은 심지어 극단적 반공주의의 입장과 관점이 곳곳에서 표출되고 있는, 이승만 정권의 통치 이데올로기로서 일민주의에 관해 최초로 본격적인 철학적 해명이 이루어지고 있는 『일민주의의 본바탕』(1950)에서도 엿볼 수 있다. "자본주의를 말할 찌라도 그것은 단지 그 경제정책에 있어서 공산주의의 그것과 그 방향과 중점만이 다를 뿐이지, 하나의 계급주의임에는 조금도 틀림이 없다."[47]

이러한 세 가지 예들을 진지하게 고려할 때, 극단적 반공주의의 시각과 흔적들은 본래 안호상이 의도했던 자생 철학 정립 기획의 산물이라기보다는 지배 이데올로기로서 일민주의를 구축하는 과정에서 이승만 정권의 요구에 부응한 '정치적 타협의 결과물'로서 일민주의 체계 내에 투입된 것으로 추정해 볼 수 있다. 좀 더 부연하면, 민족 반역 세력의 처단과 민주 사회의 구현, 민족 통일의 성취로 요약되는, 당시의 들끓는 민족주의적 열망과 민주주의적 사회변혁에 대한 기대가 사회 전반을 총체적으로 장악하고 있던 시대적 상황 속에서, 일반 대중에게 호소력을 발휘하고 있던 사회주의를 비롯한 급진 사상에 대항하기 위한 이승만 정권의 요청에 응답하여, 그처럼 극단적 성향의 반공주의를 일민주의의 중심 사상적 토대로 구축했다고 잠정 추론해 볼 수 있다.[48]

46_ 가령 일민주의 철학이 더 이상 이승만 독재정권의 통치 이데올로기로서 그 역할을 수행하지 않는 시점이라 할 1984년에 발간된 저술물에서도 서구식 자본주의와 소련식 공산주의, 양자에 관한 상호 균형적인 비판은 여전히 개진되고 있다. 안호상, 『청년과 민족통일』(1984), 118-128쪽, 258-279쪽 참조.
47_ 안호상, 『일민주의의 본바탕』(1950), 36쪽.
48_ 일민주의의 주요 사상적 기반인 반공주의는 그처럼 일차적으로는 공산주의 세력을 제압, 배제하려는 이념 체계로 기능했지만, 거기에 머물지 않고 그에 더해 일체의 분열과 당파

이를 정치 공학적 차원에서 보다 노골적으로 해명해 보면 다음과 같다. 즉 미군정기에 통치 이념으로 기능했던 '조잡하기 이를 데 없던 반공주의'[49]의 난점들을 보완하여 한층 더 세련되고 정교해진 통치 이데올로기로 대체하고자 한 당시 이승만 집권 세력의 의중이 안호상에 의해 포착 수용됨으로써, '보다 강력하게' 지배 이데올로기의 정립 과정에 투영되었던 것이다.

4) 이론 구성적 입론들 간의 이론적 충돌 및 논리적 상충의 문제

(1) 민족주의와 전체주의 간의 이론적 충돌 및 배치

안호상은, 분단 극복과 통일이라는 민족사적 과업은 민족 구성원 개인이 아닌 민족이나 민족국가 같은 '집단'의 힘을 통해서만 완수될 수 있다는 '확고한' 철학적 신념을 견지하고 있었다. 아울러 이로부터 우리는 왜 안호상이 그토록 전체주의 사상을 중시하면서 일민주의의 주된 이념적 기반으로 수용했는가에 대한 이유와 의도를 이해하게 된다.

한데 전체주의란 거칠게 말해서, 개인보다는 민족 공동체 또는 국가의 이익과 가치를 최우선적으로 중시하면서 집단 내 통치권자로 하여금 제왕적 지배권을 사용하여 집단 구성원들의 정치적 삶을 비롯하여 모든 생활 영역에 걸쳐 전면적이고 실질적인 통제를 가하여 통치하는 정치 원리 내지 체제를 의미한다.[50] 이때 주목할 점은, 이러한 전체주의 사상은 무엇보다 민족이나 국가의 이익을 관철하기 위해서는 '통치자'가 절대적 지배권을 행사하여 집단 구성원들을 전면적으로 장악, 지배해야만 한다는 논리

를 허용치 않는 일종의 '전일적 통합'을 위한 이념 체계로 진화해 나갔다. 이에 관해서는 김수자, 「대한민국수립직후 민족주의와 반공주의의 형성과정」(2005), 377-380쪽 참조.

49_ 미군정기의 '조야한' 반공주의에 관한 상세한 논의로는 정해구, 「미군정기 이데올로기 갈등과 반공주의」(1994), 11-48쪽; 모리 요시노부, 「한국 반공주의 이데올로기 형성과정에 관한 연구」(1989), 181-191쪽 참조.

50_ 임석진 감수, 『철학사전(哲學事典)』(1985), 327쪽 참조.

를 시종일관 설파하고 있다는 사실이다.

안호상의 일민주의 철학은 이러한 논리에 의거하여 우리 민족에게 부여된 민족 통일의 역사적 과제는 강력한 '민족의 지도자'가 영도하는 '민족국가'에 의해 추진되어야 한다고 천명한다. 그에 따라, 일민주의는 절대적 통치권을 유일 영도자인 이승만에게 부여해야 하며, 그가 인도하는 대로 따라가야 한다고 주장하기에 이른다.[51] "우리 이박사의 위대한 인격과 뛰어난 능력과 훌륭한 사상으로 된 이 일민주의는 우리 백성이 영원히 살아갈 지도 원리다. 이 일민주의의 사상으로써 이박사께서는 (…) 우리 조국을 독립시켰으며 또 현재에 조국을 보호하고 계신다. 그러므로 우리는 일민주의로써 우리의 조국을 영원히 발전시키지 아니하면 아니된다."[52]

이처럼 일민주의가 강력한 민족의 지도자에게 전권을 부여하려는 것은, 갈라진 민족의 재통일이라는 당면한 가장 중차대한 민족적 이익을 달성하기 위한 실천 방안의 일환에서 비롯된 것이다. 아울러 안호상은 그러한 영도자로 이승만을 염두에 두고 있었다. 이는 그의 회고록에서도 일정 정도 확인된다. "해방정국은 차차 이승만 박사를 영도자로 확정해 가기 시작했다. 나도 이승만 박사 이외의 대안은 없다고 생각하고 있었다."[53]

하지만 '민족의 영도자'에 관한 일민주의의 '전체주의적' 논변은 '민족의 이익'에 관한 '민족주의' 담론과 정면으로 배치되는 치명적인 위험성을 내장하고 있다. 동시에 이승만에 대한 안호상의 판단 역시 대상의 일면만 보고 내린 잘못된 '인상기적 평가'에 지나지 않는다. 왜냐하면 이승만 정권은 안호상과 일민주의의 회구대로 민족의 통일을 구현하기 위해 진력하기보다는, 반대로 분단 상황을 지속시키면서 이를 활용하여 정치적 반대

51_ 이와 관련해, 서중석은 일민주의를 파시즘의 시각에서 해석하고자 한다. 그에 의하면, 파시즘을 특징짓는 정화는 영도자에 있다. 곧 지도자와 신종자로 구성되어 있는 일민주의는, 유일 절대 지도자로 이승만을 내세우고 그가 통치하고 인도하는 대로 신종자인 모든 국민은 따르고 복종할 것을 요구한다. 서중석, 『이승만의 정치 이데올로기』(2006), 74-75쪽 참조.

52_ 안호상, 『일민주의의 본바탕』(1950), 22-23쪽.

53_ 안호상, 『한뫼 안호상 20세기 회고록』(1996), 230쪽.

세력을 좌경 용공 분자로 몰아 제거하는 책략을 통해 불안정한 사적 통치권의 안정적 유지와 강화를 꾀하는 데 주력했기 때문이다. 곧 민족 분단을 항구화하는 반통일적 책략을 견지함으로써 이승만 본인과 정권 호위 세력인 친일 민족 반역자 집단의 사적 이익을 확대·강화하는 데에 남한 내 민족 구성원들이 위임한 전권을 사용했던 것이다.

이처럼 일민주의 철학의 중심적인 구성적 입론인 민족주의와 전체주의는, 본래 일민주의가 설정한 민족 통일의 과업을 위해 마련된 사상적 기반이었다. 하지만 전체주의는 이승만 정권이 획책한 '반민족적이며 반통일적인' 독재 체제를 '용인'해 줄 뿐 아니라 정당화하는 논리로 전용되어 기능하면서, '민족의 이익'을 최고의 가치로 삼고 있는 또 다른 입론인 민족주의와 이론적으로 정면으로 충돌하는 결과를 낳고 있다. 그에 따라 일민주의 철학은 '민족 전체'의 이익이 아닌 소수 '민족 반역자'의 이익을 위한 반민족적 통치 이데올로기로서, 동시에 민족 통일이 아닌 민족 분단의 고착화를 위한 반통일적 분단 항구화 논리로서 그 역할을 충실히 수행하고 있는 것이다.

(2) 민족주의와 반공주의 간의 이론적·논리적 충돌과 그에 따른 '역설적' 사태

일민주의 철학이 내장하고 있는 극우 보수적 속성의 민족주의 입론은 극단적인 이념적 편향성 같은 자체 내의 한계를 여실히 드러낸다. 그럼에도 그것은, 민족 분열의 실태로부터 벗어나기 위한 실천 방안을 모색하는 오랜 철학적 사유 과정을 거쳐 구축된 것이다. 그에 따라 일민주의는 해방과 함께 초래된 분단과 그로 인한 한민족 구성원 전체의 고통과 아픔에 대해 울분을 토로하면서, 갈라진 민족을 하나로 다시 묶어 통일된 민족국가를 성취하는 것을 최우선적인 철학적 과제로 설정하기에 이른다. 일민주의의 그 같은 실천철학적 방향 설정은, 한반도의 분단 현실과 통일을 시급한 철학적 당면 주제로 다루기는커녕 마냥 도외시하거나 관심조차 보이지

않던 그 당시나 오늘의 한국 철학계의 현실을 고려할 때, 나름 평가할 만한 가치를 충분히 지니고 있다고 보인다. 그러나 이러한 민족주의의 긍정적 측면과 성과는 반공주의와 연계되면서 심각한 문제점을 노정한다.

앞에서도 언급된 것처럼, 일민주의 철학은 공산주의야말로 우리 민족을 분열시킨 원흉이며, 그런 한에서 민족을 하나로 통일하는 과제는 공산주의를 타도하고 멸망시키는 방식을 통해서만 가능하다고 공공연히 주창한다.[54] 그런데 그처럼 제거되어야만 하는 공산주의(자)에는 이승만 정권에 비판적인 반대 세력이 포함된다.[55] 결국 남북한 간 민족 통일을 위한 예비 작업으로서, 남한 내 민족 구성원들의 총화 단결을 이룩함에 있어 저해되는 개인이나 집단을 배제하는 논리로서 반공주의가 기능하고 있는 셈이다.

하지만 이승만 정권이 어떤 정권인가? '친일 민족 반역자' 무리를 심판하기는커녕 자신의 정치적 지지 기반으로 끌어들임으로써 민족 구성원들 간에 반목과 분열을 초래하는 '반(反)민족주의적' 작태를 자행한 정권이다. 또한 그 같은 반민족적 행태에 분노하고 항거하는 민족 구성원들을 '빨갱이'[56]라는, 민족 통일을 저해하는 공산주의자로 몰아 제거했던 반(反)민족주의적 정권이기도 하다.

이 같은 실태에서 드러나듯이, 일민주의 철학의 핵심 이념적 기반인 반공주의는 민족 반역자 집단을 통치 세력의 근간으로 삼은 이승만 정권의 반민족적 행태에 반발하고 저항하는 '진정한' 민족주의 진영을 향해 가혹한 탄압의 논리로 기능하고 있다. 그런 한에서 반공주의는 민족의 단결과 통합을 추구하는 또 다른 중심적인 이념적 토대인 '극우 민족주의'와 내적으로·논리적으로 충돌함으로써 일민주의 철학의 이른바 '자기 모순적' 사태를 낳고 있다.[57] 그와 함께 그러한 사태의 연장선상에서 일민주의 체

54_ 안호상, 『일민주의의 본바탕』(1950), 25-26쪽.
55_ 서중석, 『이승만의 정치이데올로기』(2006), 45쪽.
56_ 이에 관해서는 김득중, 『'빨갱이'의 탄생』(2009); 선우현, 「반공주의와 그 적들」(2014) 참조.
57_ 이와 관련해 역사학자 서중석은 친일파의 생존 논리로서 반공주의는 당시의 시대정

계 내의 극단적 반공주의는, 이승만 정권으로 하여금 남북한 민족 공동체 간의 적대적 대결 국면을 한층 더 심화하고 민족 분단을 항구화시키고 있다는 점에서, 또 다른 사상적 중심축인 극우 민족주의를 기반으로 민족 통일을 달성하고자 진력하는 일민주의의 실천철학적 기획과 이론적으로 정면 배치되는 반민족적, 분열적 상황을 연출하고 있다.

이로써 일민주의 철학은 분열된 민족의 통합과 통일을 이루는 데 진력한다면서도, '실제로는' 민족의 분열과 분단 고착화를 획책함으로써 지배 권력의 영속적인 장악에 혈안이 된 이승만 정권을 이념적으로 옹호하는 '도구적' 지배 이데올로기로서 자신의 민낯을 여지없이 드러내고 만다. 곧 일민주의 철학은 주된 이론 구성적 입론들인 극우 민족주의와 극단적 반공주의 간의 내적 충돌과 논리적 모순 사태로 인해, 남북한 민족 공동체 전체의 이익이 아닌, 오로지 남한 내 반민족적 지배 세력의 이익을 유지·강화하는 데 절대적으로 이바지하는 '역설적' 결과를 낳고 있는 것이다.

5. 자생적 실천철학에 부여된 근본적 역할의 수행 여부의 문제: 반민족적·반통일적 정권의 용인 및 정당화 논리로서 일민주의

이 절에서 검토해 볼 주된 내용은, 일민주의 철학이 진정한 의미에서의 자생적 실천철학이라면 마땅히 수행해야 할 근본적 역할을 제대로 수행하고 있는가 여부이다. '원론적' 차원에서 말하면, 애초 지녔던 철학적 기획 의도나 목적 등에 부합하는 가운데, 일민주의 철학이 한국 사회의 현실에 내재해 있는 본질적 문제점을 드러내 비판하고 그 해결 방안을 모색·제

신인 민족주의와 대립적인 이념이라고 밝히고 있다. 서중석, 『이승만의 정치이데올로기』(2005), 110쪽. 사정이 이렇다면, 일민주의 체계 내에서 두 입론들 간의 상호 충돌은 애초부터 불가피한 것이었으며, 본질상 대립적인 두 입론을 사상적 토대로 삼고 있는 일민주의 역시 제대로 된 통치 이념의 역할을 수행하기에는 그 한계가 치명적이었다고 봐야 할 것 같다.

시함으로써 보다 나은 한국 사회를 구현해 나가는 데 기여하고 있는가 하는 점이다.

물론 제한된 지면에서 근본적 역할과 관련된 이 모든 사항들을 세세히 확인해 보기는 사실상 쉽지 않다. 따라서 여기서는 '일민주의 철학과 현실 권력 간의 관계'에 초점을 맞추어, '권력 비판'을 제대로 수행하고 있는가에 주안점을 두어 비판적으로 고찰해 보려고 한다. 한국 사회를 사실상 장악하고 있는 현실 권력에 대한 비판적 견제 및 제어야말로 자생적 실천철학에 부여된 근본적 역할 가운데서도 가장 본질적이며 핵심적인 것이라 할 수 있기 때문이다.[58] 그러므로 이러한 역할의 이행 여부는, 형식적 차원에서 자생적 실천철학의 자격 조건 차원을 뛰어넘어, '진정한' 의미에서의 자생적 실천철학의 자격을 지니고 있는가를 결정짓는 핵심적 시금석의 하나로 작용한다. 그런 한에서 한국적 현실에서 실천철학에 주어진 '권력 비판'이라는 본연의 역할과 기능을 온전하게 수행하지 못하고 있다면, 나아가 그러기는 커녕 오히려 '부당한' 통치 권력을 옹호하는 철학적 하수인의 역할을 떠맡고 있다면, 자생적 실천철학의 자격 조건은 결코 부여될 수 없을 것이다.

바로 이 같은 연유로, 이 점을 지금부터 집중적으로 파헤쳐 보려 한다. 다만 권력 비판과 관련해서도 다양한 사안에 걸쳐 비판적 논의가 이루어질 수 있는바, 지면상의 제약 등으로 인해 크게 두 사안에 초점을 맞추어 일민주의 철학의 '역할 수행 여부'를 비판적으로 확인해 볼 것이다.

1) '반민족적' 독재 권력을 옹호하기 위한 '사이비' 민족주의 논리로서 일민주의

이승만 정권은 출범 당시 이념적 스펙트럼을 달리하는 경쟁적 정치 세력

58_ 이와 관련하여 프랑스의 대표적 좌파 실천철학자인 사르트르(J.P. Sartre)는 철학자를 포함한 지식인의 궁극적인 역할은 '모든 정치권력에 맞서 대항하는 것'이라고 주장하고 있다. 장 폴 사르트르, 『지식인을 위한 변명』(2018), 95쪽.

들, 특히 '민족주의'와 '민주주의'를 강하게 표방하는 진영들의 사상적 공세를 견제하고 동시에 선제적으로 제압함으로써 자신에게 유리한 이념 전선을 새롭게 재편할 필요성을 절실히 느끼고 있었다.

일민주의는 바로 그러한 시점에, 이승만 집권 세력의 의도 및 필요성에 부합하는 이데올로기로 등장하였다. 그것은 단정 노선의 추구나 반민족 친일 세력의 정치적 사면 등으로 당시 불거져 나온 이승만 정권에 대한 격렬한 비난의 목소리를 일정 정도 완화해 주거나 막아 줄 이념적 방패막이로 기대되었다. 아울러 이승만 정부에 비판적인 개인과 집단을 회유하여 지지 세력으로 돌아서도록 유인하는 데 나름 역할을 해 줄 것으로 예상되었다. 가령 '한 운명 민족 공동체'라는 다분히 감성적인 동포애에 호소하여 이념 차이로 인한 민족의 분열은 용납될 수 없다고 주창하면서, 민족의 영도자 이승만을 중심으로 한 국민적 통합을 촉구함으로써[59] 정치적 수세 국면을 돌파할 수 있다고 보았던 것이다. 그에 따라 이승만 정권 역시 여타 민족주의 진영과 마찬가지로 분단 극복과 민족 통일을 지향하는, 민족주의를 이념적 토대로 삼은 정권이라는 이미지를 국민들에게 확산시키는 효과를 일정 정도 거두기도 하였다.

하지만 일민주의가 내세운 민족주의 입론에 의거한 '국민적 통합' 전략은 당시의 이념적 수세 정국을 일거에 돌파할 정도의 가시적인 성과를 거두기에는 역부족이었다. 실제로 이승만 정권이 추진한 국민 통합은 물리적 강제 수단이 동반된 공권력에 의거한 강제적인 방식으로 이루어지고 있었으며, 극히 제한적으로 일민주의의 민족주의 담론에 의한 통합적 효과가 발휘되고 있었을 뿐이다.

오히려 일민주의가 통합적 이념 체계로서 그 기능을 발휘하게끔 만든 주된 요소는 일민주의가 자체 내에 함유하고 있던 반공주의 입론이었다.

59_ 가령 "괴로움과 즐거움, 울음과 웃음, 죽음과 삶을 같이 맛보는 이 한 운명(동일운명)에서 움직이는 것이 곧 한 겨레요 일민(一民)이다." 안호상, 『일민주의의 본바탕』(1950), 28-29쪽.

당시 이승만 정권은 정부에 반대하는 세력들을 경찰력 같은 물리적 폭력 수단을 동원하여 탄압하거나 혹은 포섭을 이끌어 내는, 지극히 반민주적 인 방식으로 소위 '남한 내 민족적 통합,' 즉 국민 통합을 이뤄 내고 있었 다. 한데 이때 이승만 정권에 맞서거나 저항하는 구성원들은 민족 분열을 획책하는 공산주의자나 빨갱이로 매도되어 통합적 대상에서 배제되었는 바, 이에 대한 정당화 논리로 활용된 것이 바로 일민주의, 보다 정확히는 일민주의의 주요 구성적 입론인 '반공주의'였다.[60]

요컨대 일민주의는 '겉으로는' 강력한 민족주의를 표방하며 이승만을 중심으로 민족의 대단결을 이루고 분단 극복이라는 "지대한 민족과업을 성취"[61]할 것을 강력히 주창하였다. 그럼으로써 궁극적으로 "최고 영도자 이신 이승만 (…) 밑에서 굳게 뭉쳐 모든 반동세력을 물리치고"[62] 거대한 '영도 국가' 혹은 '두령 국가'[63]를 성취하고자 시도했던 것이다. 하지만 그 것만으로는 유일 영도자 이승만의 절대적 권력 지배 체제가 온전히 구축 되기 어려웠다. 그러자 일민주의는 다시금 '내적으로' 자체 내의 주요 입 론들 중 하나인 반공주의에 의거하여 이승만 정권에 대한 정치적 반대 세 력을 불순 용공 분자로 규정하여 민족 구성원의 범위에서 제외하고 배제 해 버리는, 소위 색깔론에 기초한 이념적 도구로서 자신의 기능을 발휘하 기에 이르렀던 것이다.[64] 이런 한에서, 일민주의는 본질상 '사이비' 민족주

60_ 이런 점에서 볼 때, 안호상의 일민주의 철학이 내세우는 반공은 단순히 공산주의에 대한 반대만이 아니라 당파와 분열, 나아가 반정부 활동마저도 부정하는 것이었다. 김수자, 「이승만의 일민주의의 제창과 논리」(2004), 466쪽; 김수자, 「대한민국수립직후 민족주의와 반공주의의 형성 과정」(2005), 383쪽 참조.

61_ 이범석, 「서문」(1950), 6쪽.

62_ 안호상, 『일민주의의 본바탕』(1950), 19쪽.

63_ 서중석, 『이승만의 정치 이데올로기』(2006), 80쪽

64_ 이 점과 관련하여, 역사학자 서중석은 다음과 같이 언급하고 있다. "일민주의자들의 반 공에 의한 국민적 통합은 공산주의자이건 아니건 좌익으로 분류된 사람들은 물론이고, 김 구·김규식 등의 민족주의자들도 철저히 배격하고, (…) 이승만을 추종하였고 일민주의를 당시로 내건 민국당 간부들까지 공산당 올가미를 씌우려고 했던 데에서 그 성격이 잘 드러 났다. 뿐만 아니라 이범석, 양우정, 안호상 등도 쫓아내야 할 때가 왔을 때에는 민족분열자, 국가보안법 위반자 등의 낙인이 찍혔다." 서중석, 『이승만의 정치 이데올로기』(2006), 45쪽.

의적이며 반민주적인 폭력적 국민 통합 방식을 논리적으로 옹호하는 전형적인 '반민족적 독재 정권'[65]의 '초기' 통치 이데올로기로서 그 역할을 충실히 수행해 나갔던 것이다.[66]

사실 미군정 하에서 그 민낯을 가감 없이 드러내 보였던 '조야한 반공주의'는 이승만 정권 초기에 적지 않은 사회 구성원들의 반발감과 저항적 움직임을 초래하고 있었다. 그러던 차에 극우 민족주의와 그에 기대어 분단 극복과 민족 통일을 추구하는 새로운 이념 체계로서 일민주의의 등장은, 기존의 반공 이데올로기가 수행하던 역할을 '보다 은밀하면서도 효과적인' 방식으로 수행하게 되었던 것이다.[67] 즉 사이비 민족주의 논리 체계로서 일민주의는, 표면적으로는 민족의 통합과 통일을 지향하는 것처럼 비치게 하지만, 내부적으로는 이승만 정권에 부정적인 세력들을 민족의 생존을 저해하는 반민족 집단으로 규정하여 정치적으로 통어하는 '본질상' 반공주의 담론으로서 그 기능적 효력을 유감없이 발휘했던 것이다.

2) 반민족적 · '반민주적' 독재 권력의 유지와 강화를 위한 '우상화' 논리로서 일민주의

권력 기반이 확고히 다져져 있지 않은 상태에서 출범했던 이승만 정권은 강력한 집권 여당의 구축을 통해 통치권을 강화하려는 전략을 수립하였다. 하지만 여러 사정으로 인해 그것의 현실적 집행이 여의치 않게 되었

65_ 이는 파시즘적 두령 체제 혹은 이승만 유일 영도 체제라고 불리기도 한다. 서중석, 『이승만과 제1공화국』(2014), 56-57쪽 참조.
66_ 강정인과 하상복은 이에 대해 "일민주의는 언제나 하나가 되어야 하는 통합적 민족의 가치에 입각해, 여순사건이 표상하고 있는 이념적 대결과 정치적 분열을 정당하지 못한 것으로 만들어낼 이데올로기였다"고 해명하고 있다. 강정인 · 하상복, 「안호상의 민족주의에 대한 비판적 성찰: 전체와 동일성의 절대화」(2013), 121쪽.
67_ 이와 관련해 후지이 다케시는 공산주의에 대항하기 위해 민족의 일체성을 강조하는 일민주의의 등장을 미군정기에 기능했던 반공주의 이념의 새로운 변용태로 해석한다. 후지이 다케시, 「제1공화국의 지배 이데올로기 — 반공주의와 그 변용들」(2008), 117-125쪽 참조.

다. 그러자 이승만 정권은 방향을 틀어 국민과의 직접적인 소통을 통해 그들을 자신의 지지 세력으로 규합하여, 이 정권에 부정적이거나 적대적이던 당시 주요 정치 세력들을 견제·제압하려는 기획을 추진하였다. 그 과정에서 당초 통치 이념으로 수용된 일민주의 철학은 집권 여당의 이념적 지향점 및 정치적 기본 방침으로서의 역할 수행을 포기하고,[68] 대신 이승만에 대한 '숭앙 이데올로기'[69] 내지 국민 전체를 상대로 한 '지도 사상'[70]으로서 그 역할을 떠맡게 되었다.

그에 따라 이승만 집권 세력은 어용 관변 단체 등을 총 동원하여 일민주의 사상을 보급·확산시킴으로써 이승만에 대한 일방적인 지지와 충성을 도출해 내고자 진력하였다. 말할 것도 없이 이러한 작업에는 일민주의 사상을 국민들의 의식 속에 침윤시켜 자발적 복종을 내재화하려는, '교육'을 통한 소위 '의식 개조 사업'도 포함되어 있었다.[71] 학교 현장에서 학생들이 배우는 필수 '도덕 교과'의 주된 내용을 온통 일민주의 사상 일색으로 채워 버림으로써, 어린 시절부터 이승만에 대해 맹목적인 순응과 복종을 내면화하게끔 프로그램된 '교육과정'이 그에 해당된다. 이로써 일민주의는 애초 기획되었던 정당의 당시나 강령의 차원에서 벗어나, 국민들의 의식을 전일적으로 지배하여 이승만을 전폭적으로 지지하도록 작용하는 '지도 사상'으로서 그 역할을 수행해 나갔던 것이다.

이상의 사실에서 드러나듯이, 이승만 정권은 지배 권력을 뒷받침해 줄 현실적 기반으로서 강력한 여당을 구축하는 대신, 이승만에 대한 전폭적인 충성을 다짐하고 지지하는 '맹목적 신민(臣民)'으로서 국민을 등에 업고, 대립적 혹은 적대적 관계에 있던 정치 세력과 당파를 제압하고 무력화

68_ 이에 관한 보다 상세한 내용에 관해서는 김수자, 「이승만의 일민주의 제창과 논리」 (2004), 441-449쪽 참조.
69_ 이와 유사한 비판적 논의를 서중석은 '유일영도자론'으로 규정하여 제시하고 있다. 서중석, 『이승만의 정치이데올로기』(2005), 74-82쪽 참조.
70_ 김수자, 「이승만의 일민주의 제창과 논리」(2004), 452쪽.
71_ 이와 관련해, 당시 교육부 장관이던 안호상은 1949년 12월 21일 《조선일보》를 통해 '일민주의를 교육의 지도 이념으로 삼는다'고 선언하기에 이른다.

시킬 수 있었다. 그리고 그 과정에서 일민주의는 전 국민으로 하여금 이승만을 '국부', '건국의 아버지,' '민족의 위대한 지도자'로 숭앙하고 찬미하며 복종하도록 유인하는 '우민화 논리'이자 '우상화 논리'[72]로서 자신에게 주어진 지배 이데올로기로서의 역할을 충실하게 이행하고 있었던 셈이다.

이러한 장면들 속에서 우리는 민족 통일이나 민족중흥 같은 민족 전체의 이익은 그 어디에서도 찾아볼 수가 없다. 당연히 민족 공동체의 이익을 위해 자신의 역할을 헌신적으로 수행하는 일민주의 철학의 모습도 보이지 않는다. 대신 거기에는 민족의 분열과 다툼, 대립과 분단을 대가로 독재자 이승만을 위시한 소수 지배 세력의 기득권과 사적 이익만이 자리하고 있음을 목도한다. 아울러 그 배후에서 민족 공동체의 이익을 전부 희생하면서까지, 독재자를 우상화하고 민족 구성원들을 우민화하는 등 현실 권력을 유지·강화하는 데 전적으로 자신의 역할을 고정시켜 수행하고 있는 '우상화 및 우민화 논리'로서 일민주의를 접하게 된다.

6. '잠정' 결론

그 어떤 자생적 실천철학도 현실 권력의 통치 이념으로서 자신의 역할을 수행할 수 있다. 일찍이 공자도 자신의 정치철학을 현실에 구현해 줄 '현군(賢君)'을 찾아 전국을 헤매지 않았던가. 그런 만큼 안호상이 구상하고 정립한 일민주의 철학 역시 그것의 의도와 목적을 제대로 구현해 줄 통치 권력을 만날 경우, 그 힘을 빌려 실제 삶의 현장에 자신의 정치철학적 이상을 현실화해 볼 수 있다. 그리고 실제로 일민주의 철학은 이승만 정권의 통치 이데올로기로서 그 역할과 기능을 수행한 바 있다.

---

[72]_ 이 점과 관련하여, 김석수 역시 "북한의 김일성 주체사상이 김일성을 우상화하였듯이, 남한의 일민주의는 이승만을 우상화하는 일면이 존재한다"고 밝히고 있다. 김석수, 『한국 현대 실천철학』(2008), 99쪽.

문제는 통치 이념으로서 그 역할을 그야말로 제대로 수행할 수 있을 정도로 '완결적 형태'의 자생적 실천철학의 자격을 갖추고 있는가 하는 점이다. 다시 말해, 통치 이념으로 선택되어 기능할 만큼 '진정한' 의미에서 자생적 실천철학의 자격 조건을 온전히 충족시키고 있는가 여부가 핵심적 관건이다.

　만약 그러한 자격 조건을 제대로 충족시키지 못한 특정 '유사(類似) 자생적 실천철학'이 현실의 통치 이념으로 작용한다면, 그 결과는 매우 부정적이며 우려스러운 사태로 귀착될 공산이 크다. 그러한 부정적 전망 가운데 하나로, 규범적 정당성이 결여된 통치 권력의 남용을 정당화하거나 옹호하는 '이념적 하수인'의 역할을 수행하는 경우를 들 수 있다. 그리고 실로 유감스럽게도 이제까지 우리가 살펴본 일민주의 철학이 바로 그에 해당된다.

　이미 언급한 것처럼, 일민주의 철학은 비록 만족스러운 수준에 이른 것은 아니지만 자생적 실천철학의 '형식적' 자격 조건을 나름 충족시키고 있다. 그런 점에서, 분단 현실 같은 한국 사회가 직면하고 있는 가장 시급하면서도 중차대한 문제를 철학적 탐구 대상으로 삼아 본격적으로 논구하고 있는 점은 분명 평가해 줘야 할 대목이라고 사료된다. 다만 그것의 이론 체계 내에서 다양한 문제점과 한계를 드러내고 있다는 점에서, 우리는 일민주의 철학을 자생적 실천철학의 '완결적' 유형이 아닌, '맹아적 유형'으로 잠정 규정하여 그 의미를 평가해 준 바 있다.

　하지만 이제껏 비판적으로 검토해 본 바와 같이, 진정한 의미에서 자생적 실천철학의 자격 조건을 '온전히' 충족시키고 있는가라는 물음과 관련해서는, '결코 아니다'라는 것이 현시점에서의 잠정적인 답변이다. 이는 이론의 정립, 내용, 역할이라는 세 차원에서 이루어진, 일민주의 철학의 주요 내용과 형식에 관한 비판적 고찰을 통해 드러난 '결정적인' 문제점들에 대한 규범적·실천철학적 판단에 의거해서 개진된 것이다. 이때 확인된 결정적인 한계와 난점들은, 일민주의 철학으로 하여금 참된 의미에서의 자생적 실천철학의 자격을 취할 수 없게끔 만드는 치명적인 요인들을 가리킨다. 이를테면 이론 정립 과정에서 현실 권력과의 모종의 '비철학적인' 절충과 타협이 이루어졌을 개연성이 있다는 정황적 근거, 일민주의 철학의 사상적 토대를 이루는 민족주의 입론과 반공주의 입론 간의 심각한 논리적 상충, 아울러 현실 권력을 비판하고 견제하기는커녕 오히려 부당한 독재 정권의 옹호 논리로서 기능하는 역설적 사태 등이 그에 해당된다. 요컨대 이것들은 일민주의 철학으로 하여금 자생적 실천철학으로서의 자격이나 칭호를 결코 부여받을 수 없게 만드는 '치명적인 결격 사유'인 셈이다.

끝으로 한마디만 덧붙이고 이 글을 맺고자 한다. 현 단계에서, 일민주의 철학이 진정한 의미에서의 자생적 실천철학의 자격을 갖추고 있지 못하다는 점은 분명해 보인다. 그렇지만 그렇다고 해서 일민주의 철학이, 나름 예리하고 진지한 철학적 문제의식을 바탕으로 한국 사회의 현실에 대한 오랜 비판적 성찰의 산물로 개진된 고유한 자생적 실천철학의 '맹아적 유형'이라는 사실마저도 오늘날 한국 실천철학계에서 별반 주목받지 못하고 있는 작금의 현실에 대해서는, 우리 '철학하는 이'들이 적어도 한 번쯤은 진지하게 고민해 봐야 하지 않을까 감히 제언해 본다.

참고 문헌

1장 (예비)교사에게 철학은 어떤 의미로 다가오는가?

공자그 드 라로크, 『동성애』, 웅진지식하우스, 2007.
김진, 『동성애의 배려윤리적 고찰』, 울산대학교 출판부, 2005.
노라 칼린, 『동성애자 억압의 사회사』, 책갈피, 1995.
동성애자인권연대 외, 『무지개 성상담소』, 양철북, 2014.
데카르트, R., 『철학의 원리』, 아카넷, 2002.
배은율, 『아빠, 철학이 뭐예요?』, 해피아워, 2005.
선우현, 『사회비판과 정치적 실천』, 백의, 1999.
선우현, 『위기시대의 사회철학』, 울력, 2002.
선우현, 『홉스의 리바이어던: 절대 권력을 희망한다』, 삼성출판사, 2007.
선우현, 「근대 시민사회의 새로운 사회질서 구현의 정당화 논리로서 'Cogito ergo sum'」,
　　　『사회와 철학』 17, 사회와 철학연구회, 2009.
선우현, 「편견에서 자유로워 질 수 있나?」, 표창원 외, 『다수를 위한 소수의 희생은 정당한
　　　가』, 철수와 영희, 2016.
스테판 에셀, 『분노하라』, 돌베게, 2011.
스테판 에셀, 『참여하라』, 이루, 2012.
스티븐 툴민, 『코스모폴리스: 근대의 숨은 이야깃거리들』, 경남대학교 출판부, 1997.
임석진 감수, 『철학사전』, 이삭, 1985.
진은영, 『순수이성비판, 이성을 법정에 세우다』, 그린비, 2004.
최종욱, 『철학과 일상으로부터의 탈출』, 국민대학교 출판부, 1996.
최종욱, 『일상에서의 철학』, 지와 사랑, 2000.
한국철학사상연구회 편역, 『철학소사전』, 동녘, 1990.
한국철학사상연구회, 『삶과 철학』, 동녘, 1994.
한전숙 · 차인석, 『현대의 철학 I』, 서울대출판부, 1997.
Descartes, R., *Principes de la Philosophie*, Vrin, 1978.
Habermas, J., *Nachmetaphysisches Denken*, Suhrkamp, 1988.
Hegel, G. W. F., *Grundlinien der Philosophie des Rechts*, Suhrkamp, 1986.
Kant, I., *Krtitik der reinen Vernunft*, Felix Meiner Verlag, 1971.
Toulmin, S., *Cosmopolis: The Hidden Agenda of Modernity*, The Free Press, 1990.

2장 철학은 뜬구름 잡는 얘기나 해대는 공허한 말장난에 불과한가?

김비, 「작은 외침」, 윤수종 엮음, 『다르게 사는 사람들』, 이학사, 2008.
김진, 『동성애의 배려 윤리적 고찰』, UUP, 2005.
김형철, 『철학의 힘』, 위즈덤하우스, 2017.
고명섭, 「상징자본과 상징폭력」, 『인물과 사상』 74, 인물과 사상사, 2004.
공자그 드 라로크, 『동성애』, 웅진지식하우스, 2007.
동성애자인권연대 외 지음, 『무지개 성 상담소』, 양철북, 2014.
백종현, 『한국 칸트철학 소사전』, 아카넷, 2015.
선우현, 「한국 사회 현실에서 디즈니 만화영화의 사회 · 문화 철학적 함의」, 『한국사회의
    현실과 사회철학』, 울력, 2009.
선우현, 「상징폭력으로서의 '개천에서 용 난다': 개천에서 용 날 수 없음에 대한 철학적 확인
    사살」, 사회와철학연구회 지음, 『한국 교육현실의 철학적 성찰』, 씨아이알, 2014.
선우현, 「(예비)교사의 삶과 철학함의 역할」, 『논문집』 51집, 청주교육대학교, 2015.
선우현, 「도덕적 관점에서의 '정상/비정상'의 판별 기준」, 『청주교육대학교 교육대학원 논
    문집』, 청주교육대학교 교육대학원, 2016.
선우현, 「편견에서 자유로워질 수 있나?」, 표창원 외, 『다수를 위한 소수의 희생은 정당한
    가?』, 철수와 영희, 2016.
선우현, 『도덕판단의 보편적 잣대는 존재하는가』, 울력, 2020.
에릭 마커스, 『Is it a Choice?: 동성애에 관한 300가지 질문』, 박영률출판사, 2006.
이상호, 「아비튀스와 상징질서의 새로운 사회이론」, 『문화와 권력: 부르디외 사회학의 이
    해』, 나남출판, 2002.
임지현, 「일상적 파시즘의 코드 읽기」, 「아비튀스와 상징질서의 새로운 사회이론」, 임지현
    외, 『우리 안의 파시즘』, 삼인, 2013.
최종욱, 『철학과 일상으로부터의 탈출』, 국민대 출판부, 1996.
편상범, 『윤리학: 행복은 도덕과 갈등하는가?』, 민음인, 2012.
한전숙, 『현상학의 이해』, 민음사, 1987.
현택수, 「아비튀스와 상징폭력의 사회비판이론」, 『문화와 권력』, 나남출판, 2002.
홍성민, 『문화와 아비투스』, 나남출판, 2000.
Jenkins, R., *Pierre Bourdieu*, Routledge, 1992.
Marx, K., *Thesen über Feuerbach 1, MEW 3*, Dietz Verlag, 1978.

3장 데카르트는 왜 '나는 생각한다. 고로 존재한다'라는 명제를 내놓았을까?

1. 1차 문헌

데카르트, R./이현복 역, 『성찰·자연의 빛에 의한 진리탐구』(『성찰』·『자연』), 문예출판사, 1997.
데카르트, R./이현복 옮김, 『방법서설』(『방법』), 문예출판사, 2001.
데카르트, R./원석영 옮김, 『철학의 원리』(『원리』), 아카넷, 2002.
Adam C. & Tannery P. (pub.), *Oeuvre de Descartes I, Correspondance* (AT, I), Vrin, 1974.
Adam C. & Tannery P. (pub.), *Oeuvre de Descartes VI, Discours de la méthode & Essais* (AT, VI), Vrin, 1973.
Adam C. & Tannery P. (pub.), *Oeuvre de Descartes IX-1, Meditations* (AT, IX-1), Vrin, 1973.
Adam C. & Tannery P. (pub.), *Oeuvre de Descartes IX-2, Principes de la Philosophie* (AT, IX-2), Vrin, 1978.
Adam C. & Tannery P. (pub.), *Oeuvre de Descartes X, La Recherche de La Verite par La Lumiere Naturelle* (AT, X), Vrin, 1974.
Cottingham, J./Stoothoff, R./Murdoch, D. (tr.), *The Philosophical Writings of DESCARTES 1, 2* (CSM 1, 2), Cambridge University Press, 1989.
Cottingham, J./Stoothoff, R./Murdoch, D./Kenny, A. (tr.), *The Philosophical Writings of DESCARTES 3* (CSMK), Cambridge University Press, 1991.

2. 2차 문헌

강영안, 「데카르트의 코기토와 현대성」, 『철학연구』 29집, 1991.
김상환, 「현명한 관념론과 우둔한 관념론」, 『철학과 현상학연구』 6집, 1992.
김영중 외, 『네덜란드史』, 대한교과서, 1994.
다비트, 토마스/노성두 옮김, 『렘브란트』, 랜덤하우스중앙, 2006.
변재현, 「빛을 통해 인간의 심리묘사를 표현한 렘브란트의 작품연구」, 『한국색채학회논문집』 17권 2호, 2003.
슈페히트, R./이규호 역, 『데카르트전』, 삼성문화재단, 1974.
이현복, 「데카르트에서 인간의 조건」, 차인석 외, 『사회철학대계』 1, 민음사, 1993.
주경철, 「17세기 네덜란드의 국제 무역상인」, 『경제사학』 17권, 1993.
주경철, 「네덜란드 동인도 회사의 설립 과정」, 『서양사연구』 25호, 2000.
최명관, 「데카르트의 중심사상과 현대적 정신의 형성」, 『방법서설·성찰·데카르트 연구』, 서광사, 1986.

최재수, 「해양과 인류문화의 발전(28): 제9장 네덜란드의 경이적인 약진③」, 『해양한국』 295호, 한국해사문제연구소, 1998.

코팅엄, 존/정대훈 옮김, 『데카르트』, 궁리, 2001.

콜린스, J./이성환 외 옮김, 『합리론: 데카르트·스피노자·라이프니츠』, 백의, 1999.

케니, 안쏘니/김성호 역, 『데카르트의 철학』, 서광사, 1968.

Aczel, D., *Descartes' Secret Notebook*, Broadway Books, 2005.

Almog, J., *What Am I ?: Descartes and the Mind-Body Problem*, Oxford University Press, 2002.

Bader, F., *Die Ursprung der Transzendentalphilosophie bei Descartes*, Bouvier, 1979.

Barbour, V., *Capitalism in Amsterdam in the 17th Century*, University of Michigan Press, 1963.

Bouchilloux, H., *La question de la liberte chez Descartes*, Champion, 2003.

Brinton, C, *Ideas and Men*, Prentice-Hall, 1963.

Buchdahl, G., *Metaphysics and the Philosophy of Science: The Classical Origins Descartes to Kant*, University Press of America, 1988.

Brands, H., *Cogito ergo sum: Interpretationen von Kant bis Nietzsche*, Karl Aber, 1982.

Broughton, J., *Descartes' Method of Doubt*, Princeton University Press, 2002.

Congdon, H. K., *Philosophies of Space and Time*, University of America, 2003.

Cottingham, J. (ed.), *The Cambridge Companion to Descartes*, Cambridge University Press, 1992.

Crane, T., *History of the Mind-Body Problem*, Routledge, 2000.

Curley, E. M., *Descartes Against The Skeptics,* Harvard University Press, 1978.

Dicker, G., *Descartes: An Analytical and historical Introduction*, Oxford University Press, 1993.

Doney, W. (ed.), *Descartes. A Collection of Critical Essays*, Anchor Books, 1967.

Durandin, G. "Introduction: La vie et les oeuvres de Descartes," R. Descartes, *Les Principes de la philosophie*, Vrin, 2002.

Edwards (ed.), P., *The Encyclopedia of Philosophy*, vol. 2, The Macmillan Company & The Free Press, 1975.

Glucksmann, A., *Die Cartesianische Revolution*, Rowohlt, 1989.

Copleston, F., *A History of Philosophy 4: Descartes to Leibniz*, The Newman Press, 1961.

Gouhier, H., *La pensée métaphysique de Descartes*, Vrin, 1987.

Gueroult, M., *The Soul and the Body*, 1, 2, University of Minnesota Press, 1985.

Friedländer, M. J., *Die niederländischen maler des 17. Jahrhunderts*, Im Propyläen, 1923.

Halbfass, W., *Descartes' Frage Nach der Existenz der Welt*, Anton Hain, 1968.

Hegel, G. W. F., *Grundlinien der Philosophie des Rechts*, Suhrkamp, 1986.

Markie P., "The Cogito and its importance," J. Cottingham (ed.), *The Cambridge Companion to Descartes*, Cambridge University Press, 1992.

Marx, K./Engels, F., *Die deutsche Ideologie, MEW 3*, Dietz Verlag, 1969.

Marx, K./Engels, F., *Manifest der Kommunistischen Partei, MEW 4*, Dietz Verlag, 1980.

MacDonald, P. S., *Descartes and Husserl: The Philosophical Project of Radical Beginnings*, State University of New York Press, 2000.

Mechoulan, H., *Amsterdam, XVIIe siecle: marchands et philosophes: les benefices de la tolerance*, Autrement, 1993.

Miller, J., *Hellenistic and Early Modern Philosophy*, Cambridge University Press, 2003.

Negri, A., *Political Descartes: Reason, Ideology and the Bourgeois Project*, Verso, 2007.

Parkinson, G. H. R., *The Renaissance and seventeenth-century Rationalism*, Routledge, 1993.

Popkin, R. H., *The History of Skepticism from Erasmus to Spinoza*, University of California Press, 1979.

Rodis-Lewis, G., "Descartes' life and the development of his philosophy," J. Cottingham (ed.), *The Cambridge Companion to DESCARTES*, Cambridge University Press, 1992.

Rorty, A., *Essays on Descartes' Meditation,* University of California Press, 1986.

Schacht, R., *Classical Modern Philosophers: Descartes to Kant*, RKP, 1984.

Schmaltz, T. M., *Radical Cartesianism: the French Reception of Descartes*, Cambridge University Press, 2002.

Toulmin, S., *Cosmopolis: The Hidden Agenda of Modernity*, The Free Press, 1990.

Verbeek, T., *Descartes and th Dutch*, Southern Illinois University Press, 1992.

Wilson, M. D., *Descartes*, RKP, 1982.

4장 사회적 갈등과 대립의 해소를 위해 철학은 무엇을 할 수 있는가?

김용환, 『관용과 열린사회』, 철학과 현실사, 1997.

김응종, 『관용의 역사: 르네상스에서 계몽주의까지』, 푸른역사, 2014.

김창남 외, 『통합과 배제의 사회정책과 담론』, 함께읽는책, 2003.

마이클 왈저, 『관용에 대하여』, 미토, 2004.

박구용, 『우리 안의 타자: 인권과 인정의 철학적 담론』, 철학과 현실사, 2003.

박민규, 「눈먼 자들의 국가」, 김애란 외 『눈먼 자들의 국가: 세월호를 바라보는 작가의 눈』, 문학동네, 2014.

볼테르, 『관용론』, 한길사, 2001.

선우현, 『사회비판과 정치적 실천』, 백의, 1999.

선우현, 「다문화주의: 이념의 정당성과 사회통합의 현실성」, 권금상 외, 『9가지 접근 다문화사회의 이해』, 태영출판사, 2012.

손석춘, 『한국 공론장의 구조 변동』, 커뮤니케이션스북스, 2005.

스테판 에셀, 『분노하라』, 돌베개, 2011.

스테판 에셀, 『참여하라』, 이루, 2012.

악셀 호네트, 『인정투쟁: 사회적 갈등의 도덕적 형식론』, 사월의 책, 2012.

이명남, 「국가권력과 개인자유 사이의 바람직한 관계」, 『정치 정보 연구』 1권 2호, 1998.

이정은, 『사람은 왜 인정받고 싶어하나』, 살림, 2005.

이진우 엮음, 『하버마스의 비판적 사회이론』, 문예출판사, 1996.

이혁배, 『개혁과 통합의 사회윤리』, 대한기독교서회, 2004.

임석진 감수, 『철학사전』, 이삭, 1985.

위르겐 하버마스, 『이질성의 포용: 정치이론연구』, 나남출판, 2000.

위르겐 하버마스, 『공론장의 구조변동: 부르주아 사회의 한 범주에 관한 연구』, 나남출판, 2001.

위르겐 하버마스, 『의사소통행위이론』 1, 2권, 나남출판, 2006.

장은주, 「문화다원주의와 보편주의」, 한국철학회, 『다원주의, 축복인가 재앙인가』, 철학과 현실사, 2003.

장춘익 외, 『하버마스의 사상: 주요 주제와 쟁점들』, 나남출판, 2001.

존 로크, 『관용에 관한 편지』, 책세상, 2008.

제18대 대통령직인수위원회, 『박근혜 정부: 국정비전 및 국정목표』(보도 참고자료 1), 2013.

하승우, 『희망의 사회 윤리 똘레랑스』, 책세상, 2003.

한국철학회, 『2006년 한국철학회 춘계학술대회보: 차이와 갈등에 대한 철학적 성찰』, 한국철학회/경제 인문사회연구회, 2006.

《연합뉴스》 외.

Frankfurt, H., "Equality and Respect," *Social Research*, vol. 64, no. 1, 1997.

Habermas, J., *Theorie des kommunikativen Handelns 1, 2*, Suhrkamp, 1981.

Habermas, J., *Kleine Politische Schriften*, Suhrkamp, 1981.

Habermas, J., *Fatizität und Geltung*, Suhrkamp, 1992.

Habermas, J., *Strukturwandel der öffentlichket: Untersuchungen zu einer Kategoire der bürgerlichen Gesellschaft*, Suhrkamp, 1990.

Honneth, A., *Kampf um Anerkennung: Zur moralischen Grammatik sozialer Konflikte*, Suhrkamp, 1992.

Honneth, A., *Das Andere der Gerechtigkeit,* Suhrkamp, 2000.

Taylor, Ch., "The Politics of Difference," A. Gutmann (ed.), *Multiculturalism: Examining the Politics of Recognition*, Princeton University Press, 1994.

Young, I. M., *Justice and the Politics of Difference*, Princeton University Press, 1990.

5장 철학의 사회적 소임, 강자의 기득권 강화인가 사회적 약자의 처지에 대한 배려 및 개선인가?

권용립, 『미국—보수적 정치문명의 사상과 역사』, 역사비평사, 1991.
권용립, 「현대 미국의 미시변동을 논함: '신보수주의'의 제도와 역사적 성격」, 『경제와 사회』 18권, 비판사회학회, 1993.
김교환, 「미국의 신보수주의」, 『사상』 50호, 사회과학원, 2001.
김비환, 「현대 자유주의적 평등론의 역사적 의의」, 『법철학연구』, 한국법철학회, 2002.
김순임/김명희/김선/전금주, 「프랑스 · 독일 · 미국의 사회복지 제도의 태동과 형성의 역사를 통해서 본 문화적 차이에 관한 연구」, 『한국프랑스학논집』 45집, 한국프랑스학회, 2004.
남경희, 「최소국가의 이념과 자유주의적 정의론」, 『철학』 22집, 한국철학회, 1984.
박정순, 「자유주의 대 공동체주의 논쟁의 방법론적 쟁점」, 『철학연구』 33집, 철학연구회, 1993.
박정순, 「자유주의의 건재」, 『철학연구』 45집, 철학연구회, 1999.
박정순, 「자유주의 정의론의 철학적 오디세이」, 황경식/박정순 외, 『롤스의 정의론과 그 이후』, 철학과 현실사, 2009.
박정순, 「마이클 왈쩌의 정의전쟁론」, 『철학연구』 68집, 철학연구회, 2005.
박진빈, 「뉴딜 정책과 국민의료보험 부재의 기원」, 『미국사연구』 23집, 한국미국사학회, 2006.
선우현, 『평등』, 책세상, 2020.
소에지마 다카히코, 『누가 미국을 움직이는가』, 들녘, 1999.
어노브, 앤서니, 「서문」, 노엄 촘스키/하워드 진 외, 『미국의 이라크 전쟁』, 북막스, 2004.
이강국, 「오바마의 의료보험 개혁을 보며」, 《한겨레》(2010년 4월 24일자).
이봉희, 『보수주의—미국의 신보수주의를 중심으로』, 민음사, 1996.
이주영, 『미국의 좌파와 우파』, 살림, 2003.
이혜정, 「미국 공화당의 위기: 보수의 역사적 정체성과 정치적 과제」, 『의정연구』 15권 2호, 한국의회발전연구회, 2009.
장의관, 「미국 신보수주의의 이론적 구성과 한계」, 『국제정치논총』 48집, 4호, 한국국제정치학회, 2008.
정동진, 「노직의 정치이론: 최소국가론」, 『사회과학논집』 25권, 연세대학교 사회과학연구소, 1994.
정일용, 『미국사회보장제도의 발전과정과 특성』, 국민경제교육연구소, 1992.
정태욱, 「마이클 월저의 정전론에 대한 소고」, 『법철학연구』 6권, 1호, 한국법철학회, 2003.

황경식, 「롤스의 자유주의적 평등주의」, 『사회정의의 철학적 기초』, 문학과지성사, 1985.

황경식, 『개방사회의 사회윤리』, 철학과현실사, 1995.

황주홍, 「자유지상주의의 정치철학자, 로버트 노직」, 『한국논단』 47호, 한국논단, 1993.

Barber, B., *Strong Democracy: Participatory Politics for a New Age*, University of California Press, 1984.

Benhabib, S., *Situating the Self: Gender, Community and Postmodernism in Contemporary Ethics*, Polity Press, 1992.

Berverly, D. P./Mcsweeney, E. A., *Social Welfare & Social Justice*, Prentice Hall, 1987.

Bobio, N., *Left & Right*, The University of Chicago Press, 1996.

Brown, W., "American Nightmare: Neoliberalism, Neoconservatism, and De-Democratization," *Political Theory*, vol. 34, no. 6, 2006.

Buchanan, A. E., "Assessing the Communitarian Critique of Liberalism," *Ethics*, vol. 99, no. 4, 1989.

Callinicos, A., *Equality*, Polity, 2000.

Chomsky, N., *Profit over People*, Seven Stories Press, 1999.

Gutmann, A., "Communitarian Critics of Liberalism," *Philosophy and Public Affairs*, vol.14, no.3, 1985.

Himmelstein, J. L., *To the Right: The Transformation of American Conservatism*, University of California Press, 1990.

Kymlicka, W., "Introduction," W. Kymlicka (ed.), *Justice in Political Philosophy*, Elgar, 1992.

Mulhal, S./Swift, A., *Liberals and Communitarians*, Blackwell, 1992.

Nozick, R., *Anarchy, State, and Utopia*, Basic Books, 1974.

Nozick, R., *The Examined Life*, Simon and Schuster, 1989.

O'Neill, W. L., *The New Left: A History*, Harlan Davidson Inc., 2001.

Rawls, J., *A Theory of Justice*, The Belknap Press of Harvard University Press, 1971.

Rawls, J., "Kantian Constructivism in Moral Theory," *The Journal of Philosophy*, vol. 77, 1980.

Rawls, J., "The Priority of Right and Ideas of the Good," *Philosophy & Public Affairs*, vol. 17, 1988.

Rawls, J., *Political Liberalism*, Columbia University Press, 1993.

Sandel, M. J., *Liberalism and the Limits of Justice*, Cambridge University Press, 1982.

Taylor, Ch., *Sources of the Self*, Harvard University Press, 1996.

Walzer, M., *Arguing about War*, Yale University Press, 2004.

Wolff, R. P., *Understanding Rawls*, Princeton University Press, 1977.

Zizek, S., *Iraq: The Borrowed Kettle*, Verso, 2004.

6장 공부를 잘하고 못하는 것, 재능과 노력, 성실성의 차이에 따른 것인가?

강내희, 『교육개혁의 학문 전략』, 문화과학사, 2003.

경상대학교 사회과학연구원 엮음, 『대학서열체제 연구: 진단과 대안』, 한울아카데미, 2004.

고형일 외, 『신교육사회학』, 학지사, 1997.

교육인적자원부, 『생활의 길잡이 6』, 대한교과서주식회사, 2004.

교육인적자원부, 『초등학교 교사용 지도서: 도덕 6』, 대한교과서주식회사, 2004.

권선무, 『서울대는 왜 있는 집 자녀만 다닐까』, 바다출판사, 2004.

김경근, 『대학 서열 깨기』, 개마고원, 1999.

김경동, 「우리교육의 허실과 진로」, 『철학과현실』 10호, 철학문화연구소, 1991.

김동훈, 『한국의 학벌, 또 하나의 카스트인가』, 책세상, 2001.

김신일, 「별난 입시 제도에 병든 한국교육」, 『철학과현실』 10호, 철학문화연구소, 1991.

김상봉, 『학벌사회』, 한길사, 2005.

김상봉, 「교육과 권력」, 『역사비평』 77호, 역사비평사, 2006.

김석수, 「상징적 폭력과 전근대적 학벌사회」, 『사회와 철학』 16호, 사회와철학연구회, 2008.

김상현, 『대한민국 강남특별시: 부와 교육 1번지 강남의 모든 것』, 위즈덤하우스, 2004.

김용일, 『교육의 계급화를 넘어』, 북이데아, 2010.

박재원 · 정수현, 『대한민국은 사교육에 속고 있다』, 스클라움, 2008.

부르디외, P., 『상징폭력과 문화재생산』, 새물결, 1997.

부르디외, P., 『구별짓기: 문화의 취향의 사회학』 상, 하, 새물결, 2005.

서울과학고등학교, 「2022학년도 서울과학고등학교 2단계 전형 기출문제」, 2022. (https://sshs.sen.hs.kr/178715/subMenu.do#fileDown)

서울대학교 입학본부, 『2011학년도 대학 신입학생 입학전형 안내』, 2010.

서울대학교 입학본부, 「2020학년도 서울대 수시모집 선발 결과」, 2019.

서울대 입학본부, 『2023학년도 대학 신입학생 수시모집 안내』, 2022.

연세대 입학처, 『2023학년도 연세대 수시모집 요강』, 2022.

우석훈 · 박권일, 『88만원세대』, 레디앙, 2008.

윤평중, "[이제는 문화다! 지식인 현장 리포트] 대입 · 고시 '有錢합격 · 無錢탈락'... 원초적 불공정성 깊어져," 《조선일보》(2010년 11월 1일자).

이상호, 「아비튀스와 상징질서의 새로운 사회이론」, 『문화와 권력: 부르디외 사회학의 이해』, 나남출판, 2002.

이인열, "아직은... 개천에서 용 난다," 《조선일보》(2009년 9월 9일자).

장미혜, 「사회계급의 문화적 재생산」, 『한국사회학』 36집 4호, 한국사회학회, 2002.

전상인 · 김상봉 · 최갑수 · 김진석, 「서울대 문제, 대안의 모색」, 『사회비평』 27권, 나남출판, 2001.

정진상, 『국립대 통합네트워크』, 책세상, 2004.

최샛별, 「한국사회에 문화자본은 존재하는가?」, 『문화와 사회』 1권, 한국문화사회학회, 2006.

특별취재팀, "[사다리가 사라진다] 교육—개천에서 용 나기 힘들다," 《조선일보》(2010년 7월 6일자).

현택수, 「아비튀스와 상징폭력의 사회비판이론」, 『문화와 권력』, 나남출판, 2002.

현택수 · 정선기 · 이상호 · 홍성민, 『문화와 권력: 부르디외 사회학의 이해』, 나남출판, 2002.

홍성민, 『문화와 아비튀스』, 나남출판, 2000.

홍성민, 「아비튀스와 계급」, 홍성민 편저, 『문화와 계급』, 동문선, 2002.

홍성민, 『피에르 부르드외와 한국사회』, 살림, 2007.

Bourdieu, P., *La Reproduction*, Minuit, 1970.

Bourdieu, P., *La Distinction*, Minuit, 1979.

Bourieu, P., *Le Sens Pratique*, Minuit, 1980.

Bourdieu, P., "The Forms of Capital," J. G. Richardson (ed.), *Handbook of Theory and Research for the Sociology of Education*, Greenwood Press, 1986.

Calhoun, C./LiPuma, E./Postone, M. (eds.), *Bourdieu: Critical Perspectives*, Polity Press, 1993.

Jenkins, R., *Pierre Bourdieu*, Routledge, 1992.

Joppke, C., "The Cultural Dimensions of Class Formation and Class Struggle: on the Social Theory of Pierre Bourdieu," D. Robbins(ed.), *Pierre Bourdieu*, vol. 3, SAGE Publications, 2002.

Münch, R., "Power and the Reproduction of Social Structure and Culture: Pierre Bourdieu," *Sociological Theory: Development Since the 1960s*, Nelson-Hall Publishers, 1994.

Wacquant, L. J. D., "Reading Bourdieu's 'Capital,'" D. Robbins (ed.), *Pierre Bourdieu*, vol. 2, SAGE Publications, 2002.

7장 그럼에도 왜 지금 민주 시민 교육인가?

김성천 외, 『학교, 민주 시민 교육을 만나다!』, 맘에드림, 2019.

라인홀드 니버, 『도덕적 인간과 비도덕적 사회』, 문예출판사, 2006.

선우현, 『사회비판과 정치적 실천』, 백의, 1998.

선우현, 『자생적 철학체계로서 인간중심철학』, 집문당, 2009.

선우현, 「비판적 사회철학과 도덕교육」, 『초등도덕교육』 37집, 한국초등도덕교육학회, 2011.

선우현, 「편견에서 자유로워질 수 있나?」, 표창원 외, 『다수를 위한 소수의 희생은 정당한

가?』, 철수와 영희, 2016.

선우현, 「사회적 갈등을 해결하기 위한 방안으로서의 민주시민 교육은 '어떻게' 현실화·제도화 될 수 있는가?: "한국사회의 가치갈등과 민주시민 교육을 통한 해결방안 연구"에 대한 논평」, 『민주 시민 교육과 철학의 기여(2019년도 한국동서철학회 추계학술대회 발표문집)』, 한국동서철학회, 2019.

선우현, 「도덕 판단의 보편적 잣대에 대한 요청: '힘의 논리'에서 벗어나 '자유로운' 인간으로 살아가기 위한 전제」, 《대학지성 In&Out》(2020년 11월 8일자).

선우현, 「진영논리와 비판적 지식인의 역할」, 『학생생활연구』 27집, 청주교대 교육연구원, 2021.

염경미, 『선생님, 민주 시민 교육이 뭐예요?』, 살림터, 2018.

오연호, 조국, 『진보집권플랜』, 오마이북, 2010.

임덕준, 「학교현장에서 체험한 민주 시민 교육의 오늘과 미래」, 『민주 시민 교육과 철학의 기여(2019년도 한국동서철학회 추계학술대회 발표문집)』, 한국동서철학회, 2019.

임지현, 「일상적 파시즘의 코드 읽기」, 임지현 외, 『우리 안의 파시즘』, 삼인, 2013.

임채광, 「한국사회의 가치갈등과 민주시민 교육을 통한 해결방안 연구」, 『민주시민교육과 철학의 기여(2019년도 한국동서철학회 추계학술대회 발표문집)』, 한국동서철학회, 2019.

이해찬, 「[이해찬 독점 인터뷰 1] 나는 왜 20년 집권을 말했나」, 《시사IN》(2020년 9월 14일).

장 폴 사르트르, 『지식인을 위한 변명』, 중심, 2018.

조국백서추진위원회, 『검찰개혁과 촛불시민』, 오마이북, 2020.

Niebuhr, R., *Moral Man and Immoral Society*, Charles Scribner's Sons, 1960.

Marx, K./F. Engels, *Die deutsche Ideologie, MEW* 3, Dietz Verlag, 1969.

Marx, K., *Zur Kritik der Politischen ökonomie, MEW* 13, Dietz Verlag, 1975.

8장 이성은 여전히 신뢰할 수 있는가?

김상봉, 『호모 에티쿠스』, 한길사, 1999.

벤하비브, S., 『비판, 규범, 유토피아』, 울력, 2008.

선우현, 「탈근대적 이성비판의 의의와 한계」, 한국철학회 외, 『경제위기와 철학적 대응』, 1998.

선우현, 『사회비판과 정치적 실천』, 백의, 1999.

선우현, 『위기시대의 사회철학』, 울력, 2002.

양운덕, 「근대성과 계몽에 대한 상이한 해석: 하버마스와 푸코」, 장춘익 외, 『하버마스의 사상』, 나남, 1996.

Adorno, Th., *Kulturkritik und Gesellschaft I, Gesammelte Schriften 10.1*, Suhrkamp,

1977.

Adorno, Th., *Negative Dialektik, Gesammelte Schriften 6*, Suhrkamp, 1977.

Benhabib, S., *Critique, Norm, And Utopia*, Columbia University Press, 1986.

Boyne, R., *Foucault and Derrida: The Other Side of Reason*, Unwin, 1990.

Culler, J., "Deconstruction," J. Culler (ed.), *Deconstruction: Critical Concepts in Literary and Cultural Studies*, vol. 1, Rotutledge, 2003.

Derrida, J., *De la grammatologie*, Minuit, 1967.

Derrida, J., *Positions*, Minuit, 1972.

Dryzeck, J., "Green Reason: Communicative Ethics for the Biosphere," *Environmental Ethics*, vol. 12, 1990.

Fraser, N., "Foucault on Modern Power: Empirical Insights and Normative Confusions," *Praxis International*, vol. 1, 1981.

Foucault, M., "Structualism and Post-Structualism," *Telos* 55, 1983.

Foucault, M., *Histoire de la sexualité 1*, Gallimard, 1976.

Foucault, M., "The Subject and Power," H. L. Dreyfus/P. Rainbow, *Michel Foucault: Beyond Structualism and Hermeneutics*, The University of Chicago Press, 1983.

Foucault, M., "Qu'est-ce que les lumierès?," *Magazine littéraire*, n. 309, 1993.

Gasché, R., "Deconstruction as Criticism," V. E. Taylor/C. E. Winquist (eds.), *Postmodernism: Critical Concepts*, vol. 2, Routledge, 1988.

Habermas, J., *Theorie des kommunikativen Handelns 1*, Suhrkamp, 1981.

Habermas, J., *Der philosophische Diskurs der Moderne*, Suhrkamp, 1986.

Honneth, A., "Das Andere der Gerechtigkeit. Habermas und die ethische Herausforderung der Postmoderne," *Deutche Zeitschrift für Philosophie 42*, 1994.

Horkheimer, M., *Zur Kritik der instrumentellen Vernunft*, Fisher Wissenschaft, 1997.

Hume, D., *A Treatise of Human Nature*, Oxford, 1951.

Jay, M., "The Debate over Performative Contradictions: Habermas vs. Poststructualists," A. Honneth/Th. McCarthy/C. Offe/A. Wellmer(hg.), *Zwischenbetrachtungen*, Suhrkamp, 1989.

Lyotrard, J.-F., *Le postmoderne expliqué aux enfants*, Edition Gallié, 1988.

Noddings, N., *The Challenge to Care in Schools*, Teachers College Press, 1992.

9장 반(反)이성주의적 시대 흐름 속에서 이성은 어떻게 옹호될 수 있는가?

권용혁, 「의사소통적 합리성과 규범」, 『철학과 합리성』, 사회와철학연구회, 2002.

백종현, 「계몽철학으로서 칸트의 전통 형이상학 비판」, 한국칸트학회, 『칸트와 정치철학』,

2002.

선우현, 『사회비판과 정치적 실천』, 백의, 1999.

양운덕, 「탈구조주의 사회이론의 기초」, 『시대와 철학』 3호, 한국철학사상연구회, 1991.

이승환, 「심성과 천리」, 『철학연구』 31집, 철학연구회, 1992.

이진우, 『한국 인문학의 서양 콤플렉스』, 민음사, 1999.

최종욱, 「현대의 위기와 '위험사회'의 현상학」, 『현대의 위기와 새로운 사회운동』, 문원, 1994.

Apel, K.-O., "Das Problem einer philosophischen Theorie der Rationaltättypen," H. Schnädelbach (hg.), *Rationalität*, Suhrkamp, 1984.

Apel, K.-O., *Transformation der Philosophie*, Suhrkamp, 1972.

Apel, K.-O., "Die Herausforderung der totalen Vernunftkritik und das Programm einer philosophischen Theorie der Rationalitättypen," *Concordia* 11, 1987.

Apel, K.-O., "Types of Rationality Today," E. Mendieta (ed.), *Karl-Otto Apel: Selected Essays* vol. 2, Humanities Press, 1996.

Beck, U., *Riskogesellschaft*, Suhrkamp, 1986.

Boyne, R., *Foucault and Derrida: The other side of reason*, Unwin, 1990.

Casana, A., *Geschichte als Entwicklung?*, Walter de Gruyter, 1988.

Cooke, M., *Language and Reason*, The MIT Press, 1994.

Corssley, N., *Intersubjectivity*, SAGE Publications, 1996

Dryzeck, J., "Green Reason: Communicative Ethics for the Biosphere," *Environmental Ethics*, vol.12, 1990.

Forum für Philosophie Bad Homburg (hg.), *Philosophie und Begründung*, Suhrkmap, 1987.

Guthrie, W. K. C., *The Greek Philosopers*, Harper & Row, 1960.

Habermas, J., *Theorie des kommunikativen Handelns 1*, Suhrkamp, 1981.

Habermas, J., *Die Einbeziehung des Andern*, Suhrkmap, 1996.

Habermas, J., *Wahrheit und Rechtfertigung*, Suhrkmp, 1999.

Honneth, A., "Das Andere der Gerechtigkeit. Habermas und die ethische Heraus-forderung der Postmoderne," *Deutsche Zeitschrift für Philosophie* 42, 1994.

Kant, K., *Kritik der reinen Vernunft*, Felix Meiner Verlag, 1971.

Lupia, A./McCubbians, M. D./Popkin, S. L. (eds.), *Elements of Reason*, Cambridge University Press, 2000.

MacIntyre, A., *After Virtue*, University of Notre Dame Press, 1984.

Marx, K., *Das Kapital III, MEW* 23, Dietz Verlag, 1975.

Mittelstraß, J., "Technik und Vernunft," *Wissenschaft als Lebensform*, Suhrkmap, 1982.

Nagl, L., "Zeigt die Habermassche Kommunikationstheorie einen »Ausweg aus der Subjektphilosophie«? Erwärgungen zur Studie Der philosophische Diskurs der Moderne," M. Frank/G. Raulet/W. v. Reijen (hg.), *Die Frage nach dem Subjekt*, Suhrkamp, 1988.

Noddings, N., *The Challenge to Care in Schools*, Teachers College Press, 1992.

Ritter, J., *Hegel und die französische Revolution*, Suhrkmap, 1972.

Schnädelbach, H., *Vernunft und Geschichte*, Suhrkamp, 1987.

Stumpf, S. E., *Socrates to Sartre: A History of Philosophy*, McGraw-Hill, 1993.

Weber, M., *Wirtschaft und Gesellschaft*, J. C. Mohr, 1985.

Weber, M.,, *Gesamelte Aufsätze zur Wissenschaftslehre*, J. C. Mohr, 1988.

Weber, M., *Gesamelte Aufsätze zur Religionsoziologie*, J. C. Mohr, 1988.

Welsch, W., *Unsere postmoderne Moderne*, Akademie Verlag, 1993.

Welsch, W., *Vernunft*, Surhkamp, 1996.

Zimmerli, W. C., "Die Grenzen der Rationalität als Problem der europäischen Gegewartsphilosophie," H. Lenk (hg.), *Zur Kritik der wissenschaftlichen Rationalität*, Suhrkmap, 1986.

10장 분단 상황을 살아가는 우리에게 미국 시민들의 행태는 왜 주목의 대상이 되는가?

권용립, 「현대 미국의 미시변동을 논함: '신보수주의'의 제도와 역사적 성격」, 『경제와 사회』 18권, 비판사회학회, 1993.

김교환, 「미국의 신보수주의」, 『사상』 50호, 사회과학원, 2001.

김민웅, 「"미 대북정책 직시해야"」, 《한겨레》(2001년 2월 14일자).

김비환, 「현대 자유주의적 평등론의 역사적 의의」, 『법철학연구』, 한국법철학회, 2002.

김동춘, 「미국 '네오콘'의 세계전략」, 『아세아문화연구』 10집, 경원대 아시아문화연구소, 2006.

김형철, 「신보수주의, 자유주의, 사회계약론」, 『철학과 현실』 20호, 철학문화연구소, 1994.

남궁곤 편, 『네오콘 프로젝트: 미국 신보수주의의 이념과 실천』, 사회평론, 2008.

박정순, 「자유주의 대 공동체주의 논쟁의 방법론적 쟁점」, 『철학연구』 33집, 철학연구회, 1993.

박정순, 「자유주의의 건재」, 『철학연구』 45집, 철학연구회, 1999.

박정순, 「자유주의 정의론의 철학적 오디세이」, 황경식/박정순 외, 『롤스의 정의론과 그 이후』, 철학과 현실사, 2009.

선우현, 「미국사회에서 사회철학의 역할과 기능」, 『논문집』 15집, 청주교대 교육대학원, 2010.

신유섭, 「미국 신보수주의의 사회 경제이념의 구성과 주장」, 남궁곤 편, 『네오콘 프로젝트』, 사회평론, 2008.

안병영, 「신보수주의와 복지국가」, 『사회과학논집』 23권, 연세대 사회과학연구소, 1993.

어노브, 앤서니, 「서문」, 노엄 촘스키 외, 『미국의 이라크 전쟁』, 북막스, 2004.

유정완, 「네오콘의 제국, 제국의 네오콘」, 『안과 밖』 21권, 영미문학연구회, 2006.

윤평중, 「공동체주의 윤리 비판」, 『철학』 76집, 한국철학회, 2003.

이봉희, 『보수주의―미국의 신보수주의를 중심으로』, 민음사, 1996.

이주영, 『미국의 좌파와 우파』, 살림, 2003.

이혜정, 「미국 공화당의 위기: 보수의 역사적 정체성과 정치적 과제」, 『의정연구』 15권 2
　　호, 한국의회발전연구회, 2009.

장의관, 「미국 신보수주의의 이론적 구성과 한계」, 『국제정치논총』 48집, 4호, 한국국제정
　　치학회, 2008.

장동진, 「노직의 정치이론: 최소국가론」, 『사회과학논집』 25권, 연세대 사회과학연구소,
　　1994.

정태욱, 「마이클 월저의 정전론에 대한 소고」, 『법철학연구』 6권, 1호, 한국법철학회,
　　2003.

황경식, 『개방사회의 사회윤리』, 철학과현실사, 1995.

《매일경제》(2003년 3월 30일자).

《한겨레》(2001년 2월 14일자).

Benhabib, S., *Situating the Self*, Polity Press, 1992.

Berverly, D. P./Mcsweeney, E. A., *Social Welfare & Social Justice*, Prentice-Hall,
　　1987.

Buchanan, A. E., "Assessing the Communitarian Critique of Liberalism," *Ethics*, vol.
　　99, no. 4, 1989.

Callinicos, A., *Equality*, Polity, 2000.

Daly, M. (ed.), *Communitarianism: A New Pulbic Ethics*, Wardsworth Publishing
　　Company, 1994.

Dorrien, G., *Imperial Designs: Neoconservatism and the New Pax Americana*,
　　Routledge, 2004.

Etzioni, A., *The Spirit of Community*, A Touchstone Book, 1993.

Etzioni, A., *Next: The Road to the Good Society*, Basic Books, 2001.

Fukuyama, F., *America at the Crossroads*, Yale University Press, 2006.

Gutmann, A., "Communitarian Critiques of Liberalism," Daly, M. (ed.), *Communitari-
　　anism: A New Public Ethics*, Wardsworht Publiishing Company, 1994.

Himmelstein, J. L., *To the Right: The Transformation of American Conservatism*,
　　University of California Press, 1990.

Hayek, F. A. *The Road to Serfdom*, The University of Chicago Press, 1994.

Johnson, N., *The Welfare State in Transition*, Wheatsheaf Books, 1987.

Krauthammer, C., "A Social Conservative Credo," *Public Interest* 121, 1995.

Kristol, I., *Reflections of a Neoconservative*, Basic Books, 1983.

Kristol, I., "The Neoconservative Persuation," I. Stelzer (ed.), *The Neocon Reader*,

Grove, 2004.

MacIntyre, A., *After Virtue*, University of Notre Dame Press, 1981.

MacIntyre, A., "Is Patriotism a Virtue?" (1994), Daly, M. (ed.), *Communitarianism: A New Pulbic Ethics*, Wardsworht Publiishing Company, 1994.

Mulhal, S./Swift, A., *Liberals and Communitarians*, Blackwell, 1992.

Nozick, R., *Anarchy, State, and Utopia*, Basic Books, 1974.

Rawls, J., *A Theory of Justice*, The Belknap Press of Harvard University Press, 1971.

Rawls, J., *Political Liberalism*, Columbia University Press, 1993.

Sandel, M. J., *Liberalism and the Limits of Justice*, Cambridge University Press, 1982.

Stelzer, I. (ed.), *The Neocon Reader*, Grove, 2004.

Taylor, Ch., "Cross Purposes: The Liberal-Communitarian Debate," N. Rosenbaum (ed.), *Liberalism and the Moral Life*, Harvard University Press, 1989.

Taylor, Ch., *Sources of the Self*, Harvard University Press, 1996.

Walzer, M., *Arguing about War*, Yale University Press, 2004.

Weaver, M., *Ideas Have Consequences*, University of Chicago Press, 1948.

Wolff, R. P., *Understanding Rawls*, Princeton University Press, 1977.

11장 반공주의의 적은 누구인가?

김득중, 『'빨갱이'의 탄생: 여순사건과 반공 국가의 탄생』, 선인, 2009.

김종대, 「종북 프레임의 자기파괴적 속성」, 『인물과 사상』 189호, 인물과사상사, 2014.

류현수, 『보이지 않는 위협, 종북주의』, 살림, 2012.

문재인, 『1219 끝이 시작이다』, 바다출판사, 2013.

선우현, 『사회비판과 정치적 실천』, 백의, 1999.

선우현, 「(남북 및) 남남 갈등의 또 하나의 진원지로서 탈북자 집단」, 한국동서철학회, 『현대 한국사회의 사회적 갈등에 대한 철학적 모색』(2015년도 한국동서철학회 춘계학술대회보 I), 2015.

스테판 에셀, 『분노하라』, 돌베게, 2011.

스테판 에셀, 『참여하라』, 이루, 2012.

안영민, 「'종북' 마녀사냥에 빠진 당신들의 대한민국」, 『민족21』 136호, 민족21, 2012.

정해구, 「미군정기 이데올로기 갈등과 반공주의」, 역사문제연구소 편, 『한국정치의 지배이데올로기와 대항이데올로기』, 역사비평사, 1994.

정정훈, 「혐오와 공포 이면의 욕망 ― 종북 담론의 실체」, 『우리교육』 봄호, 우리교육, 2014.

조갑제닷컴 편집실, 『종북 백과사전』, 조갑제닷컴, 2012.

조한혜정 · 겐다, 「"절망의 사회, 청년들 '은둔'과 '일베'로 내몰아" ― 조한혜정 · 겐다 교수 대담」, 『경향신문』(2014년 9월 28일자).

중앙선거관리위원회, 「제18대 대통령선거 투표율 분석」, 중앙선거관리위원회, 2013.

토마스 프랭크, 『왜 가난한 사람들은 부자를 위해 투표하는가』, 2014, 갈라파고스.

현대사상연구회, 『반대세의 비밀, 그 일그러진 초상』, 인영사, 2009.

Frank, Th., *What's the Matter with KANSAS?: how conservatives won the heart of America*, Metropolitan Books, 2004.

Habermas, J., *Faktizität und Geltung*, Suhrkamp, 1992.

12장 보편적 도덕 원칙이 부재한 현실, 과연 윤리적 위기인가?

선우현, 「아펠의 철학적 합리성유형 이론: 담론윤리학의 정립 토대 확보를 위한 예비적·완적 이론기획」, 『철학의 변혁을 향하여』, 철학과 현실사, 1998.

선우현, 『평등』, 책세상, 2020.

선우현, 「사회변혁과 비판적 지식인의 리더십」, 미발간원고, 2022.

엄정식, 「하버마스와 롤스의 '정치적 자유주의'」, 『현대철학특강』, 철학과 현실사, 1999.

오익환, 「반민특위의 활동과 와해」, 『해방전후사의 인식 1』, 한길사, 1980.

이인탁, 「롤스의 사회정의론」, 『사회철학대계 3』, 민음사, 1993.

장춘익, 「동의와 당위: 하버마스의 담론윤리학」, 『철학의 변혁을 향하여』, 철학과 현실사, 1998.

주섭일, 『프랑스의 대숙청: 드골의 나치협력 반역자 처단 진상』, 중심, 1999.

홍성우, 「원초적 입장과 이상적 담화상황」, 『범한철학』 16집, 범한철학회, 1998.

황경식, 『사회정의의 철학적 기초』, 문학과 지성사, 1985.

Bohman, J./Rehg, W. (ed.), *Deliberative Democracy: Essays on Reason and Politics*, The MIT Press, 1997.

Habermas, J., *Erläuterungen zur Diskursethik*, Suhrkamp, 1991.

Habermas, J., *Faktizität und Geltung*, Suhrkamp, 1992.

Habermas, J., *Die Einbeziehung des Andern*, Suhrkamp, 1996.

Habermas, J., "Reconciliation through the public use of reason: remarks on John Rawls's political liberalism," *The Journal of Philosophy*, vol. XCH, no. 3, 1995.

MacIntyre, A., *After Virtue*, University of Notre Dame University, 1984.

Rawls, J., "Reply to Habermas," *The Journal of Philosophy*, vol. XCH, no. 3, 1995.

Rawls, J., *Political Liberalism*, Columbia University Press, 1996.

Rawls, J., *A Theory of Justice*(Revised Edition), The Belknap Press of Harvard University Press, 1999.

권수현, 『문화철학과 자율성』, 철학과현실사, 2008.

나병철, 『모더니즘과 포스트모더니즘을 넘어서』, 소명출판, 1999.

노명우, 『계몽의 변증법: 야만으로 후퇴하는 현대』, 살림, 2005.

노성숙, 「일상의 미학과 아도르노」, 『철학』 72호, 한국철학회, 2002.

김창남, 『(전면 2개정판) 대중문화의 이해』, 한울, 2010.

라자레, D., 「비판적 시각에서의 대중문화 연구」, 강현두(편), 『현대사회와 대중문화』, 나남, 1998.

문현병, 『프랑크푸르트학파의 사회비판이론』, 동녘, 1993.

문현병, 「현대문화와 문화산업」, 한국철학사상연구회, 『문화와 철학』, 동녘, 2001.

박정하, 「문화를 보는 철학」, 한국철학사상연구회, 『문화와 철학』, 동녘, 2001.

벤야민, W., 「기술복제시대의 예술작품」, 반성완(편역), 『발터 벤야민의 문예이론』, 민음사, 1983.

선우현, 『사회비판과 정치적 실천』, 백의, 1999.

선우현, 「디즈니 만화영화의 문화철학적 함의」, 『초등도덕과교육』 8집, 초등도덕과교육학회, 2004.

선우현, 「문화산업 논리의 구현체로서 디즈니 만화영화: 문제점과 극복방안」, 『사회와철학』 16호, 사회와철학연구회, 2008.

선우현, 『자생적 철학체계로서 인간중심철학』, 집문당, 2009.

애거, 밴, 『비판이론으로서의 문화연구』, 옥토, 1996.

전경갑/오창호, 『문화적 인간 · 인간적 문화』, 푸른사상, 2004.

하버마스, J., 『공론장의 구조변동』, 나남, 2001.

하버마스, J., 『의사소통행위이론 2』, 나남, 2006.

호르크하이머, M./아도르노, Th. W., 『계몽의 변증법』, 문예출판사, 1995.

호르크하이머, M., 『도구적 이성 비판』, 문예출판사, 2006.

홍승용, 「루카치–브레히트 논쟁」, 『외국문학』 6호(1985년 가을호), 열음사, 1985.

Adorno, Th. W./Horkheimer, M., *Dialektik der Aufklärung, Max Horkheimer Gesammelte Schriften*, Bd. 5, Fisher Taschenbuch Verlag, 1987.

Adorno, Th. W., *Negative Dialektik, Gesammelte Shriften*, Bd. 6, Suhrkamp, 1977.

Adorno, Th. W., *Ästhetishe Theorie, Gesammelte Shriften*, Bd. 7, Suhrkamp, 1972.

Adorno, Th. W., "Culture industry reconsidered," *New German Critique* 6, 1975.

Bourdieu, P., *La Reproduction*, Minuit, 1970.

Habermas, J., *Theorie des kommunikativen Handelns 1, 2*, Surhkamp, 1981.

Habermas, J., *Strukturwandel der Öffentlichkeit*, Surhkamp, 1990.

Horkheimer M., *Zur Kritik der instrumentellen Vernunft*, Fisher Verlag, 1985.

Horkheimer, M./T. W. Adorno, *Dialekktik der Aufklärung*, Fisher Verlag, 1987.

Marx, K., *Thesen über Feuerbach, MEW* 3, Dietz Verlag, 1969.

Marx, K/Engels, F., *Die deutsche Ideologie, MEW* 3, Dietz Verlag, 1969.

Marx, K., *Zur Kritik der Politischen Ökonomie, MEW* 13, Dietz Verlag, 1975.

McCarthy, T., *The Critical Theory of Jürgen Habermas*, The MIT Press, 1985.

Swingewood, A., *The Myth of Mass Culture*, The Macmillan Press, 1977.

14장 철학자의 현실 참여, 철학적 신념인가 현세 영합적 기회주의 행태인가?

김균진 외, 『이성과 결단 — 단계의 철학과 교육사상』, 문우사, 1985.

김석수, 『한국 현대 실천철학』, 돌베개, 2008.

김형효, 「서평: 현대철학의 이해」, 『철학』 11권, 1977.

문현병, 「쁘띠 부르조아 이데올로기로서의 비판이론의 한국적 수용」, 『철학연구』 24집, 1988.

문현병, 『프랑크푸르트학파의 사회비판이론』, 동녘, 1993.

박세길, 『미래를 여는 한국인사 — 분단, 병영국가, 공존의 위한 투쟁』, 시대의 창, 2010.

박순영, 「서평: 이데올로기의 정체」, 『철학』 13권, 1979.

박순영, 「단계 이규호선생의 철학사상」, 김균진 외, 『이성과 결단: 단계의 철학과 교육사상』, 문우사, 1985.

오인탁, 「제6권 편집자 서문」, 오인탁(편), 『이규호 전집 6: 사회철학』, 연세대학교 출판부, 2005.

이규호, 「토착화론의 철학적 근거」, 『기독교사상』 69호, 대한기독교서회, 1963.

이규호, 『현대철학의 이해』(초판), 대영사, 1965.

이규호, 「윤리적 이념의 하부구조」(1965), 『기독교사상』 84호, 대한기독교서회, 1965.

이규호, 「백림에서 들은 7.4성명」, 『기독교사상』 173호, 대한기독교서회, 1972.

이규호, 「정치교육의 과제와 이념」, 『국민윤리연구』 5권, 1976,

이규호, 「새마을 운동과 국민총화」, 『지방행정』 25권 268호, 1976.

이규호, 「후기 자본주의 사회의 제문제 — 하버마스의 철학에 나타난」, 『국민윤리연구』 5권, 1976.

이규호, 『현대철학의 이해』(증보판), 대영사, 1977.

이규호, 『이데올로기의 정체』, 태양문화사, 1978.

이규호, 『현실의 도전과 철학의 응답』, 형설출판사, 1979.

이규호, 『국민윤리교육의 이론과 실제』, 문우사, 1981.

이규호, 『이데올로기 비판교육원론』, 문우사, 1984.

이규호, 「사회통합 이념으로서의 민족주의」, 『통일한국』 23호, 1985.

이규호, 『교육과 정치』, 안정수(편), 『이규호 전집 7: 정치철학』, 연세대학교 출판부, 2005.

이규호, 『민족적 정체성을 위한 투쟁』, 안정수(편), 『이규호 전집 7: 정치철학』, 연세대학교 출판부, 2005.

정해구, 『전두환과 80년대 민주화운동』, 역사비평사, 2011.

한상범, 『전두환체제의 나팔수들』, 패스앤패스, 2004.

15장 자생적 실천철학은 어떤자격 조건을 지녀야 하는가?

강정인 · 하상복, 「안호상의 민족주의에 대한 비판적 성찰: 전체와 동일성의 절대화」, 『인간환경 미래』 10호, 2013.

김득중, 『'빨갱이'의 탄생』, 선인, 2009.

김석수, 『한국 현대 실천철학』, 두레, 2008.

김수자, 「이승만의 일민주의의 제창과 논리」, 『한국사상사학』 22권, 한국사상사학회, 2004.

김수자, 「대한민국수립직후 민족주의와 반공주의의 형성과정」, 『한국사상사학』 25권, 한국사상사학회, 2005.

김수자 · 오향미, 「근대국가 건설기 민족주의의 변형과 굴절」, 『이화사학연구』 36집, 2008.

김재현, 『한국 사회철학의 수용과 전개』, 동녘, 2002.

김재현, 『한국 근현대 사회철학의 모색』, 경남대 출판부, 2015.

김한종, 「일민주의와 민주적 민족교육론에 나타난 안호상의 역사인식」, 『호서사학』 45집, 호서사학회, 2006.

김혜수, 「정부수립 직후 이승만정권의 통치이념 정립과정」, 『이대사원』 28권, 이대 사학회, 1995.

모리 요시노부, 「한국 반공주의 이데올로기 형성과정에 관한 연구」, 『한국과 국제정치』 5권 2호, 경남대 극동문제연구소, 1989.

박찬승, 「20세기 한국 국가주의의 기원」, 『한국사연구』 117권, 한국사연구회, 2002.

백종현, 『독일철학과 20세기 한국의 철학』, 철학과현실사, 1998.

사회와철학연구회 지음/선우현 기획 · 편집, 『한반도의 분단, 평화, 통일 그리고 민족』, 씨아이알, 2019.

서중석, 「이승만정부 초기의 일민주의」, 『진단학보』 83호, 진단학회, 1997.

서중석, 『이승만의 정치 이데올로기』, 역사비평사, 2005.

서중석, 『이승만과 제1공화국』, 역사비평사, 2007.

선우현, 『사회비판과 정치적 실천』, 백의, 1999.

선우현, 『한국사회의 현실과 사회철학』, 울력, 2009.

선우현, 「변용된 서구 철학 추수주의와 현실 권력 추수주의의 결합」, 『사회와철학』 27집, 사회와철학연구회, 2014.

선우현, 「반공주의와 그 적들」, 『사회와철학』 28집, 사회와철학연구회, 2014.

선우현, 「일민주의 철학의 정립자, 이승만인가 안호상인가」, 『시대와철학』 26권 4호, 한국

철학사상연구회, 2015.

안호상, 『철학강론』(영인본), 동광당서점, 1942. (건국대 인문학연구원 통일인문학 연구단 기획, 민속원, 2010)

안호상, 『유물론비판』, 문화당, 1947.

안호상, 『일민주의의 본바탕: 일민주의의 본질』, 일민주의연구원, 1950.

안호상, 『세계신사조론』 상권, 일민주의보급회 총본부, 1952.

안호상, 『민주주의의 역사와 종류』, 일민출판사, 1953.

안호상, 『철학개론』, 동국문화사, 1957.

안호상, 『민주적 민족론 — 한백성 이론』, 어문각, 1961.

안호상, 『인생과 철학과 교육』, 어문각, 1964.

안호상, 『민족의 주체성과 화랑얼』, 배달문화연구원, 1967.

안호상, 『청년과 민족통일』, 배영출판사, 1984.

안호상, 「나의 인생회고: 초대 문교부장관 안호상박사」, 『통일한국』 20호, 평화문제연구소, 1985.

안호상, 『한뫼 안호상 20세기 회고록』, 민족문화출판사, 1996.

안호상·김종옥, 『국민윤리학』, 배영출판사, 1983.

엄정식, 「안호상의 종교적 민족주의」, 『철학과 현실』 36호, 철학문화연구소, 1998.

연정은, 「안호상의 일민주의와 정치 교육활동」, 『역사연구』 12호, 역사학연구소, 2003.

오상무, 「현대 한국의 국가철학: 안호상을 중심으로」, 『범한철학』 36집, 범한철학회, 2005.

이기상, 『서양철학의 수용과 한국철학의 모색』, 지식산업사, 2002.

이병수, 「문화적 민족주의의 맥락에서 본 안호상과 박종홍의 철학」, 『시대와 철학』 19권 2호, 한국철학사상연구회, 2008.

이준식, 「일제강점기 친일지식인의 현실인식」, 『역사와 현실』 37호, 2002.

임석진 감수, 『철학사전(哲學事典)』, 중원문화사, 1985.

장 폴 사르트르, 『지식인을 위한 변명』, 중심, 2018.

정해구, 「미군정기 이데올로기 갈등과 반공주의」, 『한국정치의 지배이데올로기와 대항이데올로기』, 역사비평사, 1994.

후지이 다케시, 「제1공화국의 지배 이데올로기 — 반공주의와 그 변용들」, 『역사비평』 83호, 역사비평사, 2008.

글의 출처

1장 「(예비)교사의 삶과 철학(함)의 역할」, 『논문집』 51집, 청주교육대학교, 2015.

2장 「고정관념 및 편견 깨기로서의 철학(함): 고등학생 대상의 '철학 강의' 방식에 관한 한 시론적 탐구」, 『학생생활연구』 25집, 청주교육대학교 교육연구원, 2019.

3장 「근대 시민사회의 새로운 사회질서 구현의 정당화 논리로서 'Cogito ergo sum'」, 『사회와 철학』 17호, 사회와철학연구회, 2009.

4장 「갈등과 대립을 위한 인문학적 모색: '차이의 존중 및 인정'으로서의 '관용'의 확산 및 제도화」, 『학생생활연구』 22집, 청주교육대학교 교육연구원, 2015.

5장 「미국사회에서 사회철학의 역할과 기능」, 『교육대학원 논문집』 15집, 청주교육대학교 교육대학원, 2010.

6장 「상징 폭력으로서 "개천에서 용 난다": 개천에서 용 날 수 없음에 대한 철학적 확인 사살 — 학교 및 교육 현장을 중심으로」, 『사회와 철학』 21호, 사회와철학연구회, 2011.

7장 「'그럼에도' 왜 지금 민주시민교육인가? — 실천철학의 관점에서」, 『학생생활연구』 26집, 청주교육대학교 교육연구원, 2020.

8장 「이성의 운명, 해체냐 부활이냐」, 현대철학연구소 편, 『이성의 다양한 목소리』, 철학과현실사, 2009.

9장 「이성옹호의 철학적 전략: 이성의 자기비판 및 내적 분화」, 『시대와철학』 16집 1호, 한국철학사상연구회, 2005.

10장 「신보수주의의 철학적 기초 — 자유지상주의와 공동체주의를 중심으로」, 『시대와 철학』 21집 4호, 한국철학사상연구회, 2010.

11장 「반공주의와 그 적들」, 『사회와 철학』 28호, 사회와철학연구회, 2014.

12장 「한국사회의 윤리적 현실과 '롤즈/하버마스 논쟁'의 현재적 의미」, 『초등도덕과교육』 6집, 초등도덕과교육학회, 2003.

13장 「현대사회의 문화(현상)에 대한 비판적 독해」, 『학생생활연구』 18집, 청주교육대학교 교육연구원, 2011.

14장 「철학자의 현실참여, 철학적 신념인가 현세 영합적 기회주의 행태인가: 이규호를 중심으로」, 『사회와 철학』 26호, 사회와철학연구회, 2013.

15장 「안호상의 일민주의 철학과 자생적 실천철학의 자격 조건」, 『철학연구』 141집, 대한철학회, 2017.

＊ 이 책에 수록된 글들은 애초의 글을 토대로 부분적 혹은 전체적으로 수정과 보완, 재구성 및 재정리 작업을 통해 이루어진 것임.